Der Data Warehouse Spezialist

Liebe Frau Herzog

ich würde mich sehr freuen eine gemeinsame berufliche Strecke Weg mit Ihnen und Ihren Ideen gehen zu dürfen.

24.5.2002
Wien

Die Integrata Qualifizierung

Herausgegeben von der Integrata Training AG
und Dr. Ingrid Mikosch

Reinhard Höhn

Der Data Warehouse Spezialist

Entwurf, Methoden und Umsetzung eines Data Warehouses

ADDISON-WESLEY

An imprint of Pearson Education

München • Boston • San Francisco • Harlow, England
Don Mills, Ontario • Sydney • Mexico City • Madrid • Amsterdam

Die Deutsche Bibliothek – CIP-Einheitsaufnahme

Ein Titeldatensatz für diese Publikation ist bei
der Deutschen Bibliothek erhältlich.

Umwelthinweis:
Dieses Produkt wurde auf chlorfrei gebleichtem Papier gedruckt.
Die Einschrumpffolie – zum Schutz vor Verschmutzung – ist aus umweltverträglichem und recyclingfähigem PE-Material.

10 9 8 7 6 5 4 3 2 1
03 02 01 00

ISBN 3-8273-1445-3

ein Imprint der Pearson Education Deutschland GmbH
Martin-Kollar-Straße 10–12, D-81829 München/Germany

Einbandgestaltung: niesner & huber, Wuppertal
Lektorat: Dr. Ingrid Mikosch, Rudolf Krahm, Bonn,
Christian Schneider, cschneider@pearson.de
Herstellung: Anna Plenk, aplenk@pearson.de
Satz: reemers publishing services gmbh, Krefeld
Gesetzt aus der Stone Serif 9 pt.
Druck: Schoder Druck, Gersthofen
Printed in Germany

Meinen lieben Eltern

Meinen Töchtern Juliane, Sabrina und Antonia

Meiner Frau Martina

Inhaltsverzeichnis

VORWORT

Vorwort

Das Data Warehouse

»Data Warehouse«, »Data Mart«, »Information Warehouse«, »Data Mining«, OLAP, ROLAP, MOLAP – allesamt sind Modeworte, die zu den Lieblingsthemen der Marktforscher gehören. Data Warehouse hat als Beratungsprodukt den Aufstieg in die erste Liga des Consulting geschafft und gehört zu den Pflichtthemen der EDV-Abteilungsleiter. Es ist sogar zu einem Kapitel in der Wirtschaftsinformatik-Vorlesung der Hochschulen avanciert. Wenn sich so viele Parteien einig sind, dann liegt dies entweder an der Suggestivkraft der Begriffe oder es liegt an der tatsächlichen Leistungsfähigkeit der dahinter stehenden Konzepte und Produkte. Immer dort, wo das Interesse der Kunden groß ist, wächst auch der Einfallsreichtum der Werbespezialisten. Plötzlich und fast aus dem Nichts heraus entstehen neue Produkte, um die sich schnell Erfolgsgeschichten ranken, und schneller als man wünscht befindet man sich auf einem Tummelplatz der Schönmalerei. Es ist ein Anliegen dieses Buches, so viel Transparenz in das Thema Data Warehouse zu bringen, dass man vor den Versprechungen der Hochglanzprospekte gefeit ist und bei Entscheidungen kühlen Kopf behalten kann.

Das »Data Warehouse« wird von Herstellern häufig heruntergespielt nach dem Motto: »Kaufen Sie meinen OLAP-Server, meine Consultants bauen Ihren Multiwürfel in zwei Wochen auf und Sie haben ein unternehmensweites Data Warehouse.« Um es vorwegzunehmen: Ein Data Warehouse ist kein Produkt, das schnell über den Ladentisch geht, sondern ein höchst **komplexes Vorhaben.** Dieses Vorhaben umfasst unter anderem

- ✔ die Beschaffung von Softwareprodukten
- ✔ die Beschaffung neuer Hardware
- ✔ die Eigenentwicklung von Software
- ✔ das Customizing von Softwarekomponenten
- ✔ die Anwendung von Methoden der Systemanalyse
- ✔ Anpassungen der Organisationsstruktur (zum Beispiel wird eine Reihe neuer Spezialisten und eine Stelle namens **Data Warehouse Spezialist** nötig)

und sogar Änderungen in der Geisteshaltung konventioneller EDV. Ohne bereits eine Definition vorwegzunehmen, sei gleich am Anfang das diesem Buch zugrunde liegende Verständnis des Begriffs »Data Warehouse« dargelegt.

Ein **Data Warehouse** wird hier als **ein mit allen operativen Daten eines Unternehmens arbeitendes, integrierendes System aus Softwarekomponenten aufgefasst,** das mittels einer Hardware-Infrastruktur betrieben wird. Ein Data Warehouse durchläuft einen **Lifecyle** aus Initiierung, Projektierung, Konzeption, Spezifikation, Beschaffung, Realisierung, Implementierung, Betrieb und Abbau. Ein Data Warehouse reiht sich somit in die Gruppe der **beratungsintensiven Produkte** ein.

Das Thema Qualifizierung

Eine neue Qualifikationssituation erfordert eine neue **Ausbildungskonzeption.** Viel stärker als in früheren Berufszeiten muss die Qualifikation der Mitarbeiter ein mit dem Ausüben des Berufes verzahnter und kontinuierlicher Prozess sein. Der Schwerpunkt für eine neue Qualifkationskonzeption liegt daher nicht mehr in der reinen Wissensvermittlung und dem Abfragen durch Übungen. Neue Ausbildungskonzeptionen konzentrieren sich auf das Durchspielen der Praxis, das Üben von Entscheidungssituationen, die Vermittlung von Hilfestellungen bei der Zielefindung, angepasst an die Praxissituation und auf die Bereitstellung der Mittel, die nötig sind, um diese Ziele erreichen zu können. Das Buch hat sich daher die Aufgabe gestellt, einen diesen neuen Lernanforderungen entsprechenden Qualifizierungsansatz für eine neue Berufsgruppe, die **Data Warehouse Spezialisten,** darzustellen. Diese sind im Einzelnen der Data Warehouse Konzeptionist, der Data Warehouse Consultant, der Data Warehouse Manager, der Data Warehouse Administrator, der Data Warehouse Trainer und der Data Warehouse Projektleiter.

Die Konzeption des Buches

Das Ziel dieses Buches ist die Vermittlung des Grundwissens zu dieser modernen Berufsgruppe aus der Welt der Informationstechnologie in Form eines autodidaktischen **Seminars.** Das vorliegende Buch kann daher in einem Intensivseminar von etwa fünf Tagen an exemplarischen Entscheidungssituationen eines Beispielprojekts durchgespielt werden. Der Aufbau folgt einer Gliederung in Lernstufen.

Das Buch soll nach dem Durcharbeiten nicht in einem Schrank abgelegt werden, sondern auch im Berufsalltag verwendbar sein. Es ist Ausbildungshilfe und **Nachschlagewerk** für die Praxis. Es dient dem Data Warehouse Spezialisten dazu, eine vorliegende Projektsituation zu identifizieren und das entsprechende Hilfsmittel im Buch zu finden. Dieses Hilfsmittel kann z.B. eine Tabelle mit durchdachter Struktur, eine Checkliste mit Einträgen, eine Übersichtsgrafik oder ein Symbolevorrat zur Visualisierung sein. Das Buch ist damit viel mehr methodische Hilfe als Lehrmittel.

Projekte sind immer einmalig. Kunden, Projektteam, Ort, Mittel und nicht zuletzt die Aufgabenstellung sind immer unterschiedlich. Kein Projekt ist von Beginn an klar definiert, auch wenn es sehr große Ähnlichkeit mit bereits abgewickelten Projekten haben sollte. Jedes Projekt ist ein kontinuierliches Dazulernen, ein umfassender Lernvorgang. Jede neue Erkenntnis kann zu einer

Neuausrichtung der Projekttätigkeiten, zu einer Kurskorrektur der anfänglich formulierten Aufgabenstellung zwingen. Von Projektetappe zu Projektetappe wird der nächste Projektabschnitt präziser definiert. Deshalb wird jedes Projekt in Etappen abgewickelt. Etappen sind Konsolidierungsphasen des Hinzugelernten. Diese Genese des DWH-Wissens über **Projektetappen** wird in diesem Buch nachvollzogen. Dadurch wird das Buch als **Guideline** für die Abwicklung eines DWH-Projekts verwendbar.

Das Buch muss leider einen selektiven Weg durch das umfassende Thema »Data Warehouse« wählen, da nahezu die gesamte EDV-Thematik berührt ist. Dies wird dadurch erreicht, dass aus der Fülle aller **methodischen Hilfsmittel** jeweils eine effiziente Methode zu jedem Problem dargestellt wird.

Für wen ist das Buch geschrieben?

Mit diesem Buch sollen **Projektmanager** und **Teamleiter** angesprochen werden, deren erste Aufgabe die Projektierung, d.h. die Definition von Projektabschnitten mit definierten Phasenergebnissen ist. Aus den angestrebten Phasenergebnissen berechnet der Projektmanager die dafür erforderlichen Ressourcen mit Aufwand, Dauer, Mittel und Qualifikation. Mit dem Buch wird daher auch das Ziel »Bildung einer Projektgruppe zum Aufbau eines Data Warehouse« unterstützt.

Ein Data Warehouse ist wegen hoher Beschaffungskosten und Bindung nicht unerheblicher Personalkapazität für Qualifizierung, Entwicklung und Betrieb Chefsache und wird in der Regel nicht mehr alleine vom EDV-Abteilungsleiter entschieden. Für **IT-Manager** und **EDV-Leiter** ist das Buch zur Zielbestimmung von internen Data Warehouse Vorhaben und den daraus abzuleitenden Budgets nützlich, da alle Schritte, die zum Aufbau eines Data Warehouse gegangen werden müssen, chronologisch aufgezeichnet sind. Die damit aufgeführten Aufgaben sind Qualifikationselemente zum Beherrschen der einzelnen Projektstrecken und können als Bestandteil für Stellenbeschreibungen und Stellenanzeigen genutzt werden. Die Bewertung der Arbeitsschritte mit Kosten führen zu einem Budget.

Wertvoll ist dieses Buch auch für **Data Warehouse Trainer,** die den kompletten Ablauf eines Data Warehouse Seminars im Umfang von fünf Seminartagen vorgezeichnet bekommen. Für diesen Zweck findet sich im Anhang ein Muster für die Einteilung der Seminartage in Lernabschnitte, ein Seminarplan.

Des Weiteren gehört auch der angehende **Data Warehouse Spezialist** zu den Ansprechpersonen des Buches. Ein Data Warehouse Manager kann sich nicht auf Softwarewissen beschränken, sondern muss die gesamte Komplexität an Hard- und Softwarekomponenten bis zu einer entscheidbaren Tiefe überschauen. Das Buch dient als Katalog aller Aktivitäten und Entscheidungen eines Data Warehouse Spezialisten.

Bleibt am Ende dieser Erklärungen noch die Danksagung an alle diejenigen betriebsinternen wie externen Teilnehmer, Aushilfsstudenten wie EDV-Leiter, die meinen »Seminarexperimenten« mit Skepsis, aber auch mit Geduld und Ausdauer gefolgt sind; die viel konstruktive Kritik eingebracht haben und am Ende zu lebhaften und informations- und erkenntnisintensiven Seminarwochen beigetragen haben. So wünsche ich dem Leser, dass er mit ähnlicher Lebhaftigkeit, der nötigen Gelöstheit und einem Quäntchen Vergnügen an seine Weiterbildung herangehen kann. Mit Freude erarbeitet, wird das Lernergebnis besser ausfallen.

Besonderer Dank gilt meinen ehemaligen Arbeitskollegen der Integrata Deutschland, Thomas Gueffroy, Manfred Richter und unserem Mitstreiter auf dem Weg zu einer modernen Unternehmensinformatik, Dr. Frank Müller-Dahl, ehemals DEG, Köln. Mit ihnen wurde so manches an nützlichen Projekthilfsmitteln für DWH entwickelt. Dank gilt auch Franz Bauer von der Integrata Österreich und Robert Neundlinger, früher AI Informatics, jetzt MicroStrategy, für die intensive Kritik. Bedanken möchte ich mich auch bei den im Text genannten Firmen für die Überlassung von Informationsmaterial. Ich danke Hannes Kriegbaum, früher Computer Associates Austria, jetzt Brokat, für den tiefen Einblick in das Systemmanagement komplexer EDV-Systeme und meinen jetzigen Projektkollegen der AI Informatics für die Verifizierung einiger Verfahrensschritte. Hervorheben möchte ich Virginia Stanger für Korrekturarbeiten. Dem Lektor Herrn Christian Schneider und der Projektleitung Frau Anna Plenk danke ich für die gute Beratung und Nachsicht bezüglich ausgefallener Gestaltungswünsche. Ganz besonderer Dank gebührt Frau Dr. Ingrid Mikosch, Integrata Training, ohne deren fürsorgliche Betreuung und unendliche Geduld dieses Buch bestimmt nicht entstanden wäre.

Für Verbesserungsvorschläge und positive wie negative Kritik (mailto: Reinhard.Hoehn@wien.ilf.com) bedanke ich mich bereits im voraus.

Reinhard Höhn, Perchtoldsdorf, Wien, März 2000

Einleitung

Ein Buch soll dem Leser etwas vermitteln. Jedes Buch folgt dabei einem bestimmten Stil, einer gewissen Methodik. Im Folgenden wird kurz dargestellt, wie diese Vermittlung in diesem Buch arrangiert ist.

Welche Themenkomplexe umfasst dieses Buch?

Die einzelnen Themenkomplexe sind der logischen Folge der Abwicklung eines EDV-Projekts entsprechend hintereinander gereiht.

Die Themenabgrenzung: Einführung und Überblick (Kapitel 1)

Bevor man sich näher mit einer Thematik auseinandersetzt, versucht man einen Überblick zu gewinnen, einzuordnen in die eigenen Erfahrungen, worum es sich handelt, ob die Auseinandersetzung persönlichen Nutzen bringt.

- ✔ Wie unterscheidet sich der Data Warehouse Ansatz von früheren Ansätzen wie Management Information Systems, Decision Support Systems, Executive Information Systems, Knowledge Databases?
- ✔ Welche Umwelt- und Markttendenzen sind im Umfeld des Data Warehouse zu erkennen und wie ist Data Warehouse zukünftig einzuordnen?
- ✔ Welche Ziele kann man mit dem Aufbau eines Data Warehouse verfolgen?

Die Architekturen von Data Warehouses (Kapitel 2-6)

Nachdem das Interessenfeld erkannt ist, kann man sich dem zu gestaltenden System widmen. Im Kapitel Architekturen sind die Bestandteile des Data Warehouse Gesamtsystems sowohl aus der Sicht der Hardware als auch aus der Sicht der Software dargestellt.

- ✔ Welche Architekturen haben Informationssysteme? Woraus bestehen diese Architekturen?
- ✔ Welche Organisation ist zum Betrieb eines DHW erforderlich?
- ✔ Welche betriebswirtschaftlichen Komponenten können in einem Data Warehouse System implementiert sein? Wie werden betriebswirtschaftliche Funktionen in einem Data Warehouse abgebildet?
- ✔ Welche Softwarekomponenten können in einem Data Warehouse implementiert sein?
- ✔ Aus welchen funktionalen Modulen und Werkzeugen besteht ein Data Warehouse?
- ✔ Welche Hardwarekomponenten und Netzinfrastrukturen sind für den Einsatz eines Data Warehouse erforderlich?

- ✔ Welche Aufgaben sind für den Aufbau, den Betrieb und den Abbau eines Data Warehouse abzuwickeln? Mit welchen Hilfsmittel können diese Aufgaben unterstützt werden?
- ✔ Welche Rollen sind für den Betrieb eines Data Warehouse erforderlich? Welche Schulungen sind zum Aufbau der Rollen für ein Data Warehouse ratsam?

Das Vorgehensmodell zum Aufbau eines Data Warehouse (Kapitel 7)

Ein Vorhaben wie ein Data Warehouse aufzubauen ist sehr komplex und erfordert eine Menge gut durchdachter Schritte. Die richtige Reihenfolge dieser Schritte und die Hilfsmittel, die dieses Vorgehen vereinfachen, werden in einem Vorgehensmodell festgehalten.

- ✔ Wie wird ein Software- und Hardwarevorhaben »Data Warehouse« abgewickelt, bzw. wie geht man am besten methodisch vor?
- ✔ Wozu dienen Softwaremodelle und wie ist ein Softwaremodell aufgebaut?
- ✔ Wie sieht speziell ein Data Warehouse Vorgehensmodell aus? Welche Ergebnisse produzieren die Vorgehensphasen?
- ✔ Wie werden betriebswirtschaftliche Modelle entworfen? Welche Methoden stehen bei der Modellierung eines Data Warehouse zur Verfügung?

Die Projektierung und der Betrieb eines Data Warehouse (Kapitel 8)

Mit der Projektierung wird das erarbeitete Wissen logisch in eine abwickelbare Reihenfolge gebracht und mit Anforderungen an Ressourcen beurteilt. Es wird Stellung bezogen, mit welchen Arbeitsmitteln, von welchem Personal, in welcher Zeit die Aktivitäten für ein Data Warehouse umgesetzt werden können.

- ✔ Welche Phasen hat ein Data Warehouse Projekt? In welchen Schritten und Meilensteinen wird ein Data Warehouse Projekt abgewickelt?
- ✔ Wie ist ein DWH-Projekt zu terminieren und zu budgetieren?
- ✔ Wie kann kann ein DWH-Projekt verfolgt werden?

Produktspektrum des Data Warehouse (Kapitel 9)

Wenn die Gestaltungsentscheidungen getroffen sind, hat man einen Wunschzettel, dessen Umsetzung zur Realität ansteht. Mit diesen »Idealvorstellungen« ist nun der Markt nach DWH-Produkten, die diese Anforderungen erfüllen, zu untersuchen.

- ✔ Welche Tools unterstützen die Entwicklung eines Data Warehouse? Welche Methoden sind als Tools realisiert? Wie wird eine dem Vorhaben angemessene Toolauswahl evaluiert?
- ✔ Welche Produkte gibt es auf dem Markt und wie kann man diese beurteilen? Wie sieht der Beschaffungsvorgang aus?
- ✔ Mit welchen Informationsquellen kann man die zukünftigen Bewegungen im Data Warehouse Umfeld effizient verfolgen?

Der Betrieb und Abbau des Data Warehouse (Kapitel 10)

Wenn der Wunschzettel zur Realität geworden ist, steht Hardware und Software für die Nutzung bereit. Die Nutzbarkeit wird von qualifiziertem Personal aufrechterhalten. Die Anwendung fördert Unzulänglichkeiten zu Tage, die beseitigt werden müssen. Im Laufe der Zeit wird der Fortschritt der neuen Technologien so groß werden, dass mit den vorhandenen Produkten keine der bei neuen Produkten entdeckten Leistungen durch Verbesserungen zu erzielen ist. Das DWH wird teilweise oder ganz abgebaut.

- ✔ Welche Services unterstützen den Betrieb eines Data Warehouse?
- ✔ Welche Weiterentwicklung ist erforderlich?
- ✔ Wie wird ein DWH abgebaut?

Die folgende Grafik »Aufbau des Buches« soll noch einmal die Bearbeitungsstufen visualisieren:

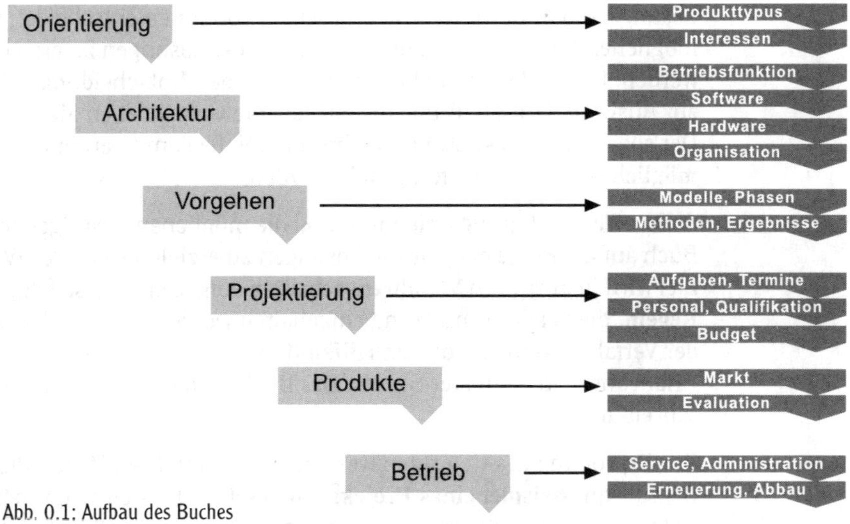

Abb. 0.1: Aufbau des Buches

Die Literaturliste

Kein Buch ist erschöpfend in allen Fragestellungen und deshalb ist je nach Interesse vertiefende Literatur vonnöten. Einige Bücher unterliegen allerdings einer solchen Zitierfreude, dass man sich fragen muss, ob ein Menschenleben überhaupt ausreicht, um die genannten Quellen alle zu beschaffen. Sorgfältiges Lesen allein reicht nicht aus. Hier wurde Mut gefasst, dem Trend nach immer umfassenderen Literaturlisten nicht zu folgen, und statt dessen eine effiziente Auswahl an kompetenten Titeln aus der unüberschaubaren Vielfalt der Veröffentlichungen zu treffen. Weniger ist hier mehr. Diese kleine Literaturliste ist dafür kommentiert und erlaubt eine schnelle Beurteilung, welches Buch für den augenblicklichen Zweck am besten geeignet ist.

Wie ist das Buch aufgebaut?

Alle Kapitel sind ähnlich aufgebaut. Jedes Thema wird mit einer Begründung eingeleitet, die eine Einordnung in den Gesamtzusammenhang erlaubt und eine Zielsetzung klarstellt. Mit der Zielsetzung wird fixiert, was am Ende der Bearbeitung eines Kapitels erreicht sein soll. Die Zielsetzung dient als Maßstab des erreichten Wissenszuwachses. Ist die Zielsetzung erreicht, kann das nächste Kapitel erarbeitet werden. Ist sie nicht erreicht, sollte eine Wiederholung stattfinden (eventuell mit Erläuterungen durch einen Trainer). Die Zielsetzung ist in Form von **Lernzielen** am Anfang jedes Kapitels festgehalten.

Im Abschnitt **Problemstellung und Motivation** jedes Kapitels wird eine Problemlage und der aktuelle Erkenntnisstand zur Lösung der Problemlage dargestellt. Es wird außerdem eine Motivation gegeben, diese Problemlage aufzulösen. Mit der Problemstellung wird das für eine DWH-Lösung benötigte Grundlagenwissen dargestellt.

In der Regel gibt es keinen eindeutigen Lösungsweg, sondern eine Auswahl von Lösungswegen. Bevor man sich für einen von ihnen entscheidet, müssen die möglichen Lösungen bzw. die Freiheitsgrade, Lösungen zu erzielen, erkannt werden. Über Tabellen und Übersichten werden Entscheidungsmöglichkeiten zur Auswahl dargestellt und die zur Lösung vorhandenen Methoden erwähnt. Der sogenannte **Gestaltungsspielraum** und die damit verbundenen **Lösungsmöglichkeiten** müssen festgestellt werden.

Stehen der Gestaltungsspielraum und die möglichen Lösungen fest, geht das Buch auf die Frage ein, wie die Lösungen zu erzielen sind. Der Weg zu diesem Ziel wird in Form von **Verfahrensschritten** aufgezeigt. Diese folgen bestimmten **Regeln,** die bei der Umsetzung eingehalten werden müssen. Als Unterstützung der Verfahrensschritte dienen **Hilfsmittel** wie z.B. Methoden und Werkzeuge, Erfahrungsdaten, Muster-Sheets. Das Buch wird damit zu einer Verfahrensbeschreibung.

Zur Erprobung des Gelernten werden die vorgestellten Mittel, Regeln und Begriffe am **Beispiel eines Projekts** eingesetzt. Das Beispielprojekt ist ein Industrieprojekt, ein Data Warehouse für ein Instandhaltungssystem für einen Kraftwerkspark, mit dem Projektnamen **InDaWa.** Dieses Beispiel wird Kapitel für Kapitel – so wie die Entwicklung eines realen Projekts verläuft – als »Fortsetzungsbeispiel« erarbeitet.

Der Leser kann sich seiner zukünftigen eigenen Projektsituation durch Abänderung der im Buch geübten Beispielsituation annähern. Dadurch werden die im Buch erarbeiteten Mittel und Werkzeuge in höchstem Maße wiederverwendbar.

Mittels **Übungen** wird abschließend die Erfahrung im Einsatz der Problemlösungsmittel weiter gefestigt. Dies dient natürlich auch der Kontrolle bzw. Selbstkontrolle des erreichten Wissensfortschritts. Die Lösungen ausgewählter

Übungen sind im Anhang gesammelt. Lösungen der verbleibenden Übungen können im Text nachgeschlagen werden.

Der Aufbau der Kapitel folgt im Wesentlichen immer dem Schema der folgenden Abbildung »Aufbau der Kapitel«. Das heißt, jedes Kapitel wird durch eine Einleitung, die einen Kapitelüberblick enthält und die Lernziele nennt, beschrieben. Das Kapitel wird abhängig von den zu bewältigenden Themen in Unterkapitel gegliedert, die mit einer Problemstellung und der Motivation, diese zu lösen, starten. Aus der Problemstellung werden die Gestaltungsschritte abgeleitet, zu denen im Einzelnen Lösungswege und Hilfsmittel zur Lösung dargestellt werden. Am Ende jedes Kapitels sind Übungen zu den behandelten Themen gesammelt.

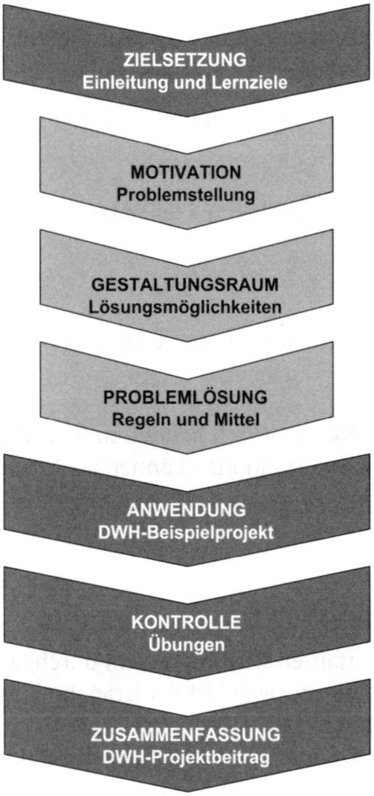

Abb. 0.2: Aufbau der Kapitel

Über alle Etappen der Aufbereitung eines Themas werden, wenn nützlich, **Definitionen** eingesetzt. Definitionen dienen der Präzisierung der Begriffe und durch die Verwendung präziser Begriffe werden Zuordnungen und Einordnung in Bekanntes erleichtert und Missverständnisse reduziert. Mit Definitionen werden Sachverhalte vergleichbar gemacht.

Zeichenerklärung

Gegenüber dem allgemeinen Text sollen bestimmte Aussagen zur besseren Orientierung optisch hervorgehoben werden. Hierfür werden die folgenden Symbole verwendet.

Das jeweils angestrebte **Lernziel** wird durch ein aufgeschlagenes Buch symbolisiert:

🕮 Lernziel

Die bei einer Problemlösung abzuwickelnden **Verfahrensschritte** sind mit dem folgenden Symbol gekennzeichnet:

❖ Verfahrensschritt

Ein wichtiger Begriff wird mittels einer Erklärung, einer **Definition,** präzisiert, die durch eine schattierte Box hervorgehoben ist.

Für einen **Literaturhinweis** wird als Symbol der Aktendeckel verwendet.

🗀 Literaturhinweis

Auf einen **Gestaltungshinweis** wird durch eine Pfeilspitze aufmerksam gemacht.

➢ Gestaltungshinweis

Eine wichtige **Feststellung** wird mit einem fetten Pfeil symbolisiert.

➡ Feststellung

Einige wenige Texte werden als **Exkurs** durch **halbfetten** Schriftsatz und Einrahmung gekennzeichnet. Diese Informationen können auch zu einem späteren Zeitpunkt gelesen werden.

Das durchgängige Übungsbeispiel

Das in dem Buch vorgestellte Verfahren wird von einem durchgängigen Übungsbeispiel begleitet. Das Übungsbeispiel ist der Branche Energieversorgung zuzuordnen und behandelt ein Data Warehouse für die Optimierung der Instandhaltung von Kraftwerken: Instandhaltungs Data Warehouse, »InDaWa«.

Die Stromverteilung, d.h. die Aufteilung des Abnehmermarktes, war bis vor kurzem staatlich geregelt. Alle nationalen und einige internationale Betreiber lieferten Strom in ein bundesweit verteiltes Netz und wurden einem definierten Schlüssel entsprechend vergütet. Einen Wettbewerb von Betreibern um Endverbraucher, wie im Handel oder in der Konsumgüterindustrie bekannt, gab es nicht. Energieerzeuger produzierten in einem Quasimonopol. Für die Energieversorger war das Betriebsziel bisher also weniger, den Markt der Stromabnahme aktiv zu erweitern, sondern vielmehr, die Kosten zu verringern, bzw. die

Effizienz der Stromerzeugung zu erhöhen. Mit der Liberalisierung hat sich das geändert und die Zukunft wird einen verstärkten Wettbewerb um Kunden auch mit ausländischen Mitbewerbern bringen. Es ist bereits Direktbestellung von Strom möglich. In Skandinavien sind sogar schon Strombörsen, die einem Abnehmer erlauben, ganz gezielt einen Strom mit einer definierten Qualität von einem von ihm bestimmbaren Hersteller zu einem bestimmten Tagespreis zu beziehen, in die Praxis umgesetzt. Der Strompreis hängt maßgeblich von der Effizienz der Produktion ab. Die Effizienz kann durch Verkürzung von Produktionsstillständen und Verringerung der Instandhaltungskosten erreicht werden. Da die Instandhaltungskosten einen beträchtlichen Anteil an den Kosten des Kraftwerksbetriebes betragen, sind diese von besonderem Interesse.

Eine technische Anlage wie ein Kraftwerk ist der Dynamik eines ständigen Wandels ausgesetzt, die Instandhaltung ist deshalb ein permanenter Optimierungsprozess. Zur Optimierung müssen Kenntnisse zum Verhalten der Anlagen gesammelt werden. Zeiterscheinungen müssen anhand der gesammelten Werte frühzeitig und voraussehend erkannt werden. Hier ist ein aussichtsreicher Anwendungsbereich für Data Warehouse Funktionen.

Durch die Öffnung des Energiemarktes und die neuen Vertriebsformen, wie Bestellung an der Tankstelle und über Internet, wird die Data Warehouse Thematik auch für die Energieversorger für Marketingfragen interessant.

KAPITEL 1

1 Orientierung zum Thema Data Warehouse

Wenn man beschließt, sich mit einem neuen Thema zu befassen, dann mangelt es noch an einer ausgereiften konkreten und vollständigen Vorstellung zu dessen Inhalten. Der erste Schritt soll daher das Ausleuchten des Themenumfelds und das Feststellen der Beweggründe, sich mit dem Thema zu befassen, sein. Anschließend wird eine Entscheidung getroffen, wie intensiv das Thema bearbeitet werden soll. Dies mündet in die Definition einer Zielsetzung. Beschäftigt man sich beruflich mit der Thematik, sind noch die Interessen des Arbeitgebers von Bedeutung. Diese Fragen werden in drei Schritten abgearbeitet:

- ✔ Wie präsentiert sich das Thema Data Warehouse der Öffentlichkeit und um welchen Gegenstand geht es bei diesem Thema grundsätzlich?
- ✔ Wie sind die Tendenzen aus dem Kontext der Data Warehouse Märkte und wie werden diese das Thema zukünftig verändern?
- ✔ Welches sind die persönlichen Ziele und welches sind diejenigen Ziele, die für den Auftraggeber erreicht werden sollen?

Das Kapitel ist entsprechend dieser Schritte gegliedert, wie in der folgenden Abbildung »Kapitelübersicht« dargestellt ist.

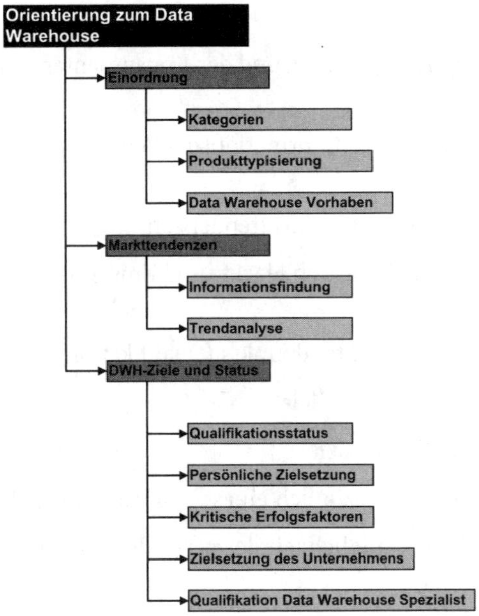

Abbildung 1.1: Kapitelübersicht

Lernziel

Das Ziel des ersten Abschnitts ist die Orientierung im Umfeld des Themas und die Einordnung des Themas in den eigenen Erfahrungsraum. Dies dient der Vorbereitung für die Feststellung und Einordnung der persönlichen Situation und der Unternehmenssituation, der Definition der Ziele und der Vorbereitung des Data Warehouse Projekts.

Die Lernziele des zweiten Abschnitts konzentrieren sich auf die Orientierung im Markt, die Einschätzung von technischen Tendenzen und die Frage, welche Informationsquellen dabei hilfreich sein können.

Die Lernziele dieses Abschnitts bestehen außerdem aus der Befähigung, die eigenen Ziele zu erkennen und diese klar darstellen zu können. Sie bestehen des weiteren in der Ermittlung der Unternehmensziele und der Erkenntnis, dass die Ziele des Unternehmens verfolgt werden müssen und nach außen zu vertreten sind. Als Lernziel soll auch das Bewusstsein geweckt werden, dass Zielkonflikte projektgefährdend sind und vor Projektbeginn aufgelöst werden müssen.

Nicht zuletzt geht es um die Erkenntnis, dass nicht jedes beliebige Ziel erreichbar ist und die Erreichbarkeit wesentlich von der eigenen Startqualifikation wie auch von der Disposition des Unternehmens abhängt.

Lernziele

- 🕮 Kategorisierung des Themas Data Warehouse
- 🕮 Abgrenzung von Data Warehouse gegen andere ähnliche Produkte, Typisierung
- 🕮 Abgrenzung des Marktsegmentes und der Konsumenten eines Data Warehouse
- 🕮 Kennen und Ausnutzen der Informationsquellen zu Data Warehouse Entwicklungen
- 🕮 Monitoring von Umwelt- und Markttendenzen
- 🕮 Beurteilung der Auswirkung von Markt- und Umwelttendenzen auf das Data Warehouse Vorhaben
- 🕮 Einschätzung des eigenen Standpunkts (Qualifikation, Erfahrungen)
- 🕮 Festlegung der persönlichen Ziele
- 🕮 Definition der Qualifikationsziele
- 🕮 Ziele des Unternehmens bezüglich eines Data Warehouse Projekts
- 🕮 Feststellung der Zielverträglichkeit der persönlichen Ziele mit den Unternehmenszielen
- 🕮 Einschätzung des Unternehmensstatus für Data Warehousing

1.1 Wie unterscheidet sich der Data Warehouse Ansatz von früheren Ansätzen?

Einleitung

Der Data Warehouse Ansatz ist aus einer Historie ähnlicher Ansätze entstanden, deren Entwicklung teilweise in Produkten mündete. Wie so oft, wenn ein Produkt nicht mehr das erwünschte Umsatzwachstum zeigt, wird es eingestampft oder bekommt eine neue Verpackung mit einem neuen, wohlklingenden Namen. Der Entscheidungsträger steht dann vor dem Problem, sich mit neuen Begriffen auseinandersetzen zu müssen, und dafür bleibt ihm in der Regel wenig Zeit. Um von einem neuen Produkt-Outfit nicht geblendet zu werden, muss er nach messbaren Kriterien suchen, um eine Entscheidung abzuleiten. Er muss sich soweit in dem neuen Thema orientieren können, dass er entscheiden kann, was für seine Belange relevant ist. Dazu ist es erforderlich, eine Abgrenzung des Themenfeldes vorzunehmen und, wenn Beschaffungen anstehen, eine Produkttypenbestimmung zu finden.

1.1.1 Kategorien von Beschäftigungsgegenständen

Problemstellung und Motivation

Natürlich muss man sich, bevor man sich entschließt, aus einer unendlichen Vielfalt an Themen eines auszuwählen, Fragen stellen wie: »Worum geht es hier überhaupt?« – »Was verbirgt sich hinter diesen Begriffen?« – »Ist das nicht alter Wein in neuen Schläuchen?«. Erst mit der Einordnung in den eigenen Erfahrungsraum kann die Frage beantwortet werden, ob sich hinter einem neuem Begriff eine altbekannte Thematik verbirgt oder ob es tatsächlich etwas Neues ist. Neu kann die Thematik bezogen auf den eigenen Erfahrungsbereich wie auch bezogen auf das Betätigungsfeld des Unternehmens sein. Die Einschätzung des eigenen Standpunkts (Qualifikation, Erfahrungen) wie auch die Einschätzung des Unternehmenstandpunkts sind die Basis für die Zielsetzung.

Die Lösungsaufgabe besteht zunächst in der Erkenntnis des Gestaltungsobjekts »Data Warehouse«, seiner Materie, seines Gegenstandes, seiner Abgrenzung als »philosophische« Kategorie. Dazu ist die Kenntnis von Kategorien erforderlich.

Die **Kategorie** präsentiert sich der Öffentlichkeit durch Werbeanzeigen von Herstellern, Präsentationen auf Messen, Stellenbeschreibungen in den Zeitungen und in den Auslagen der Buchhändler. Dies geschieht nicht in der gewünschten Einheitlichkeit, dient aber doch einer gewissen Orientierung (siehe Abbildung 1.2).

Die Abgrenzung innerhalb der gefundenen Kategorie gegen andere gleichartige oder ähnliche Gestaltungsobjekte derselben Kategorie ist dann der zweite und konkretere Schritt.

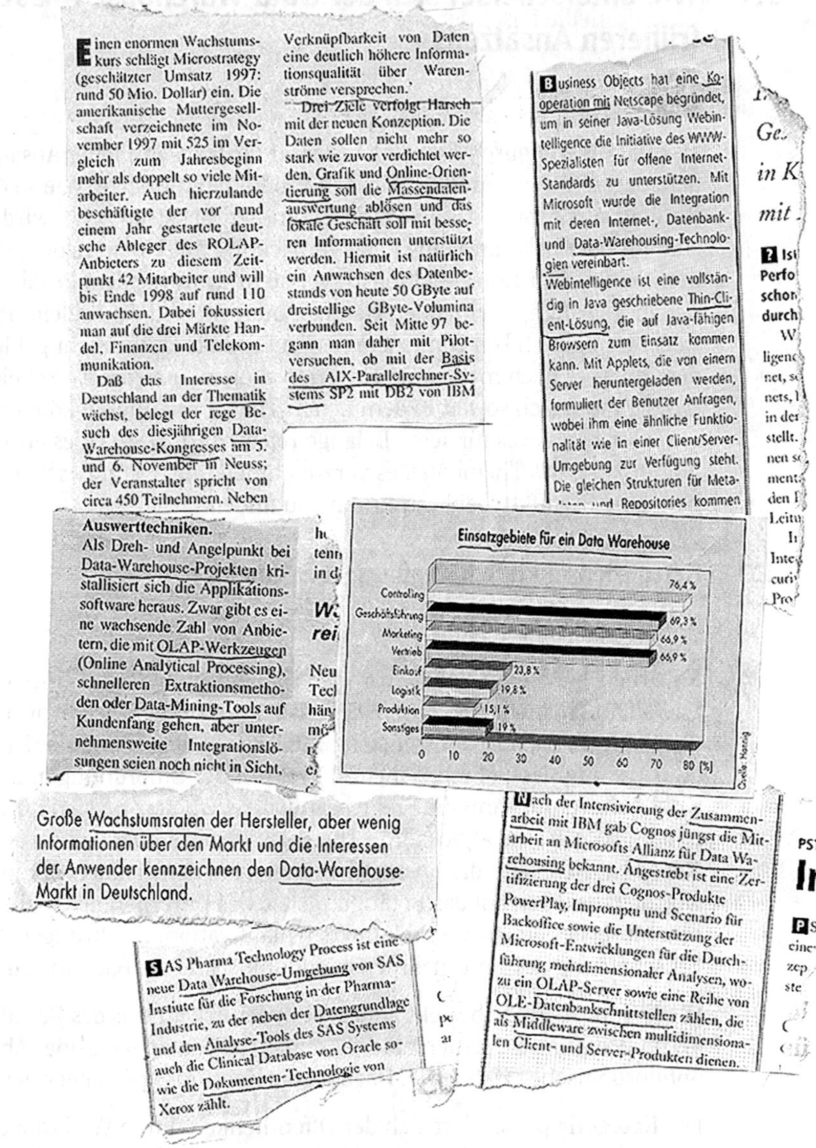

Einen enormen Wachstumskurs schlägt Microstrategy (geschätzter Umsatz 1997: rund 50 Mio. Dollar) ein. Die amerikanische Muttergesellschaft verzeichnete im November 1997 mit 525 im Vergleich zum Jahresbeginn mehr als doppelt so viele Mitarbeiter. Auch hierzulande beschäftigte der vor rund einem Jahr gestartete deutsche Ableger des ROLAP-Anbieters zu diesem Zeitpunkt 42 Mitarbeiter und will bis Ende 1998 auf rund 110 anwachsen. Dabei fokussiert man auf die drei Märkte Handel, Finanzen und Telekommunikation.

Daß das Interesse in Deutschland an der Thematik wächst, belegt der rege Besuch des diesjährigen Data-Warehouse-Kongresses am 5. und 6. November in Neuss; der Veranstalter spricht von circa 450 Teilnehmern. Neben

Verknüpfbarkeit von Daten eine deutlich höhere Informationsqualität über Warenströme versprechen.'

Drei Ziele verfolgt Harsch mit der neuen Konzeption. Die Daten sollen nicht mehr so stark wie zuvor verdichtet werden. Grafik und Online-Orientierung soll die Massendatenauswertung ablösen und das lokale Geschäft soll mit besseren Informationen unterstützt werden. Hiermit ist natürlich ein Anwachsen des Datenbestands von heute 50 GByte auf dreistellige GByte-Volumina verbunden. Seit Mitte 97 begann man daher mit Pilotversuchen, ob mit der Basis des AIX-Parallelrechner-Systems SP2 mit DB2 von IBM

Business Objects hat eine Kooperation mit Netscape begründet, um in seiner Java-Lösung Webintelligence die Initiative des WWW-Spezialisten für offene Internet-Standards zu unterstützen. Mit Microsoft wurde die Integration mit deren Internet-, Datenbank- und Data-Warehousing-Technologien vereinbart.

Webintelligence ist eine vollständig in Java geschriebene Thin-Client-Lösung, die auf Java-fähigen Browsern zum Einsatz kommen kann. Mit Applets, die von einem Server heruntergeladen werden, formuliert der Benutzer Anfragen, wobei ihm eine ähnliche Funktionalität wie in einer Client/Server-Umgebung zur Verfügung steht. Die gleichen Strukturen für Metadaten und Repositories kommen

Auswerttechniken.

Als Dreh- und Angelpunkt bei Data-Warehouse-Projekten kristallisiert sich die Applikationssoftware heraus. Zwar gibt es eine wachsende Zahl von Anbietern, die mit OLAP-Werkzeugen (Online Analytical Processing), schnelleren Extraktionsmethoden oder Data-Mining-Tools auf Kundenfang gehen, aber unternehmensweite Integrationslösungen seien noch nicht in Sicht.

Große Wachstumsraten der Hersteller, aber wenig Informationen über den Markt und die Interessen der Anwender kennzeichnen den Data-Warehouse-Markt in Deutschland.

Nach der Intensivierung der Zusammenarbeit mit IBM gab Cognos jüngst die Mitarbeit an Microsofts Allianz für Data Warehousing bekannt. Angestrebt ist eine Zertifizierung der drei Cognos-Produkte PowerPlay, Impromptu und Scenario für Backoffice sowie die Unterstützung der Microsoft-Entwicklungen für die Durchführung mehrdimensionaler Analysen, wozu ein OLAP-Server sowie eine Reihe von OLE-Datenbankschnittstellen zählen, die als Middleware zwischen multidimensionalen Client- und Server-Produkten dienen.

SAS Pharma Technology Process ist eine neue Data Warehouse-Umgebung von SAS Institute für die Forschung in der Pharma-Industrie, zu der neben der Datengrundlage und den Analyse-Tools des SAS Systems auch die Clinical Database von Oracle sowie die Dokumenten-Technologie von Xerox zählt.

Abbildung 1.2: Ausgewählte Abschnitte aus Zeitungsartikeln zum Data Warehouse

Mit welcher Kategorie von Gegenständen, Handlungen oder Ideen muss man sich auseinandersetzen, um ein Data Warehouse aufzubauen? Handelt es sich um etwas Reales, aus Einzelteilen Zusammenbaubares? In diesem Fall braucht man im Prinzip nur die einzelnen Bausteine zu beschaffen und die Konzentration der Arbeit kann auf den Zusammenbau gelegt werden. Oder handelt es sich eher um etwas Ideelles? Dann kann die Beschäftigung mit dem Thema bestenfalls zu einer Denkhaltung und zu Handlungsorientierungen führen. Handelt es sich um die Beschreibung von etwas Realem wie zum Beispiel einer Entwicklungsanleitung, so kann der Lerneffekt zu einer Bauanleitung führen. Ist das reale Etwas eher dem Bereich Hardware zuzuordnen oder handelt es sich um Software? Im ersten Fall liegt der Schwerpunkt auf Lieferantensuche und Beschaffung. Im zweiten Fall ist zwar zunächst eine Hardware, also eine Betriebsplattform erforderlich, die beschafft werden muss, doch ist diese »nur« ein Mittel zum Zweck, die Software zu betreiben. Diese Software kann entweder bereits beschafft werden oder muss erst produziert, also programmiert oder vielmehr entwickelt werden.

Ist die Kategorie festgestellt, d.h. in diesem Falle mit Schlagworten abgegrenzt und definiert, ist eine gezielte Suche nach Informationen möglich.

Gestaltungsraum und Lösungswege

Wie man sieht, ist also je nach »Denkkategorie« eine Erschließung des Themas in Mittel und Methoden verschieden und das Ergebnis der Auseinandersetzung etwas Funktionierendes, benutzbares Reales oder Ideelles. Leider ist die Präsentation des Themas in den Medien nicht eindeutig, so dass man sich doch einmal die Mühe machen sollte, wenigstens für die eigene Einstellung Klarheit zu schaffen.

- Die zur Abgrenzung nützlichen öffentlichen Informationen müssen entdeckt werden.
- Es sind Hilfsmittel zur Kategorisierung zu finden.
- Es ist eine Kategorisierung des Themas mittels der gefundenen Hilfsmittel zu erarbeiten.

Problemlösung: Regeln und Hilfsmittel

Das Verfahren

Als bewährte Methode der Kategorisierung wird der **Kategorien-Check** vorgestellt. Der Kategorien-Check ist eine Sammlung von Kategorien von Beschäftigungsgegenständen. Zu jeder Kategorie ist eine Erklärung ausgewiesen, die erlauben soll, den Beschäftigungsgegenstand darauf zu prüfen, welche Erklärung am besten auf ihn zutrifft. Die zur Erklärung gehörige Kategorie ist dann die Kategorie des Beschäftigungsgegenstandes.

> **Definition: Kategorien-Check**
>
> Der **Kategorien-Check** ist eine nach Abstraktionsgrad geordnete Liste von Kategorien von Beschäftigungsgegenständen oder Denkkategorien mit Kriterien zur Beurteilung der Zugehörigkeit eines Sachverhalts zu den einzelnen Kategorien.

Die **Methode der Kategorisierung** besteht nun einfach in der Auswertung des eigenen Informationsumfelds bezüglich der Anzeichen des Themas und der Zuordnung anhand der Kriterien. Wie oben schon erwähnt, sind die Anzeichen in den Medien, in Schaufenstern von Geschäften, in Büchern und auch in Gesprächen und auf Informationsabenden zu finden. Die Anzeichen der Spalte »Präsentation« der Kategorienskala sind mit den »Entdeckungen« zu vergleichen. Es kann selbstverständlich jedes Thema mehrere Erscheinungsbilder in den Medien haben und damit auch mehreren Kategorien genügen. Das folgende Verfahren ist zu empfehlen:

Verfahren: Kategorien-Check

- Definition des Problems: Zu welcher Kategorie gehört ein Data Warehouse?
- Auswahl der Medien (Internet, Bibliotheken, Zeitschriften, Berater...)
- Sammlung der Aussagen in den Medien
- Prüfung der Aussagen mittels Kategorienkriterium in der Kategorienskala

Kategorienliste

Dem Kategorien-Check liegt eine **Kategorienliste** zugrunde. Diese ist eine Tabelle zur Einordnung eines Themas mittels einer geordneten Liste von Kategorien und einiger unvollständiger, aber hinreichend vieler Kriterien zu den Kategorien. Die Liste ist in dem Sinn geordnet, dass die Kategorien von oben nach unten gelesen realer, anfassbarer werden. Der Abstraktionsgrad der Kategorien dieser Liste ist also von oben nach unten abnehmend. Die Liste ist eine **Kategorienskala** (siehe Tabelle 1.1).

Eine weitere Vertiefung des Themas Kategorisierung ist nicht erforderlich. Es geht hier nur um den Nutzen für die folgenden Erörterungen und zu diesem Zweck genügt eine erste Annäherung. Die Kategorienliste ist auch nicht allgemeingültig, sondern bereits auf den Erfahrungsbereich der EDV zugeschnitten, mit dem wir uns ja hier beschäftigen wollen.

Beispiel zur Kategorisierung des Begriffes »Data Warehouse«

Ein Beispiel dafür, wie sich das Thema in der Öffentlichkeit präsentiert, sind Zeitungsartikel. Die Frage, die mit den vorne gezeigten Zeitungsartikeln und der Kategoriencheckliste beantwortet werden soll, lautet: Wie ist der Begriff Data Warehouse einzuordnen, bzw. zu welcher Kategorie gehört der Begriff Data Warehouse? Die Anwort ergibt sich aus dem Auffinden der folgenden Begriffe. Jeder weist auf eine Kategoriezuordnung des Begriffes »Data Warehouse« hin:

- ✔ **Kategorie Phänomen**
  Data Warehousing
- ✔ **Kategorie Arbeitsprogramm**
  Data Warehouse Kooperationen, Standardisierungsgremium für Data Warehouse, Data Warehouse Council
- ✔ **Kategorie Methodik**
  Data Warehouse Vorgehensmodell, Methode ... des Data Warehousing
- ✔ **Kategorie Prinzip**
  Data Warehousing Prinzip
- ✔ **Kategorie Konzept**
  Data Warehouse Konzept, DWH-Richtlinien der ...
- ✔ **Kategorie Organisationsform**
  Data Warehouse Spezialist, Data Warehouse Programmierer, Abteilung für Data Warehouse Entwicklung
- ✔ **Kategorie Technologie**
  Data Warehouse Herstellungsverfahren, ... zu kombinierende Rohprodukte..., Data Warehouse Einbaukomponenten in ...
- ✔ **Kategorie Software**
  Data Warehouse Programm
- ✔ **Kategorie Softwaresystem**
  Data Warehouse Module, Data Mining Modul, Data Warehouse Komponente
- ✔ **Kategorie Rechnersystem**
  Data Warehouse Rechner, Data Warehouse Server, Zugriffsperformance
- ✔ **Kategorie Netzwerk**
  Data Warehouse Netzwerk, Data Warehouse Protokollschicht
- ✔ **Kategorie EDV-Architektur**
  Data Warehouse Architektur, Data Warehouse Komponenten, Kombination
- ✔ **Kategorie EDV-Infrastruktur**
  Data Warehouse System

Man sieht, dass das Thema Data Warehouse viele Facetten hat. Es lässt sich nicht einfach einer Kategorie zuordnen.

Einen umfassenden Einblick in die Anfänge des Themas »Management-Informationssysteme« findet man in:

🗁 Grochla, Management-Informationssysteme

Kategorie	Kriterium	Präsentation	Stufe
Phänomen?	• Erscheinungsbild • gesellschaftliches Ereignis • öffentliches Thema	Hochschulen Zeitschriften, Seminare Managementdiskussion	Ideal ↓ ↓
Arbeitsprogramm?	• Abfolge von Arbeitsschritten zum Erzielen eines Arbeitsergebnisses	Forschungsprojekte Institutsankündigungen Kooperationen	↓ ↓ ↓
Methodik?	• planmäßiges Vorgehen • Lehre der Verfahren	Empfehlungen Anleitungen Vorgehensmodell	↓ ↓ ↓
Prinzip?	• Grundsatz • Grundlage • Orientierungslinie	Gestaltungsrahmen von Unternehmen	↓ ↓ ↓
Konzept?	• Anforderungsskizze eines Werks oder Produkts • Lösungsbeschreibung mit Umsetzungsplan	Konzeptionen Richtlinien	Real ↓ ↓ ↓
Organisation?	• Rollen, Stellen, Richtlinien • laufende Prozesse	Stellenbeschreibungen Ankündigungen	↓ ↓
Technologie?	• Gesamtheit der Prozesse einer Fertigung • technisches Verfahren • Rohstoffumwandlung zu Produkten	Technische Anlage mit Faktorkombination	↓ ↓ ↓ ↓
Software?	• Computerprogramm • für Rechner lesbare Anweisungsfolge	Programmangebot	Soft ↓
Softwaresystem?	• Computerprogramm aus Komponenten	Prospekt zu Programmmodulen	↓ ↓
Rechnergeneration?	• neue Prozessorstruktur • Verbund von Prozessoren • Prozessortechnologie	Rechnertypus	Hard ↓ ↓
Netzwerk?	• Infrastruktur kommunizierender Einzelteile • gegenseitig aufeinander einwirkende Komponenten	HW+SW-Komponenten Infrastruktur, Protokolle, Verkabelung	↓ ↓ ↓ ↓
EDV-Architektur?	• Schichten • planmäßig zusammengebaute Komponenten	Schichtenmodell Bauplan, Stücklisten	↓ ↓ ↓
EDV-Infrastruktur?	• Gesamtheit von Rechnern, Netzen, Softwarekomponenten	Netzplan mit Komponentenlisten	↓ ↓

Tabelle 1.1: Kategorienskala Data Warehouse

1.1.2 Produkttypisierung

Problemstellung und Motivation

Steht die Kategorie fest, kann man sich mit den Arten der Gegenstände der Kategorie auseinandersetzen. Da sich die Kategorie des Data Warehouse aus den Zeitungsartikeln als etwas Handfestes wie ein System aus Hardware und Software zu erkennen gegeben hat, als ein Etwas, das sogar auf Märkten gehandelt wird, bietet sich als weitere Eingrenzung die Feststellung des **Produkt-**

typus an. Wäre als Kategorie »Phänomen« festgestellt worden, wäre das natürlich nicht möglich gewesen und die weitere Arbeit am Thema eher abstrakt und visionär geblieben.

Die kategorielle Einordnung ist bewusstseinsprägend für die gesamte Projektzeit. Die Vorstellung eines Projektmanagers, eines zukünftigen Data Warehouse Spezialisten und auch des IT-Vorstandes, ein komplexes System aus Software, Hardware und Organisationsstrukturen zu entwerfen, führt zu ernsthafteren Diskussionen als zum Beispiel bei Projekten, deren Ziel eine Studie ist. Studien sind eher geistige Spielwiesen zur Generierung von Ideen und zur Findung von Maßnahmen und Vorhaben. Ein Data Warehouse zu bauen ist bereits eine von einem Vorstand veranlasste Maßnahme.

Die Erkenntnis des Produkttypus ist auch insofern nützlich, als sie bereits eine Fokussierung der Aktivitäten auf ein Marktsegment und damit ein besseres Haushalten mit den einzusetzenden Ressourcen ermöglicht. Aber auch die organisatorische Zuständigkeit ist damit erkannt. Es ist klar, ob sich die Abteilung Anwendungsentwicklung, das Rechenzentrum oder die Fachabteilung um die Thematik kümmern muss. Bei der Fülle der heute gebotenen Informationsmöglichkeiten und den in immer kürzeren Zeitspannen zu erreichenden Projektzielen ist es nötig, schnell zum Punkt zu kommen.

Eine kleine Auswahl bekannter verwandter Systemtypen, bzw. der sie bezeichnenden Begriffe aus dem historischen Umfeld der Data Warehouse Systeme, mag belegen, dass es der Mühe wert ist, etwas genauer abzugrenzen, was unter dem Begriff Data Warehouse System zu verstehen ist.

- ✔ Management-Informationssysteme
- ✔ Decision Supporting Systems
- ✔ Executive Information Systems
- ✔ Knowledge Databases
- ✔ Frühwarnsystem
- ✔ Electronic Shopping System

Alle genannten Systeme lassen schon vom Namen her auf die Verfügbarkeit von Informationen schließen. Das heißt, dass die Informationen nicht durch diese Systeme durchgeschleust und umgewandelt werden oder zum Beispiel bei einer Maschine einen Vorgang auslösen, sondern dass sie zum Aufruf, zur Verwendung vorgehalten werden. Für das Lagern von Informationen sind heute **Datenhaltungssysteme** zuständig. Die Verwandtschaft bzw. Ähnlichkeit der aufgezählten Systeme besteht also mindestens darin, dass sie **datenbankbasiert** sind.

Zum Verständnis: Es gibt auch Systeme ohne Schwerpunkt auf einer Basis-Datenbank wie Produktionssteuerungssysteme, Prozesssteuerungssysteme. Es gibt Systeme ohne Basisdatenbank wie zum Beispiel Kommunikationssysteme

(Virtual Private Network), Signalsysteme, und es gibt auch datenbankbasierte Systeme ohne Managementinformationen wie CAD, Archivierung, Workflow.

Definition: Datenbankbasierte Informationssysteme

Die **datenbankbasierten Informationssysteme** sind Informationssysteme mit einer dauerhaften, erweiterbaren, strukturierten Datenhaltung mit Funktionalität für Eingabe, Auswahl und Abruf von Daten.

Diese Abgrenzung ist wissenschaftlich nicht ganz einwandfrei, soll aber zunächst auch nur zur Einstimmung auf ein Marktsegment dienen. Ohne die saubere Abgrenzung und deren Vermittlung durch einen Projektleiter bzw. einen Data Warehouse Spezialisten in das Team hat jedes Teammitglied von Anfang an eine andere Vorstellung von dem, was entstehen soll. Auch die für die Projektinvestition verantwortlichen Führungskräfte haben Klarheit und Schutz vor falschen Erwartungen verdient.

Diese Klarstellung, die Abgrenzung des Betätigungsfeldes, kann mittels der Typisierung von Produkten, der Segmentierung von Märkten, der Einordnung von Anwendern und Konsumenten vorgenommen werden.

Die Produkttypisierungen genügen nicht dem Anspruch der exakten Definiertheit. Sie entsprechen auch nicht dem Anspruch der Überschneidungsfreiheit. Damit ist die Möglichkeit der eindeutigen Zuordnung eines realen Produkts zu einem Produkttyp selten. Die Produkttypisierungen sind mehrdeutig. Das lässt sich nicht vermeiden und liegt schon darin begründet, dass neue Produkttypen als Verbesserung und Erweiterung von alten Produkttypen entstehen und nahezu alle Eigenschaften der alten Produkttypen mitnehmen. Hier genügt es, ein Produkt einem oder mehreren Produkttypen zuordnen zu können. Dies ist nicht weiter schlimm, da ein Data Warehouse aus Bestandteilen verschiedener Produkttypen komponiert werden kann.

Typisierung von Management-Unterstützungssystemen nach Kleinhans

Die Produkttypisierung bezüglich der DWH-Systeme ist in der Literatur nicht einheitlich dargestellt. Aus der Vielzahl der Ansätze sei hier nur einer ausgewählt, die **Typisierung von Management-Unterstützungssystemen** mit den Merkmalsgruppen von Kleinhans:

🗁 Kleinhans, Seite 5 in Hichert, Management-Informationssysteme

Kleinhans gibt an, dass man die Unterscheidungsmerkmale von MUS, Data Warehouse, MIS usw. in sechs Gruppen zusammenfassen kann:

- ✔ **Problemorientierung:** Unterstützung der Problemlösungsphase Planung, Entscheidung, Durchsetzung, Kontrolle
- ✔ **Anwenderorientierung:** Einzelbenutzer, Gruppe, Abteilung, Bereich, Unternehmen

✔ **Rechnertechnik:** Parallelität, Softwaretechnologie, Userinterface

✔ **Datentechnik:** Erfassung, Speicherung, Umsetzung, Abfrage, Transport, Sortierung, Verarbeitung

✔ **Organisationstechnik:** Isolation, Integration

✔ **Betriebsfunktion:** Produktion, Marketing, Logistik, Verwaltung, Vertrieb

Diesen interessanten Merkmalsgruppen werden hier noch weitere hinzugefügt, die ebenfalls für die Abgrenzung von Informationssystemen nützlich und mitunter sogar ausschlaggebend sind:

✔ **Organisationsebene:** operativ, taktisch, strategisch

✔ **Verdichtungsform:** Basisdaten, Replikation, Aggregation

✔ **Softwarefunktionalität:** Logische Regeln, genetische Algorithmen, Fuzzy Sets, Formelgenerator, Mustererkennung, Businessgrafik, Datennavigation, Modellbildung, Hypertextlinking, Multimedia

Ein Beispiel für eine Aufteilung wichtiger marktgängiger Produkte ist in der folgenden Grafik in Form einer Portfoliodarstellung abgebildet. Die Darstellung ist der Studie

🗁 Bullinger, Marktstudie Führungsinformationssysteme

entnommen.

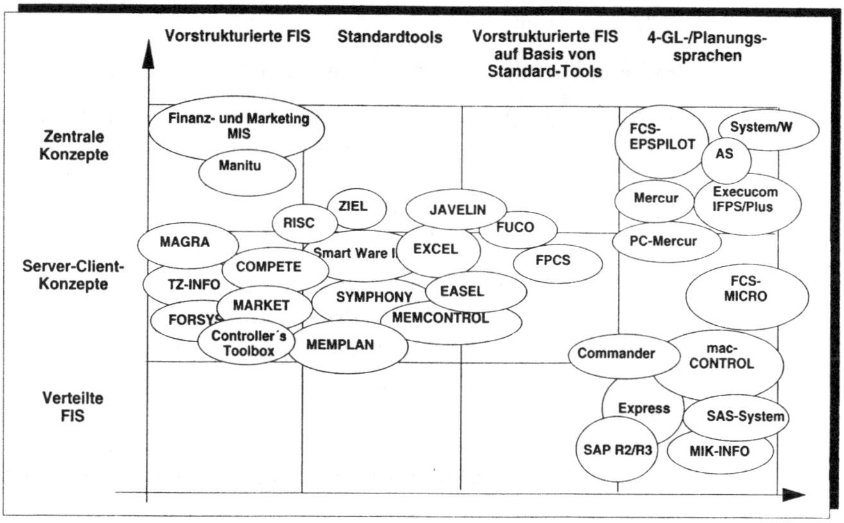

Abbildung 1.3: Portfolio der Produkte der Führungsinformationssysteme

Gestaltungsraum und Lösungswege

Die Gestaltungsaufgabe besteht hier aus der Abgrenzung des angestrebten Systems gegen die außerhalb des Interesses liegenden Systeme. Das Ergebnis der Abgrenzung ist Benennung nach marktgängigem Sprachgebrauch. Das System muss einen Namen bekommen, der eine Einordnung als Produkttyp ermöglicht.

➢ Finden eines Hilfsmittels zur Einordnung des Produkttyps

➢ Einordnung des Produkttyps

Problemlösung: Regeln und Hilfsmittel

Das Verfahren

Bei einer **Produkttypisierung** nutzt man vorhandene Typisierungen und Marktsegmentierungen aus der Betriebswirtschaftslehre oder aus den meist weniger bekannten Dissertationen zum Thema. Hier ist schon ein wenig Spürsinn gefragt, will man aus der Vielfalt der Veröffentlichungen diejenigen mit einer nützlichen Typisierung herausfinden. Am schnellsten hilft hier die Befragung eines Lehrstuhls weiter, der sich ja zwangsläufig mit der Systematisierung seines Arbeitsgebiets auseinandersetzen muss.

Verfahren: Typisierung Informationssysteme

❖ Definition des Problems: Zu welchem Produkttyp gehören Data Warehouse Systeme?

❖ Sammlung der Aussagen in den Medien

❖ Prüfung der Aussagen mittels Kommentar des Produkttypen-Chart datenbankorientierter Informationssysteme

Produkttypen-Chart datenbankbasierter Informationssysteme

Für die Einordnung des gewünschten Systems kann man sich auf die sogenannten Informationssysteme konzentrieren. Dies heißt, dass Prozesssteuerung, Signalverarbeitung und Analogsysteme nicht in Data Warehouse Systemen enthalten sind. Zur Auffindung der erforderlichen Komponenten für ein Data Warehouse genügt die grobe Typisierung. Mittels der groben Typisierung wird ein Assoziationsfeld für Recherchen geschaffen. Als effizientes Hilfsmittel sei hier ein kommentiertes **Produkttypen-Chart datenbankbasierter Informationssysteme** vorgestellt (siehe Tabelle 1.2).

Short Cut	Produkttyp	Erklärung
MIS FIS	Management Information System Führungsinformationssystem	für alle Managementebenen, Gesamtheit aller Informationen verdichtet wie auch unverdichtet
DSS EUS	Decision Support System Entscheidungsunterstützungssystem	Operation Research, Modell- und Methodenbanken, What-if-Abfragen
EWS FWS	Early Warning System Frühwarnsystem	Parameterabfragen, aktive Warnung, Trendanalyse, Prognosen, Schwellenwertdefinition
EIS CIS	Executive Information System Chefinformationssystem	Planung, Ad-hoc-Abfrage, Hypertext-Linking, flexible Reportgenerierung, Unternehmensgestaltung
KBS WBS	Knowlege Based System Wissenbasiertes System	Fachwissendarstellung mit Faktenwissen, Regelwissen
XPS EPS	Expert System Expertensystem	Expertenwissen mit Aussagen aus logischen Regeln, Ableitung neuer Aussagen
ODB ODB	Online Databases Online-Datenbank	Auskunftsystem zu öffentlichen gebührenpflichtigen Datenbanken von Instituten und Behörden
DBMS DBMS	Database Management System Datenbankmanagementsystem	System zur Definition von Datenstrukturen und Verwaltung von Daten und deren Zugriffen
OLAPS	Online Analytical Processing System	Mehrdimensionale Datenwürfel, Hierarchische Filter- und Aggregationsfunktionen über Dimensionen
OLTPS	Online Transaction Processing System	flache satzorientierte Datenablage, Transaktionen als Zugriff
ROLAPS	Relational Online Analytical Processing System	OLAP-System mit multidimensionalem Zugriff, aber relationaler Speicherung
MOLAPS	Multidimensional Online Analytical Processing System	OLAP-System mit multidimensionalem Zugriff, aber multidimensionaler Speicherung
EUT	Office System mit Enduser Tools	Textverarbeitung, Kalkulationsblätter, Businessgrafik Makrosprache
IRS	Information Retrieval System	Auffindung von archivierten Informationen mittels Schlagworten
ARS	Archiving System Archivierungssystem	langfristige Speicherung und Suche von Dokumenten, nicht auf elektronische Informationen begrenzt
OIS BIS	Office Information System Büroinformationssystem	Unterstützung von Bürotätigkeiten wie Kommunikation, Ablage, Versand, Terminabstimmung und -planung
WFMS	Workflow Management System	System zur aktiven Steuerung der Aktivitäten arbeitsteiliger Prozesse
Data Warehouse	Data Warehouse	gesamter Datenhaushalt eines Unternehmens, Datenmustererkennung und Standardreporting
Data Mart	Data Mart	Ein auf einen Nutzerkreis, wie zum Beispiel eine Abteilung, eingeschränktes Data Warehouse

Tabelle 1.2: Produkttypen-Chart datenbankorientierter Informationssysteme

Die Einordnung findet mit Hilfe einer **Produkttypen-Charakterisierung** statt. Die Elemente der Charakterisierung sind dabei:

- ✔ leichte Erlernbarkeit für einen Anwender ohne Programmierkenntnisse
- ✔ anwendbar für Führungsebene, mittleres Management oder auf operativer Ebene
- ✔ Verdichtung von Originaldaten und Ableitung von Daten
- ✔ fest vorprogrammiert oder flexible Datenbanken mit anpassbaren Abfragen
- ✔ besondere Funktionen zur Datenauswertung und Datenerzeugung wie Databases, Regellogik, Aggregation, Navigation, Fuzzy Set, genetische Algorithmen, Multiwürfel, neuronale Netze

Für den Leser ist der Beschäftigungsgegenstand das Data Warehouse. Es ist aber mit dem Orientierungsschritt klar geworden, dass neben dem Aufbau eines Data Warehouse auch ein Decision Supporting System und ein Executive Information System in Frage kommen könnten.

In diesem Zusammenhang ist noch interessant:

🗁 Krallmann, Rechnergestützte Werkzeuge

1.1.3 Ausblick: Die Organisationsform eines Data Warehouse Vorhabens

Der zu organisierende Gegenstand »Data Warehouse Vorhaben«

Die Erkenntnis, ein Data Warehouse gestalten zu wollen, lässt schon eine erste grobe Struktur für die Organisation des Gesamtvorhabens »Data Warehouse Aufbau« ableiten. Da ein Data Warehouse wenigstens ein Softwaresystem ist, ist auch die Betrachtung der Hardware samt Betriebssystem und des in der Regel lokalen Netzes zum Betrieb dieses Softwaresystems erforderlich. Damit sind bereits zwei Entscheidungsbereiche aus einem Gestaltungsraum definiert:

- ➡ Ein Data Warehouse hat eine Infrastruktur aus Rechnern, Betriebssystemen, lokalen Netzen und eventuell regionalen Netzen.
- ➡ Ein Data Warehouse umfasst ein Softwaresystem aus Anwendungen, Bedienungsoberflächen, Datenbanken.

Mit der Kenntnis dieser beiden Gestaltungsentscheidungen kann das allgemein bekannte Wissen um Softwareprojekte und das Wissen um die Struktur von Rechnernetzen beansprucht werden. Das bedeutet jedoch nicht, dass diese Bereiche komplett ausgearbeitet werden müssen, sondern dass das dort vorhandene Wissen aufgespürt, auf seine Verwendung für die Data Warehouse Konzeption beurteilt, selektiert und zur Gestaltung des Gesamtsystems angewendet werden kann.

Für die Durchführung einmaliger Vorhaben wird in der Regel keine dauerhafte Organisation, sondern eine temporäre Organisation eingerichtet. Es ist also ein relativ umfangreiches Projekt zu definieren.

➡ Der Aufbau eines DWH ist ein solcher einmaliger und länger dauernder Vorgang

- über mehrere Monate,
- mit Beteiligung mehrerer Personen unterschiedlicher Qualifikation aus unterschiedlichen Abteilungen,
- die vorübergehend und wiederholt und zu unterschiedlichen Zeitpunkten mit wechselnder Kapazität zusammenzuführen sind,
- ohne die Linienzuordnung aufzuheben,
- um einmalig verwendbare Ergebnisse zu produzieren.

Es muss daher eine neben der bestehenden Organisation funktionsfähige, temporäre Teamorganisation mit eigenen Weisungswegen und Berichtswegen eingerichtet werden. Eine bewährte Möglichkeit ist die Projektorganisation. Da die Projektmitglieder zweifach unterstellt sind, nämlich dem Projektleiter und dem Abteilungsleiter, und dies übersichtlich in einer Matrix dargestellt werden kann, spricht man auch von einer **Matrixorganisation.**

Definition: Projekt und Matrixorganisation

Ein **Projekt** ist eine einmalige, zeitlich begrenzte (temporäre) Organisationsform mit Strukturen, Abläufen, Berichten, Weisungen, mit vorübergehender Ressourcenabstellung und einem individuellen Ergebnis. Bleiben die Weisungsrechte der Linienorganisation im Laufe eines Projekts erhalten, handelt es sich um eine **Matrixorganisation.**

Eine Projektorganisation ist die Basis für die Abwicklung von Projektaufgaben. Für die Gestaltung der Projektorganisation muss daher Klarheit über die Aufgabenpakete, die **Projektstruktur,** gewonnen werden. Die Aufgaben der Projektstruktur werden zu zeitlich zusammengehörigen und gemeinsam abzuwickelnden Paketen gebündelt. Die Zeitabschnitte eines Aufgabenpakets werden Phasen genannt.

Definition: Projektphase

Ein Projekt wird zur Überprüfung der Erreichbarkeit der gesetzten Ziele und einer Bestimmung der nächsten Ziele in Arbeitsschritte mit einem definierten Ergebnis zerlegt. Diese Arbeitsschritte heißen **Projektphasen.**

Der Projektaufbau nach Phasen, die **Phasenaufteilung,** ist nicht eindeutig. So kann man zum Beispiel Implementierung noch in der Phase Realisation abwickeln, da häufig die Fehler erst nach der Implementierung in die Betriebsumgebung sichtbar werden. Die Realisierungsergebnisse werden wiederum in die Realisation zurückgegeben, korrigiert, getestet und reimplementiert, bis ein stabiler, den Anforderungen entsprechender Betrieb möglich ist.

Exkurs zur Phasenstrukturierung von Projekten

Im folgenden Exkurs wird eine Phasenstrukturierung von Projekten dargestellt.

Exkurs: Projektaufbau

Umfangreiche Projekte werden erfahrungsgemäß in überschaubare Schritte eingeteilt und abgewickelt. Diese Schritte werden *Projektphasen* genannt. Es gibt keine Faustregel, ab welcher Projektgröße (oder aufgrund welches anderen Kriteriums) die Phasenstruktur erforderlich wäre. Daher gibt es Projekte, die Phasen noch weiter detaillieren, und andere Projekte, die komplette Phasen überspringen. Die Abwicklung der Projektphasen besteht aus der Erzeugung definierter *Phasenergebnisse*. Die Struktur des Phasenergebnisses, also gewissermaßen seine Definition oder auch seine Spezifikation, heißt *Ergebnistyp.*

Dem Projekt geht die Orientierung bezüglich der Aufgabenstellung, die Suche nach Interessenten an den zukünftigen Ergebnissen und die Suche nach Geldgebern, die Akquisition, die strategische Vorbereitung, die Definition unternehmerischer Ziele, Budget und Zeitrahmen, die Bestimmung eines Vorstandssponsors bzw. die Zuordnung des Themas zu einem Vorstandsressort und die Ernennung eines Projektverantwortlichen voraus. Diese Vorphase heißt **Projektinitiation.** Ist das Projekt initiiert, bilden sich die Projektphasen analog dem Ablauf einer Problemlösung.

Zuerst steht die Einordnung der Sache, Definition der Projektziele und eine Grobbudgetierung und Rahmenterminierung, die sogenannte *Projektierung* an.

Nach der Projektierung sind die fachlichen Inhalte und Ergebnisse zu akquirieren und in einer verabredeten Form zu fixieren. Diese Phase besteht aus der notwendigen Ist-Erhebung und Analyse bzw. der Interpretation der derzeitigen Situation. Ist man mit der Situation zufrieden oder stellt sich heraus, dass das Projekt zu keiner besseren Lösung führt, oder ist sogar die Machbarkeit in Frage gestellt, wird das Projekt beendet. Diese Phase heißt gewöhnlich **Statusanalyse** oder *Ist-Erhebung.* Werden sogar noch die Anforderungen der Interessenten, wie bei einer Software zum Beispiel die Anwenderwünsche, miterhoben, spricht man auch von einer *Anforderungsanalyse.*

Ist man mit dem augenblicklichen Zustand nicht zufrieden und ist die Machbarkeit ausreichend begründet, werden die Lösungsmöglichkeiten ermittelt. Die Lösungsmöglichkeiten werden gegeneinander abgewogen, Vor- und Nachteile festgestellt und die Entscheidung für eine Lösungsvariante gefällt. Diese Variante wird gemäß den Anforderungen in einer ersten Annäherung formuliert. Das Ergebnis ist in einer noch für Entscheider und Anwender verständlichen Sprache und Symbolik gehalten, um deren Einverständnis für die nächste Phase einholen zu können. Das Ergebnis ist eine fachliche Wissensdarstellung, nicht zu verwechseln mit den fachlichen Anforderungen. Diese Phase wird **Konzeption** oder *Fachkonzeption*, manchmal unglücklicherweise auch *Grobkonzeption* genannt.

Die Konzeption ist zwar noch in einer für Entscheider und Anwender verständlichen Sprache gehalten, aber für die Umsetzung ist diese Sprachart zu ungenau. Der nächste Schritt besteht daher in der Präzisierung, z.B. in der Formulierung klarer Handlungsanweisungen für Programmierer, Hersteller oder Beschaffer. Je nachdem, ob beschafft wird, programmiert wird oder nur Anpassungsarbeiten an einem gekauften Produkt zu leisten sind, ist die Verwendung einer speziellen »Terminologie« erforderlich, die auch aus Formeln, Strukturgrafiken oder Tabellen bestehen kann. Diese Phase wird **Spezifikation,** *Design* oder *Entwurf*, manchmal unglücklicherweise auch *Feinkonzeption* genannt.

Die Umsetzung der Spezifikation umfasst das Codieren in einer Programmiersprache, das Testen in einer Laborumgebung, die Installation und das Testen in der Betriebsumgebung. Diese Phase wird **Realisation** genannt. Manchmal wird die *Implementierung* getrennt von der Realisation als eigene Phase genannt, wenn zum Beispiel ein Probebetrieb durchgeführt wird.

Sind alle Tests abgeschlossen, die Entscheider zufrieden mit der Übereinstimmung zwischen Konzeption und Lösung, die Anwender über Ergonomie und Nutzen im Bilde, wird das System für den Betrieb freigegeben. Der Betrieb umfasst wie bei einer gewöhnlichen Maschine Wartungsarbeiten, Ausbesserung kleiner Fehler, Erneuerung und Austausch, aber auch die Anwenderbetreuung und die Kontaktpflege zu den Herstellern. Diese Phase wird **Betrieb** genannt.

Besteht keine ausreichende Nutzungsnachfrage mehr, wird der Betrieb eingestellt und die Systeme werden abgebaut. Der Abbau umfasst die Migration der Daten auf andere Systeme, die Destallation der Programme, das Abmontieren der Hardware und den Weiterverkauf oder die Verschrottung. Diese Phase wird **Abbau** genannt.

Die Projektphasen sind in Kapitel 8, Abbildung 8.2 dargestellt.

Die Ergebnisse der Projektphasen eines Data Warehouse Projekts werden in einem sogenannten **Vorgehensmodell** definiert. Es ist bekannt, dass es verschiedene Vorgehensmodelle gibt, die alle vom zu gestaltenden Gegenstand abhängen. Ein wichtiger Schritt im DWH-Projekt ist daher die Definition des zu gestaltenden Gegenstandes, seiner Bestandteile, seiner Architektur. Ist die Architektur klar, werden zu ihrer Herstellung Methoden überlegt.

Mit dem Vorgehensmodell wird sich später ein ganzes Kapitel (7) auseinandersetzen; die Ergebnisse sollen hier nicht vorweggenommen werden, da sie ein tieferes Verständnis darüber voraussetzen, woraus ein Data Warehouse besteht.

1.1.4 Fortsetzungsbeispiel InDaWa

Einleitung

Das in diesem Buch systematisch vertiefte Beispiel, Data Warehouse für die Verbesserung der Instandhaltungsmaßnahmen, genannt **»Instandhaltungs Data Warehouse«**, kurz **»InDaWa«**, steht am Start.

Zu diesem Zeitpunkt besteht der Beitrag zu einem Projekt alleine in der Abgrenzung des Beschäftigungsgegenstandes. Also zunächst in der Orientierung: »Ist das Produkt des Vorhabens eine Erkenntnis, ein Papier mit Empfehlungen oder Handlungsanleitungen, eine Organisation, eine Software oder eine Hardware?« Und dann genauer in der Feststellung, »Ist das, was ich mit dem Vorhaben aufbauen möchte, ein Management-Informationssystem, ein Führungsinformationssystem, ein Expertensystem, ein Data Warehouse, nur ein Data Mart oder ist es von allem etwas?«.

Beispiel

Die Kategorie des Vorhabens ist eine erste Annäherung an die noch zu treffenden Gestaltungsentscheidungen.

Beispiel: Produkttyp

Für das Instandhaltungsprojekt steht fest, dass für die gewünschten Erkenntnisse die gesamte Datenbasis, die zu einer kompletten Instandhaltungslösung gebraucht wird, erforderlich ist. Auf dieser Datenbasis werden die Planung, Kalkulation, Genehmigung, Durchführung, Verfolgung und Auswertung wie auch die Ermittlung neuer Instandhaltungsstrategien, z.B. durch intelligente Schadensauswertungen und Ausfallprognosen, operieren.

Spezielle Fragen, die mit dem System beantwortet werden sollen, sind:

- ✔ Welche Komponenten werden am häufigsten defekt?
- ✔ In welchen Anlagenteilen entstehen die meisten Reparaturen?
- ✔ Welche Komponenten werden unter welchen Umständen schneller defekt?
- ✔ Kann für den ganzen Kraftwerkspark eine verteilte Ersatzteilhaltung realisiert werden, ohne die Reparaturzeit zu verlängern?
- ✔ Welche Umwelteinflüsse spielen für den Bauteileausfall eine Rolle?

Damit sind alle Merkmale eines Data Warehouse vorhanden:

- ✔ umfangreiche Datenbasis über mehrere Betriebsfunktionen: Kosten, Personal, Material und Logistik, Produktion und technische Anlagen
- ✔ operative Daten, aggregierte Daten
- ✔ Plan-, Ist-, Abweichungs-, Prognosedaten
- ✔ Planungsvergleiche, Strategiedefinition
- ✔ Standardreporting, regelbasierte (Schadens-) Auswertung

Im weiteren stufenweisen Aufbau des Projekts ist die Erkenntnis, ein Data Warehouse bauen zu wollen, gleich der Erkenntnis, welcher Systemtyp im zukünftigen Projekt konstruiert, entwickelt oder beschafft werden soll. Aus der oben aufgeführten Auswahl kommen mit der Entscheidung, ein Data Warehouse zu bauen, nur der umfassende Ansatz »Data Warehouse » oder der eingeschränkte Ansatz »Data Mart« in Betracht. Dies schließt nicht aus, dass auch Decision Supporting Komponenten oder Experten Module integriert sind. Aber das gesuchte System ist eben kein reines Expertensystem und kein reines Decision Supporting System. Es wird die Entscheidung Data Warehouse gegenüber Data Mart getroffen.

Mit dem Entschluss, ein Data Warehouse gestalten zu wollen, konnte die Einordnung des Produkttyps als umfassendes, datenbankbasiertes Informationssystem getroffen werden. Damit sind zwei Gestaltungsbereiche definiert:

- ✔ Infrastruktur aus Rechnern, Betriebssystemen, lokalen Netzen und eventuell regionalen Netzen
- ✔ Softwaresystem aus Anwendungen, Bedienungsoberflächen, Datenbanken

Mit der Kenntnis dieser beiden Gestaltungsbereiche konnte die Entscheidung für die Organisationsform, eine relativ umfangreiche Projektorganisation, wie sie für große IT-Vorhaben bekannt ist, getroffen werden.

Für das betrachtete Beispielprojekt ist noch keine Projektorganisation vorhanden. Die Rollen müssen noch erarbeitet werden, die Möglichkeiten sind aus ähnlichen Projekten anderer Unternehmen nur namentlich bekannt. Die Vorgehensweise für ein solches Projekt ist unklar. Es ist bekannt, dass größere Projekte im Rahmen eines Vorgehensmodells abgewickelt werden und ein solches für das Vorhaben definiert werden muss.

Gestaltungsentscheidungen

Die bisher getroffenen Entscheidungen sind im Sinne eines Projektfortschritts in der folgenden Tabelle »Entscheidungschart InDaWa Abgrenzung« festgehalten. Diese **Projektfortschrittsskala** oder auch das **Entscheidungschart,** hat zu diesem Zeitpunkt drei Ergebnisse aufzuweisen: die Kategorieeinordnung, den Produkttyp und den Organisationstyp.

Gestaltungsaspekt	Entscheidung	Begründung
ORIENTIERUNG		
Abgrenzung		
Kategorie	Komplexe EDV-Architektur	Software, Hardware, Konzepte, Rollen
Produkttyp	Data Warehouse	Mehrere Datenhaltungssysteme
Organisationstyp	Projekt	einmaliges, zeitlich begrenztes Vorhaben mit wechselndem Ressourceneinsatz
Markttendenzen ...		
Zielsetzung ...		
ARCHITEKTUR ...		
VORGEHENSMODELL ...		
PROJEKTIERUNG ...		
BETRIEB ...		

Tabelle 1.3: Entscheidungschart InDaWa Abgrenzung

Es ist einfach abzuleiten, dass die Qualität eines Data Warehouse und der Fortschritt des Aufbaus von der Zulieferung von Produkten abhängig ist und damit den Schwankungen der Märkte unterworfen ist. Der »Skalenstrich« Markttendenzen deutet an, dass hier ein Ergebnis zu erarbeiten ist. Auch die Erkenntnis, wie weitergearbeitet werden muss, ist ein Projektfortschritt, der sich als neuer Eintrag in der Projektfortschrittsskala zeigt.

Ebenso ist klar, dass ein Data Warehouse in eine bestehende Organisation eingepasst werden muss und dass der Erfolg der Umsetzung von den Vorstellungen und Widerständen der betroffenen Mitarbeiter aller Führungsebenen abhängt. Ein Data Warehouse kann nur dann erfolgreich sein, wenn die Unternehmensziele unterstützt werden und die persönlichen Ziele der Beteiligten berücksichtigt werden. Für die Projektfortschrittsskala bedeutet dies einen Eintrag »Zielsetzung«.

Es wurde festgestellt, dass ein Data Warehouse aufzubauen ein komplexes Vorhaben ist, das der Steuerung durch ein Vorgehensmodell mit definierten Zwischenergebnissen und methodischen Hilfen bedarf. Das Vorgehensmodell ist von den zu produzierenden Komponenten des Data Warehouse Systems abhängig.

Es wurde auch festgestellt, dass die Organisationsform »Projekt« erforderlich ist. Ein Projekt muss mit Zielen, Terminen, Leistungen, Teilnehmern, Arbeitsmitteln definiert werden. Für die Fortschrittsskala ergibt dies damit einen Eintrag »Projektierung«.

Damit sind die nächsten Projektetappen in Sicht.

1.2 Wie sind Markttendenzen im Umfeld des Data Warehouse zu erkennen?

Jedes Unternehmen setzt, auch wenn es noch so klein ist, im eigenen Leistungsprozess Fremdprodukte ein. Damit sind die Tendenzen der Märkte dieser Produkte und die unternehmerischen Aktivitäten ihrer Hersteller interessant, weil sie Einblick in die Zukunft dieser Produkte erlauben. Die Verfolgung dieser Tendenzen mittels der Informationsmedien hilft bei der Ausrichtung der Entscheidungen zum Aufbau und zum Betrieb des Data Warehouse. Nicht nur Tendenzen in den Produktmärkten sind interessant, auch Data Warehouse Vorhaben der Konkurrenten können höchst aufschlussreich sein und die eigenen Entscheidungen beflügeln. Die meisten Unternehmen veröffentlichen diese Vorhaben als »Erfolgsstories« in den gleichen Medien.

Zeit ist ein knappes Gut. Man kann nicht jeder Tendenz bedingungslos unter großem Zeitaufwand folgen, sondern muss sich entscheiden, welche Tendenz schärfer beobachtet und welche Tendenz sofort mit Maßnahmen flankiert werden soll. Das Ziel dieses Kapitels besteht in der Hervorhebung der Bedeutung der kontinuierlichen, aber geplanten Verfolgung der Bewegungen der Märkte im Umfeld des Data Warehouse.

Dazu ist eine Bestimmung der Informationsquellen und die Auswertung der dort gefundenen Informationen erforderlich.

1.2.1 Informationsfindung

Problemstellung und Motivation

Ob man will oder nicht, man wird täglich pausenlos mit Informationen konfrontiert. Der Radiowecker mit neuesten Nachrichten, die Plakate, die Schlagzeilen der Tageszeitung, Verkehrssignale, die Gespräche mit Arbeitskollegen, die Mail-Listen – man kann sich der Informationsflut kaum entziehen. Und es bereitet Mühe, aus dieser großen Menge an Informationen diejenigen herausfiltern, die für die Arbeit benötigt werden. Man muss seinen **Informationshaushalt** organisieren, um effizienter zu den Informationen zu kommen, die wirklich relevant sind.

➡ Informationen müssen selektiert werden.

Informationen können von einem Informationsmarkt bezogen werden, z.B. durch ein Zeitungsabonnement oder über einen Fernsehanschluss. Diese Informationen haben einen Preis, sie müssen gekauft werden. Mit Informationen wird gehandelt. Informationen sind eine begehrte Ware, wie die Abbildung »Nutzung des Internets« unterstreichen soll (siehe Abbildung 1.4).

➡ Informationen sind eine Ware.

Nutzung von Internet und Online-Diensten

Land Region	Netz Dienst	Direkt-anschlüsse
WELTWEIT		> 21.000.000
	Internet	4.850.000
	CompuServe	3.500.000
	Delphi	140.000
	GEnie	100.000
	E-World	65.000
USA		10.170.000
	America Online	3.500.000
	Internet	3.370.000
	CompuServe	1.900.000
	Prodigy	1.400.000
EUROPA		8.740.000
	Minitel	6.500.000
	Internet	1.090.000
	T-Online	850.000
	CompuServe	300.000
FRANKREICH		6.601.000
	Minitel	6.500.000
	Internet	101.000
JAPAN		1.900.000
DEUTSCHLAND		1.251.000
	T-Online	850.000
	Internet	301.000
	CompuServe	100.000
GR.-BRITANNIEN	Internet	270.000
CHINA	Internet	40.000
ITALIEN	Internet	35.000

Fachverband Informationstechnik im VDMA und ZVEI/BMWi AG Info (1995)

Abbildung 1.4: Nutzung des Internets

Informationen haben eine Qualität wie reale Produkte. Sie können widersprüchlich oder sogar völlig falsch sein. Sie können unsinnig und nichtssagend sein, wie zum Beispiel die Aussage aus einem Buch zur Trainingslehre: »Taktik sind taktische Situationen«. Sie können überfrachtet sein, wie in Pleonasmen wie »weißer Schimmel«. Informationen können gehaltlos sein, wie zum Beispiel die Aneinanderreihungen der allseits bekannten »Phrasendreschmaschine«. Informationen können permanent und aufdringlich wiederholt werden, wie zum Beispiel in Werbespots.

➡ Informationen haben einen Inhalt mit einem Wahrheitsgehalt und einem Neuigkeitsgrad.

Bis zum Mittelalter waren die Möglichkeiten der Weitergabe von Informationen noch weitgehend begrenzt: Neben der mündlichen Mitteilung gab es z.B. akustische Signale, Symbole oder handschriftliche Aufzeichnungen. Als dann im Jahr 1450 der Buchdruck erfunden wurde, war erstmals die Massenauflage von Informationen und damit ein höherer Verbreitungsgrad möglich, der noch dazu wesentlich schneller erreicht wurde. Wie die folgende Grafik »Historische Entwicklung der Medien« noch einmal unterstreicht, haben sich seitdem die Träger der Information, die Aufbewahrungsmöglichkeiten, der Zugriff bzw. die Zulieferung in rasender Geschwindigkeit weiterentwickelt. Die Technik hinter den Datenträgern und der Zulieferung der Information wird durch neue technische Erfindungen auch weiterhin rasant fortschreiten.

➡ Informationen sind mittels Medien zu einem Transportgut geworden.

Abbildung 1.5: Historische Entwicklung der Medien

Informationen sind wichtige Faktoren in einem Herstellungsprozess von Produkten. Informationen müssen Arbeitsprozessen im richtigen Moment beigesteuert werden können, sonst müssen ganze Arbeitsgruppen die Arbeit niederlegen. Informationen steuern den Start und die Bewegung von Maschinen.

➡ Informationen sind Produktionsfaktoren, sie haben eine Lieferfrist und eine Wirkung.

Informationen werden in einer bestimmten Form geliefert. Sie können als analoge oder digitale Signale übertragen werden, wie zum Beispiel als Ton, als Bild, als Text, in Rundfunk und Fernsehen. Sie können codiert, zum Beispiel als Zahlenkolonnen, und verdichtet geliefert werden, was einen Aufbereitungs- und Entpackungsprozess erfordert. Informationen können symbolisiert weitergegeben werden, wie in Piktogrammen. Sie können zwischen anderen Informationen versteckt sein, wie in Rätseln, und müssen dann erst entschlüsselt werden. Informationen können dauerhaft auf Papier oder CD-ROM oder vergänglich als Radiosendung geliefert werden. Sie müssen empfangen und aufbewahrt werden.

➡ Informationen haben eine Darstellungsform, eine Lieferform; sie befinden sich auf einem Medium und können nachbearbeitet werden.

Zum Auffinden von Informationen kann man aus Zeitgründen und aus mangelndem Wissen, wo die Information zu finden ist, Berater und Services beanspruchen. Informationen können außerdem eine Bedeutung haben, die nicht immer sofort ersichtlich ist. Ihre Interpretation kann so viel Insiderwissen voraussetzen, dass man der Erklärung durch Consultants bedarf. Die Bedeutung von bestimmten Informationen wird oftmals erst mit zusätzlichen Informationen und im richtigen Kontext erkannt.

➡ Information bedarf der Aufbereitung, der Kombination und der Interpretation.

Informationen sollen in Handlungsanweisungen umgesetzt werden können. Das heißt, sie müssen in einer Form aufbereitet werden, die ein Handeln ermöglicht. Das wiederum heißt, in Informationen müssen konkrete Anweisungen eingebracht werden können, die bei Aufgabenträgern Handeln auslösen. Auch hier hilft wieder der Zukauf von Erfahrung.

➡ Informationen müssen operationalisiert werden.

Zuverlässigkeit von Informationen

Informationen sind nicht immer zuverlässig. Wenn die Informationsbasis eines Vorhabens nicht stimmt, sind Fehler in der Konzeption, in der Konstruktion und in der Realisierung unvermeidlich. Oft ist nur unter großem Aufwand ein Rückführen der Fehlsituation möglich. Mitunter muss sogar das ganze Vorhaben abgebrochen werden. Das ist der Fall, wenn man die falsche Methodik einsetzt, wenn man das Know-how der Firma nicht einfließen lassen kann, wenn die Teammitglieder falsch geschult sind und vieles mehr. Deshalb müssen die Informationen verschiedener voneinander unabhängiger Quellen miteinander verglichen werden.

Auf eine gute Informationsbasis ist größte Sorgfalt zu legen. Ein Unternehmen, das auf Informationssorgfalt keinen Wert legt, braucht auch kein Data Warehouse. Ein Unternehmen, das auf Informiertsein Wert legt, muss das Informieren organisieren. Eine hohe Form der Informationsorganisation ist die Informationsproduktion des Data Warehouse.

Gestaltungsraum und Lösungswege

Das hier diskutierte Gestaltungsobjekt betrifft also die Organisation des Informiertseins, die Auswahl der Informationsquellen, die Bezugsform und den Prozess der Auswertung. Hierzu gehört die Beantwortung der folgenden Fragen:

- Wo sind Informationen zu finden?
- Auf welchen Trägern bzw. Trägersystemen soll meine Information geliefert werden?
- Welche Informationen sind zuverlässig? Welche Güte haben die Informationen? Wie aktuell sind die Informationen? Sind die Informationen handhabbar aufbereitet?
- In welchem Rhythmus muss ich meine Informationsrecherchen wiederholen?
- Wie sind die Informationen auszuwerten? Wie soll mit den Informationen umgegangen werden? Wer soll die Informationen aufbereiten?

Es gibt noch eine Reihe weiterer Gestaltungsfragen im Umgang mit dem Rohstoff Information:

- Wer muss zu welchem Zeitpunkt welche Informationen zugeliefert bekommen?
- Wie präzise muss die Information sein?
- Was ist zu tun, wenn die Information nicht rechtzeitig vorliegt?
- Welchen Nutzen bietet die Information und zu welchem Preis muss ich sie erwerben?
- Wie lange dauert die Nachbearbearbeitung und Aufbereitung der Information?
- Unterliegt die Information der Hol- oder Bringschuld?

Problemlösung: Regeln und Hilfsmittel

Das Verfahren

Das Thema Data Warehouse entwickelt sich so schnell weiter, dass ein kontinuierliches Informieren unvermeidlich ist. Um nicht im Wald der Informationen am einzelnen Baum Data Warehouse vorbeizulaufen, ist das Einholen der Information zu organisieren. Informationssuche ist übrigens nicht nur zur Orientierung wichtig, sondern später zur Anreicherung des DWH mit Daten. Das folgende Verfahren zur **Informationsplanung** ist dabei hilfreich.

Verfahren: Informationsplanung

- Definition des Informationsproblems »Zu welchem Problem ist zu recherchieren?«, und Definition der Schlagworte zur Suche mit **Checkliste Schlagworte Data Warehouse**
- Auswahl der Informationsquellentypen mit **Checkliste Medientypen** und **Checkliste ausgewählte Zeitschriften**
- Auswahl der speziellen Lieferanten mit einer Checkliste Zeitungen, einer Checkliste Beratungsunternehmen und einem Literaturverzeichnis
- Entscheidung über Kontinuität, Frequenz und Bearbeiter der Auswertungen im Informationsplan

Checkliste Schlagworte Data Warehouse

Der erste Schritt besteht in der Festlegung, welche Informationen für die Problemlösung nötig sind und wo die geeigneten Informationen zum Thema Data Warehouse zu finden sind. Geeignet bedeutet: im Hinblick auf Inhalt, Zuverlässigkeit, Güte der Präsentation, Möglichkeit der Weiterverarbeitung sowie Trägersysteme und Aktualität. Hierfür war schon die Kategorienfindung richtungweisend. Bei der Kategorienbestimmung setzt man sich mit einer Menge von Begriffen auseinander, die zum Teil als zum Thema gehörig erkannt und zum Teil ausgegrenzt werden. Das Ergebnis kann in einer Schlagwortliste für zukünftige Recherchen zusamengestellt werden.

✔ Definition der Information für die Problemlösung

✔ Festlegung einer Schlagwortliste

Als erste Annäherung ist die folgende kleine **Schlagwortliste Data Warehouse** und DWH-ähnlicher Systeme aufgeführt.

Data Mart, Data Mining, Data Warehouse, Information Warehouse
Decision Support, Executive Information
DSS, EIS, EUS, MIS, MOLAP, MUS, OLAP, ROLAP

Tabelle 1.4: Checkliste: Schlagworte Data Warehouse

Checkliste Medientypen

Mit Hilfe der Schlagworte wird in Informationsquellen oder Medien nach Informationen gesucht. Das setzt allerdings eine Entscheidung voraus, welche Medien man auswerten möchte. Die Auswahl der Typen von Quellen ist übersichtlich in der **Checkliste Medientypen** dargestellt.

Mediumtyp	Arten, Quellen	L	M	P	E
Fernsehsendung	Reportage, Serie, Videotext	u			●
Rundfunk	Reportage, Serie	u			●
Zeitschrift	Abonnement, Bibliothek, Kiosk, Firmenheft, Institutsorgan	p		●	
Zeitung	Abonnement, Bibliothek, Kiosk	p		●	
Beratung	Einzelberatung, Abruf, Period. Beratung, Task Force, Coaching	a	●		
Konferenz	Forum, Podiumsdiskussion	u	●	●	●
Seminar	Workshop	a	●	●	●
Messe	Workshop, Ausstellung, Präsentation, Demonstration	p	●	●	●
Präsentation	Firmen-Präsentation, Kunden-Präsentation, Road Show	p	●	●	●
Internet-Seite	Verlag, Hersteller, Institut	a			●
Online-DB	Hersteller, Institut, Behörde, Kammer, Nachrichtengesellschaft	a			●
CD-ROM	Buch, Produktdemo, Katalog, Buchbeilage	a			●
Videoband	Verlag, Sendeanstalt	a			●
Audiokassette	Verlag	a			●
Plakat	Plakatwände	u	●		
Schwarzes Brett	Firmengebäude	u	●		
Mailing	Internet, Intranet	u			●
Novellen	Gesetze, Verordnungen			●	
Archiv	Bibliothek, Privat, Firmen, Behörde, Verein, Institut, Abtei			●	●
Prospekt	Geschäftsbericht, Pressemitteilung	a		●	
Buch	Monographie, Tagungsband, Studie, Evaluation	a		●	
Katalog	Branchen-, Produkt-, Herstellerkatalog, Adressbücher	a		●	
Register	Handelsregister			●	
Gespräch	Erfahrungsaustausch, Arbeitskreis, Interessengruppen	a	●		

M – mündlich, P – Papier, E – elektronisch, L – Lieferung: a – Anfrage, p – periodisch, u – unregelmäßig

Tabelle 1.5: Checkliste Medientypen

Zu einem Eintrag in die Checkliste führt die Beantwortung der folgenden Fragen:

- ✔ Ist Data Warehouse Thema in Anzeigen der Hersteller und EDV-Zeitschriften? Ist Data Warehouse auch schon als Sonderteil der Zeitschrift xxx behandelt worden? Hat die Zeitschrift die Artikel auch auf elektronischen Medien zur Verfügung?
- ✔ Was sagen die Marktbeobachter? Für welche Marktbeobachter sollte man sich interessieren? Wie äußern sie ihre Erkenntnisse und wie stark sind ihre Erkenntnisse belastbar?

- ✔ Wie sehen die Beratungsportfolios von Unternehmens- und EDV-Beratern aus? Bieten die Berater auch Coaching, Projektbegleitung und Ausbildung an? Sind die Berater unabhängig oder unterliegen sie einer Beteiligung? Haben sie ein periodisches Informationsmedium?
- ✔ Ist das Thema auch in den öffentlich-rechtlichen Sendeanstalten präsent? Gibt es eine periodische Sendereihe zu diesem Thema, eventuell mit Auskunftsdiensten?

Checkliste ausgewählte Zeitschriften

Das einfachste Mittel ist hin und wieder der Weg zum Kiosk und der unregelmäßige Kauf einer entsprechenden **Zeitschrift.** Man wird sehr schnell vor der Fülle des Angebots an EDV-Zeitschriften zurückschrecken und feststellen, dass

- ➡ speziell für das Data Warehousing keine Zeitschrift aufliegt,
- ➡ das Thema Data Warehousing in den allgemeinen EDV-Zeitschriften unregelmäßig behandelt wird.

Es bleibt nichts anderes übrig, als die Inhalte der EDV-Zeitschriften regelmäßig durchzusehen. Ein weiteres Problem ist, dass nicht alle Zeitschriften, die Kompetentes zum Thema Data Warehouse beizutragen haben, über Kioske vertrieben werden. Viele Zeitschriften sind Organe von Vereinen und Gesellschaften und nur per Bestellung zu beziehen. Zur Orientierung im deutschsprachigen Zeitschriftenmarkt dient die **Checkliste Ausgewählte Zeitschriften zum Thema DWH.** Auswahlkriterium war dabei, dass in den letzten zwölf Monaten dem Thema Data Warehouse wenigstens einmal ein ausführlicher Aufsatz gewidmet wurde.

Trotz Internet, CD-ROM und Konferenzen sind Zeitschriften immer noch das ergiebigste Informationsmittel mit beharrlicher Kontinuität. Deshalb ist eine **Checkliste Zeitschriften** nützlich, mit einer Auswahl derjenigen deutschsprachigen Zeitschriften, die erstens herstellerneutral sind und zweitens in den letzten zwölf Monaten wenigstens einmal ein Data Warehouse Thema ausführlich behandelt haben. Ergänzend sind noch ausgewählte amerikanische Hefte angegeben (siehe Tabelle 1.6).

Neben diesen unabhängigen Zeitschriften gibt es auch **Herstellerzeitschriften,** die allerdings nur auf ihre eigenen Produkte eingehen und diese nicht immer neutral darstellen können. Sie sind aber doch sehr informativ, so dass es sich lohnt, die Hersteller darauf anzusprechen.

Die Hersteller versenden auch **Produktinformationen, Flyer** und **Produktbeschreibungen,** die eher als Kaufanreiz denn als Sachinformation fungieren sollen. Die nicht immer sachlichen Farbglanzprospekte geben jedoch mindestens einen Eindruck von den Komponenten der angebotenen Lösungen und ihrer Funktionalität.

K	Titel	Verlag	E
AI	Angewandte Informatik		2m
IS	Informatik Spektrum	Springer, Heidelberg	2m
IM	Information Management	imc Information Multimedia Communication GmbH, Saarbrücken	q
HMD	Handbuch der modernen Datenverarbeitung	Hüthig, Heidelberg Informatik Management, Strategie, Methoden, Hauptthema	2m
CSCI	CSC Index	Butler Cox GmbH München	u
DMR	Diebold Managementreport	Diebold	
CT	C'T Magazin	Heinz Heise GmbH, Hannover PC-Hardware, Software, Testberichte	2w
iX	iX Magazin	Heinz Heise GmbH, Hannover kleine Server, UNIX u.a., Hardware, Software, Testberichte	m
GI	GI-Mitteilungen Software-technik-Trends	Gesellschaft für Informatik	w
CW	Computerwoche	IDG, München Marktbewegungen, Hersteller, Statistiken, Meinungen	2m
GMDS	GMD-Spiegel	Gesellschaft für Mathematik und Daten-verarbeitung Forschungstätigkeiten	q
HBM	Harvard Business Manager	Manager magazin Verlagsgesellschaft, Hamburg Strategie, Marketing, Führung selten Informatikmanagement	2m
WI	Wirtschaftsinformatik	Verlag Vieweg, Wiesbaden	u
MP	diverse Titel MIT Press	MIT Press, Cambridge, MA	q
MISQ	MIS quaterly		q
AC	Communications of the ACM	ACM	u
IE	IEEE Transactions on Know-ledge and Dataengineering	IEEE	u

E – Erscheinung: w – wöchentlich, 2w – zweiwöchentlich, m – monatlich, 2m – zweimonatlich, q – quartalweise, u – unregelmäßig
K – Kurzzeichen: Die Abkürzungen in der ersten Spalte sind Vorschläge für die Verwendung in einem Informationsplan.

Tabelle 1.6: Checkliste ausgewählte Zeitschriften

Man sollte auch nach sogenannten »**White Papers**« fragen, in denen wesentlich tiefer auf technische Details eingegangen wird. Die eigentliche Absicht der White Papers ist, eine Zukunft der eigenen Produkte und Technologien zu entwerfen.

Der bekannteste deutschsprachige **Katalog** für Software ist der ISIS-Report. Der am meisten verbreitete Katalog über Unternehmen und Unternehmensbeteiligungen ist das Hoppenstedt Unternehmensverzeichnis.

Neben Katalogen können auch spezielle **Adressbücher** weiterhelfen. In jedem Land gibt es ein Behördenverzeichnis, das wiederum ein Hochschulverzeichnis enthält. Das in der BRD am meisten verbreitete Verzeichnis dieser Art ist der »Oeckl«. Gute Informationsquellen sind in diesem Zusammenhang die Verbände mit ihren Adressbüchern und Branchenübersichten.

Elektronische Medien

Immer häufiger wird auch das **Internet** als Informationsmittel genutzt. Nahezu alle Hersteller bieten ihre Informationen im Internet an. Auch die Hochschulen verbreiten ihre Forschungsergebnisse im Internet und Buchverlage bieten schon Buchseiten per Internet an. Der Vorteil des Internets besteht in der Möglichkeit, Informationen schneller als durch Drucke zur Verfügung stellen zu können. Deshalb wird eine neue Information in der Regel zuerst im Internet zu finden sein.

Einige Zeitschriften, zum Beispiel c't, ix und GW, werden als komplette Jahrgänge auf CD-ROM und auf DVD angeboten, um eine komfortable, umfassendere Suche gegenüber dem Papierexemplar zu ermöglichen. Der Nachteil ist, dass in der Regel die **CD-ROM** erst am Ende eines Quartals oder eines Jahrganges erscheint. **Audiokassetten, Videokassetten** und **DVD** können gegenüber der Internetnutzung unabhängig von PC und Büroöffnungszeit in der Freizeit am heimischen Fernseher genutzt werden.

Der oben genannte ISIS-Report, wie auch das Hoppenstedt Unternehmensverzeichnis sind ebenfalls auf CD-ROM erhältlich und erscheinen quartalsweise.

Informationsveranstaltungen

Den Veranstaltern von **Seminaren, Konferenzen, Foren** und **Workshops** kommt man über Zeitschriften auf die Spur. Die Qualität ist von Anbieter zu Anbieter und von Veranstaltung zu Veranstaltung sehr unterschiedlich. Hier kann man sich leider nur auf einen Ruf verlassen. Eine gute Orientierung ist die Autorenliste. Leider werden immer häufiger zugkräftige Autorennamen für einen Eröffnungsvortrag als Köder ausgerufen, und alle anderen Vortragenden kommen eher zur Selbstdarstellung und Unternehmenspräsentation als zur Informationsvermittlung.

Interessant sind auch einige **Arbeitskreise** und **Gesprächsrunden,** die von anwendenden Firmen, von Instituten und Vereinen eingerichtet werden. Interessenschwerpunkt ist der Erfahrungsaustausch. Leider erfährt man nur über Umwege, meistens über die Vertriebsleute der Hersteller, von solchen Kooperationen.

Als direkte Ansprechpartner sind **Universitäten** zeitweise und als gesponsorte Kooperationspartner in Projekten dauerhaft, sehr interessant. Der Vorteil gegenüber anderen Informationsträgern ist, dass immer die Sicherheit einer wissenschaftlichen Fundierung und Aktualität der Forschungsergebnisse gegeben ist. Der Nachteil ist die mangelnde Praxis. Alle Hochschulen mit einem Bereich Wirtschaftsinformatik setzen sich mit dem Thema Data Warehouse auseinander.

Informationsplan

Nach der Entscheidung, welche Informationsquellentypen eingesetzt werden sollen (wer zum Beispiel keinen Internetanschluss hat, kann sich nicht auf Internetrecherchen beziehen), muss aus dem Angebot der Verlage, Hersteller, Berater usw. eine konkrete Auswahl von Lieferanten ausgewählt werden.

Weiterhin ist zu unterscheiden, ob gezielt Information zu einem Problem gesucht werden soll, oder ob regelmäßig der Überblick über die Neuerungen eines Fachgebiets behalten werden soll. Der erste Fall ist eine gezielte **Informationsrecherche.** Im zweiten Fall handelt es sich um ein kontinuierliches **Markt-Monitoring,** bestehend aus der Beobachtung des Marktes, der Marktteilnehmer, der Konkurrenz, der Lieferanten, der Produzenten, der Institutionen und deren Veröffentlichungen.

Ein nicht unerhebliches Problem bei der Auswertung der Informationen ist die zunehmende Frühankündigung von Produkten. Mittlerweile ist die Produktankündigung zum taktischen Instrument gegen den Mitbewerb geworden. Der Unterschied zwischen der Verkündung des Erscheinungsdatums und dem tatsächlichen Erscheinen des Produkts ist oft groß und mitunter gibt es gar kein Produkt. Es ist anzuraten, nach Messepräsentationen das besagte neuangekündigte Produkt probeweise zu bestellen. Ist es nicht wie versprochen lieferbar, sollte man die Zusammenarbeit mit diesem Hersteller meiden. Unter Versprechungen und falschen Erwartungen wird man über den gesamten Lebenszyklus des Produkts leiden.

Informationssammlung und -aufbereitung ist aufwendig und ein Ressourcenproblem und bedarf damit sorgfältiger Planung. In welchem Rhythmus muss ich meine Informationsrecherchen wiederholen, zu welchem Termin muss die benötigte Information verfügbar sein? Beschaffe ich die Informationen selbst oder schalte ich einen Informationsbroker ein, der zwar teuer ist, aber doch viel schneller das begehrte Objekt Information aufspürt?

Als Methode für das Marktmonitoring wie auch für die gezielte Informationsrecherche dient ein **Informationsplan** mit

- ✔ Nennung der Quellen (z.B. mit den Kürzeln der Lieferantenlisten)
- ✔ der beabsichtigten Auswertung (k – kontinuierlich, e – einmalig)
- ✔ Namen der auswertenden Bearbeiter
- ✔ Termin des Berichtens

Checkliste Beratungsunternehmen

Einige Informationsquellen können nur mit Hilfe kompetenter Berater ausgewertet werden. Die Charakteristik der **Checkliste Beratungsunternehmen** ist ein Schnappschuss, ein Anhaltspunkt für eine Auswahl, da die Unternehmen ihr Leistungsspektrum ständig den Forderungen des Marktes anpassen und auf Anfrage sogar individuell und einmalig einen bestimmten Leistungstyp anbieten. Ein Kreuz in der Liste bedeutet, dass sich das Beratungsunternehmen durch eine Publikation in dieser Sache geoutet hat. Die Auswahl wurde auf die ersten zehn Unternehmen der sogenannten »Lünendonk-Liste 1998« eingeschränkt (siehe Tabelle 1.7).

Firma	Charakteristik	A	B	C	P	K	T	S	L	M	E
Gartner Group	Strategieberater + Marktanalyst	●				●	●	●	●	●	
META Group	Strategieberater + Marktanalyst	●		●		●	●	●	●	●	
Butler Bloor Group	Produktanalyst						●	●	●		●
Forrester Research	Marktanalyst, Produktanalyst						●	●	●	●	●
Frost & Sullivan	Marktanalyst							●	●	●	
IDC	Marktanalyst					●		●		●	
Ovum	Marktanalyst, Produktanalyst					●	●	●		●	●
Andersen Consulting	Strategie-Consulting, Wirtschaftprüfung	●		●	●		●		●	●	
Schitag Ernst & Young	Strategie-Consulting, Wirtschaftprüfung	●		●	●		●		●	●	
KPMG	Strategie-Consulting, Wirtschaftprüfung	●		●	●		●		●	●	
Coopers & Lybrand	Strategie-Consulting, Wirtschaftprüfung	●		●	●		●		●	●	
Arthur D. Little	Strategie-Consulting	●		●	●		●		●	●	
Roland Berger	Strategie- und IT-Consulting	●		●	●		●		●	●	
Diebold	Strategie- und IT-Consulting	●		●	●	●	●		●	●	●
CSC Ploenske AG	IT-Consulting	●	●	●	●		●		●		
Plaut-Gruppe	IT-Consulting	●	●	●	●						
gedas GmbH	IT-Consulting	●	●	●	●						
Softlab GmbH	IT-Consulting	●	●	●	●				●		
debis	Systemintegrator	●	●	●	●						
EDS Holding	Systemintegrator	●	●	●	●						
Datev eG	Systemintegrator	●	●	●	●						
tele daten service GmbH	Systemintegrator	●	●	●	●						

A – Ad hoc Anrufung, B – Body Leasing, C – Coaching, P – Projektmanagement, K – Konferenzen, T – Technologieanalysen, M – Marktstudien, S – Statistiken, E – Evaluationsstudien, L – Letter

Tabelle 1.7: Checkliste Beratungsunternehmen

1.2.2 Trendanalyse

Problemstellung und Motivation

Der Markt ist bezüglich Produkttypen und Herstellern unüberschaubar groß geworden und entzieht sich für Endkäufer der unmittelbaren Beobachtung. Was ein Endkäufer vom Markt sieht, ist unvollständig und erklärungsbedürftig.

Die Verpackung der Produkte wird immer verlockender, die Versprechen des Vertriebs sind beharrlich. Das erste Problem, das es für den Data Warehouse Manager zu lösen gilt, ist also die Objektivierung der Sichtweise. Die Aufgabe dieses Projektschritts besteht damit aus der Festlegung

- ✔ der Quellenrecherche
- ✔ der Informationsbeschaffung
- ✔ der Informationsaufbereitung
- ✔ der Informationsauswertung

Das Data Warehouse besteht aus vielen unterschiedlichen technologischen Komponenten. Die Komplexität der Komponentenstruktur zwingt dazu, die Marktentwicklung der einzelnen Komponenten zu verfolgen. Es ist per se nicht vorauszusehen, welche technologische Entwicklung in die Data Warehouse Produkte einzieht bzw. welche Auswirkungen sie auf die technologische Entwicklung von Data Warehouse hat. Daher ist es vorteilhaft, um Überraschungen zu vermeiden, ein umfassendes Technologiemonitoring aufzubauen und periodisch die Relevanz der Strömungen für das Unternehmens-Data-Warehouse zu hinterfragen.

Die Zukunft des Themas Data Warehouse ist leider nicht die Zukunft eines einzelnen Produkts. Wie man im nächsten Kapitel sehen wird, sind im Data Warehouse mehrere Produkttypen integriert und die Trends jedes dieser Produkttypen beeinflussen Erfolg und Misserfolg von Data Warehouse Projekten.

Solche **Trendsituationen** gab es zum Beispiel 1983, als das erste relationale Datenbankmanagementsystem (Oracle) herauskam, 1989, als das erste Datenbankmanagementsystem (INGRES) einen Datenbank-Client mit grafischer Bedienungsoberfäche auslieferte (unter OSF-Motif) und 1992, als der erste Datenbank-Client mit grafischem, teilweise objektorientiertem 4GL Userinterface unter MS-Windows herauskam. Die Verkaufszahlen belegten, dass die Unternehmen bereits gestartete Projekte nicht stoppten und auf die neue Technologie neu ausrichteten. Die Folge davon war, dass Standardsoftwarehersteller Applikationen sogar dann noch mit zeichenorientierten Clients herausbrachten, als die grafischen Oberflächen schon etabliert waren. Sehr viele Unternehmen haben demzufolge heute noch veraltete Technologien im Einsatz.

Die Informationsquellen-Recherche wurde im vorigen Kapitel behandelt. Man hat nun eine Fülle von Informationen auszuwerten, bedient sich eines erfahrenen Beraters oder macht sich selbst an die Arbeit. Die Informationsaufbereitung besteht jetzt aus der Interpretation der Glaubwürdigkeit der Aussagen, der Nachvollziehbarkeit der Schlüsse und der Belegbarkeit der Grundlagen. Man wird hierbei mehrere Quellen nebeneinander legen, deren Erkenntnisse und Empfehlungen vergleichen und sich eine eigene Meinung bilden, die dann Grundlage für weitere Entscheidungen wird.

Gestaltungsraum und Lösungswege

Der Gestaltungsvorgang besteht aus dem Festhalten der eigenen Erkenntnis in einer übersichtlichen Form und der Angabe von Quellenreferenzen. Damit kann man immer belegen, wie und auf der Basis welcher Informationen eine Meinung zustande gekommen ist. Ändert sich eine Basisinformation durch eine neue Tendenz, ist es nur noch erforderlich, diesen einen Gedankenfaden wieder aufzunehmen und die Auswirkung auf die in der Vergangenheit getroffenen Entscheidung zu beurteilen.

➡ Das Ergebnis wird dann zwischen folgenden zwei Extremen liegen:

- Der neue Trend ist ohne Einfluss auf die Entscheidung und die damit ausgelösten Maßnahmen; das Projekt kann weiterlaufen wie bisher.
- Der neue Trend stellt die getroffene Entscheidung völlig in Frage, alle Maßnahmen müssen gestoppt werden, statt dessen sind neue Maßnahmen zu treffen.

Die Gestaltungsaufgaben sind damit:

- Bestimmung der relevanten Trendthemen
- Auswahl der Informationsquellen nach den Anforderungen an Aktualität, Kontinuität, Qualität
- Herstellen der Trendkarten einzelner Trends
- Zusammenführen der Trendkarten im Trendprofil
- Entscheidung zum Abwarten, Einsteigen oder zur Nichtbeachtung einzelner Trends

Problemlösung: Regeln und Hilfsmittel

Das Verfahren

Was ist wie zu beobachten? Wie werden die Beobachtungen ausgewertet? Ist der Markt im Aufschwung oder zeichnen sich bereits Tendenzen zur Ablösung einer Produktgeneration ab? Ein Mittel der Marktanalysten hierfür ist die **Portfolioanalyse** mit Abschätzung der Produktlebensphase. Aber auch die Ankündigungen der Hersteller zeigen Wechsel von Produktgenerationen an. Für den DWH-Spezialisten ist die Portfolioanalyse zu aufwendig. Er wird die Ergebnisse von Marktanalyseunternehmen beziehen können. Mit weniger Aufwand ist die Trendanalyse zu handhaben.

Die **Trendanalyse** für Data Warehouse Entscheidungen ist also nicht nur eine Trendanalyse von Data Warehouse als Produkttyp, sondern sie ist für jeden der entscheidenden Produkttypen, die ein Data Warehouse umfasst, integriert oder anlagert, durchzuführen, und ihre Wechselwirkungen sind sorgfältig zu analysieren. Der Ablauf der Trendanalyse ist wie folgt zu empfehlen.

Verfahren: Trendanalyse

- Bestimmung der relevanten Trendthemen
- Auswahl der Informationsquellen nach den Anforderungen an Aktualität, Kontinuität, Qualität,
- Herstellen der **Trendkarten** einzelner Trends
- Zusammenführen der Trendkarten im **Trendprofil**

Die Trendschätzung

Die vom Management zu treffenden Entscheidungen zielen auf Maßnahmen mit zukünftigen Wirkungen, basieren aber zwangsläufig auf den Erkenntnissen aus Vergangenheit und Gegenwart. Die Methodenklasse der Extrapolation der Erfahrungen auf die Zukunft ist die **Trendschätzung.** Die zukünftigen Auswirkungen der Maßnahmen sind in gleichem Maße von externen Tendenzen und Trends wie von internem Bedarf abhängig. Der Erfolg der getroffenen Maßnahmen hängt deshalb stark von der Genauigkeit der Einschätzung der Trends der Unternehmensumwelt ab. Das sind aus der Sicht der EDV die innovativen Informatiktechnologien und ihre Durchsetzung als Produkte auf dem Markt.

Voraussetzung für die Einschätzung von Trends ist

- ✔ Klassifizierung von Systemarten
- ✔ Klassifizierung von Schlüsseltechnologien
- ✔ eine Klassifizierung von Trends
- ✔ eine Darstellung der gegenseitigen Beeinflussung der Trends
- ✔ ein Katalog mit Umweltsignalen für die Einschätzung der Bewegung jedes Trends
- ✔ Kategorisierung des Trends für das Betätigungsfeld des Unternehmens

Trendkarte

Die Methodenklasse Trendschätzung soll hier durch einen effizienten Vertreter, die **Trendkarte,** repräsentiert werden. Das Ziel der Analyse der Technologietrends ist die Einschätzung der für die Erfüllung der Unternehmensaufgaben relevanten Trends zur Stützung der Entscheidung, für welche Trends in welchem Umfang (Aktivitäten, Budgets) die Zukunft der DV geöffnet werden sollte.

Trendkarte: Technologiethema xxx
Trend:
Der Markt entwickelt sich ...
Konkurrierende Unternehmen betreiben bereits ...
Die XXX-Produkte zeigen bereits die Funktionalität von ...
Die Produkte sind abhängig von der Standardisierungseinigung zwischen ...
Unternemenssituation:
Das Unternehmen ist in der Evaluation ..., hat bereits im Einsatz ..., im Test ...
Das Unternehmen hat einen Sponsor ernannt ..., hat Erfahrung mit ..., hat budgetiert für ...
Aktivität:
Die Anschaffung von ... bis ...
Weiterbeobachten bis ...

Tabelle 1.8: Muster Trendkarte

Die Ausarbeitung dieser Musterstruktur zu einer Trendbeurteilung soll im Folgenden am Beispiel einer fundamentalen Komponente des DWH, der Technologie der Datenbankmanagementsysteme, verdeutlicht werden.

Beispiel: Trendkarte für die Technologie Datenbankmanagementsysteme

Es ist klar, dass Data Warehouses nur mit einer Form von Datenspeicherung funktionieren können. Ein Trend, der für viele Gestaltungsentscheidungen wesentlich ist, ist daher die Technologie der Datenbanksysteme.

Trendkarte Datenbankmanagementsysteme
Trend:
DBMS bilden den Kern der Datenbankanwendung. Ihre Leistungsfähigkeiten begrenzen die Möglichkeiten der Anwendungsgestaltung. Im Markt der DBMS hat sich die relationale Technik mit Data-Dictionary, Queryoptimizer, Backup und Recovery-Funktionalität, Transaktionsverwaltung und Deadlock-Entsperrung und Verteilte Datenhaltung auf der Basis einer standardisierten SQL durchgesetzt. Einige Hersteller bieten zudem eine Replikationsmechanik an, die es erlaubt, auf einem Client losgelöst vom Zustand eines Netzes unabhängig zu arbeiten.

Tabelle 1.9: Trendkarte Datenbankmanagementsysteme

Über die Normalisierung hinausreichende Integrität wird von einigen Herstellern durch die Programmierkonzepte Trigger, Alerter, Rules, DB-Procedures unterstützt. Für die Einführung des objektorientierten Paradigma in DBMS sind zwei Wege beschritten worden: **Verhaltensorientierte DB-Objekte** durch die Möglichkeit der Definition eigener Datentypen und Operationen analog dem Konzept der abstrakten Datentypen und **struktur- oder datenorientierte Objekte** durch die Bündelung von Tabellen und Attributen zu komplexen Einheiten. Die Zukunft der OODBMS liegt in der Zusammenführung beider Wege zu voller Objektorientierung. Der Erfolg der OODBMS wird von der Kompatibilität mit einem bereits standardisierten Objektorientierten SQL (OOSQL) abhängen, da nur diese die Investition in die SQL-Anwendungen erhalten. Die derzeit auf dem Markt angebotenen OODBMS werden sich wegen ihrer Inkompatibilität zu den SQL-RDB nicht für betriebswirtschaftliche Anwendungen durchsetzen.
Unternehmenssituation:
Unternehmen mit großen Datenbeständen auf konventionellen Datenbanken und Filesystemen sind auf einen Datenaustausch mit RDBMS angewiesen. Der Parallelbetrieb der alten Systeme zu den Neuanwendungen setzt in der Regel die Pflege einer Minimalmenge gleicher Daten und Datenstrukturen auf beiden Systemen voraus. Hierfür ist eine bidirektionale Migrationssoftware erforderlich, die über Ereignisse gesteuert werden kann. Neben der Möglichkeit, vom Client aus über das RDBMS auf konventionelle Daten zuzugreifen, kann auch der Direktzugriff über ein Gateway, z.B für Ad-hoc-Anfragen über ein EIS oder ein OLAP-Tool, nützlich sein. Der Bedarf für den Einsatz von Gateways für die Zukunft sollte erwogen werden.
Aktivität:
Die Auswahl eines RDBMS soll die Öffnung in Richtung OOSQL und OLAP sicherstellen, die Möglichkeit der Replikation, Triggerung, Alerter, Rules, DB-Procedures enthalten, bidirektionale automatische Migrationswerkzeuge bieten und über Gateways oder Middleware erreichbar sein.

Tabelle 1.9: Trendkarte Datenbankmanagementsysteme (Forts.)

Trendprofil

Die einzelnen Trendkarten sollten noch einmal übersichtlich in einem Trendprofil zusammengefasst werden. Im folgenden Muster Trendprofil allgemeine Technologien werden nur so viele technologische Felder aufgezählt werden, wie sie aus Zeitschriften und Lehrbüchern zur Informatik bekannt sind und mit den bisherigen Kenntnissen einen Einfluss auf die Technologie von Data Warehouse vermuten lassen. Die genaue Bestückung des Trendprofils ist erst mit dem Wissen der folgenden Kapitel, die sich mit den Architekturkomponenten befassen, möglich.

Technologie	Relevanz	Trend	Maßnahme für DWH
Werkstoffe		Keramik Erinnernde Metalle Kristalline Gele Makroformmoleküle	ohne
Physik-Verfahren		Supraleiter Laser	ohne
Bio-Verfahren		Bio Chips	ohne
Provider		Liberalisierung	Eventuell DWH-Dienste
Netze		ATM Giga Ethernet	beobachten
Hardware		Multiprocessing Clustering	beobachten
Peripherie		Spracherkennung	beobachten
Betriebssystem		Verteilte Betriebssysteme	beobachten
Datenhaltung		Datenbankmaschinen	auswerten
Softwareentwicklung		Objektorientierung Java XML	auswerten, beschaffen
Online-Datenbanken		Internet-Anbindung	auswerten
DSS, EIS		In Data-Warehouse-Markt übergegangen	auswerten, beschaffen
Middleware		Öffnung der Herstellerstandards	auswerten
Workgrouping			auswerten
Workflow		Dialogsteuerung Supply Chain	auswerten
Endusertools		Intelligente Tutorials Einheitliche Makrosprachen	auswerten, beschaffen
Image Processing		Mustererkennung mit Künstlicher Intelligenz	auswerten
Expertensystem		In Data-Warehouse-Markt übergegangen	auswerten
Neue Technologien		Nanotechnologie Optotransistoren	ohne

Tabelle 1.10: Muster Trendprofil allgemeine Technologien

Strategische Allianzen

Für die Beurteilung der Durchsetzungsfähigkeit eines vermuteten Trends ist die Betrachtung der strategischen Allianzen ein gutes Hilfsmittel. Die Faustformel lautet:

➡ Wenn sich die großen Hersteller, die Key Player, einig sind, wird sich der Trend in Form eines umfassenden Produktspektrums etablieren.

Diese Einigkeit drückt sich zum Beispiel in der Zusammenarbeit und noch deutlicher in der Neugründung von Standardisierungsgremien aus. Dies ist noch keine Garantie für die Akzeptanz des Nachfragemarktes. Oft genug sind diese Gremien auch genauso schnell wieder ohne Produkte von der Bildfläche des EDV-Marktes verschwunden, wie sie aufgetaucht sind, wie zum Beispiel das von IBM getriebene Projekt »Talligent«. Deshalb ist abzuwarten, bis die Mehrzahl der Mitbewerber mit Produkten aufwartet.

Schwieriger ist die Beurteilung konkurrierender Allianzen. Die Einschätzung von Trends auf der Basis von gegenseitigen Wechselwirkungen ist äußerst aufwendig und Sache der Marktanalysten. Die Ergebnisse sollten in Form von Marktstudien beschafft werden. Zur Analyse der Allianzsituation dient eine Beziehungsmatrix der Kooperationen, was hier aber nicht weiter vertieft werden soll.

Schwierig ist ebenfalls die Beurteilung der Auswirkung eines sich durchsetzenden Trends auf andere Trends. So hat zum Beispiel der Bedarf nach grafischen Oberflächen auch die Nachfrage nach Objektorientierung beflügelt. Für Analysen dieser Art können sogenannte »Wirkungsgefüge« dargestellt werden. Der Aufwand hierfür rechtfertigt das Ergebnis jedoch nicht.

Für IT-Trends sind lesenswert:

🗁 Hanker, Strategische Bedeutung

🗁 König, Informationstechnologie

Für IT-Trendanalysen sind nicht nur die IT-Trends zu beachten, sondern auch politische und gesellschaftliche Strömungen, zu lesen in:

🗁 Kennedy, 21. Jahrhundert

1.2.3 Fortsetzungsbeispiel InDaWa

Einleitung

Zu diesem Zeitpunkt kann zwar noch keine Zielsetzung erfolgen, wohl aber eine zielbestimmende Kraft ausgemacht werden, nämlich die Bewegungen der Märkte. Wo sich Märkte verändern, sind Konsumenten, welche die Produkte der Märkte abnehmen, und im Falle der EDV-Systeme sind da immer auch konkurrierende Hersteller, welche die Produkte anbieten.

Marktbeobachtung heißt auch die eigene Konkurrenz betrachten. Je stärker sich die Konkurrenz mit neuen Technologien rüstet, umso größer ist die Gefahr, dass deren Möglichkeiten für ein neues Pricing durch effizientere Geschäftsprozesse Umsatzeinbußen zur Folge hat. Deshalb ist in den Gang der Gestaltungsentscheidungen die Beobachtung von Märkten, Herstellern und Konkurrenten aufgenommen worden. Die Entscheidung umfasste die Informationsquellen und die Auswertung der Informationen auf einem rudimentären Level, hauptsächlich als Merkpunkt. Für die detaillierte Ausarbeitung einer Marktbeobachtung muss nicht nur auf Marketingliteratur verwiesen werden, sondern auch darauf, dass dies die Aufgabe der Marketingabteilung ist.

Beispiel für ein Trendprofil der Informatiktechnologien für InDaWa

Die Stromversorger hatten bis vor kurzem ein Quasimonopol in einer für die Versorgung aufgeteilten Bundesrepublik. Derzeit befindet sich der Strommarkt in einem Umverteilungsprozess, besonders durch den neuerdings möglichen Direktbezug von Strom bei beliebigen Herstellern. Ein Endabnehmer kann sich seinen Stromlieferanten selbst auswählen. Ein Konkurrenzmonitoring wird allmählich für das DWH eines Versorgers interessant. Das Beispielprojekt InDaWa zielt aber nicht auf den Absatz, sondern auf die Produktion.

Technologie	Rel.	Trend	Maßnahme
Hardware	+	Multimedia kleinere Einheiten Dezentralisierung	Einführung Client-Server-Technologie Vernetzung Parallelbetrieb vorhandener proprietärer Systeme
Betriebs-system	+	Multimedia 32Bit Multitasking Integration von Sub-Betriebssystemen Objektorientierte Oberfläche	Sicherstellung Kooperation mit proprietärem System Offenhaltung für multimedialen Einsatz
DBMS	++	Datenorientierte OO OOSQL Multiplattform	relational mit Data Dictionary, SQL Gateway-Angebot beachten Kompatibilität mit Standardsoftware Kompatibilität mit Entwicklungstoolkit Bidirektionale Migration
SWEToolkits	++	Integration mit CASE-Tool bidirektional-DataDictonary-ERM OO-Programmiersprache 4GI GUI Softwarefactory Java, VBA, ODBC, CORBA, DCE	konsequente Trennung Client von Server-funktionen konsequent OO Offenhaltung Multimedia Möglichkeit 4GI-Einsatz erhalten Einbindung Terminalemulation Einbindung Transaktionsmonitor, Konfigurationsverwaltungstool anbinden
OnlineDB	0	bessere Dienste umfangreiche Informationen GUI	Recherchen-Integration Formatkonversion
DSS, EIS	++	Funktionalität geht in Data Warehouse Toolsets ein, Trennung von operativen Daten	Integriert in SSW Middleware erforderlich
OLAP	++	als Ergänzung zu DB relational und multidimensional	Middleware und Server erforderlich Entscheidung über relational versus multidimensional finden
Workflow	–	gemeinsame Dokumentbearbeitung für Dialogsteuerung eingesetzt	Bedeutung für Data Warehouse nicht klar, deshalb eruieren
BWSSW	0	OO, GUI offene RDB modular	Schnittstellenanbindung zur Individual-software Parametrisiertes Customizing marktgängiges DBMS komfortables Toolkit Client-Server-Architektur
ExpertenSyst Neuron. Netze Fuzzy Sets	–	Standardisierung nicht vorhanden Funktionalität wird zusammen mit anderen Produkten offeriert	weiter verfolgen Nützlichkeit und Notwendigkeit herausarbeiten in Evaluationen eventuell einbeziehen

Tabelle 1.11: Trendprofil: IT-Technologien mit Data Warehouse Relevanz

Auch für das Data Warehouse des Beispielprojekts ist erst die Komponentenstruktur herauszuarbeiten, bevor die relevanten Trends zur Beobachtung ausgewählt werden können. Mit dem derzeitigen Wissensstand ist allerdings schon eine erste Annäherung möglich, die im »vorläufigen« Trendprofil herausgearbeitet ist.

Das folgende Beispiel stellt die weiteren Informationsentscheidungen zum Beispielprojekt des Data Warehouse für die Instandhaltung der Kraftwerke eines Versorgers dar.

Beispiel: Informationsentscheidungen Instandhaltung

Die Recherche, ihre Auswertung und die Aufbereitung für eine Teampräsentation nehmen zunächst viel Zeit in Anspruch, bis sich nach ca. drei Monaten Routine einstellt. Viel wichtiger ist allerdings, dass die Aufgabenträger mit Engagement recherchieren und dafür die nötige Zeit eingeräumt bekommen. Die Informationsorganisation ist allerdings unverzichtbar.

- ✔ Über die Randthemen, die eventuell einmal Einfluss auf den Aufbau und die eingesetzten Werkzeuge des Data Warehouse nehmen könnten, sollen kontinuierlich Informationen eingeholt werden. Der Schwerpunkt soll weniger auf die Unternehmenssituation als vielmehr auf Praxistests gelegt werden. Die Produkte sollen eher die Serverseite und dort die UNIX und NT-Plattform umfassen. Im Beispielprojekt wurde ein Abonnement einer UNIX-Zeitschrift bestellt.
- ✔ Über Hard- und Softwareprodukte der Enduser-Arbeitsplätze unter Windows-Releases soll ein Abonnement einer monatlichen PC-Zeitschrift bestellt und monatlich für die Abteilungsssitzung ausgewertet und von einem Mitarbeiter vorgetragen werden.
- ✔ Besonders interessante Produkte sollen in einer das Marktgeschehen beleuchtenden Zeitschrift verfolgt werden. Außerdem sollen die Hersteller der bereits installierten Produkte einer kontinuierlichen Beobachtung unterzogen werden. Im Beispielprojekt wurde ein Abonnement einer EDV-Wochenzeitschrift bestellt.
- ✔ Bei konkretem Bedarf an einer neuen speziellen Softwarelösung sollen Produktstudien von zwei konkurrierenden Beratungsunternehmen mit Technologiekompetenz eingeholt werden.
- ✔ Für die Problematik der Migration und der Gestaltungsmethodik von Daten und Prozessen sollen gezielt Hefte auf akademischem Niveau mit Praxisbezug, also keine Grundlagentheorie, ausgewählt, bestellt und von Systemanalytikern aufbereitet werden.
- ✔ Zu den branchenübergreifenden Informationen sind noch die Tendenzen des Softwareeinsatzes im Instandhaltungssektor über Zeitschriften und Besuch von Konferenzen zu beobachten.

K	Medium	Bearbeitung	Termin	Bear-beiter
1	CT	monatliche Auswertung mit Vortrag in Abteilungsbesprechung	1. Montag im Monat	Müller
2	iX	monatliche Auswertung mit Vortrag in Abteilungsbesprechung	1. Montag im Monat	Meier
3	CW	Einschätzung der Unternehmen, die in 1. und 2. im Vortrag empfohlen wurden	bei Bedarf	Schmidt
4	BB, OV	Beschaffung und Auswertung der Studie zu Entwicklungswerkzeugen für Data-Warehouse-Anwendungen	bis 3. Quartal	Schmidt
5	IM, IS, WI	Auswertung der methodologischen Aufsätze für die Integration in ein bestehendes Vorgehensmodell	bis Jahresende	Müller
6	Instandhaltg. mi	Auswertung der Aufsätze für Software zum Instandhaltungsmanagement	laufend 2monatlich	Müller

Tabelle 1.12: Informationsplan InDaWa

Gestaltungsentscheidungen

Zusammengefasst ergeben sich die folgenden (hellgrau hinterlegten), das Projekt oder das Data Warehouse gestaltenden Entscheidungen. Für die Beobachtung der Markttendenzen werden kontinuierlich Informationsquellen ausgewertet und Trendcharts und Trendprofile erarbeitet. Die Projektvorbereitung soll zunächst mit der Feststellung der persönlichen Zielsetzung starten, um sie dann mit der Unternehmenszielsetzung zu vergleichen.

Gestaltungsaspekt	Entscheidung	Begründung
ORIENTIERUNG		
Abgrenzung		
Markttendenzen		
Quellen	Informationsorganisation nach Informationsplan	starker Wandel, kontinuierliche Verfolgung
Trends	Verfolgung mit Trendchart und Technologiekarte	hohe Relevanz bezüglich Revision von Entscheidungen
Zielsetzung		
Persönliche Zielsetzung		
Unternehmenszielsetzung		
ARCHITEKTUR		
...		

Tabelle 1.13: Entscheidungschart InDaWa, Markttrends

1.3 Wie ist das Vorhaben Data Warehouse im Unternehmenszusammenhang zu sehen?

Der Aufbau eines Data Warehouse ist kein isoliertes Vorhaben, sondern in einen Unternehmenszusammenhang eingebunden. Das Unternehmen arbeitet ausgerichtet an einer Zielsetzung, welche die Geschäftsleitung jährlich ausgibt und stufenweise detailliert auf die Hierarchieebenen umlegen lässt.

Je besser die Übereinstimmung der Zielvorstellungen mit persönlichen Zielen der Mitarbeiter harmoniert, je besser sich die Mitarbeiter mit der Unternehmenszielsetzung identifizieren können, desto besser werden die qualitativen und quantitativen Ergebnisse ihrer Arbeit sein. Vor jedem Vorhaben sollte deshalb die private Zielsetzung von den Teammitgliedern an die Projektleitung kommuniziert werden. Ebenso muss auch die Zielsetzung der Firma unmissverständlich und ausführbar bekannt werden.

Der Unternehmenszusammenhang wird in den vier Schritten persönlicher Status, persönliche Zielsetzung, Unternehmensstatus und Unternehmenszielsetzung erarbeitet.

1.3.1 Der Qualifikationsstatus

Problemstellung und Motivation

Nur auf ein Ziel ausgerichtete Mitarbeiter führen ein Projekt zum Erfolg. Deshalb ist es für jeden einzelnen Projektteilnehmer wichtig zu erkennen, mit welchen persönlichen Zielen er die Projektaufgaben erledigt. Das heißt, die persönliche Startposition, die Einordnung des eigenen Standpunkts und die Festlegung der persönlichen Ziele stehen am Anfang des Projekterfolges.

Nicht jedes Wunschziel ist erreichbar und erreichbare Ziele sind nicht unbedingt in einem vorgegebenen Zeitraum zu erreichen. Qualifikationsaufbau benötigt einen der Sorgfalt genügenden Zeitrahmen. Ist das Erfahrungslevel zu weit vom Qualifikationsziel bzw. von dem für das Projekt erforderlichen Qualifikationsniveau entfernt, ist ein Projektmitglied mit den anstehenden Aufgaben überfordert. Die Folge ist, dass das Projekt qualitativ in Schieflage gerät oder der Projektfortschritt einen Stillstand erleidet, bis die erforderliche Qualifikation aufgebaut ist. Beides kann die ursprüngliche Zielsetzung gefährden.

Gestaltungsraum und Lösungswege

Zur Erreichbarkeit von Zielen gehört die Feststellung des Ausgangspunkts. Zur Erreichbarkeit eines Qualifikationszieles gehört damit auch die Feststellung des Qualifikationsstatus. Als Gestaltungsaufgabe ist daher wichtig:

- Feststellung des eigenen Qualifikationslevels bzw. des Qualifikationslevels der Teammitglieder

Problemlösung: Regeln und Hilfsmittel

Das Verfahren

Für die Erhebung des eigenen aktuellen Kenntnisstandes und des Kenntnisstandes der Mitarbeiter ist die folgende Vorgehensweise zu empfehlen:

Verfahren: Qualifikationsstatus

- Auswahl eines Kenntnisfeldes und Zuordnung des bisherigen Tätigkeitsfeldes bzw. der Projektphase (Planung, Betrieb, Training) zu einem oder mehreren Spalten mit Hilfe des **Musters persönliches Kenntnisprofil**
- Feststellen des »Ausprägungsgrades« durch Eintrag des Beschäftigungslevels
  (K – Kenntnis, L – Leitung, M – Mitarbeit, D – Durchführung)
- Eintragung der Rolle
  (P – Projektleitung, A – Analytiker, B – Berater...)
  und der Branche
  (F – Finanzdienstleister, I – Industrie, L – Landwirtschaft, H – Handel, Ö – Öffentlicher Dienst)

Kenntnisprofil

Eine geeignete Methode zur Feststellung des persönlichen Startpunkts ist das **Kenntnisprofil.** Ein Kenntnisprofil ist eine Matrix mit einer sortierten Liste von **Kenntnisfeldern** (z.B. Sachthemen) und einem Maßstab für die Beschäftigungstiefe der Kenntnis und deren Ausprägungsgrad. Hierfür ist das **Muster persönliches Kenntnisprofil** entwickelt worden.

Für die **Beschäftigungstiefe** ist einmal die Phase des Projekts oder des Betriebs ein Hinweis. Die fachliche Tiefe ist z.B. in der Konzeptionsphase stärker als in der Planungsphase. Die Zuordnung der Tätigkeiten ist nicht immer ganz eindeutig möglich, deshalb sei eine kleine Zuordnungshilfe durch die folgende Auflistung beigestellt.

- ✔ Unter **Weiterbildung** werden Lehrgänge, Zeitschriftenbezug, Teilnahme an Arbeitskreisen, Mitgliedschaften subsumiert.
- ✔ Unter **Strategische IT-Planung** werden das Erstellen von Strategiepapieren, DV-Rahmenplänen, Verwaltung eines IT-Projekteportfolios, Erstellung von Vorstandsvorlagen subsumiert.
- ✔ Unter **Projektierung** werden Projektantrag, Planung, Budgetierung, Beschaffung, Organisation subsumiert.
- ✔ Zur **Konzeption** gehört der fachliche Entwurf, die Erhebung des Informations- und Systembedarfes, Ist-Analyse und Wissensakquisition.

- ✔ Unter **Spezifikation** wird das Design, die EDV-technische Konzeption und die Produkt-Evaluation verstanden.
- ✔ Unter **Realisation** werden Aufbau von Entwicklungs- und Betriebshardware, Test, Programmierung, Implementierung, Testinstallation, subsumiert.
- ✔ Unter **Implementierung** ist Installation der Betriebsumgebung, Testbetrieb, Parametereinstellung einzuordnen.
- ✔ Unter **Betrieb** ist die laufende Administration, Tuning, Monitoring, Datensicherung, Berechtigungsverwaltung zu verstehen.
- ✔ Unter **Training** ist die Aufbereitung von Schulungsunterlagen, die Einführung von Nutzern und das Abhalten eines Seminars zu verstehen.
- ✔ Unter **Service** ist Wartung, Austausch, Reparatur, Problembehandlung, Task Force zu subsumieren.

Um einer **Kenntnisausprägung** einen Grad zuordnen zu können, stehen qualitative Kriterien zu den Graden zur Verfügung. Der Grad der Kenntnis hängt von der Tiefe der Auseinandersetzung mit dem Thema ab. Für die Tiefe ist folgende Skala ausreichend, wobei von oben nach unten gelesen der Grad der Kenntnistiefe steigt:

- ✔ K – Kenntnis, z.B. durch Lesen von Literatur, Einführungsseminar
- ✔ L – Leitung, Planung und Steuerung der Abwicklung
- ✔ M – Mitarbeit in einem Projekt, Zulieferung von Teilergebnissen
- ✔ D – Durchführung, Ergebnisproduktion zum Betätigungsfeld in voller Tiefe

Mögliche **Rolleneinträge** sind: Projektmanager, Teamleiter, Teilprojektleiter, IT-Stratege, Systemanalytiker, Berater, Systemingenieur, Programmierer, Beschaffer, Organisator. Dabei kommt es nicht auf die Stellung in der Firma an, sondern vielmehr auf die Funktion im Rahmen eines Vorhabens oder eines Projekts in der Firma bezüglich der in der Spalte eingetragenen IT-Komponenten. So kann zum Beispiel der Projektleiter für ein WAN-Projekt als Systemanalytiker für eine Office-Lösung eingesetzt sein und bezüglich CASE nicht mehr als private Weiterbildung über Zeitungsabonnements betreiben.

Die Quelle für die Informationen kann eine Selbstauskunft mittels eines **Interviews** wie z.B. bei Einstellungsgesprächen sein oder eine Lebenslaufanalyse. Am besten kombiniert man beide Auskünfte.

Kenntnisprofil

Ausprägungsgrad	
0	keine
1	Weiterbildung
2	Strategische Planung
3	Projektierung
4	Konzeption
5	Spezifikation
6	Realisation
7	Implementierung
8	Betrieb, Administration
9	Training
10	Service

Kenntnisse	0	1	2	3	4	5	6	7	8	9	10	Rolle, Branche
Enduser-Tools												
PM-Tools												
CASE												
BPR-Tool												
DBMS												
SSW												
Programmiersprache												
Intranet												
Internet												
CAD												
CAE												
DMS												
PPS												
CIM												
Archivierung												
Workflow Tool												
Data Warehouse												
Organizer												
PC+ BS												
WS												
SV + LAN-BS												
Host + OS												
Peripherie												
LAN												
LAN-Komponenten												
WAN												

Tabelle 1.14: Muster persönliches Kenntnisprofil

1.3.2 Die persönliche Zielsetzung

Problemstellung und Motivation

Eine der schwerwiegendsten Ursachen für **Projektmisserfolge** ist der unbewusste Verlust der Zielsetzung durch die Verfolgung von Nebenzielen. Am sichersten ist man, wenn man sich der eigenen Intentionen bewusst ist. Das muss auch im Team diskutiert und regelmäßig geprüft werden. Hier hilft ein offener Projektführungsstil weiter.

Nur wenige Projektmitglieder können auf die Frage nach ihren Erwartungen eine konkrete Antwort geben:

- ✔ »Was will ich überhaupt mit diesem Thema anfangen?«
- ✔ »Aus welchem Grund beschäftige ich mich mit der Thematik bei meiner ohnehin schon knappen Zeit?«
- ✔ »Was will ich am Ende der Auseinandersetzung mit dem Thema erreicht haben?«

Eine Zielsetzung ist klar: Im Laufe des Projekts soll so viel Wissen und Können aufgebaut sein, dass man ein Data Warehouse aufbauen und betreiben kann.

Mit ausschlaggebend für die Ziele der Qualifikation ist selbstverständlich auch eine gewisse Orientierung an den Anforderungen des Personalmarktes. Was aus der Sicht einiger Arbeitgeber dazu gehört, soll die Sammlung der Stellenanzeigen unterstreichen. Qualifikation heißt auch Erhöhung des Marktwertes der eigenen Arbeitskraft, d.h. bei einer Stellensuche mehr bieten zu können und dadurch bessere Erfolgsaussichten zu haben (siehe Abbildung 1.6).

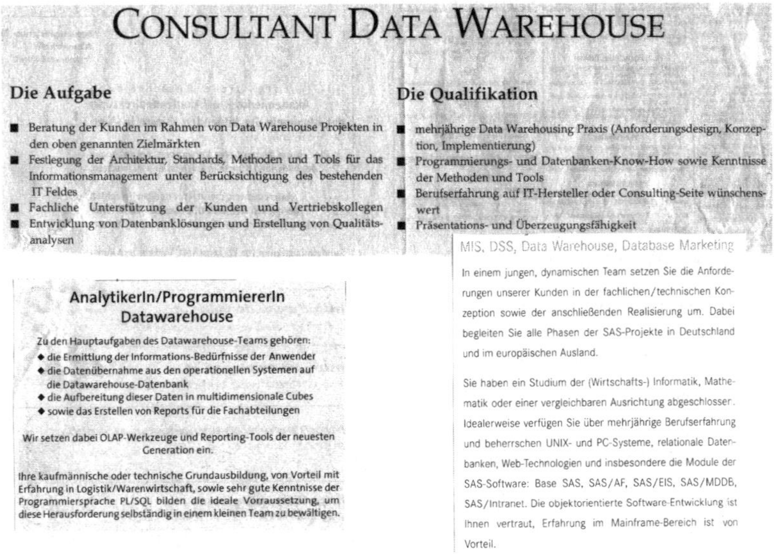

CONSULTANT DATA WAREHOUSE

Die Aufgabe

- Beratung der Kunden im Rahmen von Data Warehouse Projekten in den oben genannten Zielmärkten
- Festlegung der Architektur, Standards, Methoden und Tools für das Informationsmanagement unter Berücksichtigung des bestehenden IT Feldes
- Fachliche Unterstützung der Kunden und Vertriebskollegen
- Entwicklung von Datenbanklösungen und Erstellung von Qualitätsanalysen

Die Qualifikation

- mehrjährige Data Warehousing Praxis (Anforderungsdesign, Konzeption, Implementierung)
- Programmierungs- und Datenbanken-Know-How sowie Kenntnisse der Methoden und Tools
- Berufserfahrung auf IT-Hersteller oder Consulting-Seite wünschenswert
- Präsentations- und Überzeugungsfähigkeit

AnalytikerIn/ProgrammiererIn Datawarehouse

Zu den Hauptaufgaben des Datawarehouse-Teams gehören:

- die Ermittlung der Informations-Bedürfnisse der Anwender
- die Datenübernahme aus den operationellen Systemen auf die Datawarehouse-Datenbank
- die Aufbereitung dieser Daten in multidimensionale Cubes
- sowie das Erstellen von Reports für die Fachabteilungen

Wir setzen dabei OLAP-Werkzeuge und Reporting-Tools der neuesten Generation ein.

Ihre kaufmännische oder technische Grundausbildung, von Vorteil mit Erfahrung in Logistik/Warenwirtschaft, sowie sehr gute Kenntnisse der Programmiersprache PL/SQL bilden die ideale Vorraussetzung, um diese Herausforderung selbständig in einem kleinen Team zu bewältigen.

MIS, DSS, Data Warehouse, Database Marketing

In einem jungen, dynamischen Team setzen Sie die Anforderungen unserer Kunden in der fachlichen/technischen Konzeption sowie der anschließenden Realisierung um. Dabei begleiten Sie alle Phasen der SAS-Projekte in Deutschland und im europäischen Ausland.

Sie haben ein Studium der (Wirtschafts-) Informatik, Mathematik oder einer vergleichbaren Ausrichtung abgeschlossen. Idealerweise verfügen Sie über mehrjährige Berufserfahrung und beherrschen UNIX- und PC-Systeme, relationale Datenbanken, Web-Technologien und insbesondere die Module der SAS-Software: Base SAS, SAS/AF, SAS/EIS, SAS/MDDB, SAS/Intranet. Die objektorientierte Software-Entwicklung ist Ihnen vertraut, Erfahrung im Mainframe-Bereich ist von Vorteil.

Abbildung 1.6: Ausgewählte Stellenanzeigen zum Thema Data Warehouse

Will man nicht planlos umherirren, ist persönliche Zielsetzung gefordert. Wer ein Data Warehouse managen will, muss auch geplant vorgehen. Nur mit Planung ist das komplexe Gebilde auf überschaubare Handlungseinheiten und Arbeitsschritte zu reduzieren. Planung setzt Zielsetzung voraus. Das Objekt der Gestaltung ist zunächst einmal die **persönliche Zielsetzung.**

Zielsetzung beginnt oft mit einer kleinen Notiz auf einem Notizblock nach einem Gespräch, während einer Geschäftsbesprechung, als spontane Idee oder auf einem Spaziergang. Zielsetzungen werden aus Vorstellungen gewonnen, von Gesprächspartnern übernommen oder auch angelesen. **Zielfindung** ist ein kreativer Prozess.

Es empfiehlt sich, die gefundenen Projektziele schriftlich festzuhalten; das entlastet das Erinnerungsvermögen und macht die Ziele für andere besser nachvollziehbar. Um auch später noch zu wissen, wie die Ziele zustande gekommen sind, sollte neben dem Ziel noch eine Begründung mit aufgeführt werden. Der Gestaltungvorgang umfasst also neben der Zielfindung auch die **Zieledokumentation.**

Die Ziele müssen erreichbar sein. Zum Prozess der Zielsetzung gehört damit auch die **Umsetzbarkeitsprüfung.** Die Umsetzbarkeit hängt vom Startpunkt ab. Für den Projekterfolg kann es zwei Hindernisse geben. Einmal kann der mangelnde Reifegrad des Unternehmens zu Fehlentscheidungen und Projekthemmnissen führen. Der Reifegrad des Unternehmens ist eine nur sehr schwer messbare Eigenschaft. Zum anderen kann die Konfliktsituation zwischen persönlicher Zielsetzung und Zielsetzung der Unternehmung zum Stillstand des Projekts führen.

Ziele einer Zieleliste können schon in sich logisch widersprüchlich sein, sich gegenseitig ausschließen, im Konflikt zueinander stehen. Die Zieleliste bedarf dann einer Aufhebung der im Konflikt stehenden Ziele, einer **Zielkonfliktbereinigung.**

Zusammengefasst müssen Ziele folgende Eigenschaften erfüllen:

- ✔ Definiertheit, Nachvollziehbarkeit, Dokumentiertheit
- ✔ Verfolgbarkeit, Überprüfbarkeit, Messbarkeit
- ✔ Widerspruchsfreiheit
- ✔ Konfliktfreiheit
- ✔ Erreichbarkeit
- ✔ Umsetzbarkeit

Gestaltungsraum und Lösungswege

Der Gestaltungsraum ist die Analyse der Zielesituation (Konflikt oder nicht) und die Feststellung der Reife für ein Data Warehouse Projekt bzw. der Voraussetzungen für eine erfolgreiche Abwicklung.

Der Gestaltungsvorgang der Zielsetzung umfasst daher mit dem vorher Gesagten die Arbeitsschritte

- ➢ Findung von Zielen
- ➢ Definition der Zielsetzung
- ➢ Bereinigung der Zielkonflikte
- ➢ Dokumentation der vereinbarten Ziele

Problemlösung: Regeln und Hilfsmittel

Das Verfahren

Die Zielsetzung wird also in zwei Schritten erreicht. Zunächst wird die allgemeine persönliche Zieleliste aufgestellt und im zweiten Schritt wird ein besonderes Ziel, das Qualifikationsziel, detailliert herausgearbeitet. Der Projekterfolg ist ganz erheblich von der Qualifikation der Mitarbeiter und deren Lernbereitschft abhängig. Deshalb wird dem Ziel »Höherqualifizierung« besondere Aufmerksamkeit gewidmet.

Verfahren: Persönliche Zielsetzung

- ❖ Zielfindung mit Kreativitätsmethoden
- ❖ Definition der Ziele, Dokumentation der Ziele in der Zieleliste mit einer Begründung mittels der **Checkliste persönliche Ziele**
- ❖ Eintragung der zukünftigen Tätigkeiten in das Kenntnisprofil
- ❖ Beurteilung der Erreichbarkeit, der Machbarkeit der Ziele, Streichung der nicht erreichbaren Ziele
- ❖ Abgleich der inneren Zielkonflikte
- ❖ Prüfung der Messbarkeit der Ziele

Checkliste persönliche Ziele

Um die Weiterbewegung im Projekt feststellen zu können, müssen Status erhoben werden; der Startpunkt des Projekts wird durch eine Zwischenbeurteilung bzw. einen Zwischenstatus mit den gesetzten Zielen verglichen, um deren Annäherungsgrad festzustellen. Für die allgemeinen persönlichen Ziele ist die **Checkliste persönliche Ziele** bezüglich eines DV-Vorhabens nützlich.

Die Zielfindung ist ein kreativer Prozess. Die Methoden hierfür sind moderiertes Gespräch und Kreativitätsmethoden wie Mindmapping, morphologische Ableitung und andere. Zur Vertiefung sei auf die Literatur wie zum Beispiel Nagel, Brauchlin verwiesen.

🗁 Nagel, 200 Strategien

🗁 Brauchlin, Problemlösung

Nr.	Ziel	Begründung	Priorität
1	Vervollständigen des Kenntnisstands		
2	Aufbauen der Führungsfähigkeiten		
3	Erlernen der Budgetschätzung		
4	Kennenlernen der Projektmanagement-Mittel		
5	Kennenlernen eines Vorgehensmodells		
6	Steigerung des Ansehens		
7	Kommunikation mit Mitarbeitern des Unternehmens		
8	Übung in Präsentationen		
9	Erreichen einer weiteren Karrierestufe		
10	Kennen lernen neuer Methoden		
11	Übernahme von Verantwortung		
12	Gewinnen eines Literaturüberblicks		
13	Korrektur einer DV-Strategie		
14	Erlernen des Grundwortschatzes		
15	Ausbildungsplanung für Teamaufbau		
16	Definition des Projektplans		
17	Erfahrungsaustausch mit Seminarmitgliedern		
18	Aufbau eines Projektteams		
19	Erarbeitung von Stellenanzeigen		
20	Erstellung eines konkreten Projektbudgets		
21	Erstellung einer Vorstands- oder Aufsichtsratsvorlage		
22	Aufbau eines Systems für Technologiemonitoring		

Tabelle 1.15: Checkliste persönliche Ziele

Mittel und Methode zur Festlegung und laufenden Überprüfung des Fortschritts nach jedem Seminarabschnitt ist die persönliche Zieleliste. Die Ziele müssen aber auch überprüfbar formuliert werden. Nicht überprüfbar ist z.B. Wissensgewinn, bessere Orientierung oder verbesserter Überblick aufgrund der zu großen Allgemeinheit der Formulierung. Für die Prüfung der Widerspruchsfreiheit hilft nur logisches Denkvermögen.

Qualifikationsziel

Die Erreichbarkeit der Qualifikationsziele hängt, wie bereits dargestellt, auch vom persönlichen Kenntnisstand ab. Dieser Ausgangszustand, die augenblickliche Qualifikation, der Wissenstand wurde im **Kenntnisprofil** dargestellt.

Für die Auseinandersetzung mit einem neuen Gegenstand muss zunächst ein entsprechendes Wissen aufgebaut werden. Dies muss als persönliche Zielsetzung zur Qualifikation als zweite Kurve in dem bereits für den Qualifikationsstatus verwendeten Kenntnisprofil festgehalten werden. So kann zum Beispiel ein Ziel darin bestehen, dass im Kenntnisprofil zu einem Eintrag »keine Kenntnis« bezüglich Zeile »Data Warehouse » ein Eintrag »Projektierung« gesellt wird. Neben diesem Ziel, das z.B. Jahresziel sein kann, kann dann noch eine weitere Kurve mit der Kennzeichnung »Konzeption« oder sogar »Betrieb« als Fernziel eingetragen werden. Das Kenntnisprofil kann für die drei Kurven

- ✔ der Qualifikationsstatus als **Qualifikations-Ist-Kurve**
- ✔ das Qualifikationssoll als **Qualifikationszielkurve**
- ✔ das Jahresqualifikationsziel in einer **Jahresqualifikationszielkurve**

verwendet werden.

Mittels der Zielkurve kann der Abstand zur Statuskurve, das **Kenntnisprofil,** gemessen werden. Die Differenzen entsprechen dem Ausbildungs- und Praxisbedarf.

1.3.3 Die Zielsetzung des Unternehmens

Problemstellung und Motivation

Bevor ein Data Warehouse Projekt gestartet wird, muss natürlich auch für das Unternehmen erst einmal klar sein, wohin das Projekt führen soll. Genauer, es muss klar sein, welche Ziele für das Unternehmen, das ja viel Geld dafür ausgibt, erreicht werden sollen, und im zweiten Schritt, ob diese überhaupt erreicht werden können.

Was sind die Ziele eines Unternehmens und wie äußern sich diese? Ein Unternehmen kann man nicht befragen. Aber ein Vertreter des Unternehmens mit Budgetkompetenz vergibt ja den Auftrag, ein Data Warehouse aufzubauen und zu betreiben. Diese interne Beauftragung ist Ziel und Wille des Unternehmens.

Unternehmen formulieren oft zur Ausrichtung des Handelns und der inneren Einstellung ihrer Mitarbeiter untereinander und gegenüber Kunden und Öffentlichkeit eine **Unternehmensphilosophie.** Die Unternehmensphilosophie ist der Rahmen für eine Unternehmenspolitik. Mit einer **Unternehmenspolitik** werden die allgemeinen Unternehmensziele verfolgt. Die Unternehmenspolitik ist oft in Leitfäden, die auch den Kunden ausgehändigt werden, ausgeführt. In der Unternehmenspolitik ist oftmals dargestellt, welche Interessentengruppen die unternehmerische Tätigkeit auf welche Weise zufriedenzustellen sucht. Das folgende Beispiel »Unternehmensphilosophie: Integrata-Gruppe« soll dies unterstreichen (siehe Abbildung 1.7).

Eine andere aufschlussreiche Quelle kann auch ein **Unternehmenskodex** sein, in dem das Verhalten der Unternehmensmitglieder untereinander und auch nach außen, zum Beispiel gegenüber Kunden, definiert ist. Ein Projekt muss sich im Rahmen des Unternehmenskodex bewegen.

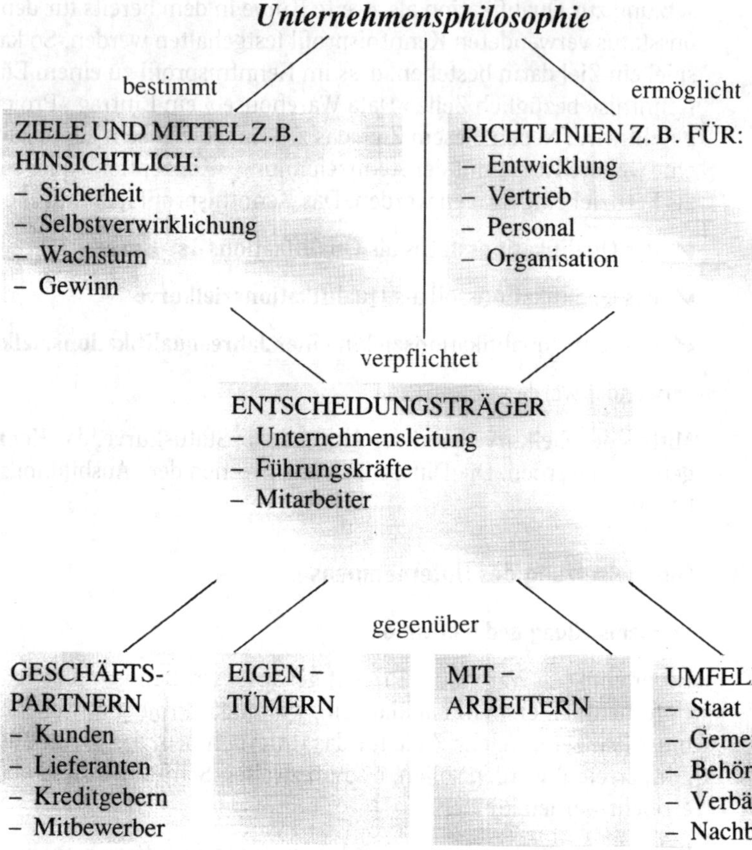

Abbildung 1.7: Beispiel einer Unternehmensphilosophie: Integrata-Gruppe

Neben den Zielen des Unternehmens und der zuständigen Abteilungen hat das Projekt selbst auch Ziele, die **Projektziele.** Die Projektziele sind den Unternehmenszielen untergeordnet. Sie müssen mit den Unternehmenszielen harmonieren. Sie sind eine Verfeinerung der Unternehmensziele und als solche wieder Unternehmensziele. Sie müssen vom Projektleiter in das Projektteam kommuniziert werden.

Das Beispiel »Unternehmenszielsetzung: Zieldreieck der Integrata-Gruppe« stellt einen Interessen-Tripol in den Mittelpunkt der Unternehmenszielsetzung. Die Zielsetzung des Unternehmens richtet sich aus

- ✔ auf die Zufriedenheit der Kunden mit den Leistungen des Unternehmens
- ✔ auf die Versorgung der Mitarbeiter als soziale Aufgabe des Unternehmens
- ✔ auf die Erfüllung der Vorstellung der Gesellschafter zur wirtschaftlichen Zielsetzung

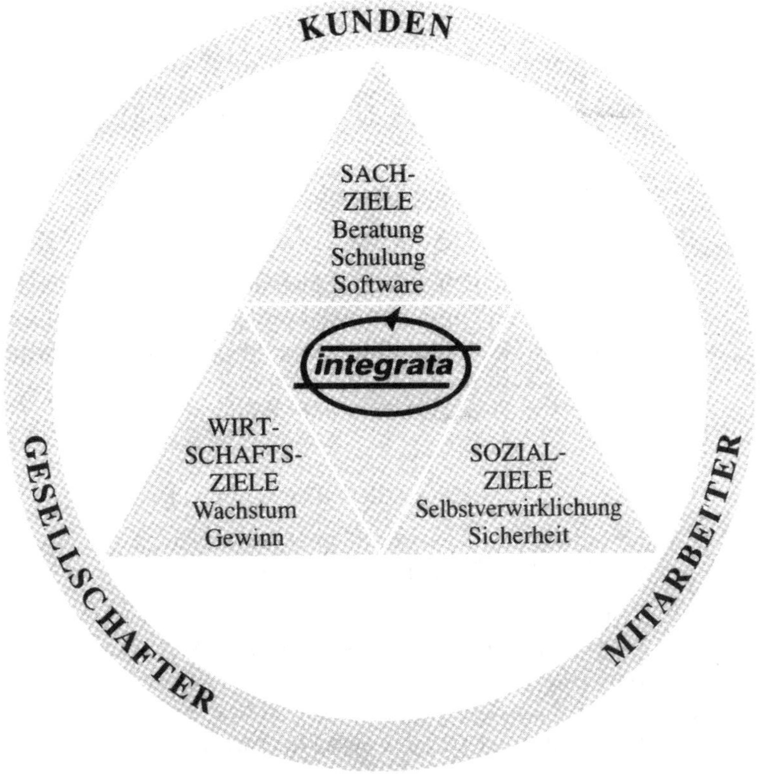

Abbildung 1.8: Beispiel einer Unternehmenszielsetzung: Zieldreieck der Integrata-Gruppe

Nur wenn persönliche Ziele und Unternehmensziele zusammenpassen, kann ein Projekt reibungslos und effizient durchgeführt und erfolgreich beendet werden.

Gestaltungsraum und Lösungswege

Aus der Unternehmenssicht werden die Ziele nicht gestaltet – sie sind ja schon in irgendeiner Weise vorhanden –, sondern sie sind in Erfahrung zu bringen. Der Gestaltungsraum, in dem man sich hierbei bewegen muss, ist also die Wahl der Mittel, diese Ziele zusammenzutragen. Die Logik der Gestaltung der Zielsetzung und ihrer Erhebung wurde schon beim Thema »persönliche Ziele« dargestellt.

Das heißt, dass die Ziele des Unternehmens bezüglich eines Data Warehouse Projekts festgelegt und nachvollziehbar dokumentiert werden müssen. Das heißt auch, dass die Dokumentation so genau sein muss, dass eine Verfolgung im Laufe des Projekts möglich ist.

- Feststellung der Ziele des Unternehmens und der beteiligten Organisationseinheiten

Die Projektziele sind den privaten Zielen übergeordnet. Sie müssen mit den privaten Zielen der Projektteilnehmer harmonieren. Der Gestaltungsraum definiert sich hierbei in der Wahl der Mittel zur Überprüfung der Konfliktfreiheit.

➢ Feststellung der Zielkonflikte der beteiligten Organisationseinheiten und Personen

Problemlösung: Regeln und Hilfsmittel

Das Verfahren

Es ist nicht beabsichtigt, hier eine Methode zur Ableitung von Firmenzielen vorzustellen. Es sei nur noch einmal verdeutlicht, dass es ohne Zielsetzung nicht geht. Das Ziel des Abschnitts ist es, die Erhebung der Firmenziele und die Beurteilung, soweit sie für das Data Warehouse erforderlich sind, methodisch zu unterstützen. Hierbei kann man dem folgendem Verfahren folgen.

Verfahren: Definition der Unternehmensziele

❖ Erstellung der Zieleliste mit einer nachvollziehbaren Begründung mittels der Checkliste Firmenziele

❖ Zielebereiningung
Beurteilung der Erreichbarkeit der Ziele, Streichung der nicht erreichbaren Ziele
Abgleich der inneren Zielkonflikte
Beurteilung der Definiertheit, Messbarkeit und Verfolgbarkeit

❖ Erstellung der **Zieleharmoniematrix**

Checkliste Firmenziele

Die Firmenziele entdeckt man unter anderem im Jahresbericht der Firma, in Aushängen am schwarzen Brett, in Pressemitteilungen, in Vorträgen der Geschäftsführung, in einem Firmenkodex, in der Unternehmenspolitik. Dies weist auf die bereits behandelte Problematik der Informationsfindung hin und wird nicht weiter erörtert.

Bleibt noch zu definieren, mit welcher Methode die aus den Informationsquellen abgeleiteten Ziele zu dokumentieren sind. Der hier vorgestellte Vorschlag ist die **Checkliste Firmenziele,** die die Projektziele bereits umfasst. Zur Orientierung wurden einige aus der Praxis bekannte Ziele eingetragen, die es im realen Projekt noch einmal zu prüfen, zu kürzen und auch zu ergänzen gilt (siehe Tabelle 1.16).

Zieleharmoniematrix

Für die kritische Prüfung der Harmonie zwischen Firmenzielen und Privatzielen ist hier eine **Zieleharmoniematrix** ausgewählt worden, da ja jedes Privatziel gegen jedes Firmenziel diskutiert werden muss. Die Anwendung ist einfach, es ist jedes Feld der Matrix mit einem Urteilskennzeichen entsprechend der eigenen Einschätzung zu versehen (siehe Tabelle 1.17).

Nr.	Ziel	Relevanz für Data Warehouse
1	Kostenreduktion für Prozess xxx	Kostenrechnung
2	Verkürzung der Servicezeiten für xxx	
3	Kundenanalyse	Kundendaten, Marktdaten, Mitbewerberdaten
4	Technologieeinstieg	
5	Erfahrungen sammeln durch Pilotprojekt	
6	Know-how-Aufbau	Know-how-Profil
7	Entwicklung Data-Warehouse-Produkt	
8	Verbesserung Kundenauskünfte	Kundendaten
9	Bereinigung Produktefeld	Produktbeziehungsdaten, Absatzlebenslauf

Tabelle 1.16: Checkliste Firmenziele

Unternehmenziele	Privatziele 1	2	3	4	5	6	7	8	9	10	11
Kostenreduktion für Prozess xxx											
Verkürzung der Servicezeiten für xxx											
Kundenanalyse											
Technologieeinstieg											
Erfahrungen sammeln durch Pilotprojekt											
Know-how-Aufbau											
Entwicklung Data Warehouse Produkt											
Verbesserung Kundenauskünfte											
Bereinigung Produktefeld											

Tabelle 1.17: Muster Zieleharmoniematrix

Bei großen Projekten ist das Risiko, aufgrund einer Zieldisharmonie in Schieflage zu geraten, groß. Die Einschätzung sollte deshalb von der Projektleitung durchgeführt werden. Ebenso ist die Beurteilung der Startqualifikation eine Aufgabe der Projektleitung.

1.3.4 Die kritischen Erfolgsfaktoren

Problemstellung und Motivation

Die Übereinstimmung von Unternehmenszielen mit persönlichen Zielen, wie in der Übersicht am Anfang dieses Buches dargestellt, ist eine wichtige Bedingung für den Projekterfolg. Wo eine Zielvorstellung umgesetzt werden soll, ist eine detaillierte, kritische Betrachtung der Erreichbarkeit nötig. Das heißt, begleitend zur Betrachtung der Ziele müssen die Risiken des Vorhabens Data Warehouse Aufbau abgeschätzt werden. Man nennt diese Risiken die **kritischen Erfolgsfaktoren,** kurz **KEF.**

Einige dieser kritischen Erfolgsfaktoren sind mit weiteren Mitteln detaillierter zu betrachten. Dies ist zum Beispiel die EDV-Bedarfslage des Unternehmens. Diese wird gewöhnlich in einer Ist-Erhebung der EDV-Ausstattung erfasst, den Bedarfsanforderungen der Anwender gegenübergestellt, bewertet und zu einem EDV-Maßnahmenplan ausgearbeitet. Ein kritischer Erfolgsfaktor ist die Bereitschaft, bei Bedarf in die EDV-Ausstattung zu investieren.

➡ KEF: Ausreichendes flexibles Budget

Das Data Warehouse Projekt zieht große Kreise im Unternehmen und hat nicht nur Freunde und Helfer, sondern auch Neider und Bedenkenträger. Ein neues Vorhaben wird immer von einem Teil des Unternehmens als Chance und von einem anderen Teil der Unternehmerschaft als Gefahr gesehen. Ein neues Vorhaben erzeugt große Widerstände, gegen die es sich mit Erfolgen zu behaupten gilt. Die besten Erfolge sind nutzlos, wenn die Führungsebene zerstritten ist und das auch noch in die unteren Ebenen kommuniziert. Ein K.o.-Kriterium ist zum Beispiel mangelnde Rückendeckung aus der Führungsetage. Ein wichtiger Erfolgsfaktor, vielleicht der kritischste überhaupt, ist die Ernennung eines Vorstandssponsors.

➡ KEF: Ernennung eines Vorstandssponsors

Ein Projekt ist in Bewegung, macht im Laufe der Zeit Fortschritte, aber mitunter auch Rückschritte. Ohne Führung verändert sich ein Projekt willkürlich oder tritt auf der Stelle. Die Projektmitarbeiter bedürfen der kontinuierlichen Pflege und der Organisation ihrer Weiterentwicklung. Ein Projekt muss nach außen in die Unternehmensumwelt kommuniziert werden. Zusammengefasst heißt das, ein Projekt vom Umfang eines Data Warehouse erfordert die Freistellung eines Projektleiters vom Tagesgeschäft.

➡ KEF: Freistellung eines Projektleiters

Zur Beurteilung der Fortschrittslage ist in angemessenen Abständen ein Projektstatus festzustellen. Der Projektstatus wird an der Zielsetzung gemessen, das heißt, es wird geprüft, ob das Projekt noch fähig ist, die gesetzten Ziele zu erreichen. Die Methodik der Projektverfolgung eines Data Warehouse Vorhabens wird in Kapitel 8 »Die Projektierung von Data Warehouse Systemen« ausgearbeitet. Das Vorhaben muss verfolgt werden können. Hierzu ist ein Berichtswesen erforderlich und die Bereitschaft, dieses auch einzusetzen.

➡ KEF: Etablierung eines Projektberichtswesen

Jeder Projektteilnehmer ist in ein Kunden-Lieferanten-Verhältnis eingebunden. Einige Projektteilnehmer erzeugen Ergebnisse, die andere Projektteilnehmer verarbeiten müssen. Die Lieferanten der Ergebnisse müssen eine Bringschuld spüren und ein Qualitätsbewusstsein entwickeln für die Qualität der Weiterverarbeitung.

➡ KEF: Etablierung eines Kunden-Lieferanten-Denkens im Projekt und für die Anwender

Jeder Angestellte einer Firma hat private Ziele. Diese Ziele müssen nicht immer die Ziele der Firma sein. Doch die Firmenziele sollen Vorrang haben. Ein desinteressierter oder überforderter Data Warehouse Projektleiter wird das Projekt »Aufbau eines unternehmensweiten Data Warehouse« nicht realisieren können. Sollten Firmenziele und eigene Zielsetzung absolut nicht zusammenpassen, kann das nur die Zuteilung der Aufgabe zugunsten einer anderen Person bedeuten. Ein kritischer Erfolgsfaktor ist damit die Verträglichkeit der privaten Ziele mit den Firmenzielen.

➡ KEF: Harmonie zwischen privaten Zielen und Projektzielen

➡ KEF: Qualifikationslevel und Lernbereitschaft

Hier sei noch einmal verdeutlicht, dass es Widerstände zu besänftigen gilt, dass die »Neinsager« positiv überzeugt werden müssen, dass Projekterfolge bekannt werden müssen. Hierfür ist eine Kommunikationsplattform und die Erlaubnis, diese für das Projekt einsetzen zu dürfen, erforderlich. Solche Kommunikationsmöglichkeiten sind zum Beispiel Artikel in der Hauszeitschrift, schwarzes Brett, Mailings, Intranetseite, interne Präsentationen für zukünftige Anwender und für die Führungsbene.

➡ KEF: Kommunikationsmöglichkeit der Projektergebnisse

Ein DWH kann nur das auswerten, was in Datenbeständen verfügbar ist. Abschottung von Datenbeständen, schlecht gepflegte, unvollständige Datensammlungen kann das beste DWH nicht ausgleichen.

➡ KEF: Datenqualität

Know-how-Level, Kultur und Bereitschaft, neue Projekte durchzuführen, sind Nährboden oder Risiken. Nur wenn beide Faktoren

✔ Zielsetzung ist sinnvoll

✔ Startposition ist aussichtsreich

zusammenpassen, kann man von der Durchführbarkeit eines Vorhabens ausgehen.

Gestaltungsraum und Lösungswege

Neben der Erhebung der Ziele ist, wie bereits angekündigt, noch eine weitere Erhebung erforderlich, nämlich die Erhebung der Risikolage des Unternehmens, die Unternehmensdisposition bezüglich des Data Warehouse Vorhabens. Hierfür hat sich das Aufspüren der bereits genannten »kritischen Erfolgsfaktoren« (KEF) bewährt. Es gibt bereits Übersichten zu solchen KEF, die in den verschiedenen Quellen aufgespürt werden müssen. Die Gestaltungsaufgabe, die sich daraus ergibt, ist die Erhebung des Unternehmensstatus bezüglich der Erfolgsaussichten des Data Warehouse Vorhabens.

➢ Aufstellung der kritischen Erfolgsfaktoren des DWH-Vorhabens

Problemlösung: Regeln und Hilfsmittel

Das Verfahren

Nicht jedes Unternehmen ist disponiert für einen erfolgreichen Weg zu einem Data Warehouse. Als Methode zur Feststellung des Unternehmensstartpunkts bezüglich des Data Warehouse Projekts sind eine »**Checkliste kritische Erfolgsfaktoren**« und die EDV-Bedarfsanalyse ausreichend. Das folgende Verfahren ist hierfür anwendbar:

Verfahren: Kritische Erfolgsfaktoren

- Aufstellung der Liste der kritischen Erfolgsfaktoren
  mittels Recherche in Literatur und vorhandenen Projektabschlussberichten
  mit Hilfe von Kreativitätstechniken wie Mindmapping
  mittels der **Checkliste kritische Erfolgsfaktoren**
- Prüfen der Erfolgsvoraussetzungen mittels der Liste der kritischen Erfolgsfaktoren
- Entscheiden, ob Abbruchkriterium enthalten ist

Checkliste kritische Erfolgsfaktoren

Wird die Checkliste mit einem Ausprägungsgrad der Checkpositionen ausgestattet, liegt ein **Reifeprofil kritische Erfolgsfaktoren** des Unternehmens vor. Bei der Suche nach KEF können die Erklärungen des vorangegangenen Abschnitts verwendet werden. Für die weiteren Betrachtungen genügt es, die Checkliste zu besprechen (siehe Tabelle 1.18).

Kritische Erfolgsfaktoren werden aus vergangenen Projekten und aus der prognostischen Betrachtung, was so alles im Projekt passieren kann, erkannt. Das heißt, dass jedes Projekt einer Nachbetrachtung inklusive einer Know-how-Sicherung bedarf, um diese Erkenntnisse im Laufe der Zeit nicht in Vergessenheit geraten zu lassen.

Für die Dokumentation der Erkenntnisse eignet sich der in Kapitel 8 »Projektierung« besprochene Projektabschlussbericht. Auch andere Unternehmungen haben Erfahrungen gemacht, sind oft gerne bereit, über diese zu berichten, und damit eine gute Informationsquelle. Für den Vergleich mit Erfahrungen anderer Unternehmen ist wieder der Weg über die bereits besprochene Informationsrecherche erforderlich.

Das prognostische Durchspielen des Projektverlaufes ist ein kreativer Prozess. Hierfür werden gerne hier nicht weiter behandelte Kreativitätstechniken eingesetzt. Zur Vertiefung soll nur auf eine beliebte Methode, das Mindmapping, und eine weniger bekannte Methode aus den Ingenieurswissenschaften, den **morphologischen Kasten,** hingewiesen werden. Näheres hierzu ist zu finden in:

🗁 Brauchlin, Problemlösung

Nr.	Erfolgsfaktor	Firmenzustand
	Vorstandssponsor	engagiert, erkennbar, still, nicht vorhanden
	Vorstandsprojekt	erklärt, nicht erklärt
	Lenkungsausschuss	aktiv, vorhanden, nicht vorhanden
	Budget	zu klein, erweiterbar, ausreichend
	Projektleiter	hauptamtlich, ernannt, nicht möglich
	Projektteam	freigegeben, definiert, zu klein, nicht vorhanden
	Fach-Know-how-Träger	erreichbar, verfügbar, desinteressiert
	Equipment	modern, vorhanden, beschaffbar
	Entwurfswerkzeuge	vorhanden, nicht vorhanden
	Datenbasis 1	gepflegt, ungepflegt, leer
	Datenbasis 2	integriert, isoliert
	Methodik	Vorgehensmodell, Einzelmethoden, ohne
	IT-Know-how	vollständig, unvollständig, Neuland
	Projektberichtswesen	etabliert, definiert, ohne
	Lernbereitschaft	ernsthaft, mangelhaft, null

Tabelle 1.18: Checkliste kritische Erfolgsfaktoren

1.3.5 Die Aufgaben des Data Warehouse Spezialisten

Aus den Erkenntnissen über die Kategorisierung des Themas DWH und den Produkttyp, sowie über die Grundstruktur eines Data Warehouse Projekts kann man schon eine Bestandsaufnahme zu den Aufgaben des Data Warehouse Spezialisten gewinnen.

Exkurs: Qualifikation zum Data Warehouse Spezialist

Der Aufbau eines Data Warehouse ist ein umfangreiches Projekt, das von der Ideenkonsolidierung zu einer Projektdefinition, von der Beschaffung bis zur Eigenentwicklung annähernd alles enthält, was jedes andere EDV-Projekt auch enthält. Das Zusammenspiel dieser Projektaktivitäten muss geführt werden. Das bedeutet, dass ein Data Warehouse Manager die Kenntnisse und Fähigkeiten eines Projektleiters haben muss.

✔ **Projektmanagement:** Projektcontrolling, Budgetierung, Teamführung

In einem Data Warehouse ist fachliches Wissen abgebildet. Dieses Wissen muss allerdings erst in den Fachabteilungen ermittelt werden. Die Fachleute müssen motiviert werden, ihr Wissen preiszugeben und dokumentieren zu lassen. Das ist nicht immer einfach, da dieses Wissen ihren Arbeitsplatz sichert. Wenn diese Fachleute ihr Wissen in einem EDV-System verwirklicht sehen, werden sie Ängste entwickeln, ihre Arbeitsleistung messbar zu machen und ersetzbar zu sein. Sie bangen um ihre Existenzgrundlage, ihren Arbeitsplatz. Der Data Warehouse Manager muss sich also in die Lage seiner Interviewpartner versetzen können und sie zur Mitarbeit motivieren können. Dies sind sehr hohe Ansprüche an die kommunikativen Fähigkeiten und die soziale Kompetenz.

✔ **Systemanalyse:** Kommunikation, Sozialkompetenz, Präsentation, Statuserhebung, Wissensakquisition, Fachkonzeption

Das Ergebnis eines Data Warehouse ist ein aus Hardware- und Softwarekomponenten zusammengesetztes System, das über eine IT-Infrastruktur, wie zum Beispiel öffentliche Netze oder Firmennetze, kommuniziert. Die Softwarekomponenten werden entsprechend der Fachkonzeption definiert und gekauft oder selbst entwickelt. Kaufentscheidungen erfordern eine Marktbetrachtung auf der Basis einer Kriterienliste. Selbst bei einem Kauf werden noch Anpassungsarbeiten erforderlich sein. Anpassungsarbeiten, Eigenentwicklung wie auch die Beschaffungskriterien müssen in einer Spezifikation von Hardware und Software fixiert werden. Der Data Warehouse Manager muss daher Kenntnisse über das Arbeitsfeld des Systemingenieurs besitzen.

✔ **Systemengineering:** Spezifikation von Hardware- und Softwarekomponenten, Netzkenntnisse, Beschaffung, Evaluation, Schnittstellendefinition

Die spezifizierten Komponenten werden programmiert oder beschafft. Die selbstentwickelten Programme müssen unter Ausschluss der Öffentlichkeit getestet, korrigiert und wie auch die gekauften Programme in die bestehende EDV integriert werden. Der Anwender wird eine Testphase mit Verbesserungsvorschlägen begleiten. Es ist nicht wünschenswert, einem Data Warehouse Manager bei der Vielfalt seiner Anforderungen auch noch Programmierarbeiten (C, C++, 4GL, SQL, ...) abzuverlangen. Er muss allerdings selbst das Data Warehouse anwenden können, und dazu gehören die Enduser-Programmierarbeiten mit einer Makrosprache bzw. mit programmierfreien Tools.

✔ **Realisierung:** Customizing, Reporterstellung, Datennavigation

Das fertige System wird dann für den Betrieb freigegeben und Wartungsarbeiten und Auskunftsdienste stehen an. In dieser Phase muss der Data Warehouse Manager den Systembetrieb, die Anrufung der Herstellerservices und die Anwenderbetreuung beherrschen.

✔ **Betrieb:** Systemadministration, Helpdesk, Datenbankadministration, Hardwareservice, Tuning

Die Rolle eines Data Warehouse Spezialisten ist also eine Vereinigung mehrerer Rollen. Wie tief das Wissen, wie gut die Fertigkeit im Umgang mit diesen Rollen sein muss, ist von Unternehmen zu Unternehmen, von Projekt zu Projekt verschieden. Genauer wird dies in Kapitel 6 »Organisation« behandelt.

1.3.6 Fortsetzungsbeispiel InDaWa

Einleitung

Nach der Bestimmung der Abgrenzung des im Beispielprojekt zu bearbeitenden Themas, durch grundsätzliche Kategoriebestimmung und Bestimmung des Produkttyps, folgt nun die Zielsetzung.

Beispiel

Für das Beispielprojekt ist die Zielsetzung des Unternehmens – es handelt sich um ein Stromversorgungsunternehmen mit mehreren Kraftwerken – von Bedeutung. Der Betreiber beabsichtigt, einen Auftrag für ein umfassendes Auswertungssystem von Instandhaltungsdaten zu vergeben. Jedes Kraftwerk ist ein betriebswirtschaftliches Unternehmen, das heißt, es muss unter dem optimalen Einsatz von Ressourcen einen Output, in diesem Falle Strom, erzeugen. Durch technologische Neuerungen in Bauteilen, Komponenten, durch Qualifizierung von Mitarbeitern, Verbesserung von Arbeitsprozessen, Verkürzung von Stillstandszeiten kann der Ressourceneinsatz ständig optimiert werden. Hierzu ist allerdings eine größere Transparenz der Produktionsfaktoren des Gesamtsystems erforderlich. Ein großer Kostenfaktor davon ist die Instandhaltung.

Beispiel: Ziele des Kraftwerkbetreibers

Übergreifendes Ziel des Kraftwerkbetreibers ist es, ein EDV-System zu entwikkeln zur Analyse der Prozesse und der eingesetzten Ressourcen wie Personal, Bauteile, Anlagenteile, Zeiten, mit einem detaillierten und aggregierten Berichtswesen und einer Frühwarnkomponente für Systemausfälle.

Nr.	Ziel	Relevanz für Data Warehouse
1	Potential der Kostenreduktion für Instandhaltungsprozesse eruieren	Transparenz der Kostenentstehung, detaillierte Aufzeichnung über alle Kraftwerke genormt
2	Verkürzung der Bearbeitungszeiten für Reparaturaufträge	Zeitaufzeichnung von Reparaturarbeiten und Genehmigungsprozessen
3	Kostenanalyse bei Fremdvergabe von Reparaturaufträgen	Unterscheidung zwischen internen und externen Kosten
4	Kostenvergleich gleicher Reparaturen verschiedener Kraftwerke	Unterscheidung zwischen Regionen und Kraftwerkstypen
5	Verkürzung der Stillstandszeit bei Kraftwerksrevisionen	Detaillierte Ablaufanalyse bezüglich Arbeiten-Parallelisierung und Verzögerungen
6	Prognosen von Anlagenausfällen	Indikatorensammlung und Interpretation für Ausfälle
7	Erfahrungen sammeln durch Pilotprojekt	Start mit einem horizontalen Ausschnitt, da keine Erfahrung mit neuen EDV-Technologien
8	Know-how-Aufbau und eventuell Produktentwicklung, da Partnerunternehmen Interesse zeigen	Konzeption mit Wiederverwendbarkeit der Module und Einsetzbarkeit für Partnerunternehmen

Tabelle 1.19: Checkliste Ziele des Kraftwerbetreibers

Als kritische Erfolgsfaktoren sieht man die Dauer des Projekts an.

Die Datensammlung ist vollständig und detailliert. Personelle Interessenkonflikte sind nicht zu befürchten. Die Budgetierung des Projekts ist ungefährdet, da alle Verbesserungen unmittelbare Kosteneinsparungen bei Instandhaltungskosten haben. Ein Vorstandsmitglied ist nicht erforderlich, das Sponsoring übernimmt der Instandhaltungsleiter.

Zu diesem Zeitpunkt ist der gesamte Umfang des Projekts noch nicht bekannt und deshalb kann noch kein einigermaßen stabiler Projektumfang definiert werden. Aber der Wille kann mit der Zieldefinition dargestellt werden. Die Zieldefinition ist die Voraussetzung für ein Commitment der Entscheidungsebene: »Jawohl, wir sehen diese Ziele genauso, hätten aber gerne noch diese und jene Korrektur und stellen dafür erst einmal ein Budget von xxx Euro zur Verfügung.«

Die Hauptzielsetzung ist, ein »Projekt zum Aufbau und Betrieb eines Data Warehouse« abzuwickeln. Um die Möglichkeit des Abbrechens überhaupt zu bekommen, wird ein Projekt in Abschnitte eingeteilt, die Phasen genannt werden, wie bereits im Exkurs »Projektphasen« dargestellt wurde.

Beispiel: Projektphasen

Der »Rahmenplan des Projekts«, der noch keine für ein Data Warehouse spezifischen Schritte enthält, soll die allseits bewährten Projektstrukturen aus Individualentwicklung, Standardsoftwareprojekten und Infrastrukturvorhaben aufnehmen. Im Einzelnen sind dies also die im Exkurs »Projektphasen« aufgezählten Phasen:

- ✔ Projektinitiation und Projektierung
- ✔ Anforderungsanalyse
- ✔ Konzeption
- ✔ Spezifikation
- ✔ Realisierung
- ✔ Betrieb

Es gibt derzeit im Kraftwerksunternehmen kein Vorgehensmodells für die Softwareentwicklung. Deshalb muss mit dem Projektstart eine Ausarbeitung der Phaseninhalte im Rahmen eines schlanken »Vorgehensmodells« durchgeführt werden.

- ✔ Vorgehensmodell

Der Gegenstand des Vorgehensmodells wird mit den Architekturentscheidungen des Data Warehouse bestimmt. Das bedeutet für die Projektfortschrittsskala, dass vor dem Schritt »Vorgehensmodell« ein Schritt »Architekturabgrenzung« erfolgen muss.

✔ Architektur

Vor diesen Strukturfestlegungen wird das eigentliche Data Warehouse Projekt mit den bekannten Aufgaben von Softwareprojekten projektiert.

Gestaltungsentscheidungen

Mit diesen Festlegungen sind zwar keine Gestaltungsentscheidungen getroffen worden, aber die weiteren Projektschritte definiert, und diese können als weitere Skaleneinträge des Projektfortschritts festgehalten werden.

Alle Entscheidungen der noch folgenden Kapitel zum Beispielprojekt InDaWa werden weiterhin musterhaft in dem vorgestellten Entscheidungschart »Gestaltungsentscheidungen und Projektfortschritt InDaWa« festgehalten. Das **Entscheidungschart** ist eine Checkliste mit Gestaltungsaspekten, der zugehörigen Entscheidung und einer Begründung dieser Entscheidung. Mit Hilfe des Entscheidungscharts bleiben die Entscheidungen langfristig nachvollziehbar und können bei Veränderungen von Rahmenbedingungen gezielt auf weiteren Bestand geprüft werden. Die Verwendung einer solchen Entscheidungsdokumentation ist jedem Projekt anzuraten.

Gestaltungsaspekt	Entscheidung	Begründung
ORIENTIERUNG		
Abgrenzung		
Markttendenzen		
Zielsetzung		
persönliche Ziele	Data-Warehouse-Spezialist	Verantwortung
Kenntnisstand	Ausbildungskonzept erforderlich	
Unternehmensziele	Start mit Pilotprojekt	Erfahrung nicht ausreichend
Unternehmensstatus		Erfolgskriterien erfüllt
ARCHITEKTUR		
...		

Tabelle 1.20: Entscheidungschart InDaWa Zielsetzung

1.4 Übungen

Übung 1.1: Stellenbeschreibung

Leiten Sie aus der folgenden Stellenanzeige ab, zu welcher Kategorie der Beschäftigungsgegenstand »Data Warehouse« nach Meinung des Inserenten gehört und welchen Produkttyp er darin sieht.

Modernste IT Technologien unterstützen die Themen Warenwirtschaft und Data Warehouse

Unser Klient, eines der weltweit größten Handelshäuser für Markenartikel, ist durch Tochtergesellschaften und Niederlassungen in Europa und USA über 1.500 mal präsent. Die erfolgreiche Unternehmensphilosophie dokumentiert sich in einer stetigen Ausweitung der geschäftlichen Aktivitäten. Die Warenwirtschaft als eine der Schlüsselfunktionen des Unternehmens wird von modernster, leistungsfähiger IT-Technologie getragen. Für die Leitung des IT-Fachbereichs Warenwirtschaft/Data Warehouse suchen wir **Sie**, eine Dame, einen Herren, als

LEITER COMPETENCE CENTER

Zu den Aufgabenschwerpunkten gehören:

- Leitung eines themenorientierten Fachbereichs.
- Fachliche und disziplinarische Führung von erfahrenen Beratern und Spezialisten.
- Steuerung komplexer Applikations-Projekte.
- Beratung und Unterstützung der Anwender.

Für Ihren Einstieg wünschen wir uns:

- Abgeschlossenes (Fach-) Hochschulstudium.
- Nachweisbare Praxis in der Konzeption, Planung und Steuerung von Aufgaben mit Projektteams.
- Anwendungspraxis mit UNIX, CASE-Methoden/-Tools, RDBMS
- Englisch in Wort und Schrift.

Daß Sie Ihr Wissen und Können zielgerichtet einsetzen um die anspruchsvollen Aufgaben zu lösen, ist selbstverständlich. „State of the art" im ORACLE-Umfeld ist für Sie kein Fremdwort, sondern Grundlage wirtschaftlichen Handelns. Sie arbeiten gern und pragmatisch in und mit einem Team, indem Sie Ihre **Themenkompetenz** voll zur Entfaltung bringen.

Abbildung 1.9: Stellenbeschreibung DWH-Leiter

Übung (mit Lösungsbeispiel) 1.2: Charakteristische Eigenschaft Systemtypen

Geben Sie jeweils den Begriff und eine charakteristische Eigenschaft für jeden der in der folgenden Tabelle mit seinem Kürzel aufgeführten Systemtyp an:

Systemtyp	Begriff	Charakteristische Eigenschaft
MIS		
OLAPS		
DSS		
XPS		
Data Warehouse		
EIS		

Übung 1.3: Kategorienskala

Kategorisieren Sie das Thema Data Warehouse mit Hilfe der Kategorienskala.

Übung 1.4: Projektphasen

Was sind Projektphasen? Wie heißen die wichtigsten Projektphasen und welche Aufgaben werden in diesen Projektphasen abgewickelt?

Übung 1.5: Maßnahmenplan Markteinschätzung

Bilden sie einen Maßnahmenplan zur Beobachtung und Einschätzung des Marktes nach dem folgenden Schema:

Quelle	Maßnahme	Begründung

Übung (mit Lösungsbeispiel) 1.6: Trendkarte Executive Information Systems

Erstellen Sie eine Trendkarte zur Technologie der Executive Information Systems.

Übung 1.7: Trendprofil

Erstellen Sie ein Trendprofil (ohne Trends) der Ihrer Meinung nach für Ihr Unternehmen relevanten Technologien.

Übung 1.8: Kenntnisstand

Zeichnen Sie Ihre Einschätzung Ihres derzeitigen Kenntnisstandes als Kurve in das Formular für das Erkenntnisprofil ein.

Übung 1.9: Kenntnisstand-Fernziel

Zeichnen Sie Ihre Einschätzung Ihres angestrebten Kenntnisstand-Fernziels durch eine zweite Kurve in das Formular für das Erkenntnisprofil ein.

Übung 1.10: Persönliche Ziele

Definieren Sie Ihre persönlichen Ziele, die Sie mit der Beschäftigung mit dem Thema Data Warehouse verfolgen.

Übung 1.11: Unternehmensziele

Erstellen Sie eine Liste der Unternehmensziele, die Ihrer Meinung nach ein Interview mit den Führungskräften bringen würde. Vergleichen Sie Ihre Ziele mit den Firmenzielen: Sehen Sie Zielkonflikte? Tragen Sie die Konflikteinschätzung in die Felder Zieleharmoniematrix ein. Machen Sie zu jedem Konflikt einen Vorschlag, wie dieser zu beheben ist.

Übung 1.12: KEF

Stellen Sie die kritischen Erfolgsfaktoren (KEF) ihres Unternehmens fest.

Übung 1.13: Reifeprofil kritische Erfolgsfaktoren

Ergänzen sie das Formular Checkliste kritische Erfolgsfaktoren durch Ausprägungsgrade zu einem »Reifeprofil kritische Erfolgsfaktoren«.

1.5 Zusammenfassung der Entscheidungsgänge

Zum Abschluss des Kapitels sei noch ein Blick auf die bisherigen Schritte geworfen und zusammenfassend dargestellt.

Ausgangspunkt war die Orientierung, was »Data Warehouse« ist. Diese Orientierung wurde in Teilschritten erreicht. Der erste Schritt bestand aus einer quasi-philosophischen Kategorisierung des Themas.

Mit Hilfe von in Zeitungsanzeigen veröffentlichten Darstellungen von Herstellern wurde festgestellt, dass die Kategorie des Data Warehouse nicht durch ein abstraktes Denkobjekt charakterisiert werden kann. Sie ist vielmehr ein komplexes Gebilde aus Software- und Hardwarekomponenten und Organisation: mehr real als ideell, sowohl Software als auch Hardware, eher komplex als simpel, Mensch und Maschine im Wechselspiel.

Des weiteren wurde festgestellt, dass der Begriff Data Warehouse zwar neu ist, aber die Produkte aus dem Umfeld der früher als Management-Unterstützungssysteme bezeichneten Informationssysteme kommen und teilweise nur um neue Technologien erweitert wurden. Es wurde gefolgert, dass alle Komponenten dieser Produkte gewissen Technologietendenzen unterliegen und diese Tendenzen eines Marktmonitorings bedürfen, will man nicht auf alten Entscheidungen sitzenbleiben. Es wurde aber auch erkannt, dass zu diesem Zeitpunkt noch nicht genug Wissen über die ein Data Warehouse beeinflussenden Technologien vorliegt und dafür eine Projektetappe »Architektur« eingerichtet werden muss.

Damit ist also der beispielhafte Durchlauf durch die Gestaltungs-Entscheidungen wie folgt:

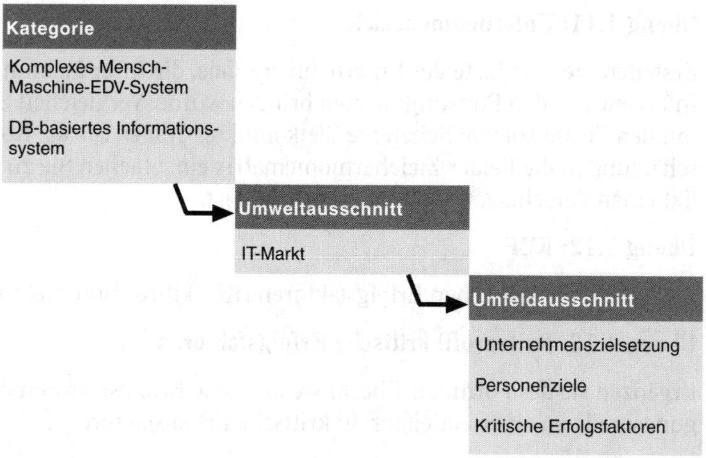

Durch die Produkttypisierung als ein Informationssystem für verschiedene Organisationsebenen mit Datenhaltung und diversen mit dem Zugriff und der Verwendung der Daten verbundenen Funktionen ist klar geworden, dass die Organisationsform für den Aufbau eines Data Warehouse ein umfassendes Projekt ist. Damit konnten bekannte Erkenntnisse über die Phasenstruktur von Projekten verwendet werden, um einige Projektschritte vorauszusehen.

Im darauf folgenden **zweiten Schritt** wurde die **Umwelt** des Data Warehouse betrachtet. Es wurde festgestellt, dass ausgewählte Informationen in verschiedenen Zeitabständen zu beziehen sind, um die Veränderungen der Umwelt, die ständig neue Entscheidungen bewirken können, wahrzunehmen. Hierzu gehören z.B. die Technologieneuerungen und die Produktmärkte.

Der **dritte Schritt** endlich ließ die Zielsetzung formulieren. Die Zielsetzung ist vom Status, also der augenblicklichen Situation von Unternehmen und von den Umwelttendenzen abhängig. Der Erfolg ist von den Fähigkeiten und vom Willen des Projektleiters abhängig. Die Zielsetzung betrifft den **Umfeldausschnitt** aus Unternehmen und Personen. Die Erreichung der Zielsetzung hängt von sogenannten kritischen Erfolgsfaktoren (KEF) ab.

Aus den bisherigen Erkenntnissen konnte bereits ein einigermaßen genaues Qualifikationsbild vom Data Warehouse Manager und ein, wenn auch nicht tiefgehendes, Qualifikationsbild für andere Data Warehouse Spezialisten gezeichnet werden.

KAPITEL 2

2 Was ist eine Architektur eines Informationssystems?

Überblick

Zunächst wird der Begriff »Architektur« vorgestellt. Danach wird die Frage nach der Nützlichkeit des Denkens in Architekturen gestellt. Dies wird einmal für die EDV allgemein und danach für das Data Warehouse im Speziellen durchgeführt.

Architekturen von Informationssystemen

IT-Systeme sind komplexe Mensch-Maschine-Systeme. Es wird gezeigt, dass Architekturkonzepte ein nützliches Mittel zur Strukturierung solcher komplexer Systeme bzw. zur Gewinnung eines besseren Überblickes über bestehende Systeme sind. Es wird weiter gezeigt, dass das Denken in Architekturen die Thematik von IT-Systemen kategorisieren lässt. Dies bedeutet, dass alle IT-Systeme, und damit auch DWH, weitgehend schrittweise durch Bearbeitung der **IT-Kategorien** analysiert und auch aufgebaut werden können. Diese Kategorien oder Architektursichten sind Betriebswirtschaft, Software, Hardware und Organisation.

Die erste dieser wesentlichen IT-Kategorien, in der Reihenfolge der Analyse, ist zunächst die Kategorie, die den Zweck des IT-Systems bestimmt. Für betriebswirtschaftliche Anwendungen ist dies die Definition der **betriebswirtschaftlichen Aufgabenstellung.** Dieser Begriff wird hier sehr allgemein verwendet, also übergreifend auch für die Aufgaben Prozesssteuerung und Signalgebung. DWH wird in der Literatur eher auf die Beantwortung von Fragen aus dem Controlling oder Marketing fokussiert. Die Nützlichkeit von DWH wird an ihrem Beitrag zur Verbesserung von Unternehmensprozessen gemessen. Die Gesamtheit der betriebswirtschaftlichen Funktionen ist die **betriebswirtschaftliche Struktur** oder **betriebswirtschaftliche Architektur** des DWH.

Die betriebswirtschaftliche Aufgabenstellung wird durch Funktionen von Programmen unterstützt und mitunter vollkommen ersetzt. Man denke etwa an den Versand eines Serienbriefes durch eMails anstelle des Postweges. Die betriebswirtschaftliche Aufgabenstellung schränkt das Feld der Möglichkeiten auf bestimmte Programmtypen und bestimmte **Softwaretechnologien** ein. Für jeden Anwendertyp ist eine andere Softwaretechnologie geeignet. So kann z.B. einer Führungskraft nicht zugemutet werden, mit einer Programmiersprache eine Datenbankabfrage durchzuführen. Ein Anwender der Führungsebene sollte die Möglichkeit bekommen, mit einer Fachsprache auf Daten zugreifen zu können. Die betriebswirtschaftliche Aufgabenstellung gibt die Bedingungen für die **Software-Architektur** vor.

Software wird auf einem Rechnersystem ausgeführt, das im einfachsten Fall ein isolierter Rechner in einem Gehäuse und im komplexen Fall ein weltweit vernetztes System mehrerer Rechner ist. Die Softwaretypen stellen wiederum besondere Anforderungen an die Hardware und die Betriebssysteme dieser Rechnersysteme. Wenn also die IT-Kategorie der Softwaretypen festgelegt ist, kann die IT-Kategorie **Hardware** aus den noch frei bleibenden Möglichkeiten bestimmt werden. Die Gesamtheit der Hardwarekomponenten und ihrer Vernetzung ist die **Hardware-Architektur.**

Als letzte Kategorie ist die **Organisation,** die zum Betreiben des komplexen Systems DWH erforderlich ist, herauszufinden. Die Rechner müssen beschafft, die Software installiert, die Anwender geschult werden. Bei allem Fortschritt in der Automatisierung ist der Mensch doch noch nicht ersetzbar und für die Durchführung dieser Tätigkeiten sind Handlungen von Menschen zu koordinieren. Dazu müssen Kompetenzen eingeräumt und Know-how aufgebaut werden. Es ist zu organisieren und Organisationsstruktur zu schaffen.

Die Architektur des DWH-Systems besteht damit aus Komponenten, Modulen, Baugruppen, Einheiten der vier IT-Kategorien

- ✔ Betriebswirtschaftliche Komponenten
- ✔ Softwarekomponenten
- ✔ Hardwarekomponenten
- ✔ Organisationsstruktur

Der Aufbau der Kapitel zur Architektur

Die Architekturen werden demzufolge nach einer allgemeinen Darstellung der Bedeutung von Architekturen in vier Schritten entwickelt. Die folgende Abbildung gibt einen Überblick über die Gliederung der Kapitel zur Architektur von DWH-Systemen, die (in Kapitel 2-6) dieser IT-kategorialen Betrachtungsweise folgt.

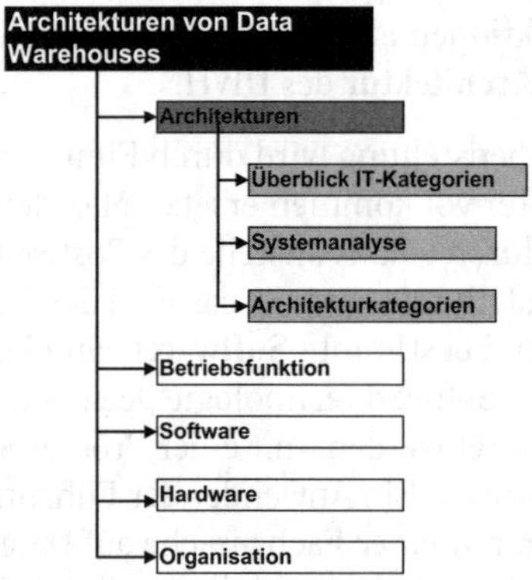

Abbildung 2.1: Gliederung der Kapitel zur Architektur von Data Warehouse Systemen

Die weitere Aufgabe des Kapitels »Architekturen« ist die Aufschlüsselung dieser vier IT-Kategorien in Systeme, Teilsysteme, Komponenten und Module. Das Ziel ist ja der Aufbau eines DWH. Ein DWH gibt es nicht »von der Stange« zu kaufen, sondern es muss aus »Einzelteilen« zusammengesetzt werden. Einige dieser Einzelteile können gekauft, andere müssen als Einzelstück entwickelt werden. Das Ziel der weiteren Zerlegung ist damit abgesteckt: Die Betrachtung der IT-Kategorien muss so weit detailliert werden, dass am Ende Einheiten in der Größe definierter erwerbbarer Marktprodukte oder spezifizierbarer Einzelfertigungen vorliegen. Dieses Vorgehen stellt einen **Mikrozyklus** innerhalb des **Makrozyklus** dar.

Lernziel

Das Lernziel dieses Abschnitts ist damit die Erschließung des Architekturbegriffes und die Anwendung des Denkens in Architekturen auf die Ausgestaltung der Data Warehouse Lösungen.

Lernziele

- Erkennen und Bedeutung des Architekturbegriffes
- Kennenlernen der Schichten der Architektur eines komplexen EDV-Systems
- Erkennen der Architekturlevel eines DWH
- Erkennen der Reihenfolge zur Bearbeitung der Architekturfragen eines Data Warehouse
- Anwenden der Vorgehensweise zur Analyse einer DWH-Architektur

2.1 Systemanalyse

2.1.1 Ansätze einer Analyse

Die Zerlegung des Gesamtsystems eines Data Warehouse in seine Bestandteile ist die Aufgabe einer **Systemanalyse.** Im folgenden Abschnitt wird erläutert, dass es verschiedene Ansätze für eine Systemanalyse gibt und dass in diesem Kapitel ein strukturorientierter Ansatz angewendet wird.

Man kann sich jedem Sachverhalt auf verschiedenen Wegen oder auch aus verschiedenen Blickwinkeln nähern. In der Systemanalyse gehören folgende Ansätze zum Standardrepertoire:

- ✔ Der **funktionale Ansatz** versucht die Frage »Was tut das System und wie funktioniert es?« zu beantworten. Das Ergebnis der Suche ist eine Liste oder sogar ein Hierarchiebaum von Funktionen.

- ✔ Der **prozessuale Ansatz** fragt: »In welcher Folge passiert etwas oder in welcher Reihenfolge laufen Aktionen oder Aktivitäten des untersuchten Systems ab?«. Das Ergebnis dieser Sichtweise ist eine Ablaufdarstellung.
- ✔ Der **strukturale Ansatz** fragt danach, woraus das System besteht. Er fragt nach den Bestandteilen des Systems und wie diese Bestandteile zusammengehören. Das Ergebnis ist eine Komponentenliste oder ein Strukturdiagramm, eine Architektur.
- ✔ Der **datenorientierte Ansatz** fragt nach den zu verarbeitenden Daten. Das Ergebnis dieser Sichtweise ist eine Datensammlung oder sogar ein Datenmodell.

Diese Liste ist nicht vollständig. Es gibt auch noch andere Ansätze, wie zum Beispiel der **Input-Output-Ansatz,** der die Unterschiede zwischen eingehenden und herauskommenden Daten oder Stoffen untersucht. Der Input-Output-Ansatz verfolgt dies mit dem Ziel herauszufinden, was diese Unterschiede bewirkt hat, oder anders gesagt, was im System ist und wie es die Daten verarbeitet.

Es gibt auch Ansätze, die nicht nach den »gegenständlichen Eigenschaften« des Untersuchungsgegenstandes (Funktion, Struktur, Prozess, Information) gegliedert sind, sondern nach der Perspektive der Vorgehensweise wie Bottom-Up, Top-Down, Inside-Out, Outside-In. Beim **Top-Down-Prinzip** wird von der Gesamtsicht zu immer feineren Details vorgangen. Beim **Bottom-Up-Prinzip** wird von den Details eines Systems der Gesamtzusammenhang erarbeitet. Das **Outside-In-Prinzip** startet mit der Sicht von »außen« auf das System und nähert sich dem inneren Aufbau über die von außen sichtbaren Bestandteile und Reaktionen. Beim **Inside-Out-Prinzip,** nimmt man sich der Reihe nach die inneren Bestandteile des Systems vor, geht zu den Schnittstellen zur Außenwelt und betrachtet dann die Systemumgebung und deren Aufbau.

Es gibt einzelne Typologien für die Systemanalyse, aber es ist leider keine vollständige Klassifikation von Ansätzen zu einer Analyse von Systemen und einer entsprechenden Ableitung für DV-Systeme bekannt. Es ist auch nicht bekannt, ob es eine solche vollständige Typisierung geben kann, oder ob es unendlich viele Möglichkeiten gibt. Man muss sich aus bekannten Ansätzen den der Situation entsprechend geeignetsten Ansatz auswählen.

Hier kann nicht weiter auf das Thema Systemanalyse eingegangen werden. Wer sich intensiv mit dem Thema Systemanalyse oder der übergreifenden Thematik der allgemeinen Problemlösung auseinandersetzen möchte, dem sei empfohlen:

🗁 Daenzer, Systems Engineering

🗁 Brauchlin, Problemlösung

2.1.2 Reihenfolge der Analyseschritte

Eine Untersuchung kann mit allen genannten Ansätzen gemacht werden. Eine Reihenfolge der Anwendung bezüglich der »gegenständlichen« Eigenschaften

- ✔ Funktionen
- ✔ Daten und Informationen
- ✔ Strukturen
- ✔ Prozesse

ist nicht zwingend. Jeder der Ansätze hat Vor- und Nachteile, die sich der Analysesituation und deren Randbedingungen entsprechend auswirken. Es haben sich viele Möglichkeiten in der Anwendung bewährt, von denen beispielhaft die folgenden drei ausgewählt sind:

	Ablauf 1	Ablauf 2	Ablauf 3
Schritt 1	**Daten** und Informationen	Feststellung aller **Prozesse**	Feststellung der **Funktionen**
Schritt 2	Aufnahme der **Funktionen**	Ableitung der Gesamt**struktur**	Ermittlung der von den Funktionen verarbeiteten **Daten**
Schritt 3	Bündelung der Funktionen zu Modulen und einer Gesamtstruktur	Feststellung der Funktionen	Feststellung der Koppelung von Funktionen zu Prozessen
Schritt 4	**Prozesse** über alle Teile der Struktur	Feststellung der von den Funktionen verarbeiteten **Daten**	Zusammenführung von Funktionen zu Funktionsgruppen und **Strukturen**

Tabelle 2.1: Reihenfolge der Systemanalyse

Es gibt jedoch eine günstige Reihenfolge, die im Kapitel 7 »Vorgehensmodell« begründet wird. Es ist sogar sinnvoll, ohne die Kenntnis des Ergebnisses einer Sichtweise noch einmal mit einer zweiten, dritten oder vierten Sichtweise heranzugehen und die so gewonnenen Ergebnisse mit denen der ersten Sichtweise zu vergleichen, sie zu verifizieren oder zu kombinieren, zu verschmelzen oder zu addieren.

2.1.3 Gegenstand der Analyse

Die spezielle Vorgehensweise, das ist die Reihenfolge des Einsatzes von Methoden und Werkzeugen, ist von dem zu bearbeitenden Gegenstand abhängig. Deshalb muss, bevor man das Vorgehensmodell definiert, zuerst dieser Gegenstand des Vorgehens, der in unserem Fall das Data Warehouse System ist, erkannt und erklärt werden. Diese Erklärung ist die Beschreibung der Struktur des zu Untersuchenden, seine Bestandteile, wie diese in Verbindung stehen, wie sie zusammengefügt sind oder sich gegenseitig enthalten, also die **Architektur.** Zuerst soll daher erklärt werden, was eine Architektur ist, wie man den Architekturbegriff auf die DWH-Thematik ansetzt, und wozu es nützlich ist zu wissen, was eine DWH-Architektur ist.

Die Analyse der Architektur ist der obigen Aufzählung nach ein strukturaler Ansatz.

2.2 Beispiele von Architekturen

Bevor nun näher auf das DWH eingegangen wird, wird zunächst der Begriff der Architektur genauer beleuchtet.

2.2.1 Übersicht

Die Welt ist zu komplex, um sie als Ganzes begreifen oder gar als Ganzes gestalten zu können. Aber man möchte ja nicht die ganze Welt, sondern nur einen interessanten Ausschnitt der Welt verstehen und davon wiederum nur einen kleineren Ausschnitt gestalten. Bezüglich des Themas DWH ist dieser Weltausschnitt ein komplexes EDV-System eines Unternehmens. Den »Rest der Welt« darf man nicht völlig außer Acht lassen. Ganz ohne Betrachtung der Umwelt ist keine EDV-Systemgestaltung möglich. Das EDV-System und besonders ein Informationssystem muss ja mit der Umwelt im Datenaustausch stehen.

Der zu gestaltende Weltausschnitt wird in handhabbare, begreifbare Teile zerlegt, die man nacheinander analysiert. Um das zerlegte Etwas wieder zu einem Ganzen zusammenfügen zu können, merkt man sich, wie die Teile zusammengehören. Die einzelnen Scheiben und der Bauplan ihres Zusammenfügens zu einem Ganzen ist eine **Architektur.** Die Betrachtung eines Gegenstandes als Architektur ist ein Mittel, ein komplexes unüberschaubares Gebilde in kleinere, behandelbare Teile zu zerlegen, ein Mittel der **Komplexitätsreduktion.**

Der Architekturbegriff ist als Mittel der Komplexitätsreduktion in allen Wissenschaftsbereichen verwendbar und keineswegs eine Spezialität der EDV. In der Biologie spricht man z.B. vom Aufbau oder der »Architektur« einer Zelle, in der Medizin von der Anatomie oder »Architektur« des menschlichen Gehirns. Am gebräuchlichsten jedoch ist der Architekturbegriff im Baubereich, ob man nun von der Architektur eines Hauses oder einer technischen Großanlage, von Garten- oder von Landschaftsarchitektur, von Außen- oder von Innenarchitektur spricht.

Auch in abstrakteren Bereichen lässt sich der Architekturbegriff anwenden. Zum Beispiel kann in der Betriebswirtschaft von der Architektur eines Konzerns die Rede sein. In der Politik wird von der Architektur eines Staates, in der Rechtswissenschaft von der Architektur von Verträgen gesprochen.

Immer dient die Verwendung des Architekturbegriffs zur Beschreibung der Gestalt und Funktion eines komplexen Gegenstandes anhand seiner Bestandteile und seines Zusammenbaus. Die Teile werden aufgezählt und in einer Liste geführt, die nach einer bestimmten Systematik erstellt ist. Für den Zusammenbau dient ein Bauplan.

Definition: Architektur

Eine **Architektur** ist die Gesamtheit von definierten einzelnen Elementen und die Beschreibung ihrer Zusammensetzung zu einer Struktur. Die Beschreibung der Zusammensetzung der Architektur ist der Bauplan.

Im folgenden Beispiel aus dem Industriebereich wird die Architekturzerlegung einer Kraftwerksanlage vorgestellt und die Darstellung dieser Zerlegung durch ein Kennzeichnungssystem der Anlagenteile.

Beispiel: Architekturzerlegung einer Kraftwerksanlage und Kraftwerk Kennzeichen System

Eines der am detailliertesten durchstrukturierten Beispiele einer Zerlegung in Bauteile und Komponenten ist das **Kraftwerk Kennzeichen System**, kurz **KKS.** Das KKS wurde entwickelt, um eine anlagenweit eindeutige Identifizierung der Anlagenteile bzw. Bauteile und Räume einer technischen Großanlage durchführen zu können. Technische Großanlagen sind z.B. Raffinerien, Kern-, Kohle- und Wasserkraftwerke, Entsorgungsanlagen, Müllverbrennungsanlagen.

Die Kraftwerksanlage ist aus **Gesamtanlagen**, wie z.B. Kraftwerksblöcken, zusammengesetzt. Die Gesamtanlage besteht aus **Funktionen,** wie z.B. einer Sprühwasserlöschanlage, und eine Funktion setzt sich aus Aggregaten zusammen.

Ein **Aggregat** der Sprühwasserlöschanlage ist die Pumpenanlage, die das Löschwasser in die Rohrleitungen pumpt. Ein Aggregat ist aus Betriebsmitteln zusammengesetzt.

Die letzte Zerlegungsstufe des KKS ist das **Betriebsmittel** und im Beispiel der Pumpenanlage die Pumpe oder der Motor. Die Betriebsmittel bestehen aus **Bauteilen** und Materialien.

Die Zerlegungshierarchie der technischen Anlage wird noch einmal tabellarisch an drei Beispielen dargestellt.

Ebene	Name	Beispiel 1	Beispiel 2	Beispiel 3
0	Kraftwerk			
1	Gesamtanlage	Kraftwerksblock	Kraftwerksblock	Block
2	Funktion	Sprühwasserlöschanlage	Maschinenhaus	Schrank
3	Aggregat	Pumpenanlage	Rolltor	Etagen-Koordinate
4	Betriebsmittel	Pumpe, Motor	Motor	
5	Bauteile, Material	Flansch, Dichtung, ...	Schraube, Motoröl	

Tabelle 2.2: Ebenen des KKS

Die folgenden beiden Abbildungen zeigen die Zerlegung der Beispiele 1 und 2. Das Schema des Kennzeichnungssystems KKS ist im Kapitel 7 dargestellt, da es dort zur Definition von Datenverdichtungsstufen dient. Das Beispiel belegt: Architekturen sind Strukturen mit Funktionen. D.h. die Elemente der Architektur erfüllen eine Aufgabe oder Funktion.

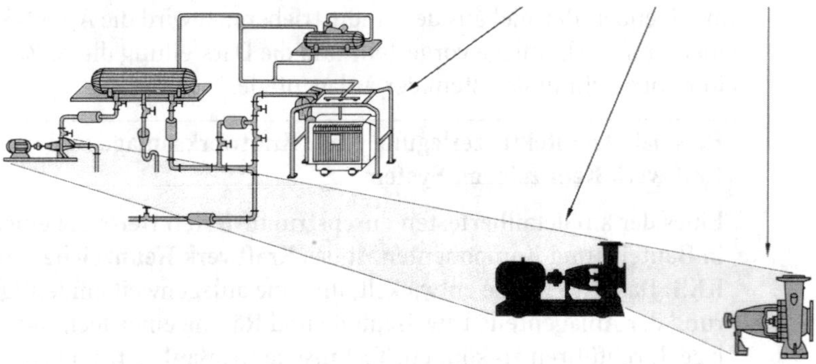

Abbildung 2.2: Architekturgliederung Beispiel 1 Anlagentechnik

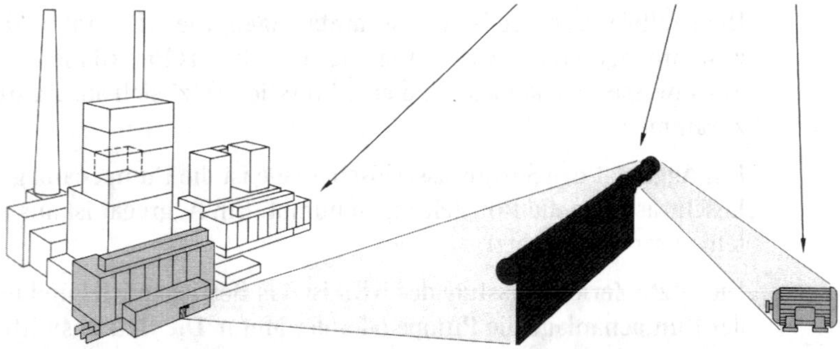

Abbildung 2.3: Architekturgliederung Beispiel 2 Anlagentechnik

Das KKS ist hier nicht nur wegen seiner konsequent strukturierten hierarchischen Zerlegung und damit einer vollständigen Systematik aller Bestandteile einer komplexen Kraftwerksanlage interessant. Die Hierarchie dient analog der Gliederung einer Organisation nach Bereichen, Abteilungen und Stellen als Vorlage zur Akkumulation von Zahlenwerten. Und das ist, wie noch gezeigt wird, eine der Aufgaben eines DWH.

Als nächstes soll auf die Granularität und die Stufen der Zerlegung der Architekturen, die Architekturebenen, eingegangen werden.

2.2.2 Stufen der Architekturzerlegung

Der Begriff der Architektur hat je nach Zerlegungsstufe eine andere Ausprägung. Ist man einem architektonischen Gebilde sehr nahe, sieht man zwar die Feinstrukturen, aber die Gesamtarchitektur ist außerhalb des Blickwinkels.

Der Blickwinkel, der ein Anlagenaggregat erfassen soll, umfasst die Gesamtanlage nicht mehr. Die Konstruktionszeichnung des Pumpenaggregates füllt ein Zeichnungsblatt vollständig aus. Das Zeichnungsblatt der Gesamtanlage ist in einem Maßstab gezeichnet, der die Pumpe nur als Punkt erscheinen lässt. Je nach Detailierungsstufe konzentriert sich der Blick auf einen anderen Aspekt der Struktur. Je nach Zielsetzung der Betrachtung ist eine mehr oder weniger detaillierte Stufe der Betrachtung erforderlich. Um die Architektur als Gesamtes zu erfassen, sind mehrere Zerlegungsstufen zu analysieren.

Nicht nur der Blickwinkel verändert sich. Je nach Blickwinkel müssen auch andere Darstellungs- und Analysemethoden herangezogen werden, um das Wesentliche transparent werden zu lassen. Diesen Methoden ist das Kapitel 7 »Vorgehensmodell« gewidmet.

Beispiel: Betrachtungsnähe der Organisation

Wenn zum Beispiel die Betriebswirtschaft von der Architektur des Konzerns spricht, meint sie die Zusammensetzung und Beteiligungsverhältnisse der Gruppen- und Tochterunternehmen und die Organisationsstruktur der zugehörigen Unternehmen. Die Struktur der Organisation nach Bereichen und Abteilungen erfordert eine verfeinerte Sicht. Man kann daraus verschiedene **Ebenen einer Architektur** erkennen.

Eine Betrachtungsebene ist die **Makrosicht.** Die Makrosicht der Unternehmung ist die Beteiligungsstruktur, dargestellt im Beteiligungsdiagramm.

Die nächst detailliertere Sicht ist die **Mesosicht:** Sie zeigt die Organisationsstruktur der einzelnen Unternehmen dargestellt im Organigramm.

Soziologen haben auch eine **Mikrosicht** auf das Geschehen in der Organisation ausgemacht. Sie zeigt unter anderem private Interessenstrukturen, Machtverhältnisse und deren Ausübung.

Die Architektur ist also von der Nähe der Betrachtung, der Feinheit, der Granularität der Auflösung abhängig. Architekturen setzen sich aus feineren Architekturen zusammen. Diese Architekturzerlegung in immer detailliertere Teile soll nun auf EDV-Systeme angewandt werden.

2.2.3 Architekturzerlegung von EDV-Systemen

An einem DWH sind Hardware, Software und Personen beteiligt. Ein DWH ist als Informationssystem ein spezielles komplexes EDV-System und kann daher in denselben Stufen zerlegt werden wie jedes EDV-System. Jedes EDV-System hat eine Architektur und kann entsprechend allen Architekturen der Komponentenzerlegung unterzogen werden. Deshalb ist es nützlich, sich diese Zerlegungsmöglichkeiten näher zu betrachten und dann daraus den speziell für ein DWH wichtigen Teilen und Zerlegungsebenen besonderes Augenmerk zu widmen. Die Grafik »Architektur-Zooming durch ein EDV-System« verdeutlicht diese Auflösung in immer feinere Architekturbestandteile am Beispiel der EDV.

Im Zeitalter der internationalen Öffnung und landesübergreifenden Kooperation ist Kommunikation mittels EDV-Infrastrukturen bereits auf der Makroebene interessant. Das ist das internationale Netz eines Unternehmens, das **Worldwide Area Network,** kurz **WAN.**

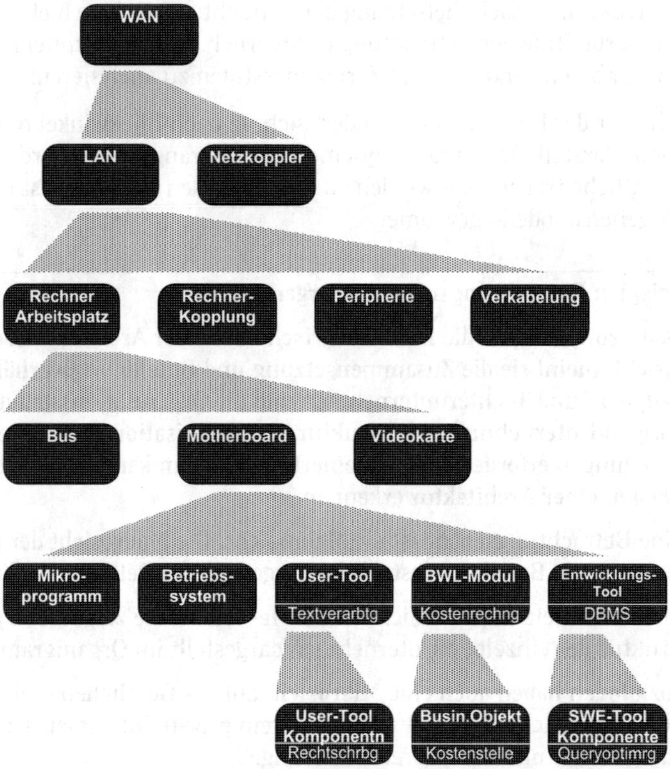

Abbildung 2.4: Architektur-Zooming durch IT-Systeme

Ein **WAN** besteht aus den Strecken der Kommunikationsnetze der Länder. Diese sind aufgrund völlig unterschiedlicher Historien technologisch und rechtlich stark unterschiedlich und mühsam zu integrieren. Die WAN-Strecken der **Landesnetze** und **Interkontinentalstrecken** sind über **Kopplungskomponenten,** wie z.B. Router und Sendestationen, verbunden.

Die Landesnetze können privat (z.B. Firmenlandesnetze) und öffentlich (z.B. das Postnetz) sein. Die Landesnetze setzen sich aus den Überlandnetzen und Haus- oder Firmengeländenetzen, den **Local Area Networks,** kurz **LAN,** zusammen. Die LANs sind in Segmente unterteilt, die für sich wieder kleinere LANs darstellen. Die LAN-Segmente sind mit **aktiven** und **passiven Komponenten** wie Bridges, Router, Switches, Hubs miteinander verbunden.

Über LANs werden einzelne **Rechner** (Computer) zu Rechnernetzen, bestehend aus Rechnern unterschiedlicher Größe und Bauart und **Peripheriekomponenten** wie Plotter, Scanner, Drucker für Ausgabe und Eingabe, zusammengebunden. Die Rechner und Peripheriegeräte werden über Modems, Multiplexer an das LAN oder direkt an ein WAN angeschlossen.

Die Rechner und Peripheriekomponenten werden aus elektronischen, optischen und mechanischen **Baugruppen** wie Platinen und Gehäusen zusammengesetzt. Diese bestehen wiederum aus elektronischen, optischen und mechanischen **Bauteilen** wie Prozessoren, Motoren, Sensoren, Kabel, Kleinteilen. Einige dieser Bauteile haben wieder eine Architektur, was besonders am Beispiel der Prozessoren klar wird.

Für Entscheidungen, die zur Gestaltung eines DWH zu fällen sind, ist die Ebene Baugruppen und Prozessorarchitektur nicht mehr interessant. Deshalb soll auf eine weitere Zerlegung dieser Zerlegungslinie verzichtet werden.

Aber nicht nur die Hardware-Architekturen sind zerlegbar, auch softwareseitig ist eine Zerlegung möglich, beziehungsweise eine zerlegende Betrachtung nützlich.

Auf der Physik des Prozessors kommen **Mikroprogramme** und **Betriebssysteme** zur Ausführung. Mittels Betriebssystemen werden **Anwenderprogramme** wie zum Beispiel Datenbankanwendungen lauffähig.

Große Anwenderprogramme bestehen wiederum aus **Modulen** und Module sind aus **Objektklassen, Dateien, Funktionen** zusammengesetzt. Funktionen sind aus **Elementarfunktionen** zusammengesetzt. Dateien sind aus **Datensätzen** zusammengesetzt, Objektklassen in Subklassen zerlegt und zu **Objekten** instanziiert.

2.2.4 Beispiel einer Softwarearchitektur: Relationale Datenbank-Managementsysteme

Neben den traditionellen hierarchischen Datenbank-Managementsystemen haben die relationalen Datenbank-Managementsysteme das höchste Vorkommen in den Unternehmen. Jedes DWH muss sich mit dem Problem der Integration relationaler Basisdaten und den Komponenten, die diese Daten verwalten, auseinandersetzen. Deshalb lohnt sich ein Blick auf die Architektur dieses Systems und später, im Kapitel 7 »Vorgehensmodell«, auf die Struktur relationaler Daten.

Am Beispiel der Komponenten einer älteren Version des Datenbank-Managementsystems Ingres soll die Struktur eines komplexen Softwaresystems verdeutlicht werden. Dies bedeutet keine Einschränkung des Verständnisses, da alle anderen Produkte dieser Klasse, der Klasse der sogenannten **»Mission Critical Databases«,** ähnliche Komponenten haben. Unter **Mission Critical** versteht man die Robustheit, große Anwenderzahlen (100-10.000) konkurrierend zu bewältigen, große Datenmengen (Gigabyte bis Terabyte) zu verwalten und bei Absturz konsistente Zustände zu erhalten.

Beispiel: Architektur eines relationalen Datenbank-Managementsystems

Die Grafik am Ende dieses Beispiels visualisiert die Komponenten. Man sieht in der Abbildung drei **Komponentengruppen:** Client, Netz, Server. Die Client-Gruppe enthält Komponenten für verschiedene Betriebssysteme und für grafische und zeichenorientierte Benutzeroberflächen. Die Netzgruppe enthält Komponenten zur Verteilung und zur Transformation in verschiedene Formate. Die Server-Gruppe enthält Verwaltungskomponenten und Zugriffskomponenten auf verschiedene Datenhaltungsprodukte.

Jede der genannten Komponenten ist weiter zerlegbar in Module. So enthält zum Beispiel die Komponente »Ingres-Server« das Modul »Queryoptimizer« zur Formulierung von Abfragestrategien und Multi-Server-Manager für die Verteilung der Daten auf verschiedene Server. Das besondere Etwas, das relationale Datenbanken von anderen Filesystemen und Datenbanktypen unterscheidet, ist das Data Dictionary und die Speicherung der Daten in relationalen Tabellenstrukturen. **Das Data Dictionary** ist ein Verzeichnis aller Objekte einer Datenbankanwendung: Applikationen, Masken, Maskenfelder, Reports, Tabellen, Spalten.

Das **relationale Prinzip** ist die Minimierung aller Informationen oder anders formuliert, die höchstmögliche Redundanzfreiheit von Informationen. Hierüber wird im Vorgehensmodell weiteres ausgeführt. Anders als in anderen Datenbanksystemen, die auch Verzeichnisse ihrer Bestandteile führen, ist das Data Dictionary ebenfalls relational.

Die Module setzen sich aus verschiedenen Funktionsgruppen und Funktionen zusammen. Der **Queryoptimizer** enthält die Funktion »kostenbasiertes Abfrageoptimieren«.

Zusammengefasst sei noch einmal ein Weg durch die Stufen der Architekturzerlegung am Beispiel Ingres dargestellt:

Ingres Datenbank-Managementsystem

➡ Server-Komponente ➡ Client-Komponente ➡ Netzkomponente

➡ Servermanager ➡ Objektmanager ➡ Knowledgemanager

➡ Query Optimizer ➡ Data Dictionary

➡ kostenbasierte Optimierung ➡ regelbasierte Optimierung

Auf jeder Ebene dieser architektonischen Zerlegung des Gesamtsystems bietet der Markt mehrere Gestaltungsalternativen an. So können z.B. die Plattformen zwischen DOS, UNIX und OS/2 variiert werden. Das gesamte Client-Paket kann gegen die Client-Komponenten eines anderen Herstellers, z.B. von Oracle, Sybase, Informix, IBM oder Software-AG ausgetauscht werden. Unter dem Multiserver können auch die Datenbanken anderer Hersteller eingesetzt werden. Diese Austauschbarkeit wird gerne unter dem Begriff »Open Systems« vermarktet und soll Herstellerunabhängigkeit symbolisieren.

Die Architekturkomponenten haben also auch den Zweck, Zusammenstellungen von Komponenten zu variieren.

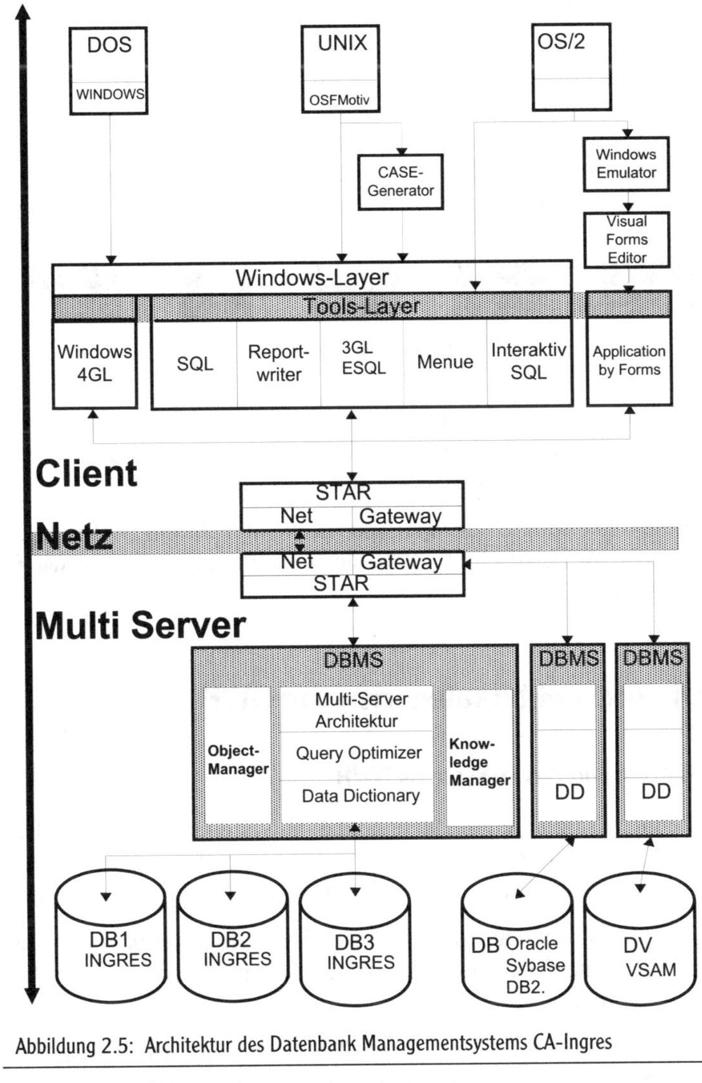

Abbildung 2.5: Architektur des Datenbank Managementsystems CA-Ingres

Je nach Betriebszweck des Unternehmens verdienen andere Ebenen der Zerlegung besonderes Augenmerk. Ein PC-Hersteller oder PC-Assembler ist zum Beispiel nicht an LAN-Komponenten interessiert, dafür aber sehr an den Baugruppen für Bus und Motherboard. Für die DWH-Gestaltung sind die Gestaltungsalternativen interessant, zwischen denen der DWH-Spezialist wählen kann und die er in einer für seine Zwecke optimalen Form kombinieren kann. Ein DWH-Spezialist soll einem Unternehmen Informationen bereitstellen. Das zentrale Element wird daher eine Anwendung sein, die auf einem Rechnersystem läuft. Es wird nicht der Bau eines Rechners sein. Der Gestaltungsfrage nähert man sich damit durch Beantwortung der Fragen:

- ✔ Welche Architekturebenen sind für ein Data Warehouse zu gestalten?
- ✔ Wie ist ein optimaler Weg durch diese Architekturebenen zu finden?

Aus den Zerlegungsschritten der Architektur sind über alle Beipiele hinweg je nach Zerlegungstiefe verschieden große Granulate entstanden. Es ist daher ein Sprachgebrauch nützlich, der unabhängig vom zu zerlegenden Objekt die Zerlegungsstufe kennzeichnet. Für die weitere Gestaltungsthematik werden die Begriffe der folgenden Abbildung »Namen der Zerlegungsstufen« verwendet.

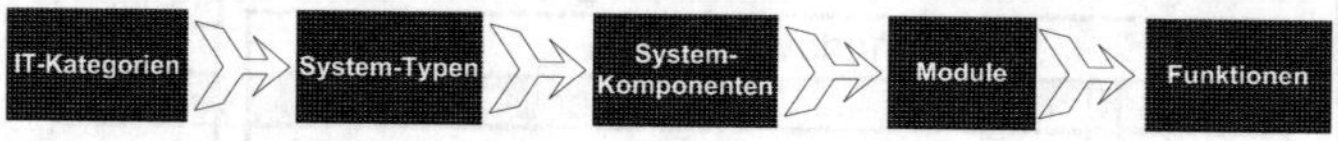

Abbildung 2.6: Namen der Zerlegungsstufen

Am Ende dieses Weges soll man alle für ein DWH wichtigen Gestaltungsentscheidungen zur Architektur getroffen haben. Im folgenden Abschnitt sollen diese Architekturkategorien ermittelt werden.

Diese Gestaltung ist übrigens, so wie sie hier für ein DWH vorgeschlagen wird, genauso für klassische Datenbankanwendungen einsetzbar wie für Data Warehouses.

2.3 Die Architekturkategorien von DWH

2.3.1 Abgrenzung des IT-Systems DWH

Die grundsätzliche Kategorie des DWH-Systems ist noch aus den Vorbetrachtungen zur Einordnung des Vorhabens bekannt. Ein DWH-System ist ein komplexes datenbankbasiertes EDV-System, ein Informationssystem.

Was ist das Besondere an einem DWH-System gegenüber den anderen Informationssystemen? Den prinzipiellen Aufbau eines DWH zeigt die folgende Grafik (Abbildung 2.7).

Ein DWH baut auf vorhandenen IT-Systemen auf. Diese Systeme dienen der Datenhaltung. Es sind also Informationssysteme. Daten und allgemeine Informationen werden in diesen Informationssystemen gesucht, ausfindig gemacht, ausgewählt und in das DWH kopiert. Da das DWH Daten in bestimmten Formaten verwaltet, die in der Regel nicht mit den Formaten der Datenquellen übereinstimmen, ist eine Formattransformation erforderlich. Die Strukturen der Daten werden in einem Verzeichnis, dem Data Dictionary, registriert. Die erste wesentliche Eigenschaft eines DWH ist also die Integration verschiedener Datenquellen.

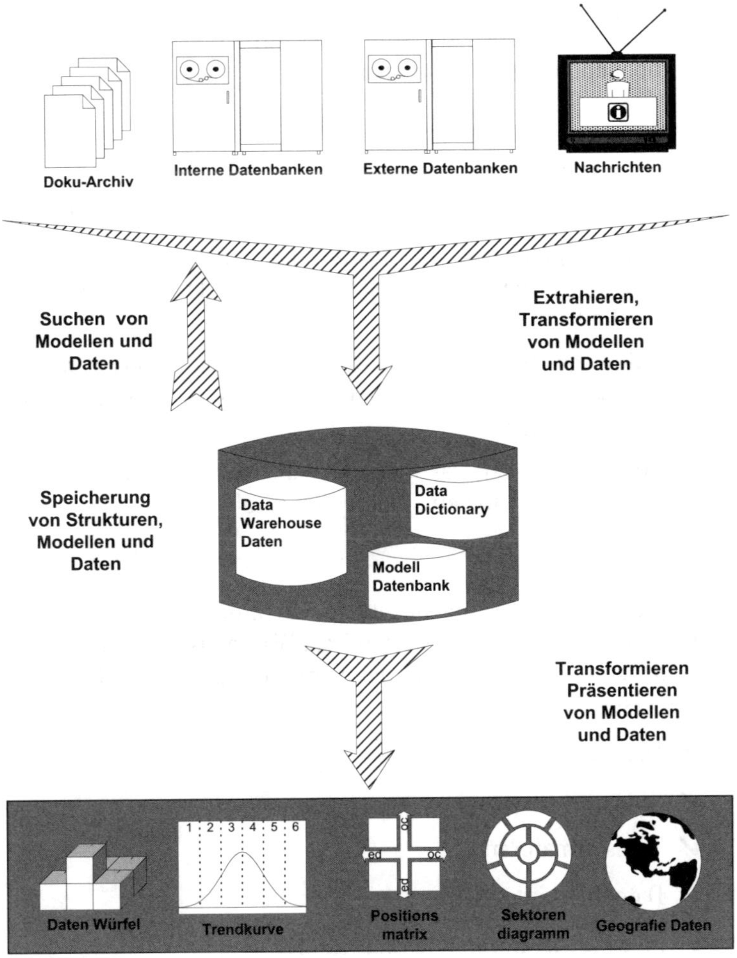

Abbildung 2.7: Prinzipieller Aufbau von DWH-Systemen

Neben den eigentlichen Daten werden noch Modelle zur Interpretation der Daten aufbewahrt. Die Daten des DWH werden auf logische Zusammenhänge und Wechselwirkungen untersucht und dem Benutzer in Form hypothetischer Erkenntnisse, wie zum Beispiel Prognosen für zukünftige Marktentwicklungen, dargeboten. Hierfür sind in einem DWH besondere Analysewerkzeuge integriert. Die zweite wesentliche Eigenschaft eines DWH sind die Auswertungsfunktionen der Daten und Modelle.

Da die gesuchten Erkenntnisse oft sehr komplex sind, sind Visualisierungshilfen und eine große Bandbreite unterschiedlicher Darstellungsmittel erforderlich. Die DWH enthalten dazu Tools zur Präsentation von Modellen und Daten wie Tabellen, Grafiken, multidimensionale Matrizen, Landkarten, Beziehungsnetze. Die dritte wesentliche Eigenschaft eines DWH ist also die Darstellung komplexer Datenstrukturen.

Die Eigenschaften des Data Warehouse seien noch einmal abgrenzend zusammengefasst. Eine genaue Definition kann erst später im Kapitel 4 »Softwarekomponenten« gegeben werden.

Abgrenzung: Data Warehouse

Die wesentlichen Eigenschaften, die ein **Data Warehouse** von anderen datenbankbasierten Informationssystemen unterscheiden, sind:

- ✔ die Integration der Daten aus unterschiedlichen Quellen, in unterschiedlichen Formaten und verschiedenen Strukturen in einer oder mehreren Datenbanken
- ✔ die Verwaltung von Modellen zur Interpretation von Daten und die Verfügbarkeit von Algorithmen zur Aufdeckung von Gesetzmäßigkeiten in Datenmengen
- ✔ die Möglichkeit, Daten und Modelle in unterschiedlichen Präsentationsformen darzustellen und deren Auswahl und Darstellung interaktiv zu gestalten

Die zu bewältigende Aufgabe ist nun die Zusammenstellung derjenigen Komponenten zu einem integrierten Data Warehouse System, die den Betriebszweck eines speziellen Unternehmens am besten unterstützen. Dies sind auf den ersten Blick:

- ✔ Datenquellen
- ✔ Suchwerkzeuge
- ✔ Transformatoren
- ✔ Datenhaltungssysteme
- ✔ Modellgeneratoren und Analysatoren
- ✔ Präsentationstools

Da das DWH nicht nur ein EDV-System ist, sondern ein komplexes Mensch-Maschine-System, gehören hierzu allerdings auch alle Personal-Ressourcen und Sachmittel, die zum Aufbau und zum Betrieb des DWH benötigt werden, wie:

- ✔ Rechner
- ✔ Netze
- ✔ Personal

Diese Komponenten der Architektur eines komplexen DWH können nach den vorhergehenden Darstellungen zu vier zu gestaltenden, völlig voneinander verschiedenen Kategorien von Informationssystem-Komponenten, kurz **IT-Kategorien,** zusammengefasst werden. Jede dieser IT-Kategorien stellt ein anderes

Gestaltungsproblem dar, dessen Beherrschung eine andere Qualifikation erfordert und nicht von mehreren Spezialisten zusammen beherrscht werden kann.

2.3.2 Die IT-Kategorien der DWH-Gestaltung

Die zu lösende Aufgabenstellung ist nun die Feststellung der zu gestaltenden IT-Kategorien und die Reihenfolge ihrer Gestaltung.

Das DWH erfüllt eine oder mehrere betriebswirtschaftliche Aufgaben. Alles andere muss diesem Ziel untergeordnet werden. Die betriebswirtschaftliche Aufgabe ist sinngebend für das DWH. Das heißt streng genommen, ohne die Erfüllung einer betriebswirtschaftlichen Aufgabe bleibt das DWH Privatvergnügen der DWH-Spezialisten. Der erste Schritt besteht deshalb in der Definition dieser betriebswirtschaftlichen Aufgabe.

➡ Diese erste zu gestaltende IT-Kategorie ist die **betriebswirtschaftliche Funktion** des DWH.

Die betriebswirtschaftliche Funktion des DWH soll weitgehend von Funktionen von Programmen übernommen oder wenigstens unterstützt werden. Diese Programme können mit unterschiedlichen Technologien wie Objektorientierung, relationalen Datenbanken, Programmiersprachen der Vierten Generation, Algorithmen der Künstlichen Intelligenz, Fuzzy Sets und anderen Techniken entwickelt worden sein bzw. weiterentwickelt werden. Zu jeder Softwarekategorie können von Hilfswerkzeugen über Einzelprodukte bis hin zur kompletten Lösung auf dem IT- und Dienstleistungsmarkt Komponenten erworben werden. Zur Gestaltungsaufgabe gehört deshalb auch, die Entscheidung zu treffen, ob Software selbst herzustellen oder teilweise zu bestehenden Lösungen hinzuzukaufen ist. Im Extremfall ist die Software komplett einzukaufen und anzupassen, wie Standardsoftware. Auch der Kauf von Einzelprodukten, sogenannten Businessobjekten, mit Assemblierung zu Applikationen ist bereits möglich. Jede dieser Technologien bringt andere Vor- und Nachteile und muss sorgfältig erwogen werden.

➡ Diese zweite zu gestaltende IT-Kategorie ist die **Softwaretechnologie** des DWH.

Steht die einzusetzende Software fest, muss die Plattform, auf der diese Software betrieben werden soll, definiert werden und aus der Vielfalt der Marktangebote zu einem Produkttyp ausgewählt und installiert werden. Die Plattform kann vom isolierten Rechner, der hin und wieder aus den Ursprungsdatenquellen Daten einsammelt, bis zu einem Rechnerverbund über hausinterne LAN und internationale WAN-Strecken reichen. Die Rechner werden über diverse Peripheriekomponenten für unterschiedliche Ausgabe- und Eingabetechniken und die physikalische Aufbewahrung der Datenbestände angeschlossen. Welche Hardwaretechnologien in Frage kommen, wird durch die Entscheidung der Softwaretechnologie eingeschränkt.

➡ Diese dritte zu gestaltende IT-Kategorie ist die **Hardware- und Netzinfrastruktur** des DWH.

Betriebswirtschaftliche Inhalte, Programme und Hardwarekomponenten müssen spezifiziert, evaluiert, beschafft, installiert, getestet, geschult, betrieben, gepflegt und wieder abgebaut und entsorgt werden. Für diese Tätigkeiten sind Menschen mit Befugnissen erforderlich. Die Tätigkeiten dieser Menschen müssen über Organisationsstrukturen, vereinbarte Prozesse und Informationswege koordiniert werden. Die zur Ausübung der Tätigkeiten erforderlichen Ressourcen müssen ermittelt werden. Zur Gestaltung eines komplexen DWH-Systems gehört demnach auch die Implementierung einer geeigneten Organisationsstruktur.

➡ Diese vierte zu gestaltende IT-Kategorie ist die **Organisationsstruktur** des DWH.

Die Gestaltungsaufgabe ist nicht selten so komplex, dass sie nur mit Methoden in einer überschaubaren Weise dargestellt und gelöst werden kann. Für nahezu alle Problemstellungen gibt es mehrere Methoden zur Auswahl. So gibt es z.B. für das Problem der Spezifizierung der Datenstrukturen relationaler Datenbanken mit SERM, ERM, RM, ARIS-ERM und anderen mehrere Entwurfsmethoden.

Die Entscheidung, welche Methoden zum Einsatz kommen, hängt natürlich von den zuvor zu treffenden Entscheidungen über die IT-Kategorien ab. So ist z.B. die Entscheidung, welche Datenmodellierungsmethode zum Einsatz kommen soll, von der Entscheidung über den Datenbanktyp abhängig. Eine relationale Datenbank wird mit einem relationalen Datenmodell entworfen und eine objektorientierte Datenbank mit einem Objektmodell.

➡ Zu den Gestaltungsaufgaben des DWH gehört die Auswahl der **Methoden.**

In einigen Fällen ist die Anwendung von Methoden selbst noch so umfangreich, dass sie überhaupt nur mit Programmen bewältigt werden kann. Dies ist z.B. bei vielen Datentabellen und deren wechselseitiger Abhängigkeit erforderlich. Ein Datenmodell kann z.B. mehrere hundert Tabellen umfassen. Die Methoden sind dann nur noch mit Tools effizient beherrschbar. Das bedeutet, dass die Gestaltungsaufgabe noch um das Thema Tools erweitert ist:

Da die Tools quasi automatisierte oder elektrifizierte Methoden sind, muss die Entscheidung »Welche Methode ist einzusetzen?« vor der Toolentscheidung getroffen werden. Eine Toolentscheidung muss dann deswegen noch getroffen werden, weil der IT-Markt nahezu zu jeder Methode mehrere Produkte anbietet. Es kann allerdings auch eine Toollücke auftreten; dann ist zu der gewünschten Methode kein Tool verfügbar. In diesem Fall muss die Entscheidung getroffen werden, ob ein Tool selbst hergestellt wird. Tools sind ja Programme oder Dateien und in den meisten Fällen Datenbankanwendungen. Als Tool wird hierbei auch z.B. die automatische Auswertung von Interviewformularen verstanden.

➡ Zu den Gestaltungsaufgaben des DWH gehört die Auswahl der **Tools.**

Zusammenfassend sei noch einmal der Durchlauf durch die Gestaltungskategorien grafisch untermauert.

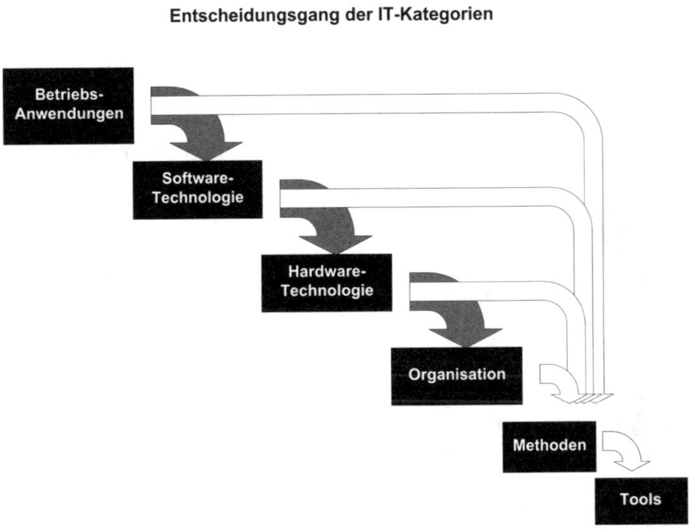

Abbildung 2.8: Entscheidungsgang der Gestaltung der IT-Kategorien

Dieses Diagramm symbolisiert die **Struktur des Gestaltungsraumes der DWH-Lösung.** Die Verbindungspfeile symbolisieren die Reihenfolge des Gestaltungsganges.

2.4 Die Gestaltungszyklen des DWH

Problemstellung und Motivation

Das gesamte **Gestaltungsfeld** hat zwei Gestaltungsdimensionen: die IT-Kategorien und die Zerlegungstiefe. Daher wird dieses Gestaltungsfeld in zwei Zyklen durchlaufen. Ein Zyklus, der **Makrozyklus der Gestaltung,** durchläuft die IT-Kategorien, später als **Gestaltungslauf** bezeichnet. Der zweite Zyklus, der **Mesozyklus der Gestaltung,** durchläuft zu jeder IT-Kategorie die Zerlegungshierarchie, später als **Gestaltungsgang** bezeichnet. Das Gestaltungsfeld wird also in mehreren Gestaltungsläufen mit mehreren Gestaltungsgängen durchgespielt. Jeder Gestaltungsgang hat der Tiefe der Zerlegung entsprechend mehrere **Gestaltungsschritte.**

Ein solcher linearer Weg ist bis zur Komponentenebene bereits im Diagramm »Struktur des Gestaltungsweges des Data Warehouse« dargestellt.

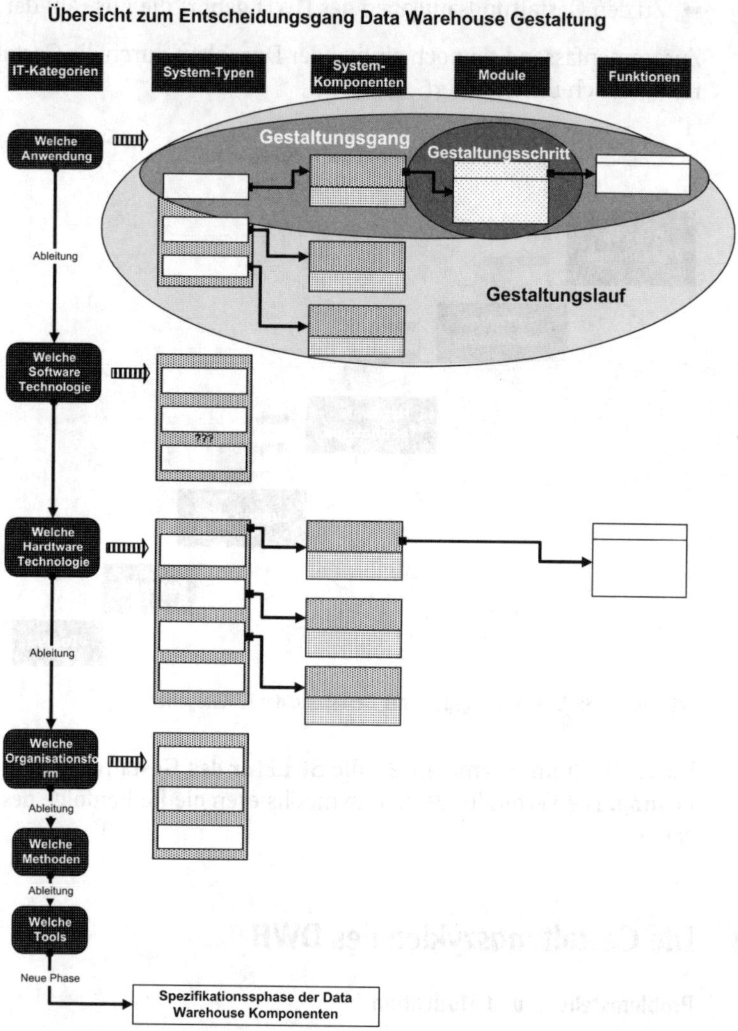

Abbildung 2.9: Struktur des Gestaltungsweges des Data Warehouse

Das Diagramm kann zu diesem Zeitpunkt der Betrachtung nur eine erste Übersicht, eine Orientierungshilfe für den Durchlauf durch den Gestaltungsraum sein. Die leeren Kästchen symbolisieren weitere hierarchische Zerlegungsstufen. Die einzelnen Untergliederungen werden in den folgenden Kapiteln sukzessive erarbeitet und mit Entscheidungsalternativen gefüllt. Wenn die leeren Kästchen mit Entscheidungsalternativen gefüllt sind, handelt es sich um den **Gestaltungsraum der DWH-Lösung.**

Restriktionen der Gestaltungsentscheidung

Die Reihenfolge ist nicht in jeder Unternehmenssituation gleich. **Restriktionen** durch bereits im Vorfeld oder auch außerhalb der DWH-Thematik getroffene

Entscheidungen können dazu führen, dass bestimmte Gestaltungsfragen nicht mehr gestellt werden müssen. Im Diagramm würde dies das Überspringen eines Kästchens im Durchlauf bedeuten.

Gestaltungsfreiraum

Nach der Auswahl einer zu gestaltenden Komponentengruppe (z.B. Rechner oder Individualsoftware) sind die dort verfügbaren Komponententypen (z.B. Parallelrechner oder Datenbankanwendung) zu bestimmen. Hierzu ist ein Bündel von Kriterien und Randbedingungen erforderlich, die später diskutiert werden. Die diversen Komponententypen können wiederum aus mehreren Modulen (z.B. Prozessor oder Datenbank) zusammengesetzt sein, die nicht beliebig austauschbar sind, aber unterschiedliche Technologien (z.B. Multiprozessor oder relationale DB) verwirklichen. Wenn dieser Entscheidungslauf hier angelangt ist, kann eine Produktevaluation einsetzen, also z.B. das passende Produkt »relationales Datenbank-Managementsystem« oder »Rechnersystem mit mehreren Parallelprozessoren« gefunden werden.

Oftmals stellen die Hersteller nicht nur ein Produkt zu einem Modul her, sondern mehrere Produkte unterschiedlicher Technologien und sogar mehrere verschiedene Module gleicher Technologien (z.B. alle Module einer Client/Server-Lösung). Dann muss eine Evaluation mehrere Module umfassen.

Für diesen Entscheidungsschritt ist zu bestimmen, was der Gestaltungsumfang ist. Das ist keinesfalls belanglos, da jedes Projekt unter restriktiven Voraussetzungen, wie z.B. den folgenden, abgewickelt werden muss

- ✔ Personaleinstellungen sind nicht möglich.
- ✔ Die vorhandene Hardware ist zu nutzen.
- ✔ Die Partnerschaft mit einem Softwarehersteller ist konsequent einzubeziehen.
- ✔ Auf riskanten Technologiewechsel ist zu verzichten.

Jede dieser Einschränkungen reduziert den **Gestaltungsfreiraum.** Für den Entscheidungsgang entsprechend dem vorgestellten Schema bedeutet jede Restriktion das Überspringen einer IT-Kategorie oder einer Komponentenauswahl. Wenn zum Beispiel die Order »die vorhandene Hardware nutzen« ergeht, wird der Schritt »Hardwareauswahl« übersprungen. Es hilft dem projektleitenden DWH-Spezialisten nur eines: frühzeitig diese oft unausgesprochenen Restriktionen in Erfahrung zu bringen.

Gestaltungsrestriktionen können widersprüchlich sein, wie z.B. keine Ausbildung und Wechsel in der Technologie oder alter Host mit Terminalapplikation, aber Software muss Objektorientierung beherrschen. Die Aufgabe des DWH-Spezialisten ist damit auch, diese Widersprüche, die das Projekt unrealisierbar machen, aufzudecken und den Auftraggebern deutlich zu machen.

Mit dieser Folge von Schritten steht der Gang des Projekts zum Aufbau des DWH im Groben fest. Die genauere Ausdifferenzierung der einzelnen IT-Kategorien erfolgt in den folgenden Kapiteln.

Die Abhängigkeit noch nicht getroffener Entscheidungen von bereits getroffenen Entscheidungen wird im folgenden Kapitel beispielhaft gezeigt.

Abhängigkeit der Komponentenentscheidungen

Die Komponentenentscheidungen gehorchen wechselseitigen Einschränkungen. Das heißt, hat man sich bezüglich einer Komponente entschieden, dann sind für die anderen Komponenten nicht mehr alle Möglichkeiten vorhanden. Dies soll an einem Beispiel dargestellt werden.

Es soll eine Situation skizziert werden, aus der abgeleitet werden kann und wird, welche Schritte übersprungen werden können, weil eine Unternehmenssituation zu Restriktionen führt.

Beispiel: Beschaffungsentscheidung

Ein Unternehmen, das vor kurzer Zeit auf ein neues Datenbanksystem umgestellt hat, hat sich mit großer Wahrscheinlichkeit ein relationales Datenbank-Managementsystem beschafft. Die relationale Datenbank wird dann entweder in einem Pilotprojekt für einen neuen Applikationsbereich aufgebaut oder für die Ablösung alter Applikationen auf der Basis einer hierarchischen Datenbank eingerichtet. In den meisten Fällen ist mit der Entscheidung, eine relationale Datenbank einzusetzen, die Folgeentscheidung, von den bestehenden hierarchischen Datenbanken und File-Systemen in die relationale Welt zu migrieren, getroffen worden.

Wenn man neu entwickeln will, wird man dies mit neuen Werkzeugen machen wollen. Also mit Objektorientierung, SQL-Abfragen, grafischen Oberflächen, Programmiersprache der vierten Generation. Der Zugriff auf die Daten der relationalen Datenbank erfordert Programme mit der Abfragesprache SQL, was bedeutet, dass die Applikationen neu entwickelt werden müssen.

Da die meisten relationalen Datenbanken in Client/Server-Technologie und sogar mit objektorientierten Bedieneroberflächen hergestellt sind, zieht diese Entscheidung eine Hardwarerestriktion nach sich: Es werden ein oder mehrere zusätzliche Rechner für den Client-Teil benötigt. Objektorientierung setzt immer anstelle eines Terminals einen Client-Rechner voraus. Bezüglich des Server-Rechners bleibt noch die Freiheit, den vorhandenen Host zu nutzen oder einen neuen Server für den Betrieb der relationalen Datenbank zusätzlich zu installieren. Da die alten Terminal/Host-Anwendungen noch eine ganze Weile betrieben werden müssen, heißt dies, dass auf dem Client eine Terminalemulation installiert werden muss.

Für die Data Warehouse Lösung bedeutet dies wiederum: Die Datenhaltung des DWH muss Schnittstellen zum beschafften relationalen Datenbankprodukt und zur Hostdatenhaltung bekommen. Die Client-Komponenten des DWH müssen auf den Client-Rechnern der Datenbank-Clients installiert werden können.

Für die Methodik ist die Entity-Relationship-Modellierung unumgänglich. Bei großen Datenmodellen sollte die Tabelle des Textverarbeitungsprogrammes und die Bleistiftzeichnung dem Einsatz eines CASE-Tools oder eines Datenmodell-Entwurfstools weichen.

Noch einmal übersichtlich zusammengefasst ergibt sich folgendes Argumentationsschema, aus dem die Restriktionen hervorgehen. Aus den Restriktionen ergibt sich der folgende Entscheidungsdurchlauf.

Entscheidung: Beschaffung relationales Datenbank-Managementsystem

- ➥ Migration von File-Systemen und hierarchischen Datenbanken
  - ➥ Einsatz von 4GL oder OO-Technologien grafische Oberflächen
  - ➥ Migration von Terminal/Host-Applikationen zu Client/Server-Applikationen
    - ➥ Installation von Client-Stationen
  - ➥ Verwendung des Host als Server
  - ➥ Terminalemulation alter Anwendungen auf grafischem Client
  - ➥ DWH-Komponente mit Zugriff auf relationale Datenbank
  - ➥ Client-Hardware für DWH möglichst wie Datenbank-Client
  - ➥ Methodik: Entity Relationship Modellierung
  - ➥ Einsatz von CASE-Tools

Die Einrückung der Pfeile zeigt die Abhängigkeit einer Entscheidung von der in der vorangehenden Zeile getroffenen Entscheidung an.

Das Beispiel verdeutlicht die gegenseitige Abhängigkeit der Gestaltungsentscheidungen. Es zeigt aber auch, dass diese Abhängigkeit mit wenigen Einschränkungen einen linearen Durchlauf erlauben, wenn man die richtige Reihenfolge findet. Man ist nicht von vornherein gezwungen, sich »im Kreise zu drehen«.

Gestaltungs- und Lösungsmöglichkeiten

Welche der besagten Kategorien muss nun besonders vom DWH-Spezialisten ausgestaltet werden? Der DWH-Spezialist gestaltet den unmittelbar die DWH-Funktionalität ausmachenden Bereich selbst und wird von anderen Spezialisten bezüglich der anderen Themen unterstützt. Damit stellt diese Kategorienbildung auch eine qualifikationsorientierte Aufgabenbündelung dar.

Ein DWH ist also ein komplexes System, das teilweise durch Zukauf und teilweise durch Eigenentwicklung von Bestandteilen oder Komponenten aufgebaut werden muss. Aus der Erfahrung mit anderen Informationssystemen wurde festgestellt, dass sich die Bestandteile in vier wesentliche Kategorien gruppieren lassen. Die Gestaltungsfrage lautet damit: »Welche Komponenten sind zu gestalten?« und »In welcher Reihenfolge ist diese Gestaltung zu durchlaufen?«

Die Gestaltungsaufgabe, ein DWH zu strukturieren, besteht also zunächst aus den Schritten zur Bestimmung der IT-Kategorien:

- Bestimmung der betriebswirtschaftlichen Funktionen
- Festlegung der Softwaretechnologie und Auswahl der Softwaretools
- Auswahl der optimalen Hardware und Netzinfrastruktur
- Entwurf einer Organisationsstruktur

Alle Schritte werden von unterstützenden Methoden und Werkzeugen begleitet. Die Auswahl dieser Methoden und der als Tools realisierten Methoden gehört zur Gestaltungsaufgabe. Als Tool sollten dabei auch schon elektronische Formulare, Formatvorlagen, Mustertexte und Tabellen mit Hilfswerten akzeptiert werden.

- Bestimmung oder Entwicklung der zu verwendenden Methoden
- Auswahl oder Eigenentwicklung der Tools zu den bestimmten Methoden

Diese Liste enthält nur konzeptionelle bzw. spezifizierende Aktivitäten. Mit der Konzeption bzw. Spezifikation eines DWH ist noch kein Stück Software installiert, keine Person eingestellt oder ausgebildet und noch kein Rechner aufgebaut. Auf die Konzeption und Spezifizierung folgt also noch die Umsetzung. Diese kann aus Beschaffung von Produkten und zugekauften Leistungen bestehen oder auch aus Eigenleistungen. Die Umsetzung folgt genau in umgekehrter Reihenfolge wie die Konzeption. Zur Beschaffung ist Organisation erforderlich, für die Installation von Software muss Hardware aufgebaut sein, für die Entwicklung von betriebswirtschaftlichen Programmen sind Software-Entwicklungswerkzeuge zu installieren.

- Implementierung einer Organisationsstruktur
- Evaluation, Beschaffung und Installation der optimalen Hardware und Netzinfrastruktur
- Evaluation, Kauf und Installation der Softwarekomponenten und Softwaretools
- Programmierung oder Kauf und Integration der betriebswirtschaftlichen Funktionen

Die Produktelandschaft wandelt sich heute so schnell, dass man bei der Beschaffung bereits auch die Abschaffung in Betracht ziehen muss. Dies ist umso wichtiger geworden, als die Bestimmungen zum Schutz der Umwelt umfangreicher und strenger geworden sind. Bereits in der Betriebsphase wird der Austausch von Hardware- und Softwarekomponenten erforderlich sein. Spätestens nach der Außerbetriebnahme sind die Komponenten zu entsorgen.

- Destallation der Software
- Abbau und Entsorgung der Hardware und des Verbrauchsmaterials
- Abbau der Organisation

Die Gestaltungsfrage, die jetzt noch verbleibt, heißt: »Welche IT-Kategorien sind in welcher Reihenfolge zu gestalten?« Wie diese Gestaltungsfrage zu lösen ist, zeigt das folgende Kapitel.

Problemlösung: Regeln und Hilfsmittel

Das Verfahren des Makrozyklus der DWH-Gestaltung

Die Lösung der gesamten Gestaltungsfrage ist so umfangreich, dass von Anfang an eine Folge in der Bearbeitung der IT-Kategorien gefunden werden muss. Hier wird das folgende Verfahren empfohlen, von dem man besonders im Falle von Gestaltungsrestriktionen, wie sie im folgenden Absatz besprochen werden, abweichen kann.

Verfahren: Makrozyklus des Gestaltungsganges der DWH-Architektur

- Feststellung der Gestaltungsrestriktionen auf den Ebenen Software, Hardware, Organisation, Methoden, Tools
- Klärung der Restriktionswidersprüche
- Bestimmung der betriebswirtschaftlichen Aufgaben nach Nutzerebenen
- Festlegung der Softwaretechnologie und Auswahl der Softwaretools
- Auswahl der optimalen Hardware und Netzinfrastruktur
- Entwurf einer Organisationsstruktur
- Auswahl der Methoden zur Gestaltung
- Evaluation der optimalen Tools
- Aufbau der Organisationsstruktur
- Evaluation, Beschaffung und Installation der optimalen Hardware und Netzinfrastruktur
- Evaluation, Kauf und Installation der Softwarekomponenten und Softwaretools
- Programmierung oder Kauf und Integration der betriebswirtschaftlichen Funktionen

Der erste Schritt ist durch die Feststellung der zu gestaltenden Kategorien – betriebswirtschaftliche Funktionen, Softwarekomponenten, Hardwarekomponenten, Organisationskomponenten – und der Reihenfolge ihrer Bearbeitung bereits getan. Diese hier empfohlenene Reihenfolge sollte nun gegen die möglichen Restriktionen geprüft werden. Steht z.B. die Hardware bereits fest, ist die Hardwareverwendung restriktiv für die Softwareauswahl. Zusammen mit den Restriktionen steht der Durchlauf durch die IT-Kategorien – der Makrozyklus – fest.

Das Verfahren des Mikrozyklus der DWH-Gestaltung

Als nächster Schritt ist die Auswahl der in den Kategorien zusammengefassten Komponenten durchzuführen. Hierfür ist das folgende Verfahren – der Mikrozyklus – empfohlen.

Verfahren: Mikrozyklus des Gestaltungsganges der DWH-Architektur

- Auswahl der IT-Kategorie aus dem Diagramm des Gestaltungsraums der DWH-Lösung (im ersten Schritt die betriebswirtschaftlichen Aufgaben)
- Bestimmung aller Typen zur Systemtypisierung der ausgewählten IT-Kategorie (System ist dabei ganz allgemein als Mensch-Maschine-Organisation oder auch als Begriffesystem zu sehen)
- Auswahl eines Systemtyps und Bestimmung aller Komponenten des jeweils ausgewählten Systemtyps
- Bestimmung aller interessanten Module zu jeder festgestellten Komponente
- Bestimmung der bevorzugten Technologie, der relevanten Eigenschaften und gewünschten Funktionen jedes Moduls
- Evaluation des Herstellers bzw. Produkts zu einem Modul mit Hilfe der im Schritt vorher erarbeiteten Anforderungen (Technik, Funktion, Eigenschaften)
- Wiederholung mit den anderen Modulen, den Komponenten der Komponentengruppen der IT-Kategorie

Als Hilfsmittel der Problemlösung ist zunächst eine Übersicht über die Kategorien und die ihnen zugeordneten, zu bestimmenden Komponenten erforderlich.

Die verschiedenen Komponenten können nicht unabhängig voneinander gewählt werden, da die Wahl der einen Komponente die Auswahlmöglichkeiten der anderen Komponenten wesentlich einschränken kann. Es wurde bereits die gegenseitige Bedingungsfolge festgestellt. Aber nicht jede Komponente hat Einfluss auf die Wahl der anderen Komponenten. Deshalb lässt sich ein linearer Weg durch das Netz der Komponentenbeziehungen finden.

Die Struktur des Weges ist bis zur Komponentenebene bereits im Text im Diagramm »Struktur des Gestaltungsweges des Data Warehouse« dargestellt (Abbildung 2.9).

Einen anderen Ansatz zur Gestaltung von Data Warehouse Systemen zeigt:

🗁 Gill, Computing Guide

Darstellungen zum Gesamtzusammenhang von Architekturkomponenten bei betriebswirtschaftlichen Aufgabenstellungen, Rechnern, Software und Organisation findet man in:

🗁 Hansen, Wirtschaftsinformatik

2.5 Fortsetzungsbeispiel InDaWa

Einleitung

Der Beitrag zum Musterprojekt ist die Definition des Verfahrens der Gestaltung und daraus die Ableitung der Projektschritte. Das Verfahren gewährleistet Vollständigkeit der abzuwickelnden Entscheidungsfragen und korrekte Reihenfolge. Aus der Reihenfolge des Verfahrens kann jetzt die grobe Aktivitätenliste eines Projektplanes »DWH-Aufbau« erstellt werden, und sie ist damit Grundlage für die Fortschrittsmessung des Projekts »DWH-Aufbau«.

- ✔ Bestimmung der betriebswirtschaftlichen Funktionen
- ✔ Festlegung der Softwaretechnologie und Auswahl der Softwaretools
- ✔ Auswahl der optimalen Hardware und Netzinfrastruktur
- ✔ Entwurf einer Organisationsstruktur
- ✔ Bestimmung oder Entwicklung der zu verwendenden Methoden
- ✔ Auswahl oder Eigenentwicklung der Tools zu den bestimmten Methoden
- ✔ Implementierung einer Organisationsstruktur
- ✔ Evaluation, Beschaffung und Installation der optimalen Hardware und Netzinfrastruktur
- ✔ Evaluation, Kauf und Installation der Softwarekomponenten und Softwaretools
- ✔ Programmierung oder Kauf und Integration der betriebswirtschaftlichen Funktionen

Was noch nicht geschehen kann, ist die Schätzung der Dauer und die erforderlichen Qualifikationen zur Abwicklung, da zwar feststeht was eine Aktivität erreichen soll (Auswahl einer Hardware, Umsetzung einer Betriebsfunktion, Spezifikation einer Softwarekomponente, Entwurf einer Datenbank, Definition einer Stelle), aber noch nicht klar ist, wie diese Aktivität abgewickelt wird.

Es ist aber schon zu klären, welche Gestaltungsrestriktionen bestehen. Wird z.B. die Auswahl einer Hardware entsprechend einer Empfehlung von Partnern mittels einer Evaluation oder in einem Performance-Feldversuch getroffen?

Wird der Datenbankentwurf als Referenzmodell zugekauft, wird er mit einem Entity Relationship Modell selbst entworfen oder soll der Entwurf bereits objektorientiert erfolgen? Jede dieser Fragen führt zu anderen Aufwänden, zu anderen Zwischenergebnissen und zu anderen Gestaltungsaufgaben.

Beispiel

Der nächste Schritt im Beispielprojekt ist also die Erfassung der Restriktionen, um den Gestaltungsspielraum abzugrenzen.

Beispiel: Gestaltungsrestriktionen

Bezüglich des Beispielprojekts sind folgende Restriktionen, im Rahmen derer alle Gestaltungsentscheidungen getroffen werden müssen, festgestellt worden:

✔ IT-Kategorie: Betriebswirtschaftliche Aufgaben
Daten der Instandhaltung der Kraftwerksanlagen sollen ohne Prozessdaten, Analysen zur Optimierung der Ersatzteilvorhaltung, Reduktion der Reparaturzeiten zu verschiedenen Ereignissen und Ausfallsprognosen verfügbar gemacht werden.
Instandhaltung

✔ IT-Kategorie: Softwaretechnologie
Der Einstieg in eine neue Technologie mit Zukunft ist willkommen, soll aber ausgereift sein, kein Experimentierfeld der Hersteller sein und die Möglichkeit der Migration bieten, ohne viel Eigenentwicklung zu induzieren. Die Daten sollen regional transparent verteilbar sein. Zugriff auf kürzlich eingeführte relationale Datenbank muss möglich sein, Replikation ist täglich erforderlich.
Replikative Schnittstelle zu relationaler Datenbank
Prototyping und Öffnung für Objektorientierung Client-seitig

✔ IT-Kategorie: Hardwaretechnologie
Da die Last der Anwendungen noch völlig unklar ist, soll die Hardware erweiterbar, also skalierbar sein. Die bestehenden Hostnetze sollen nicht verwendet werden.
Replikative Schnittstelle zu relationaler Datenbank

✔ IT-Kategorie: Organisation
Das Projektteam soll den Betrieb begleiten, das Betriebsteam soll im Projekt qualifiziert werden. Die Erkenntnisse von vielen Kraftwerken sollen in das Projekt einfließen und umgekehrt sollen alle Kraftwerke die Projektergebnisse nutzen können.
Einsatz eines Lenkungsausschusses mit Vertretern der einzelnen Kraftwerke
Abwicklung als Projekt mit Aufbau der Mitglieder für Betrieb der Applikation

---

Gestaltungsentscheidungen

Diese Erkenntnisse sind wohlgemerkt nur die Restriktionen für die in den nächsten Kapiteln folgenden DWH-Gestaltungsentscheidungen des Instandhaltungssystems.

Gestaltungsaspekt	Entscheidung/ Erkenntnis	Begründung
ORIENTIERUNG ...		
ARCHITEKTUR		
Betriebswirtschafts-komponenten	Instandhaltung	Informationen für Schäden Rückfluss von Empfehlungen für Schadens-vermeidung
Softwarekomponenten	relationale Datenbank OO-Client, SQL-Einbettung	Konsistenz, stabil, performant Komposition des Client, Zugriff auf RDB
Hardwarekomponenten	Client/Server-Architektur	Skalierbarkeit, relationale Datenbank
Organisationskomponenten	Projektstruktur entsprechend Betriebsaufgaben	Projektpersonal übernimmt Betrieb
VORGEHENSMODELL ...		

Tabelle 2.3: Entscheidungschart InDaWa, Architektur

2.6 Übungen

Übung 2.1: Architektur

Schildern Sie, was Sie unter dem Begriff »Architektur« verstehen, und zählen Sie die Architekturkategorien von Informationssystemen auf.

Übung 2.2: Architektur-Zooming

Zählen Sie die im Bild des Architektur-Zooming vorgestellten Zerlegungsebenen auf und ordnen Sie diese den IT-Kategorien in der Übersicht der Gestaltungsentscheidungen zu.

Übung 2.3: relationales Datenbank-Managementsystem

Erklären Sie die Besonderheiten eines relationalen Datenbank-Managementsystems und zählen Sie wichtige Komponenten dieses Informationssystems auf.

Übung 2.4: Makrozyklus, Mikrozyklus

Erläutern Sie, was bezüglich des Gestaltungsdurchlaufes in einem Makrozyklus und was bezüglich des Gestaltungsdurchlaufes in einem Mikrozyklus erklärt wurde.

Übung mit Lösung 2.5: Entscheidungsdurchlauf IT-Kategorien

Versuchen Sie einen Entscheidungsdurchlauf für IT-Kategorien zu entwerfen, indem Sie in die leeren Kästen des Diagrammes »Struktur des Gestaltungsweges des Data Warehouse« die Ihnen bekannten Typen und Komponenten eintragen.

2.7 Zusammenfassung

In diesem Kapitel wurde gezeigt, dass ein DWH eine Architektur hat, die aus IT-Komponenten zusammengesetzt ist und die Gestaltung eines DWH über die Gestaltung einzelner IT-Kategorien erreicht wird.

Es wurde auch gezeigt, dass die Entscheidungen nicht unabhängig voneinander getroffen werden können, sondern dass eine Gestaltungsentscheidung in der Regel die Gestaltungsmöglichkeiten anderer Kategorien einschränkt.

Außerdem wurde deutlich, dass es einen günstigen Weg durch die zu treffenden Gestaltungsentscheidungen gibt und dass dieser Weg Abkürzungen erfährt, wenn außerhalb des DWH-Projekts bereits Entscheidungen umgesetzt wurden. Dieser Weg muss in Mesozyklen an den konkreten Objekten der IT-Kategorien durchlaufen werden. Deshalb wurde angekündigt, dass mit der Bestimmung der IT-Kategorien die Gestaltungsarbeit noch nicht beendet ist und dass jede der Kategorien auf verschiedene noch darzustellende Weise in Komponenten, Module, Funktionsgruppen zerlegt werden muss. Es ist aber klar geworden, dass sich die Zerlegung an dem orientieren muss, was der Markt der EDV-Produkte zu bieten hat.

Es ist auch klar geworden, dass eventuell dieser Markt keine in aller Vollständigkeit befriedigenden Lösungen liefern kann und dann eventuell Eigenentwicklung betrieben werden muss.

Eigenentwicklung macht ein Vorgehen nach einem definierten Modell mit Methoden erforderlich, sowie einige die Methoden per EDV-Applikation unterstützende Tools. Die Methoden können jedoch erst dann ausgewählt oder selbst entwickelt werden, wenn das zu gestaltende Objekt klar ist. Deshalb wird das Thema Vorgehensmodell im Anschluss an die Gestaltungsentscheidungen der Architektur behandelt.

In den folgenden Kapiteln wird das Schema der Struktur der Gestaltungsentscheidungen schrittweise zu einem Gestaltungsraum verfeinert.

KAPITEL 3

3 Welche betriebswirtschaftlichen Komponenten hat ein DWH?

Einleitung

Unternehmen wickeln zur Erreichung definierter Ziele Prozesse ab. Solche Prozesse sind z.B. Umsatzgenerierung, Erwirtschaftung von Gewinnen, Erzeugung von Gütern und Schaffung von Werten. Geschäftsprozesse sind in Arbeitsschritte unterteilt, zu denen Ressourcen wie Sachmittel, Personal und Rohstoffe beigestellt werden. Die Arbeitsschritte sind teils manuelle, teils automatisierte Handlungen und zum Teil Softwareprozesse.

Software ist im Versenden elektronischer Dokumente schneller als Papierpost. Sie arbeitet präzise, ermüdungslos und verschleißfrei. Mit Software kopierte Daten sind von einer Fehlerfreiheit, die eine handschriftliche Übertragung nicht erreichen kann. Daten sind schneller übertragbar als Briefe durch Postversand oder Rohrpost. Sie stehen einem Empfänger zur Weiterverarbeitung zur Verfügung, während der Inhalt von Papierdokumenten erst wieder in Programme übernommen werden muss, soll er noch einmal bearbeitet werden. Software hat die Fähigkeit, Fehler zu finden und Verbesserungsvorschläge zu machen, wie z.B. die Rechtschreibhilfe eines Textverarbeitungsprogrammes. Software soll Aktivitäten und Unternehmensprozesse unterstützen. Sie soll ein guter Ersatz für manuelle Handlungen sein.

Die Software übernimmt betriebswirtschaftliche Aufgaben von den Aufgabenträgern. Deren Handlung ist auf einen Tastendruck zum Starten der Programme reduziert. Die Software übernimmt auf der Basis ihrer Hardwareplattform den Auftrag und arbeitet diesen ihrer Funktionalität entsprechend ab. Der Folge der Durchführung manueller Aktivitäten entspricht der Ablauf einer Folge von Funktionen. Dies ist in der Abbildung »Die Entsprechung von manuellem Ablauf und Programmablauf« verdeutlicht (siehe Abbildung 3.1).

Zur Erstellung oder Auswahl einer Software ist es daher erforderlich, einen Überblick über die betriebswirtschaftlichen Aufgaben zu gewinnen, also über die Aktivitäten oder Handlungen, die von der Software übernommen werden sollen. Dies ist eine **funktionale Sicht** auf das Unternehmen.

Die Erledigung dieser Aufgaben geschieht in einer logisch zwingenden Reihenfolge. Das heißt, die Funktionen müssen auch in der Software in einer bestimmten Reihenfolge abgewickelt werden. Um eine betriebswirtschaftliche Aufgabe zu definieren, sind Informationen über Aktivitäten, deren Aufeinanderfolge und die bei ihrer Durchführung verwendeten Informationen erforderlich.

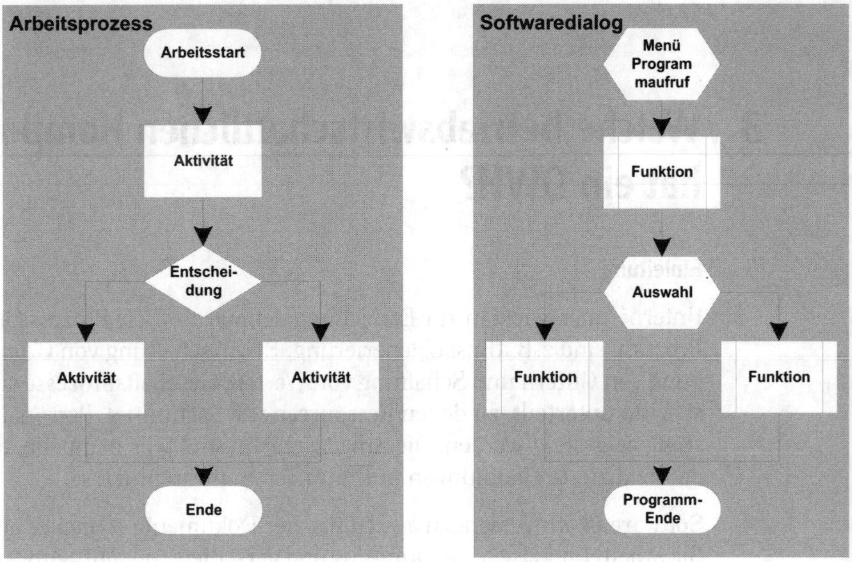

Abbildung 3.1: Die Entsprechung von manuellem Ablauf und Programmablauf

Zu den Aktivitäten sind die Handlungsträger, die mit der Durchführung Beauftragten, zu nennen. Dies ist eine **prozessuale Sicht** auf das Unternehmen.

Handlungsträger benötigen Hinweise, wo ihre Aufgaben mit welchen Werkzeugen in welcher Reihenfolge und unter welchen Bedingungen ausgeführt werden sollen. Sie benötigen Informationen. Für die Software, die diese Aufgaben ersatzweise abwickeln soll, sind diese Informationen die zu verarbeitenden Daten. Dies ist eine **informationelle Sicht** auf das Unternehmen.

Software ist also automatisierte Handlung und Funktionen sind automatisierte Aktivitäten. Daten sind automatisiert verwaltete Informationen. Automatisierung durch Software hat jedoch Grenzen. Dies sind zum einen ökonomische Grenzen. Automatisierung ist teuer und amortisiert sich erst bei genügend häufigen Wiederholungen. Zum anderen hat Automatisierung intellektuelle Grenzen. Nicht jeder Sachverhalt ist prinzipiell so zu durchdringen, dass man genaue Programmbeschreibungen gewinnen könnte.

Die wenigsten Aufgaben sind komplett an EDV-Systeme zu übertragen. Der Fortschritt wird zwar das Spektrum der Funktionen ständig erweitern, es wird aber immer ein Rest manueller, von einem Menschen auszuführender Tätigkeiten übrigbleiben. Eine betriebswirtschaftliche Anwendung und damit auch ein DWH ist demnach ein **Mensch-Maschine-System,** ein System im menschliche Aktivitäten und Programmfunktionen ineinandergreifen.

Kauft man die »Software von der Stange«, **Standardsoftware** genannt, hat man bereits eine vorgefertigte Reihenfolge, eine begrenzte, genau definierte Informationsmenge und festgelegte Funktionen. Die Standardsoftware ist hergestellt worden für eine ganze Klasse von Unternehmungen, ohne die Abläufe des individuellen Unternehmens wirklich genau zu treffen. Das Unternehmen muss seine Arbeitsprozesse nach dem Kauf anpassen oder die Software muss angepasst werden. Ein Ausweg hieraus ist die totale Eigenentwicklung. Weil man hierbei nur für seine eigenen individuellen Bedürfnisse entwickelt, wird sie im Gegensatz zur fertigen Software **Individualsoftware** genannt. Eine Individualentwicklung kann maßgeschneidert auf die Prozesse des Unternehmens abgestimmt werden. Das ist allerdings teurer und erfordert eine längere Zeit bis zur Implementierung. Innerhalb dieser beiden Pole, der vorgefertigten Standardsoftware und der frei zu programmierenden Individualsoftware, gibt es Zwischenlösungen, wie anpassbare Standardsoftware und Fertigbauweise mit Einzelkomponenten.

Für den DWH-Spezialisten ist nun wichtig zu bestimmen, welche betriebswirtschaftlichen Aufgaben das DWH umfassen muss, d.h. welche betriebswirtschaftlichen Funktionen abgedeckt werden müssen, welche betriebswirtschaftliche Architektur abgebildet werden muss. Daraus kann die am besten geeignete Softwaretechnologie abgeleitet werden.

Kapitelüberblick

Betriebswirtschaftliche Programme sind Softwarekomponenten, in denen betriebswirtschaftliches Fachwissen nach Struktur, Ablauf und Informationsgehalt abgebildet ist. Die Bedeutung der betriebswirtschaftlichen Komponenten der Software wird in drei Schritten – Funktionen, Branchen, Hierarchieebene – herausgearbeitet.

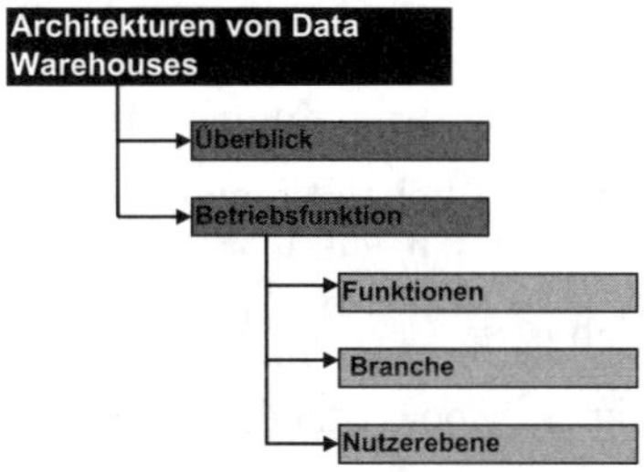

Abbildung 3.2: Überblick über das Kapitel »Betriebswirtschaftliche Funktionen«

Jeder Betrieb kann in **Funktionsbereiche** wie z.B. Marketing, Kostenrechnung, Verwaltung, Produktion, Absatz organisiert werden. Ein Data Warehouse operiert auf den Daten dieser Funktionsbereiche. Deshalb wird zunächst festgestellt, welche betriebswirtschaftlichen Funktionen es im Unternehmen gibt. Für die Herstellung oder Auswahl einer Software muss danach entschieden werden, welche dieser Funktionen mit in die Softwarefunktionalität aufgenommen werden soll. Ziel ist dabei auch die Gewinnung von Informationen.

Es ist ein Unterschied, ob sich ein Konzernchef, ein Bereichsleiter oder ein Buchhalter die Daten der Kostenrechnung ansieht. Jeder dieser Benutzer benötigt einen anderen Verdichtungsgrad und eine seiner Bedienung entsprechende Ergonomie. Die Softwarefunktionalität ist deshalb auch von der **Hierarchieebene** des Benutzers abhängig.

Die Unternehmen aller Branchen haben eine Mindestmenge gleicher Funktionen, die alle erfüllen müssen, um ein Unternehmen führen zu können, z.B. eine Kostenrechnung. Aber für jede **Branche** sind diese Grundfunktionen in einer anderen Ausführung vorhanden. Deshalb kommen spezielle, nur für die relevante Branche erforderliche, betriebswirtschaftliche Funktionen zum Funktionsbedarf hinzu. Die Kostenrechnung einer Bank oder die eines Handelsunternehmens enthält z.B. keine Fertigungskosten wie die Kostenrechnung eines Industriebetriebs.

In diesem Kapitel wird die Thematik der betriebswirtschaftlichen Funktionen als programmtechnische Entsprechung der betriebswirtschaftlichen Aufgaben und deren Branchenbezug dargestellt. Die softwaretechnische Sicht folgt im nächsten Kapitel.

Lernziel

Die Lernziele fokussieren zunächst die betriebswirtschaftlichen Funktionen und die Umsetzung durch mittels Software automatisierte Funktionen und ihre Zusammenführung zu betriebswirtschaftlichen Modulen und Softwarekomponenten. Weitere Lernziele konzentrieren sich auf die Bedeutung der branchenspezifischen Unterschiede der betriebswirtschaftlichen Funktionen und auf die speziell durch die hierarchiebezogenen Aufgaben im Unternehmen definierten Anforderungen an die Funktionalität.

Lernziele

- Verstehen, was eine betriebswirtschaftliche Komponente der Software ist
- Überblick über die betriebswirtschaftlichen Komponenten einer Software gewinnen
- Wissen was ein Referenzmodell ist
- Entscheiden können, ob Individual- oder Standardsoftware eingesetzt werden soll
- Überblick über Branchenklassifikation gewinnen
- Einordnung von Unternehmen in eine Branchenklassifikation
- Erkennen des Nutzens einer Branchenklassifikation für die Softwareevaluation
- Erkennen der hierarchiebezogenen Funktionen

3.1 Betriebswirtschaftliche Funktionalität

Problemstellung und Motivation

Voraussetzung für eine effiziente betriebswirtschaftliche Software ist die genaue Kenntnis der betriebswirtschaftlichen Funktionen.

Kölner Integrationsmodell

Einen ersten Einblick in die Funktionen eines Unternehmens aus der Sicht der EDV lieferte das **Kölner Integrationsmodell,** kurz **KIM,** von Grochla. Das Modell ist zu umfangreich, um es hier umfassend darzustellen, der Leser möge nachlesen in

🗁 Grochla, Kölner Integrationsmodell

Ein Ausschnitt aus dem gesamten Plan des Kölner Integrationsmodells lässt das Prinzip und die Absicht erkennen (siehe Abbildung 3.3).

Das Ziel des Modells ist, einen Bauplan für eine Software zu liefern, die betriebswirtschaftliche Aufgaben übernimmt. Das KIM hatte sogar den Anspruch, eine vollständige Abbildung aller betriebswirtschaftlichen Prozesse zu erreichen. Man kann das KIM als einen Versuch zur kompletten Darstellung eines Management Informationssystems ansehen.

Das Prinzip der Modellierung im KIM ist die symbolische Darstellung der einzelnen Teile dieser Software, die Ausgaben an Peripherie-Geräte, die Darstellung ihres Bezugs zueinander und die Darstellung der betriebswirtschaftlichen Architektur der Software. Die Hardwarekomponenten werden nicht mehr dargestellt. Alle im Modell symbolisierten realen Objekte sind zu ihrer gegenseitigen Referenzierung identifiziert durch eine Kennzeichnung mit Nummern und Buchstaben. Mittels der Kennzeichnung kann man in einem Katalog die genauere Beschreibung des Teiles, der in der grafischen Darstellung keinen Platz mehr hat, nachschlagen.

Die folgenden Symbole werden im KIM verwendet:

- ✔ Rechtecke für Funktionen oder Funktionengruppen
- ✔ Rauten für Dateien
- ✔ Ausgang oder Eingang in den Modellausschnitt für Datengruppen
- ✔ Kleine Quadrate für Konnektoren zu anderen Diagrammen
- ✔ Kleine Kreise für Konnektoren innerhalb des Diagrammes, um lange, die Übersichtlichkeit behindernde Linien zu ersparen
- ✔ Verbindungslinien für Datenflüsse

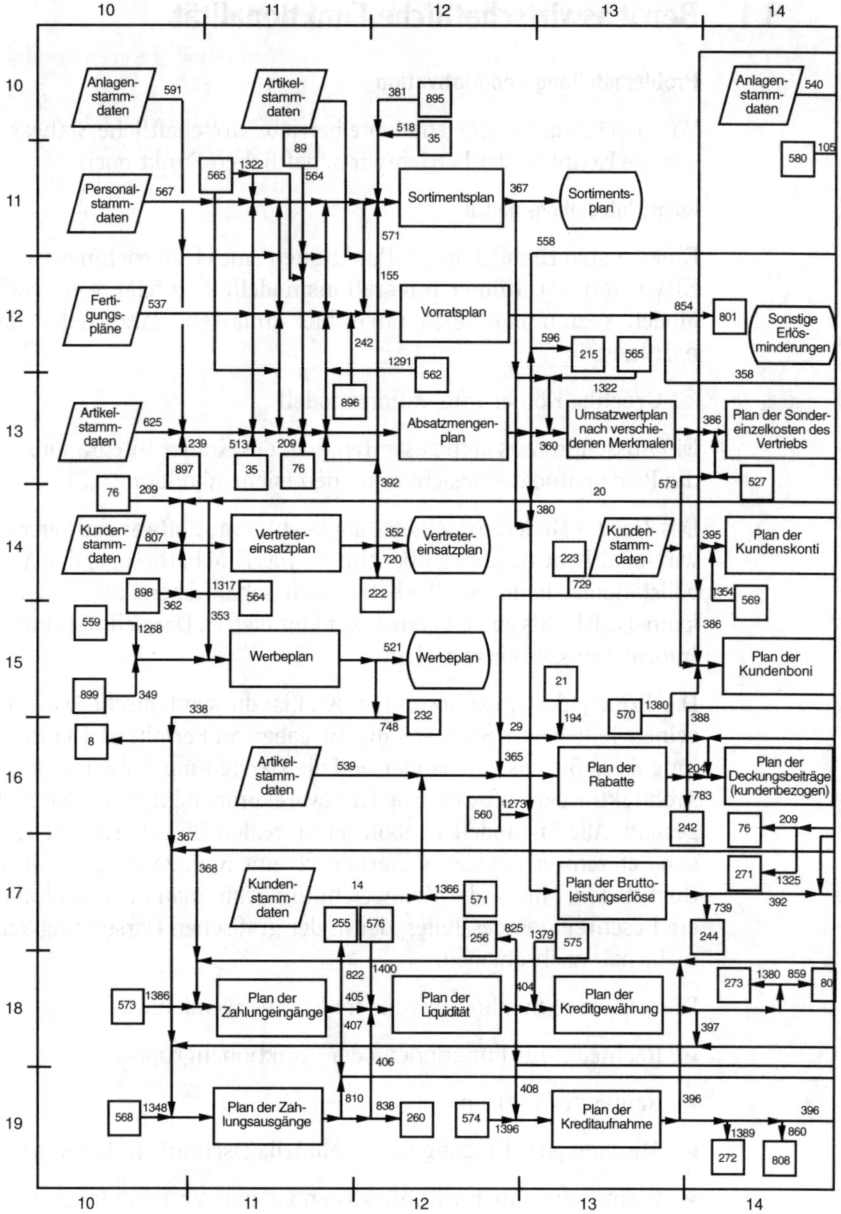

Abbildung 3.3: Bildausschnitt aus dem Kölner Integrationsmodell

Das Modell kann als Bauplan verwendet werden. Der Bauplan kann für einen Programmierer als Vorlage zur Herstellung einer betriebswirtschaftlichen Software dienen. Er kann auch als Vorlage oder Kriterienliste zur Auswahl für eine zu beschaffende Standardsoftware dienen. Der Katalog ist eine Auswahl-Checkliste für die Prüfung einer Standardsoftware auf die gewünschte Funktionalität.

Industrie-Referenzmodell von Scheer

Ein anderes moderneres Modell ist das **Industrie-Referenzmodell von Scheer,** vom auf Grund des großen Umfangs hier ebenfalls nur ein Ausschnitt wiedergegeben werden kann. Das Modell von Scheer hat seinen Schwerpunkt in der Logistik von Produktionsprozessen. Es enthält unter anderem ein relationales Datenmodell. Ein Datenmodell ist ein Bauplan für eine Datenbank, ein sogenanntes Datenbankschema. Es kann als Datenfile erworben und zur Generierung einer Datenbank verwendet werden. In dem Buch

🗁 Scheer, Wirtschaftsinformatik

sind die Datenstrukturen genau beschrieben.

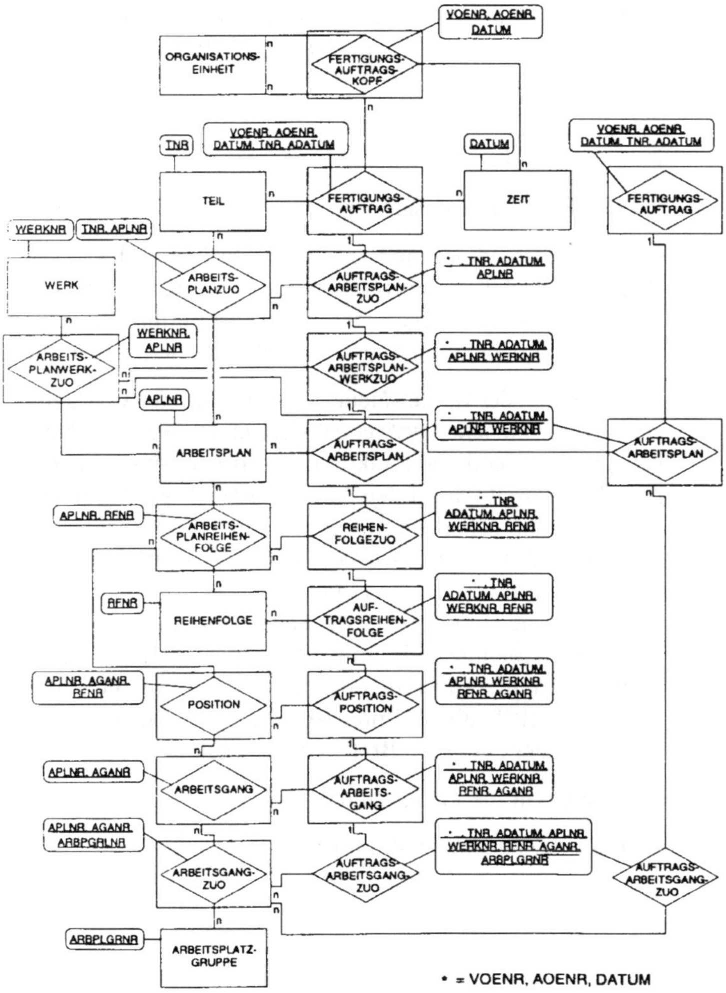

Abbildung 3.4: Bildausschnitt aus dem Industriebetriebsmodell von Scheer

Die folgenden Symbole werden im Datenmodell des Industriebetriebsmodells von Scheer verwendet:

- ✔ Rechtecke für Tabellen der Datenbank
- ✔ Rauten für Beziehungen zwischen den Tabellen
- ✔ Verbindungslinien für Schlüsselbeziehungen zwischen Tabellen
- ✔ Kleine Dreiecke für Generalisierungsbeziehungen
- ✔ Kleine Rechteecke mit abgerundeten Ecken für ausgewählte Daten bzw. Tabellenspalten

Die Datenstrukturen werden durch funktionale und prozessuale Beschreibungen fundiert. Auch hierfür hat Scheer eine Symbolik entwickelt. Scheer hat auch das Zusammenspiel zwischen funktionaler Sicht, prozessualer Sicht und Datensicht dargestellt. Die hierfür eingesetzte Dokumentationsmethodik des Industrie-Referenzmodells von Scheer ist in einem umfassenden Vorgehensmodell mit dem Namen **ARIS** zusammengefasst.

🗁 Scheer, ARIS

Industrie-Referenzmodell von Kanter

Ein weiteres, weniger modernes aber sehr kompaktes Modell ist das Industrie-Referenzmodell von Kanter. Es hat den Vorteil, überschaubar zu sein. Deshalb kann dieses Modell ausgezeichnet als Start für die Entwicklung eines Unternehmens-Datenmodells oder auch eines Funktionenmodells dienen.

Die Elemente des Kanter-Modells können als zu entwickelnde Module oder auch als Kerntabellen verwendet werden. Die wesentlichen Kernelemente, die betriebswirtschaftliche Funktionen vertreten, sind enthalten und können je nach Bedarf weiter ausdifferenziert werden. Diese Ausdifferenzierung kann z.B. mit dem entsprechenden Ausschnitt von Scheer oder anderen Modellen durchgeführt werden. Die Bedarfe der Unternehmen nach einer solchen Ausdifferenzierung bzw. einer tieferen Detaillierung der Datenerfassung sind sehr unterschiedlich und stark von der Größe des Unternehmens abhängig. Ein sehr kleines Unternehmen wird mit den Grundstrukturen des Modells von Kanter auskommen, Kleinunternehmen werden Teile des Modells differenzieren, aber bereits mittelständische Unternehmen benötigen die Detailtiefe des Scheer-Modells in der gesamten Breite (siehe Abbildung 3.5).

Weitere Zusammenhänge sind in:

🗁 Kanter, Managing with Information

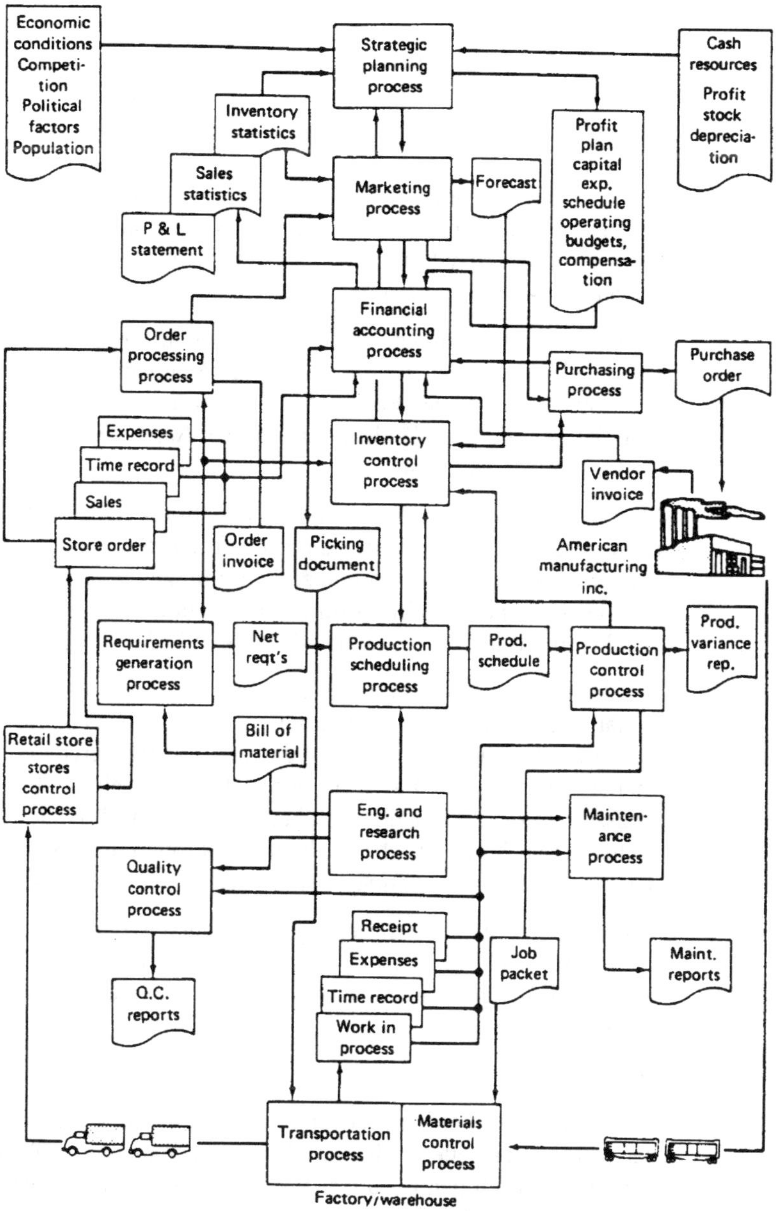

Abbildung 3.5: Industriebetriebsmodell von Kanter

Modellierung

Man sieht, dass die angeführten Modelle eine gewisse Ähnlichkeit aufweisen und eine Nachbildung betriebswirtschaftlicher Strukturen oder Architekturen verfolgen. Für diese Nachbildung wird eine Symbolik eingesetzt. Alle Modelle verwenden in ihrer Symbolik einen auf einen kleinen Umfang begrenzten Satz von Symbolen. Die Symbole stehen für betriebswirtschaftliche Funktionalität, Daten, EDV-Komponenten und Sachmittel. Die Symbole sind über Beziehungslinien verbunden und stellen so Bezüge dieser Objekte zueinander her. Bei den repräsentierten EDV-Komponenten und Sachmitteln handelt es sich um Ausdrucke, Tabellen, Programme.

Man kann auch erkennen, dass verschiedene Autoren bei ihrer Darstellung zu verschiedenen Symbolen greifen. Von den Möglichkeiten dieser Darstellungen, ihrer Symbolik und den Regeln der Umsetzung eines realen Sachverhalts in eine Darstellung, vom **Modellieren,** handelt Kapitel 7 »Das Vorgehensmodell für Data Warehouse Systeme«.

Die hier besprochenen Modelle haben die Absicht, einen betriebswirtschaftlichen Zustand oder eine betriebswirtschaftliche Struktur zu dokumentieren, nachvollziehbar zu machen und zu kommunizieren. Gute Modelle enthalten für viele Unternehmen interessantes Know-how und dienen so der Wiederverwendbarkeit und dem Know-how-Transfer. Sie dienen als **Referenzmodelle.**

Die Referenzmodelle geben eine Zielvorgabe für den betriebswirtschaftlichen Umfang der zukünftigen Applikationen. Sie dienen als Bauplan oder als Evaluationsgrundlage für einen Softwareeinkauf. Sie definieren noch nicht das DWH, aber sie definieren die Basis, aus denen das DWH seine Daten bezieht. Was im Basissystem nicht vorhanden ist, kann von einem DWH nicht geholt werden. Soll ein DWH betriebswirtschaftliche Funktionen umfassen, die nicht vorhanden sind, müssen diese zunächst auf operativer Ebene eingeführt werden.

In einem Unternehmen mit einer bestehenden EDV ist bereits vieles in Verzeichnissen und Dokumentationen vorhanden, so dass ein DWH-Spezialist die für ihn relevanten Modelle nicht vollkommen neu erstellen oder beziehen muss.

Terminologie

In einem Modell werden Sachverhalte beschrieben. Die Beschreibungen der Sachverhalte bedienen sich einer Sprache, genauer einer **Terminologie.** Je größer ein Unternehmen ist, um so vielfältiger ist die Interpretation von Fachbegriffen. Ist das Unternehmen aus Fusionen und Zukäufen entstanden, ist sogar eine Mehrdeutigkeit der Begriffe zu erwarten. Der DWH-Spezialist muss dafür sorgen, dass auf den Masken der DWH-Applikationen eine einheitliche und weitgehend akzeptierte Sprache realisiert wird. Die in einem Unternehmen uneinheitlich praktizierten Fachbegriffe lassen den DWH-Spezialisten nicht auf Anhieb erkennen, ob es sich um unterschiedliche oder gleiche Dinge handelt.

Ein anderes Problem ist der unterschiedliche Sprachgebrauch bezüglich der Granularität der Programme. Was bei Abteilung »A« Modul heißt, wird in Abteilung »B« Funktion genannt und Abteilung »C« sagt Programm dazu. Je größer das Unternehmen ist und je weniger eine zentrale Organisation mit der Durchsetzung von Namenskonventionen erfolgreich ist, um so größer ist die Vielfalt. Dies ist schon alleine durch die Vielzahl der eingesetzten Produkte und durch die von den Herstellern uneinheitlich geführte Begriffsgebung verursacht.

Hinzu kommt die unterschiedliche Ausbildung und die Verschiedenheit der Fachbegriffe der ausbildenden Lehrstühle. Zum gegenseitigen Verständnis muss eine einheitliche Terminologie gefunden und verabredet werden. Ohne ein gemeinsames Begriffsverständnis wird ein Meinungsaustausch unweigerlich zu Missverständnissen führen.

Es ist zu beachten, dass

- ✔ es zu einem Begriff mehrere gleichwertige, d.h. bedeutungsgleiche Definitionen geben kann,
- ✔ es zu einer Definition mehrere Begriffe geben kann,
- ✔ ein Begriff mit unterschiedlichen Bedeutungen verwendet werden kann,
- ✔ für Begriffe auch Abkürzungen verwendet werden.

Bevor ein Modell erstellt wird, muss die unternehmensweite Einigung auf eine einheitliche Terminologie erreicht werden. Dies ist um so schwieriger, je heterogener die Unternehmensgruppe ist. Die von der vereinbarten Linie abweichenden Unternehmen können nicht plötzlich alle Unterlagen umstellen. Die Anpassung braucht Zeit zur Durchsetzung. Hier helfen Wörterbücher mit Alternativen. In internationalen Unternehmen müssen diese Wörterbücher mehrsprachig geführt werden.

➡ Für unternehmensweite Projekte ist die Führung und Pflege eines mehrsprachigen, die Begriffsvarianten der Gruppenmitglieder umfassenden Unternehmenslexikons erforderlich.

Datengüte

Ein DWH soll ein Hilfsmittel sein, um betriebswirtschaftliche Prozesse zu verbessern. Die Durchführung von betriebswirtschaftlichen Prozessen führt zu Daten, die wiederum die Unternehmenssituation widerspiegeln. Für die Gewinnung von Erkenntnissen sind daher die vorhandenen Daten zu analysieren. Ein großes Problem für die Aussagekraft der von einem DWH abgeleiteten Erkenntnisse ist die Güte dieser Daten. Die Daten müssen vollständig sein oder die Lücken müssen mit Algorithmen geschlossen werden können.

Die Lückenschließung von Datensammlungen soll neutral sein, das heißt, sie muss mit solchen Algorithmen durchgeführt werden, die das gesuchte Ergebnis nicht in einer Interpretationsrichtung verfälschen. Ein Beispiel soll das verdeutlichen:

Beispiel: Umsatzaggregation:

Es liegt die folgende lückenhafte Tabelle mit Umsatzwerten zu einzelnen Monaten eines Jahres vor.

Umsätze in TDM	100	200	300	???	???	200	300	300	???	???	200	300
Monate	1	2	3	4	5	6	7	8	9	10	11	12

Tabelle 3.1: Beispiel mit Umsatzwerten

Folgende Frage ist zu beantworten: Wie groß ist der durchschnittliche Umsatz pro Monat? Zunächst ist zu entscheiden, wie mit den Datenlücken umgegangen werden soll. Dazu gibt es zwei Möglichkeiten: die Ergänzung mit Erfahrungswerten oder die Berechnung ohne die Lücken, hier zur Unterscheidung »algorithmische Lösung« genannt.

Algorithmische Lösung:	**Addition der vorhandenen Monate durch die Anzahl der erfassten Monate**
Umsatzdurchschnitt 1 ist	**1900/8 = 237,50 TDM**
Datenergänzung mit Erfahrung:	**Monat 4, 9 und 10 = 300 TDM, Monat 5 = 200 TDM**
Umsatzdurchschnitt 2 ist	**2900/12 = 233,33 TDM**

Die Gestaltungsaufgabe des Beispieles oder die Entscheidung, die hier zu treffen ist, lautet damit:

Schließung der Lücken mit Daten der fehlenden Monate oder mit Hilfe des gezeigten Algorithmus

Die angebotenen Daten können auch unglaubwürdig sein, so dass man lieber auf möglicherweise falsche Daten verzichtet.

Welches sind nun die vom DWH-Spezialist zu lösenden Gestaltungsfragen zur betriebswirtschaftlichen Funktionalität und der Zuordnung zu Branchen?

Gestaltungs- und Lösungsmöglichkeiten

Die erste Gestaltungsaufgabe ist die Feststellung dessen, was an Basissystemen vorhanden ist. Diese Aufgabe ist nicht trivial, da die wenigsten Unternehmen ein vollständiges Verzeichnis aller Applikationen an einem Ort zur Verfügung haben. Im zweiten Schritt dieser Gestaltungsaufgabe ist nun zu definieren, welchen betriebswirtschaftlichen Umfang das DWH auf der Datenbasis erreichen soll, das heißt, welcher Ausschnitt für die von den Anwendern gestellten Fragestellungen relevant ist.

- ➢ Ermittlung der vorhandenen Basissysteme
- ➢ Auswahl der relevanten Basissysteme

Dabei wird man möglicherweise feststellen, dass es die erforderlichen Basisprogramme für die im DWH zu beantwortenden Fragen noch nicht gibt. Der DWH-Spezialist muss in diesem Falle definieren, was fehlt, und in das DWH-Projekt muss die Schaffung der erweiterten Basis einbezogen werden.

➢ Charakterisierung der zur Lösung der DWH-Aufgabe fehlenden Basissysteme

Die Schließung der Datenlücke mittels Algorithmen führt zu einer funktionalen Anforderung. Ein Algorithmus muss entweder in der Software verfügbar sein oder er muss programmiert und eingebunden werden. In das Spektrum der Gestaltungsfragen des DWH-Spezialisten ist damit noch aufzunehmen:

➢ Prüfung der Datengüte

➢ Entscheidung über die Schließung der Lücken mit Daten und Vorschlag zur Beschaffung der fehlenden Daten

➢ Entscheidung über die Schließung der Lücken mittels Algorithmus und Definition zur Beschaffung oder Entwicklung des Algorithmus

Zu der von den Unternehmensteilen unterschiedlich verwendeten Terminologie muss Vergleichbarkeit hergestellt werden und eine einheitliche Terminologie eingeführt werden.

➢ Einheitliche Terminologie schaffen

Wie diese Gestaltungsfrage der betriebswirtschaftlichen Funktionen zu lösen ist, zeigt der folgende Abschnitt.

Problemlösung: Regeln und Hilfsmittel

Das Verfahren

Um ein betriebswirtschaftliches Modell mit Systemen, Komponenten, Modulen und Funktionen aufzustellen, kann man zwei Wege gehen. Ein Weg ist die Erhebung und Dokumentation der betriebswirtschaftlichen Prozesse und die Ableitung der Funktionen aus den Aktivitäten. Ein anderer Weg ist der Zukauf eines bestehenden Modells. Hierzu ist das folgende Verfahren nützlich.

Verfahren: Betriebswirtschaftliche Module der DWH-Architektur

❖ Basissysteme erfassen
aus bestehenden Dokumentationen wie Modullisten, Funktionsdiagrammen aus Systemverzeichnissen

❖ Auswahl der für das DWH relevanten Systeme
Erstellung eines Fragenkatalogs an das zu schaffende Anwendungssystem

❖ Charakterisierung der zur Lösung der DWH-Aufgabe fehlenden Basissysteme

❖ Prüfung der Datengüte

- Entscheidung über die Schließung der Lücken mit Daten und Vorschlag zur Beschaffung der fehlenden Daten
- Entscheidung über die Schließung der Lücken mittels Algorithmus und Definition zur Beschaffung oder Entwicklung des Algorithmus
- Einheitliche Terminologie schaffen
- Funktionale Charakterisierung des Unternehmens mittels Funktionenlisten und Schalenmodell
- Auswahl eines geeigneten Referenzmodells

Für die systematische Abarbeitung der betriebswirtschaftlichen Funktionen eines DWH dienen vorgefertigte Funktionslisten und Referenzmodelle.

Funktionenlisten

Zum Einen sind natürlich die vorhandenen Listen der bestehenden Funktionalität zu verwenden. Es gibt ja schon Programme im Unternehmen, nämlich die Basisprogramme, auf denen das DWH operieren, d.h. aus denen es Daten beziehen soll. Ein nützliches Beispiel für die Ermittlung der Basissysteme sind ein oder mehrere **Systemverzeichnisse** oder eine manuelle Liste der Basisprogramme, die das Rechenzentrum bzw. die unternehmensweit verteilten Rechenzentren erstellen können. Zu den Systemen beschafft man sich aus der Dokumentation die Funktionalitätsbeschreibung, die im Idealfall in Form von in einer Datenbank strukturiert abgelegten Funktionenlisten verfügbar ist. Noch besser ist es, wenn die Funktionalität mittels eines CASE-Tools grafisch, als Funktionendiagramm und Modulbaum und damit auch als Datenbankreport verfügbar ist.

Für die Tabelle der Basisapplikationen für das DWH sind folgende Informationen zu erheben:

- ✔ Name der Applikation, Identifizierung auf dem Rechner
- ✔ Zweck der Applikation, Funktionen, Kurzbeschreibung mit Inhalt
- ✔ Lokation des Rechners
- ✔ Plattform, auf der die Applikation läuft: Rechnertyp, Betriebssystem
- ✔ Datenbank, auf der die Applikation operiert, Datenbezeichnungen

Ohne eine gute Checkliste wird man nicht alle Funktionsbereiche des Unternehmens entdecken. Zur Prüfung der Vollständigkeit dient eine Gliederung von betriebswirtschaftlichen Funktionen, wie das folgende **Schalenmodell betriebswirtschaftlicher Funktionen für einen Industriebetrieb.**

Die Funktionslisten haben einen Nachteil: Sie erlauben im besten Falle eine hierarchische Gliederung, aber keine Vernetzung.

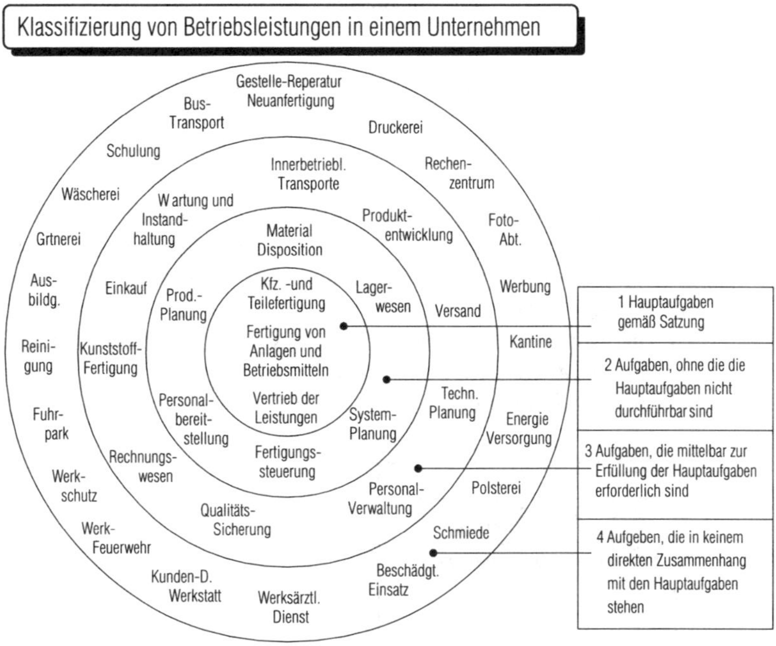

Abbildung 3.6: Schalenmodell betriebswirtschaftlicher Funktionen für einen Industriebetrieb

Für einen umfassenden Überblick über die Funktionen eines Unternehmens ist nützlich:

🗁 Wöhe, Betriebswirtschaftslehre

Referenzmodelle

Seit sich Standardsoftware wider alle Individualitätsbestrebungen der Unternehmen etabliert hat, haben sich auch Referenzmodelle durchgesetzt. Referenzmodelle nehmen für sich in Anspruch, die grundsätzlichen Strukturfragen gut gelöst zu haben und somit für einen großen Kreis von Anwendern einsetzbar zu sein. Wer sich nicht mit der Technologie der Standardsysteme zufrieden geben will, kann ein Referenzmodell kaufen und es auf seine Bedürfnisse zuschneiden oder mit anderen Werkzeugen programmieren.

Definition: Betriebswirtschaftliches Referenzmodell

Ein **betriebswirtschaftliches Referenzmodell** ist ein Muster einer Abbildung betriebswirtschaftlicher Strukturen in eine DV-Spezifikation von

- ✔ betriebswirtschaftlichen Aufgaben als Funktionenmodell
- ✔ betriebswirtschaftlichen Informationen als Datenmodell
- ✔ betriebswirtschaftlichen Abläufen als Prozessmodell

oder alle drei Ansichten kombiniert in einem Objektmodell

Das Referenzmodell kann **branchenspezifisch** oder auch **branchenübergreifend** ausgearbeitet sein.

Ein Referenzmodell bietet mehr Informationen als eine Funktionenliste. Referenzmodelle gibt es unter anderem für Modulstrukturen von Programmen, von Datenmodellen, zu Funktionsübersichten und zu betriebswirtschaftlichen Prozessen. Im Referenzmodell sind, wie die vorher gezeigten Beispiele belegen, auch die Wechselbezüge, das Zusammenspiel der Teile enthalten. Das Beispiel der folgenden Abbildung »Referenz-Datenmodell« zeigt einen Ausschnitt aus einem Datenmodell für Vertriebsdaten. Die Vierecke stellen die Tabellen einer Datenbank dar. Die Überschriften in den Vierecken sind die Namen der Tabellen. Die Namen innerhalb des Vierecks sind die Namen der Tabellenspalten. Eine Raute (#) vor dem Spaltennamen zeigt an, dass es sich um eine Spalte mit Schlüsselwerten handelt.

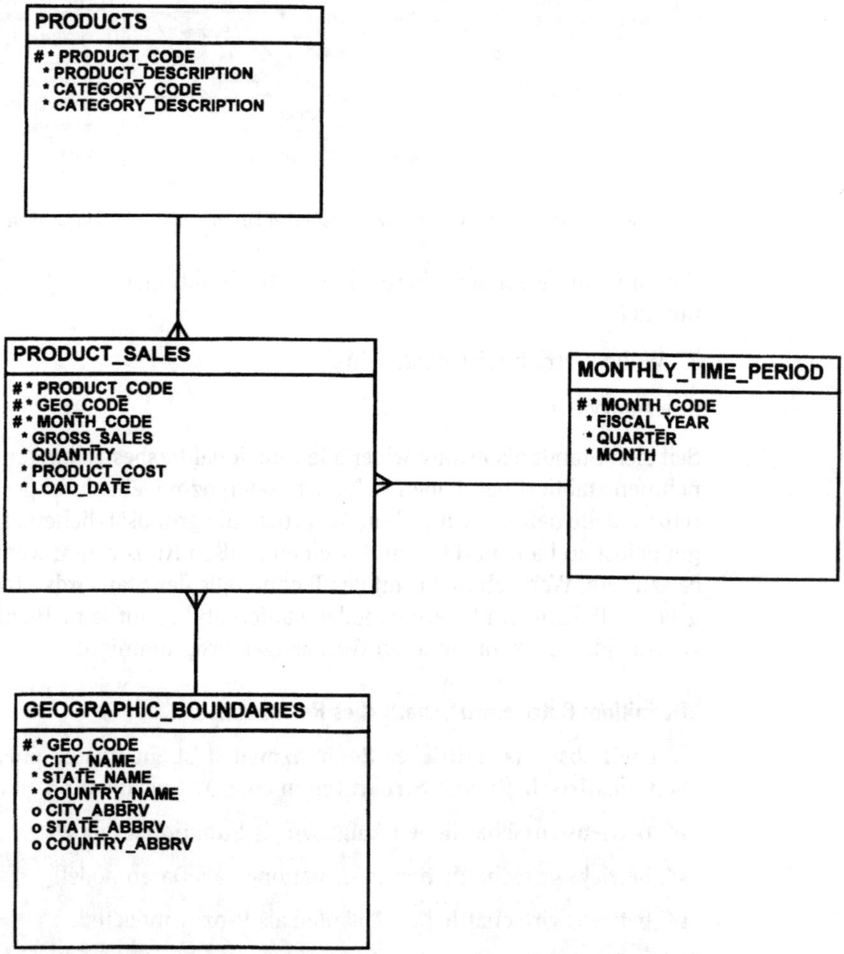

Abbildung 3.7: Referenz-Datenmodell

Die Referenzmodelle können allgemein oder branchenspezifisch sein. Will man sich auf ein branchenspezifisches Referenzmodell beziehen, muss man eine Brancheneinordnung mittels einer Branchenklassifikation vornehmen.

Einige Universitäten haben sich auf bestimmte Branchen spezialisiert und Referenzmodelle für diese Branchen erarbeitet. Der Markt bietet bereits einige Referenzmodelle an, und es werden weitere hinzukommen.

In folgenden Büchern sind nützliche Referenzmodelle, bzw. Diskussionen zum Aufbau von Referenzmodellen enthalten:

🗁 Silverstone, Data Model Resource Book

🗁 Scheer, Wirtschaftsinformatik

🗁 Fowler, Analysemuster

Die Referenzmodelle sind nicht mehr länger »nur« Literatur, sie werden mittlerweile sogar auf Datenträgern als Datenbank mit auswählbarem relationalem Datenbank-Managementsystem angeboten. Die Dateien können dann in das hauseigene Data Dictionary übernommen werden, um z.B. eine Datenbank daraus zu generieren. Im Zuge des Fortschritts der objektorientierten Technologien wird es zukünftig die Funktionalität aus Referenzmodellen in kleinen Teilen zu kaufen geben.

Das »Stück« Funktionalität wird dann als Objekt in ein bestehendes System eingebunden werden können, was heute bereits möglich ist. Wenn diese objektorientierten Referenzmodelle konsequent weiterentwickelt werden, wird in naher Zukunft ein Unternehmen in der Lage sein, die geforderten Anwendungen aus bestehenden Funktionen und Modulen entsprechend einer Spezifikation zu montieren.

Für die Methodik zur Erstellung von Referenzmodellen dient:

🗁 Schütte, Referenzmodelle

🗁 Becker, Referenzmodelle

Terminologie

Für die Definition der im Unternehmen gepflegten Fachbegriffe ist es nützlich, ein Lexikon mit Definitionen anzulegen, ein sogenanntes **Unternehmenslexikon** oder ein sogenanntes **Unternehmens-Dictionary,** wenn auch fremdsprachliche Entsprechungen mit aufgenommen werden sollen.

Auf die Definition ist besondere Sorgfalt zu legen. Sie ist der einzige Maßstab für die Gleichheit zweier Begriffe. Das Lexikon soll auch die Grundlage für die Namensgebung von Variablen, Funktionen, Modulen, Programmen und Systemen sein, um die Entsprechung zwischen Realität des Unternehmens und Abbild in einem Programm nachvollziehbar zu machen.

Die Schaffung eines solchen Lexikons hat einen willkommenen Nebeneffekt: Sie fördert die Zusammenarbeit zwischen den Abteilungen.

Das Unternehmenslexikon soll enthalten

- ✔ den Begriff in exakter Schreibweise
- ✔ alle Definitionen des Begriffs
- ✔ Verweis auf Synonyme, auch Abkürzungen
- ✔ Übersetzung des Begriffs

Die Anforderung an die Funktionalität einer DWH-Anwendung unterscheidet sich in der Bearbeitung des gleichen Basisobjekts bezüglich der hierarchischen Ebenen der Anwender. Die Thematik des funktionalen Bezugs zu den Hierarchieebenen wird im folgenden Kapitel dargestellt.

3.2 Branchen

Problemstellung und Motivation

Welche Gestaltungsfragen zur betriebswirtschaftlichen Funktionalität bezüglich der Zuordnung zu Branchen hat der DWH-Spezialist nun zu lösen?

Je nach Branche wird eine Aufgabe etwas anders abgewickelt. Eine Kostenerfassung z.B. hat in der Industrie mit Positionen zu rechnen, die für eine Kostenrechnung einer Bank nicht anfallen. Eine Bank hat z.B. keine Rohmaterialverarbeitung, keine Montage, keine Konstruktionsabteilung. Andererseits hat ein Industriebetrieb keine Funktion für das Bankenclearing für internationalen Zahlungsverkehr implementiert. Es genügt demnach nicht, ein auf der Kostenrechnung des Unternehmens basierendes DWH-Modul zu fordern. Vielmehr ist jede Funktionsgruppe auf Branchenspezifität zu prüfen. Einige Funktionen werden in der allgemeinen Form völlig ausreichend spezifiziert sein, andere sind gegebenenfalls der Branche entsprechend näher zu bestimmen.

Statistiken

Für die Gliederung von Branchen gibt es im Detail ausgearbeitet Klassifizierungen. Der volkswirtschaftliche Markt ist von statistischen Bundesämtern und Marktforschungsinstituten auf unterschiedliche Weise in Branchen eingeteilt, immer mit dem Ziel, die komplexe Struktur zu analysieren, Tendenzen in Produktion und Verteilung von Waren und Dienstleistungen zu entdecken.

Mit **Branchenschlüsseln** werden Märkte identifiziert und abgegrenzt. Will sich ein Unternehmen mit anderen Unternehmen vergleichen, so wählt es Unternehmen der gleichen Branche. Will das Unternehmen die Mitbewerber analysieren, wird es seine Untersuchungen auf die in einem Marktsegment wirkenden Unternehmen einschränken. Der Nutzen für das DWH ist, dass die »Fremddaten« schneller einbezogen werden können als es eigene Erhebungen ermöglichen könnten. Die verfügbaren Fremddaten sind zudem in erheblich größerem Umfang vorhanden als die eigene Kapazität zu eruieren erlaubt.

Eine erste Gliederungsstufe der Branchen der Betriebe ist die Gliederung nach **Wirtschaftsbereichen,** wie sie die statistischen Ämter der Länder verwenden.

Nummer	Wirtschaftsbereich
1.	Land- und Forstwirtschaft
2.	Bergbau und Energie
3.	Verarbeitendes Gewerbe
4.	Baugewerbe
5.	Großhandel
6.	Handelvermittlung
7.	Einzelhandel
8.	Verkehr/Nachrichtenübermittlung
9.	Kreditinstitute/Versicherungen
10.	Sonstige Dienstleistungsunternehmen und freie Berufe

Tabelle 3.2: Gliederung der Wirtschaftsbereiche der statistischen Landesämter

Will man eine Katalogrecherche von Standardsoftwareprodukten auf die Produkte eingrenzen, die für die eigenen Belange wichtig sind, sucht man die dem eigenen Branchenschlüssel zugeordneten Produkte. Ein Branchenschlüssel erleichtert die Suche und vermindert den Suchaufwand. Ein Vergleich mit Standardsoftware ist immer der Individualentwicklung voranzustellen. Der Vorteil ist, dass mitunter die umfangreiche und langwierige Selbsterstellung erspart bleiben kann. Die Alternative ist, dass der Check der Funktionalität der Standardsoftware anhand der eigenen Checkliste oft eine Verbesserung dieser Checkliste bewirkt, auch wenn sie für die Individualentwicklung genutzt wird.

Die Branchengliederung dient nicht nur der statistischen Auswertung. Sie dient auch der Produktabgrenzung und, was für das DWH noch wichtiger ist, der Zielgruppendefinition. Dies wiederum dient z.B. für die Auswahl der Standardsoftware aus dem Marktangebot. Ein Beispiel für eine **Branchengliederung** ist die Gliederung nach der **NACE,** der **Nomenclature générale des activités économiques dans les Communautés Européennes.**

Mit Hilfe der Branchenidentifizierung durch einen Schlüssel kann gezielt die relevante Information zu Märkten, Produkten und Zuständigkeiten von Behörden gefunden werden.

Die Statistikinstitute wie Länderbank, Bundesbanken, Verbände, Universitäten stellen ihre Informationen der öffentlichen Nutzung in Form von CDs, Webseiten, Papierkatalogen und Online-Datenbankzugriffen zur Verfügung.

Name der Stufe	Bezeichnung	Kennzahl	Code
Abschnitte	Land- und Forstwirtschaft	A	—
Unterabschnitte	Land- und Forstwirtschaft	AA	—
Abteilung	Landwirtschaft, Jagd	01	010000
Gruppen	Pflanzenbau	01.1	011000
Klassen	Dauerkulturbau	01.13	011300
Unterklassen	Weinbau	01.13-01	011301

Tabelle 3.3: Gliederungsstufen nach NACE, 1995

Neben der Gliederung der Betriebe nach Wirtschaftbereichen gibt es noch die Gliederung nach Sachleistungen bzw. nach Dienstleistungen. Die Gliederung der Betriebe gehört zum Thema der Betriebstypologie, für deren Vertiefung auf

🗁 Wöhe, Einführung in die allgemeine Betriebswirtschaftslehre

verwiesen werden soll.

Gestaltungs- und Lösungsmöglichkeiten

Der DWH-Spezialist muss die Nützlichkeit der Zuordnung zu einer Branche bemessen und entscheiden, ob die jeweils geforderte Funktionalität branchenspezifisch oder übergreifend ist. Ist die Branchenspezifität erkannt, muss ein geeignetes Branchenklassifizierungssystem gefunden und angewendet werden. Mit den Branchenschlüsseln kann in Produkt-Katalogen, Verzeichnissen von Softwareherstellern und in Statistiken effizienter recherchiert werden.

- ➢ Findung des geeigneten Branchenklassifikationssystems
- ➢ Feststellung einer bestehenden Branchenzuordnung
- ➢ Ermittlung des oder der zugehörigen Branchenschlüssel

Hierfür ist erforderlich

- ➢ Recherchieren der Statistikinstitute und ihrer Angebote
- ➢ Zugriff auf die Informationen der Institute und Kopieren in das eigene DWH

Wie diese Gestaltungsfrage der Brancheneingliederung zu lösen ist, zeigt der folgende Abschnitt.

Problemlösung: Regeln und Hilfsmittel

Das Verfahren

Branchenschlüssel sind ein Ordnungskriterium für Produkt-Kataloge, Verzeichnisse von Softwareherstellern und Wirtschaftsstatistiken. Ein Unternehmen, das branchenspezifische Informationen auswerten möchte, muss sich einen oder mehrere Branchenschlüssel zuordnen.

Verfahren: Brancheneinordnung des Unternehmens

- Entscheidung über den zu verwendenden Branchenschlüssel
- Kriterienfindung zur Branchenzuordnung bzw. Erkundigung in der Marketingabteilung mittels Branchengliederung
- Recherchieren der Statistikinstitute und ihrer Angebote
- Zugriff auf die Informationen der Institute und Kopieren in das eigene DWH

Branchenklassifikationen

Zur Einordnung der Branchen gibt es verschiedene Branchenklassifikationen. Ein Beispiel für eine Branchenklassifikation ist, wie bereits erwähnt, die NACE für die europäischen Behörden für Wirtschaftsstatistiken. Die Struktur der NACE wird von den einzelnen Ländern unterschiedlich verfeinert. So heißt z.B. die von österreichischen Behörden eingesetzte Branchengliederung für Statistiken ÖNACE. Die Gliederung der ÖNACE ist in der folgenden Tabelle »Branchengliederung nach ÖNACE« dargestellt (siehe Tabelle 3.4).

Weitere Systematiken sind beschrieben in:

🗁 Lippe, Wirtschaftsstatistik

Die Branchengliederung kann nicht nur für die eigene Einordnung interessant sein, sie ist als Wertebereich in einer Datenbank nützlich, wenn das Unternehmen Daten zu mehreren Marktsegmenten erfassen muss.

Mit Hilfe der Branchengliederung ist eine gezielte Auswahl von externen Datenquellen für die Befüllung des DWH mit Informationen möglich. Eine ausgezeichnete Übersicht über solche Informationsquellen aus dem Internet ist dargestellt in:

🗁 Wirtschaftsinformatik, Heft 5, 1999, 41. Jahrgang

Abschnitt	Abteilung	Bezeichnung
A		**Land- und Forstwirtschaft**
AA		**Land- und Forstwirtschaft**
	01	Landwirtschaft, Jagd
	02	Forstwirtschaft
B		**Fischerei und Fischzucht**
BA		**Fischerei und Fischzucht**
	05	Fischerei und Fischzucht
C		**Bergbau und Gewinnung von Steinen** und Erden
CA		**Kohlebergbau, Torfgewinnung, Gewinnung von Erdöl und Erdgas Bergbau auf Uran und Thoriumerze**
	10	Kohlebergbau, Torfgewinnung,
	11	Erdöl und Erdgasbergbau sowie damit verbundene Dienstleistungen
	12	Bergbau auf Uran und Thoriumerze
CB		**Gewinnung von Steinen und Erden, sonstiger Bergbau**
	13	Erzbergbau
	14	Gewinnung von Steinen und Erden
D		**Sachgütererzeugung**
DA		**Herstellung von Nahrungs- und Genussmitteln und Getränken, Tabakverarbeitung**
	15	Herstellung von Nahrungs- und Genussmitteln und Getränken
	16	Tabakverarbeitung
DB		**Herstellung von Textilien, Textilwaren und Bekleidung**
	17	Herstellung von Textilien, Textilwaren ohne Bekleidung
	18	Herstellung von Bekleidung
DC		**Ledererzeugung und -verarbeitung, Herstellung von Schuhen**
	19	Ledererzeugung und -verarbeitung
DD		**Be- und Verarbeitung von Holz, ohne Herstellung von Möbeln**
	20	Be- und Verarbeitung von Holz, ohne Herstellung von Möbeln
DE		**Herstellung und Verarbeitung von Papier, Pappe, Verlagswesen, Druckerei und Vervielfältigung**
	21	Herstellung und Verarbeitung von Papier, Pappe
	22	Verlagswesen, Druckerei und Vervielfältigung von bespielten Ton-, Bild- und Datenträgern
DF		**Kokerei, Mineralölverarbeitung, Herstellung und Verarbeitung von Spalt- und Brutstoffen**
	23	Kokerei, Mineralölverarbeitung, Herstellung und Verarbeitung von Spalt- und Brutstoffen
DG		**Herstellung von Chemikalien und chemischen Erzeugnissen**
	24	Herstellung von Chemikalien und chemischen Erzeugnissen
DH		**Herstellung von Gummi- und Kunststoffwaren**
	25	Herstellung von Gummi- und Kunststoffwaren
DI		**Herstellung und Bearbeitung von Glas, Herstellung von Waren aus Steinen und Erden**
	26	Herstellung und Bearbeitung von Glas, Herstellung von Waren aus Steinen und Erden
DJ		**Metallerzeugung und -bearbeitung, Herstellung von Metallerzeugnissen**
	27	Metallerzeugung und -bearbeitung
	28	Herstellung von Metallerzeugnissen
DK		**Maschinenbau**
	29	Maschinenbau

Tabelle 3.4: Branchengliederung nach ÖNACE

Abschnitt	Abteilung	Bezeichnung
DL		**Herstellung von Büromaschinen, Datenverarbeitungsgeräten und -einrichtungen; Elektrotechnik, Feinmechanik und Optik**
	30	Herstellung von Büromaschinen, Datenverarbeitungsgeräten und -einrichtungen
	31	Herstellung von Geräten der Elektrizitätserzeugung, -verteilung u.ä.
	32	Rundfunk-, Fernseh- und Nachrichtentechnik
	33	Medizin-, Mess-, Steuer- und Regelungstechnik, Optik
DM		**Fahrzeugbau**
	34	Herstellung von Kraftwagen und Kraftwagenteilen
	35	Sonstiger Fahrzeugbau
DN		**Herstellung von Möbeln, Schmuck, Musikinstrumenten, Sportgeräten, Spielwaren und sonstigen Erzeugnissen; Rückgewinnung (Recycling)**
	36	Herstellung von Möbeln, Schmuck, Musikinstrumenten, Sportgeräten, Spielwaren und sonstigen Erzeugnissen
	37	Rückgewinnung (Recycling)
E		**Energie- und Wasserversorgung**
EA		**Energie- und Wasserversorgung**
	40	Energieversorgung
	41	Wasserversorgung
F		Bauwesen
FA		Bauwesen
	45	Bauwesen
G		**Handel; Instandhaltung und Reparatur von Kraftfahrzeugen und Gebrauchtgütern**
GA		**Handel; Instandhaltung und Reparatur von Kraftfahrzeugen und Gebrauchtgütern**
	50	Kraftfahrzeughandel; Instandhaltung und Reparatur von Kraftfahrzeugen; Tankstellen
	51	Kraftfahrzeughandel; Instandhaltung und Reparatur von Kraftfahrzeugen; Tankstellen
	52	Einzelhandel (ohne Handel mit Kraftfahrzeugen und ohne Tankstellen); Reparatur von Gebrauchtgütern
H		**Beherbergungs- und Gaststättenwesen**
HA		**Beherbergungs- und Gaststättenwesen**
	55	Beherbergungs- und Gaststättenwesen
I		**Verkehr und Nachrichtenübermittlung**
IA		**Verkehr und Nachrichtenübermittlung**
	60	Landverkehr; Transport in Rohrfernleitungen
	61	Schiffahrt
	62	Flugverkehr
	63	Hilfs- und Nebentätigkeiten für den Verkehr; Reisebüros
	64	Nachrichtenübermittlung
J		**Kredit- und Versicherungswesen**
JA		**Kredit- und Versicherungswesen**
	65	Kreditwesen
	66	Versicherungswesen
	67	Mit dem Kredit- und Versicherungswesen verbundene Tätigkeiten
K		**Realitätenwesen, Vermietung beweglicher Sachen, Erbringung von unternehmensbezogenen Dienstleistungen**
KA		**Realitätenwesen, Vermietung beweglicher Sachen, Erbringung von unternehmensbezogenen Dienstleistungen**
	70	Realitätenwesen

Tabelle 3.4: Branchengliederung nach ÖNACE (Forts.)

Abschnitt	Abteilung	Bezeichnung
	71	Vermietung beweglicher Sachen ohne Bedienungspersonal
	72	Datenverarbeitung und Datenbanken
	73	Forschung und Entwicklung
	74	Erbringung von unternehmensbezogenen Dienstleistungen
L		**Öffentliche Verwaltung, Landesverteidigung, Sozialversicherung**
LA		**Öffentliche Verwaltung, Landesverteidigung, Sozialversicherung**
	75	Öffentliche Verwaltung, Landesverteidigung, Sozialversicherung
M		**Unterrichtswesen**
MA		**Unterrichtswesen**
	80	Unterrichtswesen
N		**Gesundheits-, Veterinär- und Sozialwesen**
NA		**Gesundheits-, Veterinär- und Sozialwesen**
	85	Gesundheits-, Veterinär- und Sozialwesen
O		**Erbringung von sonstigen öffentlichen und persönlichen Dienstleistungen**
OA		**Erbringung von sonstigen öffentlichen und persönlichen Dienstleistungen**
	90	Abwasser- und Abfallbeseitigung und sonstige Entsorgung
	91	Interessenvertretungen, kirchliche und sonstige religiöse Vereinigungen, sonstige Vereine (ohne Sozialwesen, Kultur und Sport)
	92	Kultur, Sport und Unterhaltung
	93	Erbringung von sonstigen Dienstleistungen
P		**Private Haushalte**
PA		**Private Haushalte**
	95	Private Haushalte
Q		**Exterritoriale Organisationen und Körperschaften**
	99	Exterritoriale Organisationen und Körperschaften

Tabelle 3.4: Branchengliederung nach ÖNACE (Forts.)

3.3 Hierarchieebenen

Problemstellung und Motivation

Managementebenen

Im Gegensatz zu den aus der Sicht der Vertriebsabteilungen der Hersteller verblühten Executive Information Systems ist ein DWH nicht nur für die Executives sondern für mehrere Managementebenen geeignet. Eine bewährte und in vielen Standardwerken der Fachliteratur vertretene Einteilung der **Managementebenen** ist die folgende in

- ✔ Strategisches Management
- ✔ Taktisches Management
- ✔ Operatives Management

Selbst die Funktionalität mit Entscheidungsunterstützungsqualität wird nicht mehr alleine nur für das Management eingerichtet. Im Laufe der letzten Jahrzehnte ist ein kontinuierlicher Prozess des Verlagerns von Verantwortung in die operative Ebene nach dem sogenannten »Delegationsprinzip« zu beobachten. Auch das ausführende Personal muss heute DV mit Managementfunktionen einsetzen können. D.h. es ist nicht immer eindeutig definiert, ob eine ursprünglich als Managementaufgabe definierte Tätigkeit nicht doch vom operativen Personal wahrgenommen wird. Deshalb wird hier operatives Personal mit in den **Nutzerkreis des DWH** einbezogen.

✔ Operatives Personal

Es kommt für den Gestaltungsumfang eines DWH noch eine Nutzerschicht oder Nutzerebene hinzu, die in vielen Lehrbüchern außer Acht gelassen wird: die Unternehmensaufsicht. Die **Unternehmensaufsicht** kann eine Behörde, ein Aufsichtsrat oder ein Überwachungsverein sein. Der Bedarf an Informationen für diese Nutzerebene ist ausführlich in dem Buch

🗁 Chini, Aufsichtsrats-Informationssystem

dargestellt. In den Nutzerkreis und auch in die Abbildung der »**Managementpyramide**« wird daher noch die Unternehmensaufsicht aufgenommen. Von einer Pyramide ist deswegen die Rede, weil sich die Anzahl Nutzer von Ebene zu Ebene von oben nach unten vervielfacht. Eine Faustregel für die Abschätzung der Personenzahl der Ebenen ist die sogenannte **Leitungsspanne** von fünf bis zehn Personen einer einem Manager direkt unterstehenden Ebene von Mitarbeitern.

✔ Unternehmensaufsicht

Dem Nutzerkreis entsprechend ist eine andere Funktionalität und Ergonomie erforderlich, sind andere Werkzeuge im Angebot, ist eine unterschiedliche Verdichtung der Informationen vonnöten. Eine Darstellung der unterschiedlichen Anforderungen wird durch die Aufgabendarstellung nach den drei Managementebenen von Kanter, hier um zwei Ebenen erweitert, deutlich.

Die Ergänzung der Managementebenen durch einen Aufsichtsrat ist für das DWH nur insofern interessant, als der Aufsichtsrat spezielle Reports anfordert, die erzeugt werden müssen und deshalb als Funktion einzurichten sind. Es ist nicht üblich, dass ein Aufsichtsratsmitglied als Benutzer im DWH auftritt. Das gilt besonders für den Aufsichtsrat von Großunternehmen.

Es gibt aber auch Aufsichtsräte von mittelständischen Unternehmen, z.B. in Joint Ventures von Schwellenländern und Entwicklungsländern, die bodenständige Aufgaben wahrnehmen müssen. Eine Erweiterung der interaktiven Nutzung von EDV-Systemen durch Aufsichtsratsmitglieder sollte deshalb für die Zukunft nicht ausgeschlossen werden.

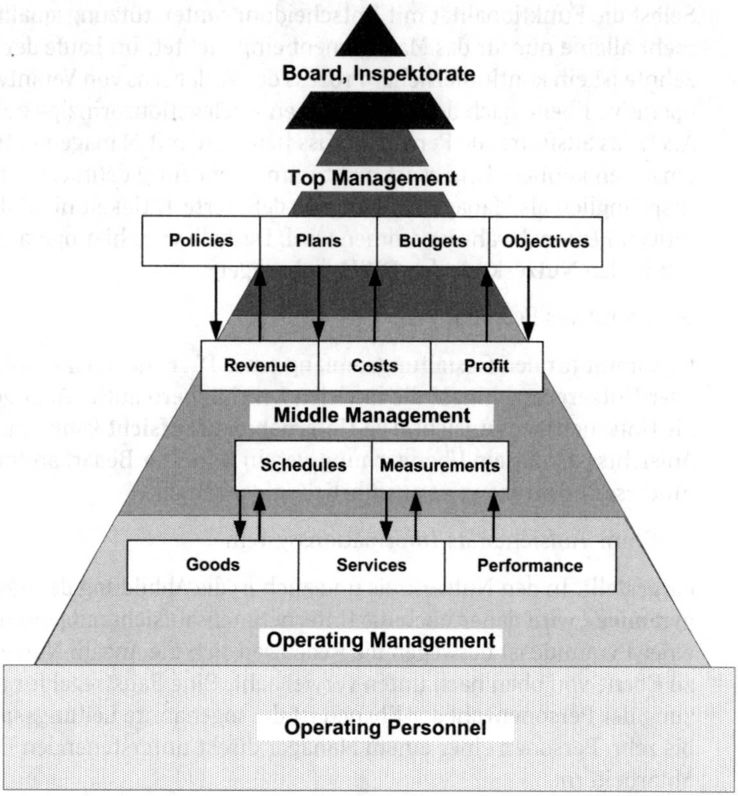

Abbildung 3.8: Aufgaben der Managementebenen, angelehnt an Kanter

Informationstiefe und regionale Reichweite

Es ist klar, je höher die Managementposition in der Führungshierarchie angesiedelt ist, um so größer ist die regionale und die funktionale Reichweite der Verantwortung. Entsprechend der regionalen Reichweite ist dann auch der relevante Basisumfang der Informationen größer, da dieser ja aus dem operativen Geschäft der Regionen stammt. Und je mehr Regionen zum Verantwortungsbereich zählen, umso mehr Daten entstehen. Mit der Menge der Daten wächst aber auch die Unüberschaubarkeit und damit der Bedarf der Verdichtung.

Jeder Nutzer hat ein anderes Interesse an der Genauigkeit und Tiefe der Zerlegung von Daten. Als nächstes Problemlösungsmittel dient die Zuordnung der Akkumulationsstufe des Fachmodules zu der Hierarchieposition des Anwenders, die Informationstiefe. Die folgende Matrix zeigt exemplarisch die für die entsprechenden Führungsebenen relevanten Verdichtungsgrade (siehe Tabelle 3.5).

Für den Abteilungsleiter bedeutet dies, wie in der Matrix ersichtlich, dass er die Regionaldaten seiner Region sehen können muss. Die Daten zu den anderen Regionen müssen eventuell sogar vor seinem Zugriff geschützt werden.

	Konzern	Länder	Region	Bezirk	Kunde	Projekte
Aufsichtsrat	●					●
Konzernvorstand	●	●				●
Bereichsleitung		●	●			●
Abteilungsleiter			●	●	●	●
Projektleiter					●	●
Projektmitarbeiter						●
Operative Mitarbeiter					●	

Tabelle 3.5: Informationstiefe der Führungsebenen

Aber er muss die Zahlen der seiner Region zugehörigen Bezirke ansehen können. Weitergehend soll er nach Auswahl eines Bezirkes die dort zugeordneten Kunden sehen, aber nicht die Kunden anderer Regionen. Bezüglich der Projekte sind für ihn alle Informationen interessant, die seine Projekte und die Projekte mit Auswirkungen auf seine Projekte (z.B. Terminabhängigkeiten) betreffen.

Regionale Gliederung

Die regionale Gliederung ist ein Aspekt der funktionalen Anforderung »Verdichtungsebenen« an das DWH. Die Daten des DWH werden in der Komponente »OLAP-System« in einem sogenannten »multidimensionalen Würfel« organisiert. Die Gliederungsmatrix gibt die Struktur und Dimensionen des Würfels an. Die Hierarchie-Gliederungsmatrix wird bei der Implementierung des DWH als Benutzerprofil für die Zugriffsberechtigungen auf die Daten dieses Würfels verwendet.

Gestaltungs- und Lösungsmöglichkeiten

Was hat nun der DWH-Spezialist bezüglich der hierarchischen Gliederung von Unternehmen in seiner Gestaltung zu berücksichtigen?

Es ist nicht per se klar, welche Führungsebene zum Nutzerkreis des DWH gehören soll. Für die einzelnen Führungspositionen muss die zunächst nur vage vorhandene Vorstellung von den Möglichkeiten eines DWH konkretisiert werden. Es müssen deren Verantwortungsbereiche einschließlich der zu ihrer Führung erforderlichen Informationen festgestellt werden. Die Veranwortungsbereiche können dabei produktbezogen definiert sein, sie können regional und über alle Produkte gelten, sie können über mehrere Produkte und Regionen und auch für mehrere Projekte gelten.

Die Gestaltungsaufgabe lautet damit wie folgt:

- Feststellung, welche Regionen zu ihrem Verantwortungsbereich gehören
- Feststellung, welche Führungsebenen am DWH beteiligt sind

- Feststellung, aus welchen Fachmodulen sie ihre Informationen beziehen müssen
- Feststellung, welche Produkte zu ihrem Verantwortungsbereich gehören
- Feststellung, welche Projekte zu ihrem Verantwortungsbereich gehören
- Definition Gliederungstiefe von Stufe x bis Stufe y zu jeder Hierarchieebene bezüglich der Regionen, Produkte, Projekte, Funktionen, Zeitabschnitte

Wie diese Gestaltungsaufgabe durch die hierarchische Gliederung von Unternehmen zu lösen ist, zeigt das folgende Kapitel.

Problemlösung: Regeln und Hilfsmittel

Das Verfahren

Für die Feststellung der Hierarchiedimensionen – wer wie tief welche Informationen verfolgen muss – sind verschiedene Gliederungen erforderlich. Zur Findung dieser Gliederungen ist folgendes Verfahren anwendbar.

Verfahren: Bestimmung der Hierarchieebenen des DWH

- Feststellung der zu versorgenden Managementebenen, der Einstiegsebenen in den Navigationsdialog und der Navigationstiefe (Drill Down) mit Hilfe des Unternehmens-Organigramms
- Feststellung, welche Regionen zu ihrem Verantwortungsbereich gehören mit Hilfe einer Regionalgliederungssystematik
- Feststellung, aus welchen Fachmodulen sie ihre Informationen beziehen müssen mit Hilfe einer Funktionalgliederungssystematik
- Feststellung, welche Produkte bzw. Anlagenteile zum Verantwortungsbereich gehören mit Hilfe einer Produkt- bzw. Anlagengliederungssystematik
- Feststellung, welche Projekte zu ihrem Verantwortungsbereich gehören mit Hilfe einer Projektgliederungssystematik
- Angabe der Gliederungstiefe von Stufe x bis Stufe y bezüglich der Regionen, Produkte, Projekte, Funktionen, zu jeder Ebene mit Hilfe der Hierarchie-Gliederungsmatrix für DWH-Anwender
- Angabe der Zeitebenen mit Hilfe einer Zeitgliederungssystematik

Gliederung der Dimension »Organisation«

Als erstes Problemlösungshilfsmittel für die hierarchische Gliederung ist zunächst ein **Organigramm** oder eine **Organisationsgliederungssystematik** erforderlich. Je nachdem wie groß ein Unternehmen ist, kann diese Information in einer Grafik oder aber in vielen einzelnen Strukturgrafiken dargestellt werden. Das Organigramm zeigt bereits die Zuständigkeit zu Fachbereichen oder betriebswirtschaftlichen Funktionen, wie zum Beispiel Verwaltung und

Finanzierung, aber auch zu Regionen, Produkten und untergeordneten Hierarchieebenen. Dies ist aber zunächst nur als eine Hierarchie von Führungsebenen anzusehen.

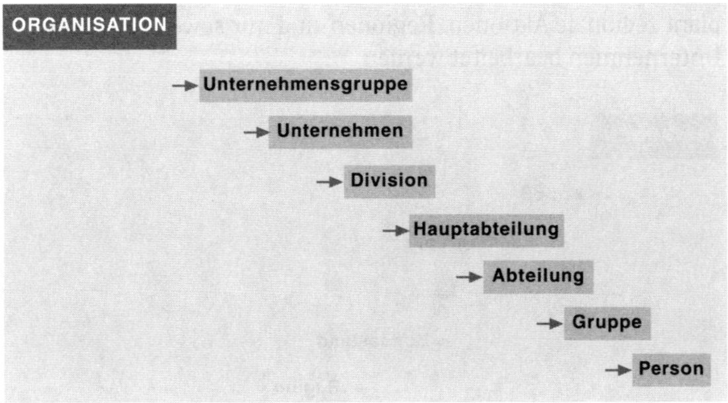

Abbildung 3.9: Gliederungsschema der Dimension »Organisation«

Gliederung der Dimension »Produkt«

Analog hierzu gibt es eine hierarchische **Produktgliederungssystematik.** Die Produktgliederung ist in den Unternehmen vorhanden und z.B. in der Kostenrechnung hinterlegt. Die Produktgliederung umfasst je nach der Größe des Produkts – eine Schraube ist ein Produkt genauso wie ein komplettes Kraftwerk – eine Zerlegung des Produkts in kleinere Baueinheiten, die ebenfalls wieder Produkte sind.

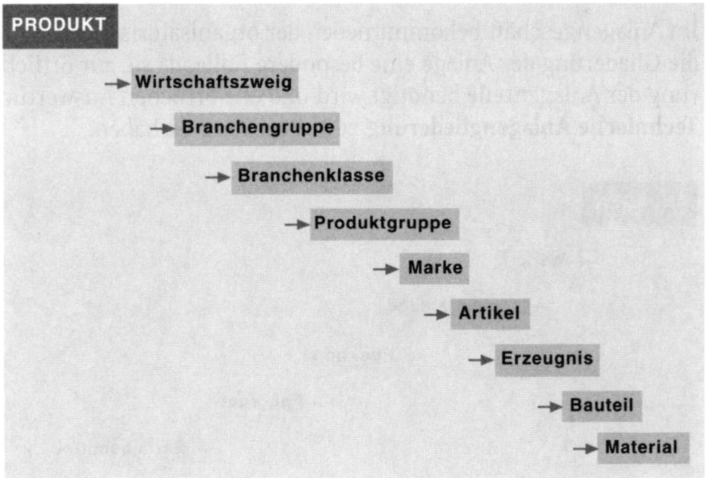

Abbildung 3.10: Gliederungschema der Dimension »Produkt«

Gliederung der Dimension »Region«

Außerdem ist eine **Systematik der Regionalgliederung,** die ebenfalls wieder eine hierarchische Zerlegung ist, in den Unternehmen vorhanden. Der Vertrieb bearbeitet z.B. den Markt entsprechend der Regionalgliederung. Das Marketing plant regionale Aktionen. Regionen sind nur soweit interessant, als sie vom Unternehmen bearbeitet werden.

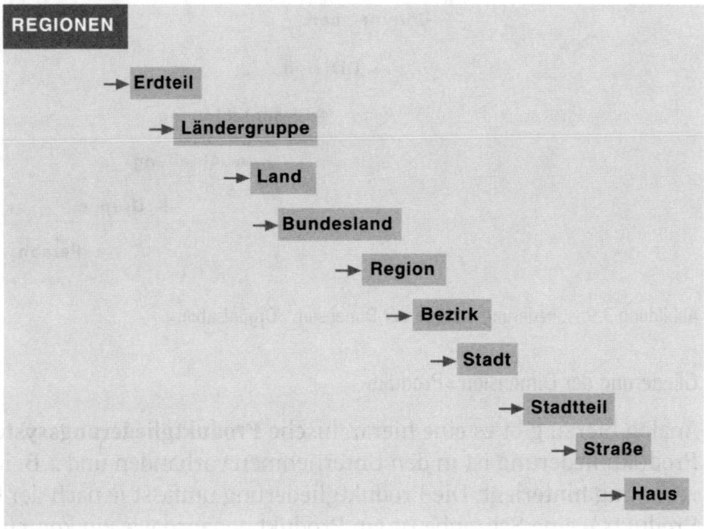

Abbildung 3.11: Gliederungsschema der Dimension »Regionen«

Gliederung der Dimension »Anlagenstruktur«

Im Anlagengeschäft bekommt neben der organisatorischen Gliederung auch die Gliederung der Anlage eine besondere Rolle, da sie zur örtlichen Identifizierung der Anlagenteile benötigt wird und alle örtlichen Auswertungen diese **Technische Anlagengliederung** zum Bezugspunkt haben.

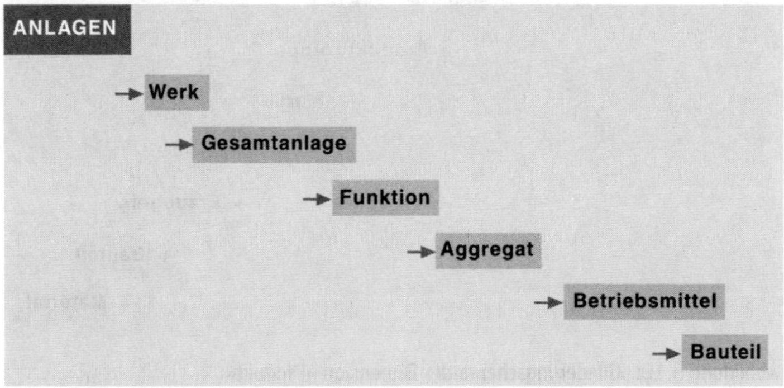

Abbildung 3.12: Gliederungsschema der Dimensionen »Anlagenstruktur«

Gliederung der Dimension »Vorhaben« oder »Projekt«

Auch Projekte können in Subprojekte, Teilprojekte und Projektaufgaben gegliedert sein. Das ist in einer sogenannten **Projektstruktur** definiert. Die Projektstruktur ist von Projekt zu Projekt verschieden. Ein Teilprojekt eines Subprojekts eines großen Projekts kann größer sein als ein anderes Projekt des Unternehmens. Hier ist auf die Vergleichbarkeit zu achten. Bei großen Projekten spricht man oft von **Vorhaben.**

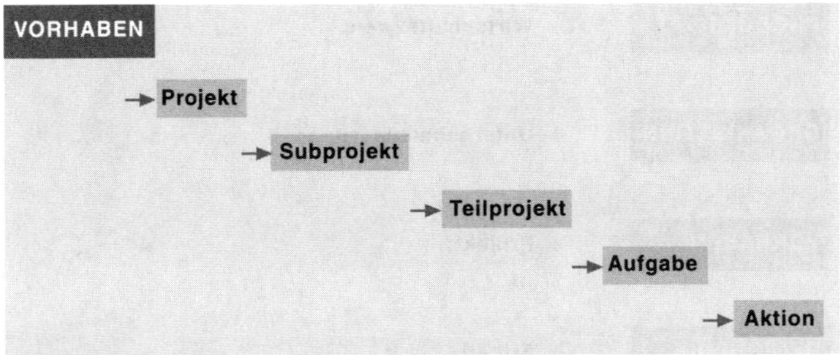

Abbildung 3.13: Gliederungsschema der Dimension »Vorhaben«

Gliederung der Dimension »Perioden« oder »Zeiteinheiten«

Nicht jede Führungsebene muss die interessanten Daten auf die Genauigkeit von Tagen verfolgen. Je höher die Ebene ist, umso größer ist der zu überschauende Zeitraum und umso weniger detailliert ist die Zeiteinheit der Betrachtung. Deshalb ist noch eine **Gliederung nach Zeiteinheiten** oder **Perioden** erforderlich.

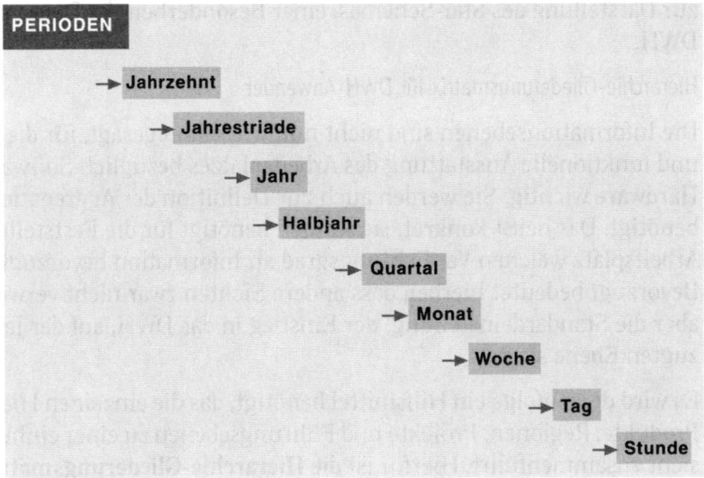

Abbildung 3.14: Gliederungsschema der Dimension »Perioden«

Zusammenfassung der betriebswirtschaftliche Dimensionen

Jede der genannten Dimensionen kann unabhängig von den jeweils anderen Dimensionen genutzt werden. Jede Dimension gibt eine eigene Perspektive auf die zu analysierenden Zustände eines Unternehmens und die sie repräsentierenden Zahlen. Die Dimensionen der Gesamtgliederung sind in der folgenden **Tabelle betriebswirtschaftliche Dimensionen** mit der Wurzel des Gliederungsbaumes zusammengestellt.

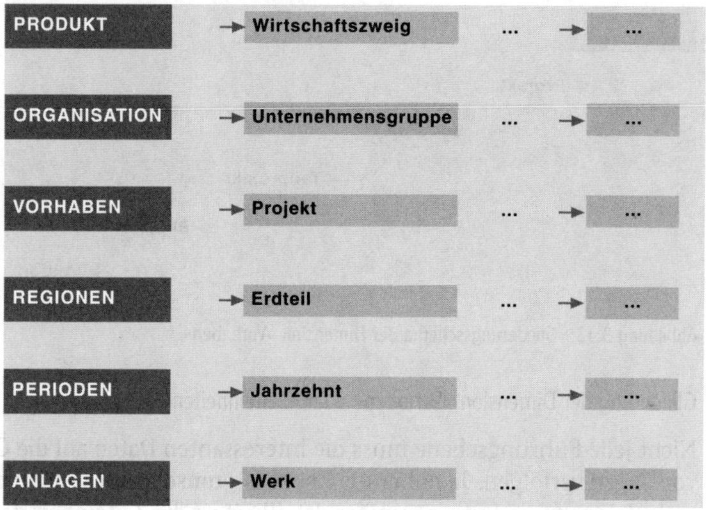

Abbildung 3.15: Zusammenfassung der betriebswirtschaftlichen Dimensionen

Das Gliederungsschema der betriebswirtschaftlichen Dimensionen dient später zur Darstellung des Star-Schemas, einer Besonderheit der Datendarstellung des DWH.

Hierarchie-Gliederungsmatrix für DWH-Anwender

Die Informationsebenen sind nicht nur, wie schon gesagt, für die Ergonomie und funktionelle Ausstattung des Arbeitsplatzes bezüglich Software wie auch Hardware wichtig. Sie werden auch zur Definition der Aggregationsstufen benötigt. Das heißt konkret, sie werden benötigt für die Feststellung, welcher Arbeitsplatz welchen Verdichtungsgrad an Information bevorzugt sehen will. Bevorzugt bedeutet hierbei, dass andere Sichten zwar nicht verwehrt werden, aber die Standardeinstellung, der Einstieg in das DWH, auf der jeweils bevorzugten Ebene startet.

Es wird demzufolge ein Hilfsmittel benötigt, das die einzelnen Hierarchien der Produkte, Regionen, Projekte und Führungsebenen zu einer einheitlichen Übersicht zusammenführt. Hierfür ist die **Hierarchie-Gliederungsmatrix** entwickelt worden. Das Ergebnis der Einstufung der Benutzer nach einer Bedarfserfassung zu den einzelnen Gliederungen wird in dieser Zuordnungstabelle eingetragen.

Ebene	Projekt		Region		Funktion		Produkt	
Name	Stufe	Name	Stufe	Name	Stufe		Stufe	Name
Aufsichtsrat	0	Großprojekt	0-3		0-1		0-1	
Technischer Vorstand	0	Projekt	0-4		0-3	Produktion Entwicklung Instandhaltung	0-4	Alle Produkte
Bereichsleitung	1-2	Bereichsprojekt	0-4		0-3		0-4	
Abteilungsleitung	1-2	Abteilungsprojekt	2-5		4-5		4-6	
Projektleiter	1-5		3-5		4-5		--	
Produktmanager	1	Entwicklungsprojekte	1-6	Nur produktrelevante Regionen		Marketing Entwicklung	3-9	Auswahl
Kaufm. Vorstand	0	Projekt	0-4		0-3	Marketing	0-4	Alle Produkte

Tabelle 3.6: Muster Hierarchie-Gliederungsmatrix für DWH-Anwender

Der Eintrag »0« bedeutet die Gesamtsumme bezüglich der Dimension. Die Zahlen der Spalten »Stufe« geben die Stufe entsprechend der einzelnen Gliederungen, wie sie oben angegeben wurden, an. Die erste Zahl ist dabei die höchste Verdichtungsebene und die zweite Zahl gibt die feinste interessierende Detaillierung an.

Die erste Spalte zeigt die Hierarchieebene des Benutzers in der Unternehmensorganisation an. Die zweite Spalte bezeichnet die Position des Benutzers.

3.4 Fortsetzungsbeispiel InDaWa

Einleitung

In diesem Schritt des Musterprojekts wird die Gestaltungs-Entscheidung getroffen,

- ✔ welche betriebswirtschaftlichen Aufgaben das zukünftige Data Warehouse übernehmen soll,
- ✔ welche betriebswirtschaftlichen Komponenten das DWH umfassen soll,

- ✔ welche Komponenten branchenspezifisch zu gestalten sind,
- ✔ welche Nutzerebenen einzubeziehen sind.

Es wurde noch nicht besprochen, wie diese Entscheidung dokumentiert wird, deswegen eine kurze Bemerkung hierzu. Selbst wenn man nur den einen Aspekt »betriebswirtschaftliche Architektur« betrachtet, hat man schon eine schwer überschaubare Komplexität, die nach einer übersichtlichen Darstellung verlangt. Das Darstellen der Erkenntnisse erfordert Regeln, ohne deren Einhaltung die Darstellung von der Realität zu weit abweichen würde. Diese Regeln stehen in engem Zusammenhang mit der Darstellung und Verknüpfung anderer Erkenntnisse auf dem Weg der Gestaltung. Es empfiehlt sich daher, diese Darstellungsmöglichkeiten entlang einer Vorgehensfolge zu ordnen. Diese Regeln und die Darstellungsmöglichkeiten sind Thema von Kapitel 7 »Das Vorgehensmodell für Data Warehouse Systeme«.

Beispiel

Das folgende Beispiel setzt auf der in Kapitel 1 getroffenen Entscheidung »ein Data Warehouse für Schadensanalysen zur Optimierung der Instandhaltung von Kraftwerken, Projekt InDaWa« zu implementieren, auf.

Beispiel: Betriebswirtschaftliche Komponenten der DWH-Schadensanalyse

Das beabsichtigte DWH soll über folgende Fragen Auskunft geben:

- ✔ Ist der Prozess der Instandhaltung der Kraftwerksanlagen zu verkürzen?
- ✔ Wirkt eine gemeinsame Lagerhaltung aller Kraftwerke kostenreduzierend?
- ✔ Ist das Instandsetzungspersonal gut ausgelastet?
- ✔ Sind die verschiedenen anlagenbezogen Ereignisse früher zu erkennen und kann man Ausfallprognosen erstellen?

Bezüglich des Musterprojekts sind damit folgende betriebswirtschaftlichen Module betroffen:

- ✔ Instandhaltung, Materialwirtschaft, Lagerhaltung, Arbeitsplanung, Ereignisverwaltung, Schadensanalysen, Personaleinsatzplanung, Anlagenstruktur

Instandhaltungsdaten

⇨ Alle BW-Module
  ⇨ Instandhaltungsmodul
    ⇨ Arbeitsaufträge

Bezüglich der *Nutzerebene* sind ermittelt:

Nutzerebene

⇨ Kraftwerksleitung
  ⇨ Instandhaltungsleitung,
    ⇨ Schichtleitung
      ⇨ Leitung Leittechnik

Die *Branchenzuordnung* bzw. die Branchengliederung ist bereits mit der Wahl des Beispieles getroffen:

Branchengliederung

Industrie
⇨ Versorgungsindustrie
⇨ Energieversorger
⇨ Kraftwerk

Die *Regionalgliederung* wird definiert entsprechend den Standorten der Kraftwerke des Unternehmens. Die Optimierung der Ersatzteilhaltung soll bundeslandübergreifend geschehen und auf die individuellen Unterschiede der Standorte eingehen können. Eine Bundesland-Auswertung ist daher uninteressant.

Regionalgliederung

Land: Bundesrepublik Deutschland
(⇨ Bundesländer: Nordrhein-Westfalen, Niedersachsen, Hessen)
⇨ Standorte: Hannover, Bremen, Hamburg, Essen, Köln,
(Aus der Sicht des Versorgungsunternehmens sind Bremen und Hamburg der Region Niedersachsen zugeordnet.)

Aus der Erfahrung gibt es bezüglich des Verhaltens von Kraftwerken Tagesverläufe und monatliche Perioden. Die Ereignisse werden alle mit Uhrzeit erfasst, soweit das möglich ist. Die folgende *Zeitgliederung* wird gefordert, um monatliche Perioden und Tageszeit-abhängige Belastungen feststellen zu können:

Zeitgliederung

Jahr
⇨ Monatsverläufe über das Jahr
⇨ Tageszeiten in Stunden, Tagesverlauf

Hieraus ergibt sich die folgende Hierarchiegliederungsmatrix:

Ebene	Region		Funktion		Anlagenteile	
Name	Stufe	Name	Stufe	Name	Stufe	Name
GF-Versorg	0	bundesweit	0-1	BW-Module	alle	Gesamtanlage
KW-Leitg	alle	bundesweit	0-2	alle	alle	Gesamtanlage
Inst-Leitg	alle	bundesweit	1-2	Instandh	alle	Gesamtanlage
SchichtLtg	2	Kraftwerk	2	Inst-Aufträge	alle	Gesamtanlage
Schlosser	--		--		--	
Leittechnik-Leitg	alle	bundesweit	0-2	alle	alle	Gesamtanlage

Tabelle 3.7: Hierarchiegliederungsmatrix InDaWa

Die operative Ebene (Schlosser) wird das System nicht einsetzen, sondern die Erkenntnisse per Instandhaltungsauftrag umsetzen. Der Leiter der Instandhaltung sowie der Leiter der Leittechnik sehen alle BW-Funktionen, alle Kraftwerke des Landes und alle Anlagenteile-Ebenen. Die Geschäftsführung des Versorgungsunternehmens wird nur die bundesweiten Erkenntnisse über alle Kraftwerke kennen. Projekte gibt es in diesem Zusammenhang keine. Die Spalte Produkte wurde durch Anlagenteile ersetzt.

Gestaltungsentscheidungen

Die herausgearbeiteten Gestaltungsentscheidungen des Projekts InDaWa sind die Entscheidungen zum betriebswirtschaftlichen Umfang. Es sind dies die hierarchischen Gliederungen, die später für die Verdichtung der Daten benötigt werden, der betriebswirtschaftliche Umfang und die Branchenspezifität. Die Ergebnisse werden in der folgenden Tabelle festgehalten.

Gestaltungsaspekt	Entscheidung/ Erkenntnis	Begründung
ARCHITEKTUR		
Betriebswirtschafts-komponenten		
Fachkomponenten	Instandhaltung Anlagenteile Materialwirtschaft Lagerhaltung Arbeitsplanung Ereignisverwaltung Schadensdaten Personal	Auftragsdefinition Ereignisdefinition Vorratsminimierung Zustellungsoptimierung Auslastungsoptimierung Ereignisanalyse Schadensanalysen Personaleinsatzplanung
Managementebene	operative Managementebene taktische Managementebene	Organisation der Erfassung von Schäden Optimierung Lagerhaltung, Kostenreduktion
Branchengliederung	bis Kraftwerk	bis zur Bauteilebene kraftwerkstypisch besondere Kostenstrukturen
Zeitgliederung	Jahresverlauf in Monaten Tagesverlauf in Stunden	Belastungsvariation im Jahresverlauf Belastungsvariation im Tagesverlauf
Regionalgliederung	Standorte Landessummen uninteressant	KW sind standortindividuell Ersatzteiloptimierung über alle Standorte
SOFTWAREKOMPONENTEN ...		

Tabelle 3.8: Entscheidungschart in DaWa

3.5 Übungen

Übung 3.1: Betriebswirtschaftlicher Gestaltungsprozess

Durchlaufen Sie den Gestaltungsprozess mit den Ihrem Unternehmen eigenen Angaben für ein ausgewähltes Fachgebiet oder einen Funktionsbereich.

Übung 3.2: DWH-Fragestellungen

Stellen Sie aus der Sicht ihres Unternehmens Fragestellungen an ein DWH zusammen. Leiten Sie daraus die erforderlichen Basismodule ab und beurteilen Sie, ob alle erforderlichen Daten in den Basismodulen zu finden sind.

Übung 3.3: DWH- Informationsquellen

Benennen Sie externe Informationsquellen zur Schließung der Datenlücken. Bestimmen Sie die Managementebenen, die als Kunden der Data Warehouse Module in Frage kommen, und leiten Sie daraus die betriebswirtschaftlichen Funktionen ab. Definieren Sie Ihre Branchenzuordnung und leiten Sie daraus branchenspezifische funktionale und fachinhaltliche Anforderungen ab. Verwenden Sie dabei die im Kapitel vorgestellten Grafiken und Tabellen.

Übung 3.4: Referenzmodell

Erklären Sie, was ein »betriebswirtschaftliches Referenzmodell« ist, wie ein Referenzmodell aufgebaut sein könnte, welche Referenzmodelle für Sie in Frage kommen könnten und wie Sie ein Referenzmodell einsetzen würden.

Übung 3.5: Branchengliederung

Erklären Sie, was eine Branchengliederung ist, wie eine Branchengliederung aufgebaut sein könnte, welche Branchengliederungen für Sie in Frage kommen könnten und wie Sie eine Branchengliederung einsetzen würden.

Übung 3.6: Hierarchiegliederungsmatrix

Arbeiten Sie das folgende Kapitel »Beitrag zur Gestaltung des Musterprojektes« durch und stellen Sie die zugehörige Hierarchiegliederungsmatrix auf.

Übung 3.7: Entscheidungsdurchlauf IT-Kategorie Betriebswirtschaft

Versuchen Sie mit Hilfe des Entscheidungsfeldes Betriebswirtschafts-Architektur einen Entscheidungsdurchlauf mit folgenden Einschränkungen zu entwerfen:

- ✔ Für Betriebswirtschaftsmodule kommt nur Kostenrechnung für Industriebetriebe in Frage
- ✔ Kostenrechnung wird mit Marketing gekoppelt

3.6 Zusammenfassung der Entscheidungsgänge

Bereits in Kapitel 1 wurde, von der allgemeinen Kategorisierung ausgehend, die Produktkategorie des Data Warehouse Systems festgestellt. Ein DWH ist ein komplexes **Informationssystem.** Als komplexes Informationssystem kann das DWH weiter nach **IT-Kategorien** zerlegt werden. Für jede IT-Kategorie ist ein Entscheidungslauf mit mehreren Entscheidungsgängen erforderlich. Die erste dieser IT-Kategorien ist die **betriebswirtschaftliche Komponente.** Wie in der Grafik »Entscheidungsgang...« dargestellt ist, sind zur Festlegung der Entscheidungen des Entscheidungslaufes der IT-Kategorie »betriebswirtschaftliche Komponente« drei Entscheidungsgänge durchzuspielen:

- ✔ Betriebswirtschaftliche Funktionen
- ✔ Branchenspezifische Funktionen
- ✔ Hierarchiespezifische Funktionen

In der folgenden Grafik ist, als Beispiel für einen Entscheidungsgang, der Entscheidungsgang der betriebswirtschaftlichen Komponenten durchgespielt.

Erster Entscheidungsgang

Im **ersten Entscheidungsgang** ist die allgemeine, branchenunabhängige betriebswirtschaftliche Funktionalität zu bestimmen. Hierfür sind vier Schritte durchzuspielen.

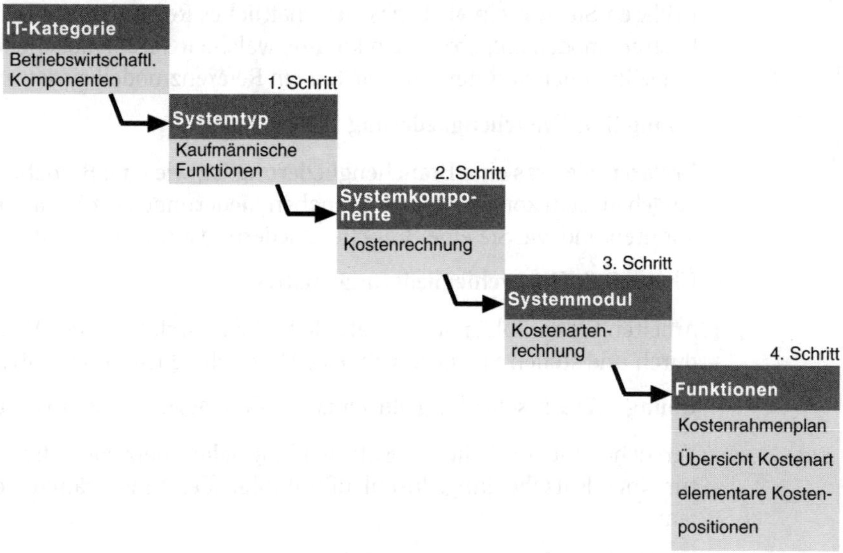

Abbildung 3.16: Erster Entscheidungsgang

Im **ersten Schritt des ersten Entscheidungsganges** wird auf der Ebene des **Systemtyps** der betriebswirtschaftliche Funktionsrahmen (kaufmännisch, technisch, bürotechnisch ...) abgegrenzt. Im obigen Beispiel wurde der Systemtyp »kaufmännische Funktionen« ausgewählt.

Ist der Funktionsrahmen z.B. als »kaufmännische Funktionen« abgegrenzt, kann dieser im **zweiten Schritt** weiter auf der Ebene der **Komponenten** detailliert werden. Zum Beispiel könnte die zum Systemtyp »kaufmännische Funktionen« gehörige Komponente »Kostenrechnung« relevant sein.

Im **dritten Schritt** sind die funktionellen Anforderungen in Funktionsgruppen oder **Systemmodulen** zu definieren, die durch die unterschiedlichen Aufgabengruppen der Anwendergruppen der Kostenrechnung bedingt sind.

Im **vierten Schritt** ist die **Funktion** des Systems zu definieren, d.h. die funktionellen Anforderungen, die durch die unterschiedlichen Aufgaben der Anwender der Kostenrechnung bedingt sind.

Zweiter Entscheidungsgang

Je nach Branche des Unternehmens unterscheiden sich die Funktionen durch branchenbedingte Ausprägungen. So ist z.B. für die Industrie für die Klassifizierung von Kosten und damit auch von Kostenarten ein »Industriekostenrahmen« üblich. Innerhalb der Branche »Industrie« haben sich wiederum je nach Industriezweig detailliertere »Kostenrahmenpläne« z.B. für Energieversorger, Fahrzeughersteller, Bauunternehmen, bewährt.

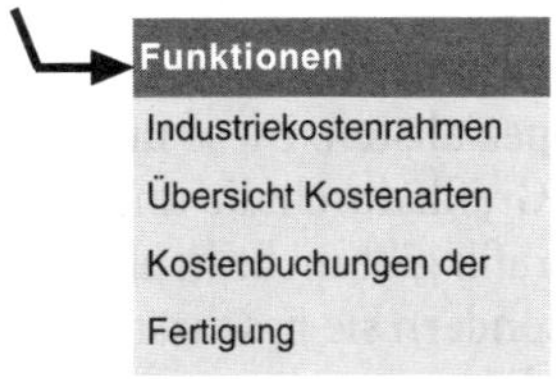

Abbildung 3.17: Zweiter Entscheidungsgang

Deshalb ist es erforderlich, nach dem vierten Schritt des ersten Entscheidungsganges, also nach der Bestimmung der betriebswirtschaftlichen Funktionen, deren charakteristische Ausprägung für die Branche in **einem zweiten Entscheidungsgang »Branchenzuordnung«** festzustellen. Die funktionalen Anforderungen bezüglich des Beispiels Kostenartenrechnung umfassen daher unter anderem Industriekostenrahmen, Übersicht Kostenarten und Kostenbuchungen der Fertigung. Hierbei wurde die Branchenspezifität auf den vierten Schritt des ersten Entscheidungslaufes angewendet.

Die Branchenzuordnung kann sich schon auf den ersten Schritt des ersten Entscheidungsganges auswirken. Deshalb ist zu empfehlen, den zweiten Entscheidungsgang schon beim ersten Schritt einzusetzen, also nicht erst bei dem Schritt »Funktionen«.

Dritter Entscheidungsgang

In einem **dritten Entscheidungsgang** müssen die ebenenbedingten Anforderungen, die Anforderungen der **Nutzerebene,** an die betriebswirtschaftliche Funktionalität gefunden werden. So ist es z.B. für die Funktion »Kostendarstellung« umso unwichtiger, die Details auf untersten Kostenebenen zu kennen, je höher der Benutzer in der Hierarchie des Unternehmens positioniert ist.

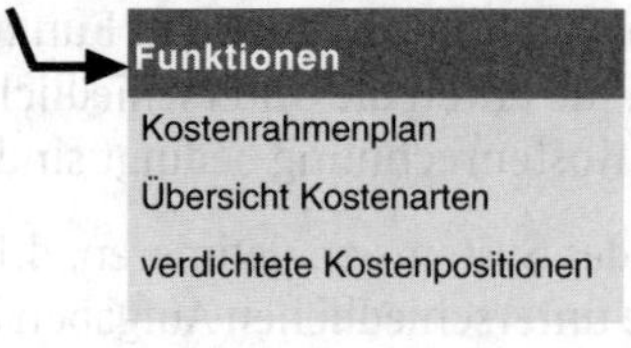

Abbildung 3.18: Dritter Entscheidungsgang

Die funktionalen Anforderungen bezüglich des Beispiels Kostenartenrechnung umfassen daher unter anderem die geeignete Verdichtung der Kosten. Hierbei wurde die Nutzerebene auf den vierten Schritt des ersten Entscheidungslaufes angewendet.

Die schon besprochenen regionalen und temporalen Gliederungen stellen heutzutage keine extra Anforderung an die Funktionalität, sondern an die Daten. Da der Gestaltungslauf die Struktur des DWH bestimmen soll, sind diese Informationen nicht in der Grafik als »Systemtyp« integriert worden.

Die verschiedenen Systemtypen-Elemente sind unterschiedlich tief zu detaillieren. Dies liegt im Ermessen des DWH-Spezialisten. Diese unterschiedlichen Detaillierungsgrade bringt die folgende Grafik durch die unterschiedliche Aufteilung der Boxen zum Ausdruck. Die Grafik gibt nicht in allen Detaillierungsstufen eine vollständige Klassifikation, sondern sie beschränkt sich der Übersichtlichkeit und der Erkenntnis des Zerlegungsprinzips zuliebe, auf die wichtigsten Unterteilungen (siehe Abbildung 3.19).

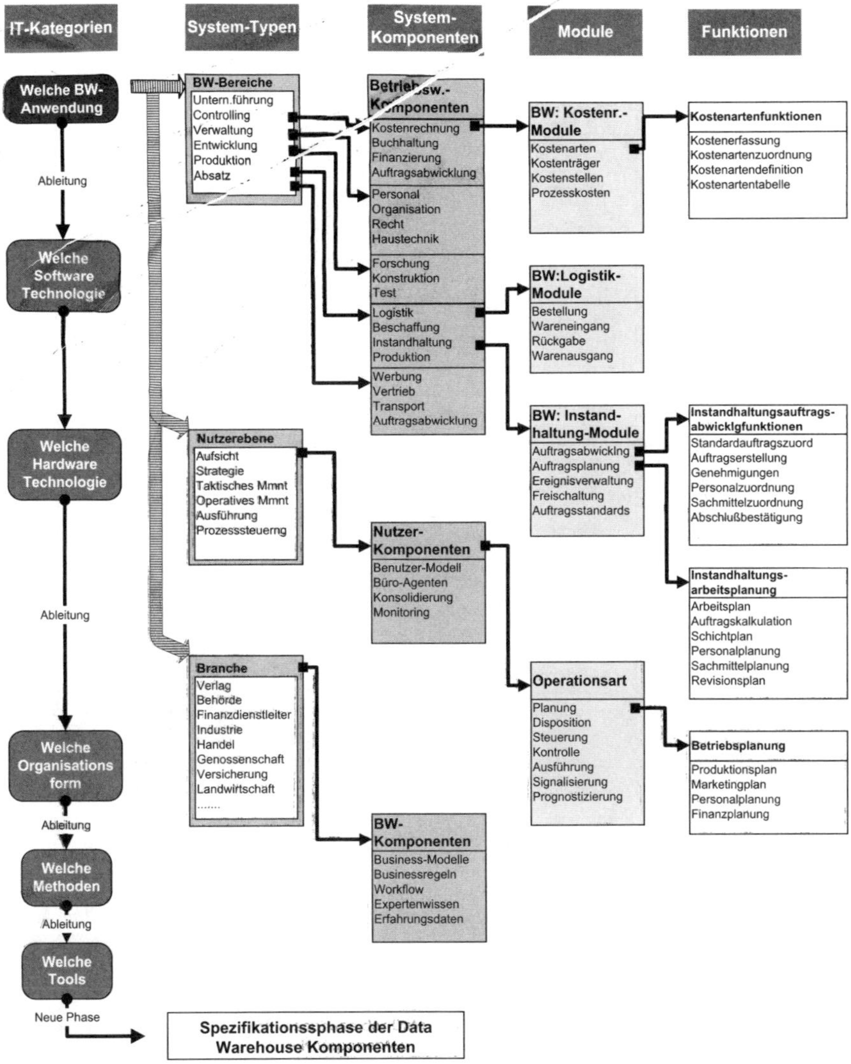

Abbildung 3.19: Entscheidungsgang Data Warehouse Architektur: Betriebswirtschaftliche Komponenten

KAPITEL 4

4 Welche Softwarekomponenten sind für ein DWH einzusetzen?

Einleitung

Alles bisher Gesagte war noch so allgemein, dass es nicht nur für Data Warehouse, sondern ganz allgemein für alle komplexen Datenbankanwendungen gültig ist. Jetzt stellt sich die Frage, welches denn die Besonderheiten sind, mit denen sich ein DWH von anderen komplexen EDV-Systemen unterscheidet. Einen Unterschied konnte man bisher erkennen: Basissysteme sind für sich alleine anwendbar. Ein DWH baut auf Basissystemen auf, bezieht von Basissystemen Daten. DWH sind damit nur so gut wie die Daten der Basissysteme. Das heißt aber auch, das DWH muss Funktionen bieten, die Basissysteme nicht bieten können.

Neben den Softwarekomponenten mit betriebswirtschaftlichen Aufgaben gibt es Software, die zum Umgang mit den Daten unabhängig von ihrer betriebswirtschaftlichen Bedeutung nützlich ist. Diese Software enthält Funktionen, die Daten wie Werkstücke suchen, bereitstellen, bearbeiten und weitergeben lassen. Wegen dieses Werkzeugcharakters nennt man diese Art von Software **Tools.** Ein DWH unterscheidet sich durch seine Ausstattung an solchen Tools von den Basissystemen. Ein Kapitel ist deshalb diesen Tools oder **Komponenten** des DWH gewidmet.

Die besonders wichtigen **speziellen DWH-Systeme** Online Analytical Processing System (OLAP) und Knowledge Discovery on Databases System (KDD) werden in Unterkapiteln ausführlicher dargestellt.

Ein DWH-System enthält Funktionen zur Findung, Verwaltung, Transformation, Auswertung und Präsentation von Daten, die andere Datenbankanwendungen nicht bieten. Diesem Gesichtspunkt der **Funktionalität** der DWH ist ein Abschnitt dieses Kapitels gewidmet. Einige besondere Funktionen, die auf die Abbildung komplexer Zusammenhänge in umfangreichen Datenmengen fokussieren, sind ausführlich beschrieben.

Die DWH-Komponenten können auf verschiedene Weise hergestellt werden. Sie können von einem Hersteller als Fertigprodukt und Standardlösung oder von vielen verschiedenen Herstellern als kombinierbare und zusammenbaubare Einzelstücke geliefert oder als auszuprogrammierende Individuallösung gekauft werden. Die Komponenten können fachspezifisch ausgeprägt und für Verteilungszwecke in unterschiedlich große Einzelkomponenten, lauffähig für unterschiedliche Rechnertypen, zerlegt sein. Deshalb wird diesem als **Technologietypus** bezeichneten Aspekt ebenfalls ein Abschnitt gewidmet.

Die folgende Abbildung zeigt den Kapitelaufbau.

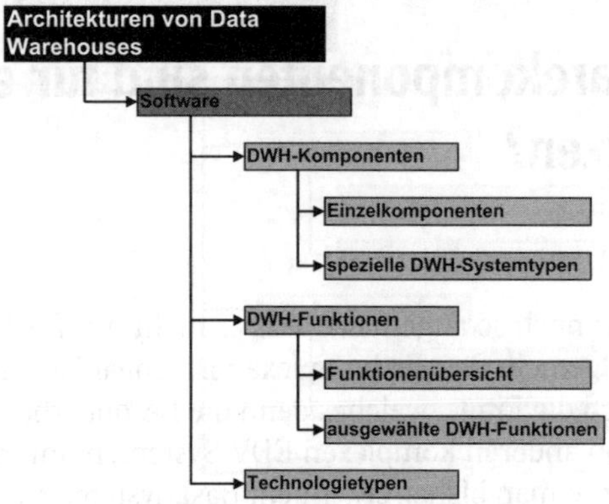

Abbildung 4.1: Aufbau des Kapitels Softwarekomponenten

Verschiedene Übersichten über Komponenten, Teilsysteme und verwandte Ansätze zu Data Warehouse Systemen sind in folgenden Büchern zu finden:

- Chamoni, Analytische Informationssysteme
- Glukowski, Management Support Systeme
- Sing, Data Warehousing

Lernziel

Die Lernziele, die hier angestrebt werden, sind das Verständnis dieser Softwarekomponenten, der Funktionalität aus der Sicht der drei Nutzerebenen und der Bedeutung für die unterschiedlichen Aufgaben im Unternehmen.

Lernziele

- Erklären können, was ein Data Warehouse ist, und welche dem DWH ähnliche Systeme es gibt
- Überblick gewinnen über die Komponenten, aus denen ein DWH besteht
- Verstehen des Aufbaus eines DWH-Referenzmodells
- Verstehen der funktionalen Prinzipien der DWH-Komponenten
- Spezifikation auf Komponentenebene beherrschen
- Überblick gewinnen über DWH-Tools und deren Eigenschaften
- Vor- und Nachteile der softwaretechnischen Fertigungstypen beurteilen können
- Kennen des Funktionsumfanges eines Data Warehouse
- Kennen des Aufbaus eines OLAP-Systems

- Kennen des Aufbaus eines Knowledge-Discovery-Systems
- Definieren der zwölf Codd'schen OLAP-Regeln
- Unterscheiden zwischen OLAP und OLTP

4.1 Die softwaretechnischen Komponenten und Tools des DWH

Einleitung

Die Komplexität eines DWH ist auch aus der Sicht der am Markt etablierten Produkte so groß, dass die Hersteller das komplexe Softwaresystem nicht mehr wie in früheren Zeiten als »Programm-Monolith« ausliefern. Das DWH wird fast immer als ein über mehrere Komponenten oder Module zusammengesetztes, getrennt voneinander erwerbbares System angeboten.

Die Thematik der softwaretechnischen Komponenten wird im folgenden Kapitel am Beispiel eines Entscheidungsunterstützungssystems dargestellt.

Softwarekomponenten eines Entscheidungsunterstützungssystems

Ein Ansatz des Data Warehousing ist der Blick auf die Tätigkeit »Entscheidung«. Ein Beispiel für ein solches aus Komponenten zusammengesetztes System mit Blick auf die Tätigkeit »Entscheidungen treffen« zeigt die Abbildung eines frühen Vorgängers des Data Warehouse, ein **Decision Support System** oder **Entscheidungsunterstützungssystem** aus

Spraque, Decision Support System.

Man kann hier schon die Absicht erkennen, aus verschiedenen Informationsquellen Daten zu beziehen. Es werden interne und externe Datenbanken und auch Dokumente aus Archivierungssystemen abgefragt. Die internen Daten sind entsprechend der Funktionsbereiche (Finanzierung, Produktion, Marketing, Personal) des Unternehmens in Gruppen oder Teildatenbanken abgelegt.

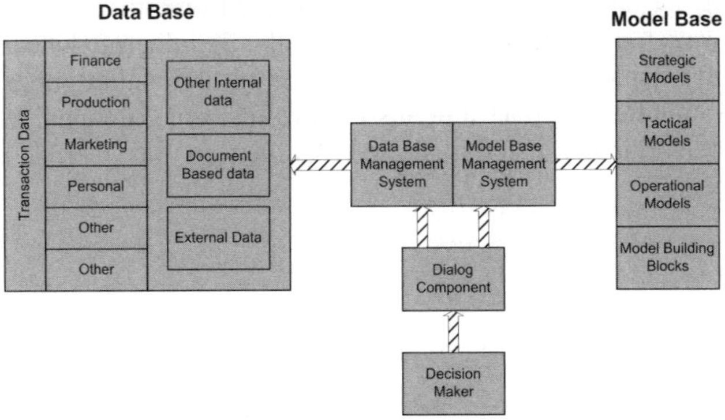

Abbildung 4.2: Softwarekomponenten eines Entscheidungsunterstützungssystems

Das wesentliche Charakteristikum des Entscheidungsunterstützungssystems gegenüber einem Basissystem mit Datenbankanwendung ist die Modellbildung auf der Basis der Datenmengen. Deutlich zu erkennen ist auch das Konzept der Ebenen-Orientierung der Benutzer (strategisch, taktisch, operativ).

Des weiteren steht eine Komponente mit Methoden zur Entscheidungsfindung zur Verfügung, die über eine Dialogführungskomponente mit den Datenbankmanagement- und dem Modellmanagementsystem verbunden ist. Im **Modellmanagementsystem** werden betriebswirtschaftliche Modelle wie Formel-Kaskaden, Statistiken und logische Regeln verwaltet.

An diesem Ansatz wird die Komponentenstruktur eines Softwaresystems aus dem Bereich der DWH Systeme schon sehr deutlich.

Die Thematik der softwaretechnischen Komponenten wird im Folgenden am Beispiel der Softwarearchitektur eines Chefinformationssystems dargestellt.

Komponenten der Softwarearchitektur eines Chefinformationssystems

Das DWH ist ein Anwendungssystem, das teilweise auf einem Arbeitsplatz eines Benutzers läuft. Um das DWH aus der Sicht der Komponenten für den Arbeitsplatz zu gestalten, wurde das Modell für den Chef-Arbeitsplatz, das **Chefinformationssystem,** entwickelt.

Ein Beispiel für ein solches aus Komponenten zusammengesetztes, positionsorientiertes Informationssystem, das auf einer Datenbasis arbeitet, ein Informationssystem der Position »Chef«, zeigt

🗁 Bullinger, Data Warehouse

Das Modell von Bullinger ist ein Vorschlag zur Lösung der Frage »Wie muss ein System aufgebaut sein, das ein Chef des Unternehmens, bzw. ein Mitarbeiter der obersten Führungsebene, benötigt?«. Dieses Modell umfasst neben den DWH-Komponenten auch Officekomponenten und Kommunikationskomponenten und ist damit ein integratives Modell.

Bei diesem Modell ist der Tatsache, dass der Position entsprechend eventuell verschiedene Benutzertypen mit dem System arbeiten müssen, besonders Rechnung getragen. Diese Fähigkeit liefert eine Komponente, die Benutzermodelle verwaltet: das »mentale Managermodell«. Benutzermodelle umfassen dabei zum Beispiel Ausschnitte aus der Gesamtfunktionalität, Zugriff auf ausgewählte Komponenten, relevante Ausschnitte aus dem Datenpool, Erlaubnisprofile und persönliche Einstellungen von Menüleisten und Oberflächen (siehe Abbildung 4.3).

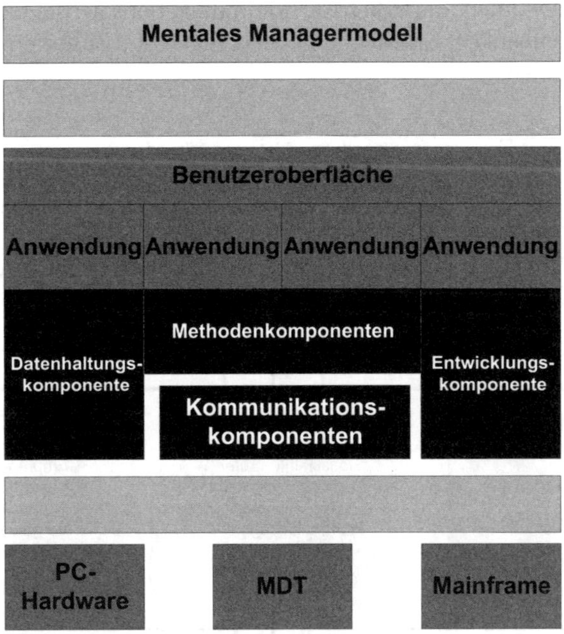

Abbildung 4.3: Komponenten der Softwarearchitektur eines Chefinformationssystems

Assistentenmodell der GMD

Das DWH ist ein Anwendungssystem, das mit einer Komponente auf einem Arbeitsplatz dem Benutzer mit Diensten und Benutzungsauskünften assistiert. Um das DWH aus der Sicht dieser assistierenden Komponenten zu gestalten, wurde das Assistentenmodell der Forschungsgesellschaft **GMD,** der **Gesellschaft für Mathematik und Datenverarbeitung,** entwickelt.

Im Assistentenmodell der GMD wird der Aspekt des unterschiedlichen Bedarfes der unterschiedlichen Benutzer an verschiedenen, sich der jeweiligen Situation anpassenden Hilfesystemen besonders Rechnung getragen.

Das System des GMD-Modells ist eine Sammlung von bei Bedarf assistierenden Programmen, sogenannten »Assistenten«. **Assistenten** sind intelligente Programme, die sich auf Situationen und Nutzerverhalten einstellen können und eine Auswahl von angemessenen Diensten, Informationen und Ratschlägen anbieten. Die Assistenten sind in mehrere Gruppen eingeteilt, die sich wiederum über drei Ebenen verteilen.

Die erste Ebene besteht aus drei Gruppen. Eine Gruppe steht für Eingabemöglichkeiten aus unterschiedlichen Quellen, auf unterschiedlichen Datenträgern, mit unterschiedlichen Formaten. Die zweite Gruppe ist zuständig für Ausgaben zu verschiedenen Geräten. Die dritte Gruppe ist die Oberfläche für die Präsentation oder symbolische Darstellung aller Einheiten, Geräte und Funktionen. Die zweite Ebene wird gebildet durch die eigentlichen funktionalen Assistenten für Büroaufgaben, Fachaufgaben und Kommunikationsaufgaben. Die dritte Ebene umfasst die Dokumentationsdienste, Kommunikationsdienste und die Systembasis mit Datenbanken, Entwicklungswerkzeugen und Zugriffen zu Betriebssystemfunktionen.

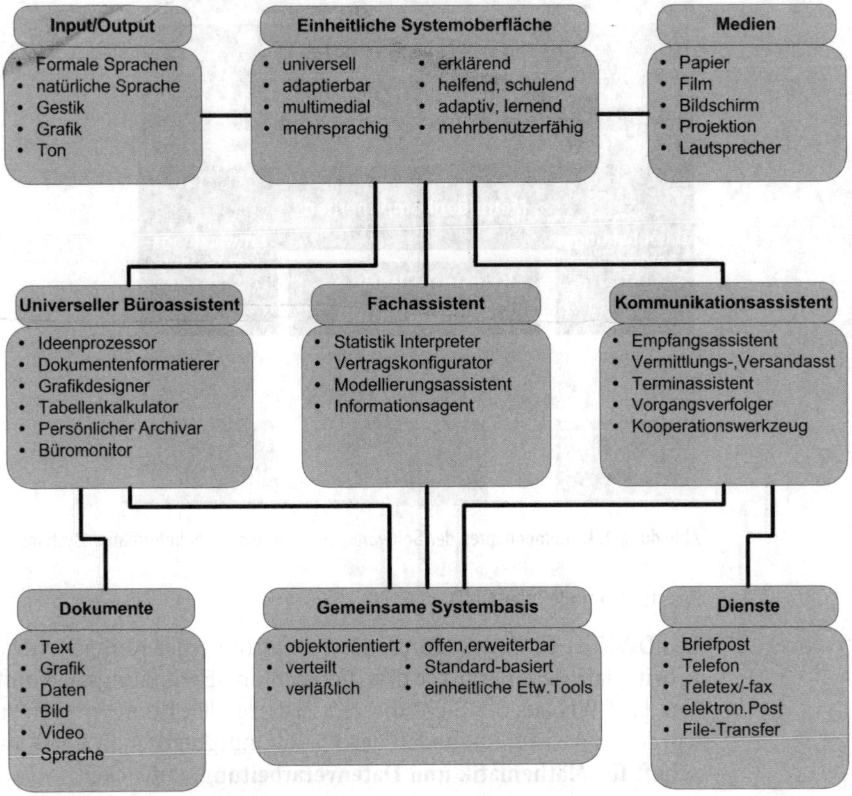

Abbildung 4.4: Assistentenmodell der GMD

Das Assistentenmodell enthält viele Funktionen, die für ein DWH System unentbehrlich, aber nicht speziell auf das DWH ausgerichtet sind.

Data Warehouse Ansatz

Jeder der vorgestellten Ansätze liefert einen wichtigen Beitrag für DWH-Lösungen. Die verschiedenen hier vorgestellten Modelle werden nun zu einem Konzept, dem **DWH-Referenzmodell,** zusammengeführt. Einige der vorgestellten Modelle umfassen Office-Funktionen und Kommunikationsfunktionen, andere Modelle wiederum nicht. Einige der Modelle enthalten Fachmodelle, andere sind fachneutral ausgestattet. Man sieht auch, dass einige Modelle die Datenbasis umfassen und andere die Datenbasis mit den Grunddaten ausschließen. Man kann aber auch die Gemeinsamkeiten dieser Modelle erkennen: Alle Systeme haben Entscheidungsunterstützung, die auf verschiedene Benutzertypen und besonders die Benutzer der Führungsebenen zugeschnitten ist.

Man kann also einen Data Warehouse Ansatz im engeren Sinne und einen Data Warehouse Ansatz im weiteren Sinne feststellen.

Definition

Das **Data Warehouse im engeren Sinn** umfasst die Replikation vorhandener Daten in einem DWH-Server mit Auswertungs- und Darstellungswerkzeugen.

Das **Data Warehouse im weiteren Sinn** umfasst den gesamten Datenhaushalt der Unternehmung, verdichtet, repliziert, unverdichtet, in elektronischen Dokumenten vorliegend genauso wie in Files und Datenbanken, die Ergonomie-Funktionen ebenso umfassend wie die Auswertungs-, Analyse- und Betriebswirtschaftsfunktionen.

Der umfassende Ansatz des DWH im weiteren Sinnn ist für die Evaluation von neuen Produkten nützlicher, da er alle in Frage kommenden Kriterien umfasst und dies, anders als bei Kriterienlisten anderer datenbank-basierter Informationssysteme, aus der Sicht des DWH.

4.1.1 DWH-Referenzmodell

Allgemeines

Das DWH-Referenzmodell ist eine gute Vorlage für die Auswahl der Softwarekomponenten des DWH. Zur Erklärung seien die Komponenten kurz und übersichtlich in der Folge von oben nach unten aus der Sicht des Benutzers vom Desktop aus beschrieben.

Nicht jede Komponente ist für jedes Problem gleich gut geeignet, und nicht jede Komponente wird gebraucht. Deshalb bieten die Hersteller Komponentenauswahl und Kombination an, mit der Möglichkeit, bei einer Änderung der Anforderungen das DWH mit weiteren Komponenten nachzurüsten. Zu bestimmen ist dabei, welche der Komponenten für eine bestimmte Problemstellung am geeignetsten ist, und ob die Auswahl der Komponenten kombinierbar ist. Die Gestaltungsaufgabe ist gelöst, wenn die Aufzählung der den erhobenen Anwenderbedarf abdeckenden Module bzw. Komponenten vollständig ist.

Einige der genannten Komponenten finden nicht nur als Komponenten in einem kompletten DWH-System Verwendung. Sie sind auch als zentrale Komponenten in verwandten kleineren Informations-Systemen enthalten, die vor dem umfangreicheren und integrierenden DWH-Konzept bereits bekannt waren. Solche Systeme sind zum Beispiel OLAP-System Executive Information System, Knowledge Discovery System und Decision Supporting System. Soweit die Komponenten dieser Systeme noch nicht integriert sind, lässt sich vermuten, dass deren Integration im Zuge der Zeit noch stattfinden wird, da die Hersteller dieselben sind. Das hier vorgestellte »Referenzmodell für Data Warehouses« kommt dem umfassenden Data Warehouse Ansatz, dem DWH im weiteren Sinne, nach, indem es die sinnverwandten Komponenten mit aufnimmt.

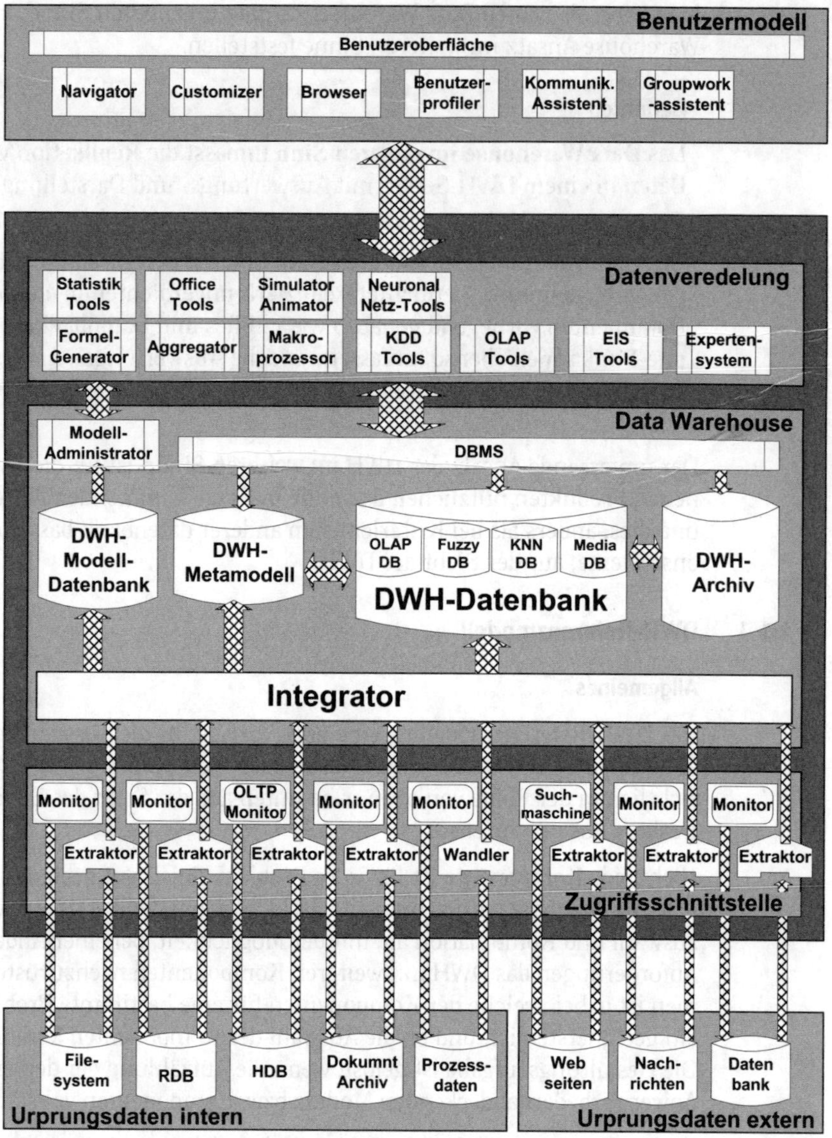

Abbildung 4.5: Referenzmodell des Data Warehouse

Das hier vorgestellte »Referenzmodell für Data Warehouses« ist eine aus den Aufsätzen von

🗁 H.-D. Goffmann und von M. Tresch sowie M. Rys aus HMD, Seite 13 und Seite 60,

weiterentwickelte Auffassung.

Im **DWH-Referenzmodell** sind alle möglichen Komponententypen zusammen mit ihren Beziehungen zu den Nachbarkomponenten enthalten. So wird das

Zusammenspiel der Komponenten, ihre Vernetzung, ersichtlich. Das Referenzmodell zeigt die Notwendigkeit von kooperierenden Komponenten an, z.B. ob für den Zugriff einer Komponente A auf eine Komponenten B eine vermittelnde Komponente erforderlich ist. Weitere Data Warehouse Referenzmodelle sind auch enthalten in:

🗁 von Hummeltenberg, in Martin, Data Warehousing, Seite 62

🗁 Kurz, Data Warehousing

🗁 Muksch u.a., Data Warehousing

4.1.2 Komponenten des DWH-Referenzmodells

DWH-Komponenten der Benutzerführung

Das DWH benötigt die folgenden Komponenten der Benutzerführung:

Navigator — Der **Navigator** dient zur Suche von Datenfiles und Programmen (die ja selbst auch wieder Files sind). Der Navigator zeigt Strukturen der System- und der Datenorganisation und erlaubt, ein Suchumfeld schrittweise einzuschränken und ausgehend von einem Treffer einer Suche andere Suchwege zu beschreiten.

Customizer — Der **Customizer** dient zur Anpassung der Benutzeroberfläche. Der Customizer stellt eine Menügestaltungsmöglichkeit mit Umplatzierung von Icons, Erweiterung der Menüleisten, Integration neuer Menüpunkte, Verändern der Farbdarstellung und Schriftgrößen zur Verfügung.

Benutzerprofiler — Der **Benutzerprofiler** dient zur Formulierung des Benutzermodells. Der Profiler stellt eine strukturierte Beschreibungsmöglichkeit mit Klassifizierungsfähigkeiten zur Verfügung. Die Tendenz der Technologien der Ebene der Benutzerführung geht in Richtung der komfortablen Unterstützung des Benutzers durch intelligente Agenten. **Agenten** sind Programme, die das Benutzerverhalten erkennen und typischen Unterstützungsbedarf ableiten und sich danach selbst optimal für dieses Benutzerverhalten konfigurieren. Der Fähigkeit liegt oft ein sogenanntes **Benutzermodell** zugrunde, eine Metastruktur, die der Beschreibung eines Nutzers dient.

Browser — Der **Browser** dient zur Anzeige von Webseiten und zur Navigation zwischen Webseiten. Der Browser bedient sich auch einiger Zugriffsfunktionen.

Kommunikationsassistent Der **Kommunikationsassistent** dient zur Unterstützung der Kommunikation mit anderen Benutzern. Der Kommunikationsassistent stellt Namenslisten, Adressbücher mit Kommunikationsadressen und Editoren für die Gestaltung von Nachrichten für verschiedene Kommunikationsformen zur Verfügung.

Groupworkassistent Der **Groupworkassistent** dient zur Unterstützung der Zusammenarbeit von Benutzern. Der Groupworkassistent erlaubt die gemeinsame Bearbeitung eines Dokuments durch mehrere Benutzer. Er stellt Eigentums- und Bearbeitungshinweise zur Verfügung.

DWH-Komponenten der Informationsveredelung

Die Daten des Data Warehouse werden besonderen Analyse- und Berechnungsmethoden unterzogen, um auch nicht offensichtliche Folgerungen und Expertenkenntnisse abzuleiten.

Formelgenerator Der **Formelgenerator** dient zur Formulierung mathematischer Formeln, der Zuweisung von Werten zu den Variablen und zur Koppelung von Formeln mittels Programmierbefehlen. Neben der Eigenerstellung von Formeln gibt es Bibliotheken mit mehr oder weniger komplizierten Formeln bis hin zu statistischen Programmen.

Aggregator Der **Aggregator** dient zur Formulierung von Gliederungen, der Zuweisung von Werten zu den Gliederungspunkten und zur automatischen Aggregation der Werte.

Makroprozessor Der **Makroprozessor** dient zur Formulierung kleiner interaktiver Programme auf dem Desktop durch Aufzeichnen einer Folge von Bearbeitungsschritten oder Formulierung der Schritte mit Programmiersprache in einem Editor. Die Bearbeitungsschritte sind dann nicht nur wie beim Formelgenerator mathematische Prozesse, sondern umfassen beliebige Bedienungselemente.

Knowledge Discovery Die **Knowledge Discovery on Databases** Komponente, kurz **KDD,** ist wieder eine Kette von Komponenten zum Auffinden und Aufbereiten von Daten, zum Entdecken von Wissen auf Grund von Angaben allgemeiner Bedingungen und zur Entdeckung von logischen Zusammenhängen dieser Daten. Das eigentliche Entdecken von Wissen nennt sich **Data Mining.** Der Data Mining Prozess wird mittels Softwarekomponenten und mitunter sogar mit eigenen Rechnern mit besonderer Hardware unterstützt, die Neuronale Verarbeitung simulieren (Neuronale Netze) und mit ungenauen Werten (Fuzzy Sets) arbeiten können.

Der Data Mining Prozess wird im folgenden Kapitel ausführlicher beschrieben.

Fuzzy Set Analyse

In konventionellen Abfragesystemen muss genau angegeben werden, was gesucht werden soll. Ungenaue Abfragen können nicht ausgeführt werden. Auswertungen aufgrund ungenauer Abfragen sind daher nicht möglich. **Fuzzy-Systeme** erlauben ungenaue Anfragen.

Neuronale Netze

Die Komponente **Künstliches Neuronales Netz** setzt die Erkenntnisse des Lernens von (biologischen) Neuronensystemen ein. Neuronensysteme lernen aus der wiederholten Eingabe von Ursprungsdaten und ihren zugehörigen Lösungsdaten, wie ein Algorithmus aussehen könnte, der die Lösungsdaten aus den Ursprungsdaten erzeugt. Der Algorithmus beschreibt dann die gesuchte Gesetzmäßigkeit einer Datenmenge.

OLAP

Für das **Online Analytical Processing,** kurz **OLAP,** dient ein System mit einer Server-Komponente, dem **OLAP-Server,** und einer Client-Komponente, eine Komponente mit einer Datendarstellung in Form eines multidimensionalen Würfels. Die Darstellung und ihre Präsentation auf dem Bildschirm erlaubt einfaches Anlegen von Verdichtungshierarchien, Wechsel der Würfelansicht und Auswahl von Würfelebenen. Das OLAP-System wird im folgenden Kapitel ausführlicher beschrieben.

Simulator, Animator

Mit **Simulationsprogrammen** wird eine Menge miteinander verknüpfter mathematischer Formeln mit Beispielwerten durchgerechnet und die Ergebnisse in mehreren zueinander in Beziehung stehenden Grafiken dargestellt. Mit einem Animator können die Eingangsgrößen der Berechnung kontinuierlich verändert werden, bei unmittelbarer Anzeige der Veränderung der Ergebniswerte.

Officetools

Die **Officetools** sind ein weit verbreitetes Programmset für Textverarbeitung, Kalkulationstabellen, Kleindatenbanken, Grafikerzeugung, Präsentationsprogrammen und Dokumentenmontage.

Statistiktools

Die **Statistiktools** sind eine Sammlung von mathematischen Programmen für die Berechnung von Zusammenhängen zwischen Daten wie Korrelationen, Verteilungen und Abweichungen von Werten. Statistikprogramme sind mit vielfältigen grafischen Darstellungen von Datenmengen in Koordinatensystemen ausgestattet.

Filter

Mit **Filterprogrammen** kann ein gesamter Befehlsvorrat auf einer Datenmenge mit einer durch eine Filtereigenschaft eingegrenzten Menge operieren. Mit Filtern können z.B. Qualitätsanforderungen an die Daten gestellt werden.

Expertensystem

Das **Expertensystem** ist ein System zur Definition logischer Regeln, zur Verknüpfung von Aussagen, Findung von Schlussfolgerungen und zur Prüfung und Auswertung von Daten entsprechend den logischen Regeln. Die Regeln arbeiten mit einer Faktenbasis zusammen und lassen Aussagen über neue Fakten und Regeln gewinnen.

DWH-Komponenten der Datenhaltung

Die Daten des Data Warehouse benötigen genau wie alle anderen Datenbankanwendungen auch eine Komponente zur Ablage und Aufbewahrung, die **Datenhaltung** und eine Komponente zur Verwaltung der Daten, das **Datenmanagement.** Neben der Haltung der reinen Daten kommt beim DWH noch die Verwaltung von besonderen Daten, den Metadaten, dazu. Metadaten dienen zur Beschreibung von anderen Daten und Zusammenhängen.

DWH-Datenbank

Die zentrale Komponente des DWH ist **die DWH-Datenbank,** in der alle aktuellen Daten aufbewahrt werden. Die Datenbank ist entweder ein marktübliches austauschbares Produkt aus der Gruppe der relationalen Datenbanken oder eine proprietäre Entwicklung des Herstellers, meist eine sogenannte multidimensionale Datenbank, neuerdings auch objektorientierte Datenbank. Die Datenbank kann mehrere Datenbanken für spezielle Datentypen umfassen, z.B. für Fuzzy Sets, Multimedia-Daten, Multidimensionale Würfel.

DWH-DBMS

Die Verwaltungsfunktionalität der DWH-Datenbank stellt das **Datenbankmanagementsystem,** kurz DBMS, zur Verfügung. Da das DWH mit einer üblichen Datenbank ausgestattet ist, hat ein DWH-DBMS die gleiche Funktionalität, die auch jedes andere DBMS besitzt. Dies sind die Einrichtung der Benutzerberechtigung, die Definition des Datenbankschemas, Funktionen zur Pflege und Sicherung der Daten und für das Tuning des Datenbankverhaltens bei Abfragen und Eingaben.

Data Mart

Das **Data Mart** ist ein kleiner Ausschnitt eines DWH, der nur für einen speziellen Unternehmensbereich interessant ist, aber in Funktionalität und Ergonomie dem gesamten DWH entspricht. Ein solcher Ausschnitt kann z.B. alle Daten einer Region oder eines Produktbereichs umfassen. Data Marts können variabel vergrößert und verkleinert werden. Mit Hilfe der Einrichtung von Data Marts kann der gesamte DWH-Umfang regional verteilt werden. Der Begriff Data Mart ist unpräzise und sollte nicht weiter verwendet werden. Viel nützlicher ist statt dessen die Bezeichnung nach dem konkreten Ausschnitt aus dem DWH, also regional z.B. als Europa-DWH oder funktional z.B. als Marketing-DWH.

Modellkomponente

Die **Modellkomponente** dient zur Formulierung betriebswirtschaftlicher Modelle mittels mathematischer Formeln sowie Kombinationen dieser Formeln zu Formelketten oder Formelbäumen. Die Modelle müssen genau wie »normale« Daten eingerichtet, verwaltet, vor unbefugten Zugriffen geschützt und gegenseitig stimmig oder konsistent gehalten werden. Dafür ist die Komponente **Modell-Administrator** erforderlich.

Archiv

Je größer die Datenmenge in der Datenbasis des Data Warehouse ist, umso länger dauern die Zugriffe. Die Datenmenge wächst im Laufe der Zeit mindestens proportional an. Einige große Unternehmen müssen Datenmengen im Terrabytebereich (10^{12} Byte = 1.000 Gigabyte) bewältigen. Für die aktuelle Arbeit sind meistens nur aktuelle Daten von Bedeutung. Deshalb sollen diese einen schnelleren Zugriff erlauben als die weniger oft benötigten älteren Daten. Um die Datenbank von der Menge der alten Daten zu entlasten, werden diese vom Sekundärspeicher in einen **Tertiärspeicher,** ein **Archivsystem,** ausgelagert. Wenn Trend-Analysen oder andere über historische Daten erforderliche

Auswertungen anstehen, werden die archivierten Daten kurzfristig im Sekundärspeicher zur Verfügung gestellt.

Integrator

Mit einem **Integrator** werden die Daten von den verschiedenen Datenquellen in verschiedenen Formaten mit verschiedenen Bezeichnungen in ein einheitliches Format überführt und einer einheitlichen Bezeichnung zugeordnet.

DWH-Komponenten der Zugriffsschicht

Dem Zugriff auf Daten eines Fremdsystems durch unterschiedlichste Hardware und Netzstrecken und über verschiedene Betriebssysteme dienen **Middlewarekomponenten.** Middlewarekomponenten dienen zum Anzeigen der Daten eines Fremdsystems mit Hilfe eines Monitors, sie dienen dazu, die interessanten Strukturteile auszuwählen, die Daten dieser Strukturteile auszulesen und über eine Infrastruktur-Verbindung an das fragende System zu übermitteln.

Die Middlewarekomponenten werden immer an den Schnittstellen zwischen verschiedenen Komponenten benötigt. In erster Linie ist dies beim Zugriff auf die verschiedenen Datenquellen erforderlich. Mittels Middleware wird das Beschreibungsschema der Datenquelle in das Beschreibungsschema der Datensenken im DWH transformiert. Das hat gewisse Tücken. Wenn z.B. die Quelle eine hierarchische DB ist und das DWH auf einer relationalen Datenbank aufbaut, müssen hierarchische Strukturen widerspruchsfrei auf relationale Strukturen übertragen werden. In Kapitel 7 »Vorgehensmodell« ist am Beispiel der Abbildung eines Würfels in verschiedenen Strukturen die Problematik dargestellt.

Monitor

Der **Monitor** ist ein Programm, das in der Lage ist, die Daten einer Datenquelle auf dem Bildschirm in einer formatierten Form anzuzeigen. Der Monitor versteht Eingaben, die ihn veranlassen, die gesuchten Daten zu finden und zu präsentieren. Der Begriff kommt aus dem Umfeld **der Online Transaction Processing Systems,** kurz **OLTP,** auch kurz als **Transaktionssysteme** bezeichnet. Es gibt SQL-basierte Monitore für die Anzeige des Schemas einer relationalen Datenbank, das sind Directory-Editoren für die Einrichtung und die Anzeige der baumartigen Strukturen von Dokumentenverzeichnissen. Zu jedem Datenverwaltungsprogramm werden spezielle Monitore hergestellt und mitgeliefert.

Browser

Der **Browser** ist ein spezielles monitorähnliches Hilfsprogramm, das zusammen mit einer Web-Suchmaschine auf Web-Servern programmierte »Informationsseiten« findet und auf dem Monitor zur

Anzeige bringt. Die Präsentationsschicht der Browser ist in Desktop-Betriebssysteme integriert. Der Browser stößt Suchprozesse auf Web-Servern an.

Prozessmonitor

Ein anderer spezieller Monitor ist der über physikalische Sensoren mit einem Produktionsprozess gekoppelte **Prozessmonitor.** Die Prozessdaten fallen in Form analoger Signale an und werden von einem Wandler in digitale Daten umgesetzt und an den Integrator weitergeleitet.

Videomonitor

Auch die Anzeige von Nachrichtensendungen, Reportagen und Fachsendungen, wie sie vom Fernsehen her bekannt sind, können wichtige digital weiterzuverarbeitende Informationen enthalten. Bilder können mit Mustersuche auf Bildinhalte durchsucht werden, in Bildern kann nach Texten recherchiert werden, in akustisch angezeigten Reden kann nach Worten gesucht werden. Nachrichten sind mit Text, Ton, Bild und Bewegungsdaten multimedial. Für die Darstellung dieser Audio/Videodaten ist ein besonderer Monitor, ein **Videomonitor** erforderlich.

Web-Suchmaschine

Nicht alle Informationen sind bereits auf bekannten Servern vorhanden. Eine große, eigentlich nicht mehr auszunutzende Menge von Informationen sind auf den unzähligen Servern des Internet, im **World Wide Web,** kurz **WWW,** verteilt. Damit steht nicht mehr die Suche nach der Information im Vordergrund, sondern die Suche nach Informationen darüber, wo die eigentliche Information gefunden werden könnte, die **Metainformation.** Für die Verarbeitung von Metainformationen stehen Suchmaschinen im Internet zur Verfügung. Die Suchmaschinen erstellen automatisch in periodischen Zeitabständen Kataloge über die Orte von Informationen. Benötigt man eine spezielle Information, liest man aus dem Katalog die möglicherweise interessanten Quellen ab und beauftragt die Suchmaschine, die Datenquelle anzusprechen und die fraglichen Informationen zu liefern. Die Anzeige der gefundenen Informationen geschieht im Browser.

Metasuchmaschine

Die Web-Suchmaschinen liefern allerdings, so zeigt die Praxis, jeweils nur ca. 30% der möglichen Quellen, aber keine identischen Ergebnisse. Um diesen Zustand zu verbessern, sind Programme entwickelt worden, die parallel die Suchdienste der einzelnen Web-Suchmaschinen ausführen lassen und deren Ergebnisse zusammenführen, die sogenannten **Metasuchmaschinen.**

Extraktor

Ein **Extraktor** ist ein Programm, das aus dem Zugriff auf eine Datenbank die Übermittlung der Daten in ein anderes Datenhaltungssystem veranlasst. Ein spezieller Extraktor ist eine ODBC-Schnittstelle oder ein SQL-Programm. Die Daten werden in dem Format und mit den Bezeichnungen geliefert, wie es die Datenquelle bereitstellt.

Für einen tieferen Einblick in die Thematik der Middleware ist zu empfehlen:

🗁 Österle u.a., Middleware

DWH-Komponenten der Datenquellenschicht

Datenbanken

Die Daten, die den zentralen Komponenten des DWH über den Integrator zugeliefert werden, sind in erforderliche Formate und Strukturen transformierte Kopien anderer **Datenhaltungssysteme.** Dies können relationale Datenbanken, hierarchische Datenbanken, objektorientierte Datenbanken oder Multi-Media-Datenbanken sein. Die redundanzärmste Variante der Datenhaltung ist die relationale Datenbank. Ein Beispiel für den Aufbau einer relationalen Datenbank ist am Anfang des Kapitels am Beispiel der Architektur des Datenbankmanagementsystems Ingres grafisch dargestellt.

Dateiverwaltungssysteme

Abzugrenzen von den Datenbanken sind die **Dateiverwaltungssysteme.** In Dateiverwaltungssystemen kann in den einzelnen Files, aber nicht File-übergreifend nach Informationen gesucht werden. Es können auch multidimensionale Datenbanken anderer Data Warehouses sein. Die Daten können auch aus einfachen Files und aus Dokumenten wie Kalkulationssheets, Textdokumente und Grafiken von Dateiverwaltungssystemen bezogen werden.

4.1.3 Verwandte Systeme

Im Folgenden sollen zwei in sich geschlossene, aus mehreren Komponenten zusammengesetzte komplette Informations-Systeme, die gleichzeitig Komponenten des DWH sein können, vorgestellt werden: das OLAP-System und das Knowledge Discovery System.

Das OLAP-System

Das Konzept des **Online Analytical Processing,** kurz **OLAP,** ist von den Konzeptionisten des Relationalen Modells aus der Erkenntnis mit entwickelt worden, dass die hervorragenden Konsistenzmechanismen der relationalen Datenbanken große Nachteile bei der multidimensionalen und der konsolidierenden Bearbeitung von Daten verursachen. So darf z.B. in relationalen Datenbanken keine Hierarchie mit akkumulierten Werten definiert werden, weil dies zu schlecht kontrollierbaren Redundanzen führt. Besonders die Konsolidierung entlang eines eine Hierarchie durchlaufenden Pfades ist eine für das Controlling von Unternehmen wichtige Funktion. Die Konsolidierung ist darüber hinaus entlang verschiedener Dimensionen erforderlich. Die Entscheidung, welcher Konsolidierungspfad gerade gebraucht wird, also entlang welcher Dimension die Konsolidierung durchgeführt wird, und ob an einer bestimmten Aggregationsstufe die Dimension gewechselt werden muss, ist von dem augenblicklich zu bearbeitenden Problem abhängig. Sie muss daher flexibel vom Desktop aus, im Augenblick des Gebrauchs, abzurufen sein. Die Richtung des Durchlaufens der Aggregationspfade muss sowohl in Richtung Verdichtung wie auch in Richtung Auflösung möglich sein, d.h. von den unverdichteten zu aggregierten Größen und von den aggregierten zu den detaillierte Größen.

Das OLAP-Konzept wurde von E.F.Codd, dem Erfinder der relationalen Datenbanken, zusammen mit S.B.Codd in die folgenden zwölf Anforderungen, **die zwölf Codd'schen Regeln des Online Analytical Processing,** gekleidet.

Nummer	Forderung
1	Mehrdimensionale konzeptionelle Perspektiven
2	Transparenz
3	Zugriffsmöglichkeit
4	Konsistente Berichterstellung
5	Client/Server-Architektur
6	Generische Dimensionalität
7	Dynamische Handhabung dünn besetzter Matrizen
8	Mehrbenutzerunterstützung
9	Uneingeschränkte kreuzdimensionale Operationen
10	Intuitive Datenverarbeitung
11	Flexible Berichterstellung
12	Unbegrenzte Dimensionen- und Aggregationsebenen

Tabelle 4.1: Die zwölf Codd'schen Regeln des Online Analytical Processing

Multidimensionalität

Die **Multidimensionalität** ist eine Eigenschaft, die besonders häufig in Fragestellungen des Unternehmens anzutreffen ist. So ist zum Beispiel der Umsatz eine Größe, die produktbezogen, regionsbezogen und zeitbezogen zugeordnet werden muss, wie die Frage »In welchem Zeitraum wurden mit welchem Produkt in welcher Region Umsätze in welcher Höhe gemacht?«, zeigt. Die Forderung der Multidimensionalität bedeutet, dass mehrere unterschiedlich dimensionierte Datenwürfel angelegt werden können. Die Berechnungen können innerhalb einer Dimension (intradimensional) oder auch über mehrere Dimensionen hinweg (interdimensional) definiert und durchgeführt werden. Die Sicht auf die Dimensionen der Würfel ist wahlweise interaktiv auswählbar.

Die Darstellungsart sollte der Multidimensionalität gerecht werden, das heißt wenigstens die dritte Dimension einbeziehen.

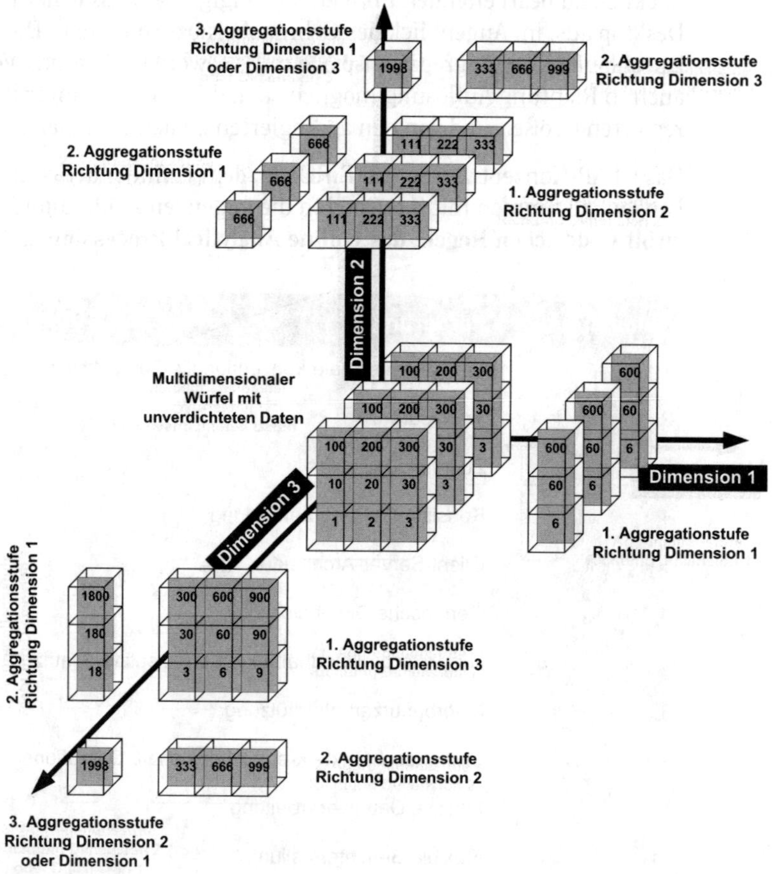

Abbildung 4.6: Beispiel eines Multiwürfels

Transparenz

Mit **Transparenz** ist von Codd&Codd eine Eigenschaft definiert worden, die dem Benutzer die Herkunft der Daten, die Lokation des eingesetzten Tools und die Koppelung des Tools an die gesamte Anwendung »transparent« werden lässt. Anders ausgedrückt ist Transparenz die Eigenschaft des Systems, dem Benutzer die Eingabe der exakten Systemdefinition der Datenquellen zu ersparen, also die Möglichkeit, die Quelle per »Klick« auszuwählen.

Die Transparenzforderung betrifft die Offenheit der Systemkomponenten für die Anbindung weiterer Softwarekomponenten. Dies bedeutet z.B., dass bei einem Wechsel des Server-Produkts die Client-Seite, so wie sie konfigurierte wurde, weiter betrieben werden kann, eben nur auf einem anderen Server. Dies wiederum bedingt eine **Middleware,** das heißt eine Softwareschicht, welche die Verbindung zwischen den Client-Tools und den Server-Tools herstellt.

Zugriffsmöglichkeit

Unter **Zugriffsmöglichkeit** formuliert Codd&Codd die Forderung, in einem analytischen Modell agieren zu können, ohne dabei die Originaldaten direkt ansprechen zu müssen.

Da die Originaldaten in verschiedenen Quellen gespeichert sind, müssten vom OLAP-Benutzer verschiedene Zugriffssprachen, Datenbankschemata, Formatierungen und Systemeinstiege beherrscht werden. Er müsste die lokale Position jeder Datenquelle kennen und ansprechen und zu jedem System eine eigene Zugriffserlaubnis erhalten. Die einzelnen Datenmengen müssten manuell zusammengeführt werden. Der Benutzer soll statt dessen mit nur einer Zugriffsart auf eine Struktur und mit nur einer Sprache auskommen. Dafür ist ein eigenes Datenbankschema, ein Data Dictionary, erforderlich. Da die Daten nicht unbedingt relational, sondern vielmehr in einer multidimensionalen und hierarchischen Struktur benötigt werden, ist zudem noch eine Modellkomponente erforderlich.

Der Transport der Daten aus den ursprünglichen Quellen in die Datenbank des OLAP-Servers wird mit sogenannten Middlewarekomponenten abgewickelt.

Konsistente Berichterstellung

Mit **konsistenter Berichterstellung** ist das performante Verhalten bei der Erstellung von Berichten aus großen Datenmengen, langen Hierarchien, breiten Hierarchien und vielen Dimensionen gemeint. Die Forderung nach **Konsistenz** ist begrifflich etwas missglückt, da hierunter bereits in der Datenbanktechnologie die Stimmigkeit der zueinander in Beziehung stehenden Datensätze von Datenbanken verstanden wird und die Bedeutung des Wortes wenig mit dem Zusammenhang zu tun hat, der von Codd&Codd angesprochen wird. Die Navigation in einem Multiwürfel muss auch bei hoher Komplexität komfortabel bleiben. Hier wäre der Begriff »**performante Berichterstellung**« passender, zumal die Konsistenzproblematik nicht auf der Berichtsebene, sondern auf der Datenhaltungsebene sichergestellt wird.

Client/Server-Architektur

Die technischen Eigenschaften **Client/Server-Architektur** sind in der Welt der relationalen Datenbanken üblich, wie z.B. die Aufteilung der Prozesse auf einen Server und einen Client.

Der Aufbau der Softwaresysteme mittels Client/Server-Architekturen hat sich durchgesetzt. Dass OLAP-Systeme in Client/Server-Architekturen aufgebaut werden, ist dennoch nicht selbstverständlich, da die Daten meistens in Terminal-Host-Systemen vorliegen. Das Prinzip der C/S-Architektur erlaubt es, kooperierende Programme auf verschiedenen Rechnern, z.B. einem Server-Rechner und einem Client-Rechner, ablaufen zu lassen. Das Client-Programm holt sich bei Bedarf vom Server Daten und Rechenleistung. Der Server kann dann als starker Datenbankserver für die Haltung großer Datenmengen ausgelegt und an einem festen Ort platziert werden. Die Programme zur Analyse der Daten können lokal entfernt vom Server auf Client-Rechnern installiert werden und je nach Bedarf mit dem relevanten Datenausschnitt versorgt werden.

Das Thema der Client/Server-Architekturen wird in Kapitel 5 »Die Hardware Architektur von Data Warehouse Systemen« noch vertieft.

Generische Dimensionalität

Auf den Dimensionen des Multiwürfels sind bestimmte nützliche Funktionen definiert. Die **generische Dimensionalität** fordert, allgemeingültige, also über alle Dimensionen gültige Funktionen zu definieren, ohne dabei jede einzelne Dimension zu nennen. Anders ausgedrückt soll die für eine Dimension definierte Funktion auf alle anderen Dimensionen generisch ausgeweitet werden.

Dünn besiedelte Matrizen

Ein Multiwürfel setzt sich aus Elementarwürfeln zusammen. Jeder Elementarwürfel hat Platz für eine gewisse Datenmenge. Die Multiwürfel werden naturgemäß nicht in an allen Bereichen in der gleichen Dichte mit Daten bestückt sein, sondern es wird Leerplätze geben. Je nach der Lage dieser dünnbesiedelten Stellen werden jeweils andere Zugriffe performanter sein, als dies bei homogen und stark besetzten Matrizen der Fall ist. Es muss möglich sein, die Performance-unterstützenden Zugriffstechniken besonders bei **dünnbesetzten Matrizen** dynamisch und flexibel dieser Datenbesiedelungssituation anzupassen.

Multi-User-Betrieb

Die technischen Eigenschaften des **Multi-User-Betriebs** sind in der Welt der relationalen Datenbanken üblich. Dateien der OLAP-Server werden von mehreren Benutzern angefragt. Der konkurrente Zugriff vieler Benutzer muss mit Sperr- und Freigabe- und Roll-Back-Mechanismen die Konsistenz der Daten erhalten, bzw. bei einem Absturz des Rechnersystems auf einen konsistenten früheren Zustand zurückführen.

Kreuzdimensionale Operationen

Die Arbeit mit multidimensionalen Würfeln bringt die Notwendigkeit einer wesentlichen Erweiterung mit sich, nämlich Berechnungen, die innerhalb der Werte einer Dimension stattfinden. Daten unterschiedlicher Herkunft, regional, serverlogisch, datenbanktypisch, sollen trotz verschiedener Formate in die Berechnung einbezogen werden können. So können z.B. die Daten einer Dimension aus verschiedenen Regionen von verschiedenen Datenhaltungssystemen kommen. Bei diesen **kreuzdimensionalen Operationen** sollen die Zahlen in allen Aggregationsebenen ohne direkte Angabe von Additionsvorschriften automatisch aggregiert werden.

Intuitive Datenbearbeitung

Bei der **intuitiven Datenbearbeitung** sollen die Daten mit den der Fachsprache des Anwenders entnommenen Bezeichnungen gefunden werden können, ohne den Anwender mit einer Programmiersprache und den internen Bezeichnungen zu konfrontieren. Von einem Standort aus sollen, ohne lange Menühierarchien des Systems durchlaufen zu müssen, die Daten, die in einem Zusammenhang stehen, direkt angesprochen werden können. Die Dimensionen sollen frei wechselbar sein. Die Verdichtungsebenen sollen durch einfache Bedienungselemente aufgelöst oder zusammengefasst werden können.

Für diese intuitive Datenbearbeitung sind besondere Navigationsfunktionen (Drill Down, Drill Across, Roll Up, Drill In) erforderlich und eine übersichtliche synoptische Darstellung mehrerer Dimensionen. Eine solche für eine effiziente Navigation die Mehrdimensionalität verdeutlichende Orientierungshilfe zeigt die folgende Abbildung »Raumvisualisierung«.

Flexible Berichterstellung

Die **flexible Berichterstellung** erfordert es, dass zusammengehörige Daten in Berichten nebeneinander platziert werden können. Spalten und Zeilen müssen ihrer Aggregation entsprechend in mehrere Aggregationskomponenten aufgespalten werden können. Die Spalten müssen je nach Bedarf frei verschiebbar, hervorhebbar und auch unsichtbar gemacht werden können.

Für die flexible Berichterstellung sind Zugriffswerkzeuge, Montage- und Anpassungstools für Berichtsteile erforderlich (Spaltenkonfigurator, Formelfelder, Hyperlinks, wertdynamische Feldpräsentationen).

Unbegrenzte Aggregationsebenen

Es ist zwar keine grenzenlose Anzahl von Dimensionen und auch keine grenzenlose Anzahl von Aggregationsebenen für die Erfassung unternehmensspezifischer Fragestellungen erforderlich, aber die Dimensionalität sollte praktisch nicht beschränkt werden. Die Forderung **unbegrenzte Aggregationsebenen** bedeutet nicht die Möglichkeit, unendlich viele Ebenen zu verarbeiten, was gar nicht möglich ist, sondern nicht an die praktisch sinnvollen Grenzen zu stoßen.

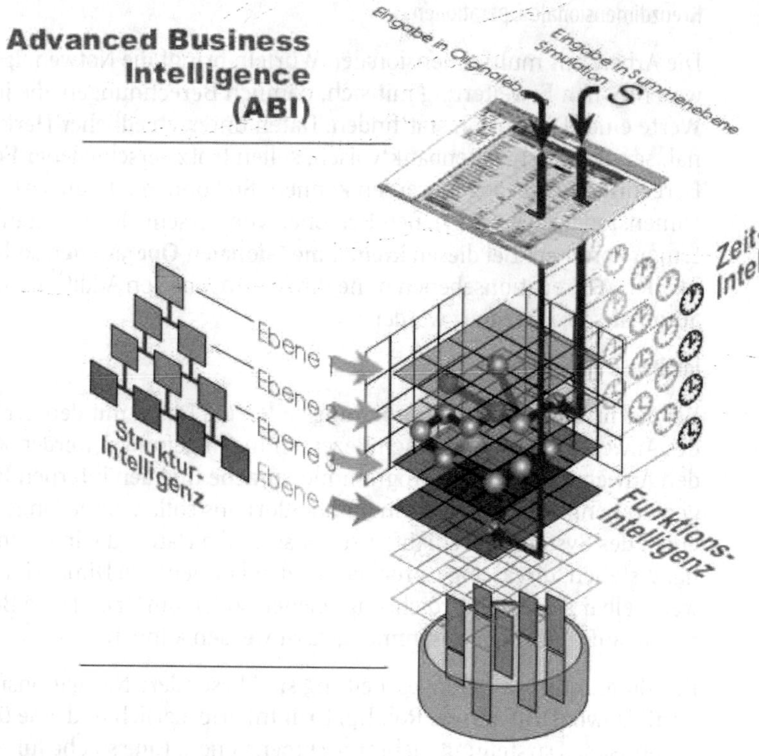

Abbildung 4.7: Raumvisualisierung

Die Leistung der Systeme ist heute auf ca. 20 Dimensionen und weit mehr tiefe Aggregationen ausgelegt. Hier wäre auch der Begriff »ausreichende Aggregationsebenen« besser angebracht als derjenige der unbegrenzten Aggregationsebenen.

Integrität

Was bei allen bisher genannten Codd'schen Forderungen stillschweigend vorausgesetzt, also nicht explizit gefordert wird, ist die **Integrität** der Daten. Dies ist umso verwunderlicher, als doch gerade die Integrität der Daten die herausragende Leistung des Entity Relationship Modells von E.F.Codd ist, und zwar so erfolgreich, dass sie sich zu einer Königsdisziplin des Software Engineering entwickelt hat.

Die Integrität der Daten ist auf der Ebene der Quellen so gut wie es das entsprechende Datenverwaltungssystem zulässt, und hier sind die relationalen Datenbanken führend. Es werden auch andere Quellen gebraucht, deren Verwaltungsmechanismen nicht soviel zur Integrität beitragen können. Die meisten Hersteller haben dies erkannt und legen deshalb dem Datenwürfel zunächst eine relationale Datenbank zugrunde, die dazu zwingt, zunächst einmal alle Daten, egal welcher Herkunft, in einen integren Zustand zu überführen. Die Integrität hängt allerdings auch von der sorgfältigen Modellierung ab.

Selbstverständlich ist zu fordern, dass auch die Weiterverarbeitung der Daten, wie z.B. Aggregation entlang der Hierarchien, die Integrität nicht zerstört. Integrität ist damit auf drei Ebenen zu verlangen: in den Datenquellen, in der Datenbasis des OLAP-Servers und in der Schicht der Modelle und Multiwürfel.

Die Codd'schen Forderungen schlagen sich in neuen Funktionen und in neuen Architekturkomponenten nieder, die in den relationalen und konventionellen Datenhaltungssystemen nicht vorhanden sind. Da ein OLAP-System auf vorhandenen Datenbanken aufsetzt, deren Daten abzieht und in einer eigenen Struktur ablegt, ist ein OLAP-Server erforderlich. Die anderen Funktionen sind entweder auf dem Server, als Middlewarekomponenten für den Datentransfer oder als Datenorganisationskomponenten (Data Dictionary, Modellbank) von den Datenhaltungssystemen oder auf dem Desktop (Navigation, Berichtsmontage) platziert. Das OLAP-System hat folgenden Aufbau.

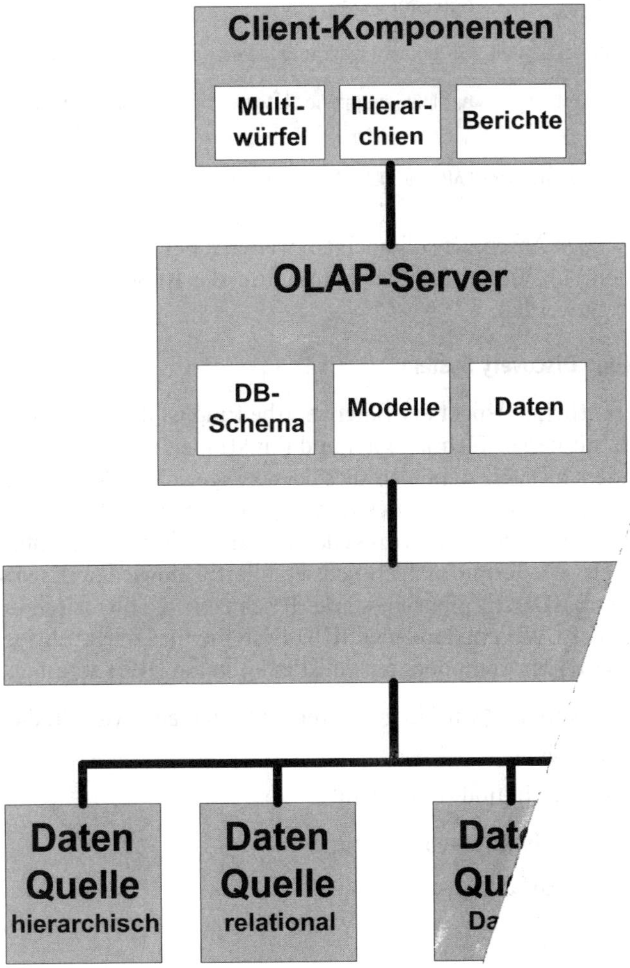

Abbildung 4.8: OLAP-Systemaufbau

Da die OLAP-Systeme andere Stärken als die transaktionsorientierten OLTP-Systeme besitzen, sind sie für andere Aufgaben geeignet. Eine Gegenüberstellung des den relationalen Datenbanken zugrunde liegenden Transaktionskonzepts, **des Online Transaction Processing, OLTP** und des **Online Analytical Processing, OLAP,** verdeutlicht diese unterschiedlichen Stärken.

Kriterium	OLTP	OLAP
Zugriff	Update, Eingabe, Löschen	Lesezugriff
Datenansicht	fest programmiert	benutzerdefiniert
Datenmenge	wenig	sehr viel
Datenniveau	detailliert	aggregiert
Aktualität	neuester Stand	historisch
Verarbeitungseinheit	Dateneinzelsatz und Listen	multidimensionale Matrizen
Bezug	applikationsintener Sachverhalt	applikationsübergreifender Sachverhalt

Tabelle 4.2: Synopse der OLAP- und OLTP-Anforderungen

Im folgenden Abschnitt soll noch ein weiteres Beispiel eines kompletten, eigenständigen Subsystems des Data Warehouse, das Knowledge Discovery System, vorgestellt werden.

Knowledge Discovery System

Ein wesentlicher Aspekt der Datenverarbeitung ist die Wissensgewinnung. Man möchte mit neuen Technologien und Funktionen mehr Erkenntnisse aus den vorhandenen Daten ziehen als dies bei den »gewöhnlichen« Datenhaltungssystemen möglich ist. Vor der Bestimmung der einzelnen Funktionen lohnt sich deshalb ein Blick auf den Prozess der Wissensfindung in Datenbanken. Hier hat sich bereits ein Terminus Technicus etabliert: **Knowledge Discovery on Databases,** kurz **KDD.** Es gibt sehr starke Tendenzen, die historisch unabhängig von der Idee der DWH entstandenen KDD-Systeme für DWH-Aufgaben einzusetzen und sogar deren Komponenten vollständig in ein DWH zu integrieren.

Die Wissensfindung wird in mehreren Schritten abgewickelt, die im Folgenden skizziert werden:

- ✔ Datenauswahl und -sammlung
- ✔ Datenklärung und -vorbereitung
- ✔ Transformation und Reduktion
- ✔ Data Mining
- ✔ Strukturierung und Modellierung

- ✔ Evaluation
- ✔ Visualisierung

Datenauswahl und Sammlung

Aus der großen Menge der erreichbaren Daten sind zunächst diejenigen herauszufinden, die für das zu lösende Problem relevant sind. Diese Daten werden aus dem Data Warehouse heraus in eine problemrelevante Sammlung kopiert, um nicht in der erheblich größeren Menge des DWH arbeiten zu müssen.

Klärung und Vorbereitung

Nach der Auswahl steht ein immer noch großer Umfang an Daten zur Verfügung, der noch auf Qualität oder Güte geprüft werden muss. Die Gütebeurteilung umfasst unter anderem die Darstellungsform, Lückenhaftigkeit, Aktualität und Widerspruchsfreiheit. Dies ist wichtig, um nicht durch eine mangelnde Datenqualität bereits Beurteilungsfehler zu induzieren.

Transformation und Reduktion

Die Daten entstammen in der Regel verschiedenen Quellen und sind daher in unterschiedlichen Formaten vorhanden. Die Formate werden in ein einheitliches Format transformiert. Dazu gehört zum Beispiel auch die Aufspaltung von nicht-atomaren Attributen in kleinste ansprechbare, über alle Daten homogene Einheiten, in sogenannte Datenelemente. Daten, die nicht der Qualität entsprechen, die sogenannten »schlechten« Daten, werden ersetzt oder eliminiert. Die Datenmenge wird auf die relevante und zuverlässige Datenmenge reduziert. Die nicht schließbaren Lücken werden identifiziert und zu Vorgaben für die Auswertungsalgorithmen kondensiert.

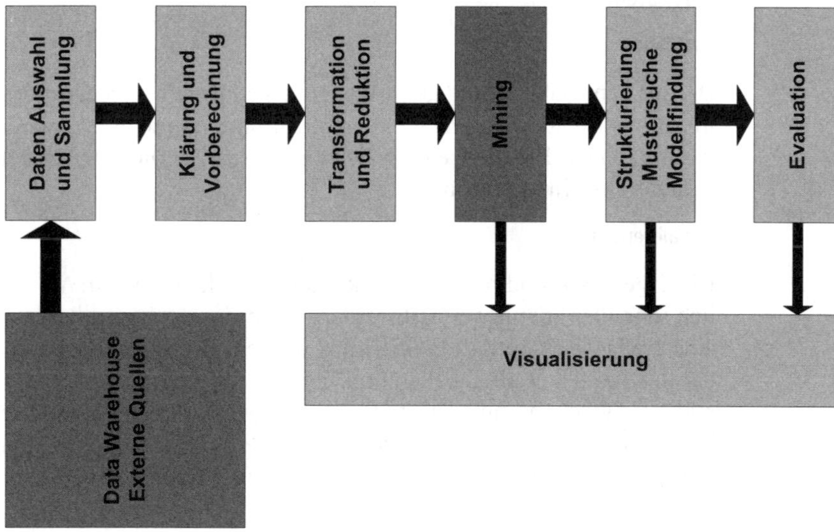

Abbildung 4.9: Knowledge Discovery Prozess

Data Mining Strukturierung und Modellfindung

Das Ergebnis des Data Mining soll eine **Hypothese,** also ein für Entscheidungen verwertbarer Handlungshinweis sein. Das Data Mining kennt hierfür zwei Wege. Der eine Weg ist die Prüfung von vermuteten Hypothesen, die **sogenannte Hypothesen-Validierung.** Der schwierigere zweite Weg ist die automatische Gewinnung von Hypothesen aus den Daten, die **Hypothesen-Generierung.**

Beispiel: Data Mining Hypothese

Ein sehr grobes Beispiel für eine Hypothese aus dem Bereich der Kraftwerkstechnik ist die Vermutung, dass »in den Jahreszeiten höheren Stromverbrauchs die Ausfälle von Bauteilen durch höheren Verschleiß ansteigen«.

Grob ist die Hypothese deshalb, weil man Genaueres wissen möchte, z.B. welche von mehreren 10.000 Bauteilen dies sind.

Für die Hypothesengenerierung sind verschiedene Techniken aus der Logik, Statistik und der Mengenlehre in mehr oder weniger bewährtem Einsatz. Unter anderem sind dies Warenkorbanalysen, Schließen mit Neuronalen Netzen, Schließen mit genetischen Algorithmen, Clusteranalyse, fallbasiertes Schließen, Regelinduktion mit Entscheidungsbäumen, assoziative Netze, Fuzzy Set Analyse. Alle diese Techniken werden im vorliegenden Buch vorgestellt. Für nähere Informationen wird auf ergänzende Literatur verwiesen. Die Data Mining Techniken sind sehr übersichtlich in den drei Aufsätzen

🗀 Kurz, v.d.Lühe, Weber, »... Data Mining ...« S.249-321 in Martin, Data Warehousing

dargestellt.

Evaluation

Die aus dem Data Mining gewonnenen Erkenntnisse werden interpretiert, d.h. ihr Sinn wird auf die untersuchte reale Situation bezogen. Es wird die Frage gestellt, ob das Ergebnis eine reale Möglichkeit ist. Die Möglichkeit wird im Evaluationsschritt erprobt.

Visualisierung

Die Ergebnisse sind naturgemäß komplex und können vom Anwender wesentlich schneller kognitiv erfasst werden, wenn sie von reinen Zahlenschemata in eine grafische Präsentation überführt werden. Grafische Präsentationen sind der Realität näher als Tabellen und Texte, dreidimensionale Darstellungen sind realer als Flächen und bewegte Darstellungen sind realer als statische Darstellungen. Es sind deshalb verstärkte Tendenzen in Richtung dreidimensionaler bewegter Darstellungen, sogenannter virtueller Räume, zu erkennen.

Visualisierung ist auch in den Zwischenschritten der Strukturierung und des Data Mining sehr nützlich.

🗁 Fayyad, Knowledge Discovery

4.1.4 Die Komponentenkonfiguration des DWH

Problemstellung und Motivation

Der Verschiedenheit der **Nutzerkreise** entsprechend, ist jeweils eine andere Funktionalität und Ergonomie angemessen, sind andere Werkzeuge im Angebot, ist eine unterschiedliche Datenverdichtung der Informationen unterschiedlicher Zugriffe vonnöten. Aus der Sicht der Unternehmenshierarchien kann man drei Nutzerkreise ausmachen: Top Management, Mittleres Management und Operatives Management. Die folgende Tabelle stellt die unterschiedlichen Anforderungen dieser drei Nutzerkreise dar.

Eigenschaft	Top-Management	Mittleres Management	Operat. Management
Planungsfocus	stark	wenig	fast nicht
Kontrollfocus	wenig	stark	stark
Zeitrahmen	ein bis fünf Jahre	bis zu einem Jahr	täglich
Ziel der Aktivität	alle BW-Funktionen	eine BW-Funktion	Subfunktionen
Art der Aktivität	ziemlich unstrukturiert	leicht strukturiert	hochstrukturiert
Komplexität	hochkomplex	gut definiert	zielgerichtet
Job Measurement	schwierig	weniger schwierig	leicht
Ergebnis	Pläne, Politiken, Strategien	Implementierungspläne	Endprodukt
Informationsart	extern	intern, relativ genau	historisch, exakt
Mentalfähigkeiten	kreativ, innovativ	verantwortlich, überzeugend	effizient, effektiv
Involvierte Personen	wenige	mittelmäßig viele	viele
Interaktivität	zwischen Bereichen	zwischen Abteilungen	innerhalb der Abteilung

Tabelle 4.3: Charakterisierung der Aufgaben der Managementebenen nach Kanter

Literatur, die sich vertieft mit den Managementaufgaben auseinandersetzt und deren Unterstützungsmöglichkeiten in Anforderungen von Systemarchitekturen formuliert ist:

🗁 Dreger, Management Informations Systeme

🗁 Davis, Management Informations Systeme

Datenquellen

Die Suche nach den Komponenten startet mit der Frage nach den Datenquellen, da alle weiteren Komponenten sich auf die Behandlung der Daten aus diesen Quellen ausrichten. Für die Auswahl weiterer Komponenten ist daher wichtig,

- ✔ welche **Datentypen** (Text, Zahlen, Bitmaps, Strukturgrafike ...) zu verarbeiten sind
  (Bilddaten müssen z.B. anders verarbeitet werden als Zahlenkolonnen)
- ✔ welche **Datenträger** die Daten konservieren
  (Papierdokumente müssen eventuell für eine Textrecherche eingescannt werden)
- ✔ welche **Inhalte** die Daten verkörpern
  (exakte Zahlen, logische Regeln, verbale Beschreibungen erfordern verschiedene Interpretations- und Auswertungsformen)
- ✔ welche **Güte** die Daten im Sinne von Vollständigkeit, Aktualität, Genauigkeit, Widerspruchsfreiheit bieten

Gestaltungs- und Lösungsmöglichkeiten

Die Gestaltungsaufgabe des DWH-Spezialisten besteht nun darin, aus der Komplexität der Data Warehouse Softwarekomponenten diejenigen zu bestimmen, welche die von den Anwendern geforderte Unterstützung ihrer Aufgabenerfüllung am besten gewährleisten.

Zunächst wird man die internen Datenquellen aufspüren und bezüglich ihrer Tauglichkeit beurteilen. Sind die internen Daten ungepflegt und daher zum Beispiel unvollständig, wird man nach externen Quellen recherchieren müssen.

- ➢ Feststellen der internen Datenquellen
- ➢ Feststellen der externen Datenquellen

Die Daten können dauerhaft benötigt werden und müssen dann kontinuierlich verfügbar gehalten werden. Sie werden auch ad hoc, d.h. plötzlich und unvorhersehbar, also temporär, gebraucht werden. Im ersten Falle muss dem Suchen und Zugreifen auf die eventuell externe Datenquelle ein Transformieren und Anlegen einer Kopie vorausgehen und im eigenen Data Warehouse durch Komponenten abgedeckt werden. Im zweiten Fall müssen außerdem Werkzeuge, die ohne Programmieraufwand Daten extrahieren und integrieren können, zur Verfügung stehen.

- ➢ Integrations- und Transformationskomponenten
- ➢ Feststellen der Such- , Extraktions- und Transformationskomponenten

Die Daten aus verschiedenen Quellen haben Inhalte, die zueinander in Beziehung stehen können. Diese Beziehungen können z.B. Referenzen, Hinweise, Verhaltenskopplungen mit und ohne Regeln oder sogar Beziehungen in Form komplexer Modelle sein. Für diese Beziehungen müssen Verwaltungskomponenten gefunden werden.

➢ Auswahl der Datenhaltungs- und deren Verwaltungskomponenten

➢ Feststellen der Verwaltungs- und Referenzierungskomponenten

Der Benutzer muss durch die Komplexität des Systems geführt werden, um sich nicht hoffnungslos im Daten- und Funktionenlabyrinth zu verirren.

➢ Feststellen der Komponenten für die Benutzerunterstützung

Der Sinn der Daten ist aufgrund komplexer Sachverhalte nicht immer auf Anhieb zu erkennen. Besonders bei großen Datenmengen ist man lange auf der Suche, was sie denn nun für eine Aussage ableiten lassen. Hierfür sind vom DWH-Spezialisten Komponenten zu finden, die dem Benutzer eine Interpretation erleichtern.

➢ Feststellen des Bedarfes an Komponenten zur Interpretation komplexer Datenmengen

Bleibt noch eine Gestaltungsfrage zu entscheiden, und zwar die Reihenfolge der Beschaffung. Soll das DWH schnell und zügig durch Zukauf aller benötigten Komponenten aufgebaut werden oder ist schrittweise, immer wenn eine Komponente beherrscht wird, erst die nächste Komponente zu beschaffen? Einerseits bindet die Investition in die Komponenten Mittel, andererseits werden Hersteller bei der Rabattierung auf die Einkaufsmenge achten.

➢ Entscheidung der Beschaffungsfolge der Komponenten

Wie diese Gestaltungsfrage der softwaretechnischen Komponenten und Tools zu lösen ist, zeigt der folgende Abschnitt.

Problemlösung: Regeln und Hilfsmittel

Das Verfahren

Die nun anliegende Entscheidung ist also die Auswahl der Softwarekomponenten der soeben aufgezählten Gruppierungen des DWH. Hierzu dienen Komponentenlisten oder besser Referenzmodelle für Data Warehouse Komponenten. Das folgende Verfahren ist zur Ermittlung der Komponentenstruktur empfehlenswert.

Verfahren: Bestimmung der softwaretechnischen Komponenten der DWH-Architektur

❖ Bestimmung der Anforderungen (Informationen, Funktionen) an Datenquellen
Prüfung der internen Quellen auf Güte und Vollständigkeit

❖ Auffinden der externen Datenquellen

- Auswahl der für das DWH relevanten Komponenten aus dem **DWH-Referenzmodell** oder mit Hilfe der **DWH-Komponentenliste**
  Feststellen der Monitore für die ausgewählten Datenquellen
  Feststellen der Extraktoren für die ausgewählten Datenquellen
  Definition der Integratoren der Datenauszüge
  Definition der Modell-Definitions- und Verwaltungskomponenten
- Festlegen des Datenhaltungs- und Datenbankmanagementsystems
  Festlegung des Archivierungssystems
- Festlegung der Komponenten zur Interpretation der Daten
- Festlegung der Ergonomiekomponenten
  Ableitung der Ergonomie-Anforderungen
  Feststellung der Präsentationskomponenten

DWH-Komponentenliste

Für die Evaluation und Beschaffung ist die Auflistung der DWH-Komponenten erforderlich. Das folgende Muster einer **DWK-Komponentenliste** dient als Checkliste für die Zusammenstellung des Bedarfs.

Datenquellen	Ort	Data Warehouse	Benutzerschicht
Relational		Formelgenerator	Navigator
1.			
2.			Customizer
Hierarchisch		Statistik	
Flache Files		Makroprozessor	Browser
Dokumente		KDD-Komponenten	Profiler
		Neuronales Netz	
Netzwerk-Datenbanken		Fuzzy Set	Kommunikationsassistenten
			1
Webserver		OLAP-Client	2
			3
Industrieprozess		Filter	Groupworkassistenten
			1
Video		Expertensystem	2

Tabelle 4.4: Muster Komponentenliste Data Warehouse

Empfehlenswert ist neben der Bestimmung der Komponenten noch die Einordnung nach deren **Bedeutungsgraden** bezüglich der Lösung der gestellten Aufgabe

nicht erforderlich > nützlich > unbedingt nötig,

nach den Möglichkeiten für die Kostengestaltung

nicht beschaffen > eventuell beschaffen > unbedingt beschaffen und für die Termingestaltung

schnell starten > später ausbauen > langsam aber vollständig starten

festzustellen.

DWH-Referenzmodell

Das **DWH-Referenzmodell** ist nützlicher als eine Komponentenliste, da die Komponententypen zusammen mit ihren Beziehungen zu den Nachbarkomponenten sind. Die Vernetzung der Komponenten gibt z.B. einen Hinweis darauf, ob für den Zugriff einer Komponente A auf eine Komponenten B eine vermittelnde Komponente erforderlich ist.

Einige Hersteller bieten ebenfalls übersichtliche Komponentendiagramme für DWH an. Diese sind allerdings unvollständig, da sie verständlicherweise nur auf die Darstellung und Positionierung der eigenen Produkte abzielen. Sie halten sich auch meistens nur an den firmeninternen Sprachgebrauch, der leider oft von der Terminologie der Lehre abweicht. Beispiele von firmenbezogenen Komponentendiagrammen werden in Kapitel 9, Unterkapitel »DWH-Produkte«, gezeigt.

Bei der **Komponentenkonfiguration** sucht man zuerst die nötigen Komponenten und optimiert danach die Funktionenzahl. Um die optimale Ausstattung des DWH-Systems zu erreichen, kann man anstelle einer Komponentenkonfiguration auch den Weg einer Funktionenkonfiguration wählen. Bei der **Funktionenkonfiguration** sucht man zuerst die erforderliche Funktionalität und optimiert danach die Komponentenzahl.

Ist die Komponentenstruktur des DWH klar, können die Komponenten, zu denen zur Zeit am Markt Produkte erhältlich sind, ausgesucht oder auch selbst entwickelt werden. Im Folgenden wird zunächst die für die Produktevaluation erforderliche Funktionalität der Data Warehouse Komponenten vorgestellt.

4.2 Die Funktionalität des DWH

4.2.1 Übersicht

Bei verschiedenen Herstellern sind die gleichen Komponenten mit unterschiedlicher Funktionalität ausgestattet. Andererseits können verschiedene Komponenten teilweise gleiche Funktionen umfassen. Deshalb ist unabhängig von der Komponentenbetrachtung eine Funktionsbetrachtung erforderlich.

Die Menge aller DWH-Funktionen ist selbst wieder so umfangreich, dass sich eine gruppierende Übersicht bewährt. Die folgenden, sich nicht unbedingt gegenseitig ausschließenden Funktionsgruppen können unterschieden werden:

- ✔ Editieren
- ✔ Benutzerführung

- ✔ Fachfunktionen
- ✔ Funktionenerstellung
- ✔ Data Mining
- ✔ Schnittstellen
- ✔ Reporting
- ✔ Navigation

Die Funktionen werden im Folgenden überblicksartig aufgelistet. Die speziellen DWH-Funktionen sind in den folgenden Abschnitten detaillierter dargestellt.

Editierfunktionen

Editierfunktionen sind Funktionen, mit denen Dateninhalte und ihre Darstellung bearbeitet werden. Die Inhaltsbearbeitung besteht aus den Grundfunktionen »Eingeben neuer Daten«, »Löschen vorhandener Daten«, »Kopieren von Daten«, »unveränderndes Lesen«, »teilweise Verändern«. Editierfunktionen werden in einem Programm namens **Editor** zusammengefasst.

- ✔ **Elementarfunktionen**
  Eingabe, Löschen, Kopieren, Ansehen, Korrigieren (Update)
- ✔ **Bearbeitungsfunktionen**
  Umordnen, Einordnen,
  Mustersuche, Austauschen
- ✔ **Bearbeitungshinweisfunktionen**
  Verbergen, Sichern vor Veränderung
  Einbetten von Verweisen (Hypertext-Links)

Funktionen zur Benutzerführung

Funktionen werden auf der Benutzeroberfläche durch Symbole (Menüpunkt, Feld, Button, Icon, Liste) präsentiert und durch eine Benutzerinteraktion oder eine Eingabe (Drücken der Enter-Taste, Dateneintrag, Mausklick) ausgelöst. Mit einigen Funktionen soll der Benutzer seine Programme auf eine ihm angemessene Arbeitsweise anpassen können. Das betrifft z.B. die Anordnung der Bedienelemenete auf dem Bildschirm oder die Präsentation der Dokumente auf dem Bildschirm. Diese Funktionen nennt man **Benutzerführungsfunktionen.**

- ✔ **Hilfeführung**
  Suchindex
  Online-Handbuch mit ausführlicher Anleitung zur Bedienung der Programme
  Lernprogramm mit interaktiven Hinweisen bei vermutlichen Eingabefehlern
- ✔ **Customizer**
  Bestückung der Menüs mit Befehlen

Zuordnen von Funktionstasten zu Befehlen
Symbolisieren von Befehlen mit Icons und Verändern der vorgegebenen Anordnung
Verändern des Bildschirm-Layouts nach Farbe, Buchstabentypen und Größe

Metafunktionen

Eine wichtige allgemeine Funktionalität ist die Erweiterbarkeit der vorhandenen Funktionen. Da hinter jeder Funktion ein ausführbares Programm liegt, entspricht dies dem Vergrößern des Programmumfanges und einer Steigerung der Kapazität. Die Erweiterung kann über Zuladen neuer Funktionen oder Komponenten und auch in der eigenen Erstellung von neuen Funktionen erreicht werden. Die Funktionen zur Erstellung weiterer Funktionen sind **Metafunktionen.**

- ✔ **Generatoren**
  Formelgenerator mit Syntax zur Beschreibung von mathematischen Funktionen
  Makrorecorder zur Sammlung von Funktionen zu einem Ablauf. Beispiel: Makrorecorder von MS Office, zur Aufzeichnung einer Folge von Bedienungsschritten und aufrufbare Abspeicherung unter einem Funktionsnamen.
  Schemagenerator für Datenbanken
  Programmgenerator aus grafischen Programmpräsentationen
- ✔ **Entwicklungstools**
  3GL Programmeditor mit einem Compiler für eine Programmiersprache der 3. Generation, wie C, C++, COBOL, FORTRAN
  4GL Programmeditor mit einem Pre-Compiler in eine Programmiersprache der 3. Generation, z.B. SQL
  Makroeditor mit Makrosprache und Übersetzer zu einem ausführbaren Programm, z.B. Makros eines Kalkulationsblatts

Fachfunktionen

Die **Fachfunktionen** umfassen betriebswirtschaftliche Logik, Wissen zu technischen Prozessen und Erfahrungswissen. Dieses Wissen kann z.B. in ablauffähigen Formeln wie ROI-Quotient in Bibliotheken fixiert sein. Umfassende Formelsammlungen oder sogar Formelschemata sind zu betriebswirtschaftlichen Modellen vereint, wie z.B. das ROI-Schema von Dupont.

- ✔ **Formelschemata**
- ✔ **Betriebswirtschaftliche** Modelle
- ✔ **Referenzmodelle**
  für Prozesse
  für Datenbankstrukturen
- ✔ **Regelmodelle**

Schnittstellenfunktionen

Schnittstellenfunktionen sind erforderlich, um zwischen verschiedenen Programmen auf einem Gerät oder zwischen verschiedenen Geräten Daten auszutauschen. Der Ausdruck eines Dokuments auf einem Drucker benötigt ein Schnittstellenprogramm (Druckertreiber). Der Zugriff auf eine Datenbank benötigt einen Datenbanktreiber. Ist die Datenbank auf einem anderen Rechner installiert als das anfragende Programm, ist ein Transport der Daten durch ein Netz abzuwickeln. Der Transport von Daten durch ein Netzwerk benötigt Programme, welche die Daten für den Transport transformieren, das Ziel adressieren, mit Sichereitsinformationen bestücken und Verbindungsunterbrechungen egalisieren.

- ✔ **Gerätetreiber**
  Drucker, Scanner, Lesestift, Barcode-Leser, Plotter, Fax
  Telefonmodem, ISDN-Modem, LAN-Modem, GSM-Modem
- ✔ **Importfunktionen**
  z.B. von Spreadsheet-Tabellen, Texten, Adressen, Grafiken in ein Textverarbeitungsprogramm
- ✔ **Exportfunktionen**
  in andere eventuell lokal entfernte Dokumentensysteme
- ✔ **Softwaretreiber**
  für Datenbankzugriff mit ODBC, SQL, CICS u.a.
  für den Aufruf entfernter Funktionen wie RPC, RFC
  Crosscompiler

Navigationsfunktionen

Die **Navigationsfunktionen** helfen, die Orte zu finden, an denen die gewünschte Information liegt, sich dort hin zu bewegen und die gesuchten Files aufzurufen, d.h. ihre Präsentation auf einem Monitor zu starten.

- ✔ **Navigator**
  zur Orientierung in der Ablagestruktur von Dokumenten und Files
- ✔ **Drill Down Funktion**
  die Betrachtung detaillierterer Stufen einer hierarchisch verdichteten Datensammlung
- ✔ **Drill Across**
  die Betrachtung der Daten auf den Stufen gleichen Detaillierungsgrades einer hierarchisch verdichteten Datensammlung

Reportingfunktionen

Die **Reportingfunktionen** dienen zur Darstellung von Informationen und deren Zusammenstellung zu einem Bericht. Einige dieser Funktionen der Darstellung von komplexen Sachzusammenhängen sind speziell für das DWH interessant.

- ✔ **Allgemeine Reportfunktionen**
  Seitenlayout: Schriftkopf, Fußzeile, Ränder, Spalteneinteilung,
  Rahmen, Schattierungen, Zeichenarten, Schriftgrößen,
  Montage von Texten, Grafiken, Tabellen aus unterschiedlichen Quellen
- ✔ **Grafikfunktionen**
  Businessgrafiken: Balkendiagramm, Punktediagramm, Portfoliomatrix, Trendkurve, Kreissegmentdarstellung, Mengenflusszweige, Punktewolke, Datenspinne
  alternative Grafiken und automatische Grafiken zur Darstellung von Zahlenmengen
  Sondersymbole und Beispielgrafiken
- ✔ **Data Warehouse Reporting**
  Exception Reporting: Auslösen von Signalen, Nachrichten und Berichten bei besonderen, sich in Daten repräsentierenden Veränderungen
  Schwellenwertanzeige zur automatischen Hervorhebung der von einem vordefinierten Zustand abweichenden Werte

Die Reportingfunktionen stellen die Grenzen der Darstellbarkeit komplexer Zusammenhänge dar. Einfache Zusammenhänge sind schon aus Listen und Businessgrafiken zu erkennen. Schwieriger ist es, aus verschiedenen Einzeldarstellungen Beziehungen zwischen den dargestellten Größen entdecken zu können. Ein Beispiel, das einen Maßstab für die Leistungsfähigkeit des Reportings setzt, zeigt die folgende Abbildung.

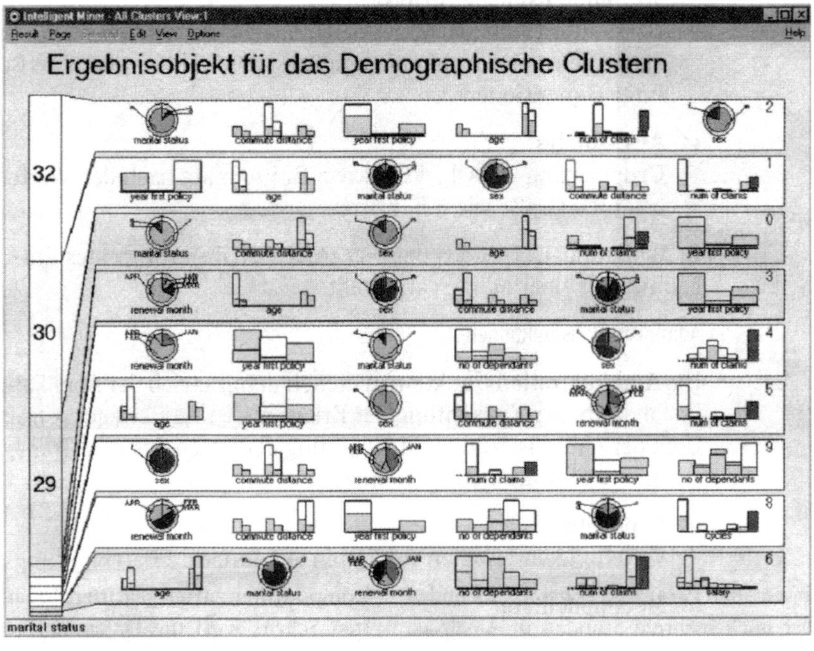

Abbildung 4.10: Beispiel: synoptischer Report

Allgemeine statistische Funktionen

Die **statistischen Funktionen** werden auf eine große Datenmenge angewendet, um Strukturen und Gesetzmäßigkeiten zu erkennen und durch eine mathematische Formel auszudrücken. Solche Zusammenhänge sind z.B. die Zusammengehörigkeit unstrukturierter Datenmengen nach einem Kriterium oder die abhängige Veränderung von Daten durch die Veränderung anderer Daten oder auch die Erkenntnis einer Entwicklungsrichtung aus der zeitlichen Veränderung von Daten.

- ✔ **Sensitivitätsanalyse**
  die Feststellung der Veränderung von Werten bei der Abweichung von Grundannahmen
- ✔ **Clustering**
  die Beurteilung der Zusammengehörigkeit von Wertepaaren zu einer Menge durch die Messung ihrer Abstände zueinander im Vergleich zum Abstand von anderen Wertepaaren
- ✔ **Trendrechnung**
  Berechnung der weiteren Entwicklung von Werten einer Größe aus den Veränderungen in der Vergangenheit
- ✔ **Korrelation**
  Feststellung der Abhängigkeit der Werte einer Größe von einer anderen Größe und Ermittlung der mathematischen Funktion dieser Abhängigkeit
- ✔ **Multidimensionale Analyse**
  Darstellung von Zusammenhängen vieler unterschiedlicher Faktoren und deren Beurteilung auf Abhängigkeit oder Wahlfreiheit, d.h. Bestimmung ihrer Dimensionen
- ✔ **ABC-Analyse**
  Gruppierung von Objekten wie z.B. Produkte nach den Werten einer interessanten Größe wie z.B. Kosten

In Abbildung 4.11 ist das Beispiel einer Visualisierung eines Entscheidungsbaumes auf einer Maske dargestellt.

Administrationsfunktionen

Die **Administrationsfunktionen** dienen dem Betrieb der Applikationen von der Installation, der Einrichtung der Erlaubnisse und Bewegungsfreiheiten der User, der Aktualisierung und Sicherung der Daten, bis zum Transport der Daten zu anderen Lokationen.

- ✔ **Replikator**
  Verteilung von Kopien von Daten auf entfernte Datenhaltungssysteme
- ✔ **Metamodellierer**
  Definition eines Schemas aus Datenbanktabellen, ihren Spalten und ihrer Formatierung

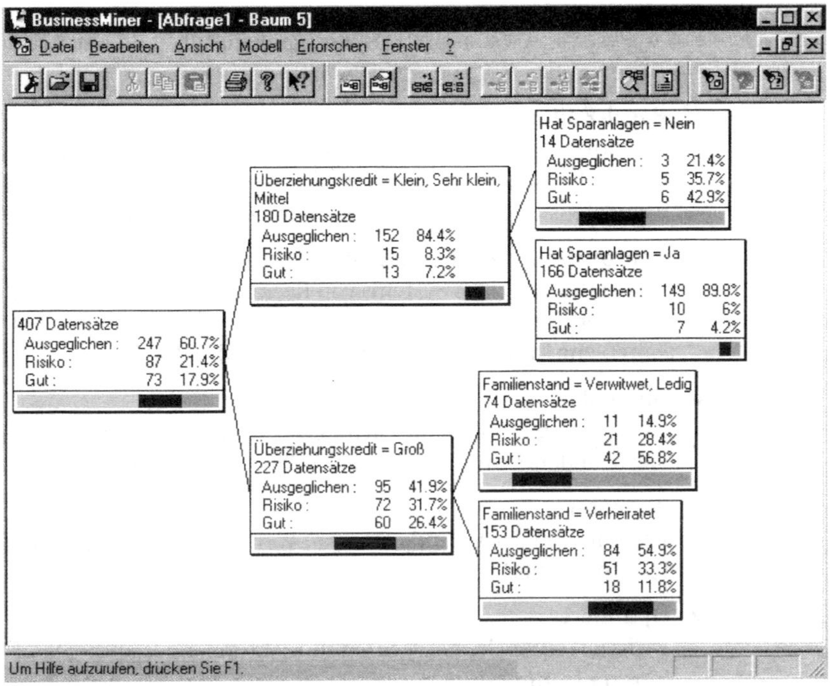

Abbildung 4.11: Maske Entscheidungsbaum

- ✔ **Berechtigungsmanager**
  Zuteilung von Berechtigungsprofilen für den Zugriff auf einzelne Daten, Tabellen, Datensätze, Spalten, Funktionen, Masken und Rechner

Data Mining Funktionen

Die speziellen Funktionen von Data Warehouse Komponenten dienen der Suche von Daten, dem Aufspüren von Datenorten und Dateninhalten, dem Interpretieren von Daten, dem Auswählen, Nachbearbeiten, Zusammenstellen und Präsentieren von Daten. Diese Funktionen kann man **typische DWH-Funktionen** nennen.

- ✔ **Hypothesengenerator**
  Erzeugung einer formulierten Aussage auf Basis der Überprüfung der Variablen einer Datenmenge und aller Datenpaare

- ✔ **Hypothesenvalidierer**
  Überprüfung einer auf Variablen der Datenmenge formulierten Aussage durch Prüfen aller Datenpaare der Datenmenge

- ✔ **Entscheidungsbaum-Generator**
  Darstellung einer Entscheidungssituation mit ihren mehrstufigen Möglichkeiten und den Wahrscheinlichkeiten der Entscheidungsmöglichkeiten auf allen Stufen

- ✔ **Clusterfinder**
  Analyse von Wertepaaren auf ihre Zugehörigkeit zu einer Gruppe über ihre Nähe
- ✔ **Regel-Editor**
  Formulierung von logischen Aussagen über Variablen einer Datenmenge mittels logischer Operatoren (wenn – dann, nicht, und, oder, für alle, wenigstens einer) und Umsetzung in Datenbankabfragen
- ✔ **Neuronales Netz – Konfigurator**
  Konfiguration eines Systems von Recheneinheiten (Unterprogrammen), die aus Ergebnisvergleichen und Vergleich von Grundgrößen auf Gesetzmäßigkeiten zur Erzielung bester Ergebnisse schließen
- ✔ **Simulator**
  Berechnung des Verlaufes definierter Größen aus der Veränderung der Werte anderer Größen und deren Darstellung als Grafik
- ✔ **Animator**
  Präsentation der Veränderung von Werten diverser Grundgrößen als bewegtes symbolisiertes Bild
- ✔ **Optimierer**
  Variation einer Grundsituation in Richtung eines optimalen Ergebnisses
  Lineare Optimierung
  Genetische Optimierung mit Hilfe genetischer Algorithmen

Für ein intensiveres Studium der statistisch orientierten Methoden des Data Mining ist zu empfehlen:

🗀 Bewry u.a., Data Mining

4.2.2 Ausgewählte Data Warehouse Funktionen

Aus der Menge der aufgezählten Funktionen einer DWH-SW sollen jetzt einige speziell für die Datenanalyse verwendete Funktionen detaillierter dargestellt werden. Dies sind die Funktionen Portfoliomatrix, ABC-Analyse, Multiwürfel, Entscheidungsbaum, Cluster und Trendkurve.

Portfoliomatrix

Die **Portfoliomatrix** wurde in der Marketingtheorie aus der Erkenntnis des Umsatz-Lebenslaufes von Produkten zur Einschätzung der augenblicklichen Lebensphase und zur Prognose des weiteren Umsatzverlaufes entwickelt.

Basisschema ist eine **Vier-Felder-Matrix** mit einer x-Achse als Wachstumsskala und einer y-Achse als Skala des relativen Marktanteils. Ein Produkt wird, durch einen Kreis symbolisiert, in der Vier-Felder-Matrix positioniert. Der Durchmesser des Kreises entspricht maßstabsgerecht seinem Umsatz. Die Position entspricht auf der x-Achse der von den Fachleuten eingeschätzten Wachstumschance und in der y-Achse dem aktuellen relativen Marktanteil. In der Matrix werden auch andere Produkte eines Unternehmens zum Vergleich positioniert.

Es ist auch möglich, in einer Portfoliomatrix ein Produkt mit seinen Positionen aus der Vergangenheit darzustellen. Auf der Synopse der historischen Positionen des Produkts kann eine Prognose für die nächste Position abgeleitet werden.

Für jedes der vier Felder gibt es eine Handlungsempfehlung bezüglich der weiteren Ausrichtung des Produkts:

- ✔ Feld 1: wenig relativer Marktanteil, hohe Wachstumschance > investieren oder nicht investieren, wenn klar ist, dass keine Marktposition erzielt werden kann
- ✔ Feld 2: hoher relativer Marktanteil, hohe Wachstumschance > investieren für den Ausbau der Position
- ✔ Feld 3: hoher relativer Marktanteil, niedrige Wachstumschance > kein weiterer Ausbau, sondern Umsätze kassieren und Ausstieg vorbereiten
- ✔ Feld 4: wenig relativer Marktanteil, niedrige Wachstumschance > Abzug aller Investitionen

Es ist ebenfalls möglich, statt einer Einteilung in zwei mal zwei Felder eine Neun-Felder Matrix einzuteilen. Bei mehr als neun Feldern wird die Matrix und alle daraus abgeleiteten Handlungsempfehlungen unübersichtlich.

Zusammenfassend lässt sich sagen:

➡ Die Funktion **Portfoliomatrix** positioniert ein oder mehrere Produkte mit einem oder mehreren historischen Positionen entsprechend der Wachstumschancen und des relativen Marktanteils in einer Vier-Felder-Matrix, symbolisiert durch eine Kreisfläche, deren Durchmesser im Verhältnis der Umsätze stehen.

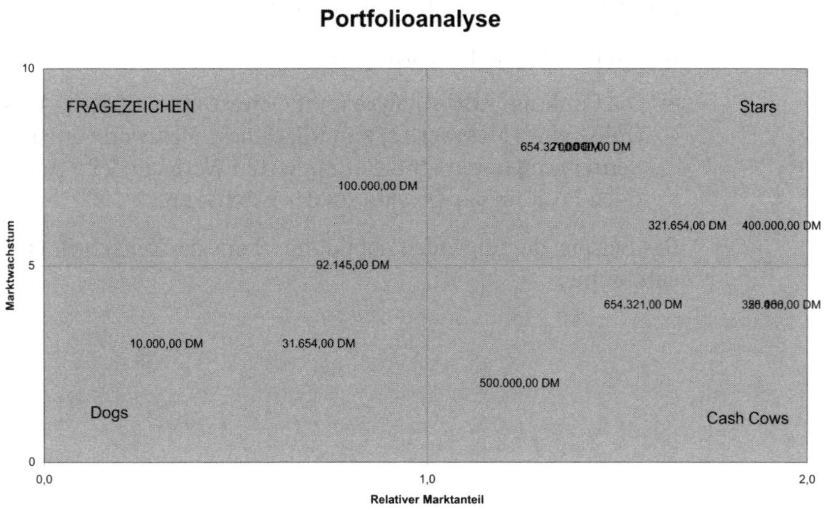

Abbildung 4.12: Beispiel einer Portfoliomatrix

ABC-Analyse

Die **ABC-Analyse** ist zum Zwecke der schnellen Klassifizierung der für den Betriebserfolg wichtigen Kunden erfunden worden. Ziel ist dabei, die Kunden nach ihrem Umsatz in drei Gruppen einzuteilen: die »Großkunden«, mit denen nahezu der gesamte Umsatz gemacht wird, die Mittelgroßkunden, mit denen noch ein guter Zusatzumsatz erreicht wird, und die Kleinkunden mit kleinen Umsätzen.

Beispielsweise könnte die ABC-Gruppierung wie folgt eingeteilt werden:

- ✔ A-Kunden: Gruppe der umsatzstärksten Unternehmen, die bis 80% des Gesamtumsatzes tragen
- ✔ B-Kunden: Gruppe, die zwischen 80% und 95% bewirken
- ✔ C-Kunden: Restgruppe, welche die letzten 5% des Umsatzes bewegen

Die ABC-Analyse kann generell auch für Kumulationsbetrachtungen mit anderen Größen als Umsätzen eingesetzt werden, wie z.B. Mengen von Bestellungen, Servicenachfragen im Call Center oder Umfang von Garantiefällen aus Aufträgen.

In der Abbildung ist die ABC-Kurve dargestellt, die auf der x-Achse (% der Kunden) die Kunden der Höhe ihres Umsatzes nach von links nach rechts aufreiht. Auf der y-Achse sind die summierten Umsätze in % bis zu der x-Prozentsumme angetragen. Man kann ablesen, dass mit ca. 36% aller Kunden schon 80% des Umsatzes erreicht wird. Um 95% des Umsatzes zu erwirtschaften (ca.72% der Kunden), müssen weitere 36% Kunden betreut werden. Für die letzten 5% des Umsatzes sind noch einmal 28% der Kunden zu verwalten.

Diese Gruppeneinteilung ist für gezielte Marketingmaßnahmen interessant. Um Kunden der A-Gruppe zu halten, darf und sollte man in mehr Marketingmaßnahmen investieren als für die C-Kunden.

Zusammenfassend lässt sich sagen:

- ➡ Die Funktion **ABC-Analyse** reiht Objekte entlang der x-Achse nach der Größe eines Messwertes, kumuliert diese Messwerte entsprechend der Größenreihung und trägt die kumulierten Werte an der y-Achse zu der zugehörigen Position des Objekts auf der x-Achse an.

Das Beispiel der folgenden Abbildung ist aus der Zeitschrift Office, Heft 6, 1997 entnommen.

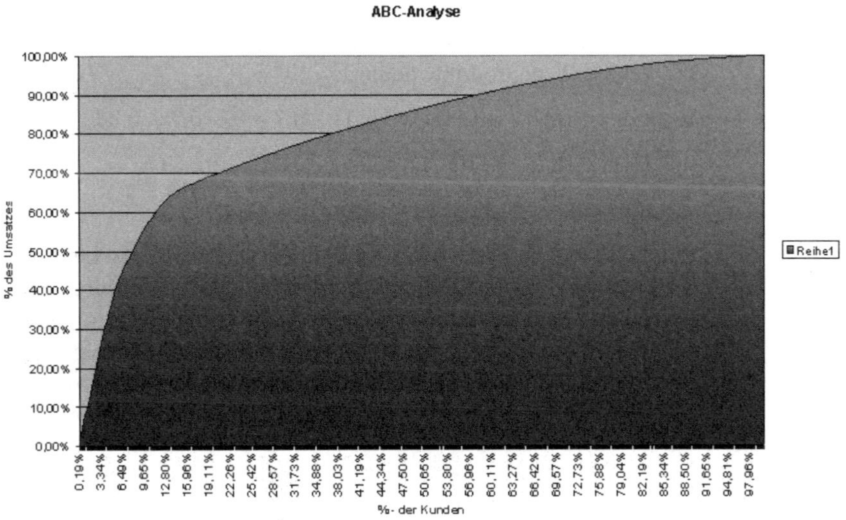

Abbildung 4.13: Beispiel Kumulationsdiagramm einer ABC-Analyse

Entscheidungsbaum

Der **Entscheidungsbaum** ist aus dem Bedarf entstanden, komplexe Gesamtentscheidungen über Teilentscheidungen zu lösen.

In der Abbildung ist ein Entscheidungsbaum mit drei Stufen dargestellt. Das **Entscheidungsproblem** »A« lässt sich in zwei **Einzelentscheidungen** »B« und »C« zerlegen. Beiden Möglichkeiten lässt sich eine Erfolgswahrscheinlichkeit von 0,3 bzw. 0,7 oder 30% bzw. 70% zuordnen. Die Zwischen- oder Teilentscheidungen »B« und »C« sind im Beispiel in weitere Teilentscheidungen zerlegbar. Für »B« ist diese Zerlegung in die Teilentscheidungen »D« und »E« zweiter Stufe möglich. Die Teilentscheidung »D« ist noch in zwei weitere Teilentscheidungen der dritten und letzten Stufe möglich. Im Beispiel führt die Zerlegung zu elf möglichen Entscheidungen des Problems »A«. Jede der Entscheidungen E1 bis E11 hat eine Bewertung, wie z.B. eine Erfolgswahrscheinlichkeit.

Die **Erfolgswahrscheinlichkeit** w(E) der Entscheidung E ist das Produkt aller Erfolgswahrscheinlichkeiten des Weges von der Wurzel des Entscheidungsbaumes bis zum betreffenden Entscheidungsblatt. Für die Entscheidungen E1 und E2 ist dies

$$w1(E1) = w(AB) \cdot w(BD) \cdot w(DE1) = 0{,}3 \cdot 0{,}2 \cdot 0{,}1 = 0{,}006$$

$$w(E2) = w(AB) \cdot w(BD) \cdot w(DE1) = 0{,}3 \cdot 0{,}2 \cdot 0{,}9 = 0{,}036$$

Zu jeder neuen Entscheidungsstufe führt ein **Entscheidungskriterium** bzw. eine Entscheidung. Die Kriterien können unter Umständen in der Reihenfolge der Entscheidungszerlegung vertauscht werden.

Es ist möglich, dass die gleiche Entscheidung auf mehreren Zerlegungswegen erreicht werden kann. Dann werden die beiden Erfolgswahrscheinlichkeiten der beiden Wegeprodukte addiert.

w2(E1) = w(AC) · w(CH) · w(HE1) = 0,7 · 0,7 · 0,7 = 0,343

w(E1) = w1(E1) + w2(E1) = 0,006 + 0,343 = 0,349

Zusammenfassend lässt sich sagen:

➡ Die Funktion **Entscheidungsbaum** zerlegt ein Entscheidungsproblem hierarchisch in Entscheidungsstufen mit ein oder mehreren Entscheidungsmöglichkeiten je Stufe. Jeder Einzelentscheidung kann eine Erfolgswahrscheinlichkeit zugeordnet werden, über die eine Erfolgswahrscheinlichkeit aller möglichen Entscheidungen und aller Zwischenstufen-Folgen berechnet wird.

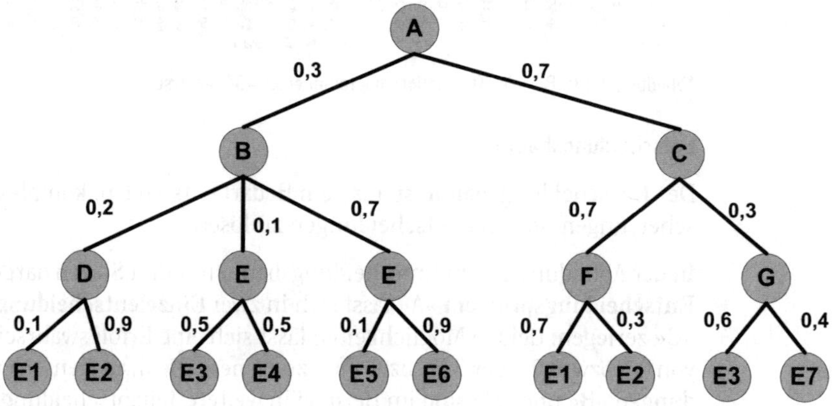

Abbildung 4.14: Beispiel eines Entscheidungsbaumes

Cluster

Die **Clusteranalyse** wurde entwickelt, um aus einer Punktemenge Gruppen von nahe beieinander liegenden Punkten zu entdecken.

In der Ebene kann man diese Gruppen von Punkten in der Regel mit bloßem Auge erkennen. In einer Datenbank sind diese Gruppen nicht sichtbar und bei besonders großen Mengen von Datenpaaren sind der Leistungsfähigkeit des Auges Grenzen gesetzt. Hinzu kommt, dass das Auge nur zwischen eng beisammen und weiter entfernt unterscheiden kann, aber keine Messwerte ausgibt und damit subjektiv wahrnimmt. Für eine objektive Messung ist ein Maßstab zur Abstandsmessung, **ein Abstandsmaß,** erforderlich.

Alle bekannten Punkte werden in einer x-y-Ebene mit maßstäblichen Skalen eingetragen. Ein Programm berechnet die Abstände aller Punkte zueinander und gruppiert einem Maximalwert eines Abstandes entsprechend alle Punktepaare, deren Abstand kleiner als der Maximalwert ist. Die Punktegruppen heißen **Cluster.** Ein Punkt gehört immer zu genau einem oder gar keinem Cluster.

Die Punkte können auch im mehrdimensionalen Raum definiert sein.

Zusammenfassend lässt sich sagen:

➡ Die Funktion **Clusteranalyse** stellt Punkte in einem n-dimensionalen Raum einem Abstandsmaß folgend ihrem Abstand entsprechend zu Gruppen, **Cluster** genannt, zusammen.

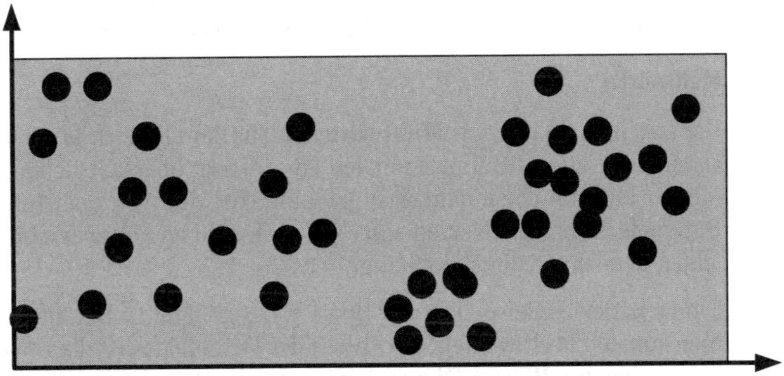

Abbildung 4.15: Beispiel einer Clusterdarstellung

Trendkurve

Die **Trendkurve** macht die Annahme, dass die Punkte einer zu analysierenden Datei Messwerte einer mathematischen Funktion sind, die ungenau gemessen wurde. Dies ist z.B. in der Physik durch Umgebungsbedingungen, abgenutzte Messwerkzeuge und Ablesefehler der Fall. Mit der Trendanalyse versucht man nun, diese eigentliche Kurve zu rekonstruieren. Die Punkte streuen um die gesuchte Trendkurve.

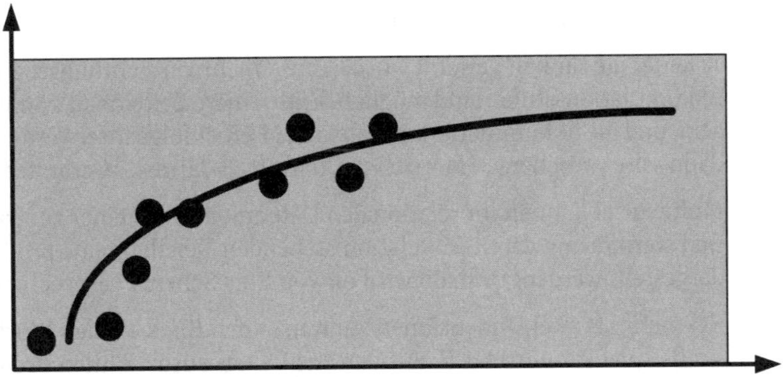

Abbildung 4.16: Beispiel einer Trendkurve

Ziel der Trendanalyse ist, diese Kurve nicht nur für die vorliegenden Punkte herauszufinden, sondern auch für nicht gemessene Werte außerhalb der Punktmenge. Die Trendkurve wird außerhalb der Punktemenge fortgesetzt.

Zusammenfassend lässt sich sagen:

➡ Die Funktion **Trendermittlung** berechnet aus Punkten in einem n-dimensionalen Raum eine geschätzte Kurve mit der geringsten Abstandssumme zu den Punkten und berechnet Werte, die außerhalb der Punktemenge liegen, entsprechend der Fortsetzung der Kurve **Trendkurve** genannt.

Multiwürfel

Die Datendarstellung als **Multiwürfel** ist aus dem Bedürfnis entstanden, die Datenfelder zu multidimensionalen Parametern übersichtlicher darzustellen. Mit der Multidimensionalität ist gemeint, dass der Wert oder Inhalt eines Datenfeldes von den Werten einer festen Anzahl anderer verschiedener Datenfelder, den Dimensionen, abhängt.

Ein vielzitiertes Beispiel ist der Umsatz, das abhängige Datenfeld eines dreidimensionalen Multiwürfels; der Inhalt des Datenfeldes ist die Umsatzzahl, z.B. in DM. Die drei **Würfel-Dimensionen** sind die Datenfelder »Produkt«, »Region«, »Zeit«. Die im Würfel dargestellte Aussage ist dann von dem Muster:

✔ eine spezielle Umsatzzahl ist der Umsatz in DM
  zu einem bestimmten Produkt
    in einer bestimmten Region
      in einem bestimmten Zeitabschnitt

Die Werte der Dimensionen sind entlang der Würfelkanten zu lesen, also zum Beispiel sind die Werte der Dimension »Zeit« die Monate und die Werte der Dimension »Produkte« die Namen der einzelnen Produkte.

Die Einheit einer Dimension kann zu Akkumulationseinheiten zusammengefasst werden. Zum Beispiel kann zur Dimension »Zeit« die Einheit »Monate« und die Einheit »Jahre« angeführt werden.

Je feiner die Einheit gewählt wurde, umso mehr Verdichtungsebenen oder Akkumulationsstufen sind möglich. Eine feinere Zeiteinheit könnte z.B. »Tage« sein, und die Akkumulationsstufen in der Reihenfolge ihrer Verdichtung könnte dann sein: »Wochen«, »Monate«, »Quartale«, »Jahre«, »Gesamtzeitraum«.

Multiwürfel können im relationalen Datenmodell aus einer zentralen Tabelle und sternförmig damit in Relation stehenden Tabellen (eine pro Dimension) dargestellt werden. Deshalb wird oft von Star-Schema gesprochen.

Bei mehr als zwei Dimensionen kann man den Blick auf den Würfel verändern. Im Beispiel kann man z.B. aus der Sicht eines ausgewählten Produkts die Matrix (zweidimensionaler Würfel) der Umsätze der Regionen entsprechend den Zeiteinheiten sehen. Die Sicht kann auf verschiedene Akkumulationsebenen eingestellt werden. So kann die Matrix die Umsätze der Monate oder der Wochen oder der Jahre ausweisen.

Zusammenfassend lässt sich sagen:

- Die Funktion **Multiwürfel** erlaubt die Zusammenstellung von Daten zu einem multidimensionalen Würfel in Abhängigkeit von einer festen Anzahl von Dimensionen, mit allen Navigations- und Akkumulationsmöglichkeiten entlang der Dimensionen des Würfels. Für die Akkumulationsmöglichkeiten können je Dimension hierarchische Verdichtungsebenen definiert werden.

Ein Beispiel eines Multiwürfels mit drei Dimensionen und seinen Aggregationen ist weiter oben im Abschnitt »OLAP-System« dieses Kapitels angegeben.

4.2.3 Funktionale Gestaltung der DWH-Software

Problemstellung und Motivation

Komponentenbezug

Die weiter oben in diesem Kapitel ausgewählten Komponenten sind in Funktionalität, Ergonomie und Erweiterbarkeit weitgehend unterschiedlich ausgestattet. Die Funktionalität findet bei jedem Hersteller je nach Produktphilosophie eine andere Ausprägung. Die Funktionalität ist unterschiedlich, da sie für unterschiedliche Anwender und unterschiedliche Aufgaben hergestellt wurde. Da ein DWH mit der Recherche, Präsentation, Interpretation und Zusammenstellung von Daten andere Aufgaben verfolgt als andere vergleichbare Informationssysteme, muss es auch besondere Funktionen bieten, mit denen diese Aufgaben unterstützt werden. Diese Funktionen sind weniger auf die Datenhaltung bezogen. Dies können die Datenbankmanagementsysteme schon sehr gut, sie konzentrieren sich auf Finden, Auswerten und Visualisieren. Es sind daher weniger die Eingaben und die Bearbeitung der operativen Daten betroffen.

Anwenderbezug

Ein DWH verfolgt aber nicht nur andere Aufgaben, sondern spricht auch eine besondere Klientel des Unternehmens an, die diese Aufgaben wahrnimmt. Die Anwender sind in erster Linie Entscheidungsträger aller Ebenen, also auch der obersten Managementebene. Führungskräften steht in der Regel nicht so viel Zeit zur Verfügung, dass sie sich lange mit Anwenderhandbüchern auseinandersetzen könnten, um eine Software zu bedienen. Führungskräfte haben auch ein sehr vielfältiges Arbeitsspektrum, was eine kontinuierliche Verwendung eines Softwaresystems verhindert. Aber durch die Tendenz zu flachen Hierarchien in Organisationen werden zunehmend mehr Managementfunktionen an die operativen Bereiche delegiert und andererseits werden einige operative Tätigkeiten schneller mittels EDV durchgeführt als delegiert. Das bedeutet, dass ein DWH auch eine besondere **Ergonomie** oder, funktional gesprochen, besondere ergonomische Funktionen für das Data Warehousing bieten muss.

Nach dem Überblick über die funktionalen Möglichkeiten ist nun die Frage nach der funktionalen Gestaltung des DWH durch den DWH-Spezialisten zu lösen.

Gestaltungs- und Lösungsmöglichkeiten

Der Gestaltungsspielraum besteht zunächst einmal aus der Definition der technischen Funktionalität, der ergonomischen Funktionalität und dann aus der Auswahl dessen, was der Beschaffungsmarkt zur Verfügung hat. Die Methodik für die Auswahl (»Wie findet man das richtige Produkt?«) ist die **Evaluationsstudie.** Die Evaluationsstudie setzt, wenn sie nicht in einer Schublade verschwindet, sondern präsentiert und kommuniziert wird, die Diskussion um wirklichen Bedarf, um die organisatorischen Konsequenzen und die Kosten in Gang, und führt zu Vereinbarungen über weitere Maßnahmen.

Die Softwarebranche ist noch nicht so weit entwickelt wie z.B. der Maschinenbau, wo man Funktionsbausteine kaufen und zu einem System montieren kann. Deshalb werden heute in der Regel nicht einzelne Funktionen erworben, sondern komplexere Komponenten. Zukünftig wird sich allerdings die Komponentenmontage gegenüber der Komplettlösung durchsetzen. Die Definition der funktionalen Anforderungen ist Grundlage der Evaluation der Komponenten, d.h. des funktionalen Vergleichs des Marktangebotes der verschiedenen Produkte. Wie eine Evaluationsstudie hierzu aussieht, was sie aussagen soll und wie man einen optimalen Weg durch die vielen Kriterien findet, wird in Kapitel 7, »Das Vorgehensmodell für Data Warehouse Systeme« vorgestellt. Vor der Evaluation steht jedoch die Definition der Funktionalität.

- Erstellen der Funktionenliste des DWH mit allgemeinen Funktionen Editoren, Generatoren, Treiber
- Erstellen der Funktionenliste der speziellen DWH-technischen Funktionen Data Mining, Reporting, Ergebnispräsentation
- Spezifikation der Anpassungsfähigkeit der Funktionalität
- Spezifikation der Funktionen, die in Eigenentwicklung hergestellt werden müssen

Bei einer Entscheidung für eine Beschaffung geeigneter Produkte ist ein weiterer Gestaltungsschritt erforderlich, er betrifft die Anpassungsfähigkeit der Produkte. Bei mangelnder Anpassungsfähigkeit kann sich die Gestaltungsaufgabe bis zur Spezifizierung einer unternehmensadäquaten, selbst zu entwickelnden Lösung ausweiten. Dieser Gestaltungsschritt, der zwischen »selbst machen« oder »machen lassen« (make or buy) unterscheiden muss, setzt eine komplexe Vorgehensweise, den Entwurf, voraus und wird deshalb in Kapitel 7 »Vorgehensmodell« behandelt.

Problemlösung: Regeln und Hilfsmittel

Das Verfahren

Nach der Bestimmung der Komponenten und der Softwarearchitektur ist jetzt die funktionale Ausstattung der Komponenten festzulegen. Hierbei hilft folgendes Verfahren:

Verfahren: DWH-Funktionen

- Festlegung der allgemeinen funktionalen Anforderungen mit Hilfe der **DWH-Funktionenliste**
- Festlegung der ergonomischen Funktionen
  Feststellung der zu versorgenden Managementebenen
  (wenn nicht bereits im Schritt betriebswirtschaftliche Anwendung geschehen)
  Ableitung der Ergonomie-Funktionen
  Festlegung der Ergonomiekomponenten
- Festlegung der spezifischen Funktionen
  entsprechend der ausgewählten Komponenten
- Spezifikation der Anpassungsfähigkeit der Funktionalität
  Festlegung der Entwicklungsfunktionen
- Spezifikation der Funktionen, die in Eigenentwicklung hergestellt werden müssen

Die zu lösende Gestaltungsfrage lautet also: Mit welcher Funktionalität soll ein DWH ausgestattet sein und wie kann man die Konsequenzen des Fehlens der einzelnen Funktionen einschätzen.

DWH-Funktionenliste

Das Mittel zur Definition der Funktionalität ist eine **DWH-Funktionenliste,** die aus Literaturstudium, Evaluationsstudien und Produktvergleichen selbst angefertigt werden kann. Oftmals sind in einer Fachzeitschrift taugliche Listen veröffentlicht. Meistens sind dort allerdings die Konsequenzen fehlender Funktionen nicht dargestellt.

Die veröffentlichten Listen bergen die Gefahr in sich, dass die für das eigene Unternehmen relevanten Teile dort eine untergeordnete Rolle spielen, da sie meistens aus verwandten, aber leider nicht identischen Projekten stammen und nur begrenzt verwendbar sind. Hier kann die Beauftragung eines Beratungsunternehmens, das eine auf die spezielle Situation des Unternehmens bezogene aktuelle Funktionenliste zusammenstellt, weiterhelfen. Die Konsequenzen mangelnder Funktionskenntnis sind erheblich. Sie sind entweder mit Leistungseinschränkung oder mit Mehraufwand, weiterem Zukauf und Terminbelastung verbunden. Die Feststellung der interessanten Funktionen sollte in einer sinnvollen Reihenfolge abgewickelt werden.

Neben den Betrachtungen zu speziellen für das DWH nützlichen Funktionen gibt es übergreifende Kriterien, allgemeine Anforderungen, die von der speziellen Funktionalität des DWH unabhängig sind.

Je mehr Programme einem User zur Verfügung stehen, umso mehr Benutzerführungen muss der Benutzer beherrschen. Die Gefahr, Programm A mit der gerade intensiv betriebenen Benutzerführung von Programm B versehentlich zu bedienen, kann unbeabsichtigte Reaktionen von Programm B auslösen. Die Bedienungselemente der Programme unterschiedlicher Hersteller haben eine unterschiedliche Präsentation oder Symbolik auf dem Bildschirm. Der Anwender wird dadurch, je heterogener die Produktelandschaft ist, mit einem erhöhten Lernpensum und mit ständigem Umorientieren bei wechselnder Nutzung der Programme konfrontiert. Das macht seine Arbeit ineffizient.

➡ Die allgemeinen Funktionen und ihre Präsentation sollten über eine Anwendung oder noch besser über alle im Unternehmen eingesetzten Anwendungen einheitlich sein.

Jede Überfunktionalisierung steigert die Fehlerhäufigkeit und die Nachfragen der User zur Klärung der Frage, ob man die Funktion vielleicht doch irgendwie gebrauchen könnte. Damit steigen die Aufwendungen für die Administration und Betreuung.

➡ Reduktion der Gesamtfunktionalität auf das in der Bedarfsanalyse für jeden Benutzertyp erhobene Minimum an Funktionalität

Als Einstieg in die systematische Zusammenstellung der DWH-Funktionalität sei hier eine Liste vorgestellt (siehe Tabelle 4.5).

Die Funktionen haben nicht alle die gleiche Wichtigkeit und müssen deshalb auf ihre Notwendigkeit beurteilt werden. Es sind drei Kategorien ausreichend:

✔ **Muss-Funktionen,** ausschließende Kriterien; Produkte die diese Kriterien nicht erfüllen oder diese Funktionen nicht besitzen werden ausgeschlossen

✔ **Soll-Funktionen;** ein Fehlen dieser Funktionen hat Konsequenzen für Termine, Aufwände und Qualität

✔ **Kann-Funktionen;** wünschenswerte Funktionen, die nur leichte Einbußen für den Nutzer bedeuten

Die Liste der funktionalen Anforderungen wird in der Evaluation verwendet. In mittelfristiger Zukunft wird die Liste als Bestellliste für Funktionsbausteine dienen können. Durch die Vielzahl der eingesetzten Werkzeuge ist zu beachten, dass sich die Funktionalität der einzelnen Komponenten überschneidet. Die Mehrfachabdeckung gleicher Funktionen soll unbedingt minimiert werden.

Technische Funktion	Entwicklungsfunktion	Ergonomie-Funktion
Metafunktionen	**Entwicklungssoftware-Tools**	**Benutzerführung**
Programmgenerator	3GL-Compiler	Hilfeführung
Formelgenerator	Makroeditor	Customizer
Metamodeller	Makrorecorder	Online-Handbuch
	SQL-Generator	Lernprogramm
Schnittstellenfunktionen	4GL-Compiler	
Gerätetreiber	Datenbankschemagenerator	
Importfunktion	Datenbankschemadesigner	
Exportfunktion		**Editierfunktionen**
Softwaretreiber	**Reportgenerator**	Elementarfunktionen
Fachfunktionen	Zahlen-Grafik-Wandler	Bearbeitungsfunktion
Formelschema	Grafik-Grafik-Wandler	Bearbeitungshinweisfunktion
Betriebswirtschaftliches Modell	Textverarbeitung	
Referenzmodell	Kalkulationssheet	
Regelmodell	Exceptionanzeige	Navigationsfunktionen
	Formular-Formatierer	Navigator
Statistische Funktionen	Dokumentmontage	Driller (down, across, ...)
Sensitivitätsanalysen		
Clusteranalyse	**Administrationsfunktionen**	**Visualisierungsfunktionen**
Trendrechnung	Replikator	Simulator
Korrelation	Performancetuning	Animator
Multidimensionale Analyse	Berechtigungsverwaltung	Visualisierer
ABC-Analyse	Modellverwaltung	
DWH-Funktionen		
Neuronales Netz		
Fuzzy-set-Analyse		
Optimierungsrechnung		
Hypothesengenerator		
Entscheidungsbaum-analyse		

Tabelle 4.5: Muster Funktionenliste Data Warehouse

4.3 Die softwaretechnischen Technologietypen

Problemstellung und Motivation

Technologietypus

Die Entscheidung für den Softwaresystemtyp fällt schon in der Orientierungsphase. Dort werden die Ansätze Executive Information System, Decision Support System, OLAP-System, KDD-System und umfassender DWH-Ansatz gegeneinander abgewogen. Bezüglich der Frage der Technologien und der softwaretechnischen Tools und Komponenten müssen weitere Entscheidungen getroffen werden:

- ✔ Entscheidung, Zukauf oder Neuentwicklung, besser bekannt als »**Make-or-Buy-Decision**«
- ✔ Entscheidung des Verteilungstypes zentral-dezentral
- ✔ Entscheidung für Anwendungsschwerpunkte

Im Folgenden wird der Reihe nach auf die drei Technologiekriterien »Fertigungstypen«, »Fachtypen« und »Verteilungstypen« des Data Warehouse eingegangen. Alle drei Kriterien zusammen definieren den **Technologietypus** der Softwarekomponente.

Softwarefertigungstypus

Der **Fertigungstypus** einer Softwarekomponente ist, wie bei der Entscheidung zur betriebswirtschaftlichen Funktionalität, von der Ebene der Anwender abhängig. Bezüglich der betriebswirtschaftlichen Funktionalität war die Anwenderebene für den Verdichtungsgrad der Daten wichtig. Bezüglich des Softwaretyps ist die Anwenderebene für die Ergonomie ausschlaggebend. Je höher die Ebene des Nutzers in der Hierarchie des Unternehmens, desto seltener ist der Umgang mit der EDV möglich.

Über die Anwenderebenen wurde im vorigen Kapitel »Die betriebswirtschaftliche Architektur von Data Warehouse Systemen« gesprochen. Als Visualisierung wurde die Managementpyramide gezeigt. Diese Pyramide dient auch hier als Orientierungs-grundlage zur Zuordnung der Softwaretypen. Da unterschiedliches Nutzerverhalten auf den Hierarchieebenen des Unternehmens unterschiedliche Anforderungen an die Software stellen, haben sich unterschiedliche Ergonomietypen entwickelt, die zu unterschiedlichen Komponenten von Systemen wurden. Die Unterschiede zeigen sich im Abstraktionsgrad der verfügbaren Programmiersprachen, in der Automatisierung von Programmprozessen, in der Verborgenheit oder Transparenz der internen Architektur.

Schlechte Erfahrungen mit Individualprojekten durch zu lange Laufzeiten, mangelnde Funktionalität, Budgetüberschreitungen und sogar die Erkenntnis, dass einige Vorhaben gar nicht umsetzbar sind, ließ das Interesse an kompletter Standardsoftware in den letzten Jahren wieder erheblich wachsen. Hinzu kommt der Zeitdruck durch den Millenniumswechsel, die Euroumstellung und die Unsicherheit, alle Datumsstellen in den vorhandenen Programmen rechtzeitig zu finden und schnell ausbessern zu können. Da war es aus der Sicht der Unternehmensführung schon wesentlich einfacher, die gesamte Software durch »millenniumsichere« **Standardpakete** zu ersetzen.

Daneben hat sich auch bezüglich Quantität und Effizienz auf dem Sektor der Tools zur Eigenentwicklung oder **Individualentwicklung** viel getan. Es sind Entwurfswerkzeuge von der Qualität von CAD-Programmen entwickelt worden.

Sie dienen zum Zeichnen von Programm- und Datenbankstrukturen bis zur Erzeugung von Programm-„Stücklisten«. Einige können sogar Programmkomponenten und Datenbanken generieren. Die eigentliche Programmierarbeit wird immer häufiger durch immer leistungsfähigere Generatoren ersetzt.

Eine Zwischenvariante zwischen absoluter Eigenentwicklung und Standardsoftware ist Zukauf und Eigenentwicklung von Bausteinen und deren Montage in ein neu zugekauftes Framework, bzw. in eine zugekaufte Mutterapplikation, die **Komponentenmontage**. Diese setzt voraus, dass man ein standardisiertes **Framework** hat. Man weiß heute noch nicht, welche Produkte von Frameworks sich langfristig durchsetzen werden. Auf alle Fälle kann man in den Medien ein verstärktes Interesse am Zusammenbau von Software aus Komponenten durch die anwendenden Unternehmen ausmachen.

Die Entscheidungsmöglichkeiten der Softwarefertigungstypen sind:

- ✔ Beschaffung von fertigprogrammierter Standardsoftware (technische Software, kaufmännische Software), wenn alle gewünschten Eigenschaften zur Zufriedenheit der Anwender abgedeckt sind
- ✔ Officetools, wenn die Aufgaben nicht vorherbestimmbar sind und nur für einige ausgewählte Anwender anfallen, so dass umfassende Individual-Programmierung zu teuer ist
- ✔ Vorgefertigte Softwarebausteine, Komponenten, Programmmuster, Frameworks
- ✔ Entwicklungswerkzeuge für die Individualentwicklung, wenn wesentliche der geforderten Eigenschaften nicht enthalten sind
- ✔ Reine Individualprogrammierung mit Programmiersprachen früher Generationen

Mit der Entscheidung für den Fertigungstyp ist die Entscheidung über die Anpassungsfähigkeiten des Softwarepakets getroffen:

- ✔ Ausprogrammierte, starre Standardsoftware, wenn kein eigenes Personal für Anpassungsarbeiten aufgebaut und unterhalten werden soll und wenn die Arbeit einem weithin bewährten Industriestandard zugeführt werden soll
- ✔ Parametrisierte und konfigurierbare Standardsoftware
- ✔ Komponentenzukauf, wenn ein gutes Framework vorhanden ist und die Komponenten die erforderlichen Eigenschaften abdecken
- ✔ Dynamische Selbstkonfiguration

Jeder Fertigungstyp hat eine andere Benutzerführung und andere Freiheitsgrade in der weiteren Ausgestaltung und der Starrheit der Anwendung. So erlauben zum Beispiel Workflowsysteme, die Veränderung der Reihenfolge der Benutzerschritte ohne Programmierung zu verändern. Kalkulationstabellenprogramme (Spreadsheet) erlauben dem Benutzer die Erstellung von Reports und ermöglichen mit Hochsprachen, eigene Programme zu programmieren (Makros). Standardsoftware lässt sich mit einigen Parametereingaben an die Benutzerwünsche anpassen. Executive Information Systems erlauben einen frei definierbaren Zugriff auf vorhandene Datenquellen, was bei Standardsoftware fest programmiert ist. Desktoptools wie Office-Programme erlauben die Veränderung der Menüzeile entsprechend der eigenen Arbeitsergonomie. Eine Zuordnung der Standardtypen zum Hierarchielevel der Organisation zeigt die Abbildung »Softwarefertigungstypen«.

Fachtypus

Die Softwaretechnologie wird auch von der fachlichen Aufgabe beeinflusst, wenn nicht sogar geprägt. Die fachlich bedingte Ausprägung ist der **Fachtypus** der Softwarekomponente. In **Prozesssteuerungsprogrammen** kommt es z.B. auf die Echtzeit der Programmausführung an, was zu prozessornah arbeitenden Komponenten mit dem Schwerpunkt auf minimalen Ausführungszeiten führt. **Geographische Systeme** müssen topologische Strukturtreue und metrische Abbildungen sicherstellen und effizient wiedergeben. Das führt zu speziellen Anforderungen an grafische Präsentation und Netzdatenbanken. Ähnlich wie geographische Strukturen sind auch die Strukturen **technischer Systeme** topologisch, das heißt in der Form ihres Zusammenbaus abzubilden. Wobei anders als in geographischen Systemen es nicht auf Punktedichte, sondern nur auf Nennung der Beziehungen und Zusammengehörigkeit der Bauteile untereinander ankommt. Für alle diese Anforderungen sind besondere Datenbankarchitekturen, spezielle Programmarchitekturen und auch Präsentationsarchitekturen, also Softwaretechnolgien, entwickelt worden.

Der Fachtypus ist komponentenbezogen zu sehen, da in einem Softwaresystem mehrere fachlich verschiedene Aufgaben abgedeckt werden können und damit das Softwaresystem auch mit mehreren Technologien realisiert werden muss.

Beispiele für **Office Standard Systeme** sind:

- ✔ Textverarbeitung
- ✔ Grafikprogramm
- ✔ Kalkulationsprogramm, Tabellenrechnung, Statistiken, Businessgrafiken
- ✔ Präsentationsprogramm

Beispiele für **technische Standardsysteme** sind:

- ✔ CAD
- ✔ CIM
- ✔ Produktionssteuerung
- ✔ Engineering Database Management, Produkt-Daten-Managementsysteme
- ✔ Technische Berechnung und Auslegungsprogamme

- ✔ Festigkeitsberechnung, Finit-Elemente-Berechnung

Beispiele für **kaufmännische Standardsysteme** sind:

- ✔ Kostenrechnung und Finanzbuchhaltung
- ✔ Personalverwaltung
- ✔ Materialverwaltung

Beispiele für **geographische Systeme** sind:

- ✔ Wetterkarten
- ✔ Geographische Orientierungssysteme
- ✔ Routenplaner

Beispiele für **Prozesssteuerungssysteme** zur Steuerung von Industrieprozessen sind:

- ✔ Verkehrsleitsysteme
- ✔ Hausleitsysteme
- ✔ Leitstände von Energieversorgungsanlagen
- ✔ Produktionsstraßensteuerung

Beispiele für **übergreifende Systeme** sind:

- ✔ Archivierung
- ✔ Kommunikation, Fax, Mailing

Bleibt noch anzumerken, dass diese Liste der fachlichen Technologietypen nicht vollständig ist und durch Neuentwicklungen des Marktes ständig erweitert wird.

Verteilungstypus

Die **Verteilungstypen** einer Software unterscheiden sich durch ihre Auftrennung in Komponenten, die auf verschiedenen Rechnern betrieben werden können. Für diese Auftrennung wurden die drei Ebenen Präsentationsschicht, Applikationsschicht, Datenhaltungsschicht definiert. Auf den jeweiligen Architekturschichten sind wieder verschiedene Softwaretechnologien einsetzbar und kombinierbar.

Diese Schichten können selbst wieder zerteilt und die Bestandteile weiter verteilt werden. Dies ist im »Exkurs Client/Server-Architekturen« am Ende von Kapitel 5 »Hardware« ausführlich dargestellt. Die Möglichkeiten des Zusammenspiels dieser Teilung führt zu den folgenden Verteilungsarchitekturen:

- ✔ Host-Terminal
- ✔ Entfernte Präsentation

Präsentationsschicht	Applikationsschicht	Datenhaltungsschicht
Zeichenorientierung, erweiterte Zeichensätze	Maschinensprache	Flache Filesysteme
Grafisch	Assembler	Hierarchische DB
Verteilte Grafik	Third Generation Language	Relationale DB
Multimedial	Fourth Generation Language	Netz-DB
	Fifth Generation Language	Objektorientierte DB
	Objektorientiert	Regelbasierte DB
	Regelbasiert	Deduktive DB
	Fuzzy	Fuzzy DB

Tabelle 4.6: Schichtentechnologien

✔ Client-Server

✔ Remote Zugriff

✔ Mobiles System

✔ Peer to peer

✔ Multi Tier System

Diese Aufzählung ist nur als Orientierung und zur Verdeutlichung der Vielfältigkeit der Möglichkeiten gedacht. Vollständige Klassifikationen mit Begründungen sind vereinzelt in verschiedenen Büchern zu der jeweiligen Thematik zu finden, z.B. für das Thema Verteilung in

🗁 Mühlhäuser, Software Engineering

Programmiersprachen und deren Klassifikation in

🗁 Sammet, Programming Languages

🗁 Ghezzi, Jazayeri, Programmiersprachen

Datenbanken, deren Klassifikation und Technologie in

🗁 Vossen, Datenmodelle

Aus der Sicht der Verteilungstechnologien von Software sind folgende Schichtenkombinationen wesentlich:

✔ Hostbasierte Applikation mit hierarchischer Datenbank und zeichenorientierter Oberfläche und Terminal

✔ Client/Server-Architektur mit relationaler Datenbank und grafischen Oberflächenobjekten

- ✔ Durchgängig objektorientierte Applikation über alle Schichten der Software einschließlich der Datenbank mit verteilten Objekten
- ✔ Web-Architektur mit Datenbankserver, Web-Applikationsserver, Browser

Aus den Darstellungen erwächst die folgende komplexe Gestaltungsaufgabe zur Bestimmung der Softwaretechnologie für den DWH-Spezialisten.

Gestaltungs- und Lösungsmöglichkeiten

Da man sich nicht ein komplettes DWH-System selbst entwickeln kann (100 PJ Entwicklungszeit), setzt man Standardkomponenten ein, die dann für den eigenen Zweck konfiguriert, ergänzt, teilsubstituiert und weiterentwickelt werden. Die Gestaltung besteht in diesem ersten Schritt aus der Sichtung des Marktes nach angebotenen Softwarekomponenten der einzelnen Hersteller.

Die Gestaltungsaufgabe in diesem Schritt besteht aus der Zusammenstellung der Komponenten, die das beabsichtigte DWH enthalten soll, und der Entscheidung, wie diese hergestellt werden sollen:

- ➢ Zusammenstellung der Komponenten des DWH

Bezüglich des Freiheitsgrades der Anpassungsmöglichkeiten, die natürlich auch vom Fertigungstyp abhängen, sind fertig ausprogrammierte und starr einzusetzende Standardsoftware, parametrisierbare und tabellengesteuerte Standardsoftware und montierbare Softwarekomponenten zu unterscheiden. Eine besondere Stellung im Rahmen der Individualentwicklung stellen die Officetools dar, mit denen sich Anwender bei Bedarf und ad hoc selbst Programme entwickeln können. Beispiele sind EXCEL-Makros, Word-Templates, ACCESS-Datenbankanwendungen. Das führt zu einer weiteren Gestaltungsentscheidung.

- ➢ Entscheidung der Anpassungsfähigkeiten: starr, parametrisiert, montierbar
- ➢ Entscheidung des Fertigungstyps der Software: Standardsoftware, Enduser-Tools, Individualsoftware

Eine Sonderstellung in Standardsoftware stellen grafik-intensive und auf speziellen Datenbanken arbeitende technische Programme wie CAD, CAE, technische Systeme und Geographie-Systeme dar, da sie eigens entwickelte Architekturen und Technologien, wie spezielle Datenbanken, besitzen. Die Gestaltungsaufgabe im zweiten Schritt besteht aus der Entscheidung, von welchem Fachtypus die einzelnen Komponenten des gewünschten DWH sein sollen.

- ➢ Entscheidung des Fachtypus einzelner Komponenten des DWH

Jede einzelne Komponente kann unter Umständen in unterschiedlich ausgestattete und lokal verteilte Rechner installiert werden. Es ist deshalb die Gestaltungsfrage des Verteilungstypus zu lösen.

- ➢ Entscheidung über Verteilungstypus einzelner Komponenten des DWH

Problemlösung: Regeln und hilfsmittel

Das Verfahren

Bezüglich des Fertigungstypus der Software gibt es nach der grundsätzlichen Einordnung der Softwarekategorie, wie bereits gezeigt, die Unterscheidungen Standardisierungsgrad und den von der Rechnerorganisation abhängigen Technologietyp. Zur Problemlösung der Technologiefrage sind also mehrere Schritte erforderlich:

- ✔ Fachliche Technologietypen von einzelnen Komponenten
- ✔ Feststellung des Fertigungstypus oder auch des Standardisierungstypus
- ✔ Verteilungstechnologien von Software

Zu empfehlen ist folgende Vorgehensweise:

Verfahren: Bestimmung des Software-Technologietypen der DWH-Komponenten

- ❖ Festlegung des Standardsoftwaretyps bzw. des Fertigungstypus und der Anpassungsfähigkeit der Software
  Ausprogrammierte starre Standardsoftware
  Parametrisierte Standardsoftware
  Fähigkeit zur Komponentenmontage
- ❖ Festlegung von Fachtypen von einzelnen Komponenten
  technisch, kaufmännisch, geographisch, prozesstechnisch, integrativ
- ❖ Festlegung der Verteilungsarchitektur und des Verteilungstypus

Technologietypus

Wesentliche Bedingung für die Entscheidungsfreiheit ist der Markt. Was nützen die besten Vorsätze, wenn der Markt nicht die nötigen Produkte hierfür anbietet? Die Entscheidung des Software-Technologietypus hängt in erster Linie ab

- ✔ von der Bereitschaft des Unternehmens, neue Wege in der Hardwaretechnologie einzuschlagen, bzw. von der Beharrlichkeit, sich auf die altbewährten Technologien zu verlassen:
  ⇒ Beibehalten alter Host/Terminal-Systeme oder
  ⇒ Ablösen durch moderne Client/Server-Architekturen
- ✔ von der Berücksichtigung vorhandener Softwaresysteme: Teile eines DWH sind bereits auf vorhandenen Technologien realisiert
  ⇒ Beibehalten der Host/Terminal-Systeme oder
  ⇒ Integration des Host als Server-Komponente
- ✔ von der Bereitschaft, in die modernste Technologie zu wechseln
  ⇒ Vollständige objektorientierte Anwendungen eventuell mit verteilten Objekten

✔ von der Bereitschaft, Risiken und Verantwortung für die Eigenentwicklung zu übernehmen
⇒ Zukauf von Standardsystemen und Schnittstellenentwicklung oder Eigenentwicklung

✔ von der Flexibilität der Anpassungen

Matrix der Technologietypen

Die Entscheidungsmöglichkeiten der Matrix der fachlichen Klasse sind in diesem Kapitel in den Übersichten dargestellt. Jetzt sind noch die Einzelentscheidungen der drei Technologietypen im Zusammenhang zu betrachten. Hierfür ist die **Matrix der Software-Technologietypen** eine gute Hilfe. Sie hat als Spalten die fachlichen Technologietypen aufgelistet und in den Zeilen ist der Fertigungstyp in abnehmender Standardisierung aufgereiht. Jede der Typenkombinationen kann in verschiedenen Verteilungsarchitekturen aufgebaut werden.

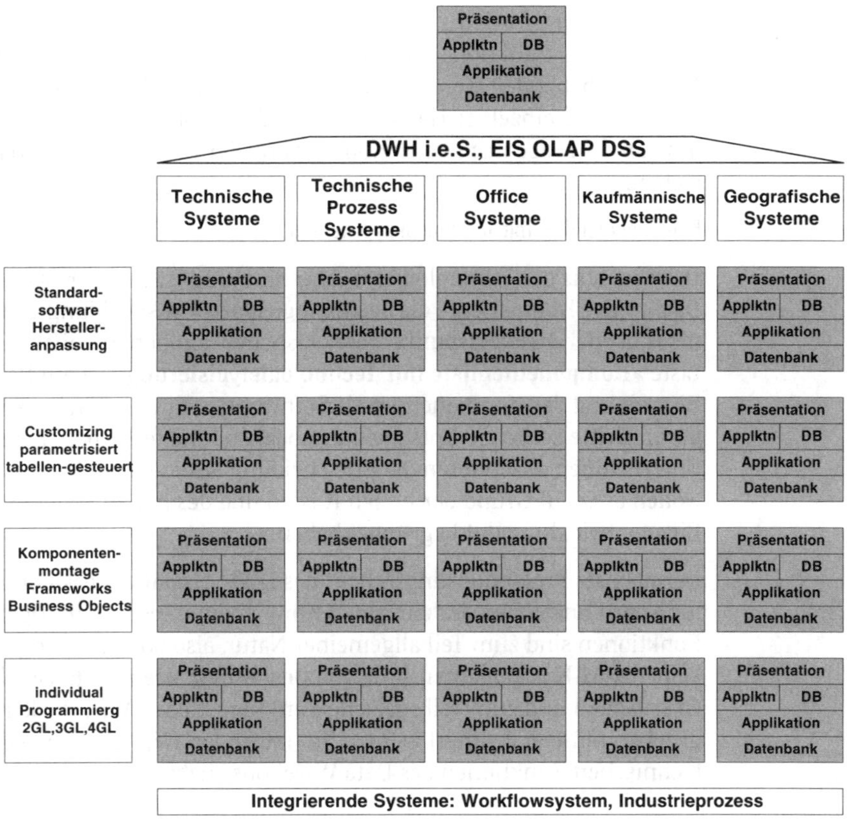

Abbildung 4.17: Matrix der Software-Technologietypen

Für die Entscheidung des Fertigungstyps ist die Ebene und Position des Benutzers von Bedeutung. Je höher die Ebene des Benutzers in der Hierarchie des Unternehmens, desto mehr Selbsterklärung der Software ist erforderlich und umso einfacher muss die Nutzerführung sein. Dies leistet Standardsoftware mit festprogrammierten Dialogen besser als parametrisierbare Software und Individualsoftware, welche der Benutzer erst im Laufe langer, intensiver Nutzung zu beherrschen lernt.

Für die Entscheidung über die Fertigungstypen ist auch die Wettbewerbsrelevanz maßgebend. Systeme, die einen Wettbewerbsvorsprung erzielen sollen, können nicht von der Stange gekauft werden.

Wenn die Komponenten und das Architekturprinzip bzw. der Technologietyp feststehen, kann man den Markt auf die Angebote zu den benötigten Komponenten betrachten und mittels ausführlicher Funktionenlisten die Angebote beurteilen. Für die konkrete Produktauswahl muss eine Evaluationsstudie erstellt werden, die auf die funktionalen Unterschiede der Produkte eingeht. Die Gestaltungsfrage der Evaluationsstudie kann zwar erst nach Beantwortung der Frage der Funktionalität und nach Beantwortung der Frage nach der Methodik behandelt werden, man kann aber jetzt schon feststellen, dass keines der Angebote einzelner Hersteller die Bedarfe vollständig abdeckt. Man wird deshalb die Frage nach einer Kombination der Produkte mehrerer Hersteller stellen.

Komponentenliste mit Technologietypisierung

Das Ergebnis der Technologietypenbestimmung ist in einer Liste festzuhalten. Da zu jeder Komponente die Technologietypen-Entscheidung getroffen werden muss, ist der Ausgangspunkt dieser Liste die Komponentenliste. Die folgende Liste »**Komponentenliste mit Technologietypisierung**« ist ein Beispiel für die Einordnung der Komponenten als Softwaretyp. Für die Nachvollziehbarkeit durch Dritte sollte die Entscheidungsbegründung festgehalten werden. Viele Unternehmen akzeptieren die Entscheidung »Standardsoftware« sehr schnell, wollen aber auf Grund der hohen Kosten und des hohen Erfolgsrisikos eine Eigenentwicklung gut begründet haben.

Der nächste Problemlösungsschritt des DWH-Gestalters besteht in der Aufzählung der Funktionen der einzelnen Komponenten des zukünftigen DWH. Die Funktionen sind zum Teil allgemeiner Natur, also auch für Programme, die keine DWH-Komponenten sind, von Bedeutung, wie zum Beispiel grafische Oberflächen und zum Teil spezielle Funktionen des DWH. Beide Funktionsgruppen müssen definiert werden. Im folgenden Kapitel werden die softwaretechnischen Funktionen des Data Warehouse betrachtet.

DWH-Komponente	Fertigungstyp					Fachtyp						Verteilungstyp						Begründung
	S	P	E	K	I	I	T	K	O	G	P	T	R	A	P	C	M	

Legende:
S – Standard, P – Parametrisiert, E – Enduser -Tools, K – Komponenten, I – Individualentwicklung
T – Technisches System, K – Kaufmännisches System, P – Prozesssteuerungssystem, G – Geographisches System, I – Integratiossystem,
T – Terminal, R – Remote Präsentation, A – Remote Access, P – Peer to Peer, C – Client/Server, M – Mobil

Tabelle 4.7: Muster DWH Komponentenliste mit Technologietypisierung

4.4 Fortsetzungsbeispiel InDaWa

Einleitung

Die Managementebenen wurden schon ausgemacht. Die Frage ist jetzt, welche Technologietypen (Fertigungstyp, Fachtyp, Verteilungstyp) für die aufgeworfenen Fragestellungen der Instandhaltung am Besten geeignet sind und welche Komponenten das InDaWa umfassen soll.

Beispiel

Der Fachtyp ist nicht schwer zu bestimmen, ein Instandhaltungssystem hat sowohl

- ✔ einen kaufmännischen Teil im Verwaltungssystem der Arbeitsaufträge und Kostenabrechnung der Instandhaltungsarbeiten
- ✔ einen technischen Teil mit der Stücklistenzerlegung aller Bauteile, der topologischen Anlagenteilstruktur, den Konstruktionszeichnungen (CAD) der Anlagenteile
- ✔ einen Prozessteil mit dem zeitlichen Produktionsverlauf des Kraftwerks

Da es sich um die Zusammenführung von Daten aus verschiedenen Kraftwerken handelt, muss auf verschiedene Datenbanken und verschieden Systeme zugegriffen werden können.

Beispiel: Bestimmung der Technologietypen

Die gegenüber den ursprünglichen Verwaltungsaufgaben der Instandhaltung neue Fragestellung an die Ereignisse, die zur Instandsetzung führen, fordern eine Erweiterung der Instandhaltungsdatenbasis. Damit ist Individualentwicklung in den bestehenden Instandhaltungssystemen vonnöten.

Für die Schadenserfassung sieht man die Belastungen der Anlagen von der Produktionsleistung verursacht. Man sieht keine aus der geographischen Verteilung der Abnehmer resultierende Belastung und benötigt deshalb kein Geographiesystem.

Die Kostenerfassung wurde in allen Kraftwerken über ein zurückliegendes Großprojekt mit einer betriebswirtschaftlichen Standardsoftware vereinheitlicht.

Die Ergebnisse der Auswertungen werden zu weiteren Betrachtungen, Umordnungen von Spalten und Ergänzung um weitere schriftliche Informationen anregen. Freiheitsgrade dieser Art liefern Enduser-Tools wie z.B. ein Kalkulationsprogramm oder EIS-Tools. Es ist nicht mit weitergehenden Fragestellungen zu rechnen. Der Einsatz soll Mobilität gewährleisten.

Eine streng geführte Nutzerführung durch ein Workflow-Management System ist nicht sinnvoll, da es sich nicht um häufig wiederkehrende Tätigkeiten mit einem festen Ablauf handelt.

Damit ist das Technologietypen-Profil für das Instandhaltungsprojekt InDaWa festgestellt. Das Ergebnis ist in der folgenden Liste zusammengefasst.

- ✔ Individual-Erweiterung der technischen Basisdatenbanken der Kraftwerke mit direktem Zugriff, keine Verarbeitung von CAD-Daten
- ✔ Zugriff auf Daten der Produktionsprozesse
- ✔ keine geographischen Systeme
- ✔ kein Standardsoftware-Einsatz für DWH
- ✔ kein Customizing der kaufmännischen Standardsoftware Kostenrechnung
- ✔ eventuell Makroprogramme und Addins für das Reporting mit Officetools wie Kalkulationsprogramme, Businessgrafiken, Textbausteine
- ✔ keine Integrationskomponenten wie Workflow-Tool

Die Erkenntnisse sind entsprechend dem Diagramm »Softwaretechnologietypen« in der folgenden Grafik als **Technologieprofil** schraffiert hervorgehoben.

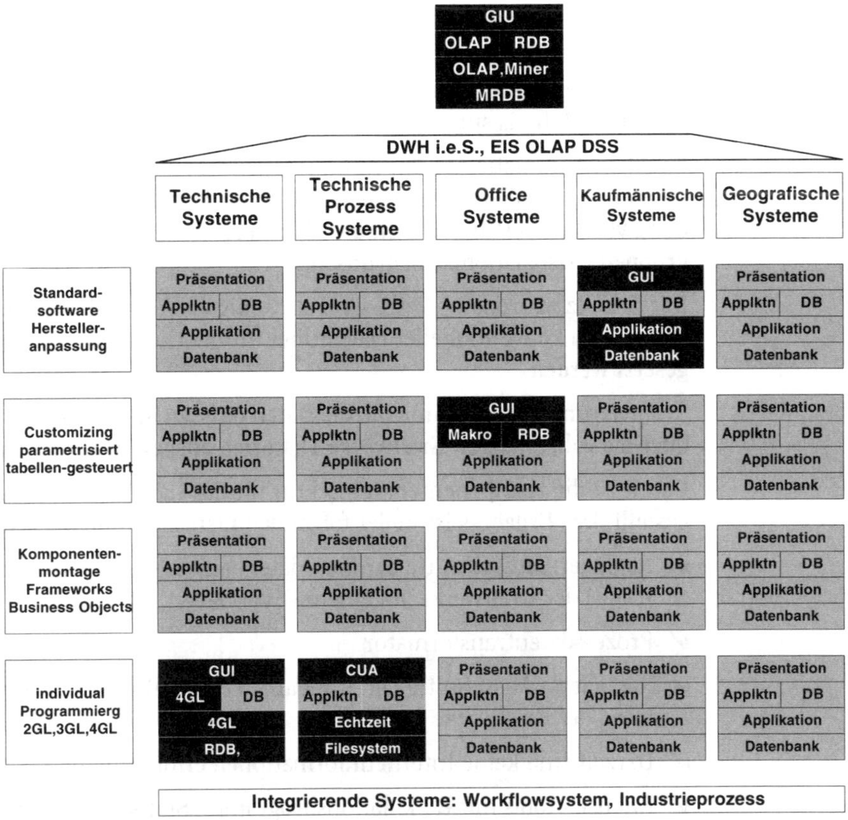

Abbildung 4.18: Beispiel Softwaretechnologietypen - Profil für InDaWa

Nach der Abgrenzung der Technologien wird nun die Komponentensicht mit funktionaler Sicht kombiniert, um zu einem Komponentenbild zu kommen. Das mit Hilfe des DWH-Referenzmodells abgeleitete InDaWa-Architekturdiagramm ist als Lösung im Anhang dargestellt.

Beispiel: Bestimmung der DWH-Komponenten

Um eine Vergleichbarkeit aller Analysen zu garantieren, müssen Schadensmeldungen für alle Zugriffe dieselbe Struktur haben. Damit ist eine fest zu definierende Abfrage mit vordefinierten Reports einzurichten. Da die Basissysteme verschieden sind, gibt es auch kein Standard-Auswertungssystem. Statt die Auswertungen über Zugriffe auf die einzelnen Systeme zu erreichen, wird ein DWH-Server mit replizierter Haltung der für die Auswertung wesentlichen Instandhaltungs- und Prozessdaten und den Kostendaten aus den kaufmännischen Standardsystemen eingerichtet.

Für die Einflüsse auf die Schadensereignisse werden mindestens folgende Faktoren eingeschätzt:

- ✔ Lokation, Belastung, Inspektionsarten, Anlagenteil, Instandhaltungskosten

Damit ist eine Darstellung und Verwaltung im multidimensionalen Würfel eines OLAP-Tools sinnvoll.

Es sollen Automatismen zur Interpretation von Daten eingesetzt werden, um Regeln zu Ausfallerscheinungen abzuleiten. Hier ist speziell die Gruppenbildung von Daten (Clustering), die Ableitung von Beziehungen der Datengruppen (Assoziationen) gewünscht.

Der Einsatz neuronaler Netze wird als wenig zielführend abgelehnt, statt dessen soll ein konventioneller Data Miner für die Hypothesengenerierung eingesetzt werden.

Archivierung ist nicht sinnvoll, die Daten müssen immer in ihrer Gesamtheit über die vollständigen Kraftwerke-Historien ausgewertet werden.

Damit ist die Komponentenarchitektur für das Data Warehouse InDaWa festgestellt. Das Ergebnis ist in der folgenden Liste zusammengefasst.

- ✔ Replizierte Ausschnitte der Basisdatenbanken (Oracle, Informix, Adabas, IDMS) der Kraftwerke auf einem DWH-Server
- ✔ Prozessdatentransformator
- ✔ Replizierte Ausschnitte der Standardsoftware-Module der Kostenrechnung der Kraftwerke
- ✔ Derzeit sind keine Internetinformationen erforderlich
- ✔ Enduser-Tools mit Kalkulationsprogramm, Statistikprogramm
- ✔ EIS-Tools
- ✔ Destktop-OLAP-Würfel mit Desktop-Datenbank

Die Erkenntnisse sind mittels des bereits vorgestellten Referenzmodells in der folgenden Abbildung in eine Komponentenarchitektur für das Instandhaltungs Data Warehouse InDaWa umgesetzt worden.

Gestaltungsentscheidungen

Zusammengefasst ergeben sich damit die folgenden Gestaltungsentscheidungen für das Beispiel Data Warehouse eines Kraftwerkparkes.

Gestaltungsaspekt	Entscheidung	Begründung
ORIENTIERUNG		
ARCHITEKTUR		
Betriebswirtschaftskomponenten ...		
Softwarekomponenten		
Managementebene	operative Managementebene	Organisation der Erfassung von Schäden
	taktische Managementebene	Optimierung Lagerhaltung, Kostenreduktion
Softwaretyp	Individualkomponente	Erweiterung der Basisdaten
	Office System	zur freien Kalkulation
		für ad-hoc-Abfragen
		für Standardanalysen
DWH-Komponenten	OLAP-Würfel mit Client-Tools	multidimensionale Problematik
	EIS-Tools	für spontane Dialoggestaltung
	Prozessdatenwandler	analog/digital-Wandlung
	Middleware für ADABAS, Informix, Oracle, IDMS	Zugriffe auf vorhandene Datenbestände
	Office-Tools	Ergebnisberichte, Dokumentenmontage
	Statistik-Tools	individuelle kleine Auswertungen
Hardwarekomponenten ...		
Organisationskomponenten ...		
VORGEHENSMODELL		

Tabelle 4.8: Entscheidungschart InDaWa, Softwarekomponenten

4.5 Übungen

Übung (mit Lösung) 4.1: Beurteilungskriterien OLAP-Produkte

Entwerfen Sie eine systematische Liste von Funktionen mit Beurteilungskriterien zur Produkt-Präsentation eines Herstellers für OLAP-Produkte.

Modul	Fragestellung	Auswertungskriterien

Übung 4.2: Funktionsbedeutung

Geben Sie zu jeder Funktion der vorangestellten Übung die Konsequenzen Ihres Fehlens an, nach den Kriterien:

- ✔ **Verzichtbar:** nur ergonomisch von Bedeutung
- ✔ **Ersetzbar:** mit anderen Funktionen kann man sich mit vertretbarem Aufwand behelfen

- ✔ **Unverzichtbar:** wichtige Fragen können nicht erledigt werden

Übung 4.3: DWH-Referenzmodelle

Entwerfen Sie anhand des DWH-Referenzmodelles ein in sich abgeschlossenes, funktionsfähiges Teilsystem mit zwei Datenquellen.

Übung 4.4: Technologietyp

Was bedeuten die Begriffe Fertigungstyp, Anwendungstyp, Verteilungstyp, Fachtyp? Geben Sie zu jedem Begriff Beispiele.

Übung 4.5: Spezielle Funktionen

Schildern Sie die Bedeutung und die wesentlichen Charakteristika der folgenden Funktionen:

- ✔ ABC-Analyse
- ✔ Portfoliomatrix
- ✔ Multiwürfel
- ✔ Entscheidungsbaum

Übung (mit Lösung) 4.6: DWH-Architektur InDaWa

Entwerfen Sie zu den Ausführungen im Beispiel InDaWa im vorangegangenen Unterkapitel mit Hilfe des DWH-Referenzmodells die InDaWa DWH-Architektur.

Übung (mit Lösung) 4.7: Entscheidungsgang Gestaltung Datenbankmanagementsystem

Spielen Sie mit Hilfe der Grafik »Entscheidungsgang der DWH-Gestaltung« die Gestaltungsentscheidungen für die Komponenten eines Datenbankmanagementsystems bis zur Ebene Ihnen bekannter Produkte durch.

Übung 4.8: Entscheidungsdurchlauf IT-Kategorie Software

Versuchen Sie mit Hilfe des Entscheidungsfeldes Softwarearchitektur einen Entscheidungsdurchlauf mit folgenden Einschränkungen zu entwerfen:

- ✔ Als Softwarekomponente kommt nur ein Standardsoftware-Hersteller in Frage.
- ✔ Die Standardsoftware enthält eine Basisdatenbank, deren Hersteller auch für das DWH ausgewählt werden soll.

4.6 Zusammenfassung der Entscheidungsgänge

In der folgenden Grafik ist der Entscheidungslauf der softwaretechnischen Gestaltungskomponenten zusammengefasst. **Der Entscheidungslauf zur Softwarearchitektur** hat vier Entscheidungsgänge: die Festlegung des Anwendungstyps, die Bestimmung des Technologietyps, die Festlegung des Fertigungstyps und die Festlegung des Fachtyps.

Erster Entscheidungsgang

Zunächst wird im **ersten Schritt des ersten Entscheidungsganges** auf der Ebene des Systemtyps der **Anwendungstyp** abgegrenzt. Das ist mit der Wahl, ein DWH zu konstruieren, bereits geschehen. Ist der Anwendungstyp definiert, kann auf der Ebene der Komponenten weiter detailliert werden. Zum Beispiel könnte die zum Systemtyp DWH gehörige Komponente »Data Mining Tools« interessant sein.

Im **zweiten Schritt des ersten Entscheidungsganges** sind die Systemkomponenten zu definieren, die durch die unterschiedlichen Aufgaben der Anwenderebene bedingt sind. So ist z.B. für die Aufgabe »Finden von Zusammenhängen« die Komponente Data Mining nötig.

Je nach gewählter Komponente unterscheiden sich die zu Modulen oder Funktionen gruppierten Funktionen. Diese werden im **dritten Schritt des ersten Entscheidungsganges** gefunden. Zuerst sind die allgemeinen über das gesamte DWH homogenen Funktionen zu definieren. Danach sind die für die Komponente typischen Funktionen festzulegen. Für die Komponente Data Mining ist das z.B. die Funktionalität der Funktionengruppe zur Hypothesenbildung.

Der **vierte Schritt des ersten Entscheidungsganges** ist erforderlich, um nach der Bestimmung der Module die Funktionen festzustellen.

Der Durchlauf durch die Gestaltungsentscheidungen des ersten Entscheidungsganges wird am Beispiel des Entscheidungswegs Technologietyp in der folgenden Darstellung deutlich:

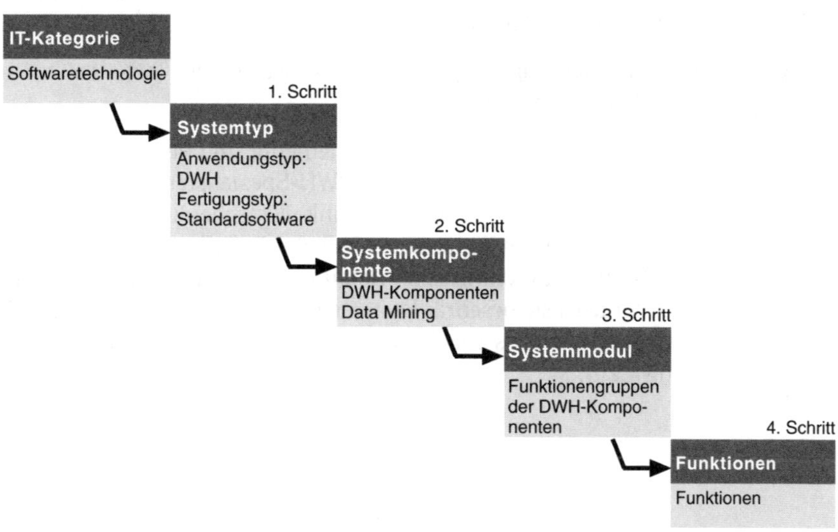

Abbildung 4.19: Erster Entscheidungsgang

Zweiter Entscheidungsgang

Nach der Festlegung der Komponentenstruktur und der Ermittlung ihrer Funktionen im Einzelnen wird im **zweiten Entscheidungsgang** eine Entscheidung über den **Fertigungstyp** getroffen. Das heißt, es wird festgestellt, ob das System mit den gewünschten Komponenten als Produkt beschafft werden kann, ob eine Eigenentwicklung erforderlich ist oder ob die gewünschte Funktionalität dem Nutzer als Office-Makro zur Selbsterstellung zugemutet werden kann.

Dritter Entscheidungsgang

Im **dritten Entscheidungsgang** wird der **Fachtyp** festgelegt. Die verschiedenen Fachtypen sind mit unterschiedlichen Architekturen und Technologien realisiert und unterschiedlich in Komponenten zerlegt. Für die verschiedenen Komponenten wurden unterschiedliche Technologien entwickelt. Eine geographische Datenbank eines geographischen Systems ist z.B. anders organisiert als die relationale Datenbank eines kaufmännischen Systems oder eine technische Datenbank einer technischen Applikation. Mit diesen verschiedenen Technologien muss ein DWH kooperieren können.

Vierter Entscheidungsgang

Im **vierten Entscheidungsgang** wird der **Verteilungstyp** festgelegt. Der Verteilungstyp gibt die Verteilung der einzelnen Komponenten über die Hardwarearchitektur an. Dabei können alle Komponenten auf einem Rechner installiert sein. Es können auch einzelne Komponenten in mehreren Schichten zerlegt und auf verschiedenen Rechnern platziert sein. Dies ist zum Beispiel für mobile Lösungen erforderlich.

Die Entscheidungsgänge zwei bis vier wurden im Text als »Technologietypen«-Entscheidung parallel abgehandelt.

Die verschiedenen Systemtypen-Elemente sind unterschiedlich tief zu detaillieren. Dies liegt im Ermessen des DWH-Spezialisten. Diese unterschiedlichen Detaillierungsgrade bringt die Grafik »Entscheidungsgang Data Warehouse Gestaltung« durch die unterschiedliche Aufteilung der Boxen zum Ausdruck. Die Grafik gibt nicht in allen Detaillierungsstufen eine vollständige Klassifikation, sondern sie beschränkt sich der Übersichtlichkeit und der Erkenntnis des Zerlegungsprinzips zuliebe auf die wichtigsten Unterteilungen (siehe Abbildung 4.20).

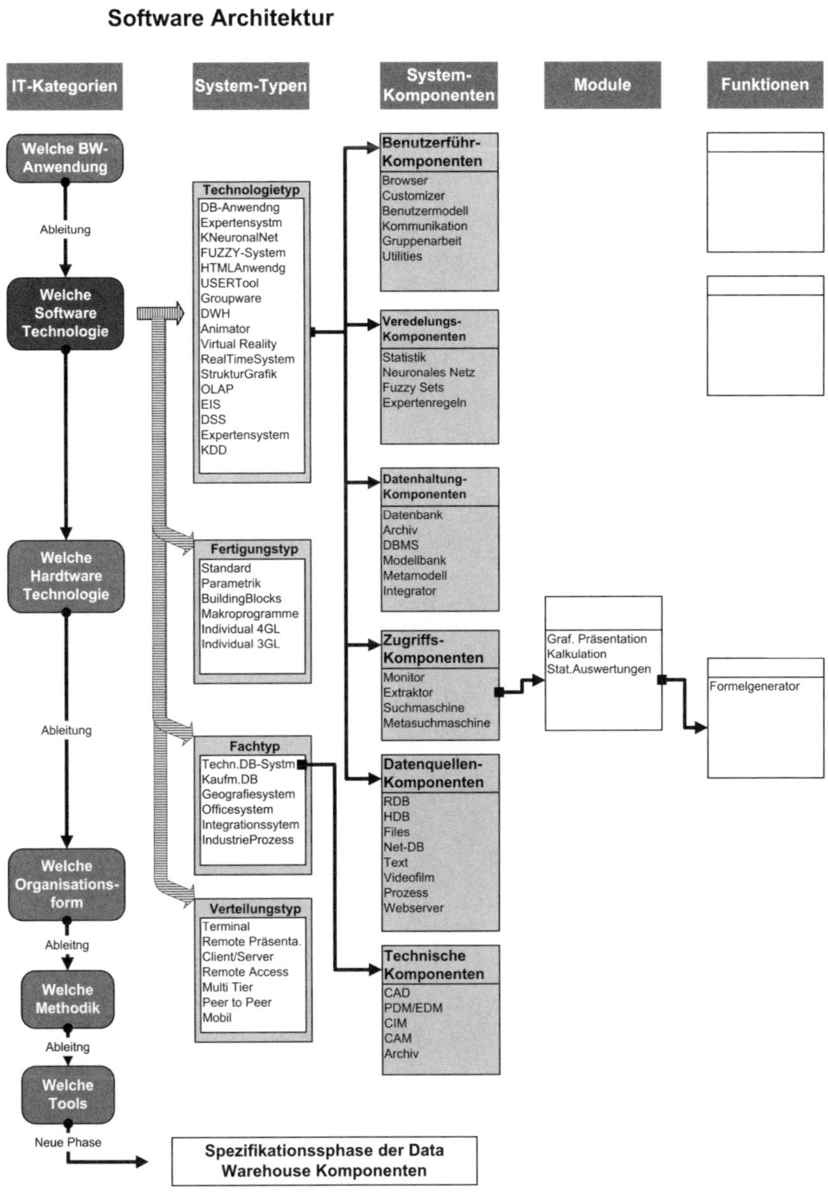

Abbildung 4.20: Entscheidungsgang Data Warehouse Architektur: Softwarekomponenten

Abbildung 1.20: Entscheidungsfindung Data-Warehouse-Architektur: Softwarekomponenten

KAPITEL 5

5 Welche Hardwarekomponenten und Netzinfrastrukturen sind für den Betrieb eines DWH erforderlich?

Einleitung

Das DWH bezieht Daten von vorhandenen Systemen und gibt diese weiter an andere Systeme. Ein DWH ist aus Softwaresicht ein Softwaresystem, das mit bereits vorhandenen, auf verschiedenen Rechnern liegenden Softwaresystemen kooperiert und auf ihren Leistungen aufbaut. Ein DWH umfasst selbst eine Reihe von kooperierenden Programmen, d.h. ein Softwaresystem. Programme benötigen mindestens einen oder mehrere Computer, um ablaufen oder betrieben werden zu können. Die Softwaresysteme, mit denen das DWH kooperiert, laufen überwiegend auf anderen Computern als das DWH selbst. Zwischen diesen Systemen findet Kommunikation statt. Um kommunizieren zu können, müssen diese Systeme verbunden sein. DWH-Systeme operieren auf Hardwaresystemen.

Das bedeutet, dass zur Gestaltung eines DWH verschiedene Hardwareaspekte in die Entscheidungen einzubeziehen sind. Diese Hardwareaspekte betreffen den oder die Computer, auf denen das DWH-System ablaufen bzw. ausgeführt werden soll und auf denen Basisdaten verwaltet werden. Diese Computer sind die **Arbeitsplatzrechner** der Benutzer und die Systeme mit den Basisdaten, die **Server.** Mit Typ und Bauart des Rechners ist auch das **Betriebssystem** festzulegen.

Da verschiedene Rechner miteinander kooperieren müssen, muss auch das Medium zwischen den Rechnern, die Verbindung zwischen diesen Rechnern, in die Betrachtung mit einbezogen werden. Dieses Medium ist das Lokale Netzwerk oder in englischer Sprache das **Local Area Network,** kurz **LAN.** Wenn man bedenkt, dass in großen Unternehmen die Basisdaten über Kontinente verteilt sind, muss sogar die Kommunikationsverbindung zwischen diesen Ländern, das **Wide Area Network,** kurz **WAN,** einbezogen werden.

Durch die enorme Leistungsfähigkeit der LAN/WAN-Technologien entstehen viele Möglichkeiten, die Rechner weltweit zu verteilen und die Komponententechnologie der Software bietet weitere Möglichkeiten, die Softwareteile auf diesen Rechnern zu verteilen. Das **Allokationsproblem** ist zu lösen. Im Zusammenhang mit dem Allokationsproblem ist die **Client/Server-Architektur** mit Technologien zur Kooperation verteilter Softwarekomponenten von Bedeutung.

Der entsprechende Kapitelaufbau ist deshalb wie in folgender Grafik dargestellt.

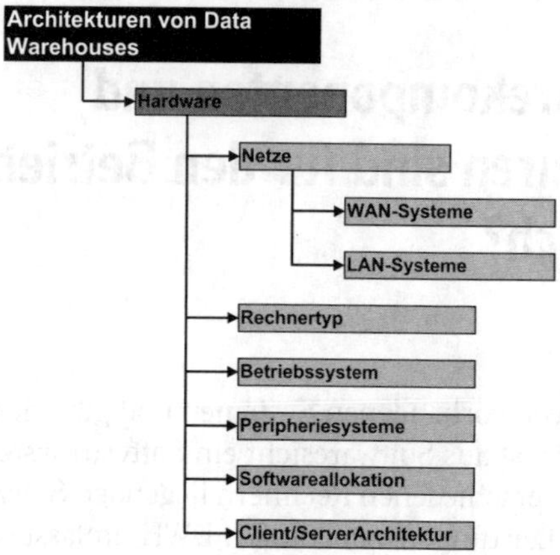

Abbildung 5.1: Übersicht Kapitel Hardwarearchitekturen

Lernziel

Der DWH-Spezialist gestaltet die Hardwareausstattung des DWH nicht selbst, das machen der Netzwerkspezialist und der Rechnerspezialist. Die Lernziele des Kapitels umspannen deshalb das Wissen, das erforderlich ist, um die Hardwareanforderungen für den Hardwarespezialisten zu formulieren. Der DWH-Spezialist muss dazu die Grundbegriffe von Rechnernetzen beherrschen.

Lernziele:

- Definition der Anforderungen an das für ein DWH erforderliche WAN
- Vorgabe der Anforderungen an die für ein DWH erforderlichen LAN-Komponenten
- Festlegung der DWH-Serveranforderungen
- Definition der für ein DWH erforderlichen Arbeitsplatzrechnerkonfiguration
- Aufzählung der Peripheriekomponenten und ihrer Schnittstellen
- Erkennen der Bedeutung der Auswahl des Betriebssystems und des Zusammenhanges der Auswahl mit dem Rechnertyp
- Beurteilung der Verteilung von Software auf Rechnern

5.1 Netzkomponenten für den Betrieb des DWH

Prinzip des Informationsweges im DWH-Netz

Die folgende Prinzipskizze zeigt die Besonderheit des Rechnernetzes des DWH im Vergleich zu einem Datenbankapplikations-Netz.

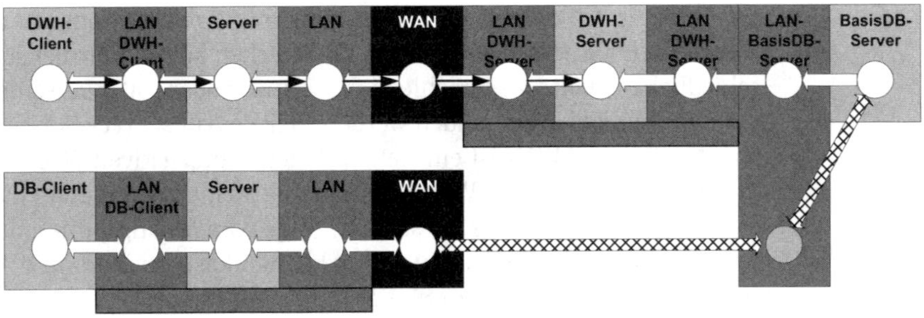

Abbildung 5.2: Prinzipskizze Informationsweg im DWH-Netz

Der Vorgang der DWH-Recherche startet beim Anwender, der Informationen von einem DWH-Server geliefert bekommen möchte. Der **DWH-Anwender** schickt von seinem PC, dem **DWH-Client,** aus eine Anfrage über sein Lokales Netz, kurz **LAN,** des Gebäudes, dem **DWH-Client-LAN,** zum Server, der dieses lokale Netz verwaltet, bedient und steuert, dem **LAN-Server.** Dieser Server leitet die Anfrage über weitere Lokale Netze des Unternehmens, die zum Beispiel in anderen Stockwerken oder anderen Gebäuden des Betriebsgeländes liegen können, in das öffentliche oder private globale Netz, das **Wide Area Network,** kurz **WAN.** Über das WAN wird die Anfrage entsprechend der vom Client-LAN-Server mitgegebenen Standort-Adresse in das LAN geleitet, das den DWH-Server umfasst, zum **DWH-Server-LAN. Der** DWH-Server wird mittels seines Lokalen Netzes (LAN DWH-Server) über das Lokale Netz des Datenbankservers vom Datenbankserver mit Basisinformationen versorgt. In umgekehrter Reihenfolge werden die Daten der gewünschten Anfrage über die genannten LANs und das WAN an den Client-PC geliefert. In Datenbankapplikationsnetzen ist kein DWH-Server als konsolidierende Komponente vorhanden, und die Datenmengen fließen in zwei Richtungen. In einer Richtung findet die Eingabe, Löschung, Änderung und das Kopieren vorhandener Daten vom Datenbank-Client-Rechner statt. In der Gegenrichtung wird der Datentransfer gemäß den Anwenderanfragen analog geliefert.

Notwendigerweise müssen Unternehmen als offene Systeme mit anderen Institutionen, Unternehmen und technischen Anlagen kommunizieren. Wenn die Kommunikation DV-gestützt stattfinden soll, sind hierfür technische Verbindungen, sogenannte **Kommunikationsnetze** in die Unternehmensumwelt erforderlich. In der Regel sind bereits externe Netze vorhanden, so dass der Schwerpunkt des Entscheidungsspielraumes in Anbindungsfragen liegt. Anders ist die Entscheidungslage für interne Netze. Hier ist ein komplexes Gestaltungsproblem von Konzeption und Beschaffung zu lösen. Dies ist aber nicht die Aufgabe der DWH-Spezialisten, sondern der Netzwerkspezialisten.

5.1.1 Wide Area Network

Problemstellung und Motivation

Das **Wide Area Network,** kurz **WAN** genannt, verbindet voneinander entfernte Standorte über Leitungen. Über WAN-Strecken können Firmenstandorte unterschiedlicher Städte, unterschiedlicher Länder oder sogar verschiedener Kontinente miteinander verbunden werden. Der Begriff »Strecke« ist dabei schon zu eng gewählt, das WAN ist ein Netz mit vielen alternativen Strecken. Dem Anwender erscheint das WAN im Augenblick einer Verbindung immer als Strecke. Das liegt daran, dass für seine Anfrage vom Anfangspunkt, dem Eintrittspunkt in das Netz, eine der augenblicklichen Lastsituation im WAN-Netz entsprechende optimale Strecke bis zum Endpunkt ausgewählt wird. Die Auswahl dieser Strecke kann auch kostendynamisch erfolgen. Das bedeutet, dass immer dann, wenn ein Anwender anfragt, eine Software den im Augenblick preiswertesten Weg durch das Netz sucht. Die Verbindung kann aber auch statisch, also durch eine feste Verbindung, vorbestimmt sein. Eine feste Verbindung kann z.B. eine vorher festgelegte Funkstrecke oder ein bestimmtes Kabel sein.

> **Definition: Wide Area Network**
>
> Ein **Wide Area Network,** kurz **WAN,** ist das System der überregionalen Kommunikationsverbindungen von EDV-Systemen, einschließlich ihrer Verbindungskomponenten, einschließlich der Softwarefunktionen der Verbindung. Das Wide Area Network wird von einem **Provider** betrieben und vermietet. Die Leitungsnutzung wird um Provider-Dienstleistungen, **Mehrwertdienste,** ergänzt.

Aus der Sicht der Betriebsart gibt es demnach zwei wesentliche **Leitungstypen:**

- ✔ **Direktverbindung oder Standleitung** mit dauerhaft zur Verfügung stehender Verbindung (Festverbindung) in einer verabredeten Kapazität und Qualität
- ✔ **Frame Relay,** ursprünglich virtuelle Festverbindungen von Lokalen Netzen, neuerdings auch mit Wählverbindung in einer verabredeten Kapazität

Für die Übertragung der Informationen stehen unterschiedliche Medien zur Verfügung. Das können z.B. folgende von einem die erforderliche Infrastruktur und die Wegerechte besitzenden Vermieter zur Verfügung gestellten WAN-Leitungen sein

- ✔ Glasfaserkabel
- ✔ Kupferkabel

- Funkwellen, z.B. Richtfunkwellen, Kurzwellenfunk
- Lichtstrahlen, z.B. Laserstrahl

Eine Verbindung wird mittels Software und Steuergeräten unterhalten. Das oben genannte Suchen des preiswertesten Weges, das sogenannte **Least-Cost-Routing** oder das Verpacken von Informationen zu Datenpaketen mit bestimmten Übertragungseigenschaften wird von einer speziellen Software durchgeführt. Die Software leistet auch die Steuerung der Umsetzung der Signale bei einem Medienwechsel, z.B. von einem Lichtimpuls in eine Spannungsänderung eines elektrischen Stromes. Die Software wird in sogenannten aktiven Netzkomponenten, Medienkonvertern und in Rechnern ausgeführt. Aus logischer Sicht können diese Verbindungen sein

- ISDN
- Satellitenfunknetz
- GSM
- Telefonfestnetz
- Fernsehkabel-Netz
- ATM

Vernetzungsstrukturen von EDV-Komponenten sind in unterschiedlicher Ausprägung, mit unterschiedlichem Abdeckungsgrad und mit unterschiedlichsten Technologien weltweit realisiert. WANs können im Eigentum von privaten Firmen, von staatseigenen und auch von privatisierten Telekommunikationsgesellschaften sein. Großunternehmen wie die großen Hardwarehersteller und die staatlichen und privatisierten Telekommunikationsunternehmen sind in der Lage, bezüglich ihrer DWH-Anforderungen länderübergreifende Leitungen für Datenverkehr zu verlegen. Von Privatpersonen und kleinen Unternehmen können diese vorhandenen Infrastrukturen gar nicht oder nur unwesentlich beeinflusst werden. Für den DWH-Spezialisten ist daher die vorhandene WAN-Situation zu erfassen, und seine weiteren Gestaltungsentscheidungen sind von diesen Erkenntnissen ausgehend fortzusetzen.

Provider

Da ein DWH über Leitungen mit den verschiedenen Lokationen des Unternehmens kommunizieren muss, sind solche Leitungen für die Nutzung bei den Leitungseigentümern, sogenannten **Providern,** zu bestellen. Große Unternehmen besitzen mitunter eigene Leitungen, so dass zunächst eine interne Leitung bestellt werden muss und zur internen Leitungsbestellung nur eine externe Leitungs-Lückenschließung hinzubestellt werden muss.

Für die Arbeiten mit und im WAN bieten die Leitungs- und Netzbesitzer, also die Provider, verschiedene Dienste und spezielle Funktionen neben der Leitungsnutzung an. Solche Dienste sind zum Beispiel zentrale Mailboxen, Rufumleitungen, Konferenzschaltungen, Auskunftsdienste und Internetanbindung. Da solche Dienste auf der Basis einer bestehende Infrastruktur angeboten werden, wird von einer sogenannten **Mehrwertleistung** gesprochen. **Provider** bieten also Mehrwertdienstleistungen und Leitungsnutzung an.

WAN-Komponenten

Ein WAN beginnt bei der Ankoppelung der LANs und der Haustelefonanlage oder auch einer Hausvideoanlage an ein überregionales Leitungssystem wie z.B. das Postnetz. Diese Ankoppelung des LAN an ein WAN wird über Geräte, sogenannte **Router** hergestellt. Router gehören zu den sogenannten **aktiven Komponenten.** Vom Router fließen die Informationen in die eigentliche **Verbindungsstrecke;** diese besteht aus terrestrischen Kabeln, die zu Sendern und von da über Funkstrecken zu Funkempfängern führen; von dort werden die Informationen wieder in terrestrische Kabel eingespeist. Die Router können selbst beschafft und installiert werden, oder sie können vom Provider installiert und mit der Leistungsnutzung mit vermietet werden.

Lasten und Kapazität

Die Leitungsmiete ist umso teurer, je größer die bestellte **Leitungskapazität,** also der pro Zeit erforderliche Datendurchfluss der Leitung ist. Ziel ist deshalb, die Leitungen zwischen den Standorten gerade so groß zu wählen, dass die Antwortzeiten durch die Benutzerzugriffe für die Anwendungen der erforderlichen Arbeitsergonomie entsprechen.

Die durch die Leitungen transportierten Datenmengen hängen von den Datentypen und den Dokumentenarten ab. Reine Zahlensammlungen benötigen weniger Kapazität als Textdokumente, Textdokumente benötigen weniger als Spreadsheets, diese wiederum weniger als Grafiken, Grafiken weniger als CAD-Zeichnungen und diese weniger als Videosequenzen.

$$\text{Zahlenliste} < \text{Textseite} < \text{Kalkulationssheet} < \text{Businessgrafik} < \text{CAD-Zeichnung} < \text{Videosequenz}$$

Die **Leitungskapazität** und die **Datenübertragungsrate** werden als Datendurchsatz pro Zeiteinheit gemessen. Wobei der Datendurchsatz in der kleinsten Dateneinheit »**Bit**« und die Zeiteinheit in Sekunden gemessen wird:

Leitungskapazität = Datendurchsatz/Zeit [Bit/Sekunden]

Die vermutete anfallende Last wird berechnet aus der durchschnittlichen parallelen Zugriffsanzahl der Benutzer, der Benutzerzahl, der Größe der Dokumente und der Anzahl der pro Zugriff zu transportierenden Dokumente. Als Annäherungswert ist folgende Formel nützlich:

Leitungslast = durchschnittliche Zugriffsanzahl pro Benutzer in der Sekunde · Benutzerzahl · Gleichzeitigkeitsfaktor des Zugriffs · Dokumentenanzahl pro Zugriff · durchschnittliche Dokumentengröße [Bit/Sekunden]

Alternativ zur Einheit »Bit« wird oft auch die Einheit **Byte** = 8 Bit zur Angabe von Zeichenmengen verwendet.

Die Maßeinheit [Bit/Sekunde] für die **Datenübertragungsrate** wird oft mit **Baud,** dem Maß für die Schrittgeschwindigkeit, verwechselt, die eine Schritteinheit pro Sekunde darstellt. Baud = Bit/Sekunde gilt nur bei binärer Übertragung, also wenn ein Übertragungsschritt ein Bit ist.

Die Leitungskapazitäten werden nicht in beliebigen Größen zur Miete zur Verfügung gestellt, sondern in Abstufungen. Die zu bestellende Leitung ist also die zur berechneten Leitungslast nächstgrößere angebotene Leitungskapazität. Die angebotenen Stufen von Leitungskapazitäten sind z.B.:

2,4 kBit < 4,8 kBit < 9,6 kBit < 16 kBit < 64 kBit < 128 kBit < 256 kBit < 2 MBit < 34 MBit < ...

Visualisierung

WANs können sehr komplex sein, so dass sich eine symbolisierte Darstellung zur Übersicht empfiehlt. Zur Visualisierung des WAN bedient man sich eines **WAN-Diagrammes.** Die Informationen, die ein solches WAN-Diagramm enthalten muss, sind

- ✔ die Standorte
  entweder symbolisch entsprechend ihrer topographischen Lage auf dem Diagramm verteilt oder in einer geographischen Karte hervorgehoben
- ✔ die zwischen den Standorten bestehenden Verbindungen
- ✔ die Kapazität der Verbindungen

Das Diagramm kann noch ergänzt werden durch die Betriebsart der Leitung, z.B. Standleitung, Frame Relay, und durch Kennzeichnung eigener Anlagen. Eventuell ist auch eine Klassifizierung der Standorte z.B. in Produktionsstätte, Hauptverwaltung, Büros sinnvoll. Mitunter kann auch ein Hinweis auf die physische Ausführung wie Funkstrecke, Richtfunkstrecke, Satellitenfunkstrecke, Glasfaserkabel nützlich sein.

Beispiel

In der folgenden Abbildung ist ein Beispiel für ein WAN, das WAN der deutschen Fluggesellschaft Lufthansa, mit Kapazitätsangaben dargestellt. Man sieht, dass die Lufthansa mehrere Standorte unterhält und diese in den deutschen Großstädten angesiedelt sind. Die Standorte beherbergen mehrere Typen wie Büro, Hauptverwaltung, Flugstation, Buchungszentrum, die innerhalb eines Standorts teilweise ebenfalls durch WAN-Strecken verbunden sind.

Bezüglich der Kapazitätsangaben im Diagramm bedeutet z.B. 2M eine Kapazität von 2Megabit ($2 \cdot 10^6$) Bit Informationen und 64 k eine Kapazität von $64 \cdot 1.000$ Bit.

Die Standorte der Lufthansa AG sind durch weiße Kreise gekennzeichnet. Einige Standorte sind über ein Frame Relay verbunden, wie z.B. die Verbindung zwischen Leipzig und Nürnberg.

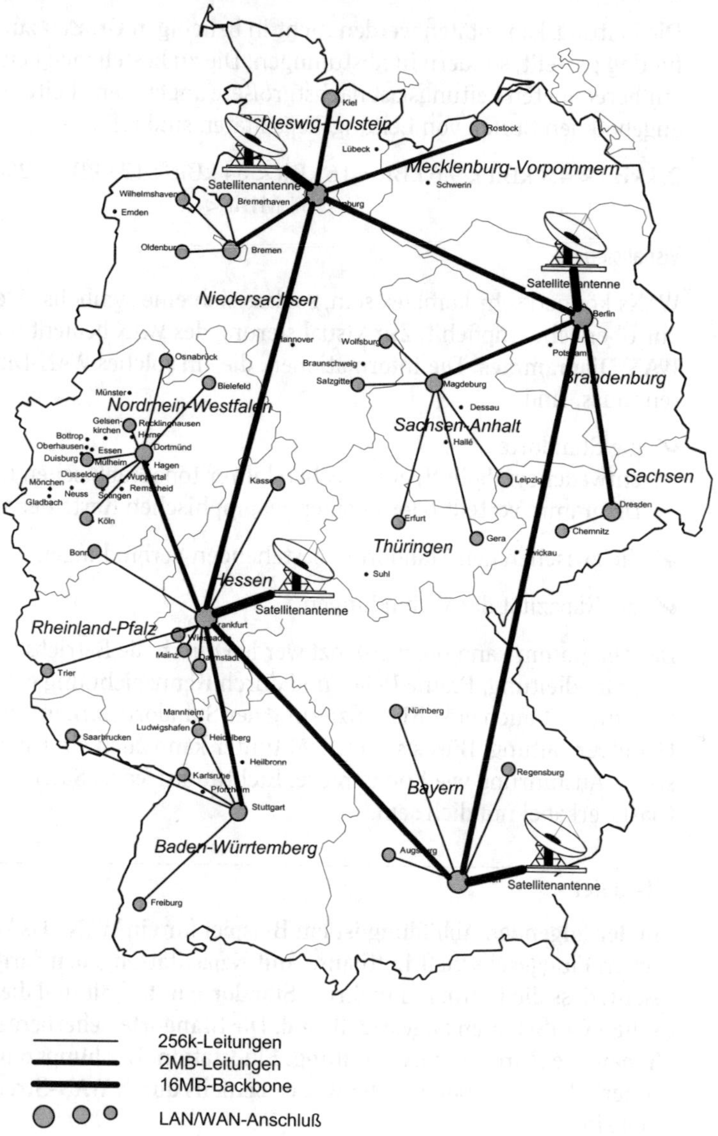

Abbildung 5.3: Das WAN der deutschen Lufthansa AG

Gestaltungs- und Lösungsmöglichkeiten

Der Umfang des zu gestaltenden Gesamt-Netzes des DWH ist mit LAN, WAN und Netzkomponenten nach Gerätetypen, Produkten, Dienstleistern, Topologien und Technologien umrissen. Es ist nicht die Aufgabe des DWH-Spezialisten, ein Kommunikationsnetz zu entwerfen. Er muss wissen, dass die Komponenten des DWH über ein Kommunikationsnetz in Verbindung stehen und Daten austauschen. Diese Kommunikationswege sind für die Performance, für die Verfügbarkeit und überhaupt für die Erreichbarkeit von Datenquellen maßgebend. Eine Datenquelle, zu der keine Netzverbindung besteht, kann nicht angefragt werden. Der DWH-Spezialist muss so viel von einem Kommunikationsnetz verstehen, dass er mit dem Netzspezialisten besprechen kann, was gebraucht wird.

Die Anforderungen, die der DWH-Spezialist dem Netzspezialisten übergeben muss, sind Lastanforderungen, Lokationen der Benutzer und Lokationen der Datenquellen. Hinzu kommt noch eine gewisse Bedeutung der Verfügbarkeit aus der Sicht der Benutzer. Die lokale Verteilung der Benutzer ist meistens vorgegeben, da ein Unternehmen, das ein DWH betreiben will, sicherlich schon andere Datenbankanwendungen betreibt, sonst hätte das DWH keine Rohdaten.

➢ Feststellung der Datenquellen nach Lokation, Rechnertyp, Betreiber der Datenquellen

Es muss nicht an jedem Ort der Welt, an dem das Unternehmen tätig ist, der gesamte Umfang der DWH-Daten zur Verfügung stehen. Für die eingeschränkte Sicht auf das DWH hat man die Möglichkeit, Ausschnitte aus dem Gesamtvolumen herauszugreifen und lokal zu verteilen. So genügt es zum Beispiel einer amerikanischen Niederlassung, einen DWH-Ausschnitt der amerikanischen Daten lokal vorzuhalten. Damit ist die Verteilbarkeit eines DWH auf verschiedene lokationsnahe Server angesprochen. Die Gestaltungsentscheidung des DWH-Spezialisten besteht damit in der Platzierung der DWH-Server im komplexen Netz des Unternehmens und in den Verbindungen zur Daten liefernden Außenwelt.

➢ Bestimmung der Anwender mit Hilfe der Systemverzeichnisse mit Lokation, vorhandene Netze

➢ Berechnen der Datenflüsse

➢ Festlegen der Serverlokationen

➢ Information einholen zur Feststellung der Netzprovider durch Netzplaner

➢ Erstellung eines Netz-Schaubildes

Der Wandel der Anforderungen bringt eine weitere Gestaltungsaufgabe mit sich: die Einschätzung der Zukunft bezüglich steigender Belastungen der Netze. Dies kann durch umfangreichere Applikationen oder durch vergrößerte Benutzerzahlen kommen. Der DWH-Spezialist muss also seine DWH-Anforderungen so formulieren, dass die Netzplaner bei der Auswahl und Konfiguration ihrer Komponenten Skalierungsmöglichkeiten berücksichtigen können.

- ➢ Skalierungsprognose erstellen nach User, Applikationen, Datenmengen, Erschließung neuer Niederlassungen, Wachstum der vorhandenen Niederlassungen, Entwicklung bzw. Beschaffung neuer zu integrierender Basisapplikationen, Erschließung neuer externer Datenquellen

Problemlösung: Regeln und Hilfsmittel

Das Verfahren

Ob die LAN's der Niederlassungen über Satellitenfunk oder Erdkabel zu einem WAN verknüpft sind, ist für den DWH-Spezialisten ohne Bedeutung. Diese Fragen gehören nicht zu seinen Gestaltungsaufgaben. Der DWH-Spezialist sollte nur die Netzkomponenten von Namen und Funktion her kennen, um sich mit Anwendern und Netzplanern verständigen zu können. Diese werden die Vorgaben mittels ausgewählter Technologien und konkreter Produkte umsetzen.

Hierzu gehört:

- ✔ Feststellung der lokalen Verteilung der Nutzer und der dort zu installierenden Software
- ✔ Feststellung der Lokationen der erforderlichen externen Datenquellen und der Betreiber

Die folgende Reihenfolge des Vorgehens (kursiv dargestellte Schritte sind vom Netzspezialisten durchzuführen) hat sich bewährt.

Verfahren: Bestimmung der Anforderungen an die DWH-Netzarchitektur

- ❖ Feststellung der Datenquellen, später eintragen in das **Referenzschema DWH-Netz**
  Lokation
  Rechnertyp
  Betreiber der Datenquellen
- ❖ Bestimmung der Anwender
  Lokation
  vorhandene Netze
  aus Systemverzeichnissen
- ❖ Erstellung **Netzschema**
  Entwurf anschauliche Netzgrafik mit vereinbarter **Symbolebibliothek**
- ❖ Skalierungsprognose mittels **Skalierungsschema** erstellen nach User, Applikationen, Datenmengen
  Erschließung neuer Niederlassungen
  Wachstum der vorhandenen Niederlassungen
  Entwicklung bzw. Beschaffung neuer zu integrierender Basisapplikationen
  Erschließung neuer externer Datenquellen
- ❖ *Bemessung der Komponenten und Leitungen mit Hilfe der **Datenflussmatrix***

- *Information einholen zur Feststellung der Netzprovider durch Netzplaner*
- *Bestimmung der Provider mittels* ***Providercheckliste***
  Bestimmung der zu bestellenden Leitungskapazitäten
  Bestimmung der WAN-Leitungsart (ISDN, ATM, Standleitung, Frame Relay...)
  Festlegung der Bezugsform der Router und Medienkonverter
  Bestimmung der Mehrwertdienste

Die kursiven Schritte sind nicht vom DWH-Spezialisten, sondern vom Netzwerkspezialisten auszuführen.

Netzschema

Das Ergebnis der Gestaltungstätigkeit sollte ein mit der Unterstützung der Hardware- und Netzspezialisten gefertigtes **Netzschema** der vom DWH betroffenen Komponenten sein. Die Unterstützung ist hierbei bezüglich Symbolik und Nomenklatur und Werkzeuge zur Darstellung zu erwarten. Das Netzschaubild ist für die Schulung der DWH-Anwender äußerst nützlich. Das Verständnis des Gesamtsystems erleichtert dem Anwender die Orientierung und die Kommunikation mit dem Servicepersonal.

Skalierungsschema

Kein DWH-Spezialist kann exakt voraussagen, wie groß der DWH-Server sein muss, um den augenblicklichen Anforderungen an Kapazität und Performance zu genügen. Erfahrungsgemäß steigt die Nachfrage kurz nach der Einführungsphase mit der Akzeptanz der Pilotanwender und der Intensität des internen Marketing. Ist das DWH eine Weile in Betrieb, werden erst die Nützlichkeit und die vielen Verwendungsmöglichkeiten erkannt, und die wachsende Anwendergemeinde macht den Ausbau des Systems nötig. Zur Bemessung sind demnach nur grobe Schätzungen möglich über

- ✔ augenblickliche Anwenderzahl
- ✔ Wachstumserkenntnisse zur Anwenderzahl aus der Vergangenheit bei Einführung neuer Anwendungen
- ✔ augenblickliche Datennachfrage durch das Netz
- ✔ Wachstumserkenntnisse zur Datennachfrage aus der Vergangenheit bei Einführung neuer Anwendungen
- ✔ Zuwachsraten des Datenverkehrs über das Netz aus den Geschäftsabsichten des Unternehmens, z.B. neue Niederlassungen zu gründen, alte Niederlassungen auszubauen

Diese sind jedoch sehr nützlich. Auf alle Fälle muss eine **Skalierungsplanung Netz** mit Hilfe eines **Skalierungsschemas** erstellt werden.

Applikation	Lokation Benutzer	Lokation Datenquelle	Anwenderzahl	Datenvolumen	Zugriffsfrequenz
Applikation x	1				
	2				
	3				
	4				
Applikation y	1				
	2				
	3				
	4				
Applikation z	1				
	2				
	3				
Applikation	1				
	2				
	3				
Applikation	1				
	2				
	3				
Applikation	1				
	2				
	3				

Tabelle 5.1: Skalierungsprognose

Datenflussmatrix

Für die Erfassung der Leitungslasten ist die sogenannte **Datenflussmatrix** nützlich. In der Datenflussmatrix werden die Quellen und Ziele des Datenflusses, die Lokationen, mit den wesentlichen Datenarten, Mengen und speziellen Qualitäten zu Sicherheit, Verfügbarkeit und Performance dargestellt.

Es muss darauf geachtet werden, dass die Anforderungen nicht notwendigerweise symmetrisch sind. D.h. der Datenfluss zwischen zwei Lokationen kann in beiden Richtungen unterschiedliche Mengen und unterschiedliche Qualitäten haben.

Quelle / Senke	Lokation 1	Lokation 2	Lokation 3	Lokation 4
Lokation 1		Lokation 1 nach 2 Datenmenge Sicherheit Antwortzeit Verfügbarkeit		
Lokation 2	Lokation 2 nach 1 Datenmenge Sicherheit Antwortzeit Verfügbarkeit			
Lokation 3	Lokation 3 nach 1 Datenmenge Sicherheit Antwortzeit Verfügbarkeit			
Lokation 4	Lokation 4 nach 1 Datenmenge Sicherheit Antwortzeit Verfügbarkeit			

Tabelle 5.2: Muster: Datenflussmatrix

Providercheckliste

Der Netzspezialist wird entscheiden, ob die aktiven Komponenten zusammen mit den Leitungen gemietet oder getrennt beschafft werden. Der Netzspezialist wird auch die Provider-Auswahl auf einem Preis-Leistungsvergleich basierend auswählen und die Leitungen bestellen. Der DWH-Spezialist hingegen ist für die Terminanforderung, also die Angabe des Zeitpunkts der Leitungsverfügbarkeit, verantwortlich.

Die Providerauswahl kann mit dem in Kapitel 9 »Produktevaluation« dargestellten Evaluationsverfahren durchgeführt werden. Das dort für Softwarekomponenten dreistufig empfohlene Auswahlverfahren kann hier auf zwei Stufen reduziert werden.

Für die Vertiefung des Themas »WAN« sei empfohlen:

🗁 Tanenbaum, Computernetzwerke

🗁 Badach, Unternehmensnetze

🗁 Siegmund, Netze

5.1.2 Local Area Network

Problemstellung und Motivation

Das Local Area Network, kurz LAN genannt, verbindet innerhalb eines Standorts verschiedene Teilnehmer über Leitungen miteinander. Bei sehr großen Teilnehmerzahlen können diese gruppiert werden und innerhalb der Gruppen einzelne LANs installiert werden. Die einzelnen Gruppen-LAN werden dann wiederum über ein LAN miteinander verbunden.

Aus physischer Sicht können diese Leitungen z.B. Kabel, Funkstrecken und Infrarotstrecken sein.

Definition

Ein **Local Area Network, kurz LAN,** ist die hauseigene oder lokal Gebäude verbindende Kommunikationsverbindung samt ihrer Hardwaretechnologie, Verbindungskomponenten einschließlich Softwarefunktionen.

Ein LAN ist aufgebaut aus einer Verkabelung bzw. einer Sendestrecke für elektromagnetische Wellen oder auch Infrarot-Strahlung und Komponenten, die einzelne LANs und das WAN miteinander verbinden. Auf die Komponenten wird weiter unten eingegangen. Die Schnittstellen der Endgeräte wie z.B. Modems für den Anschluss an die Telefonleitung, werden üblicherweise nicht mehr zum LAN sondern zum Endgerät gezählt.

Ebenso wie bei WANs gibt es auch bei LANs unterschiedliche logische Verarbeitungen und daraus resultierende Verarbeitungstechnolgien bezüglich Software und Hardware. Verschiedenen LAN-Arten aus logischer Sicht sind

- ✔ Ethernet
- ✔ Token Ring
- ✔ ISDN-Hausnetz
- ✔ GSM
- ✔ Telefonhausnetz
- ✔ Fernsehkabelnetz
- ✔ ATM

Die verschiedenen Übertragungsmedien oder Leitungsarten der LANs aus physischer Sicht sind

- ✔ Funk wie Richtfunk, Satellitenfunk
- ✔ Infrarotstrahlen
- ✔ Glasfaserkabel
- ✔ Telefonkabel
- ✔ Fernsehkabel
- ✔ Ultraschall
- ✔ Lichtwellenleiter

Komponenten des LAN und Protokolle

Die Verbindung einzelner LANs und die Verbindung von LANs mit WANs wird über spezielle Komponenten hergestellt. Mittels sogenannter **LAN-Komponenten** werden verschiedene LANs miteinander verbunden oder große LANs in kleinere LANs segmentiert. Um diese unterschiedlich beschaffenen LANs verbinden zu können, müssen diese Komponenten »Intelligenz« in Form von Prozessoren und die darauf ausführbaren Programme besitzen.

Die Arbeitsweise der LAN-Komponenten kann man besser verstehen, wenn man das Protokoll-Prinzip kennt. Im Laufe der letzten Jahrzehnte haben sich die Hersteller bemüht, unter der Überschrift **»Offene Systeme«** ihre unterschiedlichen Produkte so auszustatten, dass sie zu komplexen Systemen verschiedener Hersteller kombiniert werden können. Hierzu muss das eine System von seinem Nachbarsystem so viel verstehen, dass es seine Daten aufnehmen, weiterverarbeiten und zurückzugeben kann. Das heißt, die Hersteller mussten Details ihrer Datenverarbeitung und Konstruktionsprinzipien offenlegen, und es mussten Vereinbarungen getroffen werden, die beim Bau der herstellereigenen Systeme zukünftig einzuhalten sind. Diese Vereinbarungen sind in sogenannten **Standardisierungsspezifikationen** festgelegt worden. Das Zusammenpassen der unterschiedlichen Realisierungen der Protokollschichten der Hersteller zeigt die Abbildung »Protokollschichten nach ISO-OSI«.

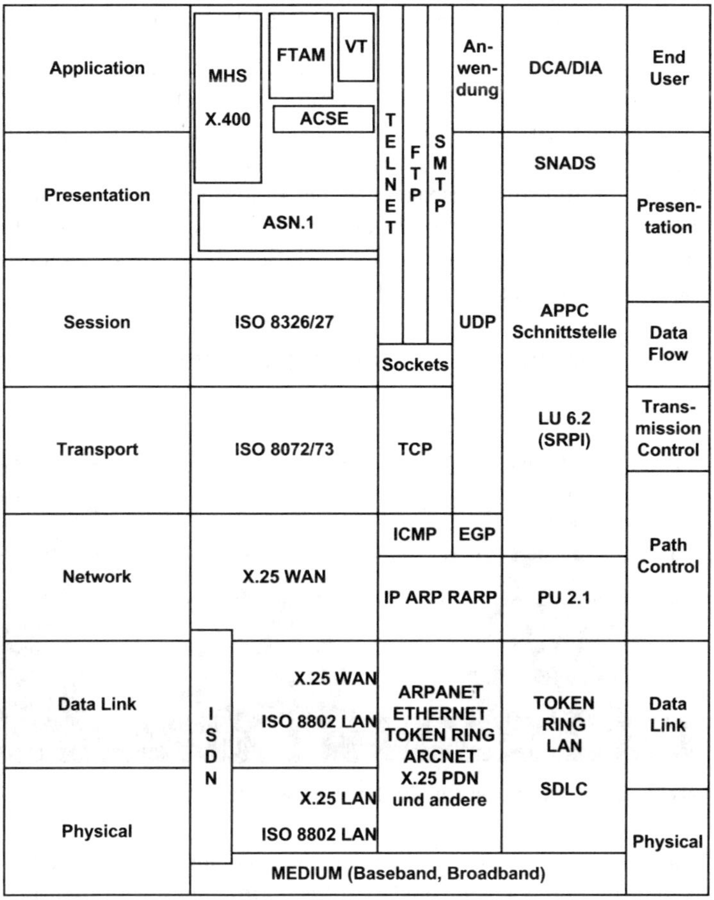

Abbildung 5.4: Protokollschichten nach ISO-OSI

Das Durchlaufen der Information durch die verschiedenen Geräte und Kabel erfordert mehrere Transformationen und Konvertierungen, entsprechend der Datendarstellung und der physikalischen Zustände in diesen verschiedenen Medien. Im Glasfaserkabel sind z.B. die Daten als Lichtimpulse dargestellt, im Hauptspeicher eines Rechners als Transistorzustände, auf einer Richtfunkstrecke sind es elektromagnetische Wellen und im Kupferkabel Stromimpulse. Aber auch in den Programmen und im Betriebssystem sind intern und vom Benutzer nicht bemerkbar unterschiedliche Datendarstellungen vorhanden. Auf einer 3,5-Zoll-Diskette sind die Daten in einer anderen Struktur als auf einer CD abgelegt. Die unterschiedlichen Datenbanken organisieren ihre Daten in verschiedenen Strukturen. Wenn man nun eine Information auf den Weg durch diese Systeme schickt, muss man den Informationen diese Strukturinformationen der physikalischen Zustände mitgeben, damit das nachfolgende System erkennt, wie diese Informationen zu lesen sind. Diese Begleitinformationen heißen **Protokolle.** Da die verschiedenen Systeme

Verkabelung – Rechnerhardware – Betriebssystem – Anwendungsprogramm

aufeinander aufbauen, hat man in den ISO-Normungsgremien ein Schichtenmodell der Protokoll-Standardisierung erarbeitet: das **ISO-OSI-Modell** der Protokollschichten. Ein Informationspaket wird nun auf dem Weg in das Netz in der Reihenfolge der Schichten mit Protokollstücken verpackt und beim Empfänger des Informationspaketes in der umgekehrten Reihenfolge wieder entpackt. Trotz hoher Standardisierung gibt es noch verschiedene Realisierungen von Protokollen zu den verschiedenen Schichten. Diese Schichtung der Protokolle zeigt die folgende Abbildung.

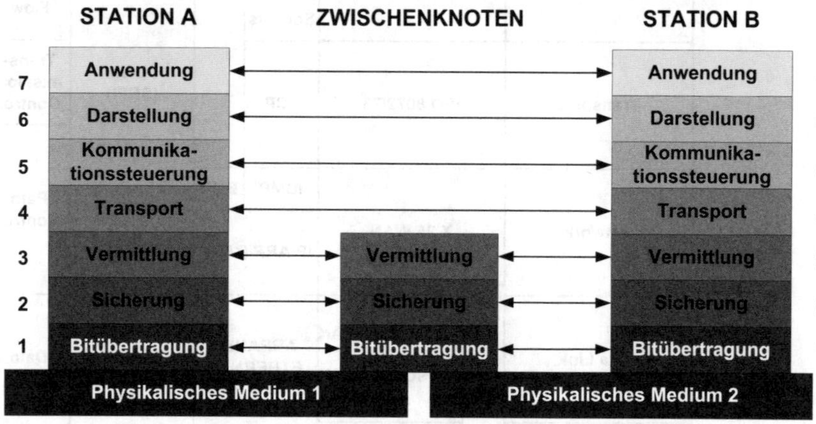

Abbildung 5.5: Schichtenaufbau nach dem ISO-OSI-Modell

Das Verpacken und Entpacken der Daten entsprechend vorgegebener Protokolle wird von den verschiedenen **Netzkomponenten** automatisch erledigt. Solche Komponenten lassen sich je nach Aufgabe voneinander unterscheiden.

- ✔ **Repeater** sind für die Verbindung gleicher LANs. Sie übertragen auf der untersten Ebene der OSI-Schichten, auf der **Bitübertragungsschicht.**
- ✔ **Bridges** übertragen auf den zwei untersten Ebenen der OSI-Schichten, auf der **Sicherungsschicht** und auf der Bitübertragungsschicht. Sie verbinden jeweils zwei LAN-Segmente.
- ✔ **Hubs** übertragen wie Bridges auch auf den zwei untersten Ebenen der OSI-Schichten, auf der Sicherungs- und auf der Bitübertragungsschicht, erlauben aber die Verbindung verschiedener und vieler LANs auf einheitlichem Kabel.
- ✔ **Switches** übertragen auf den zwei untersten Ebenen der OSI-Schichten, auf der Sicherungs- und auf der Bitübertragungsschicht, zwischen mehr als zwei LAN-Segmenten.

- ✔ **Router** übertragen auf den drei untersten Ebenen der OSI-Schichten, auf der **Vermittlungsschicht,** der Sicherungsschicht und der Bitübertragungsschicht.
- ✔ **Gateways** übertragen auf den obersten Ebenen der OSI-Schichten, auf der **Applikationsebene,** der Vermittlungs-, der Sicherungs- und auf der Bitübertragungsschicht.

Die folgende Abbildung gibt einen Eindruck von verschiedenen Bauformen und Größen von Routern.

Abbildung 5.6: Router

Neben den aktiven und passiven Netzkomponenten für das Packen und Entpacken der Protokolle gibt es Komponenten für andere Aufgaben, wie physikalisches Verbinden verschiedener Medien, das Aufteilen einer Verbindung zwischen verschiedenen Geräten oder das direkte Anbinden eines Gerätes an ein Netz:

- ✔ **Multiplexer** sind für die Mehrfachnutzung von Leitungen durch verschiedene Geräte unterschiedlichen Typs, z.B. Video – PC, oder gleiche Geräte.
- ✔ **Medienkonverter** sind z.B. für die Anbindung von Lichtwellenleitern an Kupferkabel.
- ✔ **Modems** sind für den Anschluss eines PCs oder Notebooks an ein Telefonnetz.

Die folgende Grafik gibt ein Beispiel dafür, wie die Netzkomponenten in ein Netz integriert sind. Dabei symbolisieren die Zylinder mit den vier Pfeilen Router und die Kästen mit kreuzenden Linien symbolisieren Switches. Die Grafik enthält zudem die verschiedenen Rechnertypen wie Host, LAN-Server, Arbeitsplatzrechner. Die Umrahmung von Gruppen von Rechnern und Netzkomponenten soll eigenständige LANs verdeutlichen.

Abbildung 5.7: Netzdarstellung mit LAN, WAN und Komponenten

LAN-Server

Je nach Auffassung betrachtet man manchmal auch die sogenannten **LAN-Server** noch als Netzkomponenten. Die LAN-Server haben die Aufgabe, den Betrieb des LANs zu steuern, ähnlich wie das Betriebssystem eines Arbeitsplatz-PCs das Betreiben dieses PCs ermöglicht. Hierzu gehört zum Beispiel die Verwaltung von gemeinsamen Dateien, die Verwaltung der Drucker, die für alle zugänglich sein sollen, kurz alle Ressourcen, die eben allen LAN-Mitgliedern zur Verfügung stehen sollen.

Ebenso darf man auch spezielle, vielen Benutzern zur Verfügung stehende Endgeräte wie LAN-Drucker und Plotter noch zum LAN zählen.

Der **LAN**-Begriff im erweiterten Sinne umfasst noch alle Endgeräte, also auch die Arbeitsplatz-PCs. Eine deutliche Grenze wird hier erst zu den mobilen Geräten gezogen, die als nicht mehr zum LAN zugehörig zählen. Den Endgeräten wird im Folgenden ein eigener Abschnitt unter dem Gesichtspunkt Rechnersystem und Peripheriegeräte gewidmet.

Für den DWH-Manager wie auch für den Benutzer ist es oft transparenter, das gesamte Netz in einem Diagramm zu erkennen, also nicht ein WAN-Schaubild mit einzelnen LAN-Diagrammen geistig zusammenspielen zu müssen. Für diesen Zweck dient die Grafik der folgenden Abbildung »Beispiel DWH-Netzgrafik«. Da es dem DWH-Spezialisten wie auch dem Benutzer des DWH nicht auf die LAN- und WAN-Komponenten ankommt, werden diese nicht in die Grafik aufgenommen.

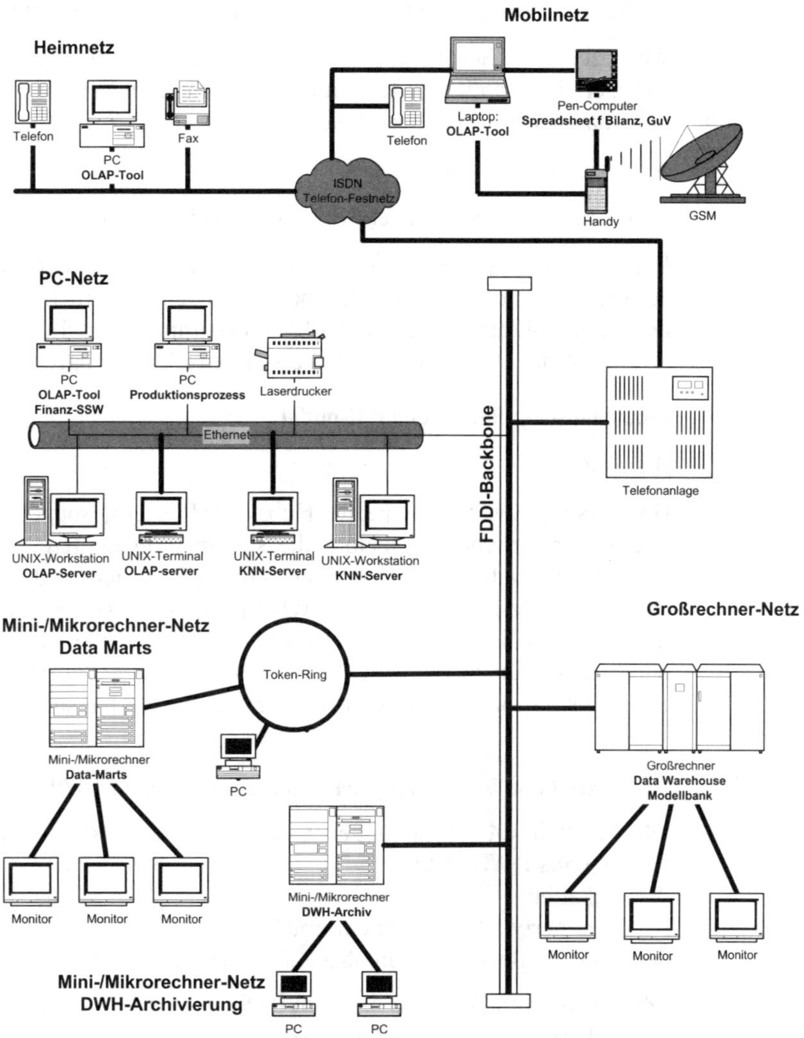

Abbildung 5.8: Beispiel einer vereinfachten DWH-Netzgrafik ohne WAN-Komponenten

Gestaltungs- und Lösungsmöglichkeiten

Die LAN-Gestaltung gehört ebenfalls nicht mehr zu den Aufgaben des DWH-Spezialisten. Auch hier kommt genau wie bei der Gestaltung des WAN das Wissen des Netzspezialisten zum Zuge. Der DWH-Spezialist muss allerdings dem Netzspezialist mitteilen, welche Datenbankserver für das DWH erreichbar sein müssen, welche Benutzer auf diese Server zugreifen müssen und welche DWH-Server beabsichtigt sind.

- Feststellung der Datenquellen der Lokation, nach Lokation, Rechnertyp, LAN-Segment und Typ, Applikationen und Datenbanken der Datenquellen
- Bestimmung der Anwender im LAN nach Lokation, vorhandene Netze

Wenn der DWH-Spezialist eine schematische Zeichnung des Netzes anfertigen kann, erleichtert dies die Kommunikation mit dem Netzspezialisten, der das Schema überprüfen und korrigieren wird.

- Erstellung LAN-Schema
- Bestimmung der von den Nutzern des DWH gewünschten LAN-Dienste

Der Netzspezialist wird mit Hilfe der Anforderungen der Benutzer wie sie schon zum WAN ermittelt wurden, d.h. besonders den Datenmengen und der Verbindungsqualität, die Auslegung des LANs bestimmen. Er wird auch bestimmen, ob ein eigenes DWH-LAN gegen die anderen LANs abzugrenzen ist.

Problemlösung: Regeln und Hilfsmittel

Das Verfahren

Ob LANs mit Switches, Repeater, Hubs oder Router gekoppelt werden sollen, über welche Art von Verkabelung die Systemkomponenten verbunden werden, ist Sache des Netzspezialisten. Ebenso ist die Realisierung der LAN-Strukturen Sache des Netzspezialisten. Der DWH-Spezialist muss alle Informationen, die der Netzspezialist für die Struktur- und Produktentscheidungen braucht, bereitstellen. Die folgende Reihenfolge des Vorgehens (kursiv dargestellte Schritte sind vom Netzspezialisten durchzuführen) hat sich bewährt.

Verfahren: Bestimmung der Anforderungen an die DWH-Netzarchitektur

- Feststellung der Datenquellen der Lokation, eintragen in das **Referenzschema DWH-Netz**
Lokation
Rechnertyp, LAN-Segment und Typ
Applikationen und Datenbanken der Datenquellen
- Bestimmung der Anwender im LAN
Lokation und vorhandene Netze
aus Systemverzeichnissen

- Bestimmung der Aufstellorte der Server **mittels Checkliste Server-Allokation**
- Erstellung **LAN-Schema** mit Anwender- und Serverlokationen
  Entwurf anschauliche Netzgrafik mit vereinbarter **Symbolebibliothek**
- *Bemessung der LAN-Komponenten und LAN-Leitungen, Hausverkabelungen*
- *Bestimmung der LAN- Leitungskapazitäten*
  Bestimmung der LAN-Leitungsart (Token Ring, Ethernet...)
  Bestimmung der LAN-Betriebssysteme
  Bestimmung der LAN-Server und der LAN-Dienste (z.B. Drucken)

Die kursiven Schritte sind nicht vom DWH-Spezialisten, sondern vom Netzwerkspezialisten auszuführen.

DWH-Referenznetzschema

Neben der Lokation soll der DWH-Spezialist in der Netzgrafik die Rechnervoraussetzungen wie Rechnertyp und Betriebssystem, angeben, da diese für die Fähigkeiten des LAN wichtig sind. Für die externen Informationsquellen die ja über das WAN erreicht werden, ist das Betriebssystem und der Zielrechner unerheblich. Die Zugängigkeit wird vom Provider sichergestellt. Die Bestimmung der Rechner wird im folgenden Kapitel behandelt.

Das Hausnetz großer Unternehmen ist in mehrere LANs unterteilt. Oftmals sind diese LANs dem zentralen Rechner des jeweiligen LANs entsprechend verschieden, so dass mehrere LAN-Arten miteinander gekoppelt werden müssen.

Die Bearbeitung der Netzproblematik durch den DWH-Manager beginnt mit dem Formulieren der Informationswege vom DWH-Benutzer zu den Servern der Rohdaten bzw. den ursprünglichen Informationsquellen. Die Platzierung der DWH-Server ist zu diesem Zeitpunkt noch völlig offen. Hierfür ist ein Schema mit Feldern, in die Angaben zu LANs, Server und Arbeitsplatzrechner mit Lokation, Typ, Anzahl eingetragen werden können, dienlich. Dies ist ein **DWH-Referenznetzschema** mit allen möglichen, für die DWH-Gestaltungsentscheidung zu beachtenden LANs ohne die passiven und aktiven Netzkomponenten wie z.B. Router, Switches, Hubs. Mitunter ist es nützlich, Angaben zu WANs einzubeziehen.

Die Manager des Corporate Network oder die Netzwerkplaner machen aus diesem Referenzschema mittels Grafikprogrammen mit speziellen Symbolebibliotheken ein professionelles Netzschema mit vorgefertigten und fest definierten Symbolen für alle Komponenten, identifizierenden Kennzeichnungen und Kapazitätsangaben.

Aus der genannten Profizeichnung kann der DWH-Spezialist ein anschaulicheres, von den für den DWH-Benutzer unwesentlichen Details befreites Bild, zeichnen. Unwesentlich für den DWH-Benutzer sind z.B. Angaben zur Koppelung oder technischen Ausführung der WAN und LAN.

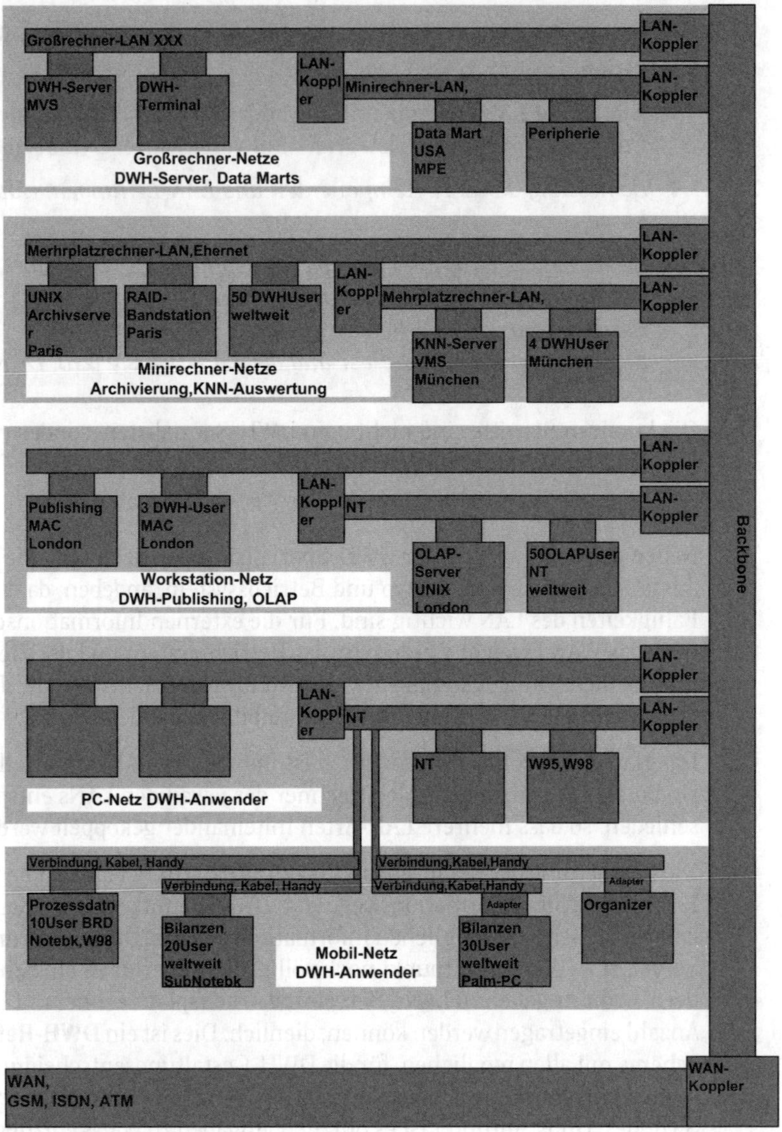

Abbildung 5.9: Referenzschema DWH- Netz

Checkliste Server-Allokation

Die Platzierung oder Allokation der DWH-Server hängt von den Verfügbarkeitsanforderungen und von den Wartungsaufgaben ab. Je näher der DWH-Server beim Anwender ist, umso höher ist die Verfügbarkeit und umso besser ist die Performance. Die Verfügbarkeit ist höher, da weniger Zwischenkomponenten und Leitungen ausfallen können. Die Performance ist besser, weil weniger Verarbeitungsschritte zwischen dem Anwender und dem Server liegen.

Die Verfügbarkeit hängt auch von der Pflege der Geräte ab. Das bedeutet, je näher der Service angesiedelt ist, umso schneller ist die Reaktion auf Betriebsprobleme möglich. Zentraler Service ist kostengünstiger, da die Ressourcen besser verteilt werden können. Wenn allerdings ein zentraler Service lokal eingesetzt werden muss, dann sind Reisezeit und Reisekosten zu teuer.

Die Data Warehouse Anwender sind in der Regel international verteilt, so dass es aus Sicht der Servernähe immer entfernte und damit benachteiligte Teilnehmer gibt. Für diese muss dann eine Ausfalllösung geschaffen werden. Die Allokation des oder der DWH-Server ist ein Optimierungsproblem. Das heißt, es gibt keine eindeutige Lösung. Das wichtigere Kriterium ist allerdings das Personalproblem. Wichtige Fragen hierzu sind:

- ✔ Bietet der lokale Arbeitsmarkt ausreichend qualifiziertes Personal?
- ✔ Ist dessen Verfügbarkeit und Zuverlässigkeit gewährleistet?
- ✔ Ist das Gehaltsniveau vertretbar?
- ✔ Sind eventuell Versetzungen und Versendungen von Zentralpersonal möglich?
- ✔ Sind lokale Servicepartner zu engagieren?

Die Kriterien für die lokale Zuordnung, die Allokation, sind in der folgenden **Checkliste Server-Allokation** zusammengefasst.

Kriterium	Objekt der Kritik
Betriebsfähigkeit	Hardware, Software
Servicebereitschaft	Software
Qualifikation	Partner
Zuverlässigkeit	Personal
Organisationsstruktur	Aktualität, Rechtsform
Verfügbarkeit	
Sicherheit	
Mobilität	

Tabelle 5.3: Checkliste Server-Allokation

Bezüglich der Einbindung zweier nicht weit voneinander entfernter Standorte kann noch die Wahl zwischen der Konfiguration der Verbindung als LAN oder als WAN getroffen werden. Dies ist ebenfalls Aufgabe des Netzspezialisten.

Für die Vertiefung des Themas LAN sei empfohlen:

🗁 Tanenbaum, Netzarchitektur

🗁 Kauffels, Lokale Netze

5.2 Rechnerkonfiguration für den Betrieb des DWH

5.2.1 Rechnertypen

Es gibt keine Lösung, die für alle Applikationen gleich gut und besser als andere Lösungen ist. Für jede Applikation ist eine andere Rechnerkonfiguration optimal. Die Optimalität ist die preiswerteste Alternative bei vorgegebenen Leistungsmindestgrenzen. Die Rechnerentscheidung erfordert bereits so viel Fachwissen, dass die Kompetenz des DWH-Spezialisten überfordert ist. Die Leitung des Rechenzentrums wird die Entscheidungen anhand einer Charakteristik der Rechnertypen und der Standards des Unternehmens treffen:

- ✔ nach **Betriebssystem,** um die Lauffähigkeit der clientseitigen Softwaremodule und die Programmierbarkeit zu beurteilen
- ✔ nach wesentlichen **Leistungsdaten,** wie Massenspeicherplatz, Hauptspeicherplatz, Taktrate und parallel einsetzbaren Prozessoren, um die Erfüllung der Anforderungen der Software nach Performance und Kapazität zu beurteilen
- ✔ nach **Display**-Auflösung zur Beurteilung der Lesbarkeit von großen Reports und Farbigkeit für die Interpretation von Grafiken
- ✔ nach **Mobilität** zur Beurteilung von Gewicht, Größe, Transportierbarkeit im Flugzeug
- ✔ nach Netzanbindungsfähigkeit bzw **Replikationsfähigkeit** zum Datenaustausch mit dem DWH-Server.

Im Folgenden wird bezüglich dieser Kriterien kurz auf die einzelnen Rechnertypen und ihre unterschiedliche Funktionalität eingegangen.

Taschenrechner, Kalkulatoren, Organizer

Taschenrechner, Kalkulatoren und Organizer sind für einen einzelnen, privaten Anwender für die Einzelkalkulation, einfache Programmroutinen, Verwaltung kleiner Dateien und die Adressverwaltung konzipiert. So lassen sich zum Beispiel auch DWH-Programme realisieren, wie das in Kapitel 7 »Vorgehensmodell« dargestellte ROI-Schema von Dupont. Diese kleinen Programme können auch Matrizenberechnungen ausführen, Businessgrafiken wie Balkendiagramme und Verlaufskurven anzeigen und sogar kleine Dateien verarbeiten. Die Darstellung ist aufgrund zu kleiner Displays unübersichtlich, wird aber in Zukunft in Bezug auf Lichtstärke, Kontrast und Auflösung erheblich besser werden. Organizer sind für den Datenaustausch mit PCs vorbereitet, können über ein Netz mit Hilfe eines Modems Daten versenden und sogar Terminals emulieren. Für DWH ist allerdings die Anzeige zu klein und die Funktionalität zu gering. Diese Rechnerkategorie wird deshalb nicht einbezogen. Trotzdem sollte man die kontinuierlich wachsende Funktionalität im Auge behalten.

Bedeutung für DWH-Anwendungen:

- Taschenrechner, Kalkulatoren und Organizer sind für DWH-Anwendungen nicht tauglich

Palmtops, Handhelds

Bei der Leistungsfähigkeit der heutigen **Palmtops** oder **Handhelds** (Terminalemulation, Spreadsheets, Relationale Datenbank, 8MB Hauptspeicher, 128MB PCMCIA Massenspeicher, Netzanbindung) sind diese unbedingt in die Liste der Möglichkeiten aufzunehmen. Bislang waren für Palmtops nur proprietäre Betriebssysteme und entsprechend wenig Software erhältlich (PSION, SHARP). Seit dem Erscheinen von Windows-CE für Palmtops und die entsprechenden Toolkits zur Erstellung von Programmen ändert sich dieses Bild. Die Netzanbindung erlaubt mit Modems und PC-Karten das Lesen von Webseiten und den Datenaustausch mit zentralen Rechnern. Hier beginnt die Anwendbarkeit für DWH.

Bedeutung für DWH-Anwendungen:

- Palmtops sind als Frontend für hochverdichtete Daten, sehr kleine Datenmengen und maximal dreidimensionale Würfel als DWH-Anwendungen tauglich

Notebook, Subnotebook, Laptop

Die mobile Variante des PCs ist das **Notebook,** das samt seiner Peripheriekomponenten im Reisegepäck untergebracht werden kann. Die kleinere Variante des Notebooks ist das ca. A5 große, zwei Zentimeter hohe **Subnotebook.** Die Verkleinerung geht auf Kosten der Auslagerung der Massendatenspeicher CD und Floppy-Disk, des verkleinerten Bildschirms und der (gegenüber dem PC ohnehin schon verkleinerten) nochmals kleineren Tastatur. Notebook und Subnotebook lassen den Einbau weiterer Karten nicht zu, weshalb sich die Technik einer von außen einsteckbaren, scheckkartengroßen PCMCIA-Karte etabliert hat. Als die Notebooks noch Aktentaschengröße hatten, hießen sie **Laptops,** um anzuzeigen, dass sie das Arbeiten ohne Schreibtisch auf dem Schoß oder auf den Knien ermöglichen. Subnotebooks gibt es sowohl für das Betriebssystem Windows-CE wie auch für NT und Windows 95/98.

Der Einsatz eines Notebooks ist für mobile Arbeitsplätze sinnvoll. Das ist besonders für das Erfassen von Daten am Ort der Entstehung der Fall. Anwendungen sind Einscannen von Barcodes, Erfassen von Interviews und direktes Protokollieren des Verhaltens einer technischen Anlage bei einer Kontrolle.

Zur Orientierung bezüglich der Größe der Geräte in der Abbildung: die Breite eines großen Gerätes beträgt ca. 25cm und die Breite des kleinen Gerätes ca. 20cm.

Abbildung 5.10: Subnotebook und Handheld

Bedeutung für DWH-Anwendungen:

- Notebook, Subnotebook und Laptop sind als Frontend für OLAP-Zugriffe und Reportgestaltung tauglich. Für im Verhältnis zum DWH kleinen Datenmengen ist auch ein kleines Data Mart möglich.

Arbeitsplatzrechner, Personal Computer, Workstation

Der am häufigsten verbreitete Rechner ist der **Arbeitsplatzrechner, Personal Computer** oder kurz **PC,** der gestiegenen Leistungsfähigkeit wegen neuerdings auch **Workstation** genannt. Der PC ist kein tragbares Arbeitsgerät, sondern stationär eingesetzt. Er ist aber doch so mobil, dass er bei Umzug schnell abgebaut und in einem anderen Büro wieder aufgebaut werden kann, ohne besondere Beförderungsmittel und ohne besonderes Spezialwissen einsetzen zu müssen. Als Server eingesetzte PCs haben eine Belastungstragfähigkeit von etwa 50 Usern.

Personal Computer können in mehreren zu einem sogenannten **Cluster** gekoppelten Einheiten mit nur einem Bildschirm als Einschübe in einem schrankartigen Gestell zusammengestellt werden. Diese sogenannten **Racks** werden sowohl für RISC- als auch für CISC-Prozessoren gebaut und sind damit für die Betriebssysteme UNIX, NT und auch DEC-VMS geeignet. Der große Vorteil dieser Bauweise ist die große Platzersparnis bei einer leichten Skalierbarkeit.

Abbildung 5.11: Beispiel für PC-Racks mit einem Gehäuse

Beispiel: PC-Racks

Im folgenden Beispiel sind im linken Rack 13 Einschübe mit je vier Pentium CPUs und einem Server-Einschub mit acht Pentium CPUs möglich. Das mittlere Rack umfasst neben einem Monitor und einem RAID-System neun Einschübe für vier CPU-PCs. Das rechte Rack enthält acht Steckplätze für Einschübe mit vier CPUs und Plätze für ein RAID-System und für eine Stromausfallversorgungseinheit USV und einen Monitor.

Zur Orientierung bezüglich der Größe der Geräte in der Abbildung: Die Breite eines Gerätes ist ca. 60 cm, die Höhe ca. 2 m. Die lauffähigen Betriebssysteme sind NT, UNIX, DEC-VMS.

Bedeutung für DWH-Anwendungen:

- Arbeitsplatzrechner, Personal Computer und Workstation sind als Frontend für OLAP-Zugriffe und anschließende Reportgestaltung mit kleineren Datenmengen als bei DWH-Anwendungen tauglich. Für im Verhältnis zum DWH kleinen Datenmengen ist auch ein kleines Data Mart möglich, aber für Data-Marts-Server nicht geeignet. Wegen der ausgezeichneten Skalierbarkeit und des Einsatzes von Parallel-Prozessoren eignet sich das PC-Rack hervorragend als DWH-Server.

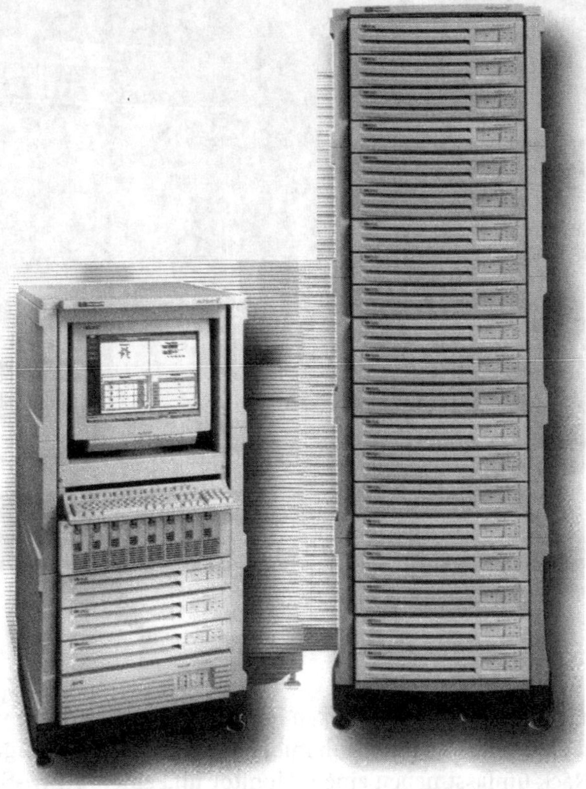

Abbildung 5.12: Beispiel für PC-Racks mit zwei Gehäusen

Mikrorechner, Minirechner

Die nächstgrößere Kategorie bilden die **Mikrorechner** mit einer Belastungstragfähigkeit von etwa 100 Anwendern. **Minirechner** sind leistungsfähiger als Mikrorechner und haben eine Belastungstragfähigkeit von etwa 1.000 Usern. Die ehemals deutliche Grenze zwischen Minirechner und Mikrorechner ist de facto verschwunden. Minirechner werden teilweise mit proprietären Betriebssystemen geführt und teilweise mit firmenspezifischen UNIX-Derivaten. Mit »firmenspezifisch« ist hierbei gemeint, nicht ganz so proprietär aber doch mit firmenspezifischen Eigenheiten, was die Firmen auch in der Bezeichnung ausdrücken:

- ✔ DEC ULTRIX
- ✔ HP HP-UX
- ✔ IBM AIX

Bei besonderen Anforderungen an Rechenleistung, Schnelligkeit des Speicherzugriffes und simultane Verarbeitung großer Datenmengen wird der parallele Einsatz mehrerer Prozessoren interessant. Dies ist besonders im Bereich der

Bildverarbeitung, der Verarbeitung multimedialer Daten und großer Datenbanken von geometrischen und geographischen Modellen. Hierfür wurde das Konzept der **Parallelrechner** geschaffen. Die parallel arbeitenden Prozessoren können dabei in getrennten Rechnergehäusen sitzen, die über ein LAN **(Rechnerverbund)** verbunden sind.

Ein Beispiel für einen solchen, schon als **Superverbund** zu bezeichnenden, Rechnerverbund ist der zur Berechnung der Filmsequenzen des Trickfilms »Toy-Story« aufgestellte Workstationverbund aus über 100 Rechnern. Ein weiteres Beispiel ist der 1999 in Zürich vorgestellte **LINUX-Cluster** mit 50 PCs, die über ein 100-Mbit-Ethernet verbunden wurden. Der Hauptspeicher umfasste insgesamt 50x512Mbyte. Interessant ist an diesem Versuch, dass man damit eine Lösung schaffen konnte, die in den »Top 500« der leistungsfähigsten Parallelrechner Platz 202 erreichte, bei Investkosten von ca. 1 Mio. DM.

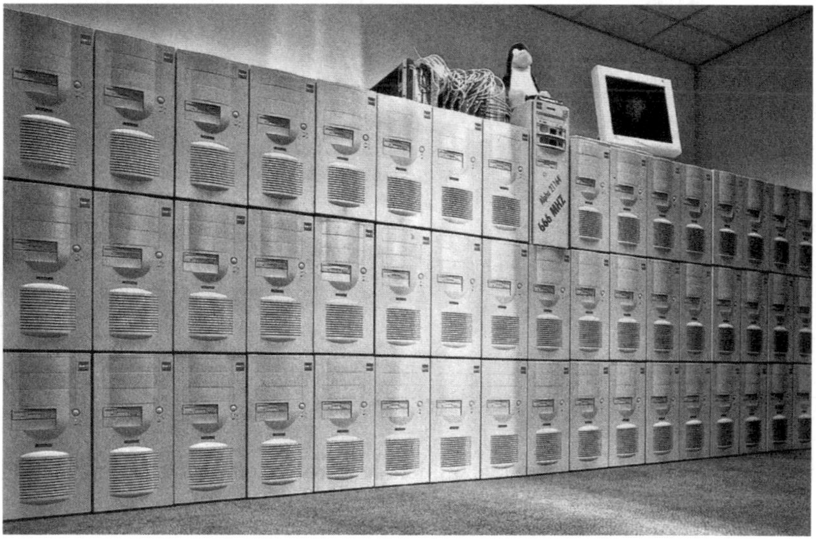

Abbildung 5.13: Beispiel eines PC-LINUX-Cluster mit Alpha-Rechnern

Die parallelarbeitenden Prozessoren können auch in einem Gehäuse auf verschiedenen Platinen untergebracht sein **(Multiprozessorrechner)** oder sogar auf einer Platine **(Transputer)** montiert sein. Ebenso wie bei den PCs schon angeführt, kann die Bauweise auch ein Rack mit verschiedenen Einschüben mit RISC-Rechnern sein. Den Einsatz dieser geballten Technologie fordern die serverseitig auftretenden Datenmengen und Programmkomplexe. Die Voraussetzung für den Einsatz von Parallelrechnern ist die Betriebsfähigkeit der DWH-Software, also das dort laufende Betriebssystem.

Beispiel Minirechner (1996)

Am Beispiel der VAX 6000 seien typische Leistungen eines Minirechners verdeutlicht. Die Ausstattung pro Platine beträgt ein bis fünf Vektorprozessoren. Bis zu acht Speicherplatinen mit bis zu 518 MB sind für den Hauptspeicher einsetzbar. Es sind zwei Plattenlaufwerke mit bis zu 3GB Massenspeicher im Cabinet integriert und ein Anschluss von bis zu 40 externen Laufwerken 1GB möglich.

Abbildung 5.14: Beispiel Minirechner: VAX 6000 von DEC

Zur Orientierung bezüglich der Größe der Geräte in der Abbildung sei die Höhe eines Gerätes mit ca. 150 cm genannt.

Bedeutung für DWH-Anwendungen:

➡ Einige Minirechner sind mit Multiprozessorausbau als Server für DWH zu empfehlen.

Großrechner

Großrechner sind mit der Belastungstragfähigkeit von mehreren Tausend Anwendern leistungsfähiger als Minirechner. Großrechner können nur von Spezialunternehmen abgebaut, befördert und wieder aufgebaut werden. Es sind spezielle Beförderungsmittel, besondere Werkzeuge und Spezialwissen erforderlich. Auch Großrechner werden als Multiprozessorrechner gebaut.

Bedeutung für DWH-Anwendungen:

➡ Großrechner sind als Server für DWH zu empfehlen.

Supercomputer

Supercomputer sind die leistungsfähigsten Rechner. Supercomputer sind fest installiert und in der Mobilitätsskala das unbeweglichste aller Computersysteme. Sie sind mehr als alle anderen Systeme an klimatisierte, staubfreie Räume gebunden. Supercomputer werden mit einem proprietären Betriebssystem geführt. Für Supercomputer sind keine DWH-Komponenten entwickelt worden.

Beispiel Supercomputer

Als Beispiel für einen sehr jungen Supercomputer soll die T3E-1200E von Cray Research dienen. Die 1200E ist ein massiv paralleler Rechner mit bis zu 2048 Prozessoren, die je eine Taktrate von 600 MHz haben. Ein Engpass ist der Datentransfer zwischen den Prozessoren. Bei der 1200E erledigt das ein Router-Chip mit 42 Gbit/s. Der Preis für ein 1200E Rechnersystem liegt in der Größenordnung von 20 Mio. DM.

Abbildung 5.15: T3E-1200E von Cray Research

Die T3E-1200E wird für Wetterberechnungen eingesetzt.

Bedeutung für DWH-Anwendungen:

➡ Supercomputer werden aus Kostengründen nicht für DWH eingesetzt.

Bezüglich des Marktes der Supercomputer sind noch ein paar Zahlen interessant. Die weltweit vertriebenen Supercomputer werden in einer Leistungsrangliste, den »Top 500«, geführt. Auf den ersten 25 Plätzen der »Top 500« der leistungsfähigsten Rechner der Welt sind 18 Plätze von Cray Research besetzt.

Seit einigen Jahren werden zu den Supercomputern nicht mehr nur die in einem zusammenhängenden Gehäuse eingebauten Rechnergebilde gezählt. Es werden auch die Rechnerverbunde als Supercomputer angesehen, wie das weiter vorne erwähnte Rechnercluster.

Chip-Card-Rechner

Der Vollständigkeit zuliebe sei noch ein Blick auf einen neueren Rechnertyp geworfen, dessen Bedeutung mangels geeigneter Software für DWH derzeit noch nicht groß ist, in Zukunft aber steigen wird.

Mittlerweile sind **Chip-Card-Rechner,** Rechner von der Größe einer Scheckkarte, erhältlich. Diese benötigen allerdings ein zusätzliches Eingabegerät und haben dann doch wieder die Größe eines Palmtops. Einen kompletten Rechner in Größe einer PCMCIA-Karte gibt es derzeit noch nicht: Zur Bedienung sind ebenfalls wie bei der Chip-Card noch externe Einheiten erforderlich, wie Tastatur, Mikrofon, PC. So ist es auch nur möglich, einzelne und kurze Datensätze anzuzeigen, wie Adressen und Kurznotizen, was für DWH-Funktionen nicht ausreicht.

Bedeutung für DWH-Anwendungen:

➡ Chip-Card-Rechner werden aus Kostengründen nicht für DWH eingesetzt.

Fuzzy-Logic-System, Künstliche Neuronale Netze

Immer häufiger ist von **Fuzzy-Logic-Systemen** und **Künstlichen Neuronalen Netzen,** kurz **KNN,** die Rede. Ob hierzu Rechnertypen auf dem großen Markt der Datenbankanwendungen platziert werden, bleibt noch abzusehen. Es gibt Prototypen, die eher für Erfahrungszwecke eingesetzt werden. Die Konzepte des Rechnens mit Fuzzy-Sets wie auch mit Prinzipien der Neuronalen Netze werden derzeit in Rechnern mittels Programmen simuliert. Über die Nützlichkeit gibt es noch zu wenige überzeugende Erfahrungsberichte von Anwendern, um sie in die Rechnerauswahl miteinzubeziehen. In der Softwareauswahl sind sie als funktionale Module interessant.

Bedeutung für DWH-Anwendungen:

➡ Fuzzy-Logic-System und Künstliche Neuronale Netze (KNN) sind für DWH-Analysen nicht tauglich, sie sind noch viel zu teuer und serverseitig und clientseitig noch ohne komfortable DWH-Softwareausstattung.

Prozessrechner

Prozessrechner sind nicht für die Langzeitspeicherung von Daten konzipiert und damit auch nicht für Datenbankanwendungen. Ihre Aufgabe ist die zeitverlustfreie Steuerung oder auch Echtzeit-Steuerung von Produktionsprozessen.

Bedeutung für DWH-Anwendungen:

➡ Prozessrechner sind für DWH-Anwendungen ungeeignet, zu teuer und ohne entsprechende Standardsoftware.

Datenbankmaschine

Nicht unerwähnt bleiben soll ein Rechnertyp, der speziell für die Verarbeitung von Datenbankfunktionen konzipiert und auch in Einzelexemplaren gebaut wurde, die **Datenbankmaschine.** Das Problem hierbei ist die Verfügbarkeit von Anwendungen und das sehr tiefgehende und daher sporadisch verfügbare Spezialwissen über Administration und Programmierung. Für Datenbankmaschinen sind keine DWH-Komponenten entwickelt worden. Es sind außerdem weltweit Datenbankmaschinen eher in Forschungslabors als in Herstellerkatalogen zu finden. Trotzdem wäre ein extra für die strukturierte Datenhaltung spezialisierter Rechnertyp mit entsprechend ergonomischer Datenbanksoftware sehr nützlich und äußerst performant.

Bedeutung für DWH-Anwendungen:

➡ Datenbankmaschinen können derzeit aus Kostengründen nicht für DWH eingesetzt werden.

Net-Computer

Auf der Client-Seite hat sich vor einiger Zeit mit großem Wirbel ein neues Konzept mit einer geringen Auswahl von Produkten (soft wie hard) namens Net-Computer (auch Network-Computer) bemerkbar gemacht. Der **Net-Computer,** der oft der Produktgruppe intelligentes Terminal zugeordnet wird, ist ein Endgerät ohne eigene Mengen-Datenhaltung, aber mit Prozessor und Hauptspeicher. Alle Programme laufen auf dem Netserver bis auf die Präsentation der Programmelemente, die mittels dem auf dem Net-Computer installierten Browser betrieben werden. Da die Net-Computer keinen deutlichen Preisvorteil brachten, haben sie sich nicht durchsetzen können. Die über NC betreibbare Programmvielfalt ist gering, und das Betreiben eines EXCEL-Sheet auf einem entfernten Server bereitete z.B. der Anwenderschar Unbehagen. Für das Betreiben von DWH-Frontends ist der Net-Computer ungeeignet, wenn die Daten lokal weiterverwendet werden sollen.

Bedeutung für DWH-Anwendungen:

➡ Net-Computer werden nicht für DWH eingesetzt, da bisher zu wenig Software am Markt vorhanden ist und die flexiblen Client-Berechnungen aufgrund mangelnder Prozessor-Intelligenz auf den NC-Server ausgelagert werden müssten. Mobiles Rechnen ist damit gar nicht möglich.

Virtuelles Computer-Netz

Aus der Gruppe der Rechnerverbunde kommt ebenfalls ein neues Konzept, das weltweit verteilte Computer bei Bedarf für eine bestimmte Aufgabe zu einem großen temporären **virtuellen Computer-Netz** koordiniert. Die Rechnerleistung steht nach der Einbindung in den Verbund wie in einem Multiprozessorsystem oder einem Parallelrechner zur Verfügung. Die Koordination der verschiedenen Rechner, das ist zuerst die Aufgabenverteilung, wird bis zur Lösung dieser Aufgabe aufrechterhalten und danach aufgelöst und abgemeldet. Die einzelnen

Rechner stehen dann einem anderen virtuellen Netz zur Verfügung. Für die Koordination ist ein neues Betriebssystem erforderlich. Ein Betriebssystem, das diese Koordination leisten soll, ist bei der Firma Sun derzeit im Entwurfsstadium. Es ist offensichtlich, dass die Kommunikationszeit zwischen diesen Rechnern der eigentliche Leistungsengpass ist.

Bedeutung für DWH-Anwendungen:

➡ Virtuelle Computer-Netze sind noch im Anfangsstadium ihrer Entwicklung und können daher nur mit Risiko und unter großem Aufwand für DWH eingesetzt werden.

5.2.2 Aufrüstung

Neben der einmal getroffenen Gestaltungsentscheidung ist im Laufe der Betriebszeit die Anpassung an aktuelle Bedarfe erforderlich. Den größten Einfluss auf die Veränderung haben technologische Neuerungen und veränderte Leistungsanforderungen. Für die Hardwareausstattung bedeutet dies zweierlei: Erstens muss die Gestaltungsentscheidung die spätere Anpassbarkeit berücksichtigen und zweitens ist die Anpassung bei Bedarf zu gestalten. Ein Beispiel für die Aufrüstungsmöglichkeiten eines PCs sei hier stellvertretend für die Problematik angeführt:

✔ Prozessor-Overdrive zur Steigerung der Taktrate und Ergänzung mit zusätzlichen Leistungen

✔ Einbau von stärkeren Grafikkarten oder Erweiterung des Grafikspeichers

✔ Einbau von Video-Tunerkarten

✔ Austausch von alten CD-ROM-Laufwerken gegen schnellere CD-ROM-Laufwerke oder DVD-Laufwerke

✔ Aufrüstung des Hauptspeichers mit zusätzlichen Speicher-Chips.

Die folgende Tabelle zeigt in Grundzügen die Entscheidungssituation und die daraus resultierende Aufrüstungsstrategie nach einem Katalog der Firma Digital Equipment Corporation (DEC).

Problem	Bedingung		Aufrüstung
Begrenzter Raum	Schnelle Aufrüstung von Hauptspeicher und Prozessorleistung, niedrige Kosten	→	Board-Level-Upgrade
Erweiterung innerhalb des Cabinet nicht möglich	Senkung der Betriebskosten	→	Cabinet-Austausch
Eingeschränkte Verfügbarkeit	Hohe Input-Output-Rate erforderlich	→	Cluster-Aufbau und Cluster-Erweiterung
Applikationsüberlastung	Lokale Systemkontrolle erforderlich	→	Vernetzung, neue Rechner

Tabelle 5.4: Möglichkeiten der Aufrüstungsentscheidung

Die Aufrüstung von Großrechnern und Minirechnern kann z.B. durch sogenannte **Board-Upgrades**

✔ Bestückung der Hauptplatine mit weiteren Prozessoren

✔ Zusätzliche Platinen

✔ Austausch der alten Platinen gegen Platinen mit Vektorprozessoren

oder durch

✔ Cabinet Austausch

✔ Clusterbildung mehrerer Rechner

✔ Applikationsauslagerung an weitere Rechner

erfolgen.

Die folgende Grafik der Aufrüstungspfade eines etwas älteren Modelles von DEC, die VAX 6000/200 soll die Vielfältigkeit der Skalierung belegen.

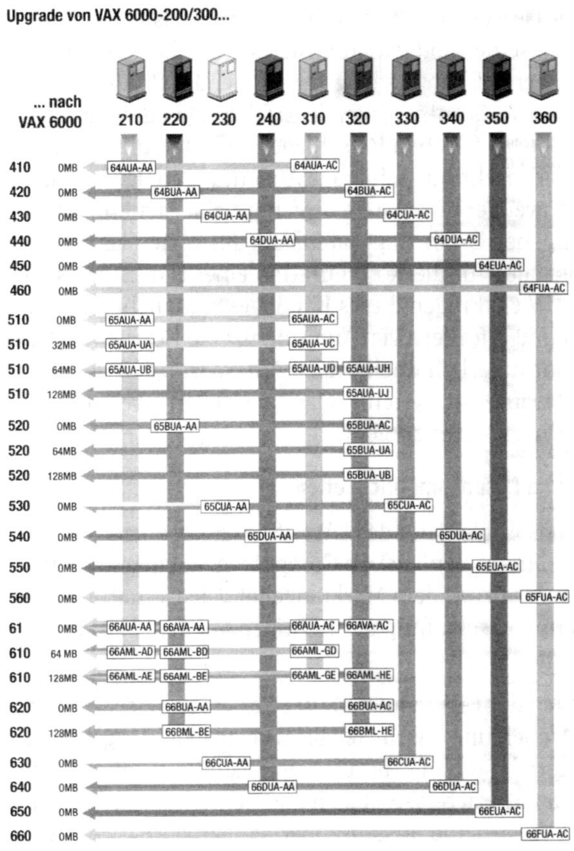

Abbildung 5.16: Aufrüstungsmöglichkeiten der VAX 6000/200

5.2.3 Rechnerauswahl

Problemstellung und Motivation

Bezüglich der Hardware liegt der Sachverhalt der Entscheidungskompetenz gänzlich anders als bei Gestaltungsentscheidungen zur Software. Das Ziel der Softwarebestimmung bestand aus der Make-or-Buy-Entscheidung, auf der Basis der Spezifizierung der Anforderungen und aus einer Eigenentwicklung von nicht erwerblichen Softwarekomponenten. Das Ziel der Rechnerbestimmung besteht nicht darin, einen Rechner zu entwerfen und zu bauen und all seine aufwändigen Entwicklungsschritte zu durchlaufen, sondern darin, den optimalen Rechner zu beschaffen. Die Aufmerksamkeit liegt auf der Evaluation des Marktangebots im Unterschied zu den bereits besprochenen, zu konfigurierenden Softwareteilen. Software, die dem gewünschten Leistungsumfang nicht entspricht, muss selbst entwickelt werden. Im Gegensatz dazu kann eine Rechnerkonfiguration nur aus dem Marktangebot zusammengestellt werden.

Es stellt sich die Frage, welche Rechnerkonfiguration optimal für das gewünschte DWH ist. Das erste Problem einer Rechnerkonfiguration ist, dass eigentlich der Hersteller der Software wissen müsste, welche Rechnerleistung für den Betrieb seiner Software erforderlich ist, diese aber nicht öffentlich bekannt gibt. Schließlich hat er ja bereits bei der Programmierung und anschließenden Tests entsprechende Erfahrungen gesammelt. Aber da er Haftungsansprüche bei falschen Ratschlägen fürchtet, gibt er keine verbindlichen Auskünfte oder macht nur sehr vage Andeutungen. Einige Hardwarehersteller helfen dem Anwender durch eine umfangreiche, strukturierte Befragung, die sie in einer eigenen Erfahrungsdatenbank auswerten lassen. Bei IBM ist ein solcher Fragenkatalog für die Konfiguration eines SAP-Servers z.B. ca 30 DIN-A-4-Seiten lang. Viele Fragen dieses Kataloges sind nicht aus dem Stegreif zu beantworten und erfordern viel Aufwand für die Bearbeitung. Deswegen und wegen der kontinuierlich wachsenden Anforderung ist der sicherste Weg der Weg der **Skalierung** des Systems. Man fängt klein, aber ausbaubar an und skaliert den Erfahrungen entsprechend.

Gestaltungs- und Lösungsmöglichkeiten

Die Gestaltungsproblematik des DWH-Spezialisten liegt nicht in der Konstruktion und dem Zusammenbau von Computern, auch Assemblieren genannt, sondern in der Auswahl aus dem Marktangebot. Die Gestaltungsaufgabe ist also auf die Auswahl und Beschaffung des richtigen auf dem Markt verfügbaren Modelles beschränkt.

In frühen Tagen der EDV, dem Zeitalter der »proprietären Systeme«, wurde die Hardwareentscheidung durch die Softwareentscheidung mit getroffen. Software war an ein Betriebssystem gebunden und damit nur im »Bundle« mit der Hardwareplattform zu beziehen. Seit sich die Technologie der Client/Server-Systeme durchgesetzt hat, ist eine Austauschbarkeit der Hardware und eine Auflockerung der Herstellerabhängigkeit eingetreten. Gleichzeitig ist damit ein Entscheidungsgang mehr, die Entscheidung der Rechnerplattform, erforderlich.

Nicht immer ist die Hardwareentscheidung frei zu treffen, da sich Unternehmen meistens zur Erzielung besonderer Rabattstaffeln langfristig für einen Rechnerhersteller entscheiden. Der DWH-Spezialist muss sich zunächst über die Freiheitsgrade in der Rechnerbeschaffung erkundigen und im vorgegebenen Rahmen seine Anforderungen definieren.

➢ Herstellerbindung der Rechnerbeschaffung feststellen

Da auf einem Rechner – Server wie auch Client – in der Regel mehrere Programme verschiedener Hersteller betrieben werden müssen, kann die Rechnerentscheidung erst dann gefällt werden, wenn alle unbedingt erforderlichen Programme feststehen. Meistens müssen verschiedene Rechner mit verschiedenen Konfigurationen beschafft werden. Dann besteht die Gestaltungsaufgabe darin, die Zahl der Rechnertypen minimal zu halten, um die Administrationskosten gering und die Flexibilität zu Produktwechseln hoch zu halten. Es ist allerdings unabdingbar, eine grundsätzliche Entscheidung zur Rechnertechnologie zu treffen.

➢ Rechnertechnologie festlegen

Die Gestaltungsfreiheit liegt in der Festlegung der Technologie, die sich im Rechnertyp und im Prozessortyp ausdrückt, und in der Auswahl des Herstellers, wenn nicht, wie in vielen Firmen vorgegeben, eine bindende Hersteller-Partnerschaft besteht. Und die Gestaltungsfreiheit liegt, last but not least, in der Definition der Baureihe und der genauen Konfiguration von Prozessortyp, Speichergröße und Massenspeicher und bei Racks auch Stromausfallschutz und Backup-System.

➢ Server-Rechner festlegen nach Rechner-Technologie, Prozessortyp, Hersteller, Baureihe, Konfiguration Backup, Stromausfallschutz

➢ Arbeitsplatzrechner festlegen nach Rechner-Technologie, Prozessortyp, Hersteller, Baureihe, Konfiguration

Neben der Auswahl des Rechners ist die Arbeitsplatzausstattung noch mit Peripheriekomponenten zu komplettieren. Darüber wird noch im Abschnitt »Bestimmung der Peripheriekomponenten« weiter unten gesprochen.

Die Rechneraufrüstung, bzw. die Entscheidung der Aufrüstungsstrategie gehört nicht mehr zum Aufgabenfeld des DWH-Spezialisten, sondern ist bereits Aufgabe der Anwenderservices bzw. des Rechenzentrums. Der DWH-Spezialist muss diese allerdings mit Prognosen der Bedarfsentwicklung versorgen.

➢ Anpassungsprognosen und Bestimmung der Produkteigenschaften für die Anpassung

Mit der Hardwareentscheidung muss noch eine Lokationsentscheidung getroffen werden:

➢ Verteilung der Arbeitsplatzsysteme auf Orte und Räume

➢ Aufspaltung und Allokation der DWH-Ausschnitte (Data-Marts)

Problemlösung: Regeln und Hilfsmittel

Das Verfahren

Der DWH-Spezialist darf nie die Perspektive der Anwender verlieren. Das zu gestaltende DWH ist ja ein System für Anwender und muss daher die Bedürfnisse des Anwenders befriedigen. Das bedeutet, die Aufgaben der Anwender zu unterstützen, ihre Arbeit zu erleichtern, den Arbeitsplatz effizienter zu machen. Den Anwender interessiert im Prinzip nicht, ob die Daten aus Übersee oder aus dem Nachbarort kommen. Für den Anwender ist es auch unwichtig, welche Komponenten zu einer Architektur zusammengesetzt wurden und mit welchen Methoden die Erkenntnisse erzielt wurden. Aber die Ergonomie seines Arbeitsplatzes, die Verfügbarkeit und die Funktionalität seines Systems, sind ihm äußerst wichtig. Das folgende Verfahren ist zu empfehlen:

Verfahren: Bestimmung der Anforderungen an die DWH-Rechner

- Feststellung der strategischen Abkommen mit Hardwareherstellern
- Bestimmung der Rechnertechnologie mit Hilfe der **Rechnertypenübersicht**
- Verschaffung eines Marktüberblickes mit Hilfe der **Rechnertypenübersicht**
- Alternative Auswahl und Evaluation mittels **Produktevaluationsverfahren**
- Feststellung der erforderlichen Endgeräte
  Lokation
  Rechnertyp, Kapazität, Prozessor
  eingebaute Kommunikationskomponenten
- Bestimmung der Server
  Lokation
  Bautyp, Kapazität, Prozessor
  eingebaute Kommunikationskomponenten
- Aufstellung von Wachstumsprognosen

Rechnertypenübersicht

Das zu lösende Problem heißt: Für welchen Arbeitsplatz und für welche Server-Dienste ist welche Rechnerkonfiguration optimal? Der DWH-Spezialist wird die Rechnerauswahl nicht alleine treffen. Er benötigt lediglich für die Wahrung seines Überblicks eine grobe Charakteristik der Rechnertypen mit

- ✔ **Betriebssystem,** um die Lauffähigkeit der clientseitigen Softwaremodule und die Programmierbarkeit zu beurteilen
- ✔ wesentlichen **Leistungsdaten** wie Massenspeicherplatz, Hauptspeicherplatz, Taktrate, um die Erfüllung der Anforderungen der Software nach Performance und Kapazität zu beurteilen
- ✔ **Display**-Auflösung zur Beurteilung der Lesbarkeit von großen Reports und Farbigkeit für die Interpretation von Grafiken

✔ **Mobilität** zur Beurteilung von Gewicht, Größe, Transportierbarkeit im Flugzeug

✔ Netzanbindungsfähigkeit bzw **Replikationsfähigkeit** zum Datenaustausch mit dem DWH-Server

Zunächst sei ein Überblick über die Rechnertypen und deren Kurzcharakteristik gegeben. Die Daten der folgenden **Rechnertypenübersicht** sind typisch. In der Praxis zeigt sich, dass die einstmals scharfen Abgrenzungen verschwinden und die Leistung eines Rechnertyps der unteren Klasse nahezu bis an die direkt darüberliegende Klasse ausgebaut werden kann.

Typ	Leistung	Display, Eingabe	Mobilität, Energieversorgung	Replikation/ Applikation
Organizer Proprietär	1–2 MB Mhz 1–4 MB	Einfarbig, LCD Touchscreen Single-User	TragbareTasche Batterien Akkus	Infrarotschnittstelle Link-Kabel zum PC Modem/Termine, Adressen, Notizen
Palmtop MS Windows CE Psion-OS	2–16 MB 75 Mhz	Ein- u. mehrfarbig, LCD Touchscreen, Mini-Tastatur Single-User	Tragbare Tasche Batterien Akkus, Netztrafo	PCMCIA Infrarotschnittstelle Link-Kabel zum PC Modem, GSM, ISDN/ Termine, Adressen, kleine Dokumente
Notebook MS Windows 95, 98, NT Apple MacIntosh	16–128 MB 100–300 Mhz Gigabyte CISC	LCD-mehrfarbig Normtastatur Maus, Touchpad, Kamera Singleuser	Tragbarer Koffer Batterien Akkus, Netztrafo	Diskette, PCMCIA, CD, Infrarotschnittstelle LAN Link-Kabel zum PC Modem, GSM, ISDN/ Termine, Adressen, Dokumente, Datenbanken
PC, Work Station Apple-MacIntosh NEXT LINUX	32–256 MB 100–300 Mhz 1–64 Gigabyte HS CISC 2–4 MB Grafikmem	Röhrenbildschirm LCD-mehrfarbig Multibildschirm Normtastatur Nummernbl. Maus,Touchpad,Kamera Single-User, 50 Multiuser	Stationär Stromnetz Privattransport	Diskette, CD, DVD, CD-ROM Infrarotschnittstelle LAN Modem, GSM, ISDN/ Termine, Adressen, Dokumente, Datenbanken
Mikrorechner UNIX VMS	RISC	PC-Terminal Normtastatur Nummernbl. ca 100 Multiuser	Montiert Stromnetz Spezialtransport	LAN/mittlere Datenbanken, Serverdienste
Minirechner UNIX TANDEM, Bull; SNI, IBM, DEC	CMOS	PC-Terminal Normtastatur Nummernbl. ca 200 Multiuser	Montiert Stromnetz Klimaraum Spezialtransport	LAN Bandstation/mittlere Datenbanken, Serverdienste
Großrechner Proprietäre BS TANDEM, Bull; SNI, IBM, UNISYS	500–1.000 MIPS 1–16 Proz, CMOS 2–24 GB HS	Terminal Konsole Normtastatur Numernbl. ca 1.000 Multiuser	Montiert Stromnetz Klimaraum Spezialtransport Spezialwerkzeug	Proprietäres LAN Bandstation/große Datenbanken, Serverdienste, zeitkritische Transaktionen
Superrechner Proprietäre BS TANDEM, Bull; SNI, IBM, HITACHI, CRAY, UNISYS WS-Verbund	600Mhz bis 2.000 Proz	Terminal Konsole Normtastatur Numernbl. (Multiuser)	Montiert auf Fundament Stromnetz Klimaraum Spezialtransport Spezialwerkzeug	Proprietäres LAN Bandstation/große Datenbanken, Forschungsberechnungen, Wetterprognosen, Astronomie

Tabelle 5.5: Rechnertypen-Übersicht

Prozessorfestlegung

Statt die Auswahl bei einem Rechnersystem oder einer Bauart zu starten, kann man auch zunächst den Prozessortyp festlegen. Die Leistungsfähigkeit von Prozessoren wird regelmäßig gemessen, ihre Entwicklungsfähigkeit in der Zukunft ausgeleuchtet und Empfehlungen veröffentlicht. Für den DWH-Spezialisten ist interessant, dass das UNIX für RISC-Prozessoren entwickelt wurde und die Microsoft-Betriebssysteme Windows NT, Windows 95 und Windows 98 für CISC-Prozessoren. Eine Prozessorentscheidung ist damit großenteils auch eine Betriebssystementscheidung.

Rechnerevaluation

Stehen mehrere Alternativen zur Wahl, kann das in Kapitel 9 »Produktevaluation« vorgestellte Evaluationsverfahren angewendet werden. Kriterien für die Beschreibung der Anwendersituation sind damit die Kriterien für die Rechnerevaluation.

- ✔ Einzusetzendes Client-Softwareprodukt
- ✔ Größe der zu bewegenden Datenmengen, Größe der anzuzeigenden Reports
- ✔ Offlinefähigkeit, also Fähigkeit, unabhängig vom Netz betrieben werden zu können und Daten nach Bedarf nachzutanken

Skalierung und Wachstum

Die Auslegung der Rechner deckt im ersten Planungsschritt nur die Anforderungen des augenblicklichen Bedarfs ab. Als spezielle DWH-Kriterien für die Auswahl der DWH-Server-Rechner dienen neben den üblichen, für alle Softwaresysteme gültigen Kriterien, zusätzliche Kriterien für die Belastung des Systems:

- ✔ Bedarf der Datenmengen
- ✔ Anzahl der online zugreifenden User
- ✔ Gewünschte Antwortzeiten
- ✔ Kompatibilität der Betriebssysteme.

Der Bedarf wandelt sich im Laufe der Zeit, z.B. durch neue Aufgaben des Unternehmens, Veränderungen der Märkte, organisatorische Umstrukturierungen. Jede dieser Veränderungen hat Auswirkungen auf den Bedarf der Nutzer des DWH und muss sich in Anpassungen der Konfiguration des DWH niederschlagen. Für den DWH-Spezialisten erwächst hieraus die Aufgabe, bereits in der Konfiguration der Systeme die Flexibilität zu berücksichtigen. Er muss sich als Prognostiker betätigen und die Zukunft der Bedarfe vorhersagen. Diese Zukunft umfasst Wachstumsschätzungen der bestehenden Applikationen aus

- ✔ funktionaler Sicht: Welche Funktionen könnten zukünftig noch benötigt werden?

- ✔ der Sicht der Datenmengen: Wie wird der Umfang der Datenmengen zukünftig wachsen?
- ✔ der Sicht der Informationen: Ist zukünftig mit dem Bedarf an neuen Informationen, Informationsstrukturen, Informationsquellen, Informationsarten zu rechnen?

Über das beste Zusammenspiel von DWH-Software und Rechnerarchitektur werden die Softwarehersteller bestimmte Empfehlungen abgeben, die nur im Test bestätigt werden können. Da hierzu nie eine verlässliche Vorausberechnung stattfinden kann, ist unbedingt auf die Skalierbarkeit des Rechnersystems zu achten. Optimieren lässt sich noch der Administrations- und Qualifikationsaufwand, indem man neben den bestehenden Betriebssystemen keine neuen einführt.

Eine allgemeine Faustregel zur Bemessung der Server gibt es nicht. Anstelle einer Faustregel sollen die Praxisbeispiele Anhaltspunkte für die eigene Konfiguration liefern. Es folgen einige Beispiele von Rechnerentscheidungen und zu bewältigenden Datenmengen, die von der Gartner Group bekannt gemacht wurden.

Beispiel: Rechnerlösungen zu Kapazitätsanforderungen

Finanzdienstleister,
Informix, 300GByte Rohdaten mit 67 Tabellen, 6 gleichzeitige Abfragen
32Knoten IBM-SP2

Telekommunikationsunternehmen
Informix 2,1Tbyte Rohdaten
90Knoten IBM SP2

Fastfood Firma
Informix 90Gbyte Rohdaten mit Starschema, 5 gleichzeitige Benutzer
HP9000, 4CPU

Finanzdienstleister,
Oracle, 900GByte detailliert und summiert, ca 10 gleichzeitige Benutzer
2*Cluster NCR3600

Telekommunikationsunternehmen,
Oracle, 225GByte, 35 Tabellen, 30 gleichzeitige Benutzer
16Way Sequent

Versicherung,
Oracle, 220GByte, denormalisierte Tabellen, 4 gleichzeitige Benutzer
24Knoten IBM-SP2

Telekommunikationsunternehmen,
Teradata, 600GByte, 35 Tabellen, 40 gleichzeitige Benutzer
NCR 5100M, 64Prozessoren

Die Wahl des richtigen Rechners kann auch aus der Sicht der Betriebssysteme getroffen werden. Das heißt, zuerst wird das Betriebssystem bestimmt und dann die Wahl des Rechners getroffen.

Für tiefere Einblicke in Rechnertypen und Rechnerarchitekturen sind interessant:

🗀 Hansen, Wirtschaftsinformatik

🗀 Tanenbaum, Computerarchitektur

5.3 Bestimmung der Betriebssysteme

Problemstellung und Motivation

Ein Betriebssystem steuert alle Hardwarekomponenten und das Zusammenspiel zwischen Hardware und Software. Das **Betriebssystem** kann als Hardware realisiert sein, in Form von Schaltkreisen, oder als Software auf einer Hardware installiert sein. Die Betriebssystemsoftware ist die unmittelbare Schnittstelle zur Hardware. D.h. jede Software kann nur über Betriebssystemfunktionen Hardwarekomponenten ansprechen.

Mit der Rechnerauswahl ist prinzipiell auch eine Entscheidung für das einzusetzende Betriebssystem gefallen. Jeder Rechnertyp hat ein bevorzugtes Betriebssystem bzw. eine eingeschränkte Auswahl von einsetzbaren Betriebssystemen. Besonders bei Großrechnern kann in der Regel genau je ein Betriebssystem installiert werden. Auf einer DEC-VAX ist das VMS, auf einer IBM-AS400 ist das AIX, auf einer HP-3000 ist das MPE. Bei einigen Arbeitsplatzrechnern ist das ebenso. Auf einem Next-Rechner ist dies das Betriebssystem Next, auf einem RISC-Rechner ist das meistens ein UNIX-Derivat, auf einem Apple ist das MacIntosh. Anders sind die Auswahlmöglichkeiten bei PCs. Auf einem PC sind das OS/2, MS-Windows NT, MS-Windows 98, LINUX und andere.

Auf einigen Rechnertypen können alternativ verschiedene, aber nicht beliebige Betriebssysteme installiert werden. Es können z.B. MS-Windows NT und MS-Windows 98 unter LINUX, IBM-VM unter IBM-MVS, HP-UX unter HP-MPE betrieben werden. Dies bedeutet, dass Software, die für das eine Betriebssystem, das Gastsystem, entwickelt wurde, auch unter dem Wirtssystem eingesetzt werden kann. Diese verschiedenen, gleichzeitig installierten Betriebssysteme können allerdings nicht gleichberechtigt parallel betrieben werden und bringen Performanceeinbußen mit sich. Das bedeutet, ein Betriebssystemwechsel ist nur bei Neuinstallation aller Programme inklusive Betriebssystem möglich.

Für einige Betriebssysteme gibt es auch die Möglichkeit, ein zweites Betriebssystem, ein **Gastbetriebssystem,** als sogenannte »**Emulation**« unter dem **Wirtsbetriebssystem** zu betreiben.

Bei einigen Großrechnern ist auch die Umschaltung des Betriebes von einem Betriebssystem auf ein zweites Betriebssystem möglich. Damit sind dann andere Programme betriebsfähig gestellt. Ob dies bei laufendem Betrieb möglich ist, hängt auch von der Anzahl der Prozessoren ab.

Welche der Möglichkeiten auch immer gewählt wird, mit der Auswahl der Rechner sind die Möglichkeiten der Betriebssystemauswahl eingeschränkt worden. Dies motiviert die Frage, ob nicht zuerst die Entscheidung für ein oder mehrere Betriebssysteme getroffen werden sollte, um daraus erst die Entscheidung für den passenden Rechner abzuleiten. Die hier zu lösende Gestaltungsaufgabe hätte demnach die Frage nach dem richtigen Betriebssystem, vor der Frage nach dem richtigen Rechner stellen können. Für die Fragestellung »Aufbau eines DWH« ist allerdings weniger die Funktionalität eines Betriebssystems maßgebend als vielmehr die Leistungsfähigkeit von Rechnern. Ein leistungsschwacher Rechnertyp mit einem guten Betriebsystem ist für den Anwender aus Performancegründen ineffizient.

Ausgewählte Eigenschaften des Betriebssystems

Alle Betriebssysteme haben eine Mindestausstattung an Funktionen. Diese dienen zur Erkennung der Hardware, zur Installation von Software, zur Einstellung von Rechnerverhaltensweisen, zu Speichermanagement und Datensicherung, Ein- und Ausgabesteuerung, Abwicklung der Verarbeitungsprozesse, Verwaltung der Dateien zu Programmen und Daten, Erteilung von Zugriffsberechtigungen und Anbindung an externe Rechner- und Rechnernetze. Wesentliche Kriterien zur Auswahl sind:

Robustheit

Wesentlich für die Verfügbarkeit der Applikationen und das schnelle Aufspüren von Fehlern ist die Betriebsstabilität des Betriebssystems, die **Robustheit.** Hierzu gehört die weitestgehende Absturzfreiheit, die Einschränkung von Abstürzen auf ein verursachendes Programm unter Erhaltung des Betriebes aller anderen Programme (z.B. bei Windows 95 nicht gegeben) und die Selbstreinigung bei Abstürzen von Datei-Fragmenten und Zuordnungen.

Multitaskingfähigkeit

Wenn mehrere Benutzer auf einem Rechner arbeiten, dann sollte es auch möglich sein, dies mit verschiedenen Programmen zu erlauben. Der Betrieb mehrerer Programme zur gleichen Zeit kann auch für mindestens einen Anwender erlaubt werden. In beiden Fällen spricht man von **Multitaskingfähigkeit.** Wenn die Tasks des Betriebssystems von verschiedenen Benutzern, von verschiedenen Rechnern bestellt werden können, spricht man von der **Multiuserfähigkeit** eines Betriebssystem. Dies erlaubt den Betrieb von Anwendungssoftware bei konkurrierenden Benutzerzugriffen. Für die PCs war früher **nur Single-User-Betrieb** (MS-DOS, MS-Windows) interessant, weil man sagte, ein PC steht auf einem Arbeitsplatz einem User zur Verfügung. Mittlerweile sind PCs wesentlich leistungsfähiger geworden und werden jetzt auch als Applikationsserver für den Zugriff mehrerer User eingesetzt (MS-Windows NT). Die Anzahl der gleichzeitig arbeitenden Benutzer kann derzeit je nach Betriebssystem und Rechner von einem bis zu 10.000 reichen.

Betriebsart

Vor der Fähigkeit, mehrere Benutzer zu versorgen, steht die Eigenschaft, im Dialog mit einem Benutzer zu arbeiten. Diese **Betriebsart** wird **Dialogbetrieb** genannt. Damit ist das Befehl-Reaktion-Wechselspiel zwischen Computer und Anwender gemeint, also das Erteilen direkt ausführbarer Befehle an den Rechner, das prompte Ausführen von Programmabschnitten auf die Aktionen eines Benutzers durch den Rechner, das prompte Anzeigen des Ergebnisses und das Warten auf weitere Anweisungen. Der Gegensatz hierzu ist der **Batchbetrieb.** Ein Programm wird mit allen Daten dem Rechner zur Abarbeitung zur Verfügung gestellt, der Rechner rechnet zu einem günstigen Zeitpunkt und speichert die Ergebnisse in einer Datei ab. Diese Art der Verarbeitung ist nützlich für aufwändige Rechnungen mit langer Wartezeit, wie z.B. Wetterprognosen, Filmsequenzen, Festigkeitsberechnungen.

Performance

Jedes Betriebssystem ist für einen bestimmten Prozessortyp ausgelegt. Der Einsatz auf einem anderen Prozessor bringt Einbußen in der Verarbeitungsgeschwindigkeit oder **Performance.** Das Zusammenspiel von Zielprozessor und Betriebssystem kann anhand von genormten Leistungstests, sogenannten **Benchmarktests,** gemessen werden. Tests dieser Art werden unregelmäßig in der Presse und im Internet veröffentlicht. Dies ist zwar ein Hinweis, lässt aber noch keinen 100 Prozent sicheren Schluss auf die Performance eines Anwendungsprogrammes zu. Bei der Beschaffungsentscheidung sollte, wenn die Anwendungssoftware feststeht, eine vergleichende Testinstallation auf den in Frage kommenden Maschinen die Performance-Beurteilung untermauern.

Parallelität

Der Betrieb mehrerer Prozessoren und die Verteilung von Programmen, Unterprogrammen und Teilberechnungen auf jeweils unausgelastete Prozessoren, dynamisch während des Betriebes durch ein Betriebssystem, ist die **Parallelverarbeitung.** Die derzeitigen Betriebssysteme können diese Parallelverarbeitung auf den Prozessoren innerhalb eines Rechners oder sogar zwischen einer in einem Schrank mit einem Mininetz gekoppelten Rechnergruppe (z.B. IBM-SP2-Rack) organisieren. Neu sind Bestrebungen, ein Betriebssystem zu etablieren, das über eine Auswahl beliebiger freiwilliger Rechner im Internet eine Applikation verteilt und ausführen lässt.

Skalierbarkeit

Mit der **Skalierbarkeit** ist die Fähigkeit des Betriebssystems definiert, weitere Hardwarekomponenten in das System zu integrieren. Dies sind z.B. weitere Speichersysteme, zusätzliche Prozessoren, größere interne Speicher, zusätzliche Ausgabegeräte. Diese Eigenschaft ist besonders für DWH interessant, da das Wachstum der Daten überproportional sein kann und das Interesse der Benutzer sprunghaft ansteigen kann.

Internationalität

Sehr oft wird ein DWH über viele Länder mit unterschiedlichen Sprachen, Währungen und Zeichensätzen eingesetzt. Die Fähigkeit des Betriebssystems, sich mit Tastaturbelegung, Präsentation nationaler Zeichensätze, Sprachumschaltung an die Gepflogenheiten verschiedener Nationen anzupassen, heißt **Internationalität.**

Verbreitung

Ein wesentliches Kriterium ist die **Verbreitung** oder der Marktanteil des Produkts. Große Marktanteile sind ein Indiz für langes Leben. Das Betriebssystem, das sich über alle RISC-Rechnerhersteller am breitesten durchgesetzt hat, ist UNIX, bzw. weitestgehend kompatible UNIX-Derivate. Die Betriebssysteme mit den höchsten Installationszahlen sind die PC-Betriebssysteme MS-Windows NT, MS-Windows 3.1, MS-Windows 95, MS-Windows 98. Dies nur, um ausgewählte Aspekte der Homogenität (minimale Herstellerzahl, minimale Produkte, meisteingesetzte Produkte) anzudeuten. Betriebssysteme haben ein Erscheinungsbild auf dem Monitor des Rechners. Ein Homogenitätsaspekt ist die weitgehende Übereinstimmung der Befehlseingabe, Symbolisierung von Befehlen und Führung des Benutzers über verschiedene Betriebssysteme.

Softwareumfang

Große Verbreitung zieht auch meistens eine große Auswahl von Software, die dieses Betriebssystem zur Plattform gewählt hat, nach sich. Ein weitverbreitetes Betriebssystem einzusetzen heißt dann unter anderem, eine große Auswahlmöglichkeit, den **Softwareumfang,** von Anwendungssoftware vorzufinden.

Homogenität

Die **Homogenität** ist eine Eigenschaft, die einer Gruppe von Betriebssystemen zukommt. Kein Unternehmen kann in der Regel mit nur einem Betriebssystem auskommen, da es verschiedene Rechnertypen einsetzen muss. Eine möglichst geringe Anzahl von Herstellern und Betriebssystemen ist hier die Zielsetzung. DEC hat z.B. mit VMS ein Betriebssystem geschaffen, das über alle Rechnerkategorien von DEC eingesetzt werden kann, außer auf dem PC.

Funktionsumfang

Wie jede Software erfüllt auch ein Betriebssystem bestimmte Aufgaben in Form von Funktionen, Unterprogrammen, Komponenten, Modulen, mittels seines **Funktionsumfangs**. Solche Funktionen sind z.B. Erkennung der Hardware zur Installation von Software, zur Einstellung von Rechnerverhaltensweisen, Speichermanagement und Datensicherung, Ein- und Ausgabesteuerung, Abwicklung der Verarbeitungsprozesse, Verwaltung der Dateien zu Programmen und Daten, Erteilung von Zugriffsberechtigungen, Anbindung an externe Rechner- und Rechnernetze, Kommunikation mit anderen Benutzern, Anzeige der Stromversorgung. Alle genannten Funktionen sind zu Komponenten und Modulen gruppiert und stellen eine Betriebssystem-Architektur dar.

Utilities

Kein Betriebssystem ist vollständig. Das heißt, nicht alle Funktionen, die für die Analyse des Rechnerzustandes und für die Rückführung des Systems auf einen erwünschten Zustand erforderlich sind, sind in einem Betriebssystem enthalten. Aber man kann die Funktionalität erweitern, indem man sogenannte Utilities installiert. Solche Utilities umfassen z.B.

- ✔ das Dateimanagement mit Suchen verlorengegangener Dateien, Wiederherstellen versehentlich gelöschter Dateien, Löschen nichtgebrauchter Dateifragmente
- ✔ die Hardwarediagnose mit Aufdecken von physikalischen Fehlern, funktionalen Einschränkungen;
  die Leistungsfähigkeit wird am Umfang der unterstützten Hardwarepalette gemessen
- ✔ das Systemmanagement mit Monitoring angeschlossener Hardwarekomponenten, Meldung von angesprochenen, aber nicht erreichbaren Komponenten;
  die Leistungsfähigkeit wird am Umfang der unterstützten Hard- und Softwarekomponenten gemessen
- ✔ die Datensicherung mit planmäßiger automatischer Auslagerung und Archivierung oder Replikation
- ✔ Systemoptimierung, Tuning und Parametereinstellung, Komprimierung und Dekomprimierung

Die meisten Utilities-Funktionen sind, unabhängig von der eingesetzten Software und Hardware, für alle Systeme nützlich. Es gibt allerdings auch Utilities, die nur auf bestimmte Hardwareprodukte und auf bestimmte Softwareprodukte wirken. Mit dem Aufbau eines Data Warehouse und der Beschaffung damit verbundener neuer Software- und Hardwareprodukte werden auch weitere Utilities benötigt.

Gestaltungs- und Lösungsmöglichkeiten

Einige Anwendungsprogramme sind nur auf einem Betriebssystem lauffähig. Aber die meisten der auf dem Markt angebotenen Softwareprodukte lassen eine Installation auf mehreren oder mittels mehrerer Betriebssysteme zu. Um nicht mit einem Sammelsurium von diversen verschiedenen Betriebssystemen den Aufwand für Qualifikation und Betrieb unnötig zu vergrößern, ist eine Vereinheitlichung der Betriebssystemvielfalt durch Definition eines Betriebssystemstandards zu empfehlen.

➢ Definition eines Betriebssystemstandards

Die Suche nach Softwareprodukten des Marktes kann nun bei ähnlichen Softwareprodukten bevorzugt auf die Standard-Betriebssysteme des Unternehmens fokussiert werden.

➢ Einschätzung des Softwaremarktes der DWH-Komponenten bezüglich der Betriebssystemauswahl

➢ Bestimmung der für die jeweiligen feststehenden DWH-Softwarekomponenten möglichen Betriebssysteme

Erfahrungsgemäß können Unternehmen bei Releasewechseln nicht alle eingesetzten Betriebssysteme gleichzeitig und niemals vollständig durch neue Releases ablösen. Dies liegt an der Willenskraft der Systemadministratoren und an der Verfügbarkeit der Anwender (Auslandseinsatz, Termindichte, Krankheit). Viele Anwender haben sich eigene Programme geschrieben, die auf Eigenschaften der vorhandenen Betriebssysteme angewiesen sind und keinen Releasewechsel vertragen würden.

➢ Festlegung des Releasestandes

Viele der Utilities-Funktionen sind für alle Systeme gleichermaßen nützlich und bereits im Unternehmen vorhanden. Einige der Utilities-Funktionen werden erst mit der Einführung von Data Warehouse Komponenten interessant.

➢ Bestimmung der zusätzlich zum Betriebssystem erforderlichen Utilities-Funktionen

Problemlösung: Regeln und Hilfsmittel

Das Verfahren

Für die Entscheidung der bevorzugten Betriebssysteme ist die augenblickliche Situation des Unternehmens zu berücksichtigen. Ein etabliertes Betriebssystem sollte nicht ohne weiteres in Frage gestellt werden, sondern Anhaltspunkt für die Softwarewahl sein. Die Einführung eines weiteren Betriebssystems bringt neuen Schulungsaufwand, erneute Zeit des Sammelns von Erfahrungen mit den noch unbekannten Verhaltensweisen und auch Personalneueinstellungen mit sich. Der Verwaltungsaufwand wird mit jedem zusätzlichen Betriebssystem erhöht durch eine umfangreichere und kompliziertere Release- und Update-Organisation.

Oftmals sind die Betriebssysteme der Arbeitsplätze bereits durch einen Unternehmensstandard festgelegt, dann ist keine Betriebssystementscheidung zu treffen.

Serverseitig können die Rechner für den Einsatz der DWH schon vorhanden und mit einem bestimmten Betriebssystem ausgestattet sein, auch dann ist keine Betriebssystementscheidung mehr zu treffen.

Ist bereits das DWH-Tool ausgesucht, dann ist auch die Plattformwahl auf die Optionen des ausgewählten Produkts eingeschränkt. Es ist ebenfalls keine Betriebssystementscheidung zu treffen, wenn die einzusetzende Anwendungs-Software nur auf einem Betriebssystem lauffähig ist und keine Alternative zu dieser Anwendungs-Software möglich ist.

Zur Auswahl des Betriebssystems ist folgendes Verfahren nützlich.

Verfahren: Bestimmung der Anforderungen an DWH- Betriebssysteme

- Feststellung der eingesetzten Betriebssysteme
  Definition einer Einsatzstrategie für Betriebssysteme (Homogenität, Herstellerunabhängigkeit, relativer Release-Stand)
- Betriebsbedingungen durch ausgewählte Softwarekomponenten
- Setzung von Rahmenbedingungen für die Betriebssystemwahl
- Definition und Gewichtung der Kriterien zur Auswahl mittels der **Kriterienliste Betriebssystem**
  Robustheit, Multitaskingfähigkeit, Parallelität, Multiuser-Fähigkeit
  Verbreitungsgrad, Softwareumfang
  Funktionalität
  Homogenität
- Verschaffung eines Marktüberblickes über Produkte, Funktionalität, Releasestände und Tendenzen von Betriebssystemen mittels der **Kriterisynopse Betriebssysteme**
- Feststellen der zusätzlich zum Betriebssystem erforderlichen Utilities-Funktionen, Verschaffung eines Marktüberblickes über Produkte

Rahmenentscheidungen für Betriebssysteme

Gegenüber dem linearen Durcharbeiten aller Leistungskriterien des Betriebssystems kann man auch selektiv vorgehen und zunächst eine Rahmenentscheidung treffen. Diese wird für die Leistungskriterien eine unterschiedliche Gewichtung bewirken. Die erste Rahmenentscheidung könnte hier lauten,

- ✔ dasjenige Betriebssystem auszuwählen, das die größte Palette an Applikationen unterstützt.

Dazu gehört z.B. NT, Windows 95 aber auch UNIX, je nach Rechnergröße. Im DWH-Markt haben sich die Hersteller Client-seitig, also z.B. bezüglich der Auswertungstools, auf die Microsoft Betriebssysteme focussiert. Der DWH-Spezialist kann, wenn er die Entscheidung Betriebssystem vor der Entscheidung »DWH-Software« treffen will, die Evaluation auf die unter NT laufenden DWH-Komponenten einschränken.

Eine andere Rahmenentscheidung kann sein,

- ✔ das neue Betriebssystem homogen in die bestehende IT-Landschaft zu integrieren,

das heißt z.B., die Ergonomie für die Anwender gleich oder ähnlich zu halten. Bei bestehendem Windows 95 ist die Homogenität mit NT höher als mit Macintosh oder Next.

Kriterienliste Betriebssystem

In der folgenden Tabelle sind die Kriterien der Betriebssysteme mit einigen ausgewählten charakterisierenden Eigenschaften in der Reihenfolge steigender Leistungsfähigkeit dargestellt.

Kriterium	Charakteristik
Robustheit	Ereignisprotokollierung, Früherkennung von Konflikten, kontrolliertes Herunterfahren, automatisches Reboot
Multitasking	Singletasking, Multithreading, Multitasking, Multiusing, Multiusing hoher Benutzerzahlen
Betriebsart	Dialogbetrieb, Batchbetrieb
Performance	Rechentakt des Prozessors, Cachinggröße
Parallelität	Prozessorentyp, Prozessorenanzahl, verschiedene Rechner, entfernte Rechner, Aufgabendifferenzierung
Skalierbarkeit	Plug-and-Play-Peripherie, erweiterbare Hauptspeicher, Kapazität der Massenspeichererweiterung
Internationalität	Monolingual, Englisch/Deutsch-Umschaltung, Lexika, Multilingual, Unicode
Verbreitung	National, weltweit
Funktionaler Umfang	Editoren, integrierte grafische Oberfläche, Emulation, Utilities
Softwareauswahl	Standard, Betriebswirtschaft, Tools
Homogenität	Zu den vorhandenen Betriebssystemen

Tabelle 5.6: Kriterienliste Betriebssystem

Kriteriensynopse Betriebssysteme

Besteht Entscheidungsfreiheit in der Wahl des Betriebssystems,

- ✔ ist kein Rechner- oder Betriebssystemstandard festgestellt,
- ✔ sind die bereits getroffenen Entscheidung für bestimmte DWH-Komponenten nicht bindend
- ✔ und auch das Standardbetriebssystem des Unternehmens nicht zwingend.

Besteht Entscheidungsfreiheit für ein Betriebssystem, werden die oben dargestellten Kriterien der Reihe nach analysiert. Ein Unternehmen, das alle Freiheitsgrade in der Auswahl offen lässt, benötigt eine Gegenüberstellung der zum Teil im Konflikt zueinander stehenden Leistungsmerkmale der verschiedenen Betriebssysteme, eine **Kriteriensynopse Betriebssysteme**. Eine solche Synopse ist als Hilfsmittel im Folgenden dargestellt.

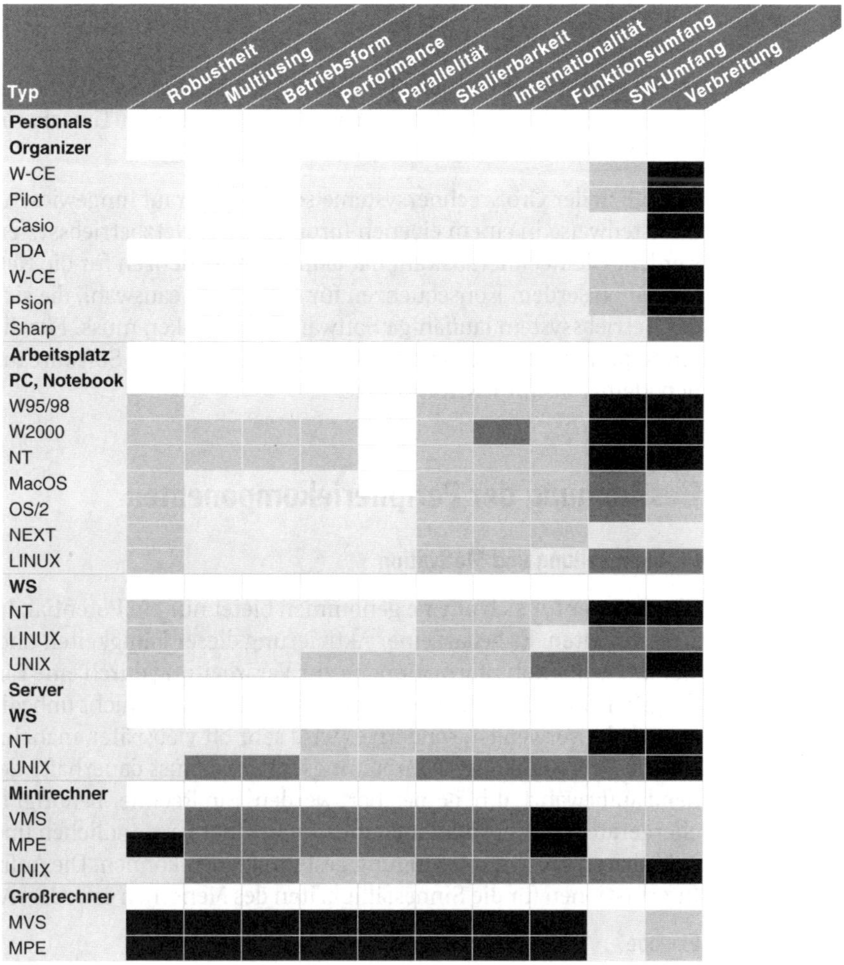

Tabelle 5.7: Kriteriensynopse Betriebssysteme

Rechnerentscheidung und Betriebssystemkonsequenzen

In der Regel fordert die einzusetzende Software zwar keinen Rechner, aber bestimmte Betriebssystemalternativen. Das Betriebssystem schränkt die Auswahl unter bestimmten Rechnertypen ein. Hierbei ist zu empfehlen, »reinrassig« zu bleiben, das heißt, keine verschiedene Betriebssysteme fordernden Programme auf einer Plattform zu betreiben, da dies immer Stabilitätsprobleme und Performanceverluste verursacht.

Wird die Rechnerentscheidung vorgezogen, ist auch das Betriebssystem weitgehend festgelegt, obwohl

- ✔ auf einem Rechner wahlweise verschiedene Betriebssysteme (z.B. OS/2 und NT und DOS) installiert werden können,

- ✔ unter einem Betriebssystem andere Betriebssysteme simuliert werden können (MS-Windows unter UNIX),
- ✔ bei einem Großrechner von IBM die Simulation des Gastbetriebssystem sogar gleichzeitig mit dem Wirtsbetriebssystem im Timesharing betrieben werden kann.

Bezüglich der Großrechnersysteme soll noch darauf hingewiesen werden, dass diese teilweise in einem eigenen (proprietären) Netzbetriebssystem betrieben werden. Die Rechnerauswahl hat damit Konsequenzen für die Netzgestaltung. Sie hat außerdem Konsequenzen für die Softwareauswahl, die sich auf die für das Betriebssystem lauffähige Software beschränken muss. Für die sogenannten Superrechner und Großrechner oder Hosts ist die Softwareauswahl wesentlich kleiner als für UNIX-Systeme.

5.4 Bestimmung der Peripheriekomponenten

Problemstellung und Motivation

Ein Rechner für sich alleine genommen bietet nur ein Potential, Informationen zu verarbeiten. Es bedarf einer Aktivierung dieser Fähigkeiten und der Bereitstellung von »Rohinformationen« zur Verarbeitung durch eine Eingabe mittels Eingabegeräten. Das Ergebnis der Verarbeitung wird nicht unbedingt in Realzeit wieder verwendet, sondern es wird sehr oft viel später, manchmal erst nach Jahren, gebraucht. Das Verarbeitungsergebnis muss dauerhaft oder vorübergehend aufbewahrt, d.h. gespeichert werden. Ein Rechner benötigt hierfür Speichergeräte. Die Informationen müssen in einer verständlichen und gut wahrnehmbaren Form zur Verfügung gestellt werden können. Die Aufbereitung der Informationen für die Sinnesfähigkeiten des Menschen erfordert Ausgabegeräte.

Eingabe

Eingabegeräte sind so vielfältig wie die Handlungsformen und Nutzungsgewohnheiten der Menschen. Die Rechner werden über Eingabegeräte bedient. Je nach der Art des Mediums, das die Daten gespeichert hat, sind andere Eingabegeräte erforderlich. Je nach Art der Daten sind andere Medien geeignet. Texte können mit Scannern eingelesen und als Text erkannt werden, oder aber über eine Tastatur eingetippt werden, oder mittels Stift auf einem Touchscreen aufgezeichnet werden. Sprache kann mittels Mikrofon akustisch aufgezeichnet und mit Spracherkennungsprogrammen in Texte konvertiert werden. Statische Bilder werden eingescannt, bewegte Bilder werden mit Filmkameras aufgezeichnet.

Beispiele für Eingabegeräte sind in der folgenden **Checkliste Eingabegeräte** aufgeführt.

Speichermedium	Kriterien der Auswahl
Tastatur	Anbindung, Tastendruck, Tastenanzahl, Belegung
Nummernblock	Anbindung, Tastendruck
Maus	Übertragungsgenauigkeit, Empfindlichkeit
Touchpad	Übertragungsgenauigkeit, Empfindlichkeit
Grafiktablett	Übertragungsgenauigkeit, Empfindlichkeit, Blattgröße
Zeichenbrett	Übertragungsgenauigkeit, Empfindlichkeit, Blattgröße
Elektronischer Stift	Übertragungsgenauigkeit, Empfindlichkeit
Barcode-Leser	Empfindlichkeit, Erkennung
Datenhandschuh	Übertragungsgenauigkeit, Empfindlichkeit
Scanner, Faxmodem	Auflösung, Geschwindigkeit, Größe, Anschluss
Sensoren	physikalische Eigenschaften, chemische Eigenschaften, Empfindlichkeit, Genauigkeit
Mikrofon	Empfindlichkeit, Frequenzgang
Klaviertastatur	Anbindung, Tastendruck,
Digitale Fotokamera	Auflösung, Empfindlichkeit, Funktionalität
Digitale Filmkamera	Auflösung, Empfindlichkeit, Funktionalität
Fernsehempfangstuner	Funktionalität, Sendertypen

Tabelle 5.8: Checkliste Eingabegeräte

Speicherung, Aufbewahrung

Zur **Speicherung** von Daten ist so ziemlich alles, was die Natur bietet, von Interesse für die Technologen – vom künstlichen chemischen Molekül zum Biomolekül, von Atomen bis zu Hologrammen und zu Halbleitern. Die Aufzeichnung einer Videokamera kann z.B. magnetisch auf Videoband, elektrisch in einem Speicherchip oder optisch auf CD festgehalten werden.

Beispiele für Speichermedien sind in der folgenden **Checkliste Speichermedien** aufgeführt.

Speichermedium	Kriterien der Auswahl
Floppy-Disk	Dichte, Speichermenge, Seitenzahl
Festplatte	Speichermenge, Zugriffszeit, Austauschbarkeit
PCMCIA-Flashcard	Speichermenge, Zugriffszeit, Einbauhöhe
CD-ROM, CD-RW	Zugriffszeit, Speichergröße, Überschreibbarkeit, Format
DVD	Zugriffszeit, Speichergröße, Format
Digitalband	Zugriffszeit, Speichergröße
Halbleiterspeicher	Zugriffszeit, Speichergröße
Hologramm	Haltbarkeit, Dreidimensionalität

Tabelle 5.9: Checkliste Speichermedien

Ausgabe

Ausgabegeräte sind so vielfältig wie die Sinnesausstattung der Menschen. Komplizierte Strichzeichnungen, wie Konstruktionspläne von Architekten und Ingenieuren, werden auf Papierrollen von Plottern gezeichnet. Videosequenzen können mit dem Licht der Beamer oder LCD-Overhead-Aufsatz auf Leinwand projiziert werden.

Die Möglichkeiten der peripheren Komponenten sind vielfältig und bedürfen einer sorgfältigen Wahl, die nicht zuletzt auch das Kriterium Kosten berücksichtigen muss. Die Auswahl dieser Komponenten ist nicht die Aufgabe des DWH-Spezialisten, aber eine Gestaltungsaufgabe für einen kompletten DWH-Arbeitsplatz. Deshalb wird das Thema nur der Vollständigkeit halber, und als Gelegenheit zur Anregung der Zusammenarbeit der IT-Beschaffer und Nutzerservices mit dem DWH-Spezialisten, gestreift. Beispiele für Ausgabegeräte sind in der folgenden **Checkliste Ausgabegeräte** aufgeführt.

Objekt	Kriterien der Auswahl
Drucker	Druckgeschwindigkeit, Farbe, Blattanzahl
Faxgerät	Druckgeschwindigkeit, Farbe, Blattanzahl
Plotter	Druckgeschwindigkeit, Farbe, Blattanzahl
Kopierer	Kopiergeschwindigkeit, Farbe, Blattanzahl, Kopierfunktionen
Kopfhörer, Lautsprecher	Frequenzspektrum, Leistung
Monitor, Fernsehgerät	Schärfe, Helligkeit, Farbtreue
Overhead-LCD-Display	Schärfe, Helligkeit, Farbtreue
Videobeamer	Schärfe, Leistung, Farbtreue
Videobrille	Schärfe, Helligkeit, Farbtreue

Tabelle 5.10: Checkliste Ausgabegeräte

Schnittstellen

Im Rechner selbst findet der Transport der Daten über Adress- und Datenbusse statt. Der Transport an Außeneinheiten geht über **Schnittstellen** des Rechners, Schnittstellen der Außengeräte und ein verbindendes Transportmedium. Beispiele für Schnittstellen sind in der folgenden **Checkliste Schnittstellen** aufgeführt.

Objekt	Kriterien der Auswahl
Centronics	Durchsatz, Gerät: Drucker
RS 232	Durchsatz, Gerät: Drucker, Scanner
IrDA	Durchsatz, Gerät: Infrarot-Übertragung
IEEE-1394	Durchsatz, Gerät: Videokamera
PCMCIA	Durchsatz, Gerät: GSM-Handy, CD-ROM-Laufwerk
USB	Durchsatz, Gerät: Geräte wie Drucker, Scanner, Fax
V.90 Modem	Durchsatz, Gerät: Kommunikationsgeräte

Tabelle 5.11: Checkliste Schnittstellen

Zu den physischen Schnittstellen sind immer auch Programme, sogenannte **Treiber,** erforderlich. Diese dienen zur Konfiguration der jeweiligen Schnittstelle und zur Wandlung der physischen Form der Daten, um über ein Medium wie Kabel oder Luft bewegt werden zu können, wie z.B. bei Infrarot- oder Funkübertragung.

Transportmedium

Das **Transportmedium** für Informationen ist z.B. eine Leitung mit allen Fähigkeiten und auch eine Person, die z.B. ein Speichermedium von einem Rechner zu einem anderen trägt.

Beispiele für Transportmedien sind in der folgenden **Checkliste Transportmedien** aufgeführt.

Objekt	Kriterien der Auswahl
Kupferkabel	elektrische Impulse, Telefonleitung, Stromleitung, Cat5
Koaxialkabel	z.B. Fernsehkabel, Ethernet-Kabel
Infrarotwellen	Leistung, Frequenz, Formerkennung
Glasfaser und Lichtimpulse	Anzahl, Bandbreite, Formerkennung
Elektromagnetische Wellen	Funk, GSM, Richtfunk, Satellitenverbindung
Akustische Wellen	Signale

Tabelle 5.12: Checkliste Transportmedien

Gestaltungs- und Lösungsmöglichkeiten

Zu einer vollständigen Konfiguration eines DWH-Arbeitsplatzes gehört eine Aufzählung und teilweise eine Spezifizierung aller Ausgabekomponenten, Eingabekomponenten, Speichermedien und Transportarten. Spezifizierung ist z.B. nötig für ein Fax-Modem, das in unterschiedlichen Übertragungsraten von 9.600 bis 56.000 und mehr Bit/Sekunde gefertigt wird. Diese unterschiedlichen Leistungen sind unterschiedlich teuer, deshalb ist eine Überlegung zum Kosten/Nutzen-Verhältnis angebracht.

Die einsetzbaren Peripheriekomponenten sind von der Ausstattung des Arbeitsplatzrechners, seiner Lokation und seiner Einbindung in ein Netz, abhängig.

➢ Bestimmung der Lokation, Netzeinbindung und Ausstattung des Arbeitsplatzrechners der Anwender

Auch Peripheriekomponenten werden durch Leistungsdaten charakterisiert. Je leistungsfähiger sie sind, desto teuerer sind sie zu erwerben. Hier gilt es, ein optimales Preis-Leistungsverhältnis zu ermitteln.

➢ Bestimmung des Bedarfes und der Leistungsspezifikation der Peripheriekomponenten

Einige Peripheriekomponenten sind so teuer, dass sie sich erst bei Benutzung durch einen größeren Anwenderkreis amortisieren. Es ist also die Entscheidung zu treffen, ob mobil oder stationär am Arbeitsplatz, stationär an der Lokation oder entfernt zugegriffen werden muss. Daneben ist zu beachten, daß die Einsatzorte erhöhte Flexibilität der Ausrüstung der Mitarbeiter eines Unternehmens fordern. Der Arbeitsplatz ist nicht mehr uneingeschränkt als stationär einzuordnen. Die Frage, ob mobiler oder stationärer Einsatz erforderlich ist, ist zu beantworten.

➢ Kriterien zur Beurteilung der Lokation und Mobilität der Peripherie

Problemlösung: Regeln und Hilfsmittel

Das Verfahren

Die Entscheidung der Peripherieausstattung lässt sich über den Bedarf, der aus der Arbeitsplatzbeschreibung oder der Stellenbeschreibung hervorgeht, und aus der angestrebten Applikationsverteilung ableiten. Als Entscheidungshilfe kann eine Checkliste Peripheriekomponenten, wie sie am Anfang dieses Kapitels kurz und auszugsweise aufgelistet wurde, ergänzt mit Typen und Varianten, dienen. Die genaue Spezifikation der Peripheriekomponenten ist nicht die Aufgabe des DWH-Managers, sondern dem Serviceteam und den Infrastrukturgestaltern des Unternehmens angetragen.

Verfahren: Festlegung der Lokation der Peripheriekomponenten

- ❖ Bestimmung der Lokation, Netzeinbindung und Ausstattung des Arbeitsplatzrechners der Anwender
- ❖ Bestimmung des Bedarfes und der Leistungsspezifikation der Peripheriekomponenten
- ❖ Kriterien zur Beurteilung der Lokation und Mobilität der Peripherie (Netzbindung, mobil, stationär ungebunden)

Checkliste Allokation der Applikationen und Peripheriedienste

Eine gute Kontrolle für die ermittelte Ausstattung der Arbeitsplätze ist die Analyse der einem Arbeitsplatz zugeordneten Applikationen. Aus der Bedienung der Applikationen kann auf den Bedarf an peripheren Geräten geschlossen werden. So ist z.B. für ein CAD-Programm ein Grafiktablett als Eingabegerät und ein Plotter als Ausgabegerät nützlich. Da ein Plotter in der Regel sehr teuer ist und nicht nur durch eine Person ausgelastet ist, wird man den Plotter über einen Netzanschluss zur Verfügung stellen. Für die Erfassung der Zuordnung der Applikationen und die Ableitung der dafür erforderlichen Allokation der Peripherie dient die **Checkliste Allokation der Applikationen und Peripheriedienste.**

Arbeitsplatz Nr. XXX	Applikation 1 Office	Applikation 2 SSW	Applikation 3 DWH	Applikation 4 CAD	Applikation 5 CAE
Rechner					
Rechner 1	Typ mobil	Typ stationär	mobil	Typ ---	
Rechner 2	Typ stationär	stationär	stationär	stationär	
Output					
Drucker	Typ mobil		mobil/stationär		
Kopierer	Typ stationär	stationär		–	
Plotter	–	stationär		stationär	
Fax	mobil				
Projektor					
Lautsprecher					
Input					
Tableau					
Video					
Mikrofon					
Scanner					
Barcodeleser					
Speicher					
CD-R					
PCMCIA					

Tabelle 5.13: Muster: Allokations-Check Applikationen und Peripheriedienste

Schema der Arbeitsplatzintegration mit Peripheriekomponenten

In der Regel sind die Arbeitsplätze der DWH-Benutzer bereits vollständig ausgestattet. Heute übliche DWH-Applikationen erfordern keine besondere Peripherie, die nicht schon durch normale Office-Applikationen vorhanden sein muss. Für neue Arbeitsplätze bedeutet dies, dass auch die DWH-Ausstattung nach der üblichen Arbeitsplatztypisierung vorgenommen werden kann. Die Anforderungen können sich dann ändern, wenn unter DWH nicht nur die finanzwirtschaftlichen Informationen im Vordergrund des Interesses stehen, sondern das DWH auch als Mittel für qualitative Daten, Industrieprozesse, Muster und Multimedia genutzt wird. In beiden Fällen ist ein **Schema der Arbeitsplatzintegration mit Peripheriekomponenten** von Nutzen.

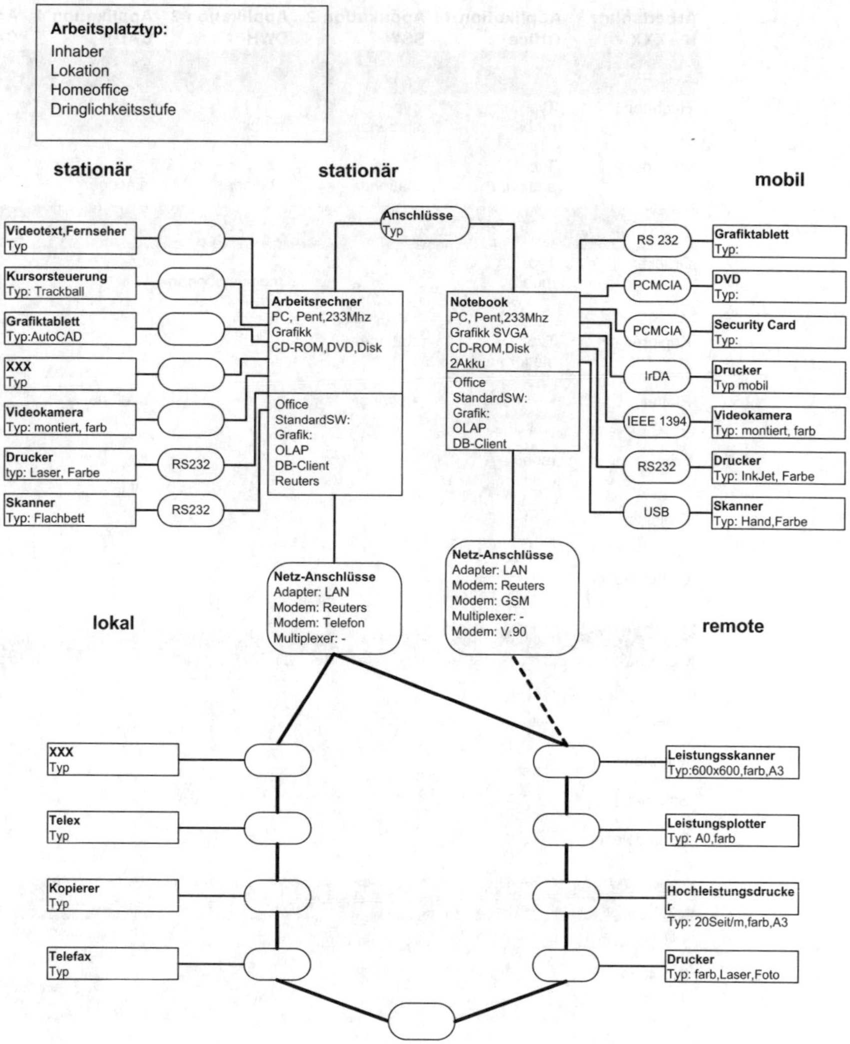

Abbildung 5.17: Schema der Arbeitsplatzintegration

5.5 Allokation der Softwarekomponenten

Problemstellung und Motivation

Nutzung

Software kann nur auf Rechnern zur Ausführung kommen. Der Zugang zur Software ist an die Aufstellung von Rechnern gebunden. Mit der Platzierung der Rechner ist zwar noch offen, wo die Softwarekomponenten zu installieren sind, aber die Möglichkeiten, die Softwarekomponenten zu verteilen, sind auf die Lokationen der Rechner eingeschränkt. Die Standorte der Rechner sind im

Hinblick auf die Standorte der Benutzer, den Personalmarkt und die Nähe der Implemetierung der Funktionen ausgewählt worden.

Es ist zu unterscheiden, ob eine Softwarekomponente vielen Benutzern oder nur einem einzigen Benutzer Dienste zur Verfügung stellen muss.

Die Nutzung kann dauerhaft zur Verfügung stehen oder bei Bedarf angefordert werden. Es gibt Anmeldungszähler zur Lizenzüberwachung, welche die Lizenzenüberprüfung nicht auf die Zahl der gemeldeten Benutzer bezieht, sondern auf die Zahl der gleichzeitig arbeitenden Benutzer. Nutzung von Lizenzen kostet Geld, ebenso kostet ein auf Grund starker Nutzungsannahmen leistungsfähig ausgebauter Rechner mehr Geld als ein leistungsschwach bestückter Rechner. Die bereitgestellte Verfügbarkeit muss daher in vernünftigem Verhältnis zur Nutzung stehen.

Folgende Nutzungsvarianten sind zu unterscheiden

- ✔ nach der **Nutzungsdauer:** kontinuierlich, periodisch, fallweise, spontan
- ✔ nach dem **Nutzungsort:** entfernt, am Ort
- ✔ nach der **Zeiteinteilung:** alleinberechtigt, gruppenberechtigt, Zeitfenster-berechtigt
- ✔ nach dem **Besitzverhältnis:** gemietete Lizenz, gekaufte Lizenz, Eigentum

Verteilung

Um die einzelnen Komponenten einer Software gemäß der Anwendernachfrage besser positionieren zu können, wurde die Client/Server-Architektur entwickelt. Die Client/Server-Architektur teilt die Programme in einen Teil, der auf dem Endgerät des Benutzers abläuft und einen Teil, der auf einem allen Usern zugänglichen Server abläuft. Dies bedeutet eine Entlastung des Servers, da ja einige Berechnungen oder Programmausführungen vom Server auf das Endgerät abgegeben werden können. Es wäre zum Beispiel nicht möglich bzw. nicht sinnvoll, die grafischen Benutzeroberflächen aller Benutzer auf einem zentralen Rechner verarbeiten zu lassen, um das Ergebnis auf einem Terminal anzuzeigen. Jede neue Bewegung eines grafischen Elementes, wie z.B. Mausklick auf einen Button, würde eine erneute entfernte Berechnung erfordern. Neben der Rechenlast der Server ist deshalb noch die Kommunikationslast der Leitungen ein Grund, den Datenverkehr zu minimieren, und dies geschieht eben auch durch die Möglichkeit, die Masken direkt auf dem Endgerät zu erzeugen, anstatt sie als grafische Präsentation zu versenden. Mit dem Prinzip der Client/Server-Architektur, Programme in verteilbare Komponenten aufzusplitten, ist dann als Fortsetzung der Idee der zweistufigen Verteilung noch die Idee zur mehrstufigen Verteilung verwirklicht worden. Die Verteilbarkeit ermöglicht eine auf die Programmkomponente gezielt ausgerichtete Rechnerkonfiguration.

Ein weiterer Aspekt der Verteilung ist die effiziente Kooperation der DWH-Komponenten mit Standardprogrammen des Arbeitsplatzrechners. Mit anderen

Worten, zu einer vollständigen Ausstattung des Arbeitsplatzes gehören ebenfalls die Nicht-DWH-Programme. Dies bedeutet, dass nicht nur die speziellen DWH-Komponenten zu verteilen sind, sondern auch die üblichen Programme für Kommunikation, Gruppenarbeit, Büroaufgaben und Terminverwaltung.

Die Ausstattung ist von der Aufgabenstellung des Arbeitsplatzes abhängig. Die meisten Arbeitsplätze sind dabei völlig identisch auszustatten, andere bedürfen besonderer Beachtung. Managementpositionen benötigen z.B. eine besonders ergonomische, erklärungsfreie Konfiguration und setzen viel weniger ausgefeilte Analysewerkzeuge auf großen, unüberschaubaren Datenmengen ein. Zu solchen Arbeitsplätzen können Ausstattungsstandards vorbereitet werden. Beispiele für solche Arbeitsplatzarten sind in der folgenden **Checkliste Arbeitsplatzkategorien** zusammengestellt.

Massendateneingabe und Hilfspersonal
Sekretariat
Fachkraft und Standardsoftware-Anwender
Konstrukteur, Produktentwickler und CAD-Arbeitsplatz
Marketingspezialist, Analytiker
Buchhaltung
Anlageanalytiker
Management
Aufsichtsrat

Tabelle 5.14: Checkliste Arbeitsplatzkategorien

Die **Softwarekonfiguration des Arbeitsplatzes** des DWH ist also die Definition der Bestückung der Rechner der Benutzer mit einem voll funktionsfähigen System von zusammenarbeitenden Softwarekomponenten.

Gestaltungs- und Lösungsmöglichkeiten

Neben der Individualität der einzelnen Arbeitsplätze, bedingt durch die Verschiedenheit der Aufgaben, gibt es sehr ähnliche Arbeitsplätze, die eine ähnliche Ausstattung an Software erfordern. Zunächst ist es daher hilfreich, diese Ähnlichkeitsgruppen festzustellen. Eine Arbeitsplatzausstattung wird demnach nach der Zuordnung zur Kategorie und dem entsprechenden Standard und der Nennung der individuellen Unterschiede bestimmt.

- Feststellung der Lokation der Datenquellen und der Server-Verteilung
- Bestimmung der Lokation der Anwender
- Kategorisierung der Arbeitsplätze

Die Unternehmen können zwar nicht entscheiden, ob Hersteller ihre Produkte als Client/Server-Lösungen oder als Terminal-Host-Lösungen produzieren, aber sie können entscheiden, ob sie grundsätzlich ein verteilbares Produkt erwerben wollen. Der Kauf eines verteilbaren Produkts bietet dann zwar die Gestaltungsfreiheit der Verteilung, aber er bringt auch den Zwang mit sich, die Verteilung bestimmen zu müssen.

➢ Bestimmung der Softwarekomponenten auf Server und Clients

Problemlösung: Regeln und Hilfsmittel

Das Verfahren

Die Methodik zur Ausstattung der Arbeitsplätze ist prinzipiell von der DWH-Problematik unabhängig, sie ist für alle Software-Allokationen gleichermaßen einsetzbar. Die Server-Softwarekomponenten des DWH sind selbstverständlich auf den DWH-Servern zu installieren und damit bereits durch die Aufstellung der Server alloziert. Dies war durch die Feststellung der Länderaktivitäten des Unternehmens bereits begründet worden. Damit ist nur die Ausstattung der Arbeitsplätze zu bestimmen. Die folgende Vorgehensweise ist für die Ermittlung der Software-Allokation zu empfehlen.

Verfahren: Software-Allokation

- Feststellung der Lokation der Datenquellen und der Server-Verteilung mit Hilfe des **Netzdiagramms**
- Bestimmung der Lokation der Anwender
- Kriterien zur Beurteilung der Lokationen der Software, (Client oder Server, Serverzuordnung)
- Kategorisierung der Arbeitsplätze
- Bestimmung der Softwareausstattung der Clients

Dokumentation der Serververteilung

Die Ausstattung der Arbeitsplätze ist wegen des Zugriffs aus der Ferne von der Allokation der Server abhängig, da der Durchlauf durch die verschiedenen LANs und WANs die unterschiedliche Verpackung der Daten in Protokolle durch Hilfsprogramme erfordert. So benötigt z.B. ein Datenaustausch über Modem und Telefonnetz eine andere Hilfssoftware als der Datentransfer über das Handy-Netz GSM. Auf dem Server muss eine Datenbank erreicht werden, und diese muss mit einer ihr verständlichen Abfragesprache, z.B. SQL, angesprochen werden. Auch hierfür ist die Installation eines speziellen Programmes nötig. Als erste Problemlösungshilfe dient also die **Dokumentation der Serververteilung** mit den darauf installierten Softwarekomponenten.

Netzdiagramm

Als zweite Problemlösungshilfe ist eine Grafik der Netze, das bereits besprochene **Netzdiagramm,** erforderlich. Dies braucht allerdings den DWH-Spezialisten nicht weiter zu kümmern, da für die Definition der erforderlichen Netzkomponenten auf den Arbeitsplatzrechnern der PC-Service und das Netzwerkmanagement zuständig sind.

Liste Softwareausstattung der Clients

Als Entscheidungsgrundlage für die Allokation der Softwarekomponenten sollte die **Liste der Arbeitsplätze** und der Serverorte aus der Hardwarebestimmung verwendet werden. Die Server-Programme werden dann in der Nähe der Benutzer oder in der Nähe des besten Service, analog der Entscheidung der Hardware-Allokation, installiert.

Zur Definition der Kategorien kann z.B. die bereits dargestellte Klassifikation der Managementebenen oder eine eigens erstellte **Kategorienliste,** wie am Kapitelanfang dargestellt, dienen:

Benutzer, Rechner Arb. Typ	Office	Kommunikation		Betriebsw. SSW	DWH-Komponente
Name PC, W95 CAD	Typ Ort	Typ Ort		Typ Ort	
Name PC, W95 Sekretariat	Typ Ort				

Tabelle 5.15: Liste Softwareausstattung der Clients

Blockdiagramm der Softwarekomponenten

Es ist ganz nützlich, zur Prüfung der Vollständigkeit der Komponentenliste eine **Softwareschichtengrafik** oder ein **Blockdiagramm der Softwarekomponenten** zu erstellen und die Kommunikation des Anwenders anhand des gedanklichen Durchlaufens der Verarbeitungsschichten des Client-Rechners bis zum Server durchzuspielen. In der folgenden Abbildung »Arbeitsplatzkonfiguration als Schichtenbild« kann der Anwender z.B. über eine COBOL-Applikation durch ein TCP/IP-Netz auf eine SQL-Datenbank zugreifen.

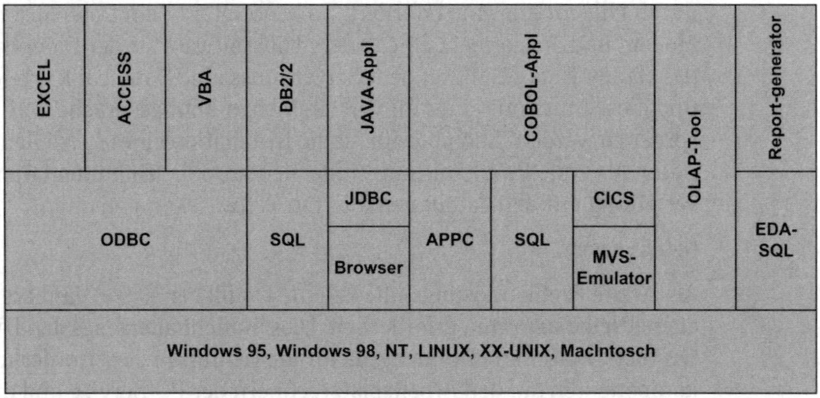

Abbildung 5.18: Softwarekonfiguration des Arbeitsplatzes als Schichtenbild

Die Ausstattung der jeweiligen Kategorie wird in einer unternehmensweit gültigen Richtlinie als Standard fixiert und den Anwendern zugänglich gemacht. Die Anwender können rechtzeitig ihre über die **Standardausstattung** hinausgehenden Anforderungen anmelden.

5.6 Exkurs Client/Server-Architektur

Der Wunsch, grafische Oberflächen für mehrere Benutzer zu betreiben, führt zwangsläufig zu einer Architektur, die einen zentralen Rechner entlasten muss. Die Entlastung kann durch Aufspalten eines komplexen Programmes in mehrere Komponenten und das Auslagern der Ausführung dieser Komponenten auf weitere Rechner bewältigt werden. Die vielen Benutzern dienenden Funktionen, Module, Programme und Komponenten werden dabei von einem allen Usern zur Verfügung stehenden, zentralen Rechner, dem Server durchgeführt. Dieser Rechner (Server) dient den Programmen der Benutzer (Clients).

Im Extremfall steht hierbei jeder verteilten Komponente ein eigener Rechner zur Verfügung, der nur für die jeweiligen Benutzer dieser Komponente arbeitet.

Eine andere Verteilungsvariante ist die Ausführung mehrerer Komponenten auf einem Rechner, bis zu einer erlaubten Obergrenze für die Anzahl von Benutzern. Bei Überschreiten dieser Grenze wird ein weiterer Rechner wieder mit allen Komponenten zur Verfügung gestellt.

Um bessere Verteilungsmöglichkeiten als bei den konventionellen Hostsystemen nutzen zu können, wurde die Client/Server-Architektur entwickelt.

Exkurs Client/Server-Architektur

Der Grundgedanke der **Client/Server-Architektur** ist die Aufspaltung eines Programmes in zwei oder mehrere Teile, die auf verschiedenen Rechnern, einem **Client-Rechner** und einem oder mehreren **Server-Rechnern** laufen können. Wie groß diese Teile sind, welchen funktionalen Umfang sie haben, bleibt dabei den Vorstellungen der Programmierer überlassen. Die Gestaltungsfreiheit ist durch die Fähigkeiten der verwendeten Rechner begrenzt. Durch die Aufteilbarkeit können auch die Fähigkeiten mehrerer Rechner genutzt werden. In Summe sind bei den C/S-Architekturen die Rechnerfähigkeiten variantenreicher konfigurierbar. So kann z.B. die rechenintensive Verarbeitung grafischer Benutzungsoberflächen auf einen eigens für einen Benutzer zuständigen Rechner gelegt werden. Ein einzelner Rechner wäre mit der Grafikverarbeitung aller Benutzer eines Multiuserbetriebes aussichtslos überfordert. Die grafische Oberfläche kann auf einem PC oder einem X-Terminal ausgeführt werden. Andererseits wäre ein PC damit überfordert, eine große Datenbank im Multiuserbetrieb mit angemessenem Antwortzeitverhalten zu betreiben.

Es haben sich für die Programmklasse der »Datenbankanwendungen«, um die es im DWH ja hauptsächlich geht, bestimmte Aufteilungsstellen der Programme als optimal herausgestellt. Die folgende Darstellung, aus einer Informationsreihe der Firma Digital Equipment Corporation, DEC, gibt einen Überblick über diese möglichen Trennstellen von monolithischen Programmen zu Client/Server-Scheiben.

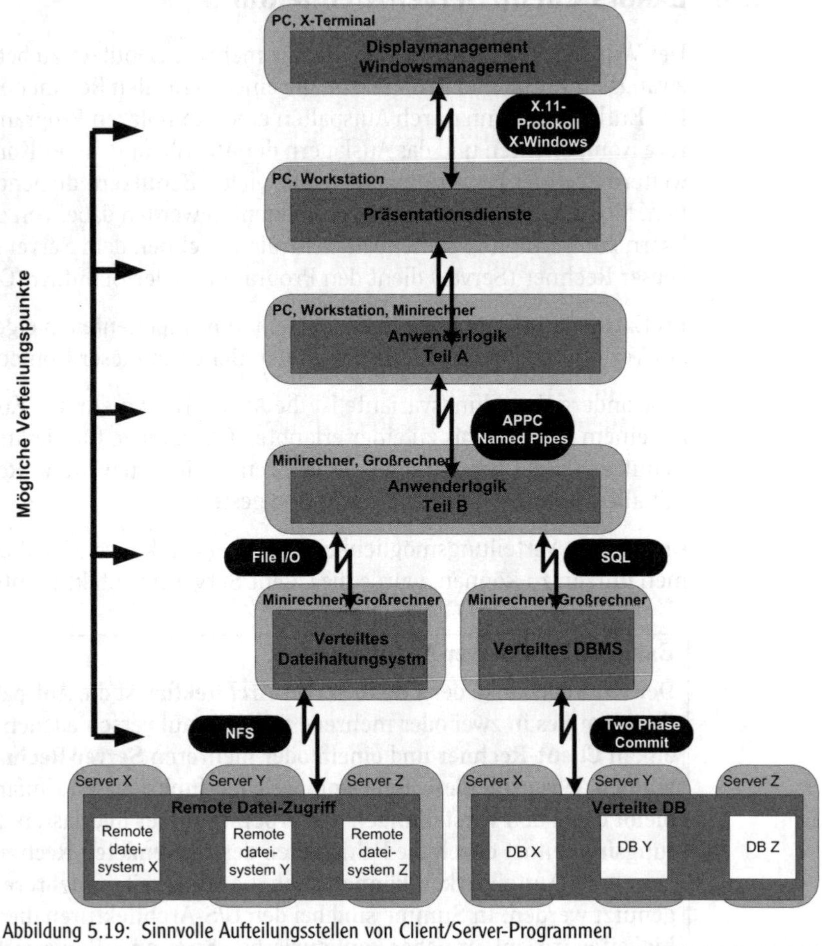

Abbildung 5.19: Sinnvolle Aufteilungsstellen von Client/Server-Programmen

Die Aufspaltung eines Programmes in einen Client-Teil und einen Server-Teil zwingt die Softwarehersteller zu einer Öffnung der Schnittstellen für andere Programme. Hierdurch wird eine von den Kunden nicht mehr gewünschte Bindung vermieden. In der Frühzeit der Business-Applikationen war noch eine starke Herstellerabhängigkeit der Kundschaft üblich. Es gab z.B. sogenannte »Bundles«, die bei einem Applikationskauf sogar zum Kauf der zugehörigen Hardware zwangen. Ein lukratives Nebengeschäft, das verständlich macht, weshalb es nicht die Hardwarehersteller waren, welche die Offenheit von Applikationen anstrebten. So kann durchaus der Client-Teil von einem Hersteller A besser sein als der Client-Teil des Herstellers B, der den Server-Teil programmiert hat. Die Client/Server-Architektur gestattet also auch eine größere Flexibilität im Wechsel oder in der Kombination der Produkte verschiedener Hersteller.

Mittels der Client/Server-Architektur sind also Gestaltungsfreiheiten geschaffen, Programme so aufzuspalten, dass verschiedene Rechner mit unterschiedlichen Leistungsmerkmalen an der Abarbeitung einer Anwendung beteiligt werden können. Ein Leistungsmerkmal ist dabei die Kapazität und Schnelligkeit. Die Verarbeitung einer Datenbank kann z.B. durch die Verteilung der Daten auf verschiedene gleichartige Rechner erheblich beschleunigt werden. Die Rechner können noch dazu in der Nähe der Benutzer platziert werden, was noch einmal eine Schnelligkeitssteigerung durch verkürzte Netzstrecken bringt.

Vorteile einer Verteilbarkeit bzw. einer Verteilung von Anwendungen sind damit:

- ✔ Lastverteilung auf viele Rechner vom gleichen Typus
- ✔ Leistungsverteilung auf verschiedene Rechnertypen
- ✔ Skalierbarkeit durch Hinzunahme weiterer Rechner
- ✔ Präzisere Allozierbarkeit in die Nähe der Benutzer bzw der Datenquellen

Die folgende Grafik gibt einige Beispiele der Programmverteilung auf verschiedene Rechner:

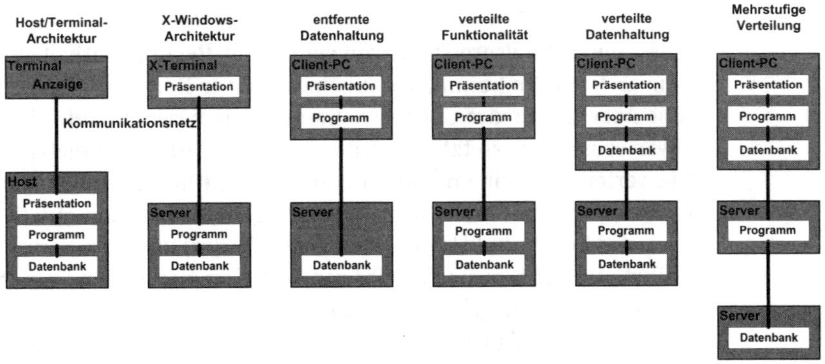

Abbildung 5.20: Client/Server-Architekturen

Für die Platzierung von Programmen haben sich seit der Entwicklung von Client/Server-Produkten einige Empfehlungen bewährt:

- ✔ große Datenbanken mit Multiuserzugriff auf einen speziellen, skalierbaren Server legen
- ✔ Grafikverarbeitung der Oberfläche auf das Endgerät PC oder X-Terminal
- ✔ hochspezialisierte Programme mit komplizierten Berechnungen auf einen weiteren Server
- ✔ Kommunikationsdienste wie Mails auf einen speziellen Mailserver
- ✔ Internetseiten auf einen speziellen Web-Server
- ✔ Archivierung auf einen speziellen Archivierungs-Server

Die Verständigung der Rechner und ihre Kooperation muss über Hilfsprogramme gesteuert werden. Das Zusammenspiel zwischen Client- und Serverprogrammen basiert auf einem Unterprogramm zum Aufruf entfernter, also auf anderen Rechnern liegender Programme, dem Remote-Procedure Call, kurz RPC, wie in der folgenden Grafik dargestellt ist.

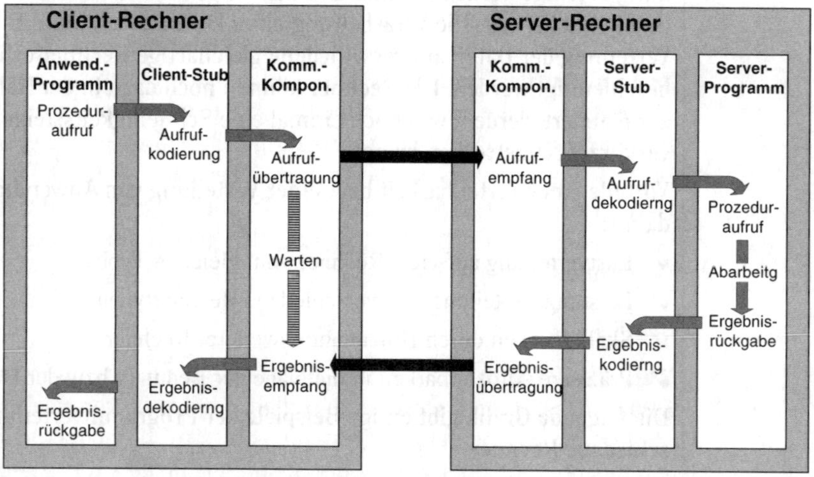

Abbildung 5.21: Ablauf eines Remote Procedure Calls (RPC)

Das Anwendungsprogramm auf dem Client-Rechner enthält einen Aufruf für ein anderes Programm, das auf einem Server-Rechner installiert ist. Kommt die Abarbeitung des Client-Programmes an diesen Aufruf, wird es in einen Wartezustand versetzt. Der Aufruf wird samt allen Parametern und Übergabewerten so zu einem Miniprogramm, dem **Klientenstub,** kodiert, dass er über ein Kommunikationsnetz übertragen werden kann. Anschließend wird von der Kommunikationssoftware die Übertragung zum Server durchgeführt. Auf der Serverseite wird der Aufruf empfangen und vom **Serverstub** dekodiert. Das Ergebnis der Dekodierung ist ein für das Serverprogramm verständlicher Aufruf. Der Aufruf wird vom Serverprogramm abgearbeitet und die Ergebnisse werden an den Serverstub übergeben. Der Serverstub kodiert die Ergebnisse zur Übertragung der auf dem Server resistenten Kommunikationssoftware.

Die Kommunikationssoftware überträgt das Ergebnis durch das Netz. Der Client-Rechner empfängt die Übertragung und gibt dem Klientenstub die Daten zur Dekodierung für das rufende Client-Programm. Der Klientenstub übergibt das Ergebnis an die Client-Prozedur und der Wartezustand wird aufgehoben.

Die Grafiken entsprechen den Darstellungen in

Mühlhäuser, Client-Server

Digital, Technologie

5.7 Fortsetzungsbeispiel InDaWa

Einleitung

Das fortgesetzte Projektbeispiel des Data Warehouse InDaWa aus der Branche »Energieversorgung« ist am Ende des vorigen Kapitels an der Stelle angelangt, wo der Bedarf an Softwarekomponenten feststeht. Der nächste Schritt ist die Bestimmung des Hardwaresystems, auf dem diese Software zur Ausführung kommen soll. Hierzu gehören die Rechner für die Verarbeitung von Daten und Programmen, die Netze zur Verbindung der Rechner und die Peripherie der Rechner für Eingaben, Ausgaben und Aufbewahrung. Für die Bestimmung der Hardware sind neben Anwendungen noch die Kapazitäten zu ermitteln. Danach können die Folgerungen für die Typen, Komponenten und Kapazitäten der Hardware gezogen werden.

Beispiel

Welche Anforderungen sind nun an eine Hardware für ein Instandhaltungs-DWH eines Energieversorgers zu stellen, der den im vorangehenden Kapitel »Softwarekomponenten« festgestellten Software-Komponentenbedarf einsetzen möchte? Mit einer kurzen Betrachtung kann eine Kapazitätsschätzung angestellt werden.

Beispiel: Mengenermittlung

Mengen

Die Schadensanalysen eines Kraftwerkes umfassen die gesamten Komponenten, Bauteile, Materialien und Betriebsmittel der Produktionsanlage. Eine Schadensanalyse umfasst daher die Daten aller Bauteile des Kraftwerks. Schäden sind abhängig vom Zusammenspiel der Komponenten im Produktionsprozess. Eine Schadensanalyse umfasst daher auch die Daten der Einbauorte, die sogenannte Anlagentopologie. Schäden haben eine Vorgeschichte, Schäden machen sich durch Störgeräusche, Verformung, Temperaturwechsel, Stoffaustritt, Output-Schwankungen und Signale bemerkbar.

Eine Schadensanalyse umfasst deshalb auch historische Daten von Vorfällen und Ereignissen. Ursache von Schäden können Belastungen durch Klima, Wetter und Geologie sein. Eine Schadensanalyse umfasst daher die Daten der Umwelt. Ein großer Vorteil dabei ist, dass der Betreiber über zehn Kraftwerke mit gleichen Bauteilen unterschiedlicher Bauweise und unterschiedlicher Typen (Steinkohle, Braunkohle, Kernkraft) verfügt, so, dass Quervergleiche angestellt werden können.

Es werden zunächst nicht mehr als fünf Experten für Schadensanalysen in der Zentrale und je ein Experte pro Kraftwerk eingesetzt. Man kann nicht abschätzen, wieviel Know-how zu Schäden gewonnen werden kann und welches Kosteneinsparungspotential die Instandhaltung bietet. Man will kein Risiko eingehen, mehr Kosten durch die Analysen zu verursachen, als an Instandhaltungskosten durch deren Erkenntnisse eingespart werden kann. Es wird als gute Kosten/Nutzen-Relation die Besetzung von fünf Experten vermutet.

Damit sind folgende Eckwerte ausgemacht:

- ✔ Lokationen: Zehn Kraftwerke und eine Zentrale
- ✔ Benutzer im gleichzeitigen Zugriff (nur in der Zentrale): Fünf Personen
  Benutzer insgesamt: 15 Personen
  Benutzer pro Kraftwerk: Eine Person

Bezüglich der Datenmengen ist folgendes festzuhalten:

- ✔ Bauteildatenbank
  pro KW 200.000, mal 10 Kraftwerke, mal 10KByte — 20GB
- ✔ Instandhaltungsaufträge für die Schadenshistorie:
  100.000 pro Jahr pro KW, bei 20 Jahren Betriebszeit
  und 5KByte pro Auftrag — 10GB
- ✔ Anlagentopologie:
  pro KW 200.000, 10 Kraftwerke, 10KByte Beschreibung — 20GB
- ✔ Summe — 50GB

Auf der Basis der Mengenschätzungen werden unter Berücksichtigung der Rahmenbedingungen, wie z.B. vorhandene Rechnertypen und Einkaufseinschränkungen, die Hardwarekomponenten bestimmt.

Beispiel: Hardwarebestimmung

Rechner

In den technischen Bereichen haben sich Rechner der VAX-Familie von DEC mit dem Betriebssystem VMS und UNIX-Rechner diverser Hersteller durchgesetzt. Es gilt die Devise, nur wenn ausdrücklich zu erkennen ist, dass die vorhanden Rechner nicht einsetzbar sind, ist nach einem neuen Hersteller zu suchen. Dann soll aber immer noch UNIX das bevorzugte Betriebssystem sein. Auf alle Fälle ist klein zu beginnen, bei Offenhaltung der Möglichkeit eines sukzessiven Ausbaus.

Die Performance-Anforderungen sind durch hohe Datenmengen und durch komplexe Programme gestellt. Man gibt hier den RISC-Maschinen den Vorzug. Über die Komplexität der Auswertungsalgorithmen besteht noch Ungewissheit, deshalb möchte man die Skalierbarkeit sicherstellen. Dabei wird der Ausbau im bestehenden Gehäuse durch weitere Prozessoren auf maximal 16, ergänzt um optionale Hauptspeichererweiterungen auf maximal 2GB, als ausreichend betrachtet. Starten will man mit vier Parallel-Prozessoren.

Die Schadensaufnahme ist bisher auf Papier durch Dritte vorgenommen worden. Zukünftig soll die Schadensaufnahme von zwei der fünf Schadensanalytiker selbst vor Ort erstellt werden. Hierfür ist eine mobile Ausrüstung erforderlich.

WAN

Da die Schadensanalytiker zusammen in einem Bürogebäude sitzen und kein Zugriff auf landesweite Informationen erforderlich ist, sind keine besonderen WAN-Anforderungen gegeben. Es ist mit folgendem Verkehr zu rechnen:

- ✔ Ein Mal pro Monat Überspielung aller Schadensfälle jedes Kraftwerkes an die Zentrale
- ✔ Ein Mal pro Monat Rücksendung der Auswertungen

LAN

Die Schadensanalytiker arbeiten als Gruppe zusammen und erarbeiten wettbewerbsrelevante Daten. Sie müssen daher durch ein die Kooperation ermöglichendes LAN verbunden sein. Dies hat allerdings keine weiteren Anforderungen gegenüber der bereits für Mailing und Groupwork installierten unternehmensweiten Office-Lösung ergeben.

Ein über die üblichen Sicherheitsmechanismen wie Werkszutritt, Passwortschutz für LAN, Server und Applikation hinausgehendes, eigens gesichertes LAN, ist nicht nötig. Mit einem datenintensiven CAD-Austausch ist nicht zu rechnen, da die CAD-Zeichnungen von der Schadensgruppe nicht elektronisch bearbeitet werden.

Das LAN besteht damit aus drei stationären und zwei mobilen Clients und einem DWH-Instandhaltungsserver, die über das hauseigene Ethernet verbunden sind.

Peripherie

Einige Schäden können mittels Fotografien besser analysiert und eingeordnet werden. Die Schadensexperten brauchen deshalb einen Zugriff auf ein Fotoarchiv und sollen eigene Foto-Aufnahmen vor Ort machen können. Die Kontrolle der Aufnahme soll ebenfalls noch vor Ort möglich sein. Bewegtbilder sind derzeit nicht vorhanden, es wird noch überlegt, ob eine Videoaufnahme und der dreidimensionale Eindruck der Situation von Vorteil für die Analyse ist. Eventuell wird eine elektronische Filmkamera probeweise eingesetzt. Auf alle Fälle ist hierfür Vorsorge zur tragen.

Einige Situationsanalysen erfordern tieferen Einblick in die Konstruktion mittels CAD-Zeichnungen. Diese werden in der Konstruktion erstellt, verwaltet und archiviert. Ausdrucke sind auf dem dort installierten Drucker möglich und abholbar, da die Konstruktion im gleichen Gebäude angesiedelt ist. Massendrucke sind nicht erforderlich.

Um auch Details genau genug erkennen zu können und um große CAD-Zeichnungen übersichtlich darstellen zu können, werden große Monitore mit einer hohen Auflösung eingesetzt.

Das Bild des Arbeitsplatzes der einzelnen Mitarbeiter der Schadensgruppe ist im Anhang als Lösung aufgeführt.

Gestaltungsentscheidungen

Wie in den vorhergehenden Kapiteln werden auch hier die Entscheidungen, die im Musterprojekt »DWH für Energieversorger, InDaWa« getroffen wurden, im Überblick zusammengestellt.

Gestaltungsaspekt	Entscheidung/ Erkenntnis	Begründung
ORIENTIERUNG		
ARCHITEKTUR		
Betriebswirtschaftskomponenten ...		
Softwarekomponenten		
Hardwarekomponenten ...		
WAN	Keine Erweiterung erforderlich	Keine Daten von außen
LAN	Keine Erweiterung erforderlich	Keine wesentliche Netzlaststeigerung, da nur 5 Analytiker, Anschlüsse bereits vorhanden
Client-Rechner	5 PC, Pentium 300 Mhz, stationär 1 Notebook, Pentium	Stärker als Office-Standard 5 Analytiker erforderlich Mobile Schadensaufnahme
Betriebssystem	W98 bevorzugt	Integration in bestehende Administration
Peripherie		
Server-Rechner	RISC, Multiprozessor	Skalierbarkeit, wesentlicher Datenumfang unklar
Betriebssystem	UNIX bevorzugt	etabliert im Unternehmen
Organisationskomponenten ...		
VORGEHENSMODELL		

Tabelle 5.16: Entscheidungschart InDaWa, Hardware

5.8 Übungen

Übung 5.1: Hardware-Architekturkomponenten

Zählen Sie auf, welche Hardware-Architekturkomponenten aus Ihrer Sicht und mit Ihrer Erfahrung für die Arbeitsplätze

- ✔ Bereichsleiter Marketing
- ✔ Aufsichtsratsmitglied
- ✔ Weltweiter Produktmanager für eine Produktgruppe
- ✔ Weltweiter Einkäufer für die Bauteile von Robotern
- ✔ Zentrale Buchhalterin für Debitoren

zum Betrieb von DWH-Komponenten erforderlich sein könnten.

Übung 5.2: WAN- und LAN-Komponenten

Zählen Sie die Komponenten eines WAN und LAN umfassenden Unternehmensnetzes auf und schildern Sie die Aufgabe der Komponenten anhand eines gedachten Durchlaufs der Informationen einer Datenbankanfrage.

Übung 5.3: Rechnertypen

Geben Sie die für ein DWH interessanten Rechnertypen mit ihren wesentlichen Eigenschaften an.

Übung 5.4: Skalierungsfälle

Welche Skalierungsfälle können für ein DWH auftreten und mit welchen Skalierungsmöglichkeiten kann man das DWH-System anpassen?

Übung 5.5: Arbeitsplatzausstattungsschema

Stellen Sie schematisch die Hardwarekomponenten und die Netzintegration einer DWH-Arbeitsplatzausstattung dar.

Übung 5.6: Transaktion

Beschreiben Sie den Ablauf einer Transaktion in einer zweistufigen Client/Server-Architektur. Wie heißt die grundlegende Prozedur, die hierfür verwendet wird?

Übung 5.7: Client/Server-Technologie

Welche Gestaltungsfreiheiten sind mit der Client/Server-Technologie gegeben?

Übung 5.8: Client/Server-Applikation

Zeigen Sie die Trennstellen einer Client/Server-Applikation auf. Nehmen Sie ein Ihnen bekanntes Beispiel für eine Applikation und schildern Sie, auf welche Rechnertypen Sie welchen Programmteil implementieren würden.

Übung mit Lösung 5.9: Arbeitsplatzausstattungsschema

Entwerfen Sie das Schema Arbeitsplatzintegration zum Arbeitsplatz des Schadensanalytikers des Data Warehouse InDaWa.

Übung 5.10: Entscheidungsdurchlauf IT-Kategorie Hardware

Versuchen Sie mit Hilfe des Entscheidungsfeldes Hardware-Architektur einen Entscheidungsdurchlauf mit folgenden Einschränkungen zu entwerfen:

- ✔ Für Hardwarekomponenten kommt nur eine Client/Server-Architektur in Frage.

5.9 Zusammenfassung der Entscheidungsgänge zur Hardwaregestaltung

Das Data Warehousesystem wurde als komplexes Informationssystem, das weiter nach IT-Kategorien zerlegt werden kann, erkannt. Die IT-Kategorien betriebswirtschaftliche Komponente und Softwarekomponenten wurden bereits in vorangegangenen Entscheidungsläufen analysiert. Als dritte Komponente ist nun die Hardwarekonfiguration zu gestalten. In der Abbildung »Entscheidungslauf der Hardwaregestaltung« sind für den Entscheidungslauf der hardwaretechnischen Gestaltungskomponenten vier Entscheidungsgänge zu durchlaufen:

- ✔ Wide Area Network, WAN
- ✔ Local Area Network, LAN
- ✔ Rechnertypen und Betriebssysteme
- ✔ Peripheriegeräte

Erster Entscheidungsgang

Im **ersten Entscheidungsgang** sei zunächst das WAN betrachtet. Am WAN kann nicht wirklich Gestaltung erfolgen. WAN-Nutzung wird in der Regel bei einem WAN-Eigentümer oder einem Partnerunternehmen, dem Betreiber, in Form von Technologie und Kapazität bestellt. Nur wenige Unternehmen können sich ein eigenes WAN mit Verlegung von Kabeln durch Länder und Ozeane leisten. Die eigenen Beschaffungen zum WAN liegen in den Koppelungskomponenten, die allerdings auch gemietet werden können.

Die eigentliche Gestaltungsfreiheit liegt **im ersten Schritt des ersten Entscheidungsganges** in der bestellten Technologie, der Leistung und dem Lieferanten, dem Provider. Im **zweiten Schritt des ersten Entscheidungsganges** werden der WAN-Technologie entsprechend die Komponenten für den Zugang zum WAN und die Beschaffungsart – Miete oder Kauf – bestimmt.

Das WAN bestimmt nicht die Rechnerentscheidung und auch nicht die LAN-Entscheidung. Deshalb kann die WAN-Entscheidung auch zuletzt getroffen werden.

Zweiter Entscheidungsgang

Das Rechnersystem ist, je komplizierter sein Aufbau, also je umfangreicher die Anzahl der kooperierenden Komponenten ist, mit einer Infrastruktur zu verbinden, mit einem Lokalen Netzwerk. Die Bestimmung der Netzwerke ist hier als **zweiter Entscheidungsgang** dargestellt. Im **ersten Schritt des zweiten Entscheidungsganges** wird die Verkabelungsart bestimmt.

Im **zweiten Schritt des zweiten Entscheidungsganges** werden der LAN-Technologie und LAN-Topologie entsprechend die Komponenten im LAN bestimmt.

Der zweite Entscheidungsgang kann auch nach der Bestimmung des Rechnersystems durchgeführt werden. Wenn das Lokale Netz schon existiert, sind lediglich Erweiterungen oder Umstrukturierungen zu überlegen. Es wird allerdings beim Neuaufbau nicht das LAN den Rechnertyp bestimmen, sondern die LAN-Entscheidung entsprechend der Rechnerentscheidung getroffen werden.

Dritter Entscheidungsgang

Im **dritten Entscheidungsgang** wird zunächst auf der Ebene des **Systemtyps** im **ersten Schritt des dritten Entscheidungsgangs** das Rechnersystem bestimmt. Da das DWH-System aus mehreren Rechnern besteht, sind dies mehrere Rechner, je nach Bedarf und Funktion im Gesamtsystem und je nach Benutzerrolle.

Weiter kann auf der Ebene der **Systemkomponenten** im **zweiten Schritt des dritten Entscheidungsgang** der Rechneraufbau detailliert werden. Zum Beispiel könnte die zum Systemtyp »Rechnersystem« gehörige Systemkomponente »Workstation« relevant sein.

Die Leistungsfähigkeit von Workstations unterscheidet sich in der Leistungsfähigkeit ihrer einzelnen Bauteile oder **Systemmodule,** die **im dritten Schritt des dritten Entscheidungsgangs** bestimmt wird. Deshalb ist es interessant, die Alternativen, z.B. der möglichen »Motherboards«, zu betrachten. Das Herzstück eines Motherboard ist der Prozessor. In der Regel ist es ausreichend, sich dann auf der Ebene der Funktionen unter einem bestimmten Prozessortyp, z.B. einem RISC-Prozessor, für eine Leistungsklasse, z.B. mit der Taktrate 300 MHz, zu entscheiden.

Der beispielhafte Durchlauf durch die Gestaltungsentscheidungen des dritten Entscheidungslaufes ist wie folgt:

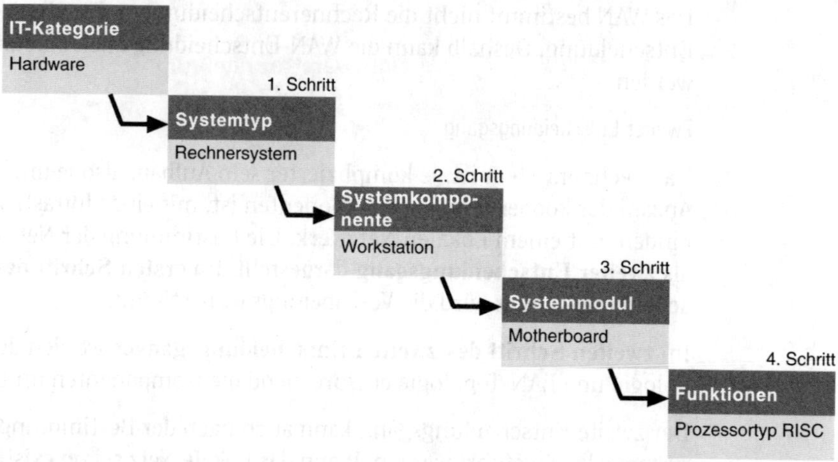

Abbildung 5.22: Dritter Entscheidungsgang

Vierter Entscheidungsgang

Im **vierten Entscheidungsgang** ist die Peripherie des Rechnersystems zu definieren. Diese hängt von der Umgebung ab, in der das Rechnersystem arbeiten soll. Das Ergebnis ist die Definition der Eingabegeräte, Ausgabegeräte, der Speichersysteme und einiger Hilfssysteme wie z.B. Stromversorgung, Sicherheitssysteme, Feuerschutz. Neben der Spezifikation der Peripheriegeräte muss auch der Aufstellungsort bestimmt werden. Der Aufstellungsort ist von der Qualifikation der Anwender, klimatischen Bedingungen und Medien, auf denen die Informationen geliefert werden, abhängig.

Die verschiedenen Gestaltungsobjekte der Systemtypen sind unterschiedlich tief zu detaillieren. Dies liegt im Ermessen des DWH-Spezialisten. Diese unterschiedlichen Detaillierungsgrade bringt die Grafik »Entscheidungsgang Data Warehouse Gestaltung« durch die unterschiedliche Aufteilung der Boxen zum Ausdruck. Die Grafik gibt nicht in allen Detaillierungsstufen eine vollständige Klassifikation, sondern sie beschränkt sich der Übersichtlichkeit und der Erkenntnis des Zerlegungsprinzips zuliebe auf die wichtigsten Unterteilungen.

Mit diesen Gestaltungsentscheidungen sind noch keine **Produktentscheidungen** getroffen, sondern nur Kriterien für die Produktsuche geschaffen. Damit ist also der beispielhafte Durchlauf durch die Gestaltungsentscheidungen wie folgt (siehe Abbildung 5.22).

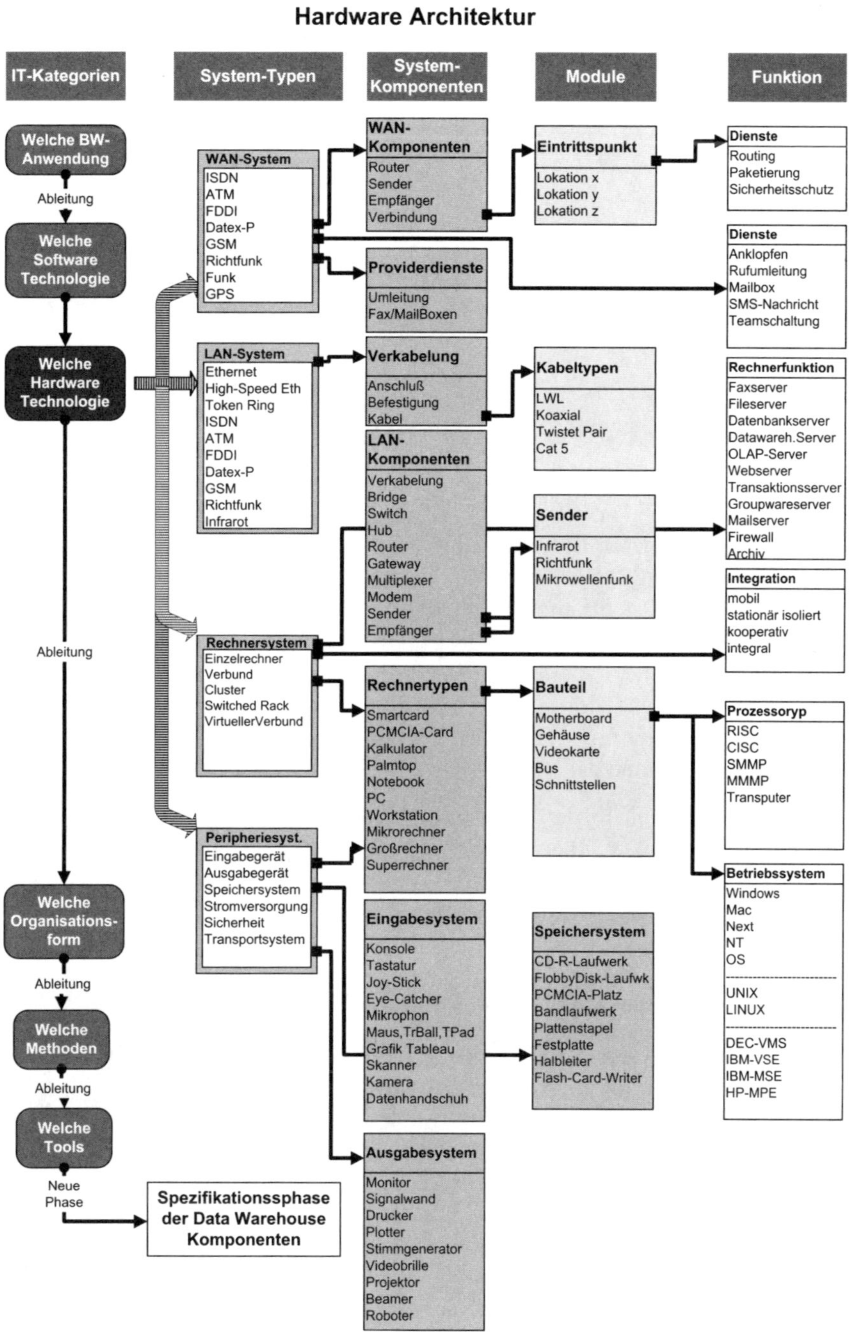

Abbildung 5.23: Entscheidungslauf der Hardwaregestaltung

Kapitel 6

6 Welche Organisationsstruktur muss für ein Data Warehouse System implementiert werden?

Übersicht

Ein DWH besteht aus betriebswirtschaftlichen Funktionen, aus der Software, die diese betriebswirtschaftlichen Funktionen automatisiert ausführt, und aus der Hardware, auf der die Software von Betriebssystemen gesteuert zur Ausführung kommt. Die Automatisierung kann nicht umfassend sein. Sie muss durch manuelle Handlungen, durch Entscheidungen und Veranlassungen und durch Umsetzungen in Gang gebracht und in Gang gehalten werden. Das Zusammenspiel der betriebswirtschaftlichen Abläufe ist eine Kombination aus manuellen und automatisierten Aktivitäten. Dieses Zusammenspiel ist zu organisieren.

Eine DWH-Organisation agiert in einem internen Umfeld des Unternehmens. Nicht das gesamte Unternehmen und auch nicht das gesamte Umfeld wirken auf das DWH ein, sondern nur ein Ausschnitt. Das Unternehmensumfeld des DWH besteht aus den mit dem DWH zusammenarbeitenden Systemen. Die Organisationsgestaltung des DWH ist vom jeweiligen **Umfeld** – der unternehmensinternen Organisation – abhängig.

Auch das Unternehmen ist von einer **Umwelt** umgeben; das ist ein bestimmter Ausschnitt aus der Welt, der mit dem Unternehmen in Kontakt steht und gewisse Einflüsse auf es ausübt. Um diese Einflüsse mit in die Gestaltung einbeziehen zu können, ist der relevante Umweltausschnitt festzustellen.

In der folgenden Abbildung ist die Einbettungsbeziehung von Welt, relevanter Umwelt, Umfeld und DWH dargestellt.

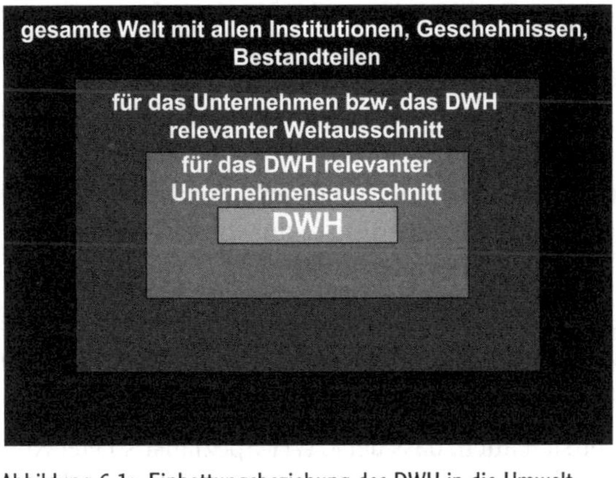

Abbildung 6.1: Einbettungsbeziehung des DWH in die Umwelt

Der Aufbau des Kapitels Organisation ist dementsprechend in die drei Teile Umwelt, Umfeld und Organisation aufgeteilt. Die drei Teile werden in den folgenden Kapiteln von außen nach innen bearbeitet. Diese Vorgehensweise erklärt sich durch die »Enthalten-sein-Beziehung«:

- Die Umwelt enthält das Umfeld des Unternehmens,
- das Umfeld des Unternehmens enthält das Umfeld des DWH,
- das Umfeld des DWH enthält die Organisation des DWH komplett.

Zuerst wird betrachtet, was unter der Umwelt des DWH zu verstehen ist, und es werden Mittel zur Analyse vorgestellt. Im zweiten Schritt wird die Betrachtung in Richtung Innenwelt oder Umfeld fortgesetzt, um dann die Organisation des DWH zu entwerfen.

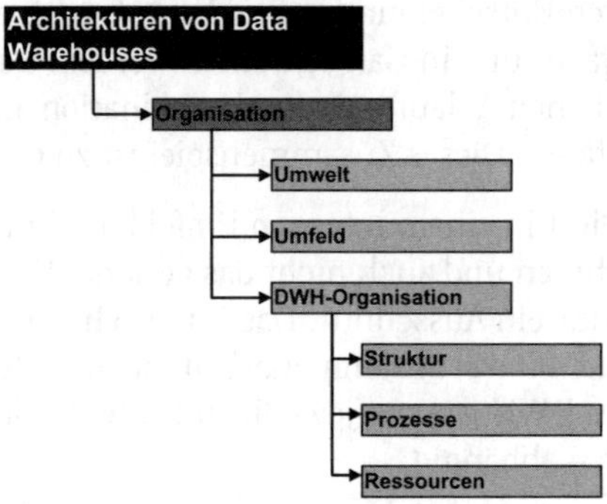

Abbildung 6.2: Aufbau des Kapitels Organisation

Wer sich tiefer als hier dargestellt in die Organisationstheorie einarbeiten will, dem sei empfohlen:

Bleicher, Organisation

Wittlage, Unternehmensorganisation

Wittlage, Fallstudien

Wittlage, Methoden

Lernziel

Die Lernziele bestehen darin, eine verbesserte Sicht auf die »Außenwelt« des Unternehmens zu schaffen, Erkenntnisse aus dieser Außensicht zu gewinnen und ihre Bedeutung für das DWH zu beurteilen.

Ebenso gilt es, eine verbesserte Sicht auf die »Innenwelt« des Unternehmens zu schaffen, Erkenntnisse aus dieser Innensicht zu gewinnen und ihre Bedeutung für das DWH zu beurteilen.

Als Lernziel ergibt sich auch, dass der DWH-Spezialist so viel Know-how erwerben muss, dass er alle Komponenten der Organisation eines DWH erkennt, feststellen kann, wo die organisatorischen Gestaltungsfreiheiten liegen, wer gestalten darf, und wer zu gestalten erlaubt.

Lernziele

- Verstehen der Bedeutung der Umwelteinflüsse
- Erkennen des relevanten Umweltausschnitts
- Aufnehmen der Umwelteinflüsse in die Gestaltung des DWH
- Verstehen der Bedeutung der Umfeldsysteme und der Umfeldorganisation
- Erkennen des relevanten Umfeldausschnitts
- Aufnehmen der Berührungspunkte des Umfeldes in die Gestaltung des DWH
- Kennen der Komponenten einer Organisationsstruktur
- Anwenden der Methodik zur Lösung von Organisationsgestaltungsfragen
- Feststellen der nötigen Befugnisse und Kompetenzen
- Definition der Berichtswege und Berichtsformen für den Betrieb des DWH
- Definition der Aufgaben des DWH-Betriebspersonals
- Bestimmung der für den DWH-Betrieb erforderlichen Rollen und Stellen
- Beschreibung der Organisationsstruktur eines DWH-Betriebs
- Beschreibung der Prozesse für den Betrieb des DWH

6.1 Welcher Umweltausschnitt ist für den Entwurf eines DWH relevant?

Problemstellung und Motivation

Das Unternehmen, das ein DWH betreibt, ist in eine Umgebung, eine Unternehmensumwelt integriert. Diese Unternehmensumwelt ist immer vorhanden, ob das DWH aufgebaut wird oder nicht. Die Umwelt kann durch das Unternehmen beeinflusst werden. Es können z.B. Partnerschaften geschlossen werden für die Zusammenarbeit bei der Produktion oder dem Absatz von Produkten. Unternehmen arbeiten in Arbeitsgemeinschaften, um Standards zu schaffen, die sie bei der Konstruktion ihrer Produkte berücksichtigen. Unternehmen arbeiten über Verbände mit politischen Einrichtungen zusammen, um Gesetzesbildungen möglichst unternehmerfreundlich zu beeinflussen.

Ein Unternehmen steht im kontinuierlichen Austausch mit seiner Umwelt. Es wird von seiner Umwelt beeinflusst. Alle Veränderungen der Umwelt verändern auch die Einwirkungen auf das Unternehmen. Ein Unternehmen muss sich diesen Veränderungen aussetzen, es muss diese Veränderungen und deren mögliche Auswirkungen erkennen und analysieren. Das Ergebnis der Analyse müssen

Maßnahmen sein, die verhindern, dass die Auswirkungen geschäftsschädigend werden. In einem DWH sind deshalb die Umwelteinflüsse mit abzubilden. Die Analyse der Umwelteinflüsse ist vom DWH zu unterstützen.

Jedes Unternehmen steht in einem informationellen und materiellen Austausch mit seiner Umgebung. Das heißt, es empfängt Informationen, verarbeitet diese und gibt wieder Informationen an die Umwelt zurück. Ein Unternehmen unterliegt z.B. Auflagen von Behörden und Gesetzen und muss diese in seinem Betrieb berücksichtigen. Werden die Auflagen von Behörden nicht beachtet, kann das zur Stilllegung eines Betriebes führen. Die Betrachtung der Unternehmensumwelt ist eine Außenbetrachtung aus der Sicht des Unternehmens.

Definition: Unternehmensumwelt

Die **Unternehmensumwelt** sind alle Systeme, Institutionen, Konstellationen und Organisationsstrukturen, die durch ihren Informationsaustausch, ihre Prozesse und ihre Funktionen auf das Unternehmen einwirken.

Auflagen und politische Zielsetzungen ändern sich im Lauf der Zeit, was immer wieder zu neuen Gesetzen und Auflagen führt. Den Unternehmen wird in solchen Fällen in der Regel ein Umstellungszeitraum eingeräumt, der zur Umstrukturierung ausreichen muss. Beispiele hierzu sind der Beschluss der EG zur europaweiten Einführung des EURO als Zahlungsmittel, der geplante Abbau von Kernkraftwerken, die Öffnung der Strommärkte und die Privatisierung der Telekommunikation.

Ein Unternehmen bezieht Güter, Vorprodukte und Dienstleitungen von anderen Unternehmen. Prozesse, die andere Unternehmen besser, preiswerter, qualitativ hochwertiger und schneller abwickeln können, werden ausgelagert und die Ergebnisse bzw. Produkte dieser Prozesse eingekauft. Das Unternehmen, das ein DWH aufbauen möchte, steht in prozessualem Austausch mit der Umgebung.

Funktionen des Unternehmens können an Verbände delegiert werden und in politische Aufträge gekleidet werden. Das Unternehmen, das ein DWH aufbauen möchte, steht in funktionalem Austausch mit der Umgebung.

Diese Umgebung besteht z.B. aus konkreten organisierten Gesellschaften wie anderen Unternehmen, Institutionen, Parteien, Verbänden, Staaten und unorganisierten Gesellschaften wie Interessengruppen. In der Umgebung manifestieren sich technologische Tendenzen, politische Ereignisse und Strömungen, gesellschaftliche Veränderungen und Naturkatastrophen.

Einige wichtige ausgewählte Umweltbeziehungen sind deshalb:

- ✔ Informationsaustausch, Auflagen, Gesetze
- ✔ Güteraustausch, Warenlieferungen, Versorgung, Personalbewegung

- ✔ Prozessteilung, Arbeitsteilung
- ✔ Zahlungsfluss
- ✔ Funktionsdelegation

Auch wenn Umgebungseinflüsse gar nicht oder nur geringfügig beeinflusst werden können, sind sie doch in ihrer Auswirkung von erheblicher Bedeutung. Nahezu alle Umweltbeziehungen mit Austauschprozessen sind von Informationsfluss begleitet.

Um frühzeitig über Umweltursachen und deren Wirkungen informiert zu sein, sind sogenannte »**Frühwarnsysteme**« entwickelt worden. Ein Frühwarnsystem soll schon so lange vor Eintreten des schwerwiegenden Ereignisses dieses Ereignis ankündigen, dass eine Vorbereitung auf die Auswirkungen möglich ist.

Gestaltungs- und Lösungsmöglichkeiten

Für die Gestaltungsaufgaben des DWH-Spezialisten ergibt sich hieraus also zunächst die Orientierung in der Umwelt der Unternehmung und die Beurteilung und Auswahl derjenigen Systeme, Institutionen, Bewegungen, Veränderungen und Trends, die mit dem aufzubauenden DWH in Wechselwirkung stehen.

- ➢ Feststellung aller Umweltsysteme
- ➢ Auswahl der Umweltsysteme, deren Tendenzen und Verhalten auf das zukünftige DWH Einfluss haben können
- ➢ Ermittlung der funktionalen, informationellen, prozessualen, materiellen Wechselwirkungen der Umwelt auf das angestrebte DWH

Problemlösung: Regeln und Hilfsmittel

Das Verfahren

Das erste Problem, das es zu lösen gilt, ist die Abgrenzung des irrelevanten Weltausschnitts gegen die relevante Umwelt des DWH. Folgendes Verfahren ist zu empfehlen:

Verfahren: Bestimmung des DWH-relevanten Umweltauschnitts

- ❖ Definition der Sicht auf die Welt in Institutionen und Systemen
- ❖ Feststellung aller Umweltsysteme und deren Wirkungsbeziehung mittels einer Checkliste
- ❖ Auswahl der Umweltsysteme mit Einflusspotential auf das zukünftige DWH
- ❖ Feststellung der Tendenzen der Umweltsysteme
- ❖ Ermittlung der funktionalen, informationellen, prozessualen, materiellen Wechselwirkungen auf das angestrebte DWH

Umweltsysteme

Für die Auswahl relevanter Umweltsysteme können Typologien dienen. Einmal ist eine Typologie der Unternehmen und Institutionen interessant, da andere Unternehmen Bestandteil der Umwelt sind. Nützlich ist auch eine Klassifikation der Fachgebiete, da jedes Fachgebiet in Wissenschaft und Forschung Ergebnisse hervorbringt, die wieder zu neuen Tendenzen in Gesellschaft und Technik führen. Hierzu dient die folgende **Checkliste Umweltsysteme.**

Bereich	Systeme
Natur	Geographie, Geologie, Klima und Wetter, Botanik
Politik	Staat, Länderregierungen, Bezirksbehörden, Stadtbehörden, Polizei, Militär, Rechtssysteme
Gesellschaft	Bewegungen, Trends, Verhaltenskodexe, Kulturgut, Historik
Wissenschaft	Tendenzen, Trends
Technische Anlagen	Wasserwege, Straßensystem, Luftfahrtsraum, Flughäfen, Schienenanlagen, Stromüberlandleitungen, Verteiler, Kraftwerke, Industrieanlagen, Forschungsanstalten, Fernsehsender, Naturschutzanlagen
Institutionen	Vereine, Parteien, Firmen, Privatpersonen, Technische Überwachungsvereine, Verbände, Kirchengesellschaften, Gewerkschaften, Universitäten, Stiftungen

Tabelle 6.1: Checkliste Umweltsysteme

Austauschobjekte der Umweltsysteme

Mit dem Umweltsystem steht das DWH oder die vom DWH abzubildenden Ereignisse im funktionalen, informationellen, prozessualen und materiellen Austausch. Ein weiterer Ansatz, die Umweltbeziehungen zu ermitteln, ist deshalb die Ermittlung dieser Austauschbeziehungen. Als Hilfsmittel soll folgende **Checkliste Austauschobjekte der Umweltsysteme** dienen.

Austauschtyp	Austauschobjekte
Informationen	Gesetzestexte, Verlautbarungen, Vorträge, Fachschriften, Meinungen
Sachmittel	Rohstoff, Energie, Halbzeuge, Vorprodukte, Werkzeuge
Dienstleistung	Services, Vermietung, Beratung, Schulung
Personen	Kapazität, Leistung, Know-how
Geld	Finanzierung, Bezahlung

Tabelle 6.2: Checkliste Austauschobjekte der Umweltsysteme

Wirkungsbeziehungen

Zur Darstellung der Wirkungsbeziehungen der Umweltsysteme kann das **Kontextdiagramm Umweltsysteme** angewendet werden. Das Kontextdiagramm wird in Kapitel 7 »Das Vorgehensmodell für Data Warehouse Systeme« vorgestellt. Liegt der Schwerpunkt der Darstellung auf den Wirkungsbeziehungen, kann das **Wirkungsdiagramm nach Vester**

🗁 Vester, Ballungsgebiete

oder ein Petrinetz verwendet werden:

🗁 Reisig, Systementwurf

6.2 Welcher Umfeldausschnitt ist für den Entwurf eines DWS relevant?

Problemstellung und Motivation

Das EDV-System eines Unternehmens ist kein Selbstzweck. Es steht nicht für sich alleine, sondern ist in eine Organisationsstruktur, in laufende Betriebsprozesse und bestehende Anlagen integriert. EDV-Systeme sind über LANs verbunden und LANs beanspruchen wie das Kommunikationssystem einen Teil der Hausverkabelung. Die Rechnerräume sind klimatisiert und von einem Zugangskontrollsystem überwacht. Einige Rechner greifen unmittelbar bei bestimmten Zuständen von Produktionsstraßen in die Produktionsprozesse ein. Die Haustechnik wird von einem Leitsystem-Rechner gesteuert.

Ein DWH ist wie jedes andere EDV-System in ein funktionierendes Unternehmen aus technischen Anlagen, Gebäuden und Organisationsstrukturen integriert. Um ein DWH-System aufbauen zu können, müssen diese integrativen Bedingungen konzipiert werden. Es ist erforderlich, das Unternehmensumfeld des DWH zu bestimmen.

Informationen für das DWH entstehen im Unternehmensbetrieb aus physikalischen Prozessen, Geldtransfers, Sachmittelströmen und menschlichen Handlungen. In Softwareprogrammen werden Teile des Unternehmens mittels Informationen abgebildet. Die Informationen repräsentieren das Unternehmen als Modell. Sie repräsentieren auch das Unternehmensgeschehen und erlauben zusammenfassende Auswertungen und Prognosen.

Einige Beispiele für solche Systeme als Informationslieferanten zum Unternehmensgeschehen:

✔ **haustechnische Anlagen**
Zugangskontrollsysteme
Arbeitszeiterfassungssysteme
firmeneigene Verkehrsanlagen und deren Überwachungssysteme

Facility Management Systeme
Gebäudeleitsystem
Alarmmanagement
Brauch- und Trinkwasserversorgung
Klimaanlage und Sonnenschutzanlagen
Energieversorgung und Beleuchtungssteuerung

- ✔ **Produktionsanlagen**
  Steuerungs- und Signalsysteme
  Produktionsleittechnik
  Lagetechnik

- ✔ **Kommunikationssysteme**
  Telekommunikationsanlagen und Videokonferenzräume
  Haussprechanlage
  Telefonnetz

- ✔ **Verkehrssysteme**
  Verkehrssignal- und Verkehrsleitsysteme
  Personenbeförderungssysteme und Transportsysteme
  Schranken- und Garagentorsteuerung

Die Systeme können nicht unabhängig voneinander betrieben werden. Sie stehen untereinander im Informationsaustausch und können wichtige Informationen für ein DWH liefern. Nicht alle Systeme sind für ein DWH interessant, und nicht für jedes Unternehmen ist die gleiche Kombination von Systemen für den DWH-Einsatz von gleicher Bedeutung. Für das DWH ist deshalb die relevante Auswahl der Systeme herauszufinden. Es ist das Unternehmensumfeld des DWH zu bestimmen. Die Betrachtung des Unternehmensumfeldes ist eine Innenbetrachtung aus der Sicht des Unternehmens.

Definition: Unternehmensumfeld

Das **Unternehmensumfeld** sind alle Systeme und Organisationsstrukturen des Unternehmens mit ihrer Innenwirkung, ihrem gegenseitigen Informationsaustausch, den zwischen ihnen ablaufenden Prozessen und ihren Funktionen.

Nicht alle Informationen aller technischen oder organisatorischen Prozesse sind für DWH-Auswertungen interessant. Es ist deshalb ein Beurteilungsschritt erforderlich, der feststellt, welche Informationen dieses Unternehmensumfeldes zur Integration beitragen.

Gestaltungs- und Lösungsmöglichkeiten

Das zukünftige DWH muss in der internen Organisation mit den bestehenden Organisationseinheiten und den internen technischen Anlagen und EDV-Systemen kooperieren können. Das DWH benötigt dafür entsprechende Komponenten zur Kommunikation. Das können Programme sein, das können Hardwareschnittstellen sein, und es sind immer auch organisatorische Strukturen.

- ➢ Feststellung der Umfeldsysteme
- ➢ Auswahl der für die Konzeption des DWH relevanten Umfeldsysteme
- ➢ Ermittlung der funktionalen, informationellen, prozessualen, materiellen Wechselwirkungen des Umfeldes auf das angestrebte DWH

Problemlösung: Regeln und Hilfsmittel

Das Verfahren

Das Verfahren zielt auf die Bestimmung der Beziehungen und Einflüsse, die das DWH vom Inneren des Unternehmens her, von seinen Bestandteilen und Teilsystemen zu erwarten hat. Das folgende Verfahren ist nützlich:

Verfahren: Bestimmung der DWH-relevanten Umfeldsysteme

- ❖ Feststellung aller Umfeldsysteme mittels einer Checkliste
- ❖ Auswahl der Umfeldsysteme und deren Beziehungen zum zukünftigen DWH
- ❖ Prüfung der Vollständigkeit aus der Sicht der Institutionen und Systeme der Außenwelt
- ❖ Ermittlung der funktionalen, informationellen, prozessualen Wechselwirkungen auf das angestrebte DWH

Umfeldsysteme, technischen Anlagen

Die technischen Anlagen sind je nach Branche und Betriebsaufgaben des Unternehmens völlig verschieden. Eine Bank muss z.B. Raumüberwachung und Zugangssicherung in der Schalterhalle haben, ein Kernkraftwerk hat einen Zugangsschutz ähnlich einer militärischen Anlage und ein Verkehrssystem mit eigener Schienenanlage. Die folgende **Checkliste Technische Anlagen des Unternehmens** kann nur eine Anregung zur weiteren Vertiefung darstellen (siehe Tabelle 6.3).

Checkliste Austauschobjekte der Umfeldsysteme

Auch mit dem Umfeldsystem steht das DWH oder die vom DWH abzubildenden Ereignisse im funktionalen, informationellen, prozessualen und materiellen Austausch. Ein weiterer Ansatz, die Umfeldbeziehungen zu ermitteln, ist deshalb, analog zur Ermittlung der Umweltsysteme, die Ermittlung dieser Austauschbeziehungen des DWH mit dem Umfeldsystem. Als Hilfsmittel soll die folgende Checkliste dienen (siehe Tabelle 6.4).

Bereich	Anlagen
Haustechnik	Hausleittechnik, Sicherheitstechnik, Zutrittssystem, Raumüberwachungsanlagen, Feuerlöschanlagen, Beleuchtungssystem
Gebäude	Gebäude, Klimatechnik, Kühlanlagen, Heizungsanlagen, Jalousiesteuerung
Versorgungsanlagen	Energieerzeugung, Energieverteilung, Wasser, Abwasser, Luft, Wärme
Verkehrstechnik	Verkehrsleittechnik, Verkehrsanlagen, Verkehrsüberwachung
Kommunikationstechnik	Telekommunikationsanlage, Videokonferenzraum, Rohrpostanlage
IT-Systeme	Prozesssteuerung, betriebswirtschaftliche Anwendungen, LAN-Systeme, Rechenzentren
Produktionstechnik	Transportanlagen

Tabelle 6.3: Checkliste Technische Anlagen des Unternehmens

Austauschtyp	Austauschobjekte
Informationen	Gesetzestexte, Verlautbarungen, Vorträge, Fachschriften, Meinungen
Sachmittel	Rohstoff, Energie, Halbzeuge, Vorprodukte, Werkzeuge
Dienstleistung	Services, Vermietung, Beratung, Schulung
Personen	Kapazität, Leistung, Know-how
Geld	Finanzierung, Bezahlung

Tabelle 6.4: Checkliste Austauschobjekte der Umfeldsysteme

Kontextdiagramm Umfeldsysteme

Die Umfeldsysteme werden in einem Kontextdiagramm, dem **Kontextdiagramm Umfeldsysteme,** grafisch dargestellt. Das Kontextdiagramm Umfeldsysteme muss nahtlos in das zuvor ermittelte Kontextdiagramm Umweltsysteme eingepasst werden können. Das bedeutet, dass die Austauschbeziehungen zwischen Umwelt und Unternehmen, die als relevant für das DWH ausgemacht wurden, sich zu Austauschbeziehungen zwischen Umfeld und DWH fortsetzen müssen. Das Kontextdiagramm wird in Kapitel 7 »Vorgehensmodell« vorgestellt.

6.3 Grundbegriffe zur Organisation

Problemstellung und Motivation

Der Aufbau eines DWH ist zu 30% Organisationsarbeit. Deshalb lohnt sich der genaue Blick auf das Thema Organisation. Eine Organisation ist ein komplexes Gebilde, das der Konzeption und Planung bedarf. Organisation kann erst dann geplant, konzipiert und entworfen werden, wenn das Objekt der Organisation, also das zu organisierende Etwas, bekannt ist. Diese zu organisierenden Objekte sind in den vorhergehenden Kapiteln als betriebswirtschaftliche Funktionen, Softwarekomponenten und Hardwarekomponenten bereits bestimmt worden. Es ist ermittelt worden, welche Anwender mit welchen betriebswirtschaftlichen Aufgaben konfrontiert sind, mit welcher Software diese Aufgaben unterstützt werden können und welche Hardware für den Betrieb der Software am besten geeignet erscheint. Es ist also herausgefunden worden, welche Anwender in welcher Lokation welcher Aufgabe mit welchen Hilfsmitteln nachgehen. Dies sind grob gesehen **organisatorische Bedingungen.**

Im jetzt folgenden Schritt können daraus die dafür nötigen Aufgabenträger, ihre Rollen, die Stellenbezeichnungen und die erforderlichen Befugnisse abgeleitet werden. Die Aufgabenträger und ihre Stellen müssen in Kommunikationswege, in eine bestehende Organisationshierarchie integriert werden. Das ergibt die neue **Organisationsstruktur.**

Lebensabschnitte des DWH und Rollen

Das Organisationsproblem ist dabei noch durch die Tatsache, dass das Data Warehouse wie jedes Soft- und Hardwareprojekt drei wesentliche **Lebensabschnitte** hat, erschwert. Der erste Abschnitt ist der **Aufbau**abschnitt, das Projekt, in dem das DWH aufgebaut wird. Der zweite Lebensabschnitt ist der **Betrieb** mit all seinen Anpassungen und Veränderungen. Der dritte Lebensabschnitt ist der **Abbau** bzw. die Aufhebung aller Einrichtungen. Das bedeutet, dass die Aufgabe »Organisation« alle DWH-Lebensabschnitte und damit alle Phasen des DWH-Lebenszyklus umfassen muss, denn alle Phasen benötigen zu ihrer Abwicklung Aufgabenträger, Kompetenzen, Berichts- und Meldewege.

Die Beziehung zwischen dem Aufbauabschnitt und dem Betriebsabschnitt des DWH ergibt sich zwangsläufig aus der Tatsache, dass bei der Projektdurchführung wertvolles und unverzichtbares Know-how zum Betrieb des DWH gesammelt und aufgebaut wird. Da sich das Know-how in Personen konstituiert und von Personen transportiert und aktiviert wird, ist es ein Anliegen des Projekts, die **Projektrollen** der Personen so nah wie möglich an den zukünftigen **Betriebsrollen** zu orientieren. Oder umgekehrt, die Projektrollen so zu gestalten, dass alle Fragen des zukünftigen Betreibens bereits im Projekt geübt werden. Das für den Abbau erforderliche Know-how erwirbt man im Betrieb des DWH, man denke z.B. an Löschung von Daten mit Datenschutz, den umweltgerechten Abbau von Hardware, die lizenzkonforme Destallation von Software.

Im Folgenden wird nun die speziell für die drei Lebensabschnitte des DWH – Aufbau, Betrieb und Abbau – erforderliche Organisation ermittelt, bzw. werden die in der Praxis zu lösenden Aufgaben dargestellt.

Sinnzusammenhang der Organisation

Organisation steht in einem bestimmten Sinnzusammenhang mit den Aufgaben eines Unternehmens. Ein Betrieb wird durch eine **Zweckaufgabe** begründet, d.h. er verfolgt nach seiner Gründung einen Betriebszweck. Dieser Zweck ist in **Zielen** formuliert. Alles, was ein Betrieb macht, ist zielgerichtet, d.h. es dient der Erreichung seiner Ziele, unabhängig davon, ob diese Ziele tatsächlich erreicht werden, oder ob sie sich im Laufe der Betriebstätigkeit verändern.

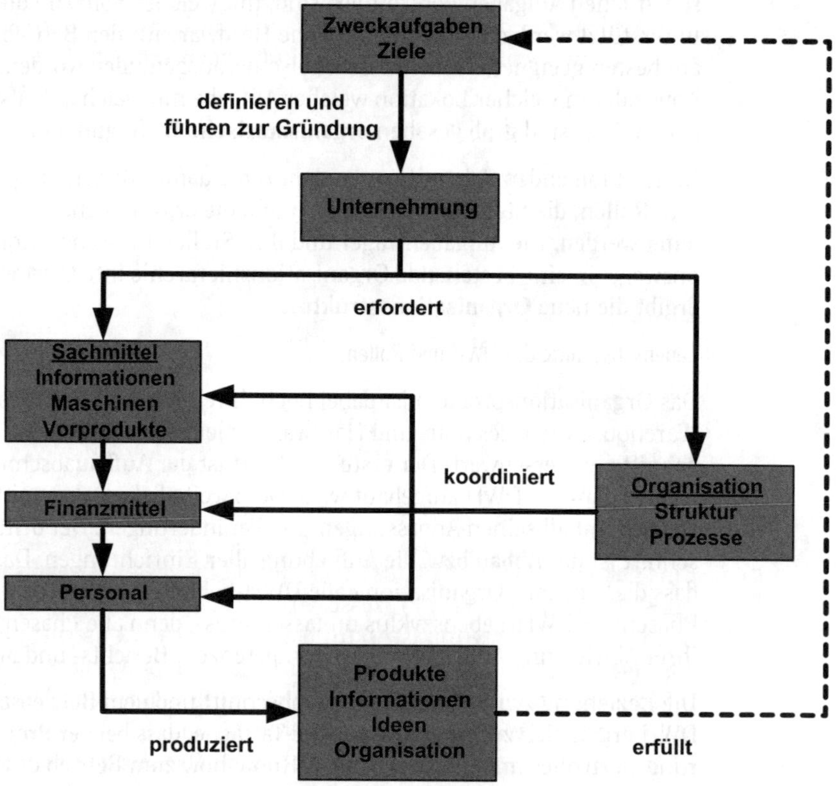

Abbildung 6.3: Sinnzusammenhang von Organisation und Betrieb

Der Betrieb verfolgt die Erreichung der Ziele unter Einsatz der ihm zur Verfügung stehenden **Mittel.** Diese Mittel können als zu kombinierende Faktoren eines Produktionsprozesses im allgemeinsten Sinne (also auch Ideenproduktion) in Sachmittel, Finanzmittel und Personen gruppiert werden.

Sachmittel sind z.B. Rohstoffe, Informationen, Räume, Energiepotential, Versorgungssysteme, Menschen, Maschinen, Werkzeuge. Ohne Sachmitteleinsatz bleibt die Tätigkeit rein geistiger Natur. Schon die Dokumentation von Ideen erfordert Sachmittel. Sachmittel können bzw. müssen erworben werden, und für die Bezahlung sind **Finanzmittel** erforderlich. Ohne Finanzmittel können Sachmittel nicht beschafft werden. Beschaffung und Einsatz von Sachmitteln, auch die Transaktion von Finanzmitteln zur Beschaffung, werden von **Personen** durchgeführt.

Für alle Aktivitäten sind also **Handlungsträger** erforderlich. In den meisten Fällen sind das Personen, es können aber auch Automaten und Maschinen sein. Automaten können ursprünglich manuelle Tätigkeiten automatisch ausführen. Automaten und Maschinen müssen allerdings wiederum von Personen entworfen, konstruiert, gebaut und bedient werden. Ein Unternehmen erfordert eine Organisation, um das Zusammenwirken seiner Sachmittel, Finanzmittel und Personen zu koordinieren. Dieses Zusammenführen der Ressourcen und ihr Zusammenwirken wird mit dem Begriff **Faktorkombination** bezeichnet.

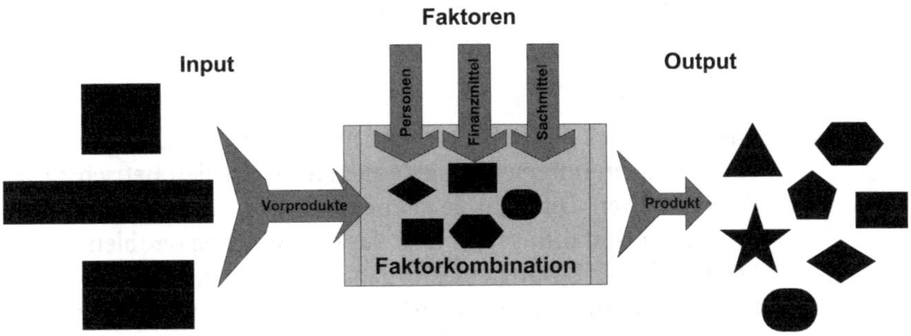

Abbildung 6.4: Faktorkombination

Organisationsstruktur

Eine **Organisation** besteht aus Struktur und Prozessen. **Organisationsstrukturen** sind ein Potential für Prozesse. Organisationsstrukturen sind ganz allgemein eine verfügbare Infrastruktur der Elemente der Unternehmung, die zusammen auf eine Menge von Grundsubstanzen und Objekte wie Rohstoffe, Information, Räume, Energiepotential, Versorgungssysteme, Menschen, Maschinen und Werkzeuge wirken sollen mit dem Ziel, über den kombinierten Einsatz ein Erzeugnis hervorzubringen. Eine **Organisationsstruktur** ist damit eine sinnvolle Ordnung dieser wirkenden und bewirkten Elemente.

Beispiele für Elemente einer Organisationsstruktur sind der Aufbau einer technischen Anlage, wie im Kapitel »Die Architektur von Data Warehouse Systemen« dargestellt, eine Lagerordnung von Ersatzteilen, die hierarchische Gliederung der Organisation, die Anordnung der Zufahrtswege zum Unternehmen.

Eine Organisationsstruktur wirkt allerdings noch nicht von selbst. Die Strukturelemente müssen bewegt, in Gang gesetzt, in eine Wirkungsfolge gebracht werden. Diese Wirkungsfolge ist ein Prozess. Ein **Prozess** ist die zeitliche

Abfolge dieses Wirkens, dieser aufeinander einwirkenden Kombination der Elemente der Organisationsstruktur. Ein Prozess besteht daher aus aufeinanderfolgenden oder parallelen Vorgängen, aus **Aktivitäten,** die Substanzen, Gegenstände und Informationen aus Eingangselementen, dem **Input,** und Ausgangselementen, dem **Output,** erzeugen. Die Aktivitäten bedienen sich dabei des Einsatzes bestimmter Elemente der Organisationsstruktur, der Arbeitsmittel. Die Arbeitsmittel werden von Personal und von Maschinen eingesetzt. Das Personal muss für den Einsatz der Arbeitsmittel qualifiziert werden.

Aber alleine mit Strukturieren und Folgendefinition ist noch kein Prozess, noch keine Aktivität gestartet. Der Prozess, bzw. eine Aktivität muss definiert, implementiert und auch noch in Bewegung gesetzt werden; es muss festgelegt werden, wann die Strukturbestandteile in welcher Weise zusammenwirken müssen. Maschinen, Programme und auch Menschen tragen in sich das Potential, aktiv zu werden. Manche Menschen nutzen jedoch dieses Potential nicht, manche Maschinen werden nicht eingesetzt und manche Programmfunktionen werden nie aufgerufen. Es bedarf auslösender Signale für das Aktivieren von Funktionen und das Veranlassen von Aktivitäten.

Organisationsproblem

Aus dem Zweck des Betriebes sind mannigfache Organisationsformen abzuleiten, die alle in unterschiedlich günstiger Weise den Betrieb zu seiner Zweckerfüllung führen. Die richtige oder dem Zweck angemessene Organisation zu finden ist ein Gestaltungsproblem, das **Organisationsproblem.** Ein bewährter Startpunkt der Lösung eines Organisationsproblems ist die Feststellung des Objekts, das zu organisieren ist. Das ist bereits geschehen mit der Beantwortung der betriebswirtschaftlichen Aufgaben, der Software zur Unterstützung der Ausführung der Aufgaben und der Hardware für den Betrieb der Software.

➡ Die Lösung des Organisationsproblems ist die Feststellung, wie Aufbau, Betrieb und Abbau des DWH organisiert sind. Im Detail:
  - ➡Welche Prozesse sind abzuwickeln, durch die Verkettung von
  - ➡welchen Aufgaben und Handlungen, die von
  - ➡welchen Rollen wahrgenommen werden, die zu
  - ➡welchen Stellen zugeordnet werden müssen, die in
  - ➡welche Organisationsstruktur wie eingebunden werden und dort mit
  - ➡welchen Sachmitteln umgesetzt werden sollen, was
  - ➡welche Qualifikation erfordert?

Dabei kann man auch, statt mit der **mesoskopischen** Sicht der Unternehmensprozesse zu beginnen, **mikroskopisch,** d.h. mit der Feststellung der personengebundenen Aufgaben starten und diese zu Prozessen zusammenführen oder, anders ausgedrückt, zu Prozessen organisieren. Eine dritte Möglichkeit ist der Start mit **makroskopischer** Sichtweise, das ist die Betrachtung der Unternehmensumwelt.

Die Strukturfrage: die organisatorischen W's

Der Lösung der dargestellten Problematik kann man sich systematisch nähern. Jeder organisatorische Aufgabenkomplex lässt sich mit den sogenannten **organisatorischen W's** (Fragewörtern) vollständig spezifizieren. Die organisatorischen W's können in Gruppen, **Strukturfragen** und Prozessfragen eingeteilt werden.

Frage	Nachgefragtes organisatorisches Gestaltungsobjekt
Woran	Verrichtungsobjekt, Organisationsobjekt, zu bearbeitendes Ding
Was	Aktivität, Verrichtung, Aufgabe
Wie	Methode, Verfahren der Verrichtung, Technologie
Wer	Ressource: Personal, Aufgabenträger
Womit	Ressource: Arbeitsmittel, Energie, Information
Wozu	Ziel, Zweck, Ergebnis der Aktivität
Weswegen	Kompetenz: Erlaubnisse, Befugnisse, Weisungsrechte
Wodurch	Fachkompetenz, Qualifikation
Wann	Zeitpunkt der Ausführung
Wo	Ressource: Lokalität, Raum, Position zur Verrichtung

Tabelle 6.5: Strukturfragen der Organisation

Eine **organisatorische Situation** ist aber bestenfalls dann vollständig beschrieben, wenn alle Aufgaben, die nach den organisatorischen W's definiert sind, in eine Reihenfolge, eine Verknüpfung und Verkettung von Geben und Nehmen von Informationen und Sachmittel, in eine Kooperation gebracht worden sind. Zum anderen sind, um wirklich kooperieren zu können, noch Kompetenzen erforderlich. Beispiel für Kompetenzen sind, Erlaubnisse zu erteilen, Zugangsberechtigung zu Räumen zu vergeben, Erteilung von Bestellungen zuzulassen, Unterschriftenregelungen zu ergänzen, Weisungsbefugnisse zu erteilen und Qualifikation aufzubauen. Erst diese Weisungskompetenz ermöglicht die Ausübung der Erlaubnisse und Beauftragungen.

Die Prozessfragen

Neben den Strukturfragen müssen die **Prozessfragen** beantwortet werden. Für jede Aktivität gibt es einen zu bearbeitenden Eingang an Informationen, Werkzeugen, Sachmitteln, nämlich die **Zulieferung** oder **Vorgängeraktivität,** die aus einer vorausgegangenen Aktivität stammt. Die Beschreibung der Aktivität selbst ist bereits mit der Beantwortung der Strukturfragen gelöst.

Was nach der Aktivität passieren soll, ist noch zu klären mit der Nennung der **Nachfolgeaktivität.** Der **Anstoß** zur Ausübung der Aktivität kann die Zulieferung aus der Vorgängeraktivität oder ein anderes Signal sein. Mit der Verknüpfung von Aktivität, Vorgänger, Nachfolger und auslösender Bedingung ist der Prozess definiert.

Frage	Nachgefragtes organisatorisches Gestaltungsobjekt
Wonach	Zulieferung, Verkettung der Aktivitäten
Wovor	Ablieferung, Verkettung der Aufgaben
Worauf	Auslöser: Weisung, Ereignis, Vorfall, Regelung

Tabelle 6.6: Prozessfragen der Organisation

➡ Der Gestaltungsvorgang »Organisation« des DWH ist demnach beendet,

- ✔ wenn die Aufgaben katalogisiert und beschrieben sind und mit ihrer Beschreibung die restlichen organisatorischen Strukturfragen geklärt sind.
- ✔ die Aufgaben zu Prozessen mit gegenseitigen Informations-, Energie- und Sachmittellieferbeziehungen verkettet sind und in einer Struktur von Kompetenzen, Befugnissen und Erlaubnissen eingebettet sind.

Organisationsobjekt

Das **Organisationsobjekt** oder das **Verrichtungsobjekt** ist ein Gegenstand oder eine Idee, die für eine organisatorische Handlung verfügbar ist und an der eine organisatorische Handlung ausgeübt wird. Ist die Handlung nur eine Planung, also keine Ausführung am Objekt, ist das Objekt ein Planungsobjekt. So ist zum Beispiel in einem Produktionsprozess der Rohstoff ein Organisationsobjekt, das durch Bearbeitung zu einem Produkt wird. Aber auch die Bandstraße, auf der Rohstoffe befördert werden, ist ein Organisationsobjekt. Genauso sind die zur Energieversorgung der Bandstraße erforderliche Stromleitung und die entlang der Bandstraße eingesetzten Werkzeuge Objekte organisatorischen Handelns, also Organisationsobjekte. Die Bandstraße, die Stromleitung, wie auch die Werkzeuge sind außerdem Sachmittel zur Verrichtung organisatorischer Handlungen an einem Organisationsobjekt. Der Unterschied liegt in der **primären Absicht,** den Rohstoff zu verändern, und der **sekundären Absicht,** diese Veränderung über eine Bandstraße abzuwickeln.

Definition: Organisationsobjekt

Ein **Organisationsobjekt** oder **Verrichtungsobjekt** ist das Objekt, an dem primäre organisatorische Handlungen ausgeübt werden.

Organisatorische Aufgaben

Die **Aufgabenstellung** definiert, was mit dem Organisationsobjekt getan werden muss oder was das Ergebnis der Aktivität sein soll und unter welchen Bedingungen die Aktivität ausgeführt werden soll. Die Tätigkeit an dem Objekt ist durch eine Handlung, einen Vorgang, eine Reihenfolge von Schritten beschrieben. Eine organisatorische Aufgabe lässt sich also folgendermaßen formulieren: »Am Objekt X ist Y vorzunehmen.« Eine organisatorische Aufgabe kann auch teleologisch formuliert sein und die Handlung unerwähnt lassen: »Objekt Y ist zu Objekt Z umzuformen.« Die Bedingungen sind sehr verschiedenartig. Sie können sein:

- ✔ Fallregelungen wie: »Wenn Ereignis E passiert ist Aktivität X vorzunehmen.«
- ✔ Anweisungen wie: »Person P sagt, Aktivität X muss vorgenommen werden.«
- ✔ Terminvorgaben wie: »Bis zum Datum D muss Aktivität X ausgeführt sein.«
- ✔ Mengenregelung wie: »Aktivität ausführen, bis Menge Z hergestellt ist.«

> **Definition: Organisatorische Aufgabe**
>
> Eine **organisatorische Aufgabe** ist eine definierte organisatorische Handlung, die an einem Organisationsobjekt oder Verrichtungsobjekt ausgeübt werden soll.

Je genauer eine organisatorische Aufgabe formuliert ist, umso exakter kann sie ausgeführt werden. Aber je exakter die organisatorische Aufgaben formuliert ist, umso weniger Spielraum hat der Handelnde. Eine Abweichung von der Vorgabe ist aber bei unvorhergesehenen Vorkommnissen, die die Bedingungen verändern, unbedingt erforderlich.

Methoden, Technologie, Verfahren

Mit der **Methode** wird beschrieben, wie die Aufgabe erfüllt werden soll, wenn alternative Handlungsfolgen möglich sind. Eine Methode beschreibt eine empfohlene Herangehensweise, eine Zergliederung einer komplexen Handlung in kleinere Handlungseinheiten. Eine Methode ist selbst eine Sammlung »kleiner« organisatorischer Aufgaben, die, zu einer Abfolge geordnet, über Zwischenschritte zur Erfüllung der Aufgabe an einem Objekt führt. Diese »kleinen Aufgaben« können aus der »großen Aufgabe«, der organisatorischen Aufgabe an dem Objekt, durch Zerlegen des Objekts in kleine, handhabungsfreundliche Teile, entstehen. Für eine Methode ist die Reihenfolge der Handlungen wesentlich.

> **Definition: Methode**
>
> Eine **Methode** ist eine abgestimmte Reihenfolge von Detailhandlungen, um eine organisatorische Aufgabe auszuüben.

Oft wird neben dem Begriff der Methode der Begriff der **Technologie** synonym verwendet. Hier soll unter **Methode** die abstrakte Schilderung der einzelnen detaillierten Handlungen verstanden werden und unter Technologie der technische Produkttyp, von dem die technischen Mittel des Einsatzes sind. Eine Methode zur Trennung des Verrichtungsobjekts Stahlstange ist zum Beispiel Schneiden. Die Technologie kann ein Schneidbrenner oder ein Laserstrahl sein.

Definition: Technologie

Eine **Technologie** ist der technische Produkttyp, zu dem die technischen Mittel des Einsatzes gehören.

Oft wird neben dem Begriff der Methode der Begriff des **Verfahrens** synonym verwendet. Hier soll unter Verfahren die Folge der organisatorischen Handlungen nach den Regeln einer Methode zusammen mit ihren Technologien und mit Hilfe von Werkzeugen an einem oder mehreren Verrichtungsobjekten verstanden werden. Ein Verfahren ist z. B. die Beförderung der Stahlstange bis zur Trennmaschine, die Trennung des Verrichtungsobjekts Stahlstange mittels der Technologie Laserstrahl und die anschließende Kühlung der Schnittflächen mit Öl.

Definition: Verfahren

Ein **Verfahren** ist die abgestimmte Folge des Einsatzes von Methoden nach Regeln und mit Hilfe von technischen Mittel, den Werkzeugen, an einem oder mehreren Verrichtungsobjekten.

Aufgabenträger, Rollen, Stellen

Zur Ausübung der Handlung der organisatorischen Aufgabe ist ein handlungsfähiges Individuum, ein **Aufgabenträger,** erforderlich. Ein solches Individuum kann ein Mensch, ein Tier oder eine Maschine oder eine Maschine mit einer Software sein.

Definition: Aufgabenträger

Ein **Aufgabenträger** ist eine Person oder eine Maschine, die eine organisatorische Aufgabe ausüben soll.

Kein Mensch der Welt kann alle Aufgaben alleine durchführen, und auch im Gefüge eines Unternehmens und sogar bei dem, gemessen am Gesamtunternehmen kleinen, Aufgabenbereich DWH fallen so viele Aufgaben an, dass Aufgabenteilung erforderlich ist. Aufgabenteilung und Aufgabenbündelung auf Aufgabenträger führt zu **Rollen.** Jeder Aufgabenträger, ob Person oder Maschine, kann mit einer Rolle völlig ausgelastet und zufrieden sein, oder aber mehrere Rollen ausüben.

Rollen können von internen wie auch von externen Aufgabenträgern eingenommen werden. Besonders für den Einsatz vorübergehender Kapazitätslasten lohnt es nicht, dauerhafte Stellen oder Rollen einzurichten. Jobs auf Zeit sind in Deutschland eher die Ausnahme, was die Alternative des zeitlich und kostentechnisch begrenzten Einsatzes externen Personals attraktiv macht.

Definition: Rolle

Eine **Rolle** ist die Zuordnung einer organisatorischen Aufgabe zu einer Person oder einer Maschine, die diese Aufgabe ausüben soll.

Eine **Stelle** ist einem Aufgabenträger zugeordnet. Eine Stelle ist in ein Gefüge von Weisungsrechten integriert. Eine Stelle mit Weisungsrecht ist ein Vorgesetzter von Weisungsempfängern. Zu einer Stelle gehört eine Aufgabenstellung. Nicht jeder Aufgabenträger muss ein Mensch sein. Aufgaben können in Programmen realisiert werden und von Maschinen ausgeführt werden. Eine Stelle kann mehrere Rollen ausüben. So kann z.B. ein Buchhalter auch Betriebsratsvorsitzender, Projektleiter für die Einführung der neuen Währung »EURO« und Mentor für die Integration neuer Mitarbeiter in den Bereich Rechnungswesen sein.

Definition: Stelle

Eine **Stelle** ist die Zusammenfassung aller organisatorischen Aufgaben zu einem Aufgabengebiet genau einer Person.

Organisationsstruktur

Der Begriff »**Organisationsstruktur**« wird oft synonym mit dem Begriff Organisationshierarchie gebraucht, weil dies die am weitesten verbreitete Struktur der Weisungsbefugnisse in Unternehmen ist. Die Hierarchie ist nicht die einzige Struktur einer Organisation und deshalb ist der Begriff »Organisationshierarchie« im Sinne der Bedeutung der »Hierarchie« nicht allgemein genug. Besser ist daher der Begriff Organisationsstruktur.

Die Struktur kann sich im Laufe der Lebenszeit des organisierten Unternehmens wandeln. Die moderne Zeit erfordert schnelle Anpassung der Organisationsstruktur an äußere Bedingungen. Die Organisationsstruktur unterliegt daher einer laufenden Veränderung. Die Anforderungen aus der Umwelt der Unternehmen ändern sich so schnell, dass die erfolgreichsten Unternehmen diejenigen sind, die ihre Organisationsstruktur am schnellsten anpassen können. Der Höhepunkt der Anpassungsfähigkeit hat sich in den sogenannten »virtuellen Unternehmen« gefunden, die sich, immer auf eine neue Aufgabenstellung ausgerichtet, neu bilden und nach der Abwicklung der Aufgabe wieder auflösen.

Eine Organisationsstruktur besteht aus Stellen. Die Stellen stehen in einem Informationslieferungsverhältnis **(Berichtsweg).** Sie müssen an andere Stellen Informationen liefern. Viele dieser Informationswege sind vordefiniert. Einige Informationen müssen in Form von standardisierten Berichten geliefert werden. Die Informationswege, Informationsinhalte und Stellen sind zu einer permanenten Struktur organisiert.

Definition: Organisationsstruktur

Eine **Organisationsstruktur** ist die Zusammenfassung aller Stellen mit ihren Verbindungen entsprechend ihrer Berichtswege und Beauftragung.

Organisationsstrukturen können selbst das Ergebnis organisatorischer Handlungen sein. Die organisatorische Aufgabe ist dann die »Organisation der Organisation«. Das Verrichtungsobjekt ist in diesem Falle eine bestehende Struktur für das Organisieren. Organisation kann von einer bestehenden Organisationseinheit angeordnet werden oder aus einer bislang unorganisierten Personenmenge ohne Anordnung von »oben« entstehen, die sogenannte **Selbstorganisation.** Organisationsstrukturen können dauerhaft eingerichtet werden oder für die Dauer der Abwicklung einer Aufgabe oder eines Projekts als **Projektorganisation** erhalten bleiben. Organisationsstrukturen können auch als **spontane Organisationsstruktur** mit dem plötzlichen Aufkommen von Aufgabenstellungen entstehen und sich kurz nach der Erfüllung organisatorischer Aufgaben wieder auflösen oder über längere Zeiträume erhalten bleiben.

Eine erweiterte Auffassung sieht auch in der Konstellation der nicht-personalen Ressourcen (z.B. Räume, Anordnung von Werkbänken und Maschinen in der Werkstatt, Anordnung und Möglichkeiten von Verkehrswegen, Ausstattung mit Versorgungsleitungen für Wasser und Strom) eine Organisationsstruktur, die sogenannte **Sachmittelorganisation.** Dies macht besonders in sogenannten Mensch-Maschine-Systemen Sinn, wo Handlungen von Personen auf Automaten übertragen wurden.

Die Organisationsstruktur mittelgroßer Unternehmen ist bereits so komplex, dass man sich mittels grafischer Darstellung eine bessere Übersicht verschafft. Zur Darstellung einer Organisationsstruktur dient das **Organigramm.** Die Darstellung der Organisationsstruktur ist eine Methode und daher Bestandteil eines Vorgehensmodells, das im folgenden Kapitel »Das Vorgehensmodell für Data Warehouse Systeme« besprochen wird.

Kompetenzen

In modernen Unternehmen gibt es sehr viel Selbständigkeit und Handlungsfreiheit, was zwangsläufig die Tendenz zur Verflachung der Hierarchien mit sich bringt. Handlungsfreiheit setzt **Kompetenz** und Verantwortung voraus. Nur wer die **Befugnis** zur Beschaffung hat, z.B. hinterlegt durch eine Unterschriftenprobe, kann auch beschaffen. Der Begriff der Kompetenz wird neben dem Verständnis als Befugnis oft auch als Kenntnisreichtum, Erfahrung und

Fähigkeit, eine bestimmte Aufgabe bewältigen zu können, gebraucht. Zur Erfüllung von Aufgaben ist also die Erteilung einer Kompetenz durch den Vorgesetzten und auch die Bekanntgabe der **Kompetenzzuteilung** durch den Vorgesetzten erforderlich.

Definition: Kompetenz

Kompetenz ist die Erlaubnis zur Ausübung einer organisatorischen Aufgabe.

Ein Projektleiter DWH muss zum Beispiel mit der Kompetenz der Projektüberwachung ausgestattet werden. Hierzu gehören die Befugnisse

- ✔ Einladung zu Besprechungen
- ✔ Bestellung von Besprechungsräumen
- ✔ Bedarfsanforderung von Equipment
- ✔ Abzeichnung der Aufwandsberichte der Mitarbeiter
- ✔ Berichten an Vorgesetzte in Lenkungsausschüssen
- ✔ Erteilung von Terminvorgaben
- ✔ Zuweisung von Aufgaben an Projektmitarbeiter

Qualifikation

Zur Ausübung der Aufgaben einer Stelle oder Rolle ist Befähigung in Form von Wissen, Erfahrungen zu Vorkommnissen und Risiken, Kenntnisse von Methoden, Sachkenntnis über die zu bearbeitenden Objekte und Fertigkeit in der Anwendung von Sachmitteln erforderlich. Eine Stelle benötigt zur Erfüllung ihrer Aufgaben eine angemessene Qualifikation. Angemessen bedeutet, dass weder eine schlechtere Qualifikation **(Unterqualifikation)** noch eine bessere Qualifikation **(Überqualifikation)** geeignet sind.

Definition: Qualifikation

Qualifikation ist die Befähigung zur Ausübung einer organisatorischen Aufgabe.

Qualifikation ist erforderlich, um zugeteilte Kompetenzen in die Aufgabenerfüllung einfließen lassen zu können. Es ist zum Beispiel völlig nutzlos, einer Person die Kompetenz der Leistungsabnahme zuzuteilen, wenn diese Person es mit ihrer inneren Haltung nicht vereinbaren will, andere Personen zu kontrollieren. Für die Ausübung dieser Kontrollfunktion ist z.B. Führungsqualifikation, Verhandlungsfähigkeit und soziale Kompetenz erforderlich.

Sachmittel

Das Wissen des Aufgabenträgers über den Zustand des Verrichtungsobjekts ist nicht immer aktuell. Die an einem Verrichtungsobjekt auszuübende Tätigkeit erfordert Informationen. Die Fähigkeiten des Menschen als Handlungsträger sind physisch und physikalisch begrenzt. Solche Grenzen sind z.B. Muskelkraft, Fingergröße, Temperaturresistenz, Schnelligkeit, Sehvermögen, Ausdauer. Die an einem Verrichtungsobjekt auszuübende Tätigkeit erfordert Hilfsmittel. Die Ausübung einer Aufgabe macht also den Einsatz von Sachmitteln erforderlich. **Sachmittel** sind

- ✔ Werkzeuge
- ✔ Rohstoffe
- ✔ Arbeitsmaterial
- ✔ Energieversorgung
- ✔ Transportmittel
- ✔ Halbprodukte
- ✔ Maschinen
- ✔ Informationen
- ✔ Anleitungen
- ✔ Signalflüsse

Die zu bearbeitenden Objekte sind selbst wieder als Sachmittel für andere organisatorische Aufgaben einsetzbar. So kann die organisatorische Aufgabe z.B. die Herstellung von Werkzeugen sein. Mit den Sachmitteln und an den Sachmitteln werden die Aktivitäten ausgeübt.

Definition: Sachmittel

Sachmittel sind alle Hilfsmittel, die zur Ausübung einer organisatorischen Aufgabe eingesetzt werden sollen.

Die Bereitstellung der Sachmittel zur Verwendung bei der Aufgabenerfüllung ist ein Organisationsproblem. Die Anordnung der Sachmittel, die Lagerung, der Zugriff, die Erlaubnis der Entnahme ist die **Sachmittelorganisation.**

Abzugrenzen von den Sachmitteln sind die Finanzmittel. **Finanzmittel** sind zur Beschaffung nicht vorhandener Sachmittel erforderlich.

Zusammenfassung der Strukturelemente der Organisationssituation

Im folgenden Diagramm sind die besprochenen Strukturelemente der Organisationssituation mit ihren Wechselbeziehungen zusammengestellt.

Ein Aufgabenträger ist in eine Organisationsstruktur integriert. Er hat dort Kompetenzen und eine entsprechende Qualifikation für den Einsatz von Sachmitteln, um die gestellte Aufgabe am Verrichtungsobjekt erfüllen zu können. Die Sachmittel sind in eine Sachmittel-Organisationsstruktur integriert.

Abbildung 6.5: Strukturelemente der Organisationssituation

Prozess, Ablauf, Workflow

Prozesse, Abläufe oder auf »EDV-deutsch« **Workflows** sind Folgen von Handlungen, Aktivitäten oder Vorgängen. Zum Organisieren der Prozesse gehört die Einhaltung von Rahmenbedingungen und die Sicherstellung der Ressourcen. Ohne ausreichende Ressourcen kann ein Prozess nicht abgewickelt werden. Prozesse sind deshalb nach Dauer, Aufwand und Terminierung zu kalkulieren.

Definition: Prozess, Ablauf, Workflow

Ein **Prozess, Ablauf** oder **Workflow** ist eine Folge von Aufgaben, Handlungen, Aktivitäten, Funktionen oder Vorgängen mit der Nennung der Aufgabenträger und der Hilfsmittel, die zur Ausübung der Aufgabe eingesetzt werden sollen.

Rahmenbedingungen sind auch durch die Verknüpfung mit anderen Prozessen gegeben. Jeder Prozess erzeugt Ressourcen, Zwischenprodukte, Ergebnisse, die in anderen Prozessen verwendet werden müssen. Termine, Zeitdauer und Aufwände der Prozesse stehen daher in einem Abhängigkeitsverhältnis. Koordination ist vonnöten. Eine Prozessdefinition muss diesen koordinativen Teil hinreichend gut bestimmen.

Ein gutes Beispiel für einen Prozess ist das **Berichtswesen.** Berichte werden erstellt, indem der Inhalt der Berichte recherchiert und in einer freien Form oder mittels Standardformularen und Musterberichten festgehalten wird. Der Inhalt der Berichte wird abgestimmt. Berichte werden verteilt an eine vorher verabredete Interessenten- oder Betroffenenliste. Der Inhalt der Berichte dient der Überprüfung getroffener Entscheidung und der Unterstützung neuer zu treffender Entscheidungen.

Die Ablauforganisation selbst eines kleinen Unternehmens ist bereits so komplex, dass man sich mittels grafischer Darstellungen eine Übersicht verschafft. Für diese Darstellungen bedient man sich standardisierter Symbole, die zu Diagrammen zusammengesetzt werden. Die Darstellung der Ablauforganisation ist eine Methode und daher Bestandteil eines Vorgehensmodells. Die Methode Darstellung der Ablauforganisation wird daher in Kapitel 7 »Das Vorgehensmodell für Data Warehouse Systeme« besprochen.

Veränderungen an einem Prozess haben unmittelbare Auswirkungen auf andere Prozesse. Auf die Schnittstellen von Prozessen ist deshalb besonderes Augenmerk zu legen. Die Schnittstellenproblematik bleibt oft unbehandelt, weil die Zuständigkeitsfrage ungeklärt ist. Die entscheidende Frage ist: »Ist der Empfänger verpflichtet, sich Information zu holen **(Holschuld)** oder ist der Sender verpflichtet Information zu bringen **(Bringschuld)**«.

➡ Da das Einrichten eines DWH Veränderungen von organisierten Prozessen bewirkt, muss der DWH-Spezialist eine koordinierende Rolle zwischen den Prozessen und deren Interessenten einnehmen.

Auslöser

Ein **Auslöser** eines Prozesses ist ein Startsignal für einen Automatismus oder das Aktivieren eines Willens zu einer Handlung. Ein Auslöser kann eine einzelne Handlung auslösen oder eine ganze Kette aufeinanderfolgender Handlungen. Im zweiten Fall ist der Auslöser der Start für einen Prozess. Beispiel für einen Auslöser kann die Anordnung einer Behörde, der Anruf eines Kunden, ein Temperaturgrenzwert, eine Naturkatastrophe oder eine Zeitungsnachricht sein.

Definition: Prozessauslöser

Ein **Prozessauslöser** startet einen Prozess mit einer Aufgabe aus der Folge von Aufgaben, Handlungen, Aktivitäten, Funktionen.

Input

Ein Prozess verarbeitet oder bearbeitet die Verrichtungsobjekte. Das zu verarbeitende Gut ist entweder bereits im Prozess vorhanden oder wird dem Prozess zugeliefert. In einen Prozess eingehende Objekte sind ein **Prozess-Input.** Auch die Sachmittel müssen dem Prozess als Input beigestellt werden. Sachmittel können bei der Einwirkung auf das Verrichtungsobjekt ebenfalls verändert werden. So wird z.B. ein Schweißdraht beim Schweißen verbraucht, Kühlwasser verdunstet, Werkzeuge nutzen sich ab.

Definition: Input

Ein **Input** in einen Prozess ist das Verrichtungsobjekt, an dem die Aufgabe, Handlung, Aktivität, Funktion ausgeübt werden soll, oder ein Sachmittel, mit dessen Hilfe die Aufgabe, Handlung, Aktivität, Funktion ausgeübt werden soll.

Ein Prozess steht in der Regel in einem Zulieferungs- oder Abnahmeverhältnis. Ein Input kann Auslöser für einen Prozess sein, z.B. durch das Anstehen eines neuen Inputs.

Output

Das Ergebnis eines Prozesses liefert der Prozess meistens an einen anderen Prozess, der weitere Aufgaben an dem Objekt erledigt. Ein Prozess steht in der Regel in einem Lieferungs- oder Abgabeverhältnis. Die Abgabe ist der **Prozess-Output.** Auch die Sachmittel, die dem Prozess als Input beigestellt wurden, gehören zu diesem Output; sie gehen aber durch die Einwirkung auf das Verrichtungsobjekt verändert aus dem Verarbeitungsprozess hervor. So ist die Menge Schweißdraht durch Schweißen reduziert, Kühlwassermenge ist reduziert, Werkzeuge sind nach der Einwirkung abgenutzt.

Definition: Output

Ein **Output** aus einem Prozess ist das Verrichtungsobjekt, an dem die Aufgabe, Handlung, Aktivität, Funktion ausgeübt wurde, oder ein Sachmittel, mit dessen Hilfe die Aufgabe, Handlung, Aktivität, Funktion ausgeübt wurde.

Was aus der Sicht des liefernden Prozesses ein Output ist, ist aus der Sicht des empfangenden Prozesses ein Input. Prozesse sind über **Input-Output-Beziehungen** vernetzt.

Zu einem Output kann auch einen Auslöser gehören, also neben dem Bereitstehen des Outputs zur Abgabe auch ein Signal, dass der Produktionsprozess neue Rohstoffe aufnehmen kann.

Zusammenfassung der Prozesselemente der Organisationssituation

Ein Prozess besteht aus Aktivitäten. Eine Aktivität erhält einen Input und agiert nach einem Auslöser. Das Ergebnis der ausgeübten Aktivität ist ein Output. Im folgenden Diagramm sind die besprochenen Prozesselemente der Organisationssituation mit ihren Wechselbeziehungen zusammengestellt.

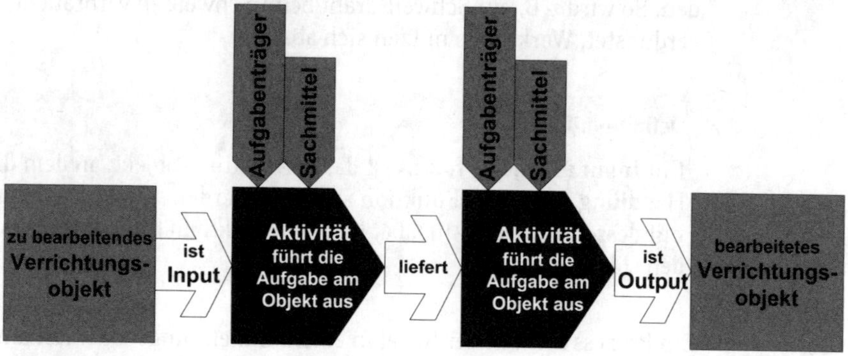

Abbildung 6.6: Prozesselemente der Organisationssituation

Gestaltungs- und Lösungsmöglichkeiten

Die allgemeine Gestaltungsaufgabe »Organisation« ergibt sich also aus der Bestimmung der dargestellten Strukturelemente wie Aufgaben, Objekt der Verrichtung, Rollen des Personals, Stellen, Eingliederung, Sachmittel, und deren Zusammenführung zu einem Ablauf.

- Bestimmung der Organisationsstruktur mit Definition der Aufgaben, Zuweisung der Aufgaben zu Rollen, Feststellung des Kapazitätsbedarfs der Aufgaben, Bündelung der Rollen mit zugehörigen Aufgaben zu Stellen, Einordnung der Stellen in die Hierarchie des Unternehmens, Definition der Befugnisse
- Bestimmung der Prozesse mit Feststellung der erforderlichen prozeduralen Regelungen, Definition der Teilnehmer und Träger der Prozesse, Definition der Zulieferer, Status und Ergebnisse der Prozesse, Festlegung des Berichtswesens
- Bestimmung der Arbeitsmittel

Sind die Strukturteile der Organisation bestimmt, ist die Struktur noch mit Leben zu füllen. Die Hauptakteure organisatorischen Geschehens sind, trotz hohen Automatisierungsgrades der Industrien, Personen. Personen müssen zur Ausübung ihrer Aufgaben benannt, befugt und qualifiziert werden.

- Staffing mit Benennung der Personen, Ermittlung der erforderlichen Qualifikation, Allokation der Personalressourcen, Zukauf von temporären externen Ressourcen, Planung der Schulung

Problemlösung: Regeln und Hilfsmittel

Das Verfahren

Organisation ist teuer und kann deshalb nicht immer wie in einem Selbstbedienungsladen zur freien Verwendung ausgestellt sein. Sie muss immer dann zur Verfügung stehen, wenn die Zweckaufgabe ansteht. Das heißt, die Organisationsbildung für das DWH muss im Zusammenhang mit den Aufbauschritten des DWH durchgeführt werden.

Eine Ausnahme hiervon ist die Organisation der Bewältigung von Risikosituationen. Das Eintreten des riskanten Ereignisses ist nicht vorhersehbar. Riskante Situationen erfordern promptes Reagieren. Deshalb muss die Organisation der Risikoaktivitäten vorbereitet sein. Sie kann nicht erst dann mit dem Aufbau der Organisation zur Risikobewältigung anfangen, wenn die Risikosituation eintritt. Folglich ist eine optimale Risikoorganisation bereitzuhalten.

Als Problemlösungsmittel für den Entwurf der Organisation dient ein allgemeines, nicht nur für DWH gültiges **Verfahren der Organisationsgestaltung,** also eine Richtlinie, in welcher Reihenfolge welche gestalterische Maßnahme durchgeführt wird. Das folgende Verfahren ist zum Gestalten der Organisation für ein DWH zu empfehlen:

Verfahren: Organisationsgestaltung

- Bestimmung der **Prozesse** mit Checkliste der prozessualen organisatorischen W's
  Feststellung der erforderlichen prozessualen Regelungen
  Definition der Teilnehmer und Träger der Prozesse
  Definition der Zulieferer, Status und Ergebnisse der Prozesse
  Festlegung des Berichtswesens, Qualitätssicherung
- **Organisationsstruktur** mit Checkliste der strukturalen organisatorischen W's
  Definition der Aufgaben
  Zuweisung der Aufgaben zu Rollen
  Kapazitätsbedarf der Aufgaben feststellen
  Bündelung der Rollen mit zugehörigen Aufgaben zu Stellen
  Einordnung der Stellen in die Hierarchie des Unternehmens
  Definition der Befugnisse
  Bestimmung der Sach- und Arbeitsmittel
- **Staffing** mit Rollen/Stellen-Schema
  Ermittlung der erforderlichen Qualifikation
  Allokation der Personalressourcen
  Zukauf von temporären externen Ressourcen
  Planung der Schulung

Checkliste Organisationsgestaltung

Zur Bestimmung der Organisationssituation dienen die im Kapitel vorgestellten **organisatorischen W's.** Dabei sollte mit der Sammlung der interessierenden Prozesse gestartet werden. Die Prozesse sind aufzulisten und zu identifizieren durch eine Bezeichnung und eine eindeutige Kennzeichnung aus Nummern und/oder Buchstaben. Jeder Prozess sollte dann durch die Beantwortung der drei Prozessfragen beschrieben werden. Zudem müssen die einzelnen Aktivitäten jedes Prozesses durch Beantwortung der Strukturfragen beschrieben werden. Auch die Aktivitäten innerhalb des Prozesses sind zu identifizieren. Ein Prozess wird demnach nach dem Schema der **Checkliste Organisationssituation** beschrieben.

Prozess	Identifizierungsnummer Bezeichnung
Wonach	
Wovor	
Worauf	

Aktivität	Zu Prozess: Aktivitätsbezeichnung
Woran	
Was	
Wie	
Wer	
Womit	
Wozu	
Weswegen	
Wodurch	
Wann	
Wo	

Tabelle 6.7: Checkliste Organisationssituation

Rollen/Stellen-Schema

Als Hilfsmittel zur Definition von Rollen und deren Zusammenfassung zu Stellen dient das **Rollen/Stellen-Schema.** Im ersten Schritt sind die Rollen zu sammeln und anhand der Aufgaben oder der Qualifikation zu beschreiben. Ist die Rollenliste vollständig, sind die von einer Rolle auszuübenden Aufgaben auf ihren Zeitbedarf zu beurteilen. Füllt die Aufgabenstellung einer Rolle die für eine Stelle vereinbarte Arbeitszeit nicht aus, kann die Stelle weitere Rollen ausüben. Für diese weiteren Rollen kommen solche in Frage, die in der Nähe der Qualifikation der bereits der Stelle zugeordneten Rollen liegen. Die Qualifikationen und Kenntnisse sollten sich in einer homogenen Weise ergänzen.

Rolle	Kapazität	Qualifikation	Befugnisse	Stelle, Eingliederung

Tabelle 6.8: Rollen/Stellen-Schema

Für die Darstellung von Organisationsstrukturen und Prozessen gibt es neben den hier und im Kapitel 7 verwendeten Diagrammformen viele weitere. Es sei empfohlen nachzuschlagen in:

🗁 Blum, Betriebsorganisation

🗁 Schmidt, Methoden

🗁 Schmidt, Aufbauorganisation

🗁 Liebelt, Ablauforganisation

Es soll noch angemerkt werden, dass Organisationsgestaltung selbst auch ein Organisationsobjekt ist und daher auch zu organisieren ist. Organisationsgestaltung geschieht nicht von selbst, sie ist zu implementieren in Form von Rollen, die Organisationsgestaltung ausüben. Dies sind die Manager und in Stabsfunktion die Organisatoren der Organisationsabteilung.

Die organisatorischen Fragestellungen werden für die Lebensabschnitte Aufbau und Abbau des DWH in den Kapiteln 8 und 10 erörtert.

6.4 Organisation des Betriebes des DWH

Einleitung

Die Entwicklung des DWH ist zum Zeitpunkt der Einführung oder Implementierung, oder noch genauer zum Zeitpunkt der Freigabe für den Betrieb, abgeschlossen. Das heißt, alle Rechner sind beschafft und aufgebaut, die Betriebssysteme sind samt allen Utilities installiert, die DWH-Applikationen sind beschafft, die fehlenden Funktionen sind selbst entwickelt worden, alle Programme installiert und konfiguriert. Die Middleware für den Zugriff auf die Ursprungsdateien sind getestet, der Zugriff ist mit allen Formattransformatoren und Struktur-Referenzen eingerichtet. Die Benutzer sind trainiert worden, und dem Management wurde die Freigabe berichtet.

Ein Data Warehouse Server hat einen Raum, in dem er aufgestellt ist, und einen Arbeitsplatz, von dem aus er betrieben wird. Die Orte dieser Rechner müssen nicht notwendigerweise zusammen liegen. Die Anforderungen an diesen Raum sind die gleichen wie die Anforderungen, die bereits für die vorhandenen Rechner gelten. Die Organisationsarbeit des DWH-Spezialisten endet mit der Bestellung von Räumlichkeiten bei der Rechenzentrumsorganisation, in die auch der DWH-Server integriert werden sollte. Die Rechenzentrumsorganisation bestellt notwendige Erweiterungen bei der Hausverwaltung bzw. der Facility Management Gruppe, da die Geräte unter anderem in die Überwachung von Temperatur, Rauchentwicklung, Feuer und Stromversorgung integriert werden muss.

Zum Betreiben dieser aus Hardware- und Softwarekomponenten bestehenden Hardware- und Software-Architektur sind Organisationskomponenten zu einer

Organisationsarchitektur zusammenzustellen. Diese **Organisationskomponenten des DWH-Betriebs** sind Betriebssachmittel, Betriebspersonal und eine Struktur und Regelungen für ihr Zusammenspiel. Zu den Sachmitteln sind die Räume der Hardware und des Personals zu rechnen.

6.4.1 Aufgaben, Rollen, Stellen für den Betrieb des DWH

Die folgenden Rollen oder auch Stellen der Abbildung »Organigramm des DWH-Betriebes« sind für den Betrieb eines DWH erforderlich.

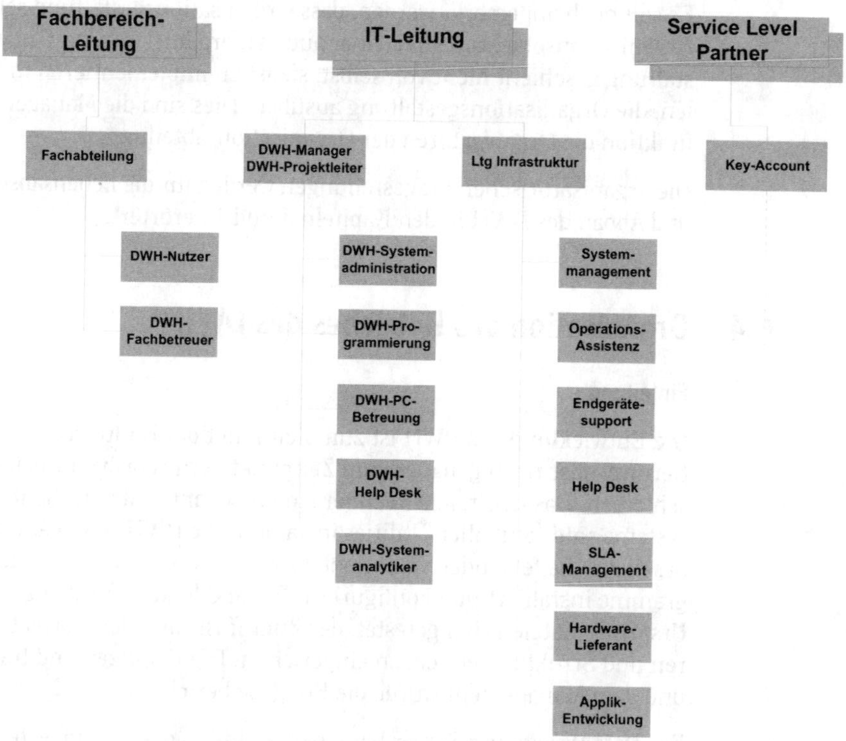

Abbildung 6.7: Organigramm des DWH-Betriebes

Management DWH-System

Die Leitung eines DWH-Projekts wird nach Beendigung des Projekts nicht mehr benötigt. Die bei der Durchführung des Projekts entstandene Kenntnis vom System, seinen Eigenheiten und seinem Verhalten in der Testsituation ist für das Management des Gesamt-DWH, das **DWH-Management,** ungeheuer nützlich, wenn nicht sogar unverzichtbar, und sollte daher in Form der Stelle DWH-Manager fixiert werden.

Die Aufgaben des **DWH-Managements** sind

- ✔ Betreuung der Führungsebene der Niederlassungen, Definition und Budgetierung von Änderungsprojekten und Änderungsaufträgen
- ✔ Staffing: Prüfung, ob Kapazitäten und Qualifikationen angemessen sind, Neubesetzung bei Personalfluktuation, Bestellung externer Kapazität

In einem Großunternehmen, wie zum Beispiel einem Konzern, ist der DWH-Manager dem für die Gesamt-EDV zuständigen Bereichsleiter unterstellt.

DWH-Systemanalyse

Die Aufgabe der **DWH-Systemanalyse** ist in der Betriebsphase – mit der bereits dargestellten Übertragung des Fachwissens der Anwender in die Sprachen der Programmspezifikationen – fachlich identisch mit der Aufgabenstellung in der Projektphase zum Aufbau des DWH. Die einzige Einschränkung ist, dass sich nach der Inbetriebnahme die Spezifikation auf Änderungen und Erweiterungen bezieht und daher kapazitativ kleiner als im Aufbauprojekt zu bestücken ist.

Die Aufgaben der **DWH-Systemanalyse** sind während des Betriebes:

- ✔ Aufnahme von Änderungswünschen
- ✔ Fachliche Konzeption und Spezifikation von DWH-Applikationsänderungen
- ✔ Schulung und fachliche Betreuung der Anwender

Der Systemanalytiker ist für die Dauer des Betriebes dem DWH-Manager unterstellt.

DWH-Programmierung

Das Know-how der **DWH-Programmierung** wird auch in der Betriebsphase beansprucht. Keine Dokumentation ist so gut und verlässlich wie die Auskunft des Programmierers selbst. Da in einem DWH auf Programmebene ständig Anpassungen vorzunehmen sind, ist die Einrichtung einer Stelle DWH-Programmierung angemessen.

Die Aufgaben der **DWH-Programmierung** sind:

- ✔ Umsetzung der Änderungsspezifikationen in bestehenden Programmen

Der DWH-Programmierer berichtet an den DWH-Manager.

DWH Systemadministration

Die Aufgabenstellung der **DWH-Systemadministration** umfasst nach der Einführung die DWH-Entwicklungssysteme, da ja noch Erweiterungen und Änderungen zu erwarten sind, und die Betriebssysteme. Hierzu gehört in erster Linie die Sicherstellung des Betriebes der freigegebenen Applikationen. Je nach Umfang des Systems, das ja über alle Länder der Welt verteilte Server umfassen kann, ist die Rolle DWH-Administrator durch mehrere Stellen über die Länder verteilt zu besetzen.

Eine andere wesentliche Aufgabe ist die permanente Beobachtung des Leistungsverhaltens des Systems, der Performance. Das Performance-Auditing ist eine Querschnittstätigkeit und dient der Ermittlung von Schwachpunkten des Gesamtsystems, die sich auf die Antwortzeit und Verfügbarkeit auswirken. Bei erkannter Ursache wird ein Maßnahmenplan erarbeitet und dessen Umsetzung eingeleitet.

Die Unterschiedlichkeit der Komponenten erfordert im Wesentlichen verschiedene, sich nicht überschneidende Qualifikationen, je nach eingesetzter Software und Hardware wie Applikations-Server-Auditing, Applikations-Auditing und Customizing betriebswirtschaftlicher Standardsoftware, Datenbank-Auditing, Datenbank-Server-Auditing. Jede Qualifikation umfasst sowohl alle spezifischen Tools, das zugehörige Betriebssystem einschließlich der Utilities sowie die Systemadministration der Applikationskomponente. Darüber hinaus ist diese Qualifikation mit der speziellen Konfiguration der Kunden detailliert vertraut und bezüglich des Zusammenwirkens aller Systemkomponenten überblicksartig informiert. Ein Bündel von Kenntnissen, das keine Stelle alleine in sich vereinen kann.

Die Aufgaben der DWH-Systemadministration sind:

- ✔ Konfiguration und Skalierung der Rechner-Hardware und der Betriebssysteme, Installation der Server-Komponenten
- ✔ Aufrechthalten der Betriebsverfügbarkeit von Rechnern und Netzen für die Entwickler und Benutzer
- ✔ Datensicherung aller Ergebnisse
- ✔ Applikations-Server-Auditing
- ✔ Applikations-Auditing und Customizing betriebswirtschaftlicher Standardsoftware
- ✔ Datenbank-Auditing
- ✔ Datenbank-Server-Auditing

Der Systemadministrator berichtet sowohl an den EDV-Leiter, dem der Betrieb der Rechner unterstellt ist, als auch an den DWH-Manager.

PC- Betreuung

Die **PC-Betreuung** ist bereits vor der Installation eines DWH vorhanden, die DWH-User werden bereits betreut, die Betreuung umfasst jedoch noch nicht die DWH-Komponenten der Clients. Die PC-Betreuung ist daher für die neuen Komponenten zu qualifizieren, der Leistungsumfang in den Serviceverträgen entsprechend um die DWH-Komponenten der Clients zu erweitern.

Die neuen Aufgaben der bereits bestehenden **PC-Unterstützung** sind:

- ✔ Überwachung von Lieferung und Installation, Abnahme der DWH-Client-Komponenten und ihrer Updates

✔ Beurteilung der Aufstockung der PC-Hardware entsprechend den Anforderungen der DWH-Komponenten der Clients

Die PC-Betreuung bleibt weiterhin im bestehenden Unterstellungsverhältnis.

DWH-Benutzer

Die **DWH-Benutzer** müssen sicherstellen, dass das Fachwissen, das in den Applikationen abgebildet werden soll, auf aktuellstem Stand bereitgestellt wird. Sie sind für die Richtigkeit der Daten verantwortlich und haben einen großen Einfluss auf die Ergonomie der Anwendungen. Die Benutzer prüfen die Anwendungen auf Stimmigkeit der Ergebnisse.

Die Aufgaben der **DWH-Benutzer** sind:

✔ Bereitstellung des Fachwissens in Form von Unterlagen, Interviewaussagen

✔ Testen der Ergonomie und der fachlichen Stimmigkeit der Anwendungen, Pflege der Daten

Die DWH-Benutzer sind zeitweise in Teams zur Fachspezifikation abgestellt, bleiben aber in der hierarchischen Einordnung.

DWH-Fachbetreuung

Die Benutzer werden besonders kurz nach der Einführung des DWH Fragen zur Funktionalität und der Realisation der Fachinhalte haben. Um eine solide Grundkenntnis aufzubauen, sind Trainingsmaßnahmen durchzuführen. Die im Alltagsgeschäft entstehenden Fragen müssen ohne Wartezeiten von sogenannten **DWH-Fachbetreuern** geklärt werden können.

Die Aufgaben der **DWH-Fachbetreuung** sind:

✔ Einführung neuer Anwender in das DWH-System

✔ Hilfe bei fachlichen Fragestellungen und Testen bei neuen Problemen

✔ Protokollierung der fachlichen und ergonomischen Mängel der DWH-Anwendung und der Verbesserungsvorschläge der User

✔ Pflege der Daten und Kontrolle der Qualität der Informationen

✔ Abstimmung der Verbesserungen mit den Fachbeauftragten der anderen Niederlassungen

Die DWH-Fachbetreuer sollten aus den Fachabteilungen zur Verfügung gestellt und zum Fachbetreuer qualifiziert werden.

Case-Management DWH-System

Aufgrund der Komplexität der Infrastruktur, die ja nicht selten weltumspannend ist, und der Anzahl der zusammenwirkenden Komponenten unterschiedlichster Hersteller, sind die Ursachen von Systemproblemen wie Dateninkonsistenzen, Verfügbarkeitsausfall und Performanceverluste, nicht immer schnell zu lokalisieren. Es müssen leistungsfähige Tools eingesetzt werden, welche die

Lage und die Zuständigkeit des Herstellers zügig transparent machen, um die richtige Stelle mit weiteren Maßnahmen zu beauftragen. Hierfür ist bei großen DWH-Systemen eine Person extra abzustellen, die Kenntnis von der gesamten Infrastruktur und allen eingesetzten Softwareprodukten hat, und die das komplexe Zusammenspiel der entsprechenden Stellen koordiniert. Dies ist der **DWH-Case-Management.** Die Koordination wird bis zur Lösung der Situation aufrechterhalten. Diese Rolle oder Stelle, je nach Größe des Gesamtsystems, ist ein Case-Manager DWH-Probleme.

Die Aufgaben des **DWH-Case-Managements** sind:

- ✔ als unmittelbarer Ansprechpartner des Kunden zur Verfügung zu stehen
- ✔ Problembeschreibung mit Weitergabe an die entsprechenden System- und Toolspezialisten
- ✔ Koordination der Applikations-Auditoren und Netz-Systemmanager

Der DWH-Case-Manager sollte dem DWH-Manager unterstellt sein. Wenn das Unternehmen klein ist, kann jedoch eine Person beide Rollen ausüben.

Systemadministration LAN-WAN

Die **Systemadministration LAN-WAN** ist im Unternehmen bereits vorhanden und höchstens kapazitativ anzupassen. Die Dokumentation, die Berichtsschemata wie die Systemdateien, müssen entsprechend den neu eingeführten DWH-Applikationen und Rechnerpositionen und -konfigurationen und der Änderung der Benutzererlaubnisse nachgeführt werden.

Die Aufgaben der **Systemadministration LAN-WAN** sind

- ✔ Nachführung der Konfigurationseinträge
- ✔ Netz-Auditing, WAN, LAN, LAN-Server

Die Systemadministration LAN-WAN bleibt weiterhin in die bestehenden Unterstellungsverhältnisse eingegliedert.

DWH-Hardwaremontage

Nach den Erfahrungen mit der Anfangsausstattung wird relativ schnell eine Skalierung der Hardware erforderlich werden. Skalierungsmaßnahmen sind zum Beispiel Kartentausch mit stärkeren Prozessoren, Speichererweiterungen, Einrichtung von weiteren Knoten in einem Rack. Die Aufgabenstellung der **DWH-Hardwaremontage** umfasst also auch im Betrieb die Lieferung und Bereitstellung des Hardware-Equipments, und zwar für Erweiterungen, Austausch und Reparaturen bei Defekten. Die Montagearbeiten müssen jetzt mit dem Betrieb koordiniert werden. Das bedeutet, sie müssen möglichst ohne Verfügbarkeitseinschränkungen durchgeführt werden. Die Hardwarearbeiten müssen ebenfalls abgenommen werden. Nach der Abnahme ist die Bereitstellung für den Betrieb erreicht.

Die Aufgaben der **DWH-Hardwaremontage** sind:

- ✔ Entpacken der Lieferung, Aufbau, Anschließen und Testen des Hardware-Equipments inklusive Betriebssystem
- ✔ Dokumentation der Installation

Der DWH-Hardwaremonteur berichtet an den DWH-Manager bezüglich der Betriebsbereitschaft der Hardware.

6.4.2 Organisationsstruktur des Betriebes des DWH

Das DWH-Projekt hat zu einer verteilten Applikation geführt, die der bestehenden Unternehmensorganisation regional und funktional entspricht. Entsprechend diesen regional unterschiedlichen Ausstattungen ist das DWH zu betreiben. Im Aufbauprojekt wurde das Know-how bereits erworben. Die Rollen und Stellen sind über alle Niederlassungen der Welt unterschiedlich stark aus dem Personal des Aufbauprojektes zu besetzen.

Ein Beispiel für die Betriebsorganisations-Struktur aus Rollensicht, die **DWH-Rollenbesetzung,** eines DWH einer weltweit tätigen Unternehmung mit funktionalen Einheiten ist in der folgenden Grafik synoptisch zur Konsolidierungs- und Funktionalstruktur dargestellt (siehe Abbildung 6.8).

Rollen- bzw. Stellenbestückung für den Betrieb des DWH

Die bereits besprochene Rollenbestückung von DWH-Projekten in Abhängigkeit von der Größe der Firma ist auch ein Anhaltspunkt für die **DWH-Stellenbesetzung** im Betrieb des DWH. Große Firmen können sich mehr Stellenbesetzungen mit differenzierterer Aufgabenteilung leisten als kleine Firmen. Große Firmen brauchen mehr Kapazität und breitere regionale Verfügbarkeit als kleine Firmen. Da aber die Rollenverteilung bei kleineren Firmen ebenfalls erforderlich ist, unterscheiden sich große und kleine Firmen nicht durch das Verschwinden von Rollen aus dem vorgestellten Schema, sondern durch das Zusammenfassen mehrerer Rollen in einer Stelle, die **Rollen/Stellen-Zuordnung** (siehe Abbildung 6.9).

Besprechungskreise für den Betrieb des DWH

Die geschilderten Rollen stehen in Weisungsverhältnissen zueinander. Entsprechend diesen Weisungsverhältnissen ist eine Organisationsstruktur definiert. Im Rahmen der Organisationsstruktur werden regelmäßig und fallweise Besprechungen zum Fortschritt, zu Risiken und zur Entscheidungsfindung abgehalten. Da die Zusammensetzung bis auf Ausnahmen gleich ist, spricht man von **Besprechungskreisen.**

In der **DWH-Managementsitzung** werden alle regionalen DWH-Betriebsaktivitäten besprochen. Die Sprecher der lokalen DWH-Lösungen, Systemanalytiker oder Administratoren, tragen den Stand der Aktivitäten vor und stimmen die Schnittstellen zwischen den Applikationen ab.

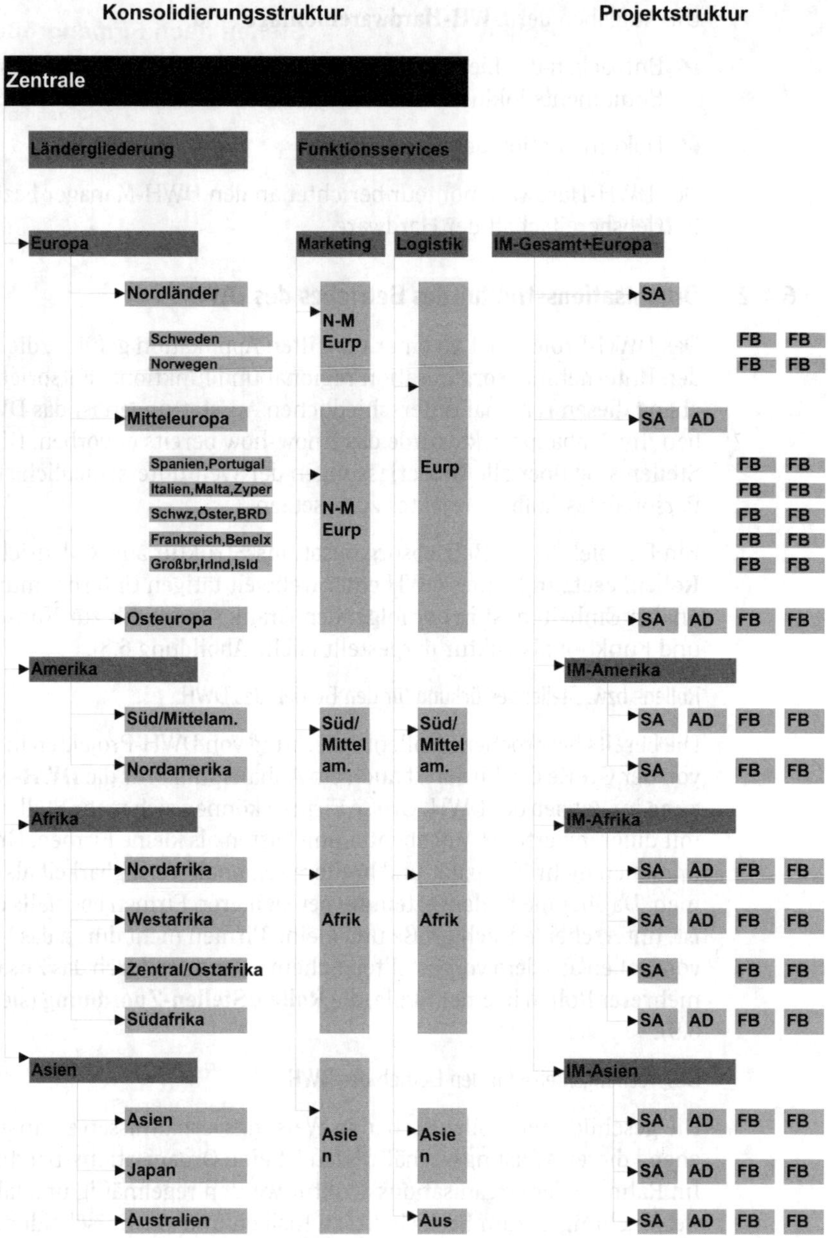

Abbildung 6.8: Organisationsstruktur des Betriebes des DWH

Der Besprechungskreis DWH-Management berichtet an den Besprechungskreis IT-Management. Der Besprechungskreis IT-Management berichtet an die üblichen etablierten Besprechungskreise. Die Sitzungstermine der DWH-Managementsitzung müssen so koordiniert werden, dass in andere Besprechungskreise Informationen eingebracht werden können.

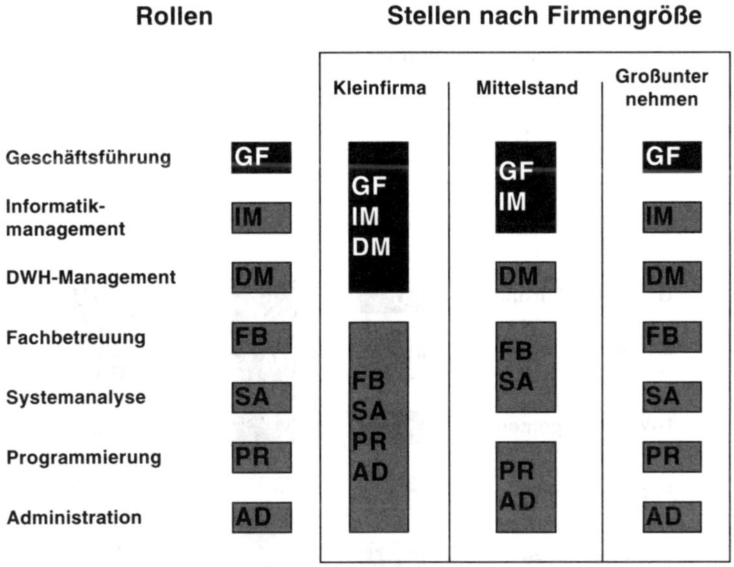

Abbildung 6.9: Rollen/Stellen-Zuordnung DWH-Betrieb für drei Firmengrößen

Für lokale Belange ist die **lokale DWH-Sitzung** mit regionalen Systemanalytikern, Administratoren und Fachbetreuern eingerichtet. Der lokale DWH-Sprecher berichtet in die DWH-Managementsitzung.

Für den Betrieb des DWH kann man die Einrichtung folgender Besprechungskreise empfehlen:

- ✔ DWH-Managementsitzung mit regionalen Sprechern, Systemanalytikern oder Administratoren
  halbjährlich
- ✔ Lokale DWH-Sitzung mit regionalen Systemanalytikern, Administratoren und Fachbetreuern
  zweiwöchentlich

Die Rollen für den Betrieb sind nicht per se vorhanden, sie müssen zunächst definiert, vorbereitet, ausgewählt und aufgebaut werden.

Schon im Lebensabschnitt »Aufbau« werden die Rollen für den Betrieb vorbereitet. Die Gestaltungsaufgabe »Rollen für den Betrieb« ist deshalb bereits aus der Projektsicht zu lösen, diese muss die Lösung der Gestaltungsaufgabe »Betrieb« einbeziehen bzw. unterstützen. Der Administrator hat seine Arbeit schon mit dem Aufbau, also schon während des Projekts, aufgenommen. Systemanalyse ist immer wieder erforderlich, wenn neue Anwenderanforderungen erhoben werden müssen. Optimal ist deshalb der Einsatz von Systemanalytikern, die bereits bei der Entstehung des DWH, also im DWH- Projekt, mitgewirkt haben.

Auch die Rollen des Betriebes folgen einer sinnvollen Reihenfolge ihrer Einrichtung bzw. Übernahme aus den Rollen des Aufbauprojekts. Dies soll die folgende Abbildung noch einmal belegen.

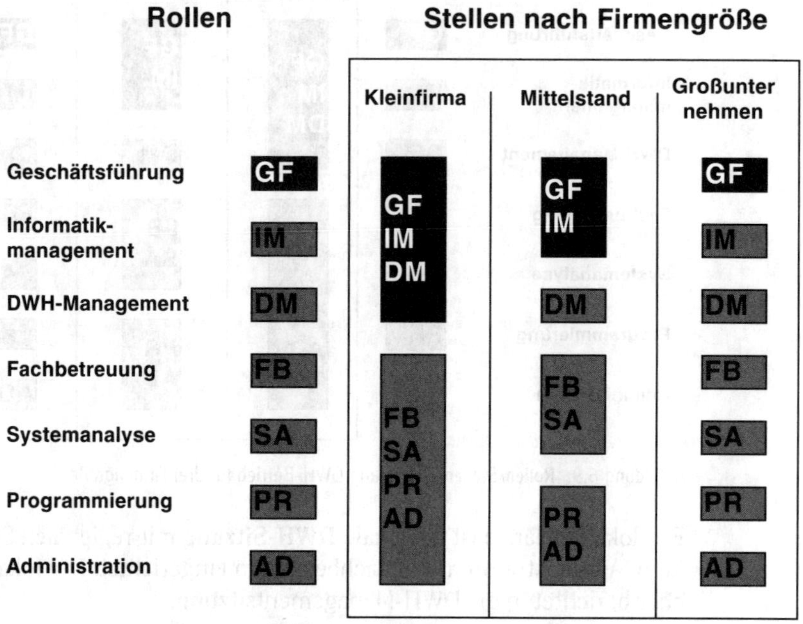

Abbildung 6.10: Aufbaufolge der Rollen für den Betrieb

Rollenwechsel

Dem **Rollenwechsel** oder **Rollenübergang** gebührt im Anschluss der Darstellung aller Rollen noch einmal besondere Beachtung. Um das Verständnis für den Rollenübergang während des Lebenszyklus eines DWH zu stützen und die Gestaltungsentscheidung in Richtung Rollenwechsel zu fördern, ist ein **Rollenwechselmuster** in der folgenden Tabelle dargestellt. Der Inhalt der Tabelle ist nur als Vorschlag zu verstehen und der unternehmensspezifischen Situation entsprechend anzupassen.

Im Anschluss an die Tabelle »Rollenwechsel« folgt als bereits bekannte Gestaltungshilfe wieder die Verfahrensübersicht.

Lebensabschnitt Rollen	Aufbau	Betrieb	Abbau
Rolle	**Aufbau-Projektleitung**	**DWH-Manager**	**Abbau-Projektleitung**
Aufgaben	Berichtwesen, Koordination Konzeptionsrahmen Beschaffungsentscheidung Staffing Know-how-Sicherung	Berichten Technologieentscheidung Anpassungsentscheidung Staffing Know-how-Sicherung	Berichten, Koordination Abschaffungsentscheidung Staffing Know-how-Sicherung
Rolle	**Projektassistenz**		**Projektassistenz**
Aufgaben	Dokumentationsverwaltung		Dokumentationsverwaltung
Rolle	**Systemanalyse**	**Systemanalyse**	**Systemanalyse**
Aufgaben	Ist-, Bedarfserfassung Evaluation Entwurfstools Bestellung Entwurfstools Konzeption, Spezifikation	Änderungsbedarfserfassung Konzeption, Spezifikation Anwenderbetreuung	Dokumentation
Rolle	**Benutzer**	**Benutzer**	
Aufgaben	Anforderungen	Anwendung Änderungswünsche	
Rolle	**Programmierung**	**Programmierung**	**Destallation**
Aufgaben	Evaluation Entwicklungstools Bestellung Entwicklungstools Codierung der Spezifikation Dokumentationserstellung	Fehlerbehebung Anpassung, Erweiterung	Programmdestallation
Rolle	**Systeminstallation**	**Systemadministration**	**Entsorgung**
Aufgaben	Evaluationstests Systeme Bestellung, Prüfung Installation Systeme	Lieferungsannahme Anwenderservice Datensicherung Releasewechsel Systeme	Anwenderinformation Datenlöschung Destallation Utilities Dokumentationserstellung Hardwaredemontage
Rolle	**Hardwaremontage**	**Hardwareumrüstung**	
Aufgaben	Konfigurationsberatung Lieferung Installation Betriebssysteme Installation Hardware	Skalierungsberatung Lieferung Releasewechsel Betriebs-systeme Ausbau Hardware	Abbau, Hardware Abtransport und Entsorgung Hardware
Rolle	**Fachkonzeption**	**Fachbetreuung**	
Aufgaben	Bedarfserfassung	Training Fachhilfe	
Rolle		**Case-Management**	
Aufgaben		Case-Koordination	
Rolle		**PC-Betreuung**	**PC-Betreuung**
Aufgaben		PC-Training, Office-Training Helpdesk	Datensicherungsberatung
Rolle		**Systembetreuung**	
Aufgaben		Server-Monitoring Netzmonitoring Helpdesk	

Tabelle 6.9: Rollenwechselmuster in den DWH-Lebensabschnitten

6.4.3 Prozesse für den Betrieb des DWH

Prozess: Ausbau und Verbesserung des DWH

Besonders im Produkt-Segment des DWH-Marktes erscheinen fast monatlich neue Produkte. Um den Überblick über diese Entwicklungen behalten zu können, ist ein kontinuierliches Marktmonitoring erforderlich. Ziel des Monitorings ist die Beurteilung, ob neue Produkte beschafft werden sollen. Im ersten Kapitel wurde ein solches Marktmonitoring dargestellt. Die vom Marktmonitoring entdeckten Produkte müssen auf ihre Nützlichkeit beurteilt werden. Hierfür ist eine Kriterienliste erforderlich. Für Marktmonitoring und Zusammenstellen der Kriterienliste sind je nach Produkt

- ✔ der DWH-Systemanalytiker für Entwurfswerkzeuge
- ✔ der DWH-Programmierer für Entwicklungswerkzeuge
- ✔ der DWH-Administrator für Systemmanagementwerkzeuge und Hardwarekomponenten

zuständig.

Bei Interesse wird eine Produktpräsentation und ein Test arrangiert. Bei positivem Ergebnis wird ein Änderungsprojekt definiert und budgetiert. Die Entscheidung einer Umorientierung trifft der DWH-Manager.

Für Releasewechsel ist ein Änderungszyklus einzurichten. Der Änderungszyklus läuft, bezüglich Aufwand und Terminierung, im Prinzip genau wie die Neuentwicklung ab, nur in einem anderen Maßstab.

Prozess: Benutzerbetreuung und Aufrechterhaltung der Systemverfügbarkeit

Zur Sicherstellung der Verfügbarkeit gehört auch die ständige Verbesserung und Pflege des Systems. Hierzu müssen alle Komponenten wie Einzelgeräte und Software der Benutzer von PC-Betreuern gepflegt werden. Die Benutzerbetreuung der DWH-Systeme ist lediglich in die bereits vorhandene Benutzerbetreuung zu integrieren und erfordert keine besonderen DWH-spezifischen prozeduralen Änderungen.

Die Benutzerbetreuung umfasst dabei eher die Endgeräte wie Drucker, Scanner und PCs, und die Systemverfügbarkeit wird eher von den Systemadministratoren und LAN-WAN-Spezialisten beobachtet und sichergestellt. Die Systemadministration beobachtet aktiv und kontinuierlich, also ohne eine Nachfrage durch Benutzer.

Für die Nachfragen von Benutzern ist in der Regel ein Call- Center oder ein Helpdesk eingerichtet. Dieser nimmt die Benutzernachfragen und auch die Beschwerden entgegen, klassifiziert sie und leitet sie an die zuständige Unterstützungsgruppe, LAN, WAN, Task Force für schnelle Vorort-Einsätze, PC-Support oder Fachbetreuer weiter. Entweder ist die Klassifizierung richtig erkannt, dann werden die benachrichtigten Spezialisten das Problem lösen, oder der beauftragte Spezialist stellt fest, dass ein anderer Spezialist zuständig ist. In diesem Fall gibt er die Beauftragung an den Helpdesk zurück. Der Helpdesk teilt dann den richtigen Spezialisten ein. Nach Behebung der Störung melden die Spezialisten die Beendigung ihrer Arbeit und der Helpdesk schließt den Call.

Können die Spezialisten des Supports das Problem nicht lösen, werden die Hersteller oder externe Supportunternehmen beauftragt.

Die Vorfälle, Einsätze und Erkenntnisse des Supports werden in Datenbanken protokolliert. Aus den Protokollen werden statistische Auswertungen gewonnen. Diese statistischen Auswertungen werden auf Verbesserungsmöglichkeiten wie

- ✔ Verändern von Parametereinstellungen
- ✔ Beschaffung besserer Produkte
- ✔ Umstieg auf neue Technologien
- ✔ Steigerung der Leistungsfähigkeiten
- ✔ Verbesserung der Ausbildung der User oder der Betreiber
- ✔ Erweiterung der Supportkapazitäten
- ✔ Wechsel der Partner oder Anpassen von Leistungen in Verträgen

interpretiert. Es werden statistische Berichte angefertigt und Verbesserungsvorschläge ausgearbeitet.

6.4.4 Zusammenführung der Organisationskomponenten

Problemstellung und Motivation

Die Organisation ist ein dynamisches Gebilde auf einer statischen Struktur. Die statische Struktur, die **Organisationsstruktur,** ist Träger der Organisationsdynamik, der **Ablauforganisation.** Bevor ein organisatorischer Ablauf gestartet werden kann, muss eine Struktur aufgebaut werden. Die Struktur besteht aus Personen und Sachmitteln. Die Sachmittel sind Bearbeitungsobjekte und Werkzeuge zur Bearbeitung dieser Objekte. Die Struktur enthält auch Informationen, wie Regeln der Zusammenführung von Personen und Sachmitteln, um einen geplanten und kontrollierbaren Ablauf zur Bearbeitung der Objekte zu bewirken. Für ein DWH-System müssen die auf die Aufgaben bezogene optimale Trägerstruktur und die Prozesse konzipiert werden.

Gestaltungs- und Lösungsmöglichkeiten

Die für den Betrieb und auch für die Entwicklung des DWH erforderliche Organisation ist nicht per se vorhanden. Auch wenn das dafür vorgesehene Personal schon da ist, ist dessen Zusammenspiel und das Zusammenspiel mit dem »Rest« der Organisation noch ungeklärt und unvorbereitet. Die Organisation des Betriebs des DWH ist zu gestalten.

Zunächst einmal sind die Arbeitsplätze mit dem gesamten angeforderten Equipment einzurichten. Dann ist der Durchgriff auf die DWH-Datenbanken herzustellen und die Verfügbarkeit dieser Rechner und der die Rechner verbindenden Netze herzustellen.

- ➢ Implementierung der Organisationsstruktur, Definition der Betriebsabläufe, Einrichtung der Rollen und Stellen, Kompetenzen, Anpassung von Organisationseinheiten der Hierarchie des Unternehmens
- ➢ Bestimmung der Prozesse, Änderung der übergreifenden prozeduralen Regelungen, Definition der Befugnisse, Festlegung des Berichtswesens
- ➢ Beistellung der Arbeitsmittel, Beschaffung von Lizenzen, Migration von Daten, Installation der Programme, Test der Lauffähigkeit verbundener Programme, Aufbau der Hardware

➢ Staffing, Ernennung und Bekanntmachung der eingesetzten Personen

Die Anwender müssen über die Möglichkeiten aufgeklärt werden und je nach Umfang und Schwierigkeitsgrad in einer Kurzschulung oder einem ausführlichen Training mit dem DWH-System bekanntgemacht werden.

➢ Schulung der Anwender

Oftmals werden Services und Benutzerbetreuung an interne Profitcenter oder an externe Unternehmen vergeben. Zur Regulierung der Abwicklung und zur Abgrenzung der Leistungen des vor Ort agierenden Servicepersonals muss die vorhandene Leistungsbeschreibung, das »**Service Level Agreement**«, erweitert werden.

➢ Erweiterung des Service Level Agreement und der statistischen Auswertungen und der Jahreslastanalyse

Problemlösung: Regeln und Hilfsmittel

Das Verfahren

Für die Lösung der Frage nach den Rollen und Stellen für den Betrieb des DWH kann man aus den Erfahrungen im eigenen Hause schöpfen. Das DWH ist ja nicht die erste Software, die das Haus betreibt, und deshalb sind schon Aufgabenbeschreibungen und Rollendefinitionen aus dem Betrieb der vorhandenen Software bekannt. Das folgende Verfahren ist zur Bestimmung der Rollen und Stellen zu empfehlen.

Verfahren: Gestaltung der Organisation des DWH-Betriebs

❖ Implementierung der Organisationsstruktur
Definition der Betriebsabläufe
Einrichtung der Rollen und Stellen, Kompetenzen
Anpassung von Organisationseinheiten der Hierarchie des Unternehmens

❖ Bestimmung der Prozesse
Änderung der übergreifenden prozeduralen Regelungen
Definition der Befugnisse
Festlegung des Berichtswesens

❖ Beistellung der Arbeitsmittel
Beschaffung von Lizenzen
Migration von Daten
Installation der Programme, Test der Lauffähigkeit verbundener Programme
Aufbau der Hardware

❖ Staffing
Bekanntmachung der Ernennung der eingesetzten Personen

- Schulung der Anwender
- Erweiterung des Service Level Agreement und der statistischen Auswertungen und der Jahreslastanalyse

Stellenspezifische DWH-Anforderungen

Für die Darstellung der stellenspezifischen DWH-Anforderungen ist eine Übersicht interessant, die **Liste stellenspezifische DWH-Anforderungen Betrieb** (Tabelle 6.10), in der speziell auf das DWH bezogene Aufgaben der Rollen aufgeführt sind, auch wenn sie keine reinen DWH-Rollen sind.

Rolle/Stelle	Besondere Kenntnisse mit DWH-Bezug	Kenntnistiefe
DWH-Management	Rechnertypen aller Größen, Betriebssysteme Skalierungsmöglichkeiten von Hardware spezielle DWH-Server	Allgemeiner detaillierter Überblick Firmenausstattung
DM	Firmenstruktur, Zuständigkeiten Betriebswirtschaft	Oberste Ebenen Konsolidierungsstrukturen
Systemanalyse SA	Infrastruktur und Rechner Ist-Erhebung, Dokumentenrecherche, Datenbankauswertungen Fachliche Konzeption von DWH-Applikationen Spezifikation von DWH-Applikationen mit DWH-Methoden Fach-Know-how	Grober Überblick Sichere Anwendung, Interview Moderation, Präsentation Sichere Anwendung Fachliche Betreuung der Anwender Konsolidierungsstrukturen
Programmierung	Infrastruktur und Rechner, Betriebssystem	Grober Überblick Anwendung
PR	Software Entwicklungstools, Datenbanken Fach-Know-how: Firmenstruktur, Zuständigkeiten	Sichere Anwendung Grober Überblick
DWH-Fachbetreuung FB		
PC-Betreuer PB	DWH-Client-Applikationen DWH-Anwender	Hardwareanforderungen, Installation Ausstattung
DWH-Benutzer BE	PC, Peripherie (Tablett, Maus, Drucker) DWH-Client-Applikationen Fachkenntnisse	Anwendung Anwendung detailliert
Case-Manager DWH CM	Infrastruktur und Rechner, Zuständigkeiten Monitoringwerkzeuge Organisation	Detaillierter Überblick Fehlerzuordnung Statistik, Interpretation weltweit detailliert Partnerverträge
Systemadministration SY	Infrastruktur und Rechner, Betriebssystem Software: spezielle DWH-Datenbanken Firmenstruktur, Zuständigkeiten Administrationstools	detaillierte Kenntnis weltweit detaillierte Kenntnis weltweit DB-Tuning Lokationen, Größe, Anwenderzahl Sichere Anwendung
Hardwaremontage	Extern Unternehmenskonfiguration	Installation Test

Tabelle 6.10: Liste stellenspezifische DWH-Anforderungen Betrieb

Für die Organisationsanalyse sind die vorgestellten strukturellen und prozessualen Fragen anzuwenden. Das Ergebnis ist neben der Liste der Prozesse auch eine übersichtliche Grafik. Für die Organisationsstruktur ist dies ein **Organigramm,** für die Prozesse sind dies die **Ablaufdiagramme.** Ein Beispiel dazu ist im Kapitel 7 aufgeführt. Es gibt sehr viele Möglichkeiten der Darstellung. Für einen umfassenden Überblick sei auf das folgende Buch verwiesen:

🗁 Blum, Betriebsorganisation

Das Thema »Schulung« wird im Unterkapitel »Beschaffung« von Kapitel 8 »Die Projektierung von Data Warehouse Systemen« dargestellt.

6.5 Exkurs: IT- Strategie und Unternehmensstrategie

Zwischen den Entscheidungen, die zu einer Unternehmens-IT getroffen werden, und den Entscheidungen der Unternehmensführung gibt es einen wichtigen Zusammenhang. Dies lässt schon die Frage nach den betriebswirtschaftlichen Funktionen als Start der DWH-Gestaltung vermuten.

Exkurs: IT- Strategie

Ein DWH einzurichten ist eine Entscheidung, die im Rahmen einer **IT-Strategieplanung** gefällt wird. Eine Strategie der Unternehmens-Informatiktechnologien, eine **IT- Strategie,** entsteht nicht losgelöst vom Geschäft des Unternehmens. Jedes Unternehmen verfolgt

- ✔ definierte Ziele, in festgesetzten Märkten, mit bestimmten Produkten
- ✔ im Rahmen einer Unternehmensphilosophie
- ✔ mit einer bestimmten Strategie.

Die IT hat die Aufgabe, konform zu diesen Vorgaben zu handeln. Das heißt, die für IT zuständige Organisationseinheit gestaltet die Unternehmens-IT für die optimale Unterstützung der Erreichung der Ziele und der Umsetzung der Strategien. Hierzu bildet das IT-Management ebenfalls eine Strategie, und zwar die **IT-Strategie.** Die IT-Strategie ist die Fortsetzung der Unternehmensstrategie im IT-Bereich. Sie macht damit übrigens genau das, was alle anderen Bereiche auch tun, z.B. das Marketing mit einer Marketingstrategie, die Personalverwaltung mit einer Personalstrategie, das Financing mit einer Finanzierungsstrategie.

Eine IT-Strategie wird durch **IT-Maßnahmen** umgesetzt. Maßnahmen dieser Art sind z.B. schnellere Hardware einzusetzen, neue Datenbanken aufzubauen oder die Erweiterung des Informationsbezuges aus externen Quellen.

Die Abwicklung der IT-Maßnahmen nach einem Terminplan mit definierten Ressourcen bis zur Herstellung der definierten Ergebnisse innerhalb eines Budgetrahmens ist die **IT-Planung.**

Ein DWH zu bauen ist eine umfassende Entscheidung, die Hardware, Software, betriebswirtschaftliche Funktionen und Organisationsstruktur bewegt. Mit einem DWH wird eine Zwischenschicht in die bestehende IT-Struktur eingebaut mit neuen Funktionen und neuen Möglichkeiten der Erkenntnisgewinnung. Ein DWH zu bauen ist eine IT-Strategiemaßnahme.

Die Abbildung 6.11 zeigt die Integration des IT-Managements in das Unternehmensmanagement. Sie zeigt auch, dass der **Managementzyklus (Führungsprozess)** des Unternehmens sich im Managementzyklus der IT widerspiegelt. Und die Abbildung zeigt, dass die IT-Gestaltungsentscheidungen aus der IT-Strategie resultieren und im Anschluss an diese Gestaltungsentscheidungen die Umsetzung folgt. Aus der Unternehmensstrategie folgt ein Unternehmensplan, der Vorgaben für die Planung der IT macht.

Der Unternehmensplan enthält Budgets, Ecktermine und Leistungsziele. Das bedeutet, die Umsetzung der IT-Strategie ist entsprechend der Unternehmensplanung zu terminieren. Sie muss sich im Kostenrahmen bewegen und die Erreichung der Leistungsziele unterstützen. Die Umsetzung wird in einem IT-Plan fixiert, der wiederum die Basis für ein **IT-Controlling** ist.

Neben dieser soeben dargestellten vertikalen Logik von Entscheidungs-Abstimmungen steht noch eine horizontale Logik von Entscheidungs-Abstimmungen. So greift die Umsetzung der IT-Planung z.B. durch Verlegen von Kabeln, Aufstellen von PCs, Durchführung von Trainingsmaßnahmen massiv in den Arbeitsablauf des Unternehmens ein. Die betroffenen Bereiche sind zu informieren, und die Störung ihres Arbeitsrhythmuses ist unbedingt zu minimieren, um die Produktion und die Erwirtschaftung des geplanten Umsatzes nicht zu gefährden.

Umgekehrt muss die IT-Organisation den Umsetzungsmaßnahmen der produktiven Bereiche unmittelbar mit IT-Maßnahmen folgen, um deren Produktionsprozess schnellstmöglich zu unterstützen. Auch hier sind bei Handlungsverzug des IT-Bereiches Umsatzeinbußen die Folge.

Ganz analog muss die IT-Strategie mit den Einzelstrategien der Bereiche, z.B. Produktion, Controlling, Marketing, abgestimmt werden.

Die IT-Planung muss mit der Planung der Bereiche abgestimmt werden. Die Gestaltungsprämissen der IT müssen mit den Anforderungen aus den Gestaltungsentscheidungen der Bereiche optimal zusammenpassen.

Letztendlich fügt sich das IT-Controlling in ein Berichtssystem aller Bereiche ein. Das Controlling der IT liefert die Berichtsdaten im gleichen Zyklus mit den gleichen Formatvorlagen wie das Controlling der Bereiche Marketing, Produktion, Verwaltung.

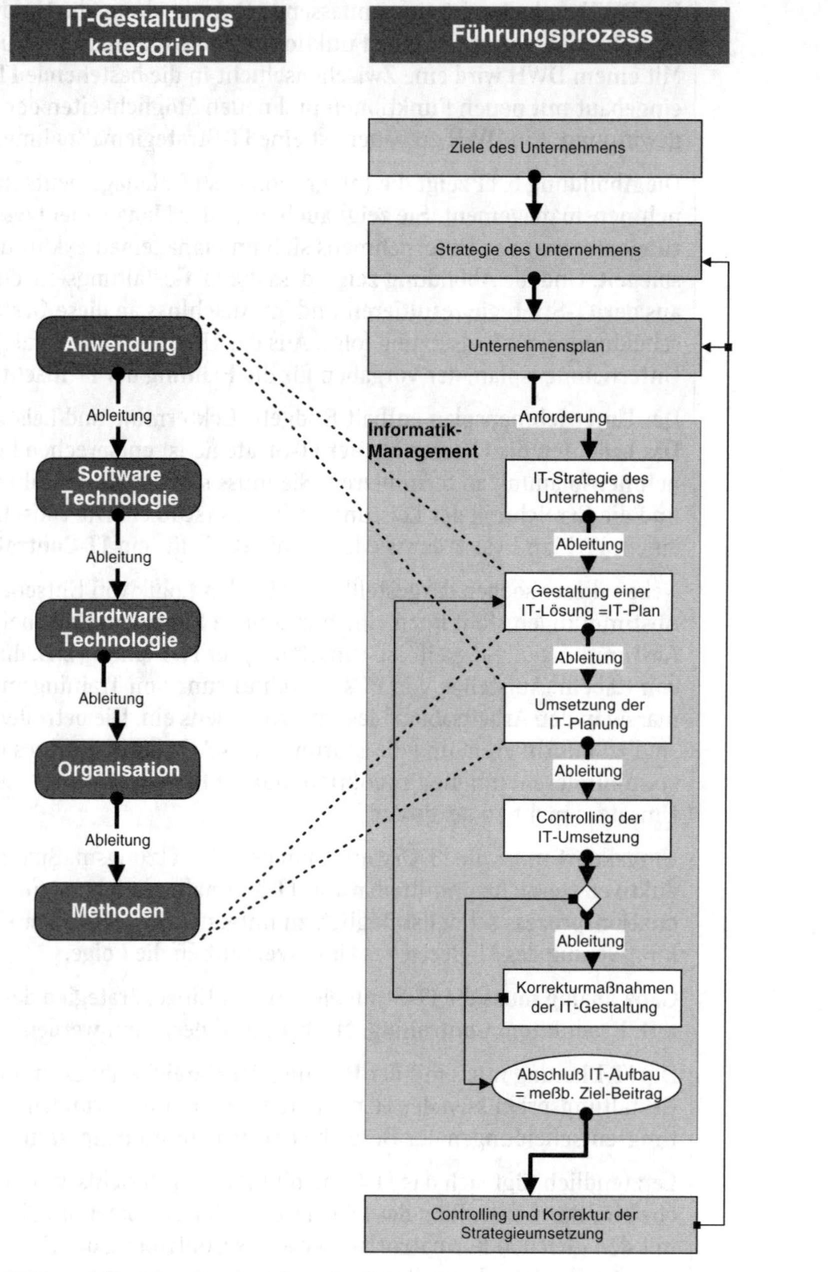

Abbildung 6.11: Integration des Informatikmanagements

6.6 Fortsetzungsbeispiel InDaWa

Einleitung

Im Beispielprojekt sind für die Behandlung der organisatorischen Fragen die folgenden Fakten bedeutend.

Die Basisdaten werden in den Kraftwerken des Versorgungsunternehmens erhoben und in der Hauptverwaltung repliziert und analysiert.

Es ist nicht sinnvoll, jedes Kraftwerk seine eigene Analyse betreiben zu lassen, da der Datenschatz zu klein und zum Teil nicht repräsentativ und andererseits der Aufwand zum Aufbau des EDV-Know-hows erheblich ist.

Beispiel

Das Beispiel gliedert sich entsprechend der drei Schritte in drei Teile: einen Teil für die Bestimmung des Umweltausschnitts der Kraftwerke, einen Teil für die Bestimmung des Umfeldes jedes einzelnen Kraftwerkes und die Organisation des DWH.

Beispiel: Umweltsystem der Kraftwerke

Das Umweltsystem des Eigentümers der Kraftwerke, der Energieversorger, ist der Ausschnitt »Bundesrepublik Deutschland« aus der gesamten möglichen Umwelt, der Welt. Einflüsse aus anderen Teilen der Welt werden nicht erwartet.

Die Systeme der Umwelt sind die für den Energieversorger relevanten Unternehmen und Institutionen, die Kunden, die Lieferanten, andere Energieversorger, Verbände, Behörden, technische Überwachungsvereine, die natürliche Umwelt samt ihren geographischen und meteorologischen Eigenschaften.

Der für das DWH InDaWa relevante Umweltausschnitt eines Kraftwerkes sind

- ✔ Lieferanten, da die Fehlerhaftigkeit der Anlagenteile auf die Lieferanten hin klassifiziert werden soll
- ✔ Behörden mit ihren Auflagen und gesetzlichen Regelungen, um dort den Schwerpunkt der Untersuchungen zu konzentrieren, wo gesetzliche Konsequenzen aus der Schadhaftigkeit von Anlagenteilen drohen
- ✔ Verbände als Know-how-Lieferanten
- ✔ Technische Überwachungsvereine als Know-how Lieferanten
- ✔ andere Energieversorger für Vergleichsdaten
- ✔ Kunden, repräsentativ für das Verbraucherverhalten, zur Korrelation der Schäden mit dem Verbrauch

Politische Randbedingungen, Kultureinflüsse und Öffentlichkeitswirkungen werden, obwohl für den Kraftwerksbetrieb an sich interessant, nicht einbezogen.

Das Kontextdiagramm hierzu, das »Umweltsystem des Energieversorgers«, ist in Kapitel 7 dargestellt.

Beispiel: Umfeldsystem des Kraftwerks

Das Umfeldsystem des Kraftwerks ist der Ausschnitt der mit der Produktion in Verbindung stehenden Systeme aus dem Gesamtsystem Kraftwerk. Die Systeme des Kraftwerks sind die für die Energieproduktion relevanten Systeme: CAD-System, Radiologiesystem, Analysesysteme, Materialwirtschaft, Prozesssteuerung, Personal und Projektmanagementsystem und andere.

Der für das DWH InDaWa relevante Umfeldausschnitt eines Kraftwerkes sind die Systeme:

- ✔ Anlagenteile und Instandhaltungssystem für die Analyse der Basisdaten aus den Instandhaltungsaufgaben
- ✔ Prozesssteuerungssystem für die Korrelation der Produktionsmengen mit den Instandhaltungsfällen
- ✔ Rechnungswesen für die Zuordnung der Kosten

Die Daten aller anderen Systeme werden zunächst nicht betrachtet, da ihr Einfluss auf neue Kenntnisse weniger relevant erscheint.

Das Kontextdiagramm hierzu, das »Umfeldsystem des Kraftwerks«, ist in Kapitel 7 dargestellt.

Beispiel: Organisation Schadensanalyse

Rollen und Stellen

Die Datenbank muss für alle Rohdaten unabhängig ihrer Herkunft gleich strukturiert und gleich spezifiziert sein. Das bedeutet, dass alle Datenlieferanten, die Kraftwerke, auf ein Format geeinigt werden müssen. Für das Projekt bedeutet dies, pro Kraftwerk einen Fachanwender einzusetzen, der die dort verwendeten Datenstrukturen bekannt gibt.

Zur Modellierung der Datenbanken ist sowohl dediziertes Wissen zum Aufbau einer Kraftwerksanlage, als auch das Wissen zum Verhalten der Anlage im Betrieb und das EDV-Wissen zu den Methoden und Techniken zur Modellierung und Analyse erforderlich. Betreiber haben dieses Betriebswissen und Anlagenbauer haben das Wissen zu Anlagenkomponenten und Aufbau. Die erforderliche EDV-methodische Erfahrung ist bei beiden nicht vorhanden. Es wird deshalb zeitweise ein Consultant für Projektmanagement und Methodik der Systemanalyse gebraucht. Daher bietet sich die Zusammenarbeit an von:

- ✔ Know-how-Träger BetriebVersorgungsunternehmen
- ✔ Know-how-Träger AnlagenaufbauAnlagenbauer
- ✔ Know-how-Träger Methodik und ProgrammierungConsulting-Unternehmen

An jedem Standort ist ein Server für die Verarbeitung von Instandhaltungsarbeiten installiert. Jeder Standort hat aus rechtlichen Gründen die Autorität über seine Prozess- und Instandhaltungsdaten, aber jeder Standort stellt für Auswertungen der Hauptverwaltung ein Replikat aller Instandhaltungsdaten zur Verfügung. Folgende interne Rollen sind erforderlich:

- ✔ Schadensanalytiker mit Schadensbearbeitung. Für die Systemanalyse der Schadensthematik und die Systemadministration von lokalen InDaWa-Installationen werden die Schadensanalytiker speziell ausgebildet.

Prozesse

Berichtswesen: Die Ergebnisse der Schadensanalysen werden in den bestehenden internen Standard-Jahresbetriebsreport der Kraftwerke aufgenommen mit folgenden Punkten: Schadensstatistik und Ursachenstatistik, Auswertungen und Empfehlungen zu konstruktiven Verbesserungen, Früherkennung, Lieferantenqualität, verbesserte Betriebsabläufe.

Analyseprozess: Der Ablauf der Analyse der Instandhaltungsdaten für Schadenserfassung, Klassifizierung, Aufbereitung und Versand, Beurteilung der rückgegebenen Ergebnisse der Gesamtanalyse aller Kraftwerke auf die Verwendbarkeit für das eigene Kraftwerk.

Anwenderbetreuung: Die Arbeitsplatzservicierung der InDaWa-Anwender wird vom bestehenden Service-Team aufgenommen, die entsprechenden Agenden werden erweitert.

Besprechungskreise

Der bestehende Besprechungskreis wird um das Thema Schadensanalyse erweitert.

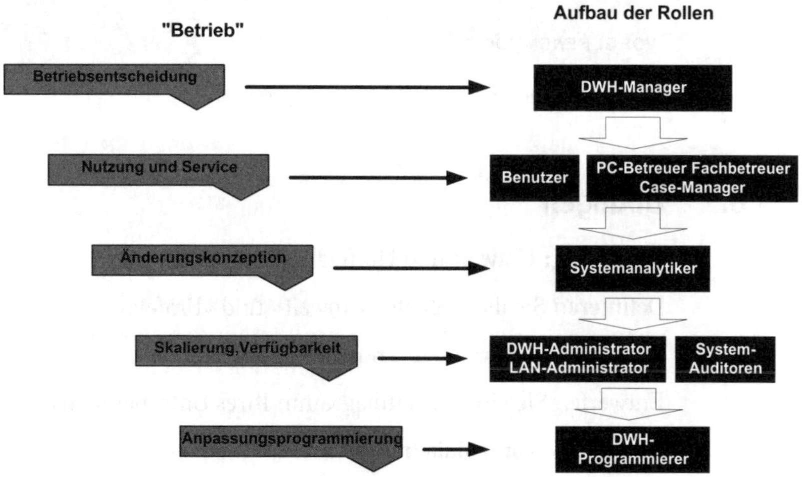

Abbildung 6.12: Projektbesetzung DWH-Kraftwerksschäden

Gestaltungsentscheidung

Im Folgenden sind wie in den vorgehenden Kapiteln auch, die Entscheidungen zur Organisation, die im Musterprojekt »DWH für Energieversorger« getroffen wurden, noch einmal im Überblick zusammengestellt.

Gestaltungsaspekt	Entscheidung	Begründung
ORIENTIERUNG		
ARCHITEKTUR		
Hardwarekomponenten		
Organisationskomponenten		
Aufbau	Rolle Vorstandssponsor	Öffnung der Bereiche zur Information
	Rolle Projektleiter	Größe des Projekts, Auslastung GF
	Rolle Projektassistent	Größe des Projekts
	Rolle Systemanalyse	
	Rolle Programmierung	
	Rolle Systemadministration	
	Prozess Projektberichtswesen	Größe des Projekts
	Prozess QS-Wiederverwendung	Größe des Projekts
Betrieb	Rolle wie zum Aufbau	
	Rolle Key-Benutzer	
	Prozess: Auswertung System-verhalten	Tuningphase
	Prozess Projektberichtswesen	Größe des Projekts
Abbau	Rolle Projektleiter	Noch nicht definiert
	Rolle Systemadministrator	Noch nicht definiert
	Prozess Projektberichtswesen	
VORGEHENSMODELL		

Tabelle 6.11: Entscheidungschart InDaWa, Organisation

6.7 Übungen

Übung 6.1: Umwelt und Umfeld

Definieren Sie die Begriffe »Umwelt« und »Umfeld«.

Übung 6.2: Umweltdiagramm

Entwerfen Sie ein Umweltdiagramm Ihres Unternehmens.

Übung 6.3: Umfelddiagramm

Entwerfen Sie ein Umfelddiagramm Ihres geplanten DWH. Passen Sie das Umfelddiagramm in das Umweltdiagramm der vorigen Übung ein und korrigieren Sie fehlende und nicht übereinstimmende Austauschbeziehungen.

Übung 6.4: Organisatorische Fragen

Nennen Sie die strukturalen und die prozessualen Fragen (organisatorische W's).

Übung 6.5: Stelle

Definieren Sie die Begriffe Rolle, Stelle, Sachmittel, Methode, Kompetenz, Qualifikation.

Übung (mit Lösung) 6.6: Rolle

Zählen Sie die für den Aufbau erforderlichen Rollen in der Folge ihres Einsatzes im Projekt und mit den wichtigsten Aufgaben auf.

Übung 6.7: Projektgröße

Welche Bedeutung hat die Größe eines Projektes für die Bestückung des Projektes mit Rollen?

Übung 6.8: Besprechungskreise

Welche Besprechungskreise gibt es während der Betriebsphase des DWH?

Übung 6.9: Stellenbeschreibung

Zählen Sie die für den Betrieb erforderlichen Rollen in der Folge ihres Aufbaus und mit den wichtigsten Aufgaben auf. Entwerfen Sie die ausführliche Stellenbeschreibung des DWH-Managers, des DWH-Administrators, des Case-Managers, des DWH-Fachbetreuers, des DWH-Systemanalytikers.

Übung 6.10: Organisationsstruktur

Beschreiben Sie die Organisationsstruktur eines DWH-Systems.

Übung 6.11: Erneuerungsmanagement

Entwerfen Sie einen Ablauf für das Erneuerungsmanagement und stellen Sie diesen mit einem Ablaufdiagramm (Workflowdiagramm) mit Entscheidungen dar. Bedenken Sie dabei, dass Sie für die Ausführung der Aktivitäten die aufgeführten Rollen verwenden.

Übung 6.12: Entscheidungsdurchlauf IT-Kategorie Software

Versuchen Sie mit Hilfe des Entscheidungsfeldes Software-Architektur einen Entscheidungsdurchlauf mit folgenden Einschränkungen zu entwerfen:

- ✔ Es soll nur eine neue Stelle eingerichtet werden für einen Projektmanager DWH, der anschließend auch die Systemadministration übernimmt.
- ✔ Es werden keine Institutionen einbezogen.
- ✔ Es wird ein Lenkungsausschuss gegründet mit einem gesonderten Besprechungskreis.

6.8 Zusammenfassung des Entscheidungsganges

Der Entscheidungsweg durchläuft drei Entscheidungsgänge:

- ✔ die Definition des Umweltausschnittes aus Politik, Gesellschaft, Partnern, technischen Anlagen
- ✔ die Umfeldbestimmung aus den organisatorischen Ressourcen
- ✔ die Organisation des DWH-Systems

Zunächst werden auf der Ebene des Systemtyps die Umweltelemente (Geographie, Staat, Firmen ...), also die äußere Organisation, abgegrenzt. Dieser **erste Schritt der Zerlegung** wird hier im Beispiel nicht weiter verfolgt.

Im **zweiten Schritt der Zerlegung** des Systemtyps ist das Umfeld, das ist die innere Organisation, zu definieren. Die innere Organisation ist durch Organisationsstrukturen und die sie bildenden Organisationseinheiten, die abzuwickelnden Prozesse und die dafür erforderlichen Regelungen und eventuell eine organisierte Infrastruktur bestimmt. Mit organisierter Infrastruktur ist analog zur Organisationsstruktur das Zusammenspiel von Infrastruktureinheiten gemeint. Die Bandstraßen einer Produktion und die Roboter an den Bandstraßen folgen z.B. einer koordinierten und damit organisierten Zusammenarbeit.

Das Beispiel »Element Organisationseinheit« aus dem »Systemtyp Umfeld« wird weiter zerlegt auf der Ebene der **Systemkomponenten.** Organisationseinheiten sind die Niederlassungen einer Firma, die Bereiche eines Konzerns und deren Abteilungen, bis zum kleinsten, nicht weiter zerlegbaren Element, die Rolle oder die Stelle. Die Zerlegung der Systemkomponenten führt auf der Ebene der System-Module zu einer Liste weiter zu beschreibender Elemente, den Rollen oder Stellen. Rollen sind z.B. Projektleitung, Systemadministration, Systemanalyse, Vorstandssponsoring, Benutzung der Systeme.

Die Elemente der Ebene **Module** haben eine bestimmte **Funktion,** die nach ausgewählten Kriterien definiert wird. So werden z.B. die Rollen und Stellen mit den aus der Stellenbeschreibung bekannten Kriterien Kompetenzen, Aufgaben, Aktionsort, definiert.

Damit ist also der beispielhafte Durchlauf durch die Gestaltungsentscheidungen wie folgt:

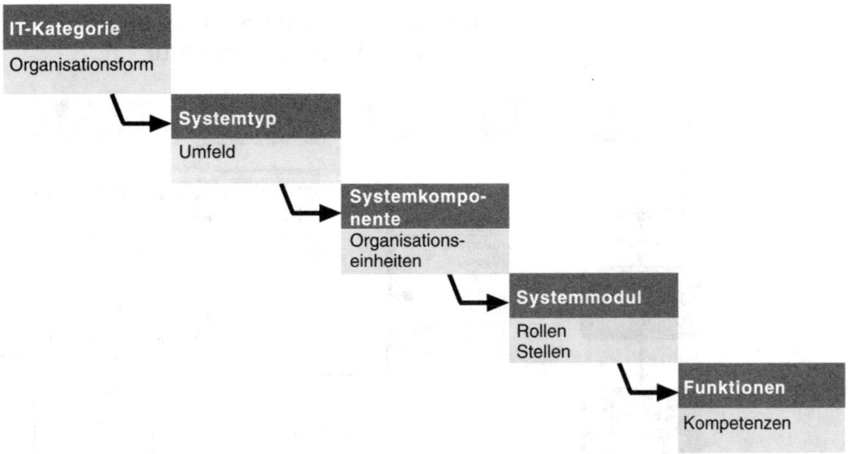

Abbildung 6.13: Entscheidungsgang Data Warehouse Gestaltung

Die organisatorische Situation ist dann bestimmt, wenn die Faktorkombination genannt ist. Dazu fehlen z.B. noch die Betriebsmittel, die Sachmittel und das Personal. Deshalb ist noch der **dritte Schritt der Zerlegung** auf der Ebene des Systemtyps erforderlich, der die in einem Prozess zu kombinierenden Ressourcen bestimmt. Dieser Schritt wird nicht weiter verfolgt.

Die verschiedenen Systemtypen-Elemente sind unterschiedlich tief zu detaillieren. Dies liegt im Ermessen des DWH-Spezialisten. Diese unterschiedlichen Detaillierungsgrade bringt die Grafik »Entscheidungsgang Data Warehouse Gestaltung« durch die unterschiedliche Aufteilung der Boxen zum Ausdruck. Die Grafik gibt nicht in allen Detaillierungsstufen eine vollständige Klassifikation, sondern sie beschränkt sich der Übersichtlichkeit und der Erkenntnis des Zerlegungsprinzips zuliebe auf die wichtigsten Unterteilungen.

In der folgenden Grafik ist **der Entscheidungslauf der organisatorischen Gestaltungskomponenten** zusammengefasst.

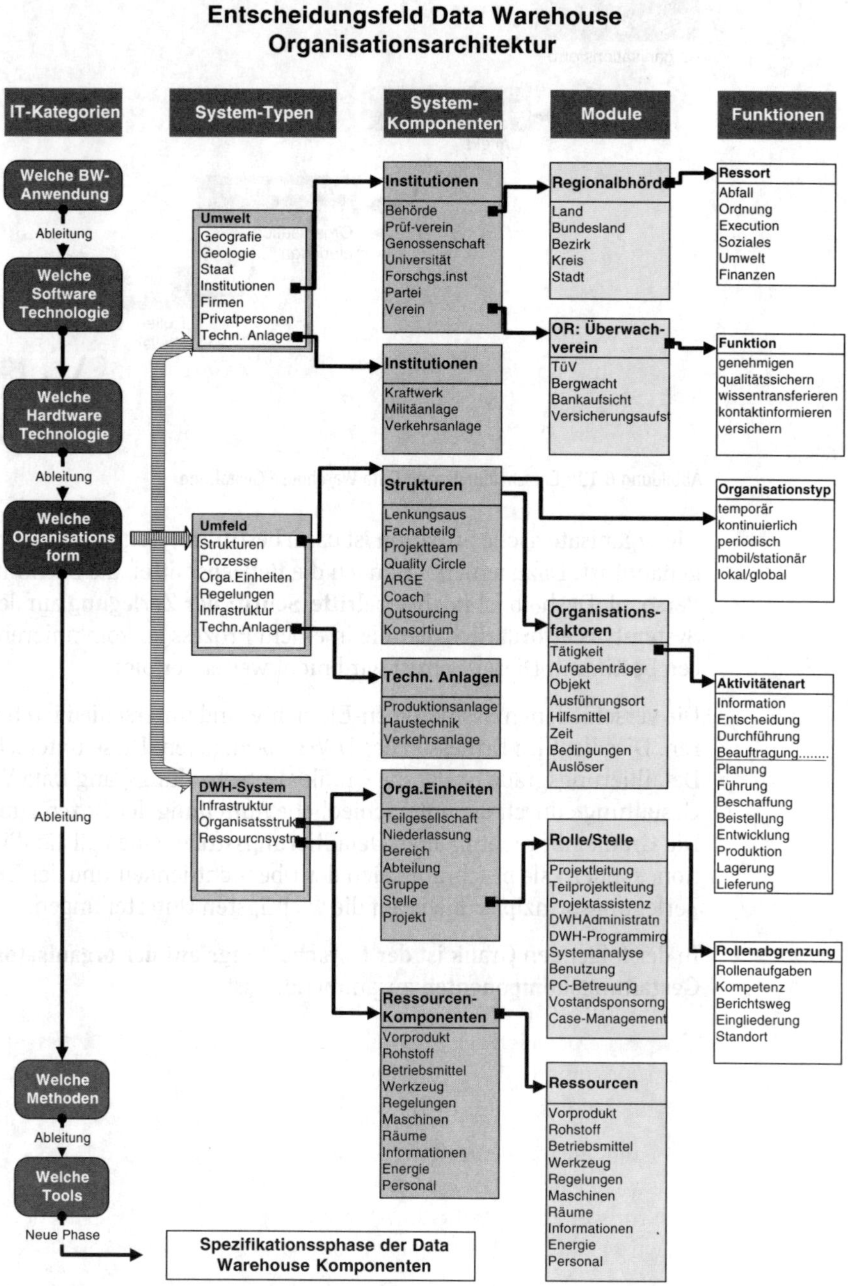

Abbildung 6.14: Gestaltungsgang zur Organisation

Kapitel 7

7 Das Vorgehensmodell zum Aufbau von DWH-Systemen

Überblick

Im Grunde genommen war alles, was in den vorherigen Kapiteln erarbeitet wurde, methodisch. Es wurden nicht wirklich Rechner bestellt oder Software ausgewählt. Es wurde vielmehr nach der richtigen Vorgehensweise bei der Abwicklung der Schritte gesucht: von der Orientierung über die Auswahl von Möglichkeiten und interessanten Lösungen bis hin zur Entscheidungsfindung.

Bisher ging es um die Frage, wie die Architektur der Hardware, Software oder Organisation günstigerweise bestimmt wird. Es wurden Hilfsmittel und Beispiele zur Durchführung dieser Bestimmung gegeben. Es wurde gesagt, wie die ersten Schritte zum Aufbau eines DWH, die Definition erarbeitet wird. Dabei wurde in einer Reihenfolge vorgegangen, die zwar Abweichungen und Alternativen zuließ, aber doch immer einer inneren Logik folgte. Die Mittel, d. h. die Methoden, waren bisher für die Findung von Entscheidungen sehr einfach. Sie beruhten auf Listen, Tabellen, Matrizen, Gliederungen und Aufzählungen. Das liegt daran, dass meistens nur eine Auswahl aus bekannten Tatsachen zu treffen ist.

Jetzt sind wir an einem Punkt angelangt, an dem nicht mehr nur noch ausgewählt werden kann, sondern komplexe Sachverhalte aufgelöst und wieder kombiniert, kurz entworfen werden müssen. Der Zeitpunkt ist gekommen, komplexere Zusammenhänge des Unternehmens abbilden zu müssen. Das Ergebnis der Abbildung ist ein **Modell.** Wir betreten damit den abstrakten Bereich der Modellierungsmethodik. Einen noch abstrakteren Schritt stellt die Zusammenstellung der **Methoden** zur Modellierung zu einem Modellierungsmodell dar. Dieser nun anstehende Schritt ist wieder ein Gestaltungsprozess, nämlich der Entwurf eines Methodenbündels, oder besser einer sinnvollen Methodenfolge, die zu einem Modellierungsmodell kombiniert werden kann. Eine solche Methodenfolge nennt man **Vorgehensmodell.**

Die Modellierung einer DWH-Lösung ist so umfangreich, dass sie in **Phasen** abgewickelt wird. Am Ende einer Phase kann ein Ergebnis überprüft werden und für weitere Entscheidungen und Ausräumung von Unsicherheiten dienen. Es wird ausführlich auf jede einzelne Phase und ihre Ergebnisse eingegangen.

Ein **Vorgehensmodell** gibt an, in welcher Reihenfolge welche Schritte zum Ziel eines Vorhabens durchlaufen werden müssen und welche Maßnahmen zu ergreifen sind, um diese Schritte machen zu können. So ist zum Beispiel Arbeitsmaterial erforderlich oder Informationen sind zu beschaffen, es muss eine Personalakquisition und Personaleinstellung erfolgen. Das bestehende

Personal bedarf einer intensiven Ausbildung, um sich mit der neuen Wissensmaterie auseinandersetzen zu können.

Dementsprechend ist das Kapitel aufgebaut, wie die folgende Abbildung zeigt.

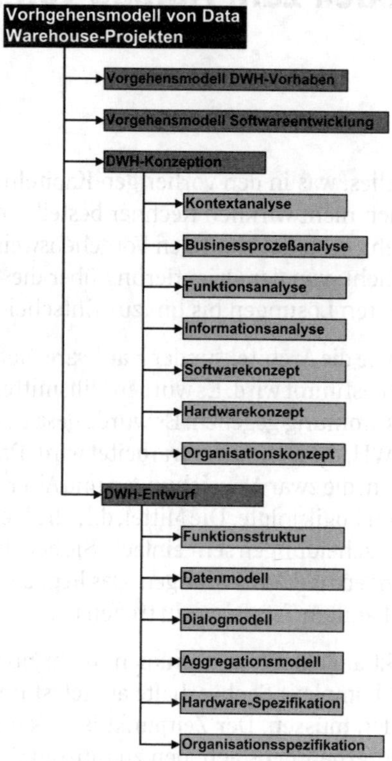

Abbildung 7.1: Aufbau des Kapitels DWH-Vorgehensmodell

Das Kapitel erklärt zunächst, was modellieren ist und was Vorgehensmodelle sind. Im Anschluss daran wird ein umfassendes Vorgehensmodell aus bewährten Methoden für DWH-Vorhaben vorgestellt. Aus dem gesamten Methodenspektrum des DWH-Vorgehensmodells wird auf einen Ausschnitt, das Softwareentwicklungs-Vorgehensmodell (SWE-Vorgehensmodell), näher eingegangen.

Einige der Schritte im SWE-Vorgehensmodell sind schwierig und müssen genauer besprochen werden. Dies sind die Erstellung eines Datenmodells, einer Dialogstruktur, eines Funktionsbaumes, eines Kennzahlenschemas und eines Aggregationsschemas. Ihnen wird jeweils ein Abschnitt gewidmet.

Lernziel

Ein fundamentales Gestaltungsobjekt ist das Vorgehensmodell des gesamten DWH-Projektes mit seinen Phasen und Ergebnissen und sein Ausbau mittels Methoden und Werkzeugen zu einem Verfahren. Den Schwerpunkt bildet das

Vorgehensmodell für die Softwareentwicklung des DWH-Projektes, seine Phasen und Methoden. Nur wenn die Methoden in einer festgelegten Reihenfolge abgewickelt werden, ist die Stimmigkeit der Informationen erreichbar.

Die Lernziele des darauf folgenden Abschnitts konzentrieren sich auf die Konzeption des DWH. Die Konzeption ist eine Phase im Vorgehensmodell, welche die Anforderungen an das DWH und die Randbedingungen zur Erfüllung dieser Anforderungen aus der Sicht des Anwenders erarbeiten soll. Hierzu gehört unter anderem die Vorbereitung für das Entwickeln der Software. Im Anschluss daran wird der Aufbau einer Softwarespezifikation und des DWH-Entwurfes als Fortsetzung einer DWH-Konzeption bearbeitet, um sie entsprechend in einem DWH-Projekt selbst erstellen und umsetzen zu können.

Lernziel

- Definieren der Begriffe Modell, Vorgehensmodell, Methode, Phasen
- Darstellen eines Vorgehensmodells für die Abwicklung von DWH-Projekten
- Nennung der Phasen mit ihren Ergebnissen zu einem komplexen DWH-Vorhaben
- Definieren der Begriffe Modell, Softwarevorgehensmodell, Softwaremethode, Softwareentwicklungsphasen
- Beschreiben eines Softwarevorgehensmodells für die Abwicklung von DWH-Softwareentwicklungsprojekten
- Nennung der Phasen mit ihren Ergebnissen zu einem DWH-Softwareentwicklungsprojekt
- Abgrenzen der Begriffe DWH-Konzept, Fachkonzept, Einordnung der Konzeptionsphase im Vorgehensmodell
- Nennung der Teilphasen der Phase DWH-Konzeption mit ihren Ergebnissen
- Beschreiben des Aufbaus eines Fachkonzepts
- Erklärung der Kontextanalyse
- Erklärung der Businessprozessanalyse
- Erklärung der Informationsbedarfsanalyse
- Erklärung der Funktionsbedarfsanalyse
- Erklärung der Hardwarekonzeption
- Erklärung der Softwaretechnologiekonzeption
- Erklärung der Organisationskonzeption
- Definition der Softwareentwicklung von DWH-Komponenten

- Aufbau eines DWH-Entwurfes
- Anwendung einer Datenmodellierung
- Anwendung einer Funktionsstrukturierung von Programmen
- Anwendung der Definition von Datenaggregationen
- Aufbau einer Dialogstruktur
- Inhalt eines Style Guide
- Spezifikation der Hardwarekomponenten und Netze
- Spezifikation der Stellen und Schulungen

7.1 Wie wird ein DWH-Vorhaben abgewickelt?

7.1.1 Modellierung

Modelle werden vorsorglich gebildet. Das heißt, wenn der sofortige Einstieg in die Wirklichkeit zu teuer werden könnte, versucht man zuerst, an einem Modell so viel Erfahrung zu sammeln, dass die Realisierung zielgerichtet und in die richtige Richtung betrieben werden kann.

Die grundlegenden Eigenschaften von **Modellen** sind nach der **Modelltheorie von Stachowiak:**

- ✔ Das **Abbildungsmerkmal:** Modellen liegt ein Original zugrunde, es gibt einen Bezug zu einem Original, das Original wird vom Modell repräsentiert.
- ✔ Das **Verkürzungsmerkmal:** Ein Modell ist nie das Original selbst, sondern es entsteht durch gedachtes Weglassen von Eigenschaften und Bestandteilen aus dem Original. Ein Modell ist somit weniger als das Original.
- ✔ Das **Pragmatikmerkmal:** Ein Modell erfüllt einen Zweck, es wird angewendet oder verwendet, es wird für eine spezielle Verwendung und für Personen zur Verwendung hergestellt.

Zum vertieften Studium einer wissenschaftlichen Darstellung des Modellierens sei empfohlen:

Stachowiak, Allgemeine Modelltheorie

Der Modellierungsvorgang dient der Vereinfachung. Die Vereinfachung darf aber nur das Unwesentliche ausschließen. Das für die weiteren Arbeiten Wesentliche muss erhalten bleiben. Deshalb muss die Reduktion der Wirklichkeit auf das Modell kontrolliert stattfinden. Der Modellierungsvorgang bzw. die Regeln, nach denen das Modell erstellt wird, muss beschrieben werden. Die Beschreibung ermöglicht die Überprüfbarkeit der Modellierung. Die Prüfung stellt fest, ob das Ergebnis ein Modell ist, das das Objekt repräsentiert, oder ob vielleicht objektfremde Eigenschaften dazugekommen sind.

➡ Die Modellierung eines Sachverhaltes oder eines Gegenstandes muss festgelegte Regeln einhalten und die Regeln müssen kommunizierbar sein, d.h. von vielen Modellierern verstanden werden können.

Die Beschreibung des Modellierungsweges ist auch ein Modell, und zwar ein Modell zur Erstellung von Modellen. Ein Modell, das zur Erstellung von Modellen genutzt wird, ist ein **Metamodell.**

Definition: Modell und Metamodell

Ein **Modell** ist ein Bild oder eine Beschreibung der Wirklichkeit nach vorher festgelegten Regeln. Ein **Metamodell** ist ein Modell zur Beschreibung oder Abbildung von Modellen.

Vorgehensmodell

Die Möglichkeit des Modellierens ist nicht auf reale Objekte eingeschränkt. Modelliert werden können auch abstraktere Wesensheiten wie eine Planung oder ein Vorgehen. Für die Modellierung eines Vorgehens werden alle Schritte des umfassenden Vorgehens festgelegt, um ein Simulieren, ein geistiges Durchspielen oder auch nur ein Kommunizieren zu ermöglichen. Solch ein in einem Modell festgehaltenes, modelliertes Vorgehen ist ein **Vorgehensmodell,** im Gegensatz zum realen Vorgehen.

Mit einem Vorgehensmodell werden die zu durchlaufenden Phasen bestimmt und festgelegt, was in einer Phase erzeugt werden soll. Die Definition der Erzeugnisse und der Struktur ihrer Dokumentation nennt man **Ergebnistypen.**

Die den Ergebnistypen entsprechenden Ergebnisse kann man auf unterschiedliche Weise darstellen. Für die Darstellung eines Ergebnisses gibt es Darstellungsmethoden.

Die Ergebnisse der Anwendung einer ausgewählten Methode kann man auf unterschiedliche Weise mit Software automatisieren. Zur Unterstützung der automatisierten Erzeugung eines Phasenergebnisses können Tools eingesetzt werden.

Das Vorgehensmodell richtet die Handlungen der Projektbeteiligten aus. Mit dem Vorgehensmodell wird vereinbart, die gleichen Methoden und die gleichen Werkzeuge für die gleichen Aufgaben einzusetzen. Selbst wenn die Werkzeuge gleich sind, kann noch immer die Struktur der abgelegten Information unterschiedlich sein. Um die Ergebnisse zu einer Struktur zusammenführen zu können, wird eine einheitliche Ergebnisstruktur verabredet.

Definition: Vorgehensmodell

Ein **Vorgehensmodell** ist eine Anleitung zur Abwicklung eines Vorhabens. In einem Vorgehensmodell werden die Ergebnisse festgelegt **(Ergebnistypen)**, die Struktur der Ergebnisse und die Werkzeuge zur Dokumentation der Ergebnisse oder zur automatischen Erzeugung von Teilen von Ergebnissen.

Der DWH-Spezialist kommt leider nicht immer mit Methoden der EDV-Entwicklung aus: Er muss seine Daten aus einem bestehenden IT-Netz beziehen und damit die dort gepflegte Sprache lernen.

Mit Hilfe oder unter Anleitung eines Vorgehensmodells werden weitere Modelle geschaffen. Zum Beispiel ist die Beschreibung oder Spezifikation einer Software ein Modell der angestrebten Software.

Das Vorhaben ist zu komplex, um es ohne Zwischenbetrachtungen und Überprüfung der Entscheidungen abzuwickeln. Das Ergebnis einer Einteilung eines komplexen Projektes in kleinere, überschaubare Einheiten nennt man Phasen. **Phasen** sind eine Zusammenstellung von definierten Ergebnissen oder Produkten, die einen gewissen Abschluss einer Arbeit darstellen können. Am Ende einer Phase steht die Überprüfung der Ergebnisse auf Übereinstimmung mit den Vorgaben. Phasen werden also gebildet, um nicht erst am Ende eines Projektes vor vollendeten und mitunter unangenehmen Tatsachen zu stehen. Die Überprüfung am Ende einer Phase dient dazu, den richtigen Kurs festzustellen, oder bei neuen Erkenntnissen einen neuen Kurs zu definieren. Phasen sind also auch eine Wissenskonsolidierung und Überprüfung.

Definition: Phasen des DWH-Vorgehensmodells

Phasen sind eine Zusammenstellung von definierten Ergebnissen oder Produkten zur Konsolidierung des bis zu einem definierten Zeitpunkt erarbeiteten Wissens.

Ein sehr interessantes Vorgehensmodell ist das Modell ARIS:

🗁 Scheer, ARIS

Methoden

Phasen können abgeschlossen werden, wenn bestimmte vorher festgelegte Ergebnisse erzeugt wurden. Der Erzeugungsvorgang wird unter strenger Anwendung vorher vereinbarter **Methoden** durchgeführt. Das Ergebnis »Datenmodell« kann z.B. mit der Methode »Entity Relationship Modelling«, die von P. Chen 1976 erfunden wurde, erzeugt werden.

Methoden dienen

- ✔ zur schnelleren Problemlösung
- ✔ zur Visualisierung, zur Verdeutlichung, Hervorhebung besonderer Merkmale
- ✔ zur Kontrolle der Einhaltung von logischen Regeln, z.B. der Konsistenz, Freihaltung von Widersprüchen, Aufdeckung von Lücken
- ✔ zur Reduktion komplexer Gebilde auf leichter zu handhabende Teilgebilde

Für ein und denselben Anwendungsbereich können oftmals mehrere Methoden erforderlich werden. Für die Datenmodellierung z.B. können

- ✔ hierarchisches Modell
- ✔ relationales Modell
- ✔ objektorientriertes Modell
- ✔ vernetztes Modell

verwendet werden. Wenn die bestehenden Datenhaltungssysteme diese verschiedenen Technologien verwendet haben, müssen die genannten Methoden für die Formulierung eines Migrations- oder Replikationsabbildes angewendet werden.

Genaugenommen handelt es sich bei der Aufzählung um **Methodenklassen.** Die Methoden der einzelnen Klassen unterscheiden sich nicht mehr im Prinzip der Abbildung und nicht im Abbildungsgegenstand. Zu jeder Methodik gehört eine Symbolik. Die Methoden einer Klasse unterscheiden sich in der Symbolik und im Umfang dessen, was vom Abbildungsgegenstand noch mit abgebildet wird.

7.1.2 DWH-Vorgehensmodell

Übersicht zum DWH-Vorgehensmodell

Ein DWH-Spezialist muss sich in dem Sinne mit Vorgehensmodellen auseinandersetzen, dass er entweder ein bestehendes Modell lernt und anwendet oder auf die Belange anpasst. Die folgenden Schritte ergeben, zu Phasen zusammengefasst und in die richtige Reihenfolge gebracht, ein **DWH-Vorgehensmodell.**

Der Kern eines DWH ist ein aus mehreren Komponenten bestehendes Softwaresystem. Einige Komponenten können gekauft werden, andere Komponenten wird der Markt nicht bieten. Sie müssen selbst entwickelt, d.h. entworfen und programmiert werden. Wegen dieser hohen Bedeutung der Softwarekomponenten muss der DWH-Spezialist Software spezifizieren können. Dazu hilft ihm ein Softwareentwicklungsmodell. Im DWH-Vorgehensmodell ist deshalb ein Softwareentwicklungs-Vorgehensmodell integriert.

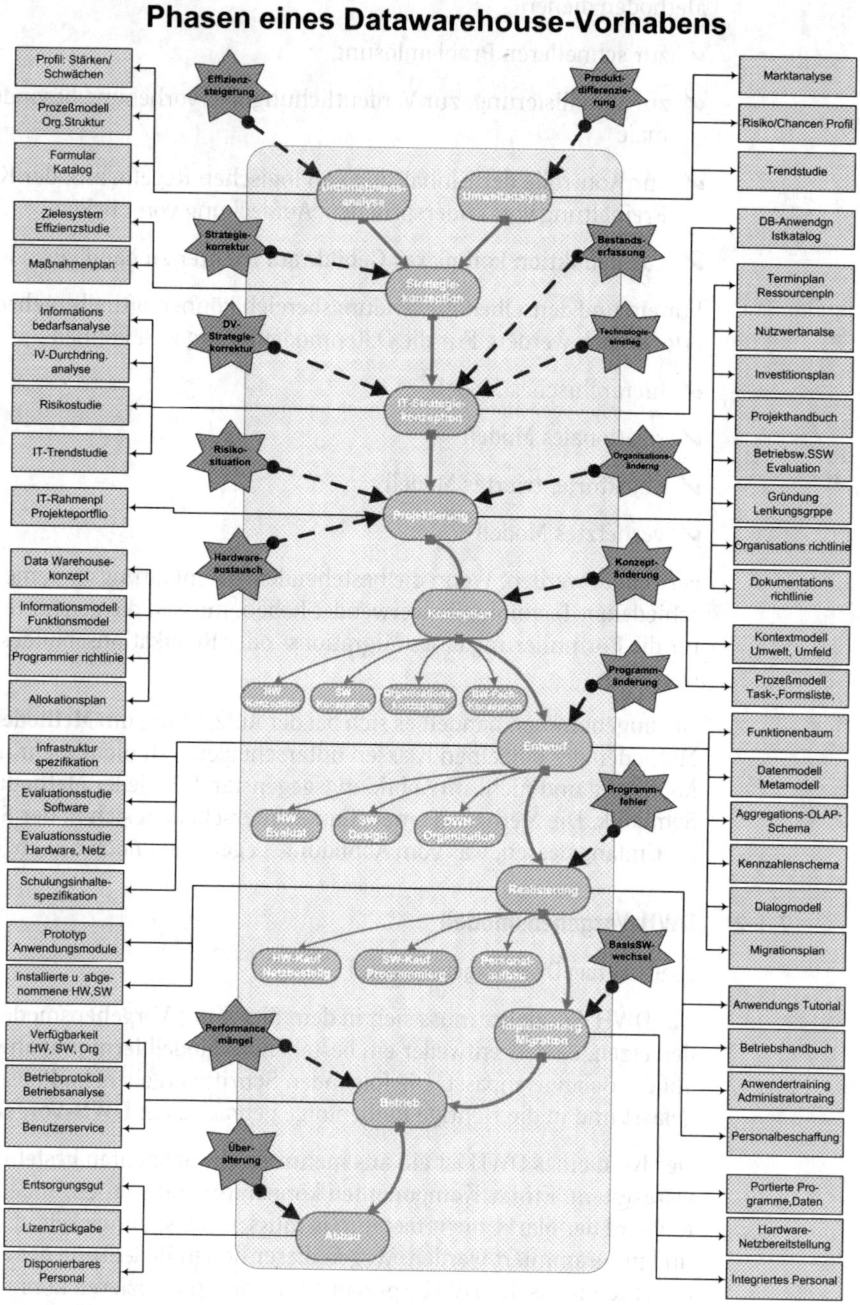

Abbildung 7.2: Rahmen für Vorgehensmodelle für DWH-Projekte

Die *Ovale* stellen die Phasen dar, in die das gesamte DWH-Vorhaben eingeteilt werden kann.

Die *Vierecke* stellen die Ergebnisse, die in den Phasen zu produzieren sind, dar.

Nicht jedes DWH-Vorhaben muss alle Phasen durchlaufen. Der Umfang des Durchlaufs hängt von der Größe des Vorhabens und von den vorausgegangenen Aktivitäten ab. So kann z.B. eine IT-Strategie schon völlig unabhängig vom DWH-Vorhaben erarbeitet worden sein. Der Einstieg in den Phasendurchlauf ist durch die *Sterne,* die Ereignisse, angedeutet. Am auslösenden Ereignis kann man nicht nur die Startphase erkennen, man bekommt damit auch eine Vorstellung davon, was bereits an Vorarbeiten im Unternehmen entstanden sein könnte. Deshalb handelt es sich um ein Vorgehensmodell.

➡ Abhängig von der »Einstiegsphase« in das DWH-Vorhaben müssen die zu berücksichtigenden Konzepte und Ergebnisse anderer Phasen recherchiert werden.

Ein Vorgehensmodell, das um die Hilfsmittel zur Sicherstellung der Methoden erweitert wird, ist ein **Verfahren.**

Statusanalyse, Unternehmensanalyse, Umweltanalyse

Bevor sich ein Unternehmen strategisch ausrichtet, muss es Kenntnis gewinnen von seinen eigenen Fähigkeiten und dem Wettbewerb, dem es sich mit seinen eigenen Fähigkeiten stellen will. Hierzu ist demnach eine Innenbetrachtung, die **Unternehmensanalyse,** und eine Außenbetrachtung, die **Umweltanalyse,** vonnöten.

Die Innenbetrachtung des Unternehmens, die Betrachtung der Fähigkeiten, kann mittels einer sogenannten »**Stärken-Schwächen-Analyse**« systematisch durchgeführt werden. Diese Analyse wird von ausgewählten Mitarbeitern des Unternehmens unter externer Moderation durchgeführt. Die einzelnen ausgemachten Stärken und Schwächen werden nach einem Maßstab und abgestimmt unter allen Mitarbeitern in Relation zueinander bewertet. Die Bewertung wird in einem **Stärken-Schwächen-Profil** dargestellt.

Die Außenbetrachtung des Unternehmens, die Betrachtung des Wettbewerbs, kann mittels einer sogenannten »**Risiken-Chancen-Analyse**« systematisch durchgeführt werden. Diese Analyse wird ebenfalls von den ausgewählten Mitarbeitern des Unternehmens unter externer Moderation durchgeführt. Die einzelnen ausgemachten Risiken und Chancen werden nach einem Maßstab, abgestimmt unter allen Mitarbeitern, in Relation zueinander bewertet. Die Bewertung wird in einem **Risiken-Chancen-Profil** dargestellt.

Eine kritische Analyse des Unternehmens und seiner Umwelt zeigt die Möglichkeiten, die diese Fähigkeiten im Umfeld des Wettbewerbs bieten. Die Analyse zeigt aber auch die Gefahren, die abzuwenden sind. Diese Möglichkeiten und die Gefahren fordern Maßnahmen, die in einer Strategie ausformuliert werden.

Die Ergebnisse der Unternehmensanalyse sind

✔ Stärken-Schwächen-Profil

✔ Risiken-Chancen-Profil mit Markt- und Umweltanalyse

✔ Handlungsportfolio

Für die Vertiefung des Themas Umweltanalyse, Umfeldanalyse ist zu empfehlen:

🗁 Macharzina, Unternehmensführung

Strategiekonzeption

Aus den Erkenntnissen der Stärken-Schwächen-Analyse und der Risiken-Chancen-Analyse werden in der **Strategiekonzeption** Handlungsschwerpunkte abgeleitet. Das Ergebnis ist eine Zielsetzung, festgelegt in einem **Zielekatalog** und den Maßnahmen zur Ereichung dieser Ziele, festgelegt in einem **Maßnahmenplan.**

Ziele und Maßnahmen werden in einem **Strategiekonzept** zusammen mit Begründungen wie Rahmenbedingungen für Terminvorstellungen und Budgets, unternehmenspolitischen Abgrenzungen, technologischer Ausrichtung und Marktorientierung zusammengefasst. Die Ziele sind mit Prioritäten ausgestattet, um eine Optimierung bei knapper Budget- und Terminlage zu ermöglichen. Die Maßnahmen sind auf Ziele ausgerichtet und ebenfalls priorisiert.

Die Ergebnisse der Strategiekonzeption sind

✔ Zielekatalog

✔ Maßnahmenplan

✔ Strategiestudie für die Ableitung der unternehmerischen Zielsetzung, Einschätzung der Risiken und Chancen, Einschätzung des Unternehmenspotentials

✔ Strategiepapier als konsolidiertes Ergebnis und Handlungsanleitung

Die Aufgabenstellung aus der EDV und auch die Aufgabenstellung für ein DWH richten sich an der Aufgabenstellung des Unternehmens aus. Der DWH-Spezialist sollte wissen, wie die Zielsetzung des Unternehmens zustandekommt. Eventuell ist sie aus einer Stärken-Schwächen-Analyse entstanden, aus der anschließend Zielsetzungen und Maßnahmenkataloge gefolgert wurden.

Den Zusammenhang, der zwischen den Phasen Statusanalyse mit Unternehmens- und Umweltanalyse und Strategiekonzeption besteht, gibt die folgende Abbildung »Strategiekonzeption« wieder.

Für die Vertiefung des Themas Strategieplanung ist zu empfehlen:

🗁 Welge, Planung

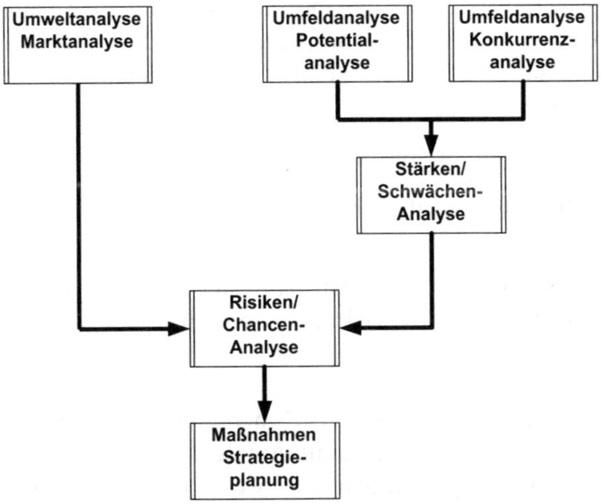

Abbildung 7.3: Strategiekonzeption

Informatik-Strategiekonzeption

Die Unternehmens-Informatik (IT), die gesamte Infrastruktur und Organisation der EDV-Anlagen, erfüllt einen Beitrag zur Erreichung der Zielsetzung und zur Durchsetzung der Strategien des Unternehmens. Deshalb muss sich die Unternehmensstrategie in der **IT-Strategiekonzeption** fortsetzen. Die **IT-Strategie** richtet sich an der Unternehmensstrategie aus. Das DWH als Bestandteil der Unternehmens-Informatik soll ebenfalls einen Beitrag zur Zielsetzung des Unternehmens leisten. Für die zielgerechte Gestaltung des DWH muss deshalb die Zielsetzung einbezogen werden. Die Gestaltung des DWH richtet sich an der IT-Strategie und an der betriebswirtschaftlichen Unternehmensstrategie aus. Die Zielsetzung eines Unternehmens und die IT-Strategie müssen vor Beginn eines DWH-Vorhabens bekannt sein.

Beispiel: Unternehmensziel und IT-Strategie

Das Beispiel zeigt eine Argumentationskette, die von einem Strategiestatement eines Unternehmens ausgehend die zugehörige DV-Anforderung ableitet:

Konsumenten wollen mobil bedient werden

⇩

Der Markt für mobile Leistungen wächst

⇩

Die Unternehmung stellt sich auf mobile Dienstleistungen um

⇩

Die DV wird mobilisiert

Die IT-Strategie muss sich wie die Unternehmensstrategie an äußeren, aus der DWH-Umwelt kommenden Tendenzen ausrichten. Dies sind z.B. Technologieströmungen, neue Forschungsergebnisse und neu entwickelte Produktlinien und Produktgenerationen.

Die Erzeugnisse der Phase Informatik-Strategiekonzeption sind:

- ✔ IT-Trendstudie für die Einschätzung der technologischen Trends und Produkttrends
- ✔ IT-Strategiestudie für die Unterstützung der unternehmerischen Zielsetzung durch entsprechende IT-Infrastrukturen

Projektierung

In der IT-Strategie wurden zur Unternehmenszielsetzung beitragsrelevante IT-Systeme und Konfigurationen erkannt. Am Bedarf an Systemen muss die Leistung der vorhandenen Systeme gemessen werden. Sind die Systeme nicht mehr bedarfsdeckend, ist die Ableitung eines **Projekteportfolios** von Projekten zur Erneuerung der Systeme erforderlich. Die Projekte stehen in einem logischen, zeitlichen und finanziellen Zusammenhang, der in einer **Projektplanung** oder **Projektierung** sichtbar gemacht wird. Sowohl die Kapazität als auch die Kosten werden die Anzahl auf die sofort bzw. gleichzeitig durchführbaren Projekte reduzieren. Es wird dabei mit den Projekten gestartet, die mit geringsten Kosten den höchsten Nutzen bringen, sogenannte **A-Projekte.** Als terminlich zweitrangig werden die **B-Projekte** eingeordnet. Die sogenannten **C-Projekte** verschwinden meistens wieder aus dem Portfolio, da das Unternehmen mit der Abwicklung der A- und B-Projekte meistens so lange ausgelastet ist, dass die C-Projekte von der Entstehung neuer A-Projekte verdrängt werden.

Kosten \ Nutzen	hoch	mittel	klein
klein	A	A	B
mittel	A	B	C
hoch	B	C	C

Tabelle 7.1: Klassifikation von Projektpriorisierungsstufen

Die Ergebnisse der Phase Projektierung sind:

- ✔ IT-Bedarfsanalyse mit Systemkatalogen, Infrastrukturerweiterungen, Risikolagen
- ✔ Projekteportfolio mit Projektdefinition, Nutzenanalyse, Priorisierung
- ✔ Vorgehensmodell, Leitlinie, Projekthandbuch, Dokumentationsrichtlinie
- ✔ Budgetplan, Terminplan, Sachmittelplan

Konzeption

Die **Konzeption** ist die Beschreibung der Anforderungen des Anwenders an eine Lösung für eine seiner betriebswirtschaftlichen Aufgabenstellungen in seiner Fachsprache. Die Darstellung ist mit den Ausdrucksmitteln des Fachanwenders formuliert, also verbal, mit Formeln, mit Ablaufschaubildern und Formularen. Um von einem Programmierer realisiert werden zu können, bedarf es noch einer Umsetzung in eine DV-Sprache. Welche Sprache das ist, hängt von der grundsätzlichen Modellklasse ab.

Der DWH-Spezialist muss zunächst den für sein DWH relevanten Wertausschnitt definieren. Er muss bewusst erfassen, welche Umweltsysteme das DWH beeinflussen und welche Umfeldbedingungen den Rahmen für seine Gestaltungen liefern.

Steht dieser Kontext fest, sind die zu unterstützenden Unternehmensprozesse neu zu definieren, oder, soweit diese bereits bestehen, zu erfassen. Der DWH-Spezialist muss Prozessdiagramme erstellen. Aus diesen Prozessen und deren Aktivitäten werden Funktionen für die EDV-Systeme im Allgemeinen und für das DWH im Speziellen abgeleitet.

Vollständig erfasste Prozesse enthalten auch die Informationen, die das DWH managen soll. Die Informationen sind z.T. in Datenbanken vorhanden. Hier muss der DWH-Spezialist bestehende Datenbankschemata benennen können.

Die Ergebnisse der Konzeption sind:

- ✔ Abgrenzung des Themenfeldes durch eine Kontextdefinition des Unternehmens in der Umwelt und den Kontext des DWH-Systems im Umfeld
- ✔ Prozessuale Anforderungen mittels der Darstellung der Geschäftsfelder, Organisationsstruktur, Aufgabenbeschreibungen, Stellenpläne, Abläufe und Formularwege
- ✔ Informative Anforderungen mittels der Nennung von Informationsträgern wie Formulare, Datenbanken (Struktur und Inhalte), Richtlinien, Vorschriften
- ✔ Funktionale Anforderungen an Software und Hardware
- ✔ Hardware- und Infrastrukturanforderungen wie zu verarbeitende Mengen, Verbindungen und Zugriffe, Lokationsverteilungen

Entwurf

In der Phase **Entwurf** sind keine betriebswirtschaftlichen Entwürfe zu erstellen, sie bezieht sich nur auf IT-Aufgaben. Die betriebswirtschaftlichen Entwürfe müssen bereits vor der Konzeption der DWH-Lösung feststehen. Sie sind die Fortsetzung der Unternehmensstrategie. Die betriebswirtschaftliche Entwurfsarbeit ist nicht die Aufgabe der DWH-Spezialisten.

Die Hardwarekomponenten brauchen nicht mehr entworfen zu werden, sie können vom Markt beschafft werden. Hierfür ist eine hinreichend genaue Beschreibung, eine Hardwarespezifikation erforderlich.

Organisationsvorgaben sind mit den Angaben aus der Phase Konzeption ausreichend für die Umsetzung und Implementierung definiert. Entwurfsarbeiten für Organisation fallen nicht an.

Die Phase Entwurf hat bezüglich der Software die Aufgabe, die Baupläne der Anwendung zusammenzustellen. Die Baupläne sind unmittelbare Handlungsanweisungen an die Beschaffer und an die Programmierer.

Die Programmierer müssen aus diesen Bauplänen Datenbanken einrichten, Daten erzeugen und eingeben, Masken generieren, Ausdrucke erzeugen und Fachlogik und Ablauflogik in Programmalgorithmen formulieren. Diese Baupläne umfassen deshalb Diagramme für die Strukturen der Datenbanken, Schemata für die Logik der Programme und die Benutzerführung. Die Daten werden auf einem Bildschirm oder in Ausdrucken präsentiert, hierfür sind Layout-Muster für die Gestaltung der Masken und der Reports erforderlich. Sollen die Funktionen des DWH über eine Dialogführung verbunden werden, muss der DWH-Spezialist Dialogstrukturen entwerfen. Hinzu kommen Schnittstellenspezifikationen, z.B. zur Einbindung der zu realisierenden Anwendungsbestandteile in die realisierten Anwendungsbestandteile.

Die Beschaffer müssen die Deckungsgleichheit der Funktionalität der Marktangebote mit den Anforderungen feststellen. Zum Vergleich dienen ebenfalls Baupläne. Bei einer zu großen Abweichung, einer Unterdeckung der geforderten Funktionalität, wird eine Entscheidung für die Individualentwicklung, also die Eigenherstellung, getroffen. Neben dem Problem der Auffindbarkeit dieser fertigen Bestandteile bleibt das Problem der Deckungsgleichheit des Gefundenen mit dem Gesuchten. Der Erfolg beider Aufgaben hängt von der Güte der Beschreibung, also vom Entwurf, ab.

Software muss auch im Falle der Eigenentwicklung nicht Bit für Bit neu geschrieben werden, da für die meisten aller Probleme bereits gute Teillösungen (von kompletten Funktionsgruppen, über Komponenten und Module, Programmbausteine oder Entwurfsmuster) existieren. Software kann teilweise beschafft werden.

Die Erzeugnisse der Phase Entwurf sind:

- ✔ Systemarchitektur, Datenmodell
- ✔ Dialogstruktur
- ✔ Programmstruktur, Einbauvorschriften für vorgefertigte Programmstücke, Testpläne
- ✔ Maskenvorlagen, Reportlayouts
- ✔ Hardwarespezifikation
- ✔ Softwarespezifikation für Beschaffungen

Die Modellierung mit relationalen Modellen hat ihre Stärken im Entwurf redundanzfreier Rohdaten. Das DWH hat die Funktion, auf deren Fundament diese Rohdatenverdichtungen und -zusammenhänge zu definieren. Eine Besonderheit der DWH-Applikationen sind die Datenverdichtungen. Hierfür sind spezielle Diagramme für die Aggregation von Rohdaten und die Kennzahlenermittlung zu entwerfen.

Da Daten und Funktionen aus verschiedenen Systemen verknüpft und aufeinander abgebildet werden müssen, gewinnt das Thema Metamodellierung an Bedeutung. Das betrifft die Daten selbst, ihre Struktur, ihren Strukturtyp und ihre Lokation, also den Standort der Rechner der Datenbanken.

Um die Daten einem Metamodell entsprechend auf einem Rechner zu hinterlegen, ist ein **Migrationsplan** erforderlich. Ein Migrationsplan muss zum Beispiel die Datenstrukturen der verschiedenen Datenquellen, die in unterschiedlichen Modellstrukturen organisiert sind, vereinen.

Zum Inhalt des DWH-Entwurfes gehören deshalb auch:

- ✔ Aggregationsdiagramme, Sternschemata und Multiwürfel, Snowflake-Diagramme
- ✔ Kennzahlenschemata
- ✔ Datenmetamodelle
- ✔ Migrationsplan

Für die weitere Beschäftigung mit dem Thema DWH-Entwurf aus Softwaresicht ist zu empfehlen:

🗁 Inmon, Building

🗁 Kimball, Toolkit

Realisierung

Die Phase **Realisierung** ist die Umsetzung der Lösung bis zur Implementierungsreife auf einer Betriebsplattform aus Hardwareumgebung, Betriebssystem und Netz. Hierzu ist die Herstellung und Beschaffung der Software, die Beschaffung der Hardware und die Vorbereitung der Organisation durch Ausbildung und Personalbeschaffung zu rechnen.

Die Software wird mittels Programmierwerkzeugen, die erst evaluiert und dann beschafft werden müssen, hergestellt. Die Herstellung wird in zwei Schritten vollzogen: Programmierung und Zusammenführung der **wiederverwendbaren Komponenten** und Produktion der eigentlichen Applikation.

Vor der Anwendungsrealisierung sind die wiederverwendbaren Komponenten, das sind in erster Linie die Komponenten, die für die Programmsteuerung zur Konsistenzhaltung, die Sicherungsorganisation, die Pflege und Konfiguration wichtig sind, zu erzeugen. Im Einzelnen handelt es sich hierbei z.B. um:

- ✔ Master-Applikationsrahmen, Frame-Templates, Maskenmuster, Standarddialog
- ✔ Domänenverwaltung
- ✔ Prozedurkataloge
- ✔ Objektbibliothek, Funktionsbibliothek, DB-Prozedurkatalog, Menüführungsframe, Transaktionsprozedur
- ✔ Installationsroutinen
- ✔ Testgeneratoren

Die wiederverwendbaren Komponenten oder Programmbausteine werden zusammen mit individuellen Fachprozeduren zunächst zu Prototypen, dann zu vollständigen Programmen montiert. Im Einzelnen handelt es sich hierbei z.B. um:

- ✔ Masken und Applikationsprototyp
- ✔ Datenbank
- ✔ Erstdaten
- ✔ Kompilierte, prekompilierte und interpretierbare Programme
- ✔ Reports

Daneben entstehen die für die Anwender und den Betrieb erforderlichen Anleitungen, Informationen und Qualifikationen:

- ✔ Anwenderhandbuch und Betriebshandbuch
- ✔ Schulungsunterlagen und Schulungen

Im Rahmen des Themas »Realisierung« ist ebenfalls das Thema »Konfektionierung« zu behandeln. Wenn die erzeugte Software mehrere Abnehmer findet, z.B. innerhalb eines Unternehmens durch isolierte Installation oder auch durch Verteilung über mehrere Standorte und Länder, dann müssen ortsspezifische Anpassungen, sogenannte **Varianten,** und Vervielfältigungen durchgeführt werden. Diesen Prozess der sowohl organisatorische Leistungen als auch Entwicklung, Programmierung, Dokumentation, Lizenzherstellung, Customizing usw. umfasst, bezeichnet man als **Konfektionierung.**

Konfektioniert werden kann nur eine fertig ausgetestete Software, die sogar schon eine Probeinstallation erfahren hat, da zu der Vervielfältigungsarbeit auch das Kopieren der Installationsroutinen gehört.

Die Implementierung setzt eine speziell den örtlichen Verhältnissen angepasste Software voraus. Dies bedeutet für einen isolierten Rechner die Erstellung einer Kopie oder Lizenz inklusive Installationsdisketten und Dokumentation. Für einen integrierten Rechner kann über Ferninstallation dem Anwender die

Installationsarbeit abgenommen werden, auf einer »privaten« Handbuchkopie wird er allerdings bestehen, schon um sich unabhängig vom Rechner auf eine Programmeinführung vorzubereiten.

Je komplizierter die gesamte Software-Architektur ist, umso aufwendiger und differenzierter wird die Organisation von Releasewechseln, da immer nur bestimmte Releasekombinationen reibungslos zusammenspielen.

Im Einzelnen handelt es sich hier um folgende weitere Phasenergebnisse:

✔ Variantenverwaltung

✔ Versionenverwaltung

Die Konfektionierung könnte auch zwischen den Phasen Realisation und Implementation als eigene Phase eingeordnet werden.

Die Anpassung an die lokalen Verhältnisse, das benutzerbezogene Customizing, wird teilweise auf dem Entwicklungsrechner und teilweise nach der Installation in der Phase Implementierung oder erst nach dem Sammeln einiger Betriebserfahrung, auf dem Arbeitsplatzrechner durchgeführt.

Es ist ein enger Zusammenhang der Ausgestaltung der einzelnen Architekturkategorien im Phasendurchlauf von der Konzeption bis zum Betrieb festzustellen. Dies zeigt die folgende Abbildung »Phasendurchlauf der Architekturkategorien«.

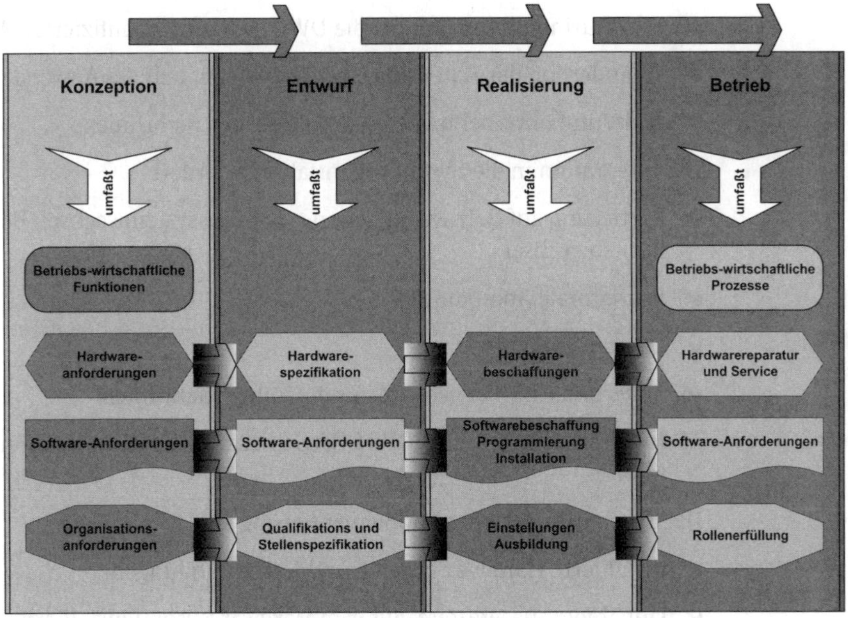

Abbildung 7.4: Phasendurchlauf der Architekturkategorien

Implementierung

Die **Implementierung** ist die Integration der fertiggestellten DWH-Lösung in das EDV-System. Das heißt im Einzelnen:

- ✔ die Anbindung der beschafften und der selbst programmierten Software über die Schnittstellen an die vorhandene Software,
- ✔ die Aufstellung der Hardware vor Ort und Verbindung der neuen Hardware mit der bestehenden Hardware über Netze und Verkabelung,
- ✔ die Integration des neuen Personals und der neuen organisatorischen Abläufe in die bestehende und bereits ablaufende Organisation.

Das Hauptproblem hierbei ist die unterbrechungsfreie Integration und die störungsfreie Durchführung. Das heißt, die Einbettung in das bestehende und laufende System soll, ohne dessen Ablauf zu stören, zu unterbrechen oder schlimmstenfalls sogar lahmzulegen, durchgeführt werden. Integration oder Implementierung wird deshalb vorher getestet und schrittweise kontrolliert durchgeführt. Die besten Zeiträume hierfür sind die betriebsarmen Nachtzeiten und die Wochenenden.

Die Integration findet in den zwei Organisationbereichen »Unternehmensorganisation« und »Systemorganisation« statt. Die Integration in die Unternehmensorganisation erfordert

- ✔ Umstellung der betriebswirtschaftlichen Arbeitsabläufe
- ✔ Strukturintegration der für die DWH-Nutzung qualifizierten Anwender
- ✔ Veränderung der Datensicherheitslage bezüglich des Anwenderzugriffs
- ✔ Änderung unternehmensorganisatorischer Richtlinien

Die Integration in die Systemorganisation erfordert

- ✔ Portierung auf Betriebsumgebung, Betriebssystemwechsel, Bedieneroberflächenwechsel
- ✔ Prozedurale Anbindung
- ✔ Datenmigration
- ✔ Änderung EDV-betriebsorganisatorischer Richtlinien
- ✔ Integration der für den DWH-Betrieb qualifizierten Betreuer und Administratoren

Die Ergebnisse der Phase Implementierung sind:

- ✔ installierte Hardwaresysteme und Netzanbindungen
- ✔ lauffähige, ausgetestete, auf dem Hardwaresystem installierte Softwarekomponenten mit neuen Daten und Zugriffen auf bestehende Datenpools

- ✔ für Betrieb, Betreuung und Nutzung qualifiziertes Personal in die bestehende Organisationsstruktur einschließlich neu implementierter Prozesse integriert

Betrieb

Der Betrieb einer DV-Anwendung ist der Einsatz der Anwendung als Hilfsmittel für die Durchführung von Unternehmensaufgaben, also die Umsetzung von Unternehmensprozessen.

Die Phase **Betrieb** besteht in der Aufrechterhaltung der Verfügbarkeit, der Verbesserung der Ergonomie und Performance, der Sicherstellung und Erhaltung der Erlaubnisse, der Pflege der Datenqualität in Güte, Umfang, Aktualität und Konsistenz.

Die Ergebnisse der Phase Betrieb sind:

- ✔ verfügbare, performante Hardwaresysteme und Netzanbindungen
- ✔ verfügbare, performante, ergonomische, funktional befriedigende Softwarekomponenten mit nützlichen Daten
- ✔ qualifiziertes integriertes Personal, für Betrieb, Betreuung und Nutzung

Um die Arbeiten zur Sicherstellung des Betriebes optimal auszurichten, ist ein Monitoring des Gesamtsystems erforderlich. Auf der Basis der über das Monitoring gewonnenen Erkenntnisse wird das System mittels Tuning, Zusatzprogrammierung und Komponentenaustausch ständig verbessert.

Die Ergebnisse der Phase Betrieb sind demnach noch:

- ✔ Monitoringprotokolle von Netzanbindungen, Hardwaresystemen und Softwarekomponenten über Verfügbarkeit, Performance
- ✔ Nachdokumentationen der Veränderungen

Abbau

Nachdem der einstmals ausgemachte Bedarf an den Systemen versiegt ist, müssen die Systeme abgebaut und entsorgt werden. Ein DWH-Abbau wird wie ein Aufbauprojekt geplant. Da das DWH-System ein integriertes System ist, ist ein einfaches Löschen von Daten und Programmen, ohne die Verfügbarkeit anderer Systeme zu gefährden, nicht möglich. Die mögliche Reihenfolge einer Außerbetriebnahme muss über die bestehenden Schnittstellen und Ressourcengemeinsamkeiten in einen Plan münden. Der **Abbau** wird demgemäß wie ein Aufbauprojekt abgewickelt.

Die Ergebnisse der Phase Abbau sind:

- ✔ abgebaute und zu entsorgende Hardwarekomponenten
- ✔ gekündigte Netzzugänge und Providerlizenzen
- ✔ zurückgegebene Softwarelizenzen, gelöschte bzw. archivierte Daten

- ✔ freigegebenes qualifiziertes Personal
- ✔ Abbaudokumentationen und Know-how-Sicherung

Das Thema des kontrollierten Abbaus, in der Welt der großtechnischen Systeme als **Rückbau** bekannt, ist in den letzten Jahren umso wichtiger geworden, als das Bewusstsein der begrenzten Ressource Umwelt und die Bedeutung von Umweltbelastungen deutlich gestiegen ist und sich auch in Gesetzen und Verordnungen niederschlägt.

7.1.3 Bestimmung des Vorgehensmodells

Problemstellung und Motivation

In der weithin geläufigen Praxis werden Vorgehensmodelle schnell entworfen. Zu groß ist die Ungeduld, sich mit langen Vorarbeiten aufzuhalten. Der Druck, schnell Erfolge vorweisen zu müssen, um Fortschritt und Machbarkeit nachzuweisen, ist groß. Das geflügelte Wort »Early Success« macht die Runde. Die Angst vor nicht zu bewältigenden großen und langwierigen Projekten prägt das Vorhaben-Portfolio durch kleine Projekte. Die Erarbeitung eines Vorgehensmodells ist langwierig und Know-how-intensiv.

➡ Die Vorgehensmodelle für DWH müssen in der Ergebnisstruktur über eine lange Zeit eindeutig bleiben **(Kriterium der Stabilität)**

Kein Unternehmen ist mit einem selbst noch so sorgfältig erarbeiteten Vorgehensmodell auf Dauer zufrieden. Die Anforderungen ändern sich schnell. Die Technologieumwelt zwingt durch ständige Neuentwicklungen zu Anpassungen und Nachführungen in der Vorgehensweise bei Softwarentwicklung, bei Entscheidungsprozessen zur Hardware bei der Applikationsbeschaffung. Alle Anforderungen verlangen eine Anpassung des Vorgehensmodells und unter Umständen auch die völlige Neuentwicklung. Vorgehensmodelle sind deshalb modular aufgebaut.

➡ Die Vorgehensmodelle für DWH müssen dem Lauf der Zeit entsprechend anpassbar sein **(Kriterium der evolutiven Fortentwicklung).**

Vorgehensmodelle sind auch modular aufgebaut, weil sie Alternativen zulassen müssen. In der Softwarebranche wechseln die Herstellungsarten von Software so schnell, dass man in einem Unternehmen mehrere solcher Softwareprodukte unterschiedlicher Herstellungsart vorfindet. Man findet neben hierarchischen Datenbanken noch Dateien und relationale Datenbanken. Alle diese Produkte fordern an bestimmten Stellen eines Vorgehensmodells Abweichungen gegenüber dem Vorgehen anderer Produkte.

➡ Die Vorgehensmodelle für DWH müssen modular sein und variabel abgewickelt werden können **(Kriterium der Konfigurierbarkeit).**

Metamodell

Genau wie ein System, ob Software oder Hardware, zum besseren Verständnis beschrieben werden muss, ist auch ein Vorgehensmodell zu beschreiben. Eine Form der Beschreibung eines Vorgehensmodells ist das **Metamodell.** Ein Metamodell wird gewöhnlich aus der datenorientierten Sicht, also als Datenmodell dargestellt, um die strukturierte Ablage der Ergebnisse in einer Datenbank zu ermöglichen. Liegt einem CASE-Tool eine relationale Datenbank zugrunde, ist das Metamodell das Datenbankschema des CASE-Tools.

Wo in der Vergangenheit dem relationalen Modell zur Beschreibung von Metamodellen der Vorzug gegeben wurde, erfreuen sich neuerdings Objektmodelle zunehmender Beliebtheit. Hier soll der einfacheren Lesbarkeit halber und den relationalen Datenbanken zuliebe ein Blick auf ein vereinfachtes Metamodell für das hier vorgestellte Verfahrens- und Vorgehensmodell geworfen werden. Das Diagramm ist, wie noch in der Beschreibung der Aktivität »Informationsobjekte-Modellierung« in der Phase »Konzeption« erklärt wird, eine Darstellung von Kern-Datenbanktabellen mit ihren Verbindungen über Schlüsselwerte.

Ein vereinfachtes Kernmodell der Informationsobjekte des DWH-Gestaltungsverfahrens zeigt die folgende Abbildung »Kernmodell DWH-Gestaltungsverfahren«.

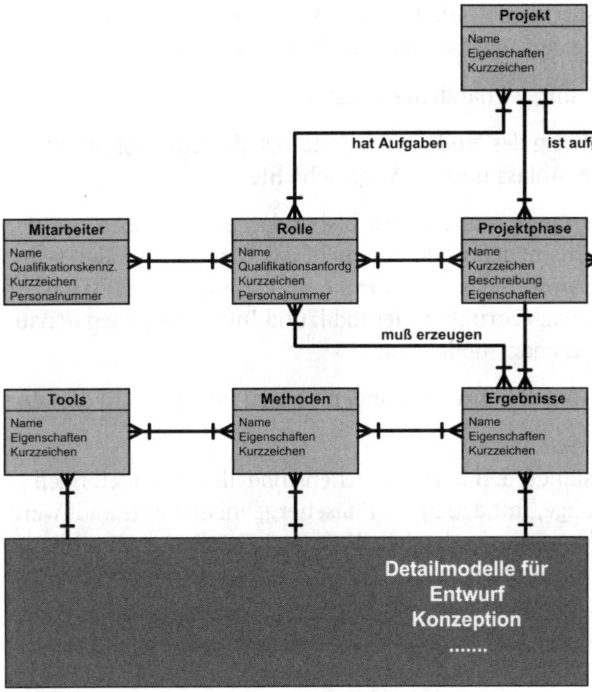

Abbildung 7.5: Kernmodell DWH-Gestaltungsverfahren

Das Kernmodell hilft bei der Definition des Vorgehensmodells. Man liest die Grafik von oben: Zuerst wird das Projekt definiert und danach die Aufteilung in Teilprojekte. Zu den Teilprojekten werden die Ergebnisse festgelegt. Ausgehend von den Ergebnissen werden die Methoden definiert, mit denen die Ergebnisse zu erzeugen sind. Zu den Methoden werden die Tools festgelegt, mit denen die Ergebnisse zu erzeugen bzw. zu dokumentieren sind.

Make or Buy

Natürlich hat auch hier der Markt wieder einiges zu bieten, so dass man es sich doch wieder einfach machen kann, indem man lediglich aus angebotenen Methoden auswählt. Die **Make-or-Buy-Frage** ist zu lösen. Man muss Methoden nicht immer neu entwerfen. Man kann fertige Methoden auswählen und als Softwarelösung kaufen. Doch ist auch das kompliziert, da sich die Methoden gegenseitig Daten zuliefern müssen, um ein sinnvolles Zusammenspiel zu gewährleisten und keine Lücken zu lassen. Man kann sogar fertige Modelle, die nahezu komplett sind, auswählen und als Softwarelösung kaufen, doch muss man ihren Einsatz sehr wohl verstehen.

Gestaltungs- und Lösungsmöglichkeiten

Dem Einstieg in ein Projekt gehen Vorgänge im Unternehmen voraus. Das Projekt kann Nachfolger eines bereits abgewickelten Projektes sein. Abhängig von diesen Vorgängen ist der Einstieg in ein Vorgehensmodell.

- Grundsätzliche Festlegung der Anwendung eines Vorgehensmodells und der Tiefe der Auseinandersetzung mit dem Thema
- Auswertung vorhandener Ansätze
- Feststellung des Modellierungsstartes, des Einstiegspunktes in Abhängigkeit vom Anlass und der Vorgeschichte

Genau genommen war das, was bisher dargestellt wurde, nur der Rahmen für ein Vorgehensmodell und noch nicht das Vorgehensmodell selbst. Es wurden Phasen genannt und Namen für die Ergebnisse dieser Phasen. Erst wenn diese Ergebnisse nach Struktur, Methodik und Inhaltsvorgaben genau definiert sind, liegt ein Vorgehensmodell vor.

- Festlegung der abzuwickelnden Phasen und Auswahl der Modellierungsschritte

Zu den Bestandteilen eines Vorgehensmodells zählt auch noch die Benenung der Werkzeuge, mit denen die Phasenergebnisse hergestellt werden sollen. Der Sinn der Verwendung gleicher Werkzeuge ist die Austauschbarkeit und Formgleichheit der Dokumente.

- Bestimmung des grundsätzlichen Einsatzes von Methoden und Tools

Problemlösung: Regeln und Hilfsmittel

Das Verfahren

Der Einsatz eines Vorgehensmodells bedeutet, dass alle Arbeiten auf die Strukturen des Vorgehensmodells ausgerichtet werden. Es bedeutet, dass das Vorhaben in Phasen abgewickelt werden muss und das Berichtswesen und die Abnahmen auf die Phasen abgestimmt ist. Dazu müssen die Formatvorlagen und die Programme zur Erfassung der Aufwände angeglichen werden.

Der Einsatz eines Vorgehensmodells ist aufwendig, und dieser Aufwand zahlt sich nur bei entsprechend großen Projekten durch eine Kostenverringerung im Laufe des Projektes, z.B. durch effizienteres Berichten, aus. Zuerst ist also eine Entscheidung zu treffen, ob ein Vorgehensmodell eingesetzt werden soll. Die folgende Vorgehensweise ist zu empfehlen:

Verfahren: Implementierung des DWH-Vorgehensmodells

- Prinzipielle Entscheidung über den Einsatz eines DWH-Vorgehensmodells nach Akzeptanzschwellen, Qualifikationen, Zeitbedarf bis zur Einsatzfähigkeit
- Spezifizierung der Phasen und der Methoden für das DWH-Vorgehensmodell mit Hilfe des **DWH-Phasenmodells** und entsprechend der Projektgröße
- Feststellung und Auswertung vorhandener Vorgehensmodell-Ansätze im Unternehmen
- Evaluation bekannter Vorgehensmodelle und Beurteilung ihrer Anwendbarkeit in der Firma mit Make-or-Buy-Kriterien
- Schätzung des Aufwands für Anpassungsarbeiten bzw. Neuentwicklung eines DWH-Vorgehensmodells
- Einsatz des DWH-Vorgehensmodells nach Feststellen des Einstiegszeitpunktes
- Entscheidung über den Einsatz von Tools

Tabelle der Ereignisse mit DWH-Konsequenz

Für die Bestimmung des Umfangs des DWH-Vorgehensmodells dient die Abbildung »Rahmen für Vorgehensmodelle für DWH-Projekte« im Abschnitt »DWH-Vorgehensmodell« dieses Kapitels. Der Umfang hängt vom Projektstart und der Vorbereitung des Projekts ab. In der genannten Abbildung sind als Stern verschiedene Vorkommnisse aufgenommen, die Anlässe für die Einrichtung, Neugestaltung oder Umgestaltung eines DWH sein können. Die Ereignisse, die zu einer DWH-Maßnahme führen, sollten vom DWH-Spezialisten zusammen mit ihrer Konsequenz in einer Tabelle protokolliert werden, z.B. mit dem Aufbau des Musters nach der folgenden Tabelle.

Ereignis	Konsequenz, DWH-Maßnahmen	Urgenz

Tabelle 7.2: Tabelle der Ereignisse mit DWH-Konsequenz

Der DWH-Manager muss kontinuierlich die Aktivitäten seines Unternehmens wahrnehmen, um frühzeitig auf Veränderungen oder Ereignisse mit DWH-Anpassungen reagieren zu können. Er muss wissen, welche DWH-relevanten Informationen entstanden sind, wenn ein Ereignis eingetreten ist, und wo er diese Informationen einfordern muss. Der DWH-Manager muss agieren.

Projektgröße und Vorgehensmodell-Einsatz

Die prinzipielle Entscheidung für den Vorgehensmodell-Einsatz hängt von der Projektgröße, der Firmengröße, der Projektdauer, der Qualifikation und der Akzeptanz ab. Ohne Akzeptanz ist das beste Vorgehensmodell nutzlos. Ohne entsprechende Qualifikation kann das Vorgehensmodell nicht verstanden und allenfalls falsch angewendet werden.

➡ Vor der Verwendung eines Vorgehensmodells muss zunächst die Akzeptanz unter den betroffenen Mitarbeitern (DWH-Spezialisten, Anwender) geschaffen werden

Bei großen Projekten ist zur Koordination und zur Verpflichtung der Mitarbeiter unbedingt nach einem stabilen und alle Phasen umfassenden Vorgehensmodell zu verfahren. Die Kosten für die Erstellung einer einheitlichen Vorgehensweise sind erheblich geringer als die Kosten der Zusammenführung verschieden dargestellter Ergebnisse. Einige Ergebnisse können ohne die Einhaltung von minimalen Standards gar nicht zusammengeführt werden. Die Kostenerfassung hängt von der Gleichartigkeit der Kostenpositionen und der identischen Interpretation der Phasenergebnisse ab.

➡ Das Vorgehensmodell ist die Rahmenbedingung und Strukturvorgabe für das Projektberichtswesen. Die Berichte müssen die Phasen, Aktivitäten und Ergebnisse der Phasen des Vorgehensmodelles wiedergeben.

Für kleine Projekte genügt es, sich an die im Unternehmen gebräuchlichen Methoden und Werkzeuge zu halten. Je größer und länger das Projekt ist, umso genauer wird das DWH-Vorgehensmodell definiert und umso mehr Abnahmen wird es geben. Phasen werden der besseren Kontrolle wegen nochmals in Teilphasen unterteilt. Je nach der Größe sollten genaue Vorgaben ohne Zuhilfenahme weiterer Methoden **(ausschließliches Vorgehensmodell)** eingehalten werden oder aber »Kernmethoden«-Vorgaben gemacht werden, die unter bedarfsweiser Zuhilfenahme weiterer »Randmethoden« ergänzt werden dürfen **(offenes Vorgehensmodell).** Bei den folgenden Werten handelt es sich um Richtwerte:

- **Kleine Projekte** (< 6 Monate Dauer, < 10 Mitarbeiter, < 500.000 DM Budget) kann ein schlankes Vorgehensmodell persönlich nützlich sein. Eine Minimalform bei mehreren Mitarbeitern besteht aus Textvorlagen, Terminplan, Datenmodelltool, Grafiktool für bedarfsweise Strukturdiagramme wie z.B. Dialogstruktur, Aggregationsmodell.
- **Große Projekte** (> 6 Monate Dauer, > 10 Mitarbeiter, > 500.000 DM Budget) müssen unbedingt über ein ausschließliches, alle Phasen umfassendes Vorgehensmodell abgewickelt werden.
- **Mittelgroße Projekte** (3-6 Monate Dauer, 4-10 Mitarbeiter, 100.000-500.000 DM Budget) sollten über ein eingeschränktes offenes, aber für die Softwareentwicklung genau definiertes, abgeschlossenes Vorgehensmodell abgewickelt werden.

Make-or-Buy-Entscheidung

Die Größe des DWH-Projektes ist auch ein Hinweis auf die Make-or-Buy-Empfehlung. Je größer ein Projektwert ist, umso besser ist das Verhältnis zwischen dem Produkt, also den Projektergebnissen, und den eingesetzten Mitteln. Das heißt, je größer ein Projektvolumen ist, umso mehr Budget kann für die Individualisierung der Projektergebnisse eingesetzt werden.

Die **Make-or-Buy-Entscheidung** richtet auch nach dem **methodischen Abdeckungsgrad** der vorhandenen Möglichkeiten mit dem definierten Bedarf.

Andere Vorgehensmodelle, die als Teilmodelle gesehen werden können, sind in der DWH-Literatur zum Kapitel 4 »Software« und in der Literatur zu diesem Kapitel enthalten. Besonders erwähnenswert ist:

🗁 Bröhl, V-Modell,

das ein nützliches Metamodell zur Konstruktion eigener Vorgehensmodelle darstellt. Einen Fundus für die Auswahl an Methoden stellt zur Verfügung:

🗁 Balzert, Softwaretechnik

Eines der umfangreichsten Vorgehensmodelle für Softwareentwicklung, allerdings nicht auf DWH-Systeme ausgerichtet, ist das Modell ARIS:

🗁 Scheer, ARIS

Das Vorgehensmodell sollte unbedingt neben den zu erstellenden Phasenergebnissen auch die Methoden und die Dokumentationstools festlegen, um jedes Missverständnis zu vermeiden und Inhomogenitäten auf ein Minimum zu reduzieren. Wie eine solche Festlegung dargestellt wird, ist im folgenden Kapitel »Die Projektierung von Data Warehouse Systemen« unter dem Begriff »Leitlinie« dargelegt.

Aus der Erkenntnis dieser Ereignisse heraus und durch das Wissen über ihre Ergebnisse und ihre Konsequenzen kann der DWH-Spezialist die Auswirkungen bzw. die Voraussetzungen und das Nutzungspotential für sein DWH-Projekt einschätzen und entsprechende Nutzungsmaßnahmen planen.

7.2 Wozu dienen Softwaremodelle und wie ist ein Softwaremodell aufgebaut?

Einleitung

Die große Bedeutung der Phasen »Konzeption« und »Entwurf« liegt darin, dass dort der gesamte Fachinhalt der Software und damit die Effizienz der Unterstützung der betriebswirtschaftlichen Prozesse sichergestellt wird. Das zentrale Ergebnis der Phasen »Konzeption« und »Entwurf« ist ein **Softwaremodell,** d.h. eine Beschreibung der Software.

Die Basis für ein gutes Modell einer Anwendung ist das Aufspüren und die vollständige Zusammenstellung von Fachanforderungen in den Fachabteilungen. Die Aufgabe der DWH-Software ist ja, mitzuhelfen, die Unternehmensentscheidungen auf ein besseres Fachwissen zu gründen und dadurch zu verbessern und die Prozesse effizienter abzuwickeln. Softwaremodelle sollen dabei die genaue Abbildung dieser Unternehmensanforderungen sicherstellen.

Auf die Konzeption der Software folgt die Feststellung der Softwaretechnologie mittels der die Konzepte umgesetzt werden sollen.

Große Softwareentwürfe sind, wie große technische Systeme, nur noch toolgestützt zu beherrschen. Tools helfen, komplexe Gebilde zu visualisieren, die Daten der Spezifikationen und Konzeptionen konsistent zu halten und Informationslücken aufzuspüren. **Computer-Aided-Design-Systeme,** kurz **CAD,** sind unter Architekten, Elektroingenieuren und Maschinenkonstrukteuren etabliert. Es ist undenkbar, dass heute noch Häuser, technische Anlagen, Chemiefabriken oder Fahrzeuge ohne CAD-Entwurf geplant werden. Für die Software-„Ingenieure« ist der Einsatz von **Computer-Aided-Software-Engineering-Systemen,** kurz **CASE,** noch nicht selbstverständlich. Von Programmierern wird CASE als unnötiger Umweg aufgefasst. Hier wird die Auffassung vertreten, dass die Güte, Qualität und Nachvollziehbarkeit der Modelle von der Leistungsfähigkeit der eingesetzten Methoden und Modellierungswerkzeuge abhängt.

Steht die Softwaretechnologie fest, so können daraus und aus arbeitsplatz- und lokationsspezifischen Randbedingungen die Anforderungen an die Hardware bestimmt werden: die Konzeption der DWH-Hardwarelösung.

Betriebswirtschaftliche Aufgaben, Softwareeinsatz und Hardwareeinsatz sind die Voraussetzungen für ein Organisationskonzept des DWH.

Problemstellung und Motivation

Eine betriebswirtschaftliche Applikation, und damit auch eine DWH-Applikation, besteht im Allgemeinfall aus verschiedenen Komponenten:

- ✔ einer Datenbank für die Datenhaltung zusammen mit den Daten
- ✔ Masken für die Präsentation der Funktionen, Daten und die Kommunikation mit dem Benutzer
- ✔ Logik der Programme für die Ausführung von Berechnungen und Aktivitäten, Ansteuerung der Betriebssystemfunktionen und Hardwarekomponenten

Diese Softwarekomponenten sind kompliziert und müssen in der Regel vor ihrer Herstellung, der Programmierung, entworfen und vor dem Entwurf konzipiert werden. Dieser Entwurf erfolgt in mehreren Schritten, da verschiedene Komponenten auf unterschiedliche Weise mit aufeinander aufbauenden Methoden hergestellt werden müssen. Diese Schritte, in eine logische Reihenfolge gebracht, stellen eine Anleitung dar, wie die verschiedenen Phasenergebnisse erreicht werden, ein **Vorgehensmodell für Softwareentwicklung für betriebswirtschaftliche Anwendungen.**

Ein Beispiel für ein solches Vorgehensmodell für Softwareentwicklung ist in der folgenden Abbildung »Softwareentwicklungsmodell für betriebwirtschaftliche Anwendungen« (Abbildung 7.6) dargestellt.

Das Softwareentwicklungsmodell soll die vollständige, widerspruchsfreie, systematische Darstellung der Fachanforderungen ermöglichen.

Die Modellierungsaktivitäten beginnen mit der **Kontextabgrenzung.** Zunächst wird festgestellt, welche Schnittstellen die Software nach außen, zu anderen Systemen, Anwendern und Institutionen aus der Umwelt des Unternehmens, bekommen soll. Gleichzeitig wird abgegrenzt, was aus dieser Umwelt nicht in der Software berücksichtigt werden soll. Das Ergebnis ist ein **Kontextdiagramm.**

Im folgenden Schritt wird festgestellt, welche Schnittstellen die Software nach innen, zu Systemen, Anwendern und Bereichen aus dem inneren Umfeld des Unternehmens, bekommen soll. Gleichzeitig wird abgegrenzt, was aus diesem Umfeld nicht in der Software berücksichtigt werden soll. Das Ergebnis ist ein **Bereichsdiagramm** mit den betroffenen betriebswirtschaftlichen Bereichen.

Aus diesen zwei Schritten kann ein **Moduldiagramm,** das den Umfang und eine erste grobe Struktur der Software in Form von Modulen oder Teilsystemen benennt, abgeleitet werden.

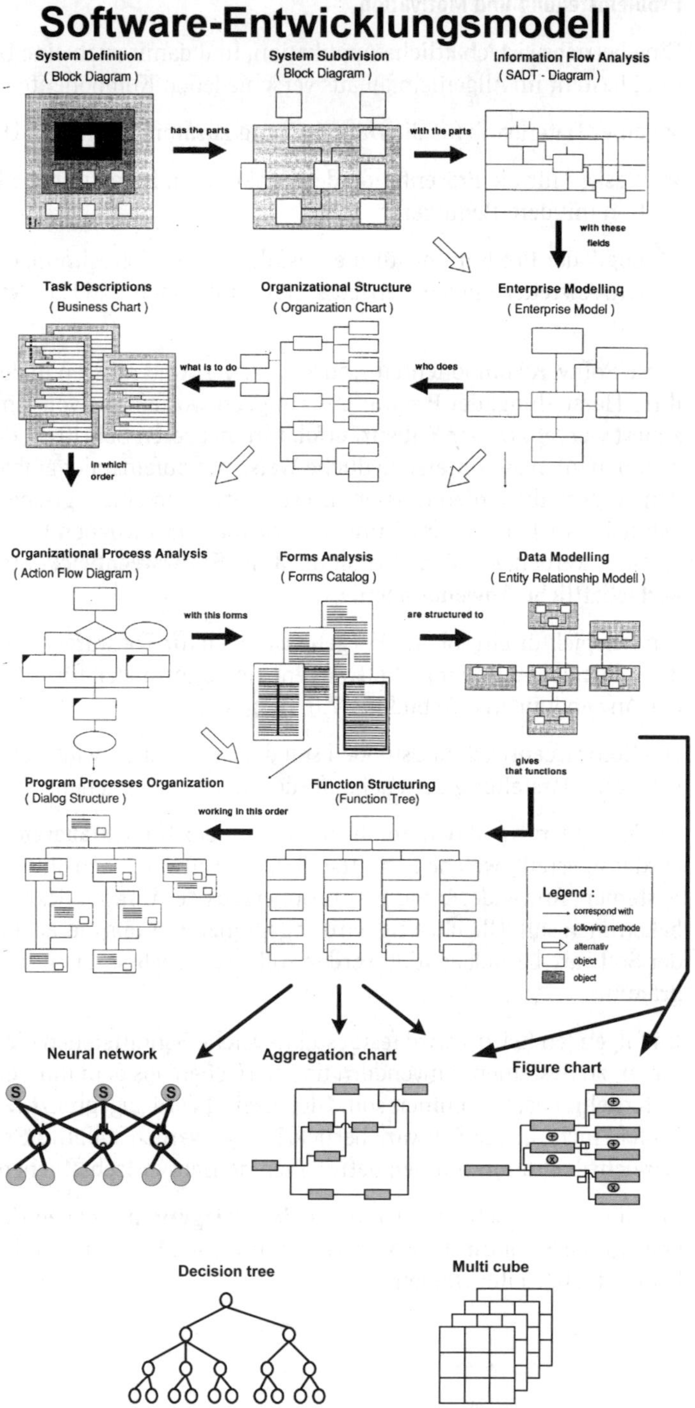

Abbildung 7.6: Softwareentwicklungsmodell für betriebswirtschaftliche Anwendungen

In den relevanten Bereichen des Unternehmens und auch zwischen den Bereichen werden die zu unterstützenden betriebswirtschaftlichen **Prozesse** ausgemacht und in **Ablaufdiagrammen,** auch **Prozessdiagramme** genannt**,** aufgezeichnet. Zu jedem Prozess werden die **Aktivitäten** auf ihre Unterstützbarkeit durch DV untersucht. Diese Aktivitäten sind die potentiellen Kandidaten für Softwarefunktionen, also für die Automatisierung.

Der in den Fachaufgaben zu bewältigende Informationsumfang wird aus den Dokumenten und **Formularen** ermittelt, die bei der ablauforganisatorischen Analyse recherchiert wurden.

Gemäß den als DV-unterstützbar bewerteten Aktivitäten werden Funktionen des betreuenden Systems benannt. Diese **Funktionen** werden dann mittels eines **Funktionenbaums** geordnet, ergänzt, auf wiederholtes Vorkommen hin untersucht und im Wiederholungsfall ausgelassen. Damit ist der fachliche Funktionsumfang des Systems festgestellt. Speziell für DWH-Anwendungen werden die Funktionen zu der Darstellung von Zahlenmaterial als Kennzahlenschemata und als Aggregationsdiagramme sowie die Navigation in diesen Datenmengen in den Funktionsumfang aufgenommen.

Die Informationen werden in Objekttypen (Informationengruppen, Tabellen) zerlegt und eventuell normalisiert, bis ein **Datenmodell** mit einer gut verwaltbaren Feinheit vorliegt. Aus den Ursprungsdaten des Datenmodells werden speziell für DWH-Anwendungen Datenverdichtungen in Form von **Aggregationsdigrammen** abgeleitet. Für die Erzeugung von Zahlenverknüpfungen werden **Kennzahlendiagramme** für die Weiterverarbeitung abgeleitet.

Mit Hilfe einer **Dialogstruktur** werden die Objekttypen der Informationen zu Masken organisiert bzw. zusammengestellt. Die Daten des Datenmodells werden gemäß den ermittelten Formularen zu **Masken** zusammengestellt. Den Masken des Programmsystems wird die Funktionalität gemäß der Analyse der Aktivitäten zugeordnet. Dann werden die Masken gemäß der Aktivitätenfolge aus der ablauforganisatorischen Analyse zu Maskenfolgen, sogenannten **Dialogen,** zusammengestellt. Ein Dialog ist dann eine Funktionenfolge aus Funktionen des Funktionenbaums, entsprechend der Aktivitätenfolge der Ablaufanalyse.

An dieser Stelle der Entwicklung ist ein **Prototyping** des zukünftigen Programmes, also die Generierung von Masken mit Inhalten und Aufruffolgen sinnvoll, da der minimale Maskeninhalt zu diesem Zeitpunkt vorliegt.

Zusammengefasst ergeben sich folgende Entwicklungsschritte und Entwicklungsprodukte im Laufe der Konzeption und des Entwurfes der DWH-Software:

- ✔ Fachlicher äußerer Kontext, fachlicher innerer Kontext und Einbettung in die Unternehmensumgebung nach Systemen, Software und Institutionen
  Ergebnis: **Kontextdiagramm**
- ✔ Fachliche Aufteilung des zukünftigen Softwaresystems
  Ergebnis: **Moduldiagramm**

- ✔ Einbettung in die organisatorischen Unternehmensbereiche
  Ergebnis: **Bereichsdiagramm**
- ✔ Abgrenzung der relevanten unternehmensübergreifenden Prozesse und der Kernprozesse
  Ergebnis: **Prozessübersichtsdiagramme**
- ✔ Analyse der Ablauforganisation und Kennzeichnung der DV-stützbaren Aktivitäten
  Ergebnis: **Ablaufdiagramm** oder **Prozessdiagramm,**
- ✔ Feststellung der Aktivitätsträger, ihrer Aufgaben und der verarbeiteten und zu verarbeitenden Informationen
  Ergebnis: **Organisationsstruktur,** Aufgabenlisten der Stellen, Formulare
- ✔ Auswahl der Aktivitäten, die zu Funktionen werden, Formulierung als Softwarefunktion und Übergabe an Funktionsliste (Ordnen der DV-Aktivitäten, Formulierung als Funktion, Streichung mehrfach vorkommender Funktionen)
  Ergebnis: **Funktionsbaum**
- ✔ Analyse der Formularinformationen entsprechend Ablaufdiagramm, Strukturieren der Informationen, Filtern der Entitätstypen, Attribute
  Ergebnis: **ERM**
- ✔ Übergabe Gruppenfunktionen für Maskenstruktur, Organisation der Funktionen zu Funktionenfolgen
  Ergebnis: **Dialogstruktur**
- ✔ Übergabe Kleinfunktionen, Elementarfunktionen für Maskenaufbau
  Übergabe von Formularaufbauten an Bildschirmstruktur, Übergabe von Objekttypen und Attributen an Dialogstruktur für Maskeninhalte
  Ergebnis: **Masken, Programmstruktur**

Konstruktion der Dialogstruktur

Das Ziel dieser methodischen Kette ist die Sicherstellung der fachgerechten Vorgaben an eine dialogorientierte Software. Die für die Softwaredialogstruktur wirksame Reihenfolge dieser Ableitung, also die Schritte, die den Fachgehalt in einen Softwaredialog überführen, zeigt die folgende Abbildung »Ableitung der Dialogstruktur«.

Im Einzelnen ist zu sehen, dass aus den Aktivitäten eines Prozesses Funktionen gewonnen werden. Diese Funktionen stellen die Automatisierung oder Teilautomatisierung derzeit manueller Arbeiten mit Hilfe der angestrebten Software dar. Die Gesamtheit der Funktionen ist ein Funktionsbaum.

Die Aktivitäten bearbeiten oder verarbeiten Objekte, sogenannte Verrichtungsobjekte. Sind diese Verrichtungsobjekte Formulare oder andere Informationsträger, gewinnt man aus ihnen Informationsstrukturen und Informationen. Alle Strukturen zusammen bilden das Datenmodell, nach dem eine Datenbank eingerichtet wird.

Da die Aktivitäten auf Daten ausgerichtet waren, ist dieser Bezug auch für die Funktionen da. Funktionen verarbeiten Daten. Die Daten und Funktionen werden in einem dialogorientierten Programm in Form von Masken realisiert. Die Daten werden durch Felder repräsentiert, die Funktionen durch Maskenmenüs und Tastatureingaben.

Die Abfolge der Funktionen muss dem logischen Arbeitsablauf entsprechen, so wie er durch die Prozesse dargestellt wurde. Die Aktivitätenfolgen gehen demnach in Funktionenfolgen und im Falle der Dialogprogramme in Maskenfolgen und Feldfolgen innerhalb einer Maske über.

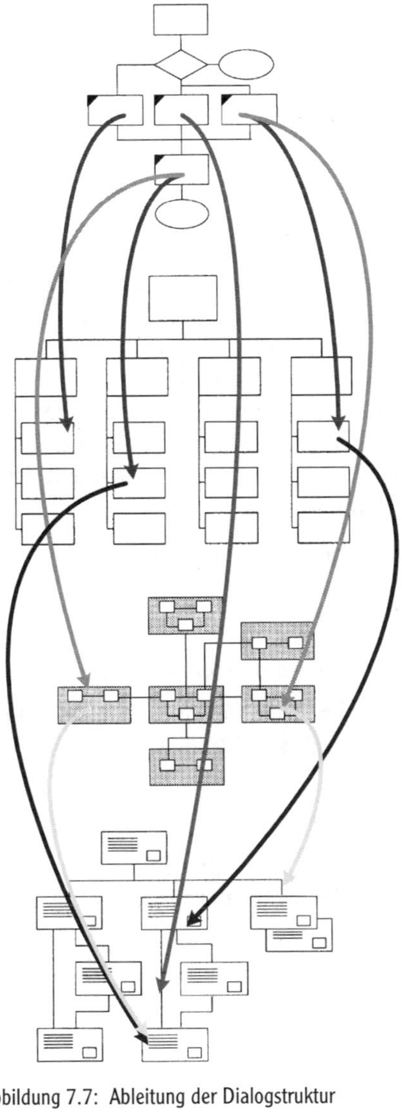

Abbildung 7.7: Ableitung der Dialogstruktur

Gestaltungs- und Lösungsmöglichkeiten

Es gibt in Lehrbüchern eine große Auswahl an Vorgehensmodellen für die Softwareentwicklung. Deshalb ist man gut beraten, sich erst einmal zu erkundigen und zu beurteilen, ob nicht das, was der Beratermarkt bietet, ausreichend ist. Das Unternehmen hat eventuell aus früheren Projekten verwendbare Bestandteile oder sogar ein bereits für bestehende Softwareprojekte ausgearbeitetes Vorgehensmodell. Bevor ein Vorgehensmodell für DWH-Vorhaben neu entwickelt wird, sollte dieses Potential ausgeschöpft werden.

- Auswahl der erforderlichen Modellierungsschritte
- Feststellung der Potentiale bestehender Vorgehensmodelle des Unternehmens und des Marktes
- Bestimmung der erforderlichen Methoden, Beschreibungsvorschriften
- Festlegung der Tools zur Unterstützung der Methoden

Problemlösung: Regeln und Hilfsmittel

Das Verfahren

Die Auswahl einer Methode ist aus einem sehr menschlichen Grund nicht belanglos. Die ausgewählte Methode muss von allen Beteiligten akzeptiert werden. Eine Methode, die nicht akzeptiert wird, wird auch nicht über das ganze Projekt durchgehalten. Methoden haben einen Schwierigkeitsgrad, der an das Abstraktionsvermögen der Analytiker appelliert. Die beste Methode nützt nichts, wenn sie zu schwer zu erlernen ist und die Sachverhalte aus der Sicht der Analytiker zwar genauer, aber unüberschaubar darstellt. Dies ist ein Grund für den Misserfolg einiger Methoden.

Folgendes Vorgehen zur Implementierung des DWH-Softwareentwicklungsmodells ist zu empfehlen:

Verfahren: Implementierung des DWH-Softwareentwicklungsmodells

- Prinzipielle Entscheidung über den Einsatz eines DWH- Softwareentwicklungsmodells nach Akzeptanzschwellen, Qualifikationen, Zeitbedarf bis zur Einsatzfähigkeit
- Orientierung der auf dem Markt erwerblichen Modelle
- Spezifizierung der Phasen und der Methoden für Konzeption, Entwurf, Realisierung mit Hilfe des **SWE-Modells für DWH** speziell für
  Kontextanalyse
  Funktionsanalyse
  Informationsbedarfsanalyse

Datenmodellierung
Aggregations- und Kennzahlenmodellierung
Funktionsmodell
Objektmodell
Dialogmodellierung

- Feststellen des Unternehmenspotentials an Vorgehensmodellen, Methoden, Tools
- Entscheidung über den Einsatz von Tools speziell für
  CASE-Tools
  grafische Ergänzungstools
  Textdokumentgeneratoren
  Testgeneratoren
- Evaluation bekannter Vorgehensmodelle und Beurteilung ihrer Anwendbarkeit in der Firma
- Schätzung des Aufwandes für Anpassungsarbeiten bzw. Neuentwicklung eines Vorgehensmodells
- Einsatz des Vorgehensmodells nach Feststellen des Einstiegszeitpunktes

SWE-Modell für DWH

Der Umfang des Einsatzes eines Vorgehensmodelles und sein Detaillierungsgrad sind von der Größe des DWH-Vorhabens nach Dauer, Personenzahl und Budget abhängig. Die Betrachtung der Softwareentwicklung wird in den beiden folgenden Kapiteln zum »DWH-Konzept« und zum »DWH-Entwurf« noch vertieft. Zur ersten Auswahl und Übersicht dient die Abbildung »SWE-Modell für DWH«.

7.3 Wie sieht ein DWH-Konzept aus?

Das DWH-Konzept ist mehr als ein Fachkonzept. Unter einem **Fachkonzept** wird die Zusammenfassung der fachlichen Anforderungen an eine Software verstanden. Das DWH-Konzept stellt auch nicht-fachliche Anforderungen, genauer alle Gestaltungsentscheidungen, dar. Zum Teil lassen sich diese aus den fachlichen Anforderungen herleiten. Die **DWH-Konzeption** umfasst alle in den Kapiteln zur Architektur des DWH besprochenen Gestaltungsentscheidungen: die betriebswirtschaftliche oder Facharchitektur, die Software-Architektur, die Hardware-Architektur, die Organisationsstruktur. Hinzu kommt die Festlegung der Methodik und der Werkzeuge, mit denen das DWH aufgebaut werden soll.

Der Begriff »Konzept« drückt dabei aus, dass die möglichen Varianten einer Lösung bzw. der vielen kleinen Lösungen ausgewertet wurden und die Entscheidung für jeweils eine Variante gefallen ist. »Konzeption« besagt außerdem, dass die Prüfung des Zusammenpassens der einzelnen kleinen Lösungsvarianten zu einer »großen« integrierten Lösung ebenfalls vollzogen ist. Das ist z.B. beim Organisationskonzept der Fall, wenn die DWH-Aufgaben zu DWH-Rollen und die DWH-Rollen zu DWH-Stellen zusammengeführt werden und die DWH-Stellen in das Unternehmensstellensystem integriert sind.

Die Beschreibung eines Konzeptes ist in der Fachsprache des Anwenders erstellt. Sie ist überwiegend verbal, mit Formeln oder auch mit Ablaufschaubildern und Formularen ergänzt. Das DWH-Konzept erfordert eine Umsetzung in eine DV-Sprache, um von Programmierern, Organisatoren und Hardwarelieferanten umgesetzt werden zu können. Welche Sprache das ist, hängt grundsätzlich vom Gestaltungsobjekt ab. Die Hardware wird anders beschrieben als die Software.

7.3.1 Die Bestandteile des DWH-Konzepts

Die Ergebnisse der Konzeption sind:

- ✔ Abgrenzung des Themenfeldes durch eine Kontextdefinition des Unternehmens in der Umwelt und den Kontext des DWH-Systems im Umfeld
- ✔ Prozessuale Anforderungen mittels der Darstellung der Geschäftsfelder, Organisationsstruktur, Aufgabenbeschreibungen, Stellenpläne, Abläufe und Formularwege
- ✔ Informative Anforderungen mittels der Nennung von Informationsträgern wie Formulare, Datenbanken (Struktur und Inhalte), Richtlinien, Vorschriften
- ✔ Funktionale Anforderungen an Software und Hardware
- ✔ Technologische Anforderungen an die Software
- ✔ Hardware- und Infrastrukturanforderungen, wie zu verarbeitende Mengen, Verbindungen und Zugriffe, Lokationsverteilungen
- ✔ Anforderungen an die Betriebs- und Nutzungsorganisation des DWH

Die Kontextanalyse

Die **Kontextanalyse** sucht nach den Außenbindungen des DWH. Diese Bindungen können einmal im Unternehmen selbst und auch außerhalb des Unternehmens gefunden werden. Die Kontextanalyse wird demnach in zwei Kontexten vollzogen:

- ✔ Umweltkontext des Unternehmens
- ✔ Umfeldkontext des DWH im Unternehmen

Das Ergebnis der Kontextanalyse sind zwei Diagramme mit Systemen, Institutionen, Maschinen oder Einflussfeldern auf das Betreiben eines DWH:

- ✔ **Umweltblockdiagramm** oder **Umweltkontextdiagramm**
- ✔ **Umfeldkontextdiagramm**

Beispiel: Kontext des Kraftwerkbetriebs

Für die Schadensanalyse-Applikation InDaWa ist der Kontext des Kraftwerks bezüglich der Einflüsse auf Kraftwerksschäden zu betrachten. Aus der Umwelt des Kraftwerks wurden ausgemacht:

- ✔ Technische Überwachungsvereine, Behörden, andere Stromanbieter, politische Institutionen und Bedingungen, Klimalagen und Wetter, Öffentlichkeit, Kunden, internationale Arbeitskreise und Interessenverbände

Nicht alle für den Kraftwerksbetrieb relevanten Umweltsysteme sind auch für die Schadensanalyse von Bedeutung. Es wurden folgende relevanten externen Systeme bzw. Institutionen festgestellt:

- ✔ Klimalagen und Wetter, Kunden, Verteilungsanlagen

In der Innenbetrachtung, also dem Umfeld des Kraftwerks, wurden als bedeutungsvoll für die Gestaltung der DWH-Lösung erachtet:

- ✔ Technische Anlage, Produktion, Rechnernetz, Kommunikationsanlagen

Und speziell an Softwaresystemen:

- ✔ Kostenrechnung, Instandhaltung

Das Kraftwerk betreibt noch viele weitere Softwaresysteme, die Darstellung der Softwaresysteme ist hier der Übersichtlichkeit zuliebe auf die relevanten Systeme eingeschränkt worden.

Für die Darstellung des Kontextes sind die folgenden Symbole nötig:

- ✔ **System-Boxen** für die Institutionen und Systeme
- ✔ **System-Abgrenzungspolygone** zur Aus- bzw. Eingrenzung der relevanten externen Institutionen und Umweltsysteme gegen die internen Umfeldsysteme und diese gegen bestehende Softwaresysteme
- ✔ **System-Beziehungslinien,** wenn die zwischen den Institutionen und Systemen bestehenden Wechselwirkungen dargestellt werden sollen

Bei besonders komplizierten Sachverhalten empfiehlt es sich, die Blöcke im Kontextdiagramm weiter zu zerlegen. Das Ergebnis ist eine hierarchische Gliederung von Kontextdiagrammen. Da nicht in jeder Ebene der Gliederung alle Einheiten interessant sind, kann man auf unterster Ebene der Zerlegung eine Zusammenstellung ausschließlich der relevanten Einheiten darstellen.

Die Kontextelemente sind die Basis für die prozessuale Analyse. Die Prozesse laufen zwischen den ausgewählten Einheiten (Systeme) des Kontextes ab. Die innerhalb der ausgegrenzten Systeme des Kontextes ablaufenden Prozesse sind nicht weiter zu betrachten.

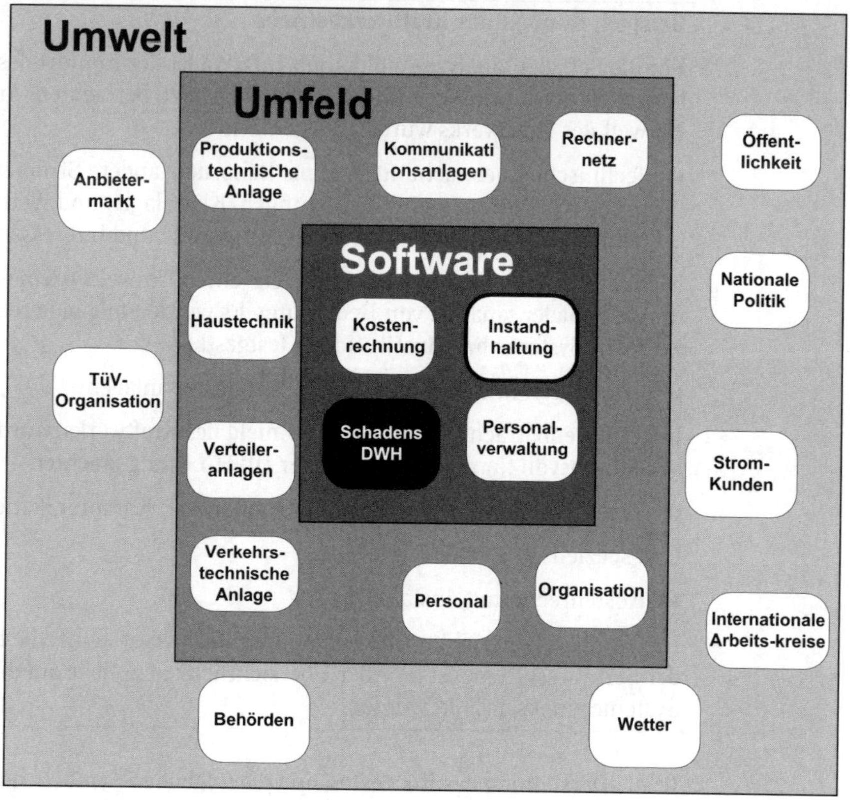

Abbildung 7.8: Kontextdiagramm InDaWa

Die Businessprozessanalyse

Bevor die **Businessprozessanalyse** durchgeführt werden kann, müssen die Unternehmensbereiche ausgemacht werden, die von den interessierenden Prozessen betroffen sind. Die Prozessanalyse startet also mit einer Bereichsabgrenzung.

Nach der Bereichsabgrenzung werden zunächst die komplett innerhalb der Bereiche liegenden Prozesse definiert, die zu untersuchen sind. Danach werden die zwischen den Bereichen des Unternehmen wirkenden Prozesse erfasst und danach die teilweise außerhalb des Unternehmens ablaufenden Prozesse. Dabei werden auch die Schnittstellen zu den nicht betrachteten Prozessen definiert.

Beispiel: Kraftwerksbereiche

Die Bereiche des Kraftwerksbetriebs sind

- ✔ Produktion: verantwortlich für die Stromerzeugung
- ✔ Instandhaltung: verantwortlich für die Erhaltung der Systeme und der Betriebsfähigkeit

- ✔ Leittechnik: verantwortlich für die Steuerung der Anlagen
- ✔ Betriebswirtschaft: verantwortlich für Verwaltung und Controlling, für die Erfassung der Kosten, Marketing, Öffentlichkeitsarbeit

Aus diesen Bereichen wird für die Schadensproblematik der Bereich Instandhaltung ausgemacht. Der zu untersuchende Schadensanalyseprozess wird in der Instandhaltung abgewickelt.

Der Prozess bezieht Daten aus der Kostenrechnung, um die Schäden nach Kostenintensität zu bewerten. Der Prozess bezieht auch aus der Produktion Informationen, um Belastungen durch Produktionsverläufe zu erkennen. Die Produktion wird von der Stromverteilung aufgrund von Kundennachfragen und Nachfrageprognosen bestellt.

Der Prozess Schadensanalyse ist demnach mit Schnittstellen zu den Bereichen Produktion und Betriebswirtschaft zu untersuchen.

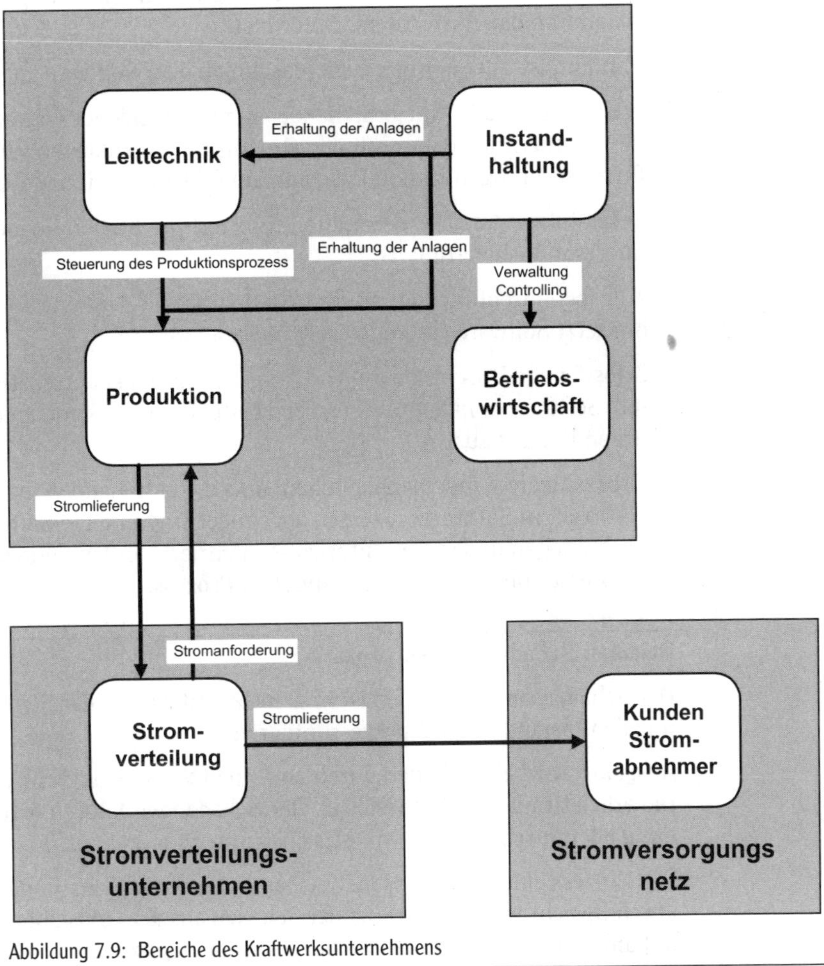

Abbildung 7.9: Bereiche des Kraftwerksunternehmens

Eine Ablauforganisation setzt immer Stellen und andere Organisationseinheiten voraus, die in Bereichen organisiert sind und die Aktivitäten der Ablauforganisation durchführen. Diese Organisationseinheiten können Personen, Gruppen, Ableitungen etc. sein. Es muss nicht immer genau ein Stelleninhaber aktionsausführend sein, sondern eine Aktion kann von Stelleninhabern ausgeführt werden. Zur Identifizierung, bzw. zur vollständigen Beschreibung eines Prozesses, muss also die Organisationsstruktur definiert sein.

Für die Darstellung der Organisationsstruktur sind die folgenden Symbole nötig:

- ✔ **Stelle** für die Identifizierung durch Bezeichnung und als Ort in einem Organigramm
- ✔ **Weisungslinie** für die hierarchische Eingliederung, also das Unterordnungsverhältnis zu anderen Stellen

Die im Organigramm definierten Stellen werden als Handlungsträger im Prozessdiagramm den Aktivitäten zugeordnet.

Als Handlungsträger können auch Maschinen oder Software angesehen werden.

Jede Software wird in eine bestehende oder zu gründende Organisation integriert und muss sich daher mit den Organisationsstrukturen vertragen und in die Prozesse einfügen lassen. Das kann auf folgende Weisen geschehen:

- ✔ Unterstützung der Aufgabendurchführung von Stelleninhabern, z.B. durch Informationslieferung
- ✔ Aufgabendurchführung mit dem Stelleninhaber gemeinsam (auf Eingabe hin setzt Software realen Prozess in Gang)
- ✔ Selbständige Durchführung von Aufgaben (z.B. bei automatisierten Prozessen: Software empfängt Werte, verarbeitet diese zu Signalen und löst einen realen Prozess aus)

Die Prozessanalyse muss sicherstellen, dass die bestehenden manuellen Prozesse korrekt in Softwareprozessen abgebildet sind und die Softwareprozesse wieder homogen in den Gesamtprozess integriert werden können. Die Softwareprozesse substituieren die manuellen Prozesse.

Beispiel: Schadensanalyseprozess

Der Schadensanalyseprozess ist in den Gesamtprozess der Stromerzeugung und den Instandhaltungsprozess integriert.

Ausgelöst wird ein Schaden durch einfachen Verschleiß, Schlechtlieferung, Dauerbelastung oder Lastwechsel. Der Schaden wird durch örtliche Begehung oder durch Anzeige von Messinstrumenten erkannt.

Der Prozess einer Schadensanalyse beginnt mit der Erfassung des Schadens durch Besichtigung vor Ort. Ist der Schaden aus der Ortssicht erfasst, wird er mit anderen Informationen aus dem System ergänzt.

Es muss beurteilt werden, ob der Schaden einer Analyse unterzogen werden soll. Der Schadensvorfall kann ja schon bekannt sein; dann wird einfach nur zu einer bestehenden Datenbank dieses Schadensverhältnisses ein weiterer Fall hinzugefügt.

Die Schadensanalyse soll Empfehlungen für die vorbeugende Instandhaltung produzieren und in Arbeitsaufträge zur Wiederherstellung umgesetzt werden.

Der Schadensanalyseprozess ist mit dem Ereignis der Bereitschaftsmeldung abgeschlossen.

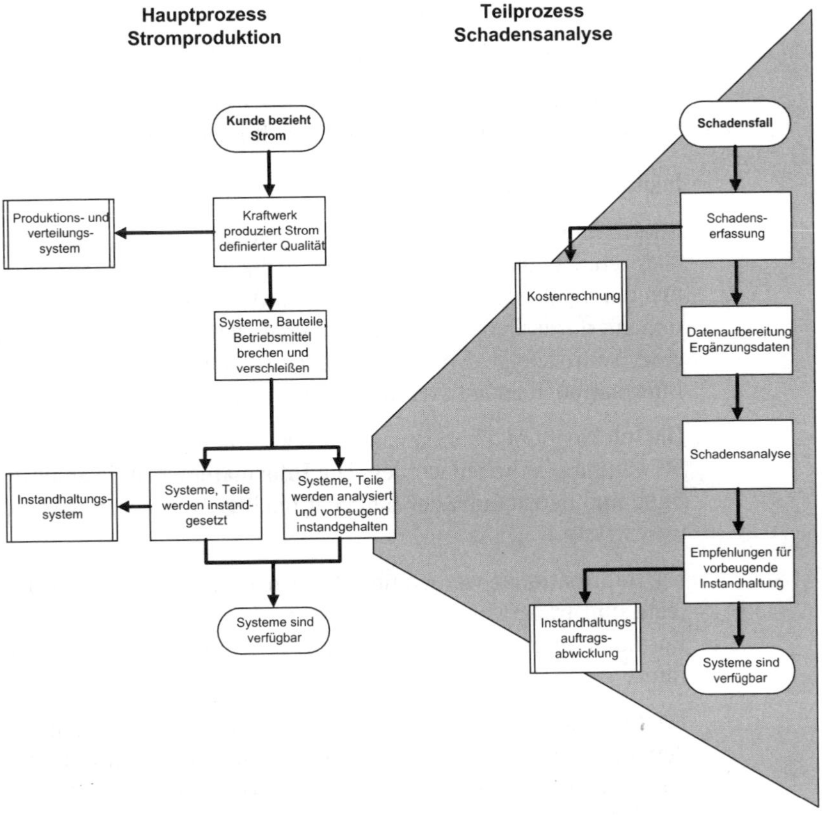

Abbildung 7.10: Prozess der Schadensanalyse

Für die Darstellung der Prozesse sind folgende Symbole nötig:

- ✔ **Prozessbegrenzer** für Start und Ende des Prozesses bzw. für einen auslösenden Sachverhalt, wie z.B. ein Ereignis
- ✔ **Aktivitäten** für die Identifizierung von menschlichen Handlungen oder von Aktionen von technischen Systemen
- ✔ **Entscheidungen** für die Darstellung von Wahlfreiheiten und Möglichkeiten

- **Konnektoren** für die Verzweigung zu anderen Prozessen oder Systemen, in denen wiederum Prozesse ablaufen

Die Aufgaben und die Teilaufgaben des Prozesses soll die Software durchführen. Das Abbild der Aufgaben in der Software sind die Funktionen der Software. Damit müssen sich die Funktionen der Software mit den Aktivitäten eines Ablaufes abstimmen.

Das Ergebnis des Arbeitsschrittes Prozessanalyse ist:

- Diagramm oder Liste der Businessbereiche mit Beschreibung
- Organigramm für die Struktur des Potentials zur Abwicklung von Aufgaben
- Aufgabenliste der Stellen mit Sachmitteln und Formularen
- Ablaufdefinition mit Informationsverwendung wie Reports, Formulare, Datenbankmasken, Richtlinien für Informationen

Informationsbedarfsanalyse

Informationen sind, wie in Kapitel 6 »Organisation« dargestellt, Produktionsfaktoren. Es gibt Produktionsschritte, die nur mit Zulieferung von Informationen durchgeführt werden können. Zur Ausübung von Aktivitäten sind Informationen erforderlich, z.B. ein Startsignal oder eine Ausführungsanweisung mit einer Schrittefolge. Einige Aktivitäten betreffen direkt die Verarbeitung von Informationen zu anderen Informationen, wie z.B. die Addition von Zahlen.

Die Informationen können auch direkt, d.h. losgelöst von ihrer funktionalen Verwendung, erhoben werden. Die **Informationsbedarfsanalyse** ist die Erhebung und Beurteilung der informationellen Anforderungen an das DWH-Softwaresystem.

Die Informationen werden über Informationsobjekte erfasst. **Informationsobjekte** sind Träger von Informationen und Informationsgruppen, wie Tabellen, Formulare, Berichte, Listen, Bilder, Fotografien, Tonaufzeichnungen, Videofilme.

Die Informationsobjekte können in ihrer Beziehung zueinander analysiert werden. Eine Beziehung ist z.B. gegeben, wenn das eine Informationsobjekt sich aus anderen Informationen oder Teilen von ihnen zusammensetzt. Informationsobjekte können sinnvoll gruppiert werden, z.B. nach einem Sachbezug. Informationen können auch hierarchisch strukturiert werden. Ein Beispiel hierfür ist die Beziehung des Enthaltenseins.

Das **Informationsobjektemodell** ist eine grafische Darstellung von Informationsobjekten wie Tabellen, Sheets, Dokumente, Signalgeber zusammen mit den Strukturen der dort dargestellten Informationen.

Das **Berichteschema** ist eine grafische Darstellung von Berichten und Dokumenten zusammen mit den Strukturen der dort enthaltenen Informationen und Verbindungslinien zur Darstellung der Informationsbeziehungen der Berichte.

Das **Kerndatenmodell** ist ein Zwischenschritt zwischen Informationsobjektemodell und relationalem Datenmodell. Das Kerndatenmodell trennt die in den Informationsobjekten dargestellten Informationsgruppen entsprechend real vorkommender Objekte. Das Kerndatenmodell wird durch strenge Anwendung der im folgenden Kapitel erklärten Normalisierungsregeln zu einem relationalen Datenmodell ausgearbeitet.

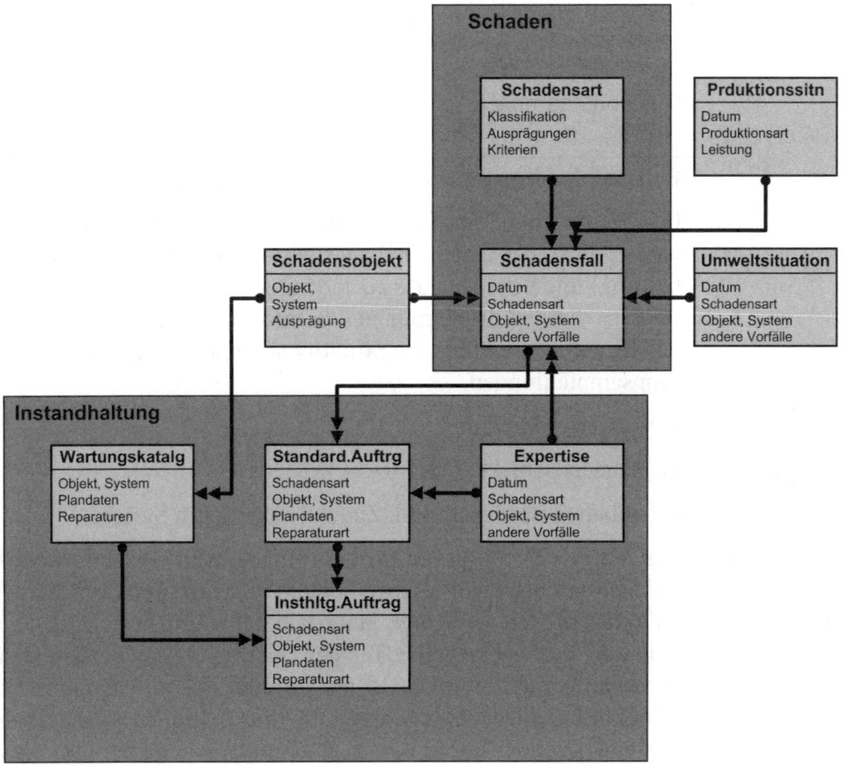

Abbildung 7.11: Informationsbedarf der Schadensanalyse

Berichteschema, Informationsobjektemodell und Kerndatenmodell können mit der gleichen Symbolik dargestellt werden:

- ✔ **Informationsobjekt** mit Bezeichnung und Zusammensetzung aus Informationen. Im Falle eines Berichtes kann die Berichtsart (Text, Tabelle, Grafik, Kombination) als Eigenschaft angegeben werden.
- ✔ **Informationsobjekte-Beziehung** mit Verbindungslinien zwischen den Informationsobjekten, wenn Informationen zwischen den Informationsobjekten weitergegeben werden bzw. verschiedene Informationsobjekte dieselbe Information enthalten.

Das folgende Beispiel führt die Informationsobjekte der Schadensanalyse auf und gibt ein Beispiel für ein Informationsobjektemodell. Ein Beispiel für ein spezielles Informationsobjektemodell in Form eines Berichteschemas ist im folgenden Kapitel das Berichtsschema des DWH-Projektes.

Das Ergebnis des Arbeitsschrittes Informationsbedarfsanalyse ist:

- ✔ Liste der Informationen
- ✔ Aufgabe-Projekt-Objekt-Matrix und Informationsbedarf pro Matrixposition
- ✔ Informationsobjektemodell
- ✔ Berichteschema
- ✔ Kerndatenmodell

Beispiel: Informationsobjekte der Schadensanalyse

Der Informationsbedarf leitet sich aus dem Ziel ab, bessere Instandhaltungsvorsorgen zu betreiben, die Lagerhaltung zu vereinfachen (schlanke Lagerhaltung), die Schadensrate zu verringern und die Verfügbarkeitsdauern zu steigern. Es sind drei Gruppen von Informationsobjekten interessant: die Schadensbeschreibung, die Situationsbeschreibung und die Instandhaltungsempfehlungen.

Schadensbeschreibung

✔ Schadensobjekt

Schadhaftes Betriebsmittel, Zugehörigkeit zum System

Der zentrale Bezugspunkt für nahezu alle Kraftwerksinformationen ist ein Anlagenteil. Schadensbeschreibungen und Instandhaltungsarbeiten werden an Anlagenteilen verrichtet, Materialbeschaffung bezieht sich auf Anlagenteile und der überwiegende Teil der Dokumentation bezieht sich auf Anlagendokumente. Die Anlage ist der Produktions- und Organisationsmittel. Ein Großteil aller Auswertungen für Informationen wird deshalb auf Anlagenteile bezogen. Dieser Wichtigkeit entsprechend wird für die Identifizierung der Anlagenteile ein sehr differenziertes Kennzeichnungssystem verwendet, das **Kraftwerks Kennzeichen System, kurz KKS.** Die folgende Abbildung »KKS-Schema« gibt Aufschluss über seinen Aufbau.

Situationsbeschreibung

✔ Umweltzustand

Wetterlage, Produktionsstand von Kunden

✔ Produktionslauf

Tagesverlauf der Produktion, Belastung der Teilsysteme

✔ Zusammenhänge

Produktionslast und Verschleiß, Jahreszeiten und Verschleiß

Instandhaltungsempfehlungen

✔ Instandhaltungsauftrag

Instandhaltungsanweisung an Personal mit Material, Qualifikation, Vorbereitungsmaßnahmen, Hilfsmittel

✔ Expertisen

Instandhaltungsmaßnahmen an Systemen, Vorratsmengen, Materialgüte, Lieferantengüte

Die hier abgeleiteten und aufgelisteten Informationen sind ein Ausschnitt aus dem Informationsbedarf für eine Schadensanalyse.

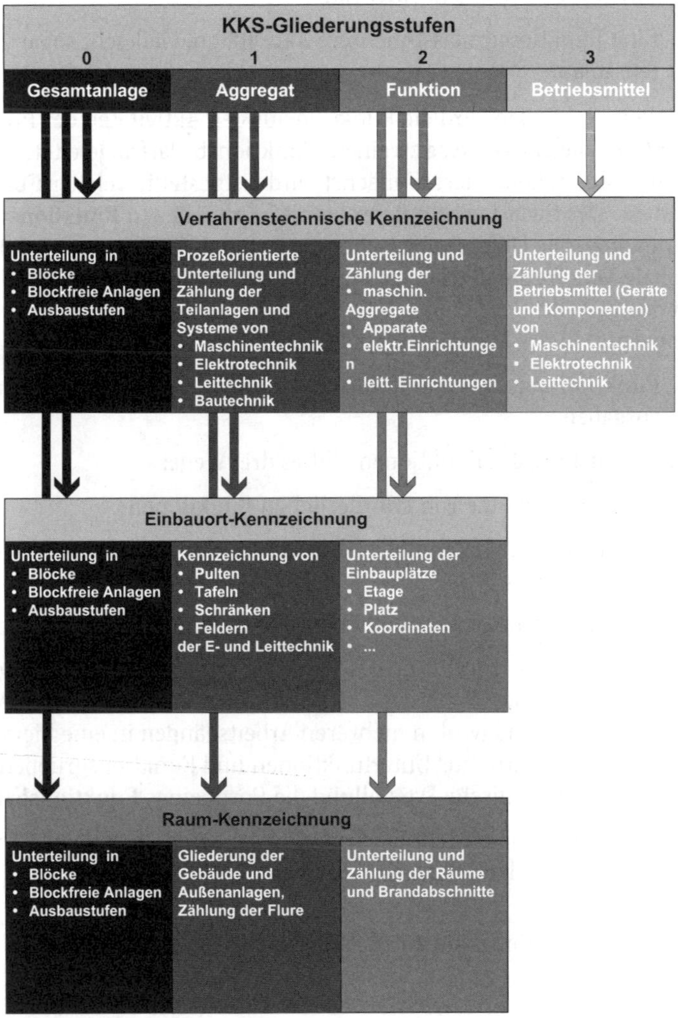

Abbildung 7.12: KKS-Schema

Aus der Informationsbedarfsanalyse, d.h. aus der Analyse, die den Bedarf an Informationen für die Durchführung von Aktivitäten ermittelt, werden auch Funktionsbedarfe gewonnen. Deshalb kann die Informationsbedarfsanalyse auch vor der Funktionsbedarfsanalyse durchgeführt werden.

Die Funktionsbedarfsanalyse

Die Aufgaben und die Teilaufgaben, welche durch die geplante Software durchgeführt werden sollen, sind die Funktionen der Software. Damit müssen die Funktionen der Software mit den Aktivitäten der Prozesse abgestimmt werden. Hier gibt es folgende Beziehungen:

- ✔ Eine Funktion ist schon eine Aktion als eine Position in einem Prozess
- ✔ Eine Funktion ist Teil einer Aktion
- ✔ Eine Funktion umfasst mehrere Aktivitäten, vielleicht sogar einen kompletten Ablauf

In allen drei Fällen wird die Funktion aus den Aktivitäten der Prozesse in der **Funktionsbedarfsanalyse** zu einem Funktionsbedarf abgeleitet. Der Bedarf wird in vier Stufen konzipiert. Zunächst wird festgestellt, welcher **Funktionsbedarf** besteht. Der Bedarf wird mit der bereits vorhandenen **Funktionsversorgung** verglichen. Die Differenz zwischen Bedarf und Versorgung wird dann als **funktionale Versorgungslücke,** die zu schließen die Aufgabe des DWH-Spezialisten ist, festgestellt. Der letzte Schritt besteht in der Erstellung des **funktionalen Konzepts.** In der Zusammenfassung ergibt das folgende Schritte:

- ✔ Funktionsbedarf ⇨ Funktionsversorgung ⇨ Versorgungslücke ⇨ Konzeptvorgaben

Zur Ermittlung der Funktionen gibt es drei Wege:

- ✔ Direkte Aufnahme von erforderlichen Funktionen
- ✔ Ermittlung der Daten und Ableitung der Funktionen als Operationen auf den Daten
- ✔ Erhebung der Prozesse und Ableitung der Funktionen aus den Aktivitäten

Das Ergebnis der Ermittlung des Funktionsbedarfs ist die **Funktionenliste** mit einer Funktionsbeschreibung. Die Funktionenliste ist im ersten Arbeitsgang unstrukturiert und wird in mehreren Arbeitsgängen in eine hierarchisch gegliederte Struktur aus Unterfunktionen und Funktionsgruppen geordnet. Dies ergibt als grafische Darstellung die Form eines **Funktionsbaumes.**

Das folgende Beispiel stellt die Funktionsliste und die folgende Abbildung den Funktionsbaum der Schadensanalyse dar.

Beispiel Funktionsliste zur Schadensanalyse

- ✔ Schadenserfassung

Schadhaftes Betriebsmittel, Zugehörigkeit zum System

✔ Erfassung umweltrelevanter Daten

Wetterbedingungen, Produktionsbedingungen von Kunden

✔ Erfassung Produktionsdaten

Tagesverlauf der Produktion, Lastmessungen der Teilsysteme

✔ Auswertungen

Zusammenhang Produktionslast mit Verschleiß, Zusammenhang Jahreszeiten mit Verschleiß

✔ Expertisen

Instandhaltungsempfehlungen, Vorratshaltung, Monitoring, Materialbeschaffung

Die hier abgeleiteten und aufgelisteten Funktionen (nicht vollständig) sind der funktionale Bedarf für eine Schadensanalyse.

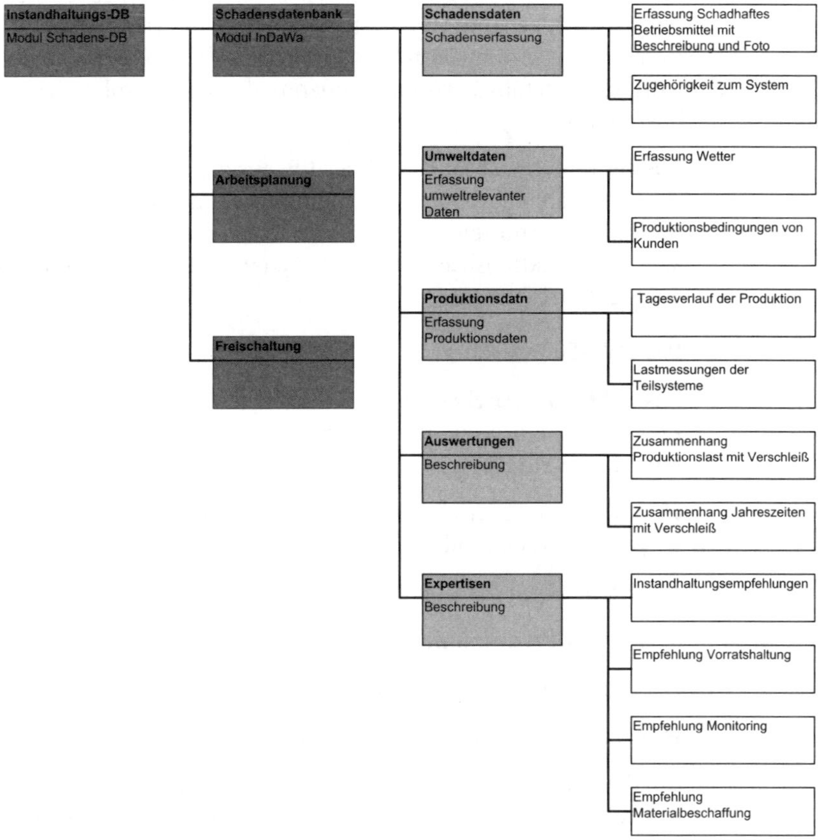

Abbildung 7.13: Funktionsbedarf der Schadensanalyse

Für die Darstellung des Funktionsbaumes ist folgende Symbolik erforderlich:

- ✔ **Funktion** als ein Viereck mit identifizierender Bezeichnung und bei Bedarf Typenkennzeichnung
- ✔ **Funktionsgliederungslinie,** entsprechend der hierarchischen Eingliederung der Funktion mit der übergeordneten Funktionsgruppe verbunden

Das Ergebnis des Arbeitsschrittes Funktionsbedarfsanalyse ist

- ✔ Funktionenliste und Entwurf eines Funktionenbaums aus der fachlichen Sicht

Aus der Sicht des Anwenders sind Funktionen Arbeitsmittel zur Unterstützung seiner Aufgaben und deshalb in seiner Fachsprache formuliert. Für die Definition der Software ist der Funktionsbedarf noch weiter zu bearbeiten. Die Funktionsliste ist als Funktionsanforderung an die zu erstellende oder zu evaluierende Software zu verstehen. Die Angaben des Anwenders müssen deshalb, um aus der Sicht des Programmierers bearbeitet werden zu können, vom DWH-Spezialisten, genauer vom Systemanalytiker des DWH, bereinigt werden. Diese Bereinigung wird in der folgenden Phase, dem DWH-Design oder DWH-Entwurf, durchgeführt. Das Funktionenmodell ist das Rohmaterial für die Funktionsstruktur.

Aus der Funktionsbedarfsanalyse, d.h. aus der Analyse, die den Bedarf an Ersatz von Aktivitäten durch Softwarefunktionen (und auch Rechner- oder Peripheriefunktionen) ermittelt, werden auch Informationsbedarfe gewonnen. Deshalb kann die Funktionsbedarfsanalyse auch vor der Informationsbedarfsanalyse durchgeführt werden.

Das DWH-Softwarekonzept

Das **DWH-Softwarekonzept** umfasst alle technologischen Anforderungen, Architekturanforderungen und Produktvorgaben an die Software. Dazu gehören z.B. die Vorgaben,

- ✔ auf welchen Betriebssystemen oder auf welcher Hardware die Software eingesetzt werden soll,
- ✔ welche Form der Client-Server-Verteilung gewählt wird,
- ✔ welcher Programmiersprache der Vorzug gegeben wird,
- ✔ ob eine Standardlösung anstelle einer Eigenentwicklung bevorzugt wird,
- ✔ welche Produkte für die Entwicklung eingesetzt werden müssen.

Die Fragen zur Software-Architektur wurden als »Architekturbestandteil« in Kapitel 4 »Softwarekomponenten« ausführlich dargestellt. Das Softwarekonzept ist die Zusammenfassung der Ergebnisse der dort behandelten Fragestellungen. Das Softwarekonzept ist allerdings nicht nur eine Ergebnisdarstellung, sondern ebenfalls eine nachvollziehbare Darstellung der Ergebnisfindung. D.h.

es sind die innerhalb der Rahmenbedingungen erwogenen Möglichkeiten und die Begründung der Entscheidung aufgeführt.

Definition: Softwarekonzept

Das **Softwarekonzept** ist die Zusammenstellung der Anforderungen an die Software-Architektur und die Architektur der Softwareentwicklungstools zusammen mit einer Lösungsbeschreibung aus der Sicht der Fachanwender.

Das Ergebnis der Softwarekonzeption ist ein Softwarekonzept mit

- ✔ Architekturtyp (Client-Server, Peer-to-Peer, Terminal-Host, Three-Tier, ...)
- ✔ Fachtyp (prozesssteuernd, kaufmännisch, technisch, geographisch, ...)
- ✔ Fertigungstyp (Standardsoftware, Eigenentwicklung, Komponentenentwicklung, ...)
- ✔ Technologietyp (relational, hierarchisch, objektorientiert, ...)
- ✔ Programmiersprachen (C, C++, COBOL, Visual Basic, Makrosprachen, ...)

Das DWH-Hardwarekonzept

Das **DWH-Hardwarekonzept** umfasst alle technologischen Anforderungen, Architekturanforderungen und Produktvorgaben an die Hardware. Dazu gehören z.B. die Vorgaben,

- ✔ welche Betriebssysteme auf welchen Rechnertypen eingesetzt werden sollen,
- ✔ wie die Rechner weltweit verteilt sind und welche Anbindungen an öffentliche Netze mit welchen Diensten erforderlich sind,
- ✔ welche peripheren Komponenten auf dem Arbeitsplatz und im LAN erforderlich sind und wie die Rechner in das LAN eingebunden werden sollen.

Die DWH-Hardwarekonzeption ist von der Softwarekonzeption abhängig, da die Software auf der Hardware betrieben werden soll und die Softwareanforderungen von der Hardware unterstützt werden müssen. Wenn z.B. die Bedienung über eine grafische Oberfläche gefordert ist, ist der Einsatz eines zeichenorientierten Terminals nicht möglich. Die Hardwarekonzeption ist auch von der bestehenden Hardwarelandschaft und von den Aus- oder Umbaukonzepten abhängig. Die DWH-Hardware soll ja integrativ in der gesamten IT-Landschaft betrieben werden können.

Definition: Hardwarekonzept

Das **Hardwarekonzept** ist die Zusammenstellung der Anforderungen an die Hardwarearchitektur und der Produktanforderungen zusammen mit einer Lösungsbeschreibung aus der Sicht der Fachanwender.

Die Fragen zur Hardwarearchitektur wurden als »Architekturbestandteil« in Kapitel 5 »Hardware« ausführlich dargestellt. Das Hardwarekonzept ist die Zusammenfassung der Ergebnisse der dort behandelten Fragestellungen.

Das Ergebnis der Hardwarekonzeption ist ein Hardwarekonzept mit

- ✔ WAN-Netzschema mit Komponenten und Providerbedarf
- ✔ Datenflussmatrix, Skalierungsprognose
- ✔ LAN-Netzschemata mit Rechnerverteilung und Komponenten
- ✔ Rechnertypen, Rechnerkonfigurationen, Betriebssystemen, Skalierungsprognose
- ✔ Peripheriekomponenten

Das DWH-Organisationskonzept

Das **DWH-Organisationskonzept** umfasst alle organisatorischen Anforderungen für den Aufbau, den Betrieb und auch den Abbau der DWH-Lösung einschließlich Hardware, Software und betriebswirtschaftlicher Aufgaben. Das umfasst z.B. die Vorgaben,

- ✔ welche Stellen für die Nutzung, den Betrieb, das Management und die Nutzerunterstützung eingerichtet werden sollen,
- ✔ welche Aufgaben zu bewältigen sind und welche Qualifikationen dafür aufgebaut oder beschafft werden sollen,
- ✔ in welchen Besprechungskreisen der Fortschritt und die Weiterentwicklung des DWH gesteuert werden soll.

Die DWH-Organisationskonzeption soll den Aufbau, den Betrieb und auch den Abbau der DWH-Lösung mit allen Hardwarekomponenten und allen Softwarekomponenten sicherstellen. Sie ist von den Ergebnissen der DWH-Hardwarekonzeption und von der DWH-Softwarekonzeption abhängig, da für Betrieb und Aufbau der Komponenten die entsprechenden Qualifikationen erforderlich sind.

Definition: Organisationskonzept

Das **Organisationskonzept** ist die Zusammenstellung der Anforderungen an die Organisationsarchitektur zusammen mit einer Lösungsbeschreibung aus der Sicht der Fachanwender.

Die Organisationsfragen wurden als »Architekturbestandteil« in Kapitel 6 »Organisation« ausführlich dargestellt. Das Organisationskonzept ist die Zusammenfassung der Ergebnisse der dort behandelten Fragestellungen.

Das Ergebnis der Organisationskonzeption ist ein Organisationskonzept mit:

- ✔ Rollendefinition, Aufgabenbild
- ✔ Stellenbeschreibungen mit Kompetenzen
- ✔ Organisationsstruktur, Organigramm
- ✔ Besprechungskreise
- ✔ Prozessdefinition, Berichtswesen

7.3.2 Das DWH-Konzept

Problemstellung und Motivation

Zur Ableitung der Fachaufgaben muss der Blick einmal nach außen, auf die Vorgänge und Zusammenhänge in der Umwelt, gerichtet werden und zum zweiten nach innen, auf die Aufgaben des Unternehmens und die Zusammenhänge im Unternehmen. Diese Zusammenhänge sind z.B. andere Systeme, mit denen das DWH kooperieren muss.

Zur Ableitung der Fachanforderungen sind mehrere Schritte entsprechend der drei Sichten »prozessual – informatorisch – funktionell« erforderlich.

Die Fachanforderungen sind richtungsbestimmend für die Gestaltung des DWH-Systems. An den Fachanforderungen werden die Hardwareanforderungen, die Softwaretechnologie-Anforderungen wie auch die organisatorischen Anforderungen ausgerichtet.

Das **DWH-Konzept** ist die Zusammenfassung der einzelnen Konzepte der Architekturbestandtteile:

- ✔ Fachkonzept
- ✔ Softwarekonzept
- ✔ Hardwarekonzept
- ✔ Organisationskonzept

Das hier vorgestellte DWH-Konzept ist einerseits mehr und andererseits weniger als ein Fachkonzept.

Das Fachkonzept umfasst in der Praxis meistens bereits die Funktionalität und oftmals schon ein nahezu normalisiertes Datenmodell. Damit wird abweichend vom Begriffsinhalt die rein fachliche Anforderung an eine Software überschritten und keine klare Trennungslinie zwischen den Sichten Fachanwender und Systemanalytiker geschaffen. Diese Vermischung der Rollen und Phasen wird hier konsequent abgelehnt, auch wenn hin und wieder die Erfahrung gemacht wird, dass sich Anwender mit der relationalen Datenmodellierung anfreunden können. In diesem Sinne ist das hier vorgestellte DWH-Konzept weniger, weil es »nur« fachliche, oder besser nur betriebswirtschaftliche Anforderungen, völlig unabhängig von der Technologie, beschreibt.

Unter einem Fachkonzept wird in der Regel ein Fachkonzept für die Softwareauswahl bzw. die Softwareentwicklung verstanden. Das ist bei einer integrierten Lösung aus Software, Hardware, Organisation und betriebswirtschaftlicher Funktion nicht ausreichend. Das DWH-Konzept ist mehr, weil es nicht nur Anforderungen an die Softwaretechnologie stellt, sondern weil es die Voraussetzungen an die Hardware-Architektur definiert und die erforderliche Organisation ableitet.

Definition

Das **DWH-Konzept** ist die Zusammenstellung der Anforderungen aus der Sicht der Fachanwender mit den Konsequenzen für die Software-, Hardware- und Organisationsarchitektur.

Das DWH-Konzept ist die Basis für eine Auftragsvergabe. Anhand des DWH-Konzepts kann ein Auftragnehmer den Umfang der zu leistenden Arbeiten grob abschätzen und mit einer entsprechenden Kalkulation ein Angebot abgeben.

Das DWH-Konzept ist nach der Auftragsvergabe eine Verpflichtung des Auftragnehmers. Deshalb ist das DWH-Konzept auch ein Pflichtenheft, und zwar ein Pflichtenheft für den Entwurf. Eine seriöse Schätzung der über den Entwurf hinausgehenden Aufwände für die Realisierung ist nicht ohne weitere konzeptionsüberschreitende Annahmen möglich. Die Realisierung kann erst auf der Basis eines Entwurfes einigermaßen exakt geschätzt werden.

Gestaltungs- und Lösungsmöglichkeiten

Der Umfang und damit der Aufwand der Erstellung eines DWH-Konzepts hängt vom Sachumfang, der Anzahl und Komplexität der methodischen Schritte und von der Detailltiefe der Anwendung der einzelnen Methoden ab.

➢ Definition des Aufbaus eines DWH-Konzepts

Vor dem Einsatz der Kontextanalyse ist eine Festlegung zu treffen, wie die Kontextkomponenten dargestellt werden sollen.

➢ Erstellung des Kontextdiagramms

Für die Prozessanalyse ist der relevante Bereich des Unternehmens auf der Basis des Kontextdiagrammes auszugrenzen.

➢ Erstellung der Businessprozessanalyse oder einer Prozessbedarfsanalyse mit Bereichsabgrenzung, Prozessdiagrammen, Aufgabendefinitionen

➢ Erstellung der Informationsbedarfsanalyse mit Informationsobjekteliste

- Erstellung der Funktionsbedarfsanalyse mit Funktionsliste

Aus den fachlichen Anforderungen ergeben sich Randbedingungen für technologische, infrastrukturelle und organisatorische Anforderungen.

- Definition des Aufbaus und Erstellung des Inhalts des technologischen Softwarekonzepts
- Definition des Aufbaus und Erstellung des Inhalts des Hardwarekonzepts
- Definition des Aufbaus und Erstellung des Inhalts des Organisationskonzepts
- Zusammenfassung der einzelnen Konzepte zu einem DWH-Konzept

Problemlösung: Regeln und Hilfsmittel

Das Verfahren

Das Ergebnis der DWH-Konzeption ist das DWH-Konzept. Ziel ist es, alle konzeptionellen Vorgaben an das DWH aus der Fachsicht zu bestimmen. Für die Erstellung eines DWH-Konzepts ist folgende Vorgehensweise empfehlenswert:

Verfahren: Aufbau DWH-Konzept

- Bestimmung des Aufbaus und des Umfanges eines DWH-Konzepts mit Hilfe der **Checkliste DWH-Konzept Aufbau**
- Erstellung der Umweltanalyse mit Hilfe des **Kontextdiagramms Umwelt**
- Erstellung der Umfeldanalyse mit Hilfe des **Kontextdiagramms Umfeld**
- Zusammenfassung der Kontextdiagramme mit Beziehungen
- Erstellung der Businessprozessanalyse mit Bereichsabgrenzung, Prozessdiagrammen, Aufgabendefinitionen
- Erstellung der Informationsbedarfsanalyse mit Informationsobjekteliste
- Erstellung der Funktionsbedarfsanalyse mit Funktionsliste
- Definition des Aufbaus der einzelnen Konzepte technologisches Softwarekonzept, Hardwarekonzept, Organisationskonzept
- Erstellung des Inhalts des technologischen Softwarekonzepts
- Erstellung des Inhalts des Hardwarekonzepts
- Erstellung des Inhalts des Organisationskonzepts
- Zusammenführung der einzelnen Konzepte zu einem DWH-Konzept

Checkliste DWH-Konzept

Ein großer Umfang einer DWH-Konzeption bedeutet immer auch viel Aufwand und hohe Kosten. Hier ist das richtige Maß zu finden zwischen Kosten und

Nutzen. Der Umfang des DWH-Konzepts ist von der Größe des Projekts, von den bestehenden Richtlinien und Vorgehensmodellen und deren Einhaltungsverpflichtung und von dem für das DWH-Vorhaben vereinbarten Vorgehensmodell abhängig.

Zur Festlegung des Detaillierungsgrades sind nur Faustregeln möglich. Bei kleinen Projekten kann man prototypisch vorgehen. Das heißt, man kann zunächst grobe Annahmen machen, um dann bei Feststellen von Mängeln im Prototyp oder im Design die fehlenden Informationen durch Rückschritt in die bereits abgewickelte Konzeptionsphase nachzuführen. Bei großen Projekten mit vielen Mitarbeitern und hohem Integrationsgrad in die bestehende Infrastruktur ist eine exakte, eindeutige Definition aller Anforderungen erforderlich, da die »späten« Änderungsaufwände die Konzeptionsaufwände bei weitem übertreffen würden.

Für die Inhalte der einzelnen Konzepte sind in den vorangegangenen Abschnitten Ergebnisse aufgezählt worden. Für die Darstellung der einzelnen Ergebnisse sind Beispiele aufgeführt.

Die Ergebnisse der einzelnen Konzeptionen werden in einem Dokument zusammengefasst. Als Beispiel für die Gliederung und als Anleitung für die Erarbeitung eines geschlossenen DWH-Konzepts dient die folgende **Checkliste DWH-Konzept.**

Checkliste DWH-Konzept

Abgrenzung

- ✔ Definition, Abgrenzung des Themenfeldes, Ziel des Konzepts, Adressaten
- ✔ Situation vor Projektbeginn
- ✔ Partner: Standorte, Ländersituation, Sprachen, Betroffene und beteiligte Firmen
- ✔ Komponenten: WAN, LAN, Verkabelung, Host, Client, PCs, WSs, Verbindungen, Drucker-Typen, Scanner, Karten, Monitore
- ✔ Umfang: Telefon, Mobilfunk, Funk, Satelliten, Bildtelefon, Videokonferenz, DATEX, Telex
- ✔ Anwendungen: CAD, FMS, R/2-Betrieb, R/3-Betrieb, Individual-DB-Anwendungen, Archivierung, Basissoftware, Utilities, User-Tools
- ✔ Organisation: Struktur, Regelungen, Prozesse, Verbunde, Personal, Qualifikationen, Kapazität, Mengen, Lasten
- ✔ Betriebserfahrung: Massendateneingaben, Realzeit, Transaktionsbetrieb, Wartung, Outsourcing

Tabelle 7.3: Checkliste DWH-Konzept

- ✔ Vorgehensmodell: Methoden, Verfahren, Tools, Projektphase, Fertigstellungsgrad, Vorprojekte

Prämissen

- ✔ Kontext Unternehmensumwelt: Trends, Märkte, Wettbewerbsfaktoren, Standards
- ✔ Kontext Umfeld: interne Anforderungen, Konzern-Anforderungen, Fusionsanforderungen, Tochter-Voraussetzungen
- ✔ Zielsetzung der Lösung: Strategie, Taktik, operative Ziele, interne Standards, Wettbewerb

Konzeption

- ✔ Alternativen: Möglichkeiten, technische Kriterien, Organisatorische Kriterien, verworfene Alternativen, Bewertung, Begründung
- ✔ **Modelle:** Kontextmodell, Businessmodell, Informationsmodell, Funktionsmodell
- ✔ **Softwarekonzept:** CAD, FMS, R/2-Betrieb, R/3-Betrieb, Individual-DB-Anwendungen, Archivierung, Workflow, Prozesssteuerung
- ✔ Softwareentwicklung: Tools, Programmiersprachen, Protokolle, Funktionen
- ✔ **Hardwarekonzept:** LAN, WAN, Server, Clients, Peripherie, technische Prozesskomponenten, Haustechnik, Betriebssysteme
- ✔ **Organisationskonzept:** Rollen, Stellen, Strukturen, Prozesse für Betrieb, Wartung und Anpassung, Konfiguration
- ✔ Funktionalität: Administration, Tuning, Ergonomie, Robustheit, Ausbaufähigkeiten, Zukunftsbeständigkeit, Sicherheit, Schnittstellen
- ✔ Integration: Einbindung in Anwendungen, Konzernintegration, Allokation
- ✔ Performance: Kapazitäts-und Leistungsanforderungen, Ergonomie
- ✔ Wirtschaftlichkeit: Kosten, Nutzen,

Umsetzung und Betrieb

- ✔ Beschaffung: Bestellung, Lieferungsabnahme
- ✔ Aufbau: Installation, Test, Abnahme, Inbetriebnahme,
- ✔ Organisation: organisatorische Voraussetzungen, technische Voraussetzungen
- ✔ Betrieb: Wartung, Service, Systemadministration, Abbau, Entsorgung

Tabelle 7.3: Checkliste DWH-Konzept

Umsetzungsorganisation

- ✔ Organisationsstruktur: Rollen, Stellen, Organisationsstruktur, Kompetenzen, Befugnisse
- ✔ Ablauforganisation: Prozesse, Richtlinien, Berichtswesen
- ✔ Qualifikation: Schulungen, Aufgabenstellung, erforderliches Know-how

Umsetzungsplanung

- ✔ Planungsgrößen: Mengen, Dokumentenvolumen, Dauer, Aufwand, Mittel, Userzahlen, Entfernungen
- ✔ Plan: Aktivitäten, Ressourcen, Termine, Dauer, Vorgänger, Nachfolger, Aktionsträger (Stelle, Organisationseinheit, Funktion)
- ✔ Risiken: Frühwarnsignale, Konsequenzen, Gegenmaßnahmen

Tabelle 7.3: Checkliste DWH-Konzept

7.4 Wie wird ein DWH-System spezifiziert?

Bis zu diesem Zeitpunkt der Analysen und Konzeptionen wurde nicht an die Strukturierung von Programmen gedacht, sondern es wurde nur alles das konzipiert, was mit einem Programm unterstützt werden soll. Jetzt ist der Zeitpunkt gekommen, wo alle Anforderungen an die zukünftige Software feststehen und der Entwurf der Software, die genaue Spezifikation, erarbeitet werden kann. Für diesen Entwurf ist in der Konzeption eine Entscheidung getroffen worden, mit welcher Technologie, mit welchen Programmiermitteln diese Software erstellt werden soll. Von dieser Entscheidung hängt die Entwurfsmethodik ab. Es ist ein Unterschied, ob Masken für zeichenorientierte oder grafische Bedienung, Tabellen für hierarchische oder relationale Datenbanken und Programmstrukturen für klassische oder objektorientierte Programme entworfen werden müssen.

Die Hardwarekomponenten werden nicht selbst entwickelt, sondern beschafft. Die Beschaffungsanforderungen sind vom DWH-Spezialisten bereits im DWH-Konzept erarbeitet worden. Die Angaben sind noch nicht hinreichend genau für die Beschaffungen formuliert. Es ist eine genaue Spezifikation der Hardwarekomponenten und der Netzeigenschaften auf Bestellniveau erforderlich. Dies ist in der Regel Aufgabe der Hardwarespezialisten.

Auch die Anforderungen an die Organisation sind definiert. Die Personalakquisition kann starten, wenn die Stellen spezifiziert sind, d.h. wenn die Stellenbeschreibungen ausgearbeitet sind. Soll das Personal aus den eigenen Reihen mittels Training qualifiziert werden, sind Schulungsinhalte zu spezifizieren. Die Personalakquisition führt der Personalreferent durch.

Anders ist die Situation bezüglich der Software zu sehen. Anforderungen an Software sind so weit definiert, dass die Softwareprodukte beschafft werden können. Dazu ist festzustellen, ob der Markt eine anforderungsadäquate Softwarelösung bietet. Ist das nicht der Fall, ist entweder gar kein entsprechendes Produkt im Angebot oder es kann ein Produkt beschafft werden, dass angepasst werden kann. Diese Anpassung an die Kundenbedürfnisse wird **Customizing** genannt. In beiden Fällen muss eine detailliertere Spezifikation erstellt werden: eine Spezifikation für Anpassungsarbeiten an Masken, Tabellen, Dateninhalten und Dialogen.

Bevor Programmierer mit der Herstellung der Software beginnen, muss festgelegt sein, was die Software alles können muss. Würde die Festlegung erst im Laufe der Programmierarbeiten konkretisiert, müsste der Programmierer seine Programme ständig überarbeiten, ohne die Auswirkungen auf die Programme anderer Programmierer zu kennen. Die Menge der Korrekturen und ihre wechselseitigen Auswirkungen werden immer komplexer, bis die Gefahr der Übersichtslosigkeit und der Unbeherrschbarkeit droht und die Softwareherstellung von neuem gestartet werden muss. Die genaue Definition der Eigenschaften, **Spezifikation** genannt, soll also weitestgehend vor dem Programmierstart abgeschlossen sein.

Das gilt übrigens auch für das vielzitierte Prototyping. Aus schlechten, unvollständigen oder gar fehlenden Spezifikationen können auch nur schlechte oder gar keine Prototypen erstellt werden.

Der Schwerpunkt der Arbeiten in der Entwurfsphase liegt im Entwurf der Software.

7.4.1 Die Komponenten eines DWH-Entwurf

Die Funktionsstruktur

Die Erstellung einer Funktionsstruktur der Software wurde in der Konzeption vorbereitet. Analog zur Informationbedarfsanalyse wurde der Funktionsbedarf mit der Funktionsbedarfsanalyse festgestellt. Das Ergebnis der Ermittlung des Funktionsbedarfs ist eine gegliederte Funktionenliste. Der DWH-Fachanwender ist nur für die fachliche Vollständigkeit und die saubere fachliche Begrifflichkeit verantwortlich. Es ist nicht die Aufgabe und nicht in der Verantwortung des Anwenders, eine homogene, überschneidungsfreie und vollständige Funktionsstruktur für eine DWH-Software zu entwerfen. Es ist auch nicht die Aufgabe des Fachanwenders, zu prüfen, ob schon irgendwo in einem bestehenden Programm eine der gewünschten Funktionen vorkommt.

Der DWH-Spezialist soll die bestehenden Funktionen, eventuell aus einem Wiederverwendungsreservoir des Unternehmens, überprüfen. Das Ergebnis der Ermittlung der Funktionsversorgung ist eine **Funktionenspezifikation,** die mit dem Funktionsbedarf verglichen wird. Der Vergleich führt, wie schon bei der Konzeption, zu einer **funktionalen Lücke,** einer Unterversorgung an Programmfunktionen, die durch eine neue Software behoben werden soll. Diese

Funktionenspezifikation der neuen Software ist exakter als in der Konzeptionsphase. Sie kann als **hierarchische Funktionenliste** oder als **Funktionsbaum** übersichtlich dargestellt und mit einer genauen Funktionsdefinition zu einer **Funktionsstruktur der Software** definiert werden.

Die Funktionenspezifikation entsteht in der Regel durch sehr heterogene Angaben der Fachkräfte, durch einen uneinheitlichen Sprachgebrauch im Unternehmen und durch eine unterschiedliche Auffassung, was und wie umfangreich eine Funktion ist. Funktionen werden mehrfach genannt, was durch den unterschiedlichen Sprachgebrauch nicht immer zu erkennen ist. Die Funktionenspezifikation muss noch nachbearbeitet werden. Funktionen sollen in der Tiefe der Analyse die gleiche Zerlegungsfeinheit, dieselbe Granularität und Funktionsgröße haben und durch einheitliche Definitionen beschrieben sein.

Die Funktionsstruktur ergibt sich aus der Funktionsliste der Bedarfsanalyse durch Homogenisierung, Vervollständigung, Verfeinerung, Definitionsfindung.

- ✔ Zunächst sind die Zweige des Baumes, also die Funktionen, auf eine einheitliche Größe zu bringen. Funktionen sollen nicht mehr in anderen, größeren Funktionen enthalten sein und nicht weiter in kleinere Funktionen zerlegbar sein. Funktionen sind elementar.
- ✔ Funktionen können mehrfach vorkommen, was eventuell durch unterschiedliche Beschreibungen nicht offensichtlich ist. Die Funktionenliste muss um dieses Mehrfachvorkommen gekürzt werden.
- ✔ Alle Funktionsbeschreibungen sind auf einheitliche Definitionen zu normieren. Die Einhaltung von Definitionsanforderungen sichert die logische Widerspruchsfreiheit.
- ✔ Die Struktur soll von einer willkürlichen Auflistung in einen geordneten Funktionsbaum umgeformt werden. Hierzu ist ein Ordnungsprinzip festzulegen. Das kann z.B. eine Ordnung nach Fachaufgabengliederung oder Prozesszugehörigkeit sein oder nach Verarbeitungsarten im zukünftigen Programm.

Die Funktionsstruktur kann als **Funktionsbaum** grafisch dargestellt werden. Die Funktionen sind entsprechend ihrer hierarchischen Eingliederung, also entsprechend ihrer Gliederungsstufe, miteinander verbunden.

Definition: Funktionsbaum

Der **Funktionsbaum** ist eine grafische Darstellung einer gliederungshomogenen, widerspruchsfreien, vollständigen und eindeutig definierten Funktionalität eines Programmes.

Der Funktionsbaum kann durch eine matrixorientierte Anordnung den Überblick über den funktionellen Umfang eines Programmsystems verbessern. Man kann z.B. den aus den Ablaufanalysen gewonnenen DV-Aktivitäten im Funktionsbaum eindeutige Plätze zuordnen. Hierbei werden Lücken entstehen, d.h. es werden Plätze, denen keine Aktion zugeordnet wurde, im Funktionsbaum freibleiben. Man kann beurteilen, ob es sinnvoll ist, eine entsprechende Funktion so zu definieren, wie es durch die Stellen im Funktionsbaum gekennzeichnet ist. Dann ist die Ablaufrecherche unvollständig gewesen und muss ebenfalls ergänzt werden. Die Funktionsanalyse kann deshalb zur Prüfung der Prozessanalyse dienen.

Es gibt auch die Möglichkeit, dass eine Funktion mit der durch den Platz im Funktionsbaum gekennzeichneten Funktionalität als Aufgabe im Prozess wenig Verwendungszweck hat. Dann ist die Stelle im Baum zu streichen.

Für die Darstellung des Funktionsbaumes ist folgende Symbolik erforderlich:

- ✔ **Funktion** als ein Viereck mit identifizierender Bezeichnung und bei Bedarf Typenkennzeichnung
- ✔ **Funktionsgliederungslinie,** die entsprechend der hierarchischen Eingliederung der Funktion mit der übergeordneten Funktionsgruppe verbunden ist

Ableitung aus der Prozessanalyse

Der Funktionsbaum wird durch Beantworten der Frage »Was kann ich mit den Daten machen und auf welche Daten kann ich dieses ‚Was' anwenden?«, konstruiert. Der Zusammenhang und somit die Darstellung ist aber zweidimensional: eine Dimension für das »Was« und eine Dimension für das »Wann«. Das »Was« lässt sich durch die einfache Gliederung

- ✔ Suchen oder Informieren (ohne Überschreiberlaubnis)
- ✔ Neu anlegen oder Eingeben
- ✔ Bearbeiten oder Pflegen

in Basisfunktionsgruppen einteilen. Folgende Auswertungsfunktionen sind dann für die Umwandlung oder Aufbereitung möglich:

- ✔ Reports, Listen, Tabellen
- ✔ grafische Darstellung
- ✔ Berechnung, Umrechnung, Auswertung, Statistik
- ✔ Berichte, Aktionsdokumente, kombinierte Dokumente
- ✔ Auslöser von Prozessen vor und hinter Schnittstellen
- ✔ Transformation von Formaten und Datenstrukturen
- ✔ Schnittstellen zu Maschinen und Elektrogeräten
- ✔ Expertisen, Empfehlungen, Wissensinterpretationen

Das »Woran« lässt sich einfacher gliedern, und zwar ist prinzipiell jede Tabelle ein »Woran«. Wenn man eine noch feinere Auffassung von »Funktion« zu Grunde legt, dann muss man das »Woran« auf die einzelnen Tabellenspalten beziehen. Aus dieser Zweidimensionalität ergibt sich eine Matrix.

	Schaden	Anlagenteil	Umweltsituation	Produktions-situation
Neueingabe	Neueingabe Schaden	Suchen Anlagenteil	Suchen Umwelt-situation	Suchen Produktions-situation
Suchen	Suchen Schaden	Suchen Anlagenteil	Suchen Umwelt-situation	Suchen Produktions-situation
Bearbeiten	Bearbeiten Schaden	Bearbeiten Anlagen-teil	Bearbeiten Umwelt-situation	Bearbeiten Produk-tionssituation
Kopieren für Neuanlage	Kopieren Schaden	Kopieren Anlagenteil	Kopieren Umwelt-situation	Kopieren Produk-tionssituation
Auswertungen	Auswertungen Schaden	Auswertungen Anlagenteil	Auswertungen Um-weltsituation	Auswertungen Pro-duktionssituation

Tabelle 7.4: Beispiel: Funktionsmatrix Schadensdatenbank-Ausschnitt, Teil 1

Zu zwei in Verbindung stehenden Tabellen kann man aus den kombinatorisch möglichen die sinnvollen Zuordnungsfunktionen definieren.

	Schaden	Anlagenteil	Umweltsituation	Produktions-situation
Schaden		Schäden zu einem Anlagenteil	Schäden zu einer Umweltsituation	Schäden zu einer Produktionssituation
Anlagenteil	Anlagenteile zu einem Schaden			
Umweltsituation	Umweltsituation zu einem Schaden			Umweltsituationen zu einer Produk-tionssituation
Produktions-situation	Produktionssitua-tionen zu einem Schaden bzw. einer Schadensart		Produktionssitua-tionen zu einer Umweltsituation	

Tabelle 7.5: Beispiel: Funktionsmatrix Schadensdatenbank-Ausschnitt, Teil 2, Zuordnungen

Aus einer anderen Perspektive heraus ist eine weitere Verfeinerung des Funktionsbegriffes möglich. Wenn man zum »Woran«, also dem Zielobjekt der Funktion, noch das Startobjekt »Von wo aus« berücksichtigt, dann erhält man eine Funktion »Suchen einer Information in Objekttyp A zu einer bekannten Information in Objekttyp B«.

Diese Startbetrachtung ist für die Gruppe »Neuanlegen von Datensätzen« im Sinne von Informationsergänzungen über zwei Tabellen und für die Gruppe »Bearbeiten« ganz analog gültig.

Für diese Klassifikation wurde von der Möglichkeit verschiedener Wege zwischen Starttabelle und Zieltabelle kein Gebrauch gemacht. Es wurde hier außerdem vorausgesetzt, dass zu jedem Objekttyp maximal eine Funktion realisiert wird. Die Start-Ziel-Betrachtungsweise lässt sich nicht deckungsgleich auf die Gruppe »Auswertungsfunktion« übertragen. Die Auswertungsfunktion kann durch mehrere gruppierte Strukturen definiert werden.

Ableitung aus dem Datenmodell

Die Bestimmung des Funktionsumfanges ist außer über die Ablaufanalyse noch über das Datenmodell möglich:

- ✔ Zu jeder Tabelle müssen die drei Standardfunktionen: Suchen, Neuanlegen, Updaten und Löschen angelegt werden.
- ✔ Jede dieser Funktionen kann im Einzelsatzmodus im Tabellen- oder Mehrsatzmodus, im Mehrfach-Zuordnungsmodus und im Pop-Up-Modus realisiert werden.
- ✔ Jeder Pfad im Datenmodell entspricht einem möglichen Suchweg. Damit sind alle gerichteten Pfade (Paare aus Anfangs- und Endpunkt) zu bestimmen und eine Auswahl der sinnvollen Pfade zu treffen. Hierzu sind auch Kaskadenfunktionen zu zählen.
- ✔ Es sind Einzelabfragen zu Reports und Berichten zusammenzustellen.

Das folgende Beispiel der Abbildung »Datenmodellausschnitt mit Pfaden« zeigt an einem kleinen Datenmodell die Menge aller Pfade.

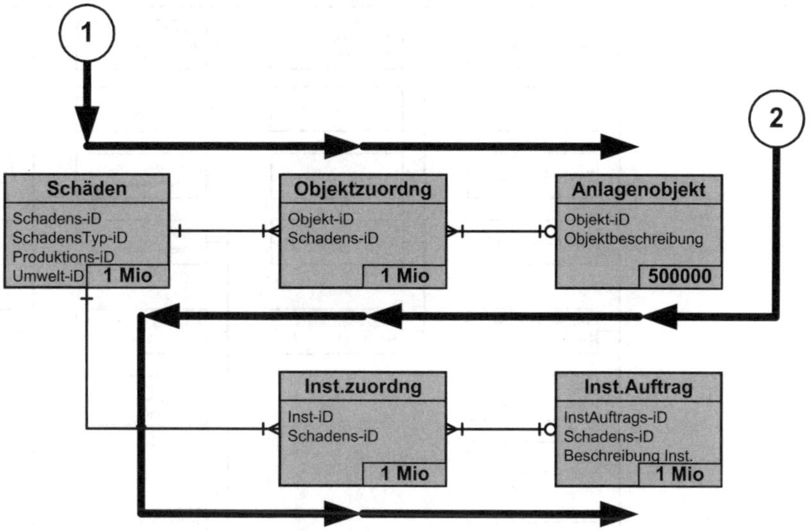

Abbildung 7.14: Datenmodellausschnitt mit Pfaden

Die Matrix aller Paare, die **Pfadematrix,** erlaubt einen überschaubaren, vollständigen Überblick aller möglichen Wege im Gegensatz zur grafischen Darstellung, die schon bei vier Objekttypen unüberschaubar ist.

Im Beispiel sind auch die Funktionen, die mit Hilfe der Pfadematrix gewonnen wurden, im Funktionsbaum aufgeführt.

Die Funktionsart »Suchen« lässt sich umfassend und speziell interpretieren. Die Funktion »Suchen Begriff« kann das direkte Scrollen der Begriffstabelle sein. Dann müssten noch Funktionen eingerichtet werden für das Suchen von Begriffen zu Quellen, Suchkriterien und Definitionen. Ein Funktionenbaum umfasst dann Funktionen für die Durchführung der Suche nach den anderen Suchbedingungen. Man kann aber auch die Funktion »Suchen Begriff« umfassender interpretieren, nämlich als »generelles Suchen« unter allen Berechtigungen, dann hat man noch entsprechend einer Klassifikation aller Suchbedingungen verschiedene Unterfunktionen. Diese entsprechen dann wieder den Pfaden im Datenmodell. Die Diagonale muss ja immer als Funktionenumfang existieren, sonst könnte man keine Tabelle direkt ansprechen. Die Auswertung der Pfadematrix ergibt das folgende Beispiel der Abbildung »Funktionsbaum«. Es setzt die angeführten Beispiele zu einem Funktionsbaum fort.

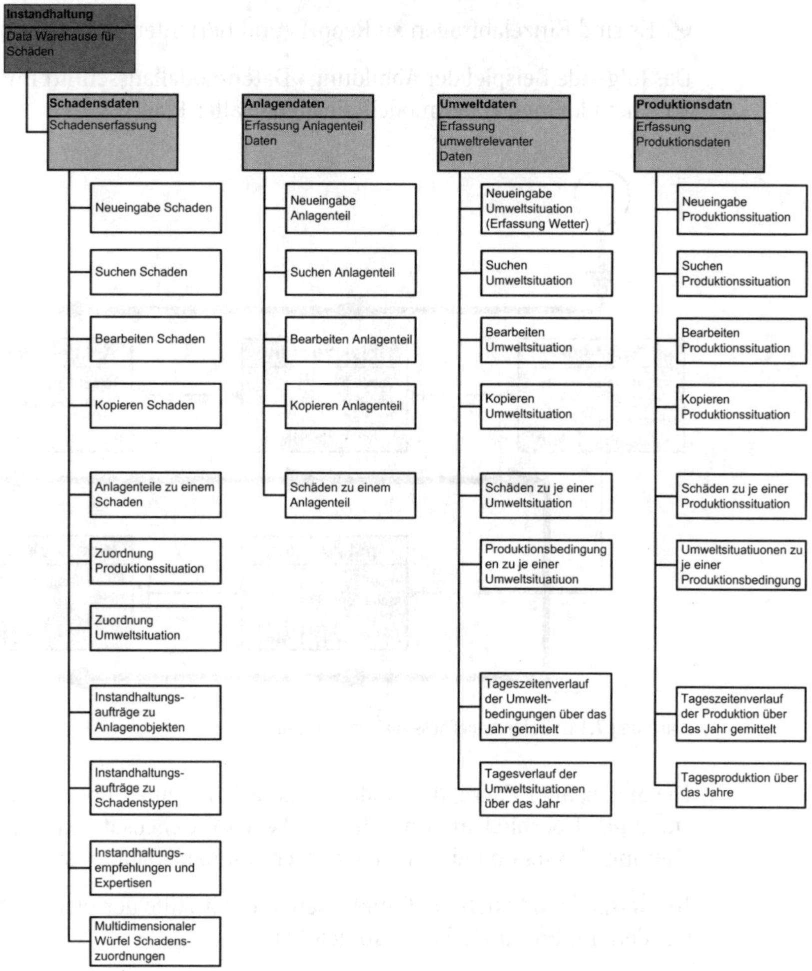

Abbildung 7.15: Funktionsbaum

Die Datenmodellierung

Das **Datenmodell** ist ein Bild des Datenbankschemas. Je nach Datenbanktyp gibt es ein anderes Datenbankschema und eine andere Darstellung des Datenmodells. Die gebräuchlichsten Datenbanktypen sind

- ✔ hierarchische Datenbank
- ✔ netzorientierte Datenbank
- ✔ relationale Datenbank
- ✔ objektorientierte Datenbank

Hier kann nur kurz auf die **relationale Datenmodellierung** eingegangen werden. Eine vollständige Darstellung nimmt den Umfang eines eigenen Buches an. Es wird daher verwiesen auf:

🗀 Vetter, Aufbau betrieblicher Informationssysteme

🗀 Wiborny, Datenmodellierung, CASE-Mangement

Es gibt nach Notation und semantischem Umfang verschiedene relationale Datenmodelle. Die hier besprochene Darstellung ist das **Entity Relationship Modell,** kurz **ERM,** nach Chen. Im Folgenden wird nur auf das ERM Bezug genommen.

Das relationale Datenmodell wird aus dem Informationsmodell durch Definieren, Vervollständigen, Normalisierung und Denormalisierung gewonnen.

Die exakte **Definition der Informationsgruppen** der Informationsobjekte umfasst eine definitorische Beschreibung mit erklärten Begriffen und eine Aufzählung aller Eigenschaften jeder einzelnen Informationsgruppe. Eine Informationsgruppe kann dann als Datensatz dargestellt werden, wobei die Eigenschaften die Datenfelder oder **Datenelemente** sind. Ein Datensatz einer Informationsgruppe besteht dann aus mehreren Datenelementen, auch **Attribute** genannt. Zu jeder Informationsgruppe gibt es mehrere Individuen, die alle durch die gleiche Datenstruktur, den Datensatz mit seinen Attributen beschrieben werden können. Ein Attribut, das **Schlüsselattribut,** identifiziert den Datensatz oder das Informationsobjekt der Gruppe. Ein Schlüsselattribut ist zum eindeutigen Ansprechen und Wiederauffinden des Datensatzes in der Datenbank erforderlich. Die Datenstruktur des Informationsobjekts kann in einer Datenbank als Tabelle angelegt werden, in welche die Datensätze dieser Struktur und dieser Bedeutung eingegeben werden können.

Beispiel: Normalisierung

Ein Beispiel für eine solche Informationsgruppe ist die Schadensbeschreibung. Die Struktur der Schadensbeschreibung sind die Attribute, mit denen der Schaden näher beschrieben wird:

- ✔ Schadensnummer

- ✔ Schadensobjekt oder schadhaftes Anlagenteil
- ✔ Anlagensituation im Augenblick des Schadens

Jeder Schaden könnte mit dieser Struktur beschrieben werden. Die Tabelle hat dann die folgende Struktur:

Schadens-nummer	Schadensobjekt	Situation
123456	Pumpe, Leitung, Motor, Ventil der Speisewasseranlage xxxxy des Kraftwerks 1	Vollproduktion, Sonnentag, 17.00 Uhr, Wartung abgeschlossen
123457	Motor, Antriebskette des Rolltors yvyxcf des Kraftwerks 1	70% Leistung, Sonnentag, 12.00 Uhr
123458	Behälter, Flansch, Dichtungsring der Löschwasseranlage des Kraftwerks 2	Stillstand, Revision, Regenwetter, 9.00 Uhr

Tabelle 7.6: Schadensbeschreibung

Der eindeutige Schlüssel ist die Schadensnummer. Schadensnummern werden immer nur genau einmal vergeben. Einem Schaden ist genau eine Schadensnummer und einer Schadensnummer genau ein Schaden zugeordnet.

Bei dieser Darstellung von Informationsobjekten können sogenannte Anomalien die konsistente Eingabe und Änderung von Datensätzen erschweren. So kann z.B. an der Stelle eines Attributes eine Liste eingegeben werden. Einzelne Attribute können wiederum aus mehreren Informationen bestehen, also selbst wieder Unterstrukturen tragen. So sind im Beispiel mehrere Schadensobjekte zu einer Schadensnummer aufgeführt oder in der Spalte Situation der Tabelle mehrere Situationskriterien aufgezählt. Würde sich der Inhalt eines bestimmten Teiles einer Liste verändern, müsste man alle Listen durchsuchen. Solche Anomalien werden mittels der **Normalisierungsprozesse** systematisch über das ganze Datenmodell durch Umbau und Zerlegung von Tabellen beseitigt.

Beispiel: Normalisierung Fortsetzung

Im Beispiel »Normalisierung« sind mehrere Schadensobjekte zu einer Schadensnummer aufgeführt und in der Spalte »Situation« in folgender Tabelle sind mehrere Situationskriterien aufgezählt.

Nach der Normalisierung hat man folgende Tabellen:

Schadens-nummer	Situation			
123456	Vollproduktion	17.00 Uhr	Wartung	Sonnentag
123457	70% Leistung	12.00 Uhr		Sonnentag
123458	Stillstand	9.00 Uhr	Revision	Regenwetter

Schadens-nummer	Schadensobjekt
123456	Aa1
123456	Ab1
123456	Ac1
123456	Ad1
123457	Bc1
123457	Bg1
123458	Be2
123458	Bf2

Objekt-nummer	Schadensobjekt
Aa1	Pumpe der Speisewasseranlage xxxxy des Kraftwerks 1
Ab1	Leitung der Speisewasseranlage xxxxy des Kraftwerks 1
Ac1	Motor der Speisewasseranlage xxxxy des Kraftwerks 1
Ad1	Ventil der Speisewasseranlage xxxxy des Kraftwerks 1
Bc1	Motor des Rolltors yvyxcf des Kraftwerks 1
Bg1	Kette des Rolltors yvyxcf des Kraftwerks 1
Be2	Behälter der Löschwasseranlage des Kraftwerks 2
Bf2	Flansch der Löschwasseranlage des Kraftwerks 2

Die Daten sind jetzt elementar dargestellt und einzeln ansprechbar. Sie müssen nicht aus einem komplexeren Feld als Teilinformation ausgewählt werden.

Das Ergebnis der Normalisierung ist ein **relationales Datenmodell** aus Tabellen oder Relationen oder **Entitätstypen,** mit Tabellenspalten oder **Attributtypen** sowie Verbindungen der Tabellen über Schlüsselwerte, sogenannte **Relationshiptypen.** Dabei entsteht ein Zuordnungsverhältnis von Datensätzen zweier verbundener Tabellen, sogenannter **Kardinalitäten.**

Definition: Datenmodell

Das **Datenmodell** ist eine grafische Darstellung der Tabellen einer Datenbank, der Verbindungen der Tabellen durch Schlüssel und der Kardinalität der zugeordneten Datensätze. Die Tabellen können mit und ohne Spaltennamen aufgeführt werden.

In der folgenden Abbildung »Entity Relationship Modell der Schadensbeschreibung« wird ein Beispiel für ein Datenmodell dargestellt.

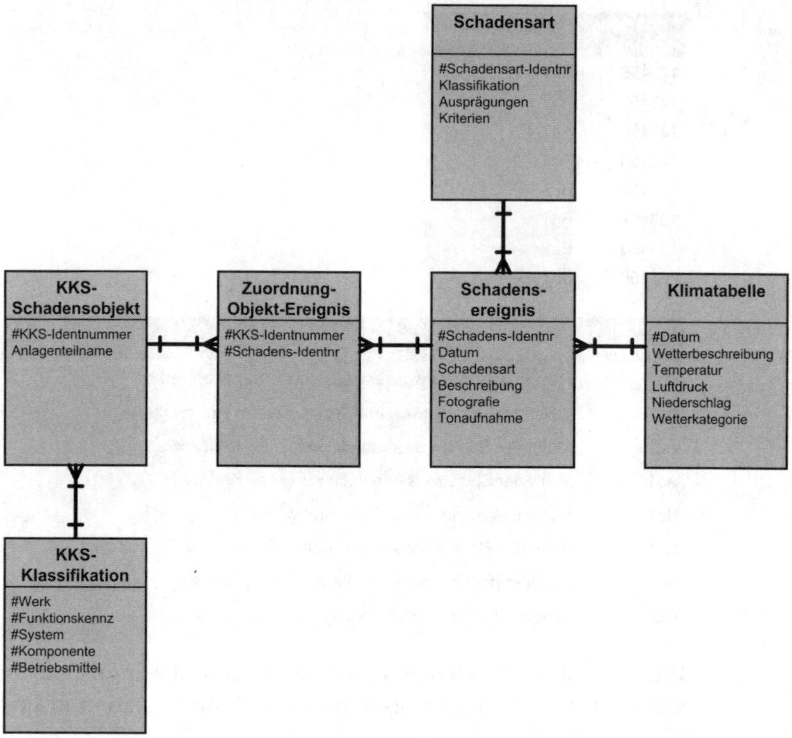

Abbildung 7.16: Entity Relationship Modell der Schadensbeschreibung

Einen Einblick in die Tabelle Wartungskatalog gibt ein Report der Tabelle wie in der folgenden Abbildung dargestellt (siehe Abbildung 7.17).

Das Entity Relationship Modell besteht aus Symbolen für

- ✔ **Tabellen** oder **Entitätstypen** der Datenbank (Rechteck)
- ✔ Auflistung der **Spalten** oder **Attributtypen** im Entitätstypensymbol oder verbunden mit dem Entitätstypensymbol in einem eigenen Symbol (Kreis). Unter den Attributen werden diejenigen hervorgehoben, die Datensätze identifizieren können und die Referenzen zu anderen Tabellen bilden können, sogenannte Schlüssel
- ✔ **Beziehungen** oder **Relationshiptypen** zwischen den Entitätstypen
- ✔ **Kardinalitäten** oder **Zuordnungsverhältnis** von Datensätzen zweier verbundener Tabellen.

Durch die Zerlegung von Sachverhalten in viele Tabellen werden die Zugriffe für einen vollständigen Datensatz länger und Datenmodelle unübersichtlicher. Die **Renormalisierung,** also das Zusammenführen von einzelnen Tabellen zu einer Tabelle mit redundanten Daten, ist erforderlich, um die Performance zu verbessern.

,RFA			Katalog Wartungs- und Inspektionstätigkeiten						IH 3-9
Schl.-Nr.			Bauteil	WR V	WR E	HW	BZ	MAT	T
		009	Prüfe Tropfwasserleitung auf Durchfluß	1W		S	L		1
		011	Prüfe Stopfbuchse auf Dichtheit und Festsitz	1W		S	L		1
		013	Prüfe Pumpe auf Beschädigung und festen Sitz	3M		S	L		1
		015	Abschmiere Schmiernippel	1T		S	L		1
		017	Kontrolliere Ölstand, ggf. fülle nach	1W		S	L		1
		019	Wechsle Öl	6M		S	R		32
		021	Stelle Fettbuchse nach	1W		S	L		1
046	013		**Kreiselpumpe**						
		001	Prüfe Funktion und Fördermenge	3M		S	R		6
		003	Prüfe Anschlüsse auf Dichtheit	1M		S	L		2
		005	Prüfe Kühlwasserdurchfluß	1W		S	L		1
		007	Abhöre Laufruhe	1M		S	L		1
		009	Prüfe Tropfwasserleitung auf Durchfluß	1W		S	L		1
		011	Prüfe Stopfbuchse auf Dichtheit und Festsitz	1W		S	L		1
		013	Prüfe Pumpe auf Beschädigung und festen Sitz	3M		S	L		1
		015	Abschmiere Schmiernippel	1T		S	L		1
		017	Kontrolliere Ölstand, ggf. fülle nach	1W		S	L		1
		019	Wechsle Öl	6M		S	R		32
		021	Stelle Fettbuchse nach	1W		S	L		1
		023	Kontrolliere Gleitringdichtung auf Dichtheit, ggf. ziehe nach	1W		S	R		2
046	016		**Lamellen und Flügelpumpe**						
		001	Prüfe auf Funktion	3M		S	L		1
		003	Prüfe Fördermenge	3M		S	L		3
		005	Abhöre Laufruhe	3M		S	L		1
		007	Prüfe auf Dichtheit	3M		S	L		1
		009	Prüfe alle Anschlüsse auf Dichtheit	3M		S	L		1
		011	Abschmiere Nippel	1T		S	L		1
		013	Prüfe Lamellen oder Flügel auf Verschleiß und festen Sitz	6M		S	R		20
046	019		**Membranpumpe**						
		001	Prüfe Funktion und Fördermenge	3M		S	R		6
		003	Prüfe Anschlüsse auf Dichtheit	1M		S	L		2
		005	Abhöre Laufruhe	1M		S	L		1
		007	Prüfe Pumpe auf Beschädigung und festen Sitz	3M		S	L		1
		009	Prüfe Membrane auf Verschleiß	1M		S	R		5

Abbildung 7.17: Report der Tabelle »Wartungskatalog«

Der Vorteil der Ansätze mit Normalisierungsregeln beruht auf der guten Kontrolle über Integrität und Redundanz der Datensätze. Beide Eigenschaften sind auch im klassischen hierarchischen Datenmodell möglich, dies allerdings zum Preis des erhöhten Kodieraufwandes, was die Überschaubarkeit und die Vermittelbarkeit erschwert.

Für die Formulierung der Anfragen an die Tabellen dient eine weitere Grafik, das **Zugriffspfademodell.** Es weist Startpunkte von Anfragen an Tabellen aus, zusammen mit der Fortsetzung der Anfragen, basierend auf dem Ergebnis der vorhergehenden Frage.

Die Ergebnisse der Teilphase Datenmodellierung sind

- ✔ Datenmodell, Entity Relationship Modell, Datenbankregeln
- ✔ Zugriffsmodell

Die Modellierung von Datenaggregationen und Kennzahlenketten

Aggregation der Daten

Die Hauptaufgabe der relationalen Datenmodellierung ist die Sicherstellung der automatischen Konsistenzhaltung durch Minimierung von redundanten Datenstrukturen. Da **Aggregationen** eigentlich redundante Informationen sind, sie können ja jederzeit aus den Basisdaten erzeugt werden, ist die relationale Technik nicht geeignet. Um dennoch eine kontrollierte Aggregation, d.h. eine nicht zu den Basisdaten widersprüchliche Aggregation zu erzielen, ist die Aggregation auch zu modellieren.

In der folgenden Abbildung »**Aggregationsschema** Schadensauswertung nach Zeiten« wird ein Beispiel für die Darstellung von Aggregationen dargestellt (siehe Abbildung 7.18).

Das Aggregationsschema besteht aus Symbolen für

- ✔ **Verdichtungstabellen** der Datenbank (Rechteck)
- ✔ **Verdichtungsverbindungen** mit der Verdichtungsvorschrift, z.B. einem Operator

Eine besondere Darstellung der Aggregation ist die mehrdimensionale Aggregation. Das entstehende Diagramm wird **Starschema** und in einer erweiterten Form **Snowflake** genannt, da pro Dimension ein Verdichtungsast an einen zentralen Knoten angetragen wird, so dass ein schneeflockenähnliches Bild entsteht. Die folgende Abbildung aus

🗀 Anahory, Data Warehouse

verdeutlicht die Bezeichnung (siehe Abbildung 7.19). Die eigentlichen Daten, die **Fakten,** sind in der zentralen Tabelle »Verkaufstransaktionen« des »Sterns« enthalten. Die Fakten sind definiert durch die Dimensionen, die **Star-Dimensionen.** Die Dimensionen sind selbst wieder durch mehrere in verschiedenen Tabellen verwaltete Eigenschaften, die **Snowflake-Dimensionen«,** zu beschreiben.

Eine sehr differenzierte und leistungsfähige, aber auch unbequeme Notation zur Darstellung von Aggregationen und multidimensionalen Modellen ist die Methode ADAPT. ADAPT ist die Kurzform von »Applikation Design for Analytical Processing Technologies«. Näheres hierzu ist zu finden in:

🗀 Chamoni, Informationssysteme

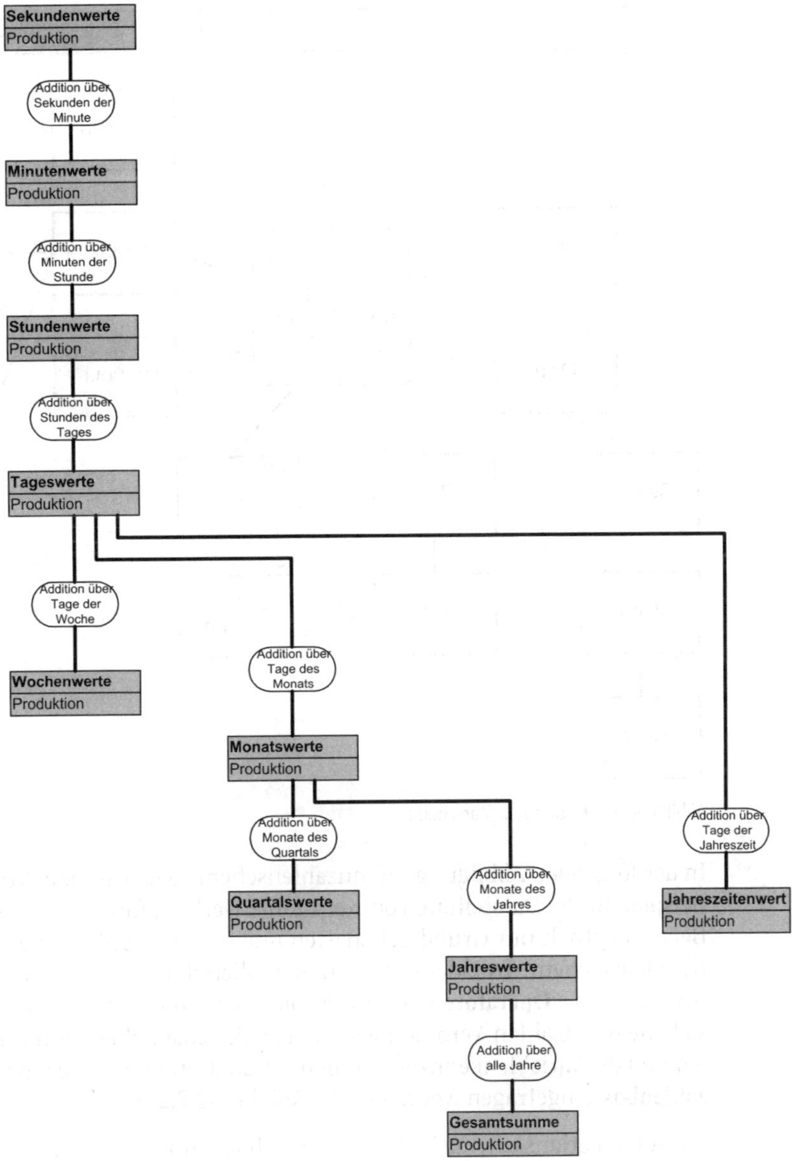

Abbildung 7.18: Aggregationsschema Schadensauswertung nach Zeiten

Verkettung von Kennzahlen

Aggregationen werden mit Summenbildung oder Summierung erzielt. Findet mit der Aggregation noch eine Verrechnung mit Quotienten oder Produktbildung statt, entstehen Kennzahlen. Das **Kennzahlenschema** ist eine Darstellung der Kennzahlen zusammen mit ihrer Verknüpfung über Operatoren und den unverrechneten Ausgangsdaten.

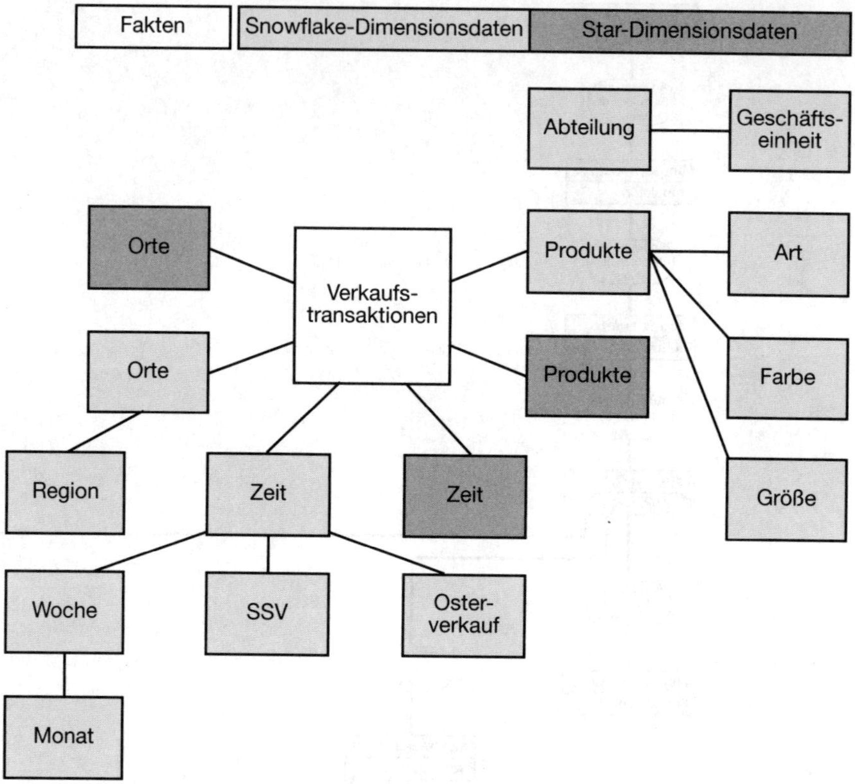

Abbildung 7.19: Beispiel-Starschema

In der folgenden Abbildung »Kennzahlenschema der Instandhaltung« wird ein Beispiel für die Darstellung von Kennzahlenverknüpfungen dargestellt. Das Beispiel enthält nur Grundrechenarten und nur zweistellige Operatoren (Rechenzeichen). Trotzdem ist es auf kompliziertere Zusammenhänge anwendbar, wenn eine **Operatorenbox** eine Funktion aus mehreren Operatoren enthält, sich die Kennzahlen-Verbindungslinien an der zuständigen **Funktionalbox** treffen und die Variablenkennzeichen in der Funktion in der zugehörigen **Kennzahlenbox** eingetragen werden (siehe Abbildung 7.20).

Das Aggregationsschema besteht aus Symbolen für

- ✔ **Kennzahlen** nach Verknüpfung der Ursprungsdaten und Ursprungsdaten der Datenbank (Rechteck)
- ✔ **Kennzahlen-Verknüpfungsbeziehungen** mit der Verknüpfungsvorschrift, z.B. einem Operator

Die Produkte der Aggregationsmodellierung sind:

- ✔ Aggregationsmodell, Snowflake-Grafik
- ✔ Kennzahlenschema

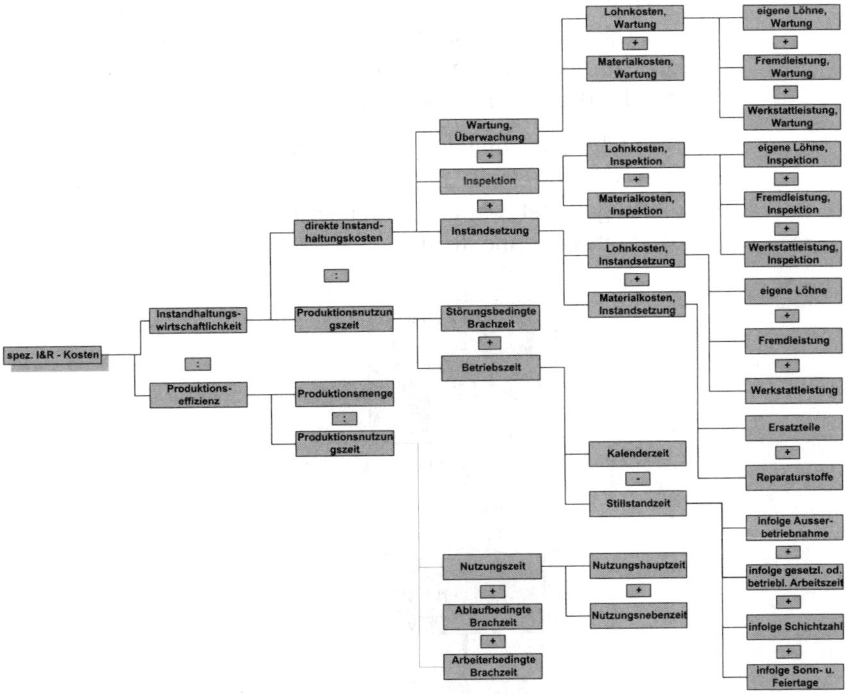

Abbildung 7.20: Kennzahlenschema der Instandhaltung

Die Dialogmodellierung

Der Funktionsbaum ist eine nach Ordnungskriterien sortierte Funktionsliste, eine nach Ober- und Unterbegriffen hierarchisch zusammengestellte Struktur. Funktionen können als Programm, Teilprogramm oder Programmabschnitt, Programmzeile realisiert werden. Diese Programmbestandteile müssen in einer definierten Reihenfolge ablaufen. Die Funktionen können ohne Eingriff von außen ablaufen oder in Wechselwirkung mit Aktivitäten eines Benutzers stehen. Die als Ablauf definierte Funktionsfolge mit Benutzeraktivitäten ist ein **Dialog.**

Die Möglichkeiten eines Dialoges des Benutzers mit dem Programm werden mittels einer **Dialogstruktur** dargestellt. Alternative Begriffe sind **Maskensequenzdiagramm, Maskenfolgenschema.** In einer Dialogstruktur sind alle Masken eines Programmes symbolisch dargestellt. Es ist dargestellt, wie diese Masken miteinander verbunden sind und wie ein Sprung von einer Maske zu einer Folgemaske ausgelöst werden kann.

Definition: Dialogstruktur

Die **Dialogstruktur** ist ein Netzgraph, dessen Knoten Masken repräsentieren und dessen Kanten die Möglichkeit, von einer Maske aus eine Folgemaske aufrufen zu können, repräsentieren.

Mittels einer Dialogstruktur kann ein Anwender den Arbeitsgang seiner Aufgaben gedanklich durchspielen und den zukünftigen Softwaredialog überprüfen. Man kann auch von einer manuellen Simulation sprechen. Der Dialog ist ja Vorlage oder Bauplan des zukünftigen Programmdurchlaufs durch den Anwender.

In der folgenden Abbildung »Dialogstruktur der Schadensbeschreibung« wird ein Beispiel für eine Dialogstruktur dargestellt. Die Masken sind hier sehr komfortabel gestaltet, was den Anwendern eine bessere Vorstellung von der zukünftigen Software ermöglicht.

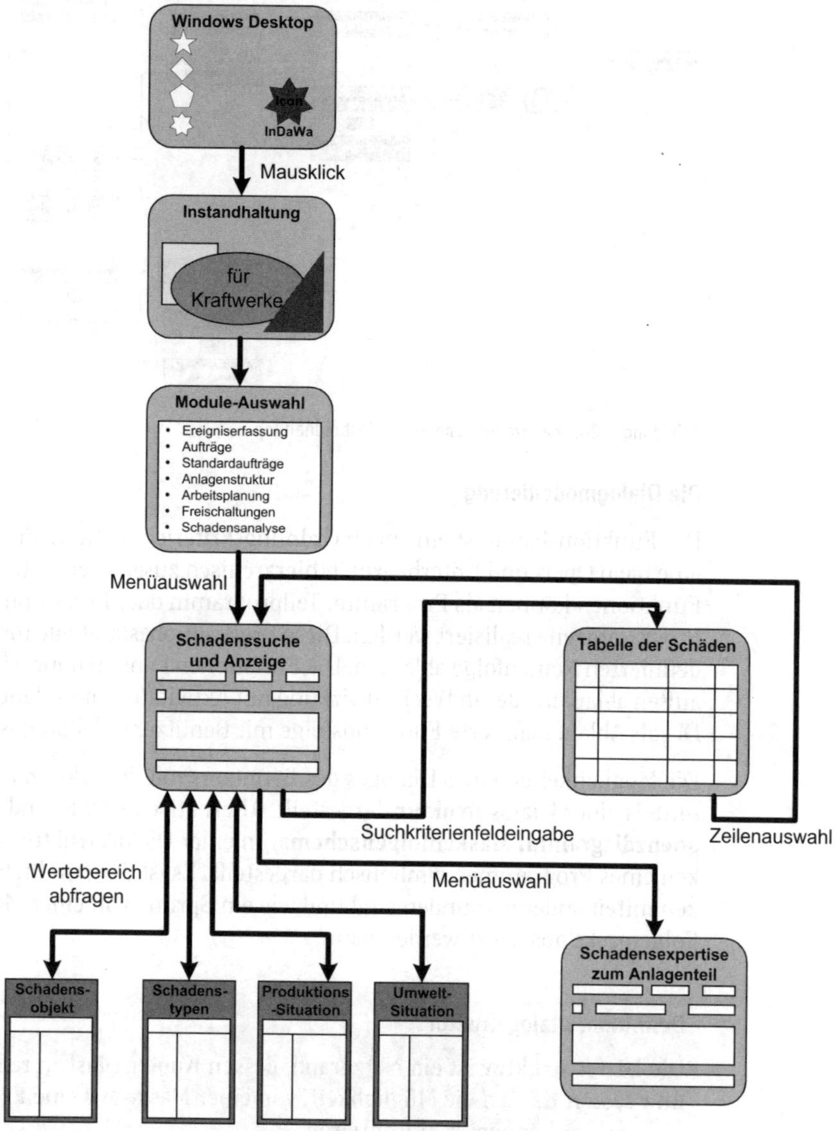

Abbildung 7.21: Dialogstruktur der Schadensbeschreibung

Die Dialogstruktur besteht aus Symbolen für

- ✔ **Masken** mit Identifizierung der Maske, Bezeichnung und Darstellung des Maskentyps
- ✔ **Aufrufbeziehungen** durch Verbindungslinien zwischen aufrufender und aufgerufener Maske, mit Aufruf-auslösendem Ereignis

Für große Dialogstrukturen ist es übersichtlicher, kleinere und einfache Maskensymbole zu verwenden. Eine Alternative zur Dialogstruktur ist das sogenannte **Maskensequenzdiagramm.**

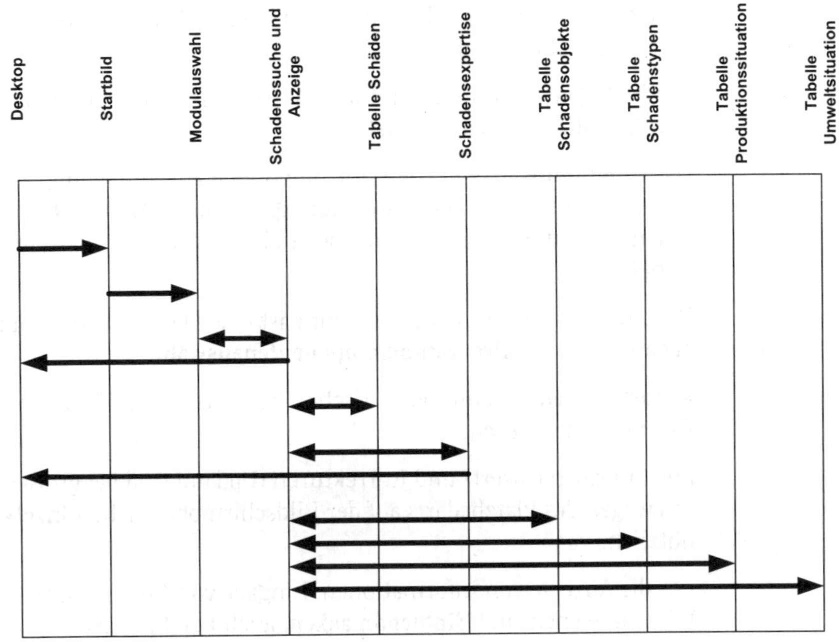

Abbildung 7.22: Maskensequenzdiagramm zur Schadenserfassung

Das Maskensequenzdiagramm besteht aus Symbolen für

- ✔ **Masken** mit Identifizierung der Maske durch Bezeichnung der Linie
- ✔ **Aufrufbeziehungen** durch Verbindungspfeile zwischen der Linie der aufrufenden zur Linie der aufgerufenen Maske, mit Aufruf-auslösendem Ereignis

Maskentypen

Es gibt verschiedene Maskentypen, deren wichtigste im Folgenden aufgelistet sind:

- ✔ Desktop mit den Programmauswahl-Icons
- ✔ Startbild nach Einloggen ohne Interaktion

- ✔ Anmelde- und Einstiegsmasken
- ✔ Menümasken für die Auswahl von Dialogen und Masken
- ✔ Reportmasken für tabellarische Übersichten und Mehrfachauswahl von Datensätzen
- ✔ Einzelsatzmasken für Eingaben (Insert) und Korrekturen (Update)
- ✔ Einblendmasken (Pop Up) für die Anzeige von Informationen, Eingabe von Notizen oder Anzeige von Wertebereichen
- ✔ Auswahlmaske für Suchkriterien

In der Dialogstruktur sollten die unterschiedlichen Maskentypen unterschiedlich dargestellt werden.

Ein Dialog beginnt immer mit dem Aufruf eines Programmes aus einem **Desktop-Startbild** vom Betriebssystem.

Das **Programmstartbild** stellt Aufrufoptionen zur Anmeldung zur Verfügung. Die Aufrufoption setzt eine Anmeldungsroutine in Aktion. Die Anmeldungsroutine überprüft die Erlaubnis und setzt die weitere erlaubte Komponentenauswahl fest.

Das Ergebnis der Anmeldungsroutine ist eine Maske, auch Menümaske genannt, mit der **Programmkomponentenauswahl.**

Reportmasken sind für tabellarische Übersichten und Mehrfachauswahl von Datensätzen nützlich.

Für Eingaben (Insert) und Korrekturen (Update) sind bei größeren Datensätzen wegen des Platzbedarfs auf der Bildschirmoberfläche **Einzelsatzmasken** nützlich.

Für die Anzeige von Informationen, Eingabe von Notizen oder Anzeige von Wertebereichen sind **Einblendmasken,** auch Pop Up genannt, erforderlich.

Für die gezielte Auswahl von einem oder mehreren Datensätzen ist besonders bei sehr großen Datenmengen, die nicht alle auf dem Bildschirm erscheinen sollen, eine **Auswahlmaske für Suchkriterien** zu empfehlen.

Maskensprung-auslösende Ereignisstypen

Maskenfolgen werden durch auslösende Ereignisse aneinander gebunden. Solche Ereignisse können z.B. sein

- ✔ Button mit Maus anklicken
- ✔ Funktionstaste drücken
- ✔ Entertaste drücken
- ✔ Datenfelder mit Werten füllen
- ✔ Toggle setzen

In der Dialogstruktur sollten die unterschiedlichen auslösenden Ereignistypen unterschiedlich repräsentiert oder sogar die Ereignisse direkt an die Verbindungslinien notiert werden.

Durch die Verbindung der Masken gemäß ihrer auslösenden Ereignisse ergibt sich die Dialogstruktur oder das Maskenfolgendiagramm. Die **Dialogstruktur** ist die auf Maskenbasis formulierte Arbeitsfolge des Anwenders. Sie kann auf verschiedene Weise realisiert werden, z.B. über einzelne physische Masken oder durch sich unterschiedlich präsentierende Maskenzustände einer Maske.

Auf einer Maske kann es mehrere auslösende Ereignisse geben. Deshalb können von einer Maske verschiedene Dialoglinien ausgehen. Eine Maske kann von verschiedenen Masken aufgerufen werden. Deshalb können an einer Maske verschiedene Dialoglinien eintreffen.

Auch wenn die Baumstruktur an die konventionelle »Menüprogrammierung« erinnert: Ohne Menü geht es nicht und Menüs sind baumartig strukturiert. Ein Datei-Navigator, die Menübestückung einer Maske, Seitennavigatoren von Web-Servern und die Auswahl von Modulen präsentieren sich als Baumstruktur. Die Baumstruktur ist die wichtigste und häufigste Struktur, auch in der objektorientierten Programmierung. Alle Netze können aus Baumstrukturen abgeleitet oder hergestellt werden. Funktionsbäume sind deshalb eine nützliche Programmiervorgabe, auch wenn das Realisierungsergebnis mehr ist als eine Baumstruktur. Maskenfolgendiagramme sind der Übersicht zuliebe meistens baumartig dargestellt, auch wenn die Dialogstruktur vernetzt ist. Die Dialogstruktur ist an dieser Stelle aus dem Funktionsbaum ableitbar, wenn nicht direkt übernehmbar.

Mikrodialog

Neben dem »äußeren Dialog« zwischen den Masken ist der »innere Dialog« innerhalb einer Maske ebenfalls zu entwerfen. Innerhalb einer Maske finden in der Regel mehrere Aktivitäten statt. Solche Aktivitäten sind z.B. Setzen des Cursors an ein Eingabefeld, Werte in das Feld eingeben, Anklicken einer Werteauswahl, Anklicken des ausgewählten Wertes mit automatischem Eintrag in ein Feld. Man nennt den inneren Dialog innerhalb einer Maske **Mikrodialog,** und den äußeren Dialog **Makrodialog.**

Die grafische Darstellung der Mikrodialoge wird mit Transaction Control Structures, Programmflussdiagrammen, Jackson Diagrammen, Struktogrammen oder Klassenmodellen dargestellt. Für den interessierten Leser sei verwiesen auf:

🗀 Yourdon, Structured design

🗀 Jordan, Strukturierte Programmierung

Style Guide

Die Gestaltung eines Programmes sollte über alle Masken einheitlich sein. Um zwischen verschiedenen Entwicklern eine solche Einheitlichkeit oder Homogenität zu erreichen, wird ein Regelwerk zur Gestaltung der Masken und der Dialoge erarbeitet und verabschiedet. Alle Entwickler werden verpflichtet, diese Regeln einzuhalten, und die Einhaltung wird bei der Abnahme überprüft. Ein solches Regelwerk heißt **Style Guide.**

Der Vorteil der Homogenität liegt in der besseren Ergonomie für den Anwender und in der besseren Wartbarkeit für die Entwickler.

Die Produkte der Dialogmodellierung sind

- ✔ Maskenaufbau und -inhalt mit Plausibilitätsregeln
- ✔ Dialogstrukturen oder Maskensequenzdiagramme und Definition
- ✔ Transaction Control Structure, Struktogramme, Programmflussdiagramme, Klassenmodelle
- ✔ Style Guide

Programmstrukturierung

Neben den dialogorientierten Programmen gibt es Programme oder Prozeduren, die ohne Benutzereingriff ablaufen. Die **Programmstrukturierung** kann mit den gleichen Methoden wie die Strukturierung des Mikrodialogs durchgeführt werden. Zu den genannten Methoden wie Programmflussdiagrammen, Jackson Diagrammen, Struktogrammen und Klassenmodellen kommt die Entscheidungstabellentechnik hinzu, die besonders für die Auflösung komplizierter Fallunterscheidungen geeignet ist. Hierzu sei verwiesen auf

🗁 Erbesdobler, Entscheidungstabellentechnik

Die grafische Darstellung von Programmstrukturen hat in der Dialogprogrammierung an Bedeutung verloren, da die Programmkomponenten klein geworden sind, so dass Überschaubarkeit auch bei der Darstellung in einer Programmiersprache gegeben ist. Die Thematik der Programmstrukturierung wird hier nicht weiter vertieft, da sie für die DWH-Thematik wenig Bedeutung hat.

Auch die Programmstrukturierung sollte der Homogenität der Programme zuliebe über verschiedene Entwickler nach festen Regeln zu Strukturierung, Namensgebung und Kommentierung durchgeführt werden. Für diese Regeln sind Programmierrichtlinien geeignete Instrumente.

Die Produkte der Programmstrukturierung sind

- ✔ Transaction Control Structure, Struktogramme, Programmflussdiagramme, Klassenmodelle
- ✔ Programmierrichtlinien mit Nomenklaturen

Hardwarespezifikation

Für die in der Realisationsphase abzuwickelnde Hardwarebeschaffung sind die konzeptionellen Angaben des DWH-Konzepts so weit zu detaillieren, dass konkrete Hardwareprodukte bestellt werden können. Es sind alle Hardwarekomponenten genau zu spezifizieren.

Hardwarespezifikation wird aus den Hardwareanforderungen des DWH-Konzepts abgeleitet.

Ergebnisse Hardwarekonzept		Ergebnisse Hardwareentwurf
WAN/LAN-Diagramm	→	Spezifikation Leitungen und Dienste
		Spezifikation WAN/LAN-Komponenten
		Spezifikation Server-Komponenten
Arbeitsplatzausstattung	→	Spezifikation Arbeitsplatzrechner
		Spezifikation Peripheriekomponenten

Tabelle 7.7: Ergebnisbeziehung der Hardwarekonzeption zum Hardwareentwurf

Organisationsspezifikation

Organisationsspezifikation wird aus den Organisationsanforderungen des DWH-Konzepts abgeleitet.

Im Organisationskonzept sind alle Anforderungen bezüglich der organisatorischen Fragestellungen dargestellt. Für die Umsetzung zu Organisationsmaßnahmen, also zur Vorbereitung der Realisationsphase, sind zwei Themen zu spezifizieren:

- ✔ **Stellenbeschreibungen** für die Durchführung von Personalbeschaffungsmaßnahmen
- ✔ Schulungsspezifikation für die Durchführung von Qualifikationsmaßnahmen

Die Stellenbeschreibungen umfassen die Aufgabenstellung, die Aufgaben im Einzelnen, die Verantwortung und Befugnisse, die Teilnahme an Besprechungskreisen und die Eingliederung in die Organisation.

Die **Schulungsspezifikation** beschreibt die einzelnen Schulungen mit Inhalt, Lerntiefe und Lernmittel.

Ergebnisse Organisationskonzept		Ergebnisse Organisationsentwurf
Prozessdiagramme	→	Stellenbeschreibungen
Organigramm		
Aufgabenliste		
Aufgabenliste	→	Schulungsspezifikation

Tabelle 7.8: Ergebnisbeziehung der Organisationskonzeption zum Organisationsentwurf

Die Organisation des DWH ist damit hinreichend für die Realisation definiert.

7.4.2 Der DWH-Entwurf

Problemstellung und Motivation

Die Softwarespezifikation muss alle Bestandteile der zukünftigen Software so genau beschreiben, dass Programmierer intern und extern mit den entsprechend festgelegten Werkzeugen die Umsetzung bewältigen können.

Diese Bestandteile sind:

- ✔ Programmlogik, Prozeduren für die Ausführung
- ✔ Masken als Benutzerschnittstelle mit Bedienelementen, Übersichten, Datenfeldern
- ✔ Datenbanken mit Tabellen und Werten, Strukturen

Dabei ist die Beschreibung unter dem Gesichtspunkt der Minimierung der Nachfragen durch den Programmierer an den Systemanalytiker entsprechend detailliert zu formulieren.

Der **DWH-Entwurf** ist mehr als ein Softwareentwurf. Die Softwarespezifikation ist die Zusammenführung der unterschiedlichen Phasenergebnisse der Entwurfsphase zu einem Dokument. Hierzu gehören:

- ✔ die informationelle Struktur auf der operativen oder Ursprungsebene, das Datenmodell
- ✔ die informationelle Struktur auf der Verdichtungsebene, das Aggregationsmodell
- ✔ die gliederungsorientierte funktionale Struktur, der Funktionsbaum
- ✔ die Masken mit Inhalt, Aufbau und Layout
- ✔ die ablauforientierte funktionale Struktur mit Benutzereinwirkung, das Dialogstrukturschema
- ✔ die ablauforientierte funktionale Struktur ohne Benutzereinwirkung, die Programmstrukturen oder das Objektmodell

Neben dem Begriff **Softwareentwurf** ist auch der Begriff **Softwaredesign** üblich. Unter Softwareentwurf versteht man eher die Tätigkeit, die zu einem Softwaredesign führt.

Der DWH-Entwurf ist die Zusammenstellung der Spezifikationen zu Software, Hardware und Organisation in der Sprache des Systemanalytikers.

Definition: DWH-Entwurf

Der **DWH-Entwurf** ist die Zusammenstellung der Programmiervorgaben aus der Sicht des Systemanalytikers, formuliert nach Regeln der Entwurfsmethoden.

Die EDV-technischen Gestaltungsfreiheiten sind ausgeschöpft, da die Phasenergebnisse mit dem Wissen der zur Realisierung zum Einsatz kommenden Technologien und Produkte erzeugt werden. Der DWH-Entwurf ist nach dem Fachkonzept die nächste genauere Basis für eine Kostenkalkulation für eine Auftragsvergabe. Auf der Basis des DWH-Entwurfs kann der Aufwand für die Realisation geschätzt werden. Der DWH-Entwurf ist als Pflichtenheft oder technische Spezifikation für die Auftragsvergabe zu verwenden.

Gestaltungs- und Lösungsmöglichkeiten

Auch beim DWH-Entwurf ist analog zu der Problematik des DWH-Konzepts zunächst zu entscheiden, aus welchen Bestandteilen der DWH-Entwurf bestehen soll und mit welchen Methoden diese erzeugt werden sollen.

- Aufbau des Dokuments zum DWH-Entwurf

Ist die Methodenwahl entschieden, bleibt die Freiheit der Wahl der Symbolik und der Darstellung der Inhalte:

- Auswahl der Symbolik und Darstellung des Datenmodelles
- Auswahl der Symbolik und Darstellung der Datenaggregationen
- Darstellung des Funktionsbaumes
- Darstellung des Maskenaufbaus
- Darstellung und Definition der Dialogstrukturen
- Darstellung Maskensequenzdiagramme
- Darstellung der Programmstrukturen mittels Transaction Control Structure, Struktogramme, Programmflussdiagramme, Klassenmodelle
- Aufbau einer Spezifikation der Hardwarekomponenten
- Aufbau einer Spezifikation der Schulungen
- Formulierung von Stellenbeschreibungen

Für die homogene Ausgestaltung der Programmkomponenten auf allen Architekturebenen sind Richtlinien und Handlungsanleitungen erforderlich:

- Aufbau und Inhalt eines Style Guide
- Aufbau und Inhalt einer Programmierrichtlinie

Problemlösungsregeln und Lösungsmittel

Das Verfahren

Der DWH-Entwurf ist die Fortsetzung des DWH-Konzepts mit strengeren, spezifikatorischen, definierenden Methoden. Die Informationen der Strukturen werden teilweise übernommen, teilweise ergänzt und teilweise in Beziehung gesetzt nach bestimmten methodischen Regeln. Die Ergebnisse des DWH-Entwurfs sind mit den Ergebnissen des DWH-Konzepts eng verbunden. Den Masken des Dialogs entsprechen z.B. Funktionen. Die Ergebnisse des DWH-Entwurfes sind ebenfalls miteinander verknüpft. Den Tabellen entsprechen die Funktionen zur Verarbeitung der Tabelleninhalte. Die Tabellen sind den Masken zugeordnet, indem auf den Masken die Felder für die Tabelleneingaben platziert sind. Diese Zuordnungen sind komplex und müssen auf Regelstimmigkeit kontrolliert werden. Für die teilweise automatisierte Konsistenz- und Integritätssicherung sind CASE-Tools entwickelt worden. Die Kontrolle der Modell-Konsistenz mittels CASE-Tool-Einsatz ist umso wichtiger, je komplexer das DWH ist. Folgende Vorgehensweise in der Erstellung des DWH-Entwurfes ist zu empfehlen:

Verfahren: Aufbau DWH-Entwurf

- Bestimmung des Aufbaus und des Umfanges eines DWH-Entwurfes mittels der **Checkliste Aufbau DWH-Entwurf**
- Auswahl und Vorbereitung des CASE-Tool-Einsatzes
- Auswahl der Symbolik und Darstellung des Datenmodelles mittels **CASE-Tool**
- Auswahl der Symbolik und Darstellung der Datenaggregationen mittels **Grafiktool**
- Darstellung des Funktionsbaumes mittels **CASE-Tool**
- Darstellung des Maskenaufbaus
- Darstellung und Definition der Dialogstrukturen und Maskensequenzdiagramme
- Darstellung der Programmstrukturen mittels Transaction Control Structures, Struktogrammen, Programmflussdiagrammen, Klassenmodellen
- Aufbau einer Spezifikation der Hardwarekomponenten
- Aufbau einer Spezifikation der Schulungen
- Strukturierung von Stellenbeschreibungen
- Erstellung des Inhalts der Spezifikation der Hardwarekomponenten
- Erstellung des Inhalts der Stellenbeschreibungen
- Erstellung des Inhalts und der Lerntiefe der Schulungen
- Zusammenführung der einzelnen Dokumente zu einem DWH-Entwurf

Checkliste Aufbau DWH-Entwurf

Für die Struktur des DWH-Entwurfes ist die folgende in der »**Checkliste Aufbau DWH-Entwurf**« dargestellte Reihenfolge sinnvoll. Dabei ist zu beachten, dass, wie schon im DWH-Konzept, einige allgemeine Angaben zur Einführung in das umfangreiche Dokument zur Orientierung gemacht werden müssen, wie Einleitung, Absichtserklärung, Vorprojekte, Vorphasenstatus, Einführung in den Aufbau des DWH-Entwurfes, Grundsätzliches zur Auswahl der Symbolik und Darstellungen und Vorgehen. Die aus dem Konzept übernommenen Planvorgaben werden komplett überarbeitet. Die Organisationskonzepte resultieren in Richtlinien, Schulungsunterlagen und Handbücher.

Checkliste Aufbau DWH-Entwurf

Abgrenzung

- ✔ Definition, Abgrenzung des Themenfeldes, Ziel des DWH-Entwurfs, Adressaten
- ✔ Situation vor Projektbeginn
- ✔ Partner: Standorte, Ländersituation, Sprachen, Betroffene und beteiligte Firmen
- ✔ Umfang und Aufbau: WAN, LAN, Rechner, Software, Organisation
- ✔ Vorgehensmodell: Methoden, Verfahren, Tools, Projektphase, Fertigstellungsgrad, Vorprojekte

Prämissen

- ✔ Kontext Unternehmensumwelt: Trends, Märkte, Wettbewerbsfaktoren, Standards
- ✔ Kontext Umfeld: interne Anforderungen, Konzernanforderungen, Fusionsanforderungen, Tochter-Voraussetzungen
- ✔ Zielsetzung der Lösung: Strategie, Taktik, operative Ziele, interne Standards, Wettbewerb
- ✔ Technologien: Softwaretechnologie, Tools, Programmiersprachen, Protokolle, Funktionen, Hardwaretechnologie

Entwurf

- ✔ **Modelle:** Inhalt und Beschreibung des Datenmodells
  Inhalt und Beschreibung der Datenaggregationen
  Inhalt und Beschreibung des Funktionsbaumes
  Inhalt und Beschreibung der Masken
  Inhalt und Beschreibung der Dialogstrukturen und Maskensequenzdiagramme
  Inhalt und Beschreibung der Programmstrukturen und Klassenmodelle
  Spezifikation der Hardwarekomponenten
  Spezifikation der Schulungen
  Stellenbeschreibungen

Tabelle 7.9: Checkliste Aufbau DWH-Entwurf

- ✔ **Organisationskonzept:** Rollen, Stellen, Strukturen, Prozesse für Betrieb, Wartung und Anpassung, Konfiguration
- ✔ Funktionalität: Administration, Tuning, Ergonomie, Robustheit, Ausbaufähigkeiten, Zukunftsbeständigkeit, Sicherheit, Schnittstellen
- ✔ Integration: Einbindung in Anwendungen, Konzernintegration, Allokation

Vorgaben an Umsetzung und Betrieb

- ✔ Beschaffung: Bestellung, Lieferungsabnahme
- ✔ Aufbau: Installation, Test, Abnahme, Inbetriebnahme
- ✔ Organisationsrichtlinien
- ✔ Betrieb: Handbücher zu Wartung, Service, Systemadministration, Abbau, Entsorgung
- ✔ Organisationsstruktur: Rollen, Stellen, Organisationsstruktur, Kompetenzen, Befugnisse
- ✔ Ablauforganisation: Prozesse, Richtlinien, Berichtswesen
- ✔ Qualifikation: Schulungen, Aufgabenstellung, erforderliches Know-how

Umsetzungsplanung

- ✔ Plan: Aktivitäten, Ressourcen, Termine, Dauer, Vorgänger, Nachfolger, Aktionsträger (Stelle, Organisationseinheit, Funktion)
- ✔ Risiken: Frühwarnsignale, Konsequenzen, Gegenmaßnahmen

Tabelle 7.9: Checkliste Aufbau DWH-Entwurf

CASE-Tool-Einsatz

Die Transparenz und Aussagekraft einer Grafik hängt wesentlich von der Wahl der Symbolik ab. Zur Beurteilung der Symbolik dienen die Beispielgrafiken im Text als Anhaltspunkt. Viele CASE-Tools stellen mehrere Symbolbibliotheken zur Wahl. Kein CASE-Tool bietet eine vollständige Symbolauswahl und eine vollständige Methodenkette über alle Phasen des DWH-Vorgehensmodells an. Die Produktwahl ist bezüglich der Vervollständigung durch manuelle Grafikbibliotheken zu optimieren.

Hardwarespezifikation

Die Gestaltungsmöglichkeiten sind bereits in Kapitel 6 »Hardware« beschrieben worden. Die Spezifikation erfordert Produktkenntnisse über alle Hardwarekomponenten, welche die Qualifikation des DWH-Spezialisten überschreiten. Der DWH-Spezialist muss nur einen Eindruck gewinnen, was die Spezifikation einer Komponente umfasst. Dies geben die Angaben der folgenden Checkliste wieder.

Checkliste: Spezifikation der Hardwarekomponenten

- ✔ Technologie: Prozessortyp, Schnittstellen, Bautyp
- ✔ Software: Utilities, Betriebssystem, Treiber
- ✔ Abmessungen, Gewicht
- ✔ Zubehör: Kabel, Stecker, Verbrauchsmaterial
- ✔ Umgebungsbedingungen: Feuchtigkeit, Temperaturbereich
- ✔ Montagebedingungen, Transportbedingungen
- ✔ Wartungsvorgaben: Ersatzteilhaltung und Austausch, Reaktionszeit

Organisationsspezifikation

Für Stellenbeschreibungen sind im Anhang ausführliche Beispiele angegeben.

7.5 Das Fortsetzungsbeispiel InDaWa

Einleitung

Das Beispiel wurde bereits im Text durch mehrere Einzelbeispiele fortgesetzt. Zur besseren Übersicht werden die einzelnen Etappen der Entscheidungen zum Vorgehensmodell noch einmal aufgezählt und zusammengefasst.

Beispiel

Das Beispiel gliedert sich entsprechend der zwei Phasen »Konzeption« und »Entwurf« in zwei Schritte: Erstellung des DWH-Konzeptes und Erstellung des DWH-Entwurfes. Beide Schritte zusammengenommen bilden einen Ausschnitt aus dem Vorgehensmodell.

Beispiel: DWH-Konzept für eine Schadensanalyse

Für die Projektierung werden die im Unternehmen etablierten Werkzeuge für Terminplanung, Kostenverfolgung und Berichtswesen eingesetzt.

Man sieht die Sicherstellung der Fachinhalte als zentralen Erfolgsfaktor für die Gewinnung verwertbarer Aussagen zur Instandhaltung an. Deshalb wird die detaillierte Erfassung der Fachanforderungen mit allen Mitteln und Methoden befürwortet. Die Fachkonzeption soll mit der Kontextfindung extern in der Kraftwerksumwelt und intern in den Kraftwerksbereichen und Systemen starten. Es ist ein Prozess für die Schadensanalyse zu entwerfen und mit den bestehenden Instandhaltungsprozessen zu koppeln. Aus diesem Prozess soll die Funktionalität extrahiert werden. Die vorliegenden Formulare sollen in einem Informationsobjekte-Diagramm aufgenommen werden zur späteren Ableitung eines Datenmodelles.

Die Softwaretechnologie soll auf dem modernsten derzeit verfügbaren Niveau mit der Integrationsfähigkeit relationaler Datenbanken definiert werden.

Die Hardwareanforderungen sollen dazu dienen, zu beurteilen, ob ein neues Equipment und Erweiterungen der WAN- und LAN-Leistungen erforderlich sind.

Die Organisationskonzeption soll weitgehend die vorhandenen Ressourcen der IT-Abteilung einbinden und erfahrene Werkskenner und Instandhaltungsplaner zu Schadensanalytikern weiterbilden.

Für die Dokumentation der Ergebnisse werden eingesetzt:

- ✔ CASE-Tool Systems Architect für Kontextmodell, Prozessdiagramme, Funktionsstruktur, Datenmodell, Aggregationsmodelle, Informationsobjektemodell
- ✔ Visio mit eigens erstellter Bibliothek für Kennzahlenmodell, Dialogstruktur, Netzgrafik
- ✔ MS EXCEL für Funktionsliste
- ✔ MS Word für Textdokumente

Der Einsatz des CASE-Tools soll unbedingt dort durchgesetzt werden, wo verschiedene Methoden zueinander in logischer Beziehung stehen.

Damit ist der Umfang und die Tiefe des DWH-Konzeptes für InDaWa abgesteckt. Der Schwerpunkt des Entwurfes liegt in der Softwarespezifikation.

Beispiel: DWH-Entwurf für eine Schadensanalyse

Die Spezifikation der Software soll so exakt beschrieben werden, dass Teile der Programmierung an externe Berater vergeben werden können.

Damit sind ein detaillierter Funktionsbaum mit genauen Beschreibungen, ein relationales Datenmodell, die auf dem Datenmodell gründenden Multiwürfel und alle Kennzahlendiagramme erforderlich. Die Software wird im Dialog mit freiem Wechsel in andere Programme betrieben. Hierfür ist eine Dialogstruktur erforderlich.

Vermutlich wird nur ein DWH-Server für die Verarbeitung großer Datenmengen zu spezifizieren sein. Großer Datenverkehr über Leitungen ist nicht zu erwarten.

Eine Stellenbeschreibung ist nicht erforderlich. Die bestehenden Stellenbeschreibungen werden erweitert.

Die Phasen »Realisierung« und »Implementierung« sind methodenschwach und können mit den etablierten Vorgehensweisen der IT-Abteilung praktiziert werden.

Gestaltungsentscheidung

Im Folgenden sind, wie in den vorausgehenden Kapiteln auch, die Entscheidungen zum Vorgehensmodell, die im Musterprojekt »InDaWa« getroffen wurden, noch einmal im Überblick zusammengestellt.

Gestaltungsaspekt	Entscheidung	Begründung
ORIENTIERUNG		
VORGEHENSMODELL		
DWH-Vorgehensmodell		
	Einsatz eines Vorgehensmodells	kein Modell vorhanden, bessere Dokumentation, bessere Systematik der Arbeitsweise
	Einstieg in Projektierung	
	Detaillierung der Konzeption	Sicherstellung der Fachanforderungen
	Detaillierung des Entwurfs	Sicherstellung der exakten Spezifikation
	Methodenvorschrift	Kommunizierbarkeit und Nachvollziehbarkeit der Ergebnisse
	Toolvorschrift	homogene Dokumentation
Softwareentwicklungsmodell		
	ab Kontextermittlung	
	für relationale Datenbank	Grunddaten sind relational
	ohne Produktfestlegung	keine Produktkenntnis, Evaluation erforderlich
	für Dialogprogramm	Steuerung im Benutzerdialog gewünscht
	für Indiviualentwicklung	kein Standard aus Fachzeitschriften bekannt
	für grafische Oberflächen	Bedienung unter MS-Windows
DWH-Konzept		
Methoden/Tools	Kontextdiagramm, Visio	zur Umfangsabgrenzung
	Prozessanalyse, Systems Architect	Sicherstellung der Integration in Instandhaltungsabläufe
	Funktionsliste, Excel	
	Informationsobjektemodell, Systems Architect	
	Netzdiagramm, Visio	
DWH-Entwurf		
	Funktionsbaum, Systems Architect	Vorgabe zur Programmorganisation
	Funktionsmatrix	Vollständigkeit der Ableitung
	Relationales Datenmodell, Systems Architect	Grunddaten sind relational
	Aggregationsmodell, Systems Architect	
	Kennzahlenmodell, Visio	
	Dialogstruktur, Visio	
PROJEKTIERUNG		

Tabelle 7.10: Entscheidungschart InDaWa

7.6 Übungen

Übung 7.1: Prozessanalyse

Entwerfen Sie den Prozess eines DWH-Sprachenlexikons mit Beschreibung und Prozessdiagramm.

Übung 7.2: Grundbegriffe 1

Erklären Sie die Begriffe Vorgehensmodell, Methode, Phasen, Teilphasen, Tools und stellen Sie diese Begriffe zueinander in Beziehung.

Übung 7.3: Grundbegriffe 2

Grenzen Sie die Zielsetzung des DWH-Entwurfes gegen das DWH-Konzept und das DWH-Konzept gegen das Fachkonzept ab.

Übung 7.4: Grundbegriffe 3

Definieren Sie die Begriffe Funktionsliste, Prozessdiagramm, Organigramm, Kontextdiagramm, Informationsobjekteschema.

Übung 7.5: DWH-Konzept

Entwerfen Sie das Inhaltsverzeichnis eines DWH-Konzeptes und nennen Sie die Methoden zur Erstellung einzelner Ergebnistypen.

Übung 7.6: Definitionen 4

Definieren Sie die Begriffe Funktionsbaum, Funktionsmatrix, Datenmodell, Dialogstruktur, Aggregationsmodell, Kennzahlenschema.

Übung 7.7: DWH-Entwurf

Wie ist ein DWH-Entwurf aufgebaut und worin besteht der Unterschied zu einem Fachkonzept? Entwerfen Sie das Inhaltsverzeichnis eines DWH-Entwurfs und nennen Sie die Methoden zur Erstellung einzelner Ergebnistypen.

Übung 7.8: Funktionsbaum

Beschreiben Sie die Ableitung eines Funktionsbaumes aus einem Prozessmodell und die Ableitung aus einem Datenmodell.

Übung (mit Lösung) 7.9: Datenmodell

Entwerfen Sie das Datenmodell für ein zweisprachiges Lexikon, das sich auf ein mehrsprachiges Lexikon erweitern lässt, mit je einer extra Tabelle pro Sprache. Versuchen Sie hierfür zwei Varianten auszuführen.

Übung 7.10: Funktionsmatrix

Leiten Sie aus dem Datenmodell für ein zweisprachiges Lexikon, das sich auf ein mehrsprachiges Lexikon erweitern lässt, mögliche Zugriffswege und Anfragen ab. Stellen Sie diese im Datenmodell dar und leiten Sie daraus eine Funktionsmatrix ab.

Übung (mit Lösung) 7.11: Aggregationsmodell

Leiten Sie ein Aggregationsmodell für die Zählung von Stromverbrauchsmesswerten auf Stundenbasis für die Aggregation zu Tagen, Wochen, Monaten und Jahren ab.

Übung (mit Lösung) 7.12: Datenmengen

Berechnen Sie die Datenmengen auf Sekundenbasis pro Haushalt über 30 Lebensjahre und die Datenmengen auf Stundenbasis für 10 Mio. Haushalte. Hierbei soll angenommen werden, dass die Anzahl der Haushalte konstant bleibt.

Übung (mit Lösung) 7.13: Multidimensionaler Würfel

Entwerfen Sie die Struktur eines multidimensionalen Würfels (drei Dimensionen) für die Zählung von Schadensfällen mit den Dimensionen

- ✔ Zeiteinheiten, (Tage, Monate, Jahre, Lebenszeit)
- ✔ Regionen (Bezirk, Bundesland, Land)
- ✔ Anlagengliederungsstufe (Aggregat, Funktion, Gesamtanlage)

Übung 7.14: Dialogstruktur

Leiten Sie aus der Funktionsmatrix und der Prozessanalyse eine Dialogstruktur für die Benutzung der »Anwendung Lexikon« ab.

7.7 Zusammenfassung

Wenn die Gestaltungsläufe zur Architektur vollzogen sind, steht das »Was« fest. Im nächsten Gestaltungslauf wird nun das »Wie« und »Womit« festgestellt. Dieser Gestaltungslauf besteht aus pro Phase je einem Gestaltungsgang. Der methodische Schwerpunkt für die DWH-Gestaltung liegt in der Softwarentwicklung.

Im **ersten Schritt des ersten Gestaltungsganges** musste eine Entscheidung über das Vorgehen nach einem Vorgehensmodell und bei positiver Entscheidung über dessen Umfang getroffen werden. Diese Entscheidung ist abhängig von bestehenden Vorgehensmodellen des Unternehmens, vom Einstiegszeitpunkt in das DWH-Vorhaben und von der Kenntnis öffentlicher Vorgehensmodelle. Im Beispiel ist als Startzeitpunkt die Konzeption der DWH-Lösung dargestellt.

Im **ersten Schritt des ersten Gestaltungsganges** ist der Umfang der Phase Konzeption festzulegen. Im Beispiel ist bezüglich der Softwarekonzeption die Eigenentwicklung der Softwarelösung mit relationaler DB-Technik und Client/ Server-Architektur dargestellt.

Im **zweiten Schritt des ersten Gestaltungsganges** ist die Methodik der Phase Konzeption festzulegen. Im Beispiel wurde bezüglich der Softwarekonzeption das Kontextdiagramm, die Funktionsliste und das Prozessdiagramm und die Formularliste gewählt.

Im **dritten Schritt des ersten Gestaltungsganges** sind die Tools zur Unterstützung der methodischen Arbeitsweise und zur Dokumentation der Phase Konzeption festzulegen. Im Beispiel wurde bezüglich der Darstellung des Kontextdiagrammes das Grafiktool Visio, bezüglich der Darstellung des Funktionsbaumes und bezüglich der Darstellung der Prozessdiagramme das CASE-Tool Systems Architect und bezüglich der Formularliste MS-ACCESS gewählt.

Damit ist also der beispielhafte Durchlauf durch die Gestaltungsentscheidungen für die Entscheidung Eigenentwicklung von Software wie folgt:

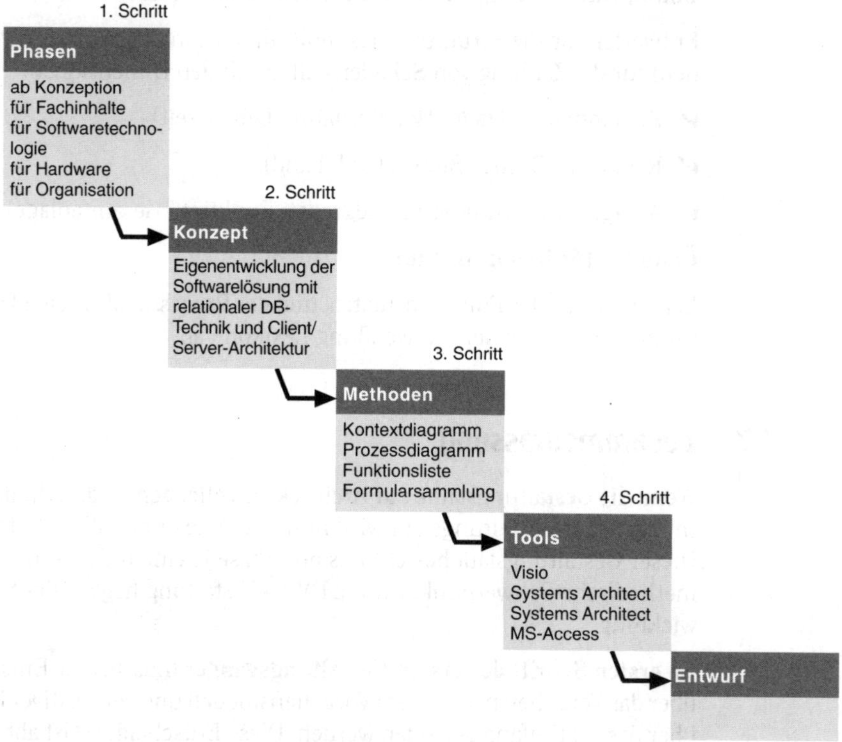

Abbildung 7.23: Entscheidungsgang Eigenentwicklung Software

Im **zweiten Gestaltungsgang** sind der Umfang der Phase Entwurf, die einzusetzenden Methoden, ihre Symbolik und die Dokumentationstools festzulegen. Analog dazu werden in weiteren Gestaltungsgängen die anderen Phasen wie Realisierung, Implementierung und Betrieb entworfen.

Steht das Vorgehensmodell fest, ist in vier Arbeitsgängen der Reihe nach zu definieren, welche Fachinhalte abgedeckt werden sollen, mit welcher Softwaretechnologie das geschehen soll, auf welcher Hardware diese Software betrieben werden soll und welche Organisation für Aufbau und Betrieb erforderlich ist.

KAPITEL 8

8 Projektierung und Betrieb eines Data Warehouse Systems

Überblick

Ein DWH-Projekt ist hochkomplex. Zur Beherrschung eines DWH-Projekts ist deshalb eine Strukturierung des umfangreichen Aufgabenpakets in kleine, überschaubare Aktivitäten und die Planung ihrer Bearbeitung, eine **Projektierung,** erforderlich. Zur Erledigung dieser Aufgabenpakete sind Sachmittel und Personal termingerecht einzusetzen. Personal- und Sachmitteleinsatz verursachen Kosten, die in einem Budget formuliert und als Finanzierung zur Verfügung gestellt werden müssen. Es wird deshalb zunächst dargestellt, was die Projektierung beabsichtigt und was ihr Ergebnis ist.

Danach werden zu allen Projektierungsaufgaben effiziente Hilfsmittel vorgestellt und gezeigt, wie mit ihrer Hilfe ein Projekt handhabbar wird. Diese Mittel bauen auf einem fundamentalen Mittel, der Leistungsleitlinie, auf. Die Leistungsleitline ist ein Verzeichnis aller Arbeitsschritte und ihrer Ergebnisse.

Im nächsten Schritt wird die zur Abwicklung eines Projekts erforderliche Organisation mit Strukturen, Aufgaben, Rollen, Stellen und Prozessen vorgestellt. Es gehört zu den Aktivitäten eines Projekts, auch die organisatorischen Voraussetzungen mitzugestalten.

Daran anknüpfend wird im Rahmen der Umsetzung kurz auf die Problematik der Beschaffungen zu einem DWH-Vorhaben eingegangen. Konkrete Hinweise zu den Software- und Hardwareprodukten finden Sie in Kapitel 9 »Die Produktevaluation von Data Warehouse Systemen«.

Zum Schluss des Kapitels wird dargestellt, mit welchen Mitteln die einmal erstellte Projektierung kontinuierlich an der aktuellen Situation gemessen werden kann.

Die folgende Abbildung zeigt den Gang des Kapitels.

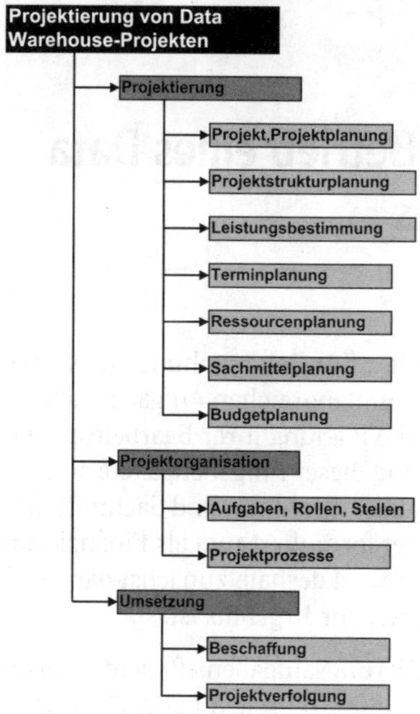

Abbildung 8.1: Gliederung des Kapitels Projektierung

Lernziel

Das Ziel dieses Kapitels ist, eine Übersicht über die Projektierungsaufgaben und die Möglichkeiten, in einem komplexen Projekt mittels Projektierung eine Kontrolle der Abwicklung zu erreichen, zu vermitteln. Aufbauend auf den vorgestellten Projektaktivitäten und den zu ihrer Durchführung erforderlichen Mitteln, ist das Budget zur Beschaffung festzustellen. Weitere Lernziele ergeben sich daraus, dass der DWH-Spezialist alle Komponenten der Organisation eines DWH erkennen und im Projekt aufbauen muss. Dazu kommt, dass er, aufbauend auf den Erkenntnissen zur Projektierung und den vorgestellten Mitteln, die Beschaffung und die Verfolgung des Projekts beherrschen muss. Die Lernziele dieses Kapitels sind dementsprechend:

Lernziele

- Kennen der Projektierungsaufgaben
- Verstehen der Bedeutung der Leistungserbringung und der Leistungsabfolge
- Verstehen des Zusammenhangs zwischen Terminplänen und Ressourcen
- Verstehen der Leistungen eines DWH-Projekts
- Entwerfen der wesentlichen Budgetpositionen eines DWH-Projekts

- Kennen des Zusammenhanges der Budgetpositionen mit den Projektaktivitäten
- Definition der Aufgaben des DWH- Projekt-Personals
- Bestimmung der für ein DWH-Projekt erforderlichen Rollen und Stellen
- Beschreibung der Projektstruktur eines DWH-Aufbaus
- Beschreibung der Projektprozesse eines DWH-Aufbaus
- Definieren der Berichtswege und Berichtsformen für das DWH-Projekt
- Umsetzen der Schritte zum Implementieren einer Projektorganisation
- Erkennen, welche Beschaffungen für ein DWH-Projekt abzuwickeln sind
- Verstehen der Leistungskontrolle eines DWH-Projekts
- Kennen der Bedeutung der Kontrolle von Terminen, Ressourcen und Budgets
- Erkennen der Projektverfolgungsmittel aus der Gesamtsicht des Projektberichtswesens

8.1 Wie wird ein DWH-Vorhaben projektiert?

Zur Bewältigung eines DWH-Projekts ist eine Projektierung erforderlich. Eine **Projektierung** ist eine geistige Vorwegnahme des Ablaufes des Projekts, eine Aneinanderreihung von Aufgaben und die Beantwortung der Frage, wie dieser Durchlauf zu bewältigen ist.

8.1.1 Was ist ein Projekt?

Problemstellung und Motivation

Ein **Projekt** ist kurz gesagt ein einmaliges, nicht wiederholbares, zeitlich begrenztes Vorhaben mit vorübergehender Personal- und Ressourcenbereitstellung. Ein Projekt verfolgt ein Ziel. Das Projektziel, das in diesem Buch verfolgt wird, ist der Aufbau eines DWH. Dazu sind Anforderungs- und Architekturfragen zu beantworten. Mit diesen Vorstellungen an eine zukünftige Lösung kann der IT-Markt daraufhin überprüft werden, ob ein DWH oder Teile davon als Produkt erworben werden können.

Das **Projektziel** ist zunächst eine Entscheidungsfindung, und zwar die Lösung der Gestaltungsfragen, wie sie in den vorausgehenden Kapiteln dargestellt wurde. Sind die Gestaltungsfragen gelöst, fallen die Beschaffungen der Produkte an. Vorher sind detaillierte Anforderungen aus dem Vergleich des Bedarfs mit den bereits vorhandenen Lösungen und Produkten abzuleiten. Erst dann kann die Beschaffung der für Entwurf und Entwicklung erforderlichen Tools und des zu ihrer Anwendung erforderlichen Know-hows beginnen.

Genau genommen steht erst nach der Definition des Bedarfes und nach Treffen aller Gestaltungsentscheidungen fest, wie die Projektschritte heißen. Ein Ergebnis der Gestaltungsfrage ist z. B. die Entscheidung, ob eine Eigenentwicklung erforderlich ist oder eine Anwendung von der Stange gekauft werden kann. In beiden Fällen ist eine Evaluation von Produkten erforderlich. Aber nur bei der Entscheidung für eine Individualentwicklung ist eine Spezifikation bzw. ein detaillierter Entwurf mit z. B. einem Datenmodell erforderlich. Lautet die Entscheidung dagegen »Zukauf von Standardsoftware«, fällt als Projektaufgabe ein Customizing-Schritt an.

Ein fertiges DWH gibt es nicht zu kaufen. Ein Data Warehouse sind verschiedene Softwarekomponenten, die von Personen bedient auf einer Hardware-Infrastruktur betriebswirtschaftliche Funktionen ausführen. Einige dieser Softwarefunktionen müssen mit einer Reihe von Werkzeugen effizient und schnell mit wenigen Programmierkenntnissen für die Unternehmensaufgabe maßgeschneidert entwickelt werden. Solche DWH-typischen Applikationen sind z. B. spezielle Reports mit bestimmtem Layout. Hierfür ist bei modernen Werkzeugen keine Programmiersprache erforderlich. Der Report wird gezeichnet und ein Programmgenerator erzeugt im Hintergrund ein Report-Programm. DWH-Funktionen sind damit zu spezifizieren und werden auch realisiert, ohne auf der Ebene der Programmiersprachen der dritten Generation arbeiten zu müssen. Für ein DWH sind Eigenentwicklungen erforderlich.

Die Umsetzung der Anforderungen zu einer Gesamtlösung, besonders die Produktion von Eigenentwicklungen, kann nur mit Personal- und Know-how-Einsatz bewältigt werden. Das Abstellen des Personals aus dem Personalstamm des Unternehmens, die Bereitstellung der Ressourcen und die Durchführung eines Projekts, d.h. die Abfolge der Arbeitsschritte, müssen sorgfältig geplant werden.

Zu den reinen DWH-Fachaufgaben gehört noch eine Gruppe von Aufgaben, die viel zu wenig berücksichtigt wird: die Unternehmenskommunikation. Es ist enorm wichtig, im Unternehmen genügend Informationen über das DWH-Vorhaben, das Projektziel und den Projektfortschritt zu verbreiten. Dafür ist ein internes Marketing erforderlich. Es muss den nicht involvierten Anwendern und auch den Entscheidern eine Nützlichkeit und Nutzbarkeit vermitteln. Das steigert die Akzeptanz, erleichtert den Zugang zum Unternehmens-Know-how, erweitert den Anwenderkreis und führt indirekt zu einer besseren Rentabilität. Letzlich kann auch externes Marketing nützlich sein und ein Vertrieb z. B. von erworbenem Know-how oder Zwischenprodukten wie Datenmodellen zusätzliche Umsatzquellen erschließen.

Die Projektierung umfasst alle **Projektphasen** des Aufbaus des DWH. Der Betrieb selbst ist nicht mehr Gegenstand des Projektierens, wohl aber die Vorbereitung des Betriebs, also die Überführung des Projekts in den ordnungsgemäßen Betrieb.

Abbildung 8.2: Die Projektphasen des DWH-Projekts

Die Statusanalyse

Ein Projekt entsteht oftmals spontan aus einer internen Idee. Projektideen können aber auch gezielt und systematisch aus den Unternehmensaufgaben abgeleitet werden. Besonders ein DWH hat ja die Aufgabe, die Unternehmensaufgaben zu unterstützen, die Unternehmenssituation transparent zu machen und die soliden Grundlagen für Managemententscheidungen zu liefern. Vor dem DWH-Projekt sollte deshalb die **Statusanalyse** des Unternehmens stehen. Es sollte festgestellt sein, was das Unternehmen zukünftig vorhat und welche Unterstützung in Form guter und effizienter Informationen dazu erforderlich sind.

Projektidee, Projektinitiierung und Projektakquisition

Aus der Idee wird nach einigen Gesprächen mit Kollegen der Umriss der Vorstellungen – in unserem Falle der Umriss dessen, was ein DWH werden soll – immer schärfer. Wenn sich die Auffassungen zu einer klaren Vorstellung, einer **Projektidee,** konkretisiert haben, gehen Vetriebsexperten zu Kunden und versuchen, das Interesse an einer Angebotslegung zu wecken. Es ist auch denkbar, dass Kunden von sich aus den Wunsch äußern: »Könnt ihr nicht ein DWH für uns errichten, ihr habt doch auch...«. DWH entstehen in der Regel aus der Erkenntnis, dass die Reportingwerkzeuge der Standardsoftware nicht die gewünschte Flexibilität und auch nicht die Intelligenz der DWH-Produkte haben.

Ist die Projektdee geboren, die Vorstellung so konkret geworden, dass ein Umfang, eine erforderliche Leistung und die damit verbundenen Kosten deutlich werden, kann man im eigenen Unternehmen nach Befürwortern eines DWH suchen. Eine interne **Projektakquisition** bei Abteilungsbesprechungen wird gestartet.

Ist die Akquisition erfolgreich und stößt die Projektidee auf Interesse, wird das Projekt ausformuliert und sein Start von einem **Projektmentor** initiiert – das ist die sogenannte **Projektinitiierung.** DWH-Projekte werden in der Regel extern von Kunden mit Standardsoftware und intern von Kollegen aus Abteilungen, die mit Analysen von Unternehmens- und Marktdaten beschäftigt sind, z.B. aus dem Marketing oder dem Controlling, initiiert.

Der Projektantrag

Ein DWH-Projekt startet mit einem **Projektantrag.** Wer einen Projektantrag zur Erstellung eines DWH formulieren will, muss bereits sehr viel über DWH wissen. Er muss die Komplexität abschätzen können, und er muss wissen, dass zum Aufbau eines DWH sowohl Hardware- als auch Softwareprobleme zu lösen sind. Er muss bereits einen ersten Überblick über organisatorische Bedingungen haben. Mit diesem Wissen kann er erst definieren,

- ✔ wie das Projekt genannt werden soll
- ✔ was das Ziel des DWH-Projekts sein soll
- ✔ welchen Nutzen aus dem DWH oder dem Projekt gezogen werden soll
- ✔ mit welchen Kosten zu rechnen ist
- ✔ ob das Projekt auf anderen Projekten aufsetzen kann, ob es als Pilotversuch gestartet werden soll
- ✔ wer die Projektteilnehmer sein müssen
- ✔ in welchem Zeitraum welche Ergebnisse zu erreichen sind

Der Projektantrag enthält damit eine klare Definition des Projekts. Die **Projektdefinition** kann enthalten:

- ✔ Ausführliche Projektbezeichnung
- ✔ Projektname
- ✔ Projektkurzzeichen
- ✔ Darstellung des Projektumfanges
- ✔ nach zu erreichenden Zielen

- ✔ einzusetzenden Erkenntnissen
- ✔ Terminrahmen und Abhängigkeiten der Ecktermine zu anderen Projekten

Der Projektantrag wird später im Abschnitt »Projektverfolgung« dieses Kapitels als Element in einem geschlossenen Projektberichtswesen behandelt.

Angebotsausschreibung, Projektauftrag, Leistungsverzeichnis

Der Projektantrag wird von den Entscheidungsträgern begutachtet, eventuell korrigiert und genehmigt. Das DWH-Projekt kann dann starten und mit internen Ressourcen als rein **internes Projekt,** als internes Projekt mit Zukauf von Leistungen oder als **Partnerschaftsprojekt** mit anderen Unternehmen abgewickelt werden oder vollständig an ein Partnerunternehmen als **externer Auftrag** vergeben werden.

Je nach Größe des Projekts muss nach neuen EU-Richtlinien eine streng reglementierte öffentliche **Ausschreibung** stattfinden. Auf der Basis eines genehmigten Antrages werden Angebote eingeholt. Die Angebotsausschreibung muss inhaltlich und vom Umfang her mit dem Projektantrag übereinstimmen.

Die verschiedenen **Angebote** werden ausgewertet. Im Falle einer öffentlichen Ausschreibung ist die Angebotsauswertung den Bietern bekanntzugeben. Das beste Angebot führt bei Übereinkunft von Preisvorstellung und Gegenleistung zu einem Auftrag.

Der externe **Auftrag** enthält ein gegenüber dem Projektantrag meistens etwas detaillierteres Verzeichnis von Leistungen, das **Leistungsverzeichnis.** Das detaillierte Verzeichnis des Angebots ist Basis für die bereits besprochene Leistungsleitlinie des DWH-Projekts. Der interne Auftrag ist in der Regel eine formlose Bestätigung des Projektantrages. Detaillierte Aufträge sind auch bei interner Abwicklung ein gutes Mittel, die ausführenden Organisationseinheiten, z.B. Kompetenzzentren, an die Leistungen zu binden. Diese Leistungsbindung ist auch die Basis für die interne Leistungsverrechnung. Das Leistungsverzeichnis ist der Maßstab für die Beurteilung des Projektfortschritts.

Projektplanung und Projektierung

Ein DWH-Projekt ist so umfangreich und komplex, dass eine Planung des Projekts durchgeführt werden muss. Mit der **Projektplanung** versucht man, sich auf das, was im Laufe des Projekts geschehen kann, vorzubereiten. Die Projektplanung des DWH basiert auf den Festlegungen im Projektantrag, sie setzt die Rahmenbedingungen des Projektantrags fort und differenziert diese. Die Aufgaben der Projektplanung sind:

- ✔ Feststellung der vorgegebenen Ecktermine
- ✔ Aufzählung der Projektaktivitäten mit Hauptaufgaben, Teilaufgaben, eventuell Aufteilung des GesamtProjekts in Teilprojekte
- ✔ Verteilung der Aufgaben innerhalb der Projekttermine bzw. Einteilung der Zeitabstände zwischen den vorgegebenen Eckterminen; Feststellung der Abhängigkeiten zwischen den Aktivitäten

- ✔ Zuordnung der erforderlichen Qualifikation und Auswahl der Personalressourcen aus dem Unternehmenspotential
- ✔ Zuordnung der Sachmittel zu den Projektaktivitäten; die Vorbereitung und Bereitstellung von Sachmitteln kann selbst wieder als Projektaktivität aufgenommen werden

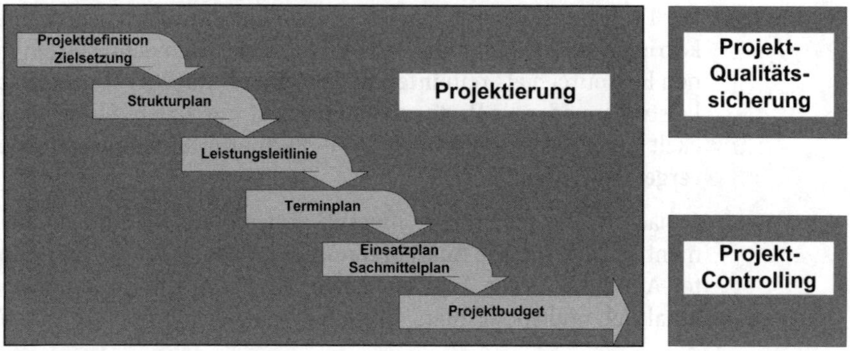

Abbildung 8.3: Gang der Projektierung

Ziel der Projektplanung ist die Abschätzung von Planwerten und ihre Zusammenstellung zu Plänen. Aus dem Personal-Ressourcenbedarf und der Aufgabenstruktur der Projekte kann ein Projektorganigramm abgeleitet werden. Aus dem Personaleinsatz kann entsprechend der Dauer der Projektaktivitäten und dem Sachmitteleinsatz ein Projektbudget ermittelt werden. Der Abschluss der Projektplanung ist mit der Fertigstellung der Projektergebnisse erreicht. Die **Projektplanungsergebnisse** sind:

- ✔ Projektstrukturplan: Aufgabenstruktur des Projekts
- ✔ Terminplan
- ✔ Ressourceneinsatzplan
- ✔ Projektorganigramm
- ✔ Projektbudgetplan

Ergänzend hierzu können noch ausgewählte Aufgaben zu begleitenden Aufgabenpaketen zusammengefasst werden:

- ✔ Qualitätssicherungsplan
- ✔ Projektfortschrittskontrolle

Der **Qualitätssicherungsplan** definiert eine zu erreichende Qualität und die Maßnahmen, die zur Überprüfung der Qualität und zur Sicherstellung einer vereinbarten Qualität durchgeführt werden müssen. Der Qualitätssicherungsplan orientiert sich dabei an den Projektergebnissen. Die Qualitätssicherung sollte bereits mit dem ersten Projektergebnis, den Projektplänen, einsetzen. Die

Qualitätssicherung hat einen projektübergreifenden Überblick und ist deshalb auch für die Maßnahmen einer Produktion wiederverwendbarer Ergebnisse zuständig.

Zusammengefasst kann man festhalten: Unter **Projektierung** versteht man die Planungsaktivitäten zur Vorbereitung und Kalkulation eines Projekts.

Definition

Die Zusammenfassung aller Planungsarbeiten des Projekts ist die **Projektierung.** Das Ergebnis der Projektierung sind Projektstrukturplan, Terminplan, Projektorganigramm, Projektbudgetplan, Ressourcen-Einsatzplan.

In der Projektierung wird geklärt, mit welchem Ressourceneinsatz (Maschinen, Softwaretools, Personal) in welchem Zeitraum, oder genauer zu welchen Terminen, die Schritte eines Vorgehensmodelles durchlaufen werden. Die Projektierung setzt sich auch mit Risiken und deren Warnsignalen auseinander und mit einer Analyse und Bestimmung der Maßnahmen zum Schutz vor den Risiken.

Gestaltungs- und Lösungsmöglichkeiten

Die Gestaltungsaufgaben der Projektierung eines DWH beginnen im Anschluss an die Statusanalyse mit einer Projektidee. Zunächst muss eine handhabbare, widerspruchsfreie und gegen andere Vorhaben abgrenzbare Projektdefinition mit einer Bezeichnung und einem im Unternehmen neuen Kurznamen gefunden werden. Wenn Öffentlichkeitsarbeit droht, sollte der Projektkurzname mit öffentlich bekannten Namen der Projekte anderer Unternehmen nicht verwandt sein. Zur Festlegung des Projekts gehört auch die Aufzählung der Rahmenbedigungen, wie z.B. Budgetgrenzen innerhalb derer sich das Projekt abspielen muss.

➢ Festlegung der Projektdefinition mit Bezeichnung, Kurznamen, Zielsetzung, Rahmenbedingungen

Aus der Projektdefinition werden die Projektaufgaben abgeleitet, die zu durchlaufenden Projektphasen mit ihren Teilphasen definiert und die dort abzuwickelnden Aktivitäten und zu erzeugenden Ergebnisse festgelegt. Die Qualität der Ergebnisse hängt von den zu ihrer Produktion eingesetzten Methoden und den Hilfsmitteln ab.

➢ Festlegung der Projektphasen und Teilphasen mit Aktivitäten, Ergebnissen und einzusetzenden Methoden und Hilfsmitteln

Wenn die Aktivitäten und die zu erzeugenden Ergebnisse feststehen, kann am Umfang des Projekts bereits grob der Arbeitsaufwand abgeschätzt werden, der erforderlich ist, um die Aktivitäten abzuwickeln. Zusammen mit der Abhängigkeit der Aktivitäten untereinander kann ein erster Terminüberblick gewonnen werden. Die Verkürzung der Termine ist durch Erhöhung der eingesetzten Qualifikationen möglich.

➢ Ableitung der Termine aus den Schätzungen für Aufwand bzw. Dauer der Abwicklung der Aktivitäten

Für die Bearbeitung einer Aktivität ist eine Befähigung in Form einer Qualifikation, z.B. eine spezielle Ausbildung oder Erfahrungen aus anderen Projekten, erforderlich. Zur Projektierung gehört auch die Benennung der Qualifikationen zu den Aktivitäten, und wenn das Personalaufgebot feststeht, kann sogar schon der Name der Projektmitarbeiter eingesetzt werden.

➢ Zuordnung der Mitarbeiternamen bzw. der Qualifikationen zu den Aktivitäten

Am Ende ist noch der Bedarf der Sachmittel festzustellen. Dazu gehören zu allererst die Räumlichkeiten, in denen das Projekt abgewickelt wird, aber auch Präsentationsmittel, Entwicklungswerkzeuge und Verbrauchsmaterial.

➢ Aufstellung des Sachmittel- und Raumbedarfs des Projekts

Projekte kosten Geld und kein Projekt hat beliebige Geldmittel zur Verfügung. Das vorkalkulierte Projektbudget kann sogar zu der Erkenntnis führen, dass der Nutzen nicht im vernünftigen Verhältnis zum Aufwand steht und dass das Projekt deshalb nicht durchführbar ist. Aus den ermittelten Personalressourcen- und Sachmittelbedarfen muss daher ein Projektbudget abgeleitet werden.

➢ Ableitung des Projektbudgets

Die Beschaffung ist entsprechend der internen Richtlinien darzustellen und mit Begründungen zu untermauern. Für den Beschaffungsvorgang ist neben dem zu beschaffenden Objekt, das in der Evaluation aus den Marktangeboten und Varianten ausgewählt wird, keine Gestaltungsfreiheit gegeben. Die Bestimmung des Beschaffungszeitpunkts und des Beschaffungsumfangs liegen noch im Gestaltungsrahmen des DWH-Spezialisten, die Beschaffung selbst gehört nicht mehr zu seinen Aufgaben.

Problemlösung: Regeln und Hilfsmittel

Das Verfahren

Die Projektierung wird, wie in den vorangegangenen Abschnitten dargestellt, in einer bestimmten Reihenfolge vollzogen. Diese Reihenfolge führt zu folgender Verfahrensempfehlung.

Verfahren: Projektierung eines DWH-Projekts

- ❖ Definition des Projekts
- ❖ Entwurf eines Projektantrags mit Hilfe der **Checkliste Projektantrag**
- ❖ Definition der Projektphasen
- ❖ Definition der Aktivitäten und Projektergebnisse in den Projektphasen
- ❖ Erstellen des Projektstrukturplanes

- ❖ Abstimmung der zu verwendenden Methoden
- ❖ Festlegung der einzusetzenden Tools, Formatvorlagen, Berichtsmuster und Sachmittel
- ❖ Berechnung der jeweiligen Dauer der Aktivitäten
- ❖ Erstellung des Terminplans
- ❖ Berechnung der Personalressourcen

Projektdefinition

Die **Projektdefinition** ist Teil des Projektantrags und enthält die Zielsetzung und die Abgrenzung zu nicht erwünschten Zielen. Der Projektantrag weist eine Skizze des Projekts mit Leistungen und Eckterminen aus, und er führt beteiligte interne und externe Partner an.

Beispiel: DWH-Projektdefinition

Projektname:	Instandhaltungs Data Warehouse für Schadensanalysen
Kurzzeichen	**InDaWa**
Definition	In dem zu entwickelnden Data Warehouse werden alle international und in verschiedenen Datenbanken anfallenden, kundenbezogenen Daten wie Verträge, Produkte, Konditionen, Kaufverhalten, Kunden-Feedback, zusammengeführt und ausgewertet mit dem Ziel, neue gewünschte Produkteigenschaften, bessere Absatzkanäle und neue Marketingkonzepte zu entwickeln.
Zeitrahmen	Das DWH soll in maximal einem Jahr erste Auswertungen liefern und in einem weiteren halben Jahr fertiggestellt sein.

Checkliste Projektantrag

Der **Projektantrag** weist einen Budgetbedarf aus. Im Projektantrag wird dem DWH-Projekt erstmals ein offizieller Name, eine Definition und ein Kurzname verliehen. Der Projektantrag muss so viele Informationen enthalten, dass auf der Basis einer Kosten/Nutzen-Relation eine Entscheidung getroffen werden kann. Jedes Unternehmen hat allgemeine Formvorlagen für Projektanträge, deshalb sei hier auf einen Formvorschlag verzichtet und statt dessen eine Checkliste der im Projektantrag enthaltenen Informationen angegeben.

Checkliste Projektantrag
✔ **Projektdefinition:** Ausführliche Projektbezeichnung, Projektname, Projektkurzzeichen

Tabelle 8.1: Checkliste Projektantrag

- ✔ **Projektbeschreibung:** Projektumfang, Ziele, einzusetzende Erkenntnisse, Methoden und Verfahren
- ✔ **Organisation:** Kooperationen, Beratereinsatz, beteiligte Bereiche und Abteilungen
- ✔ **Kosten:** Aufwände, Investitionen, besondere Sachmittel, Lizenzen, Patente
- ✔ **Nutzen:** verwertbare Ergebnisse, Vermarktungspotential
- ✔ **Termine:** Terminrahmen und Abhängigkeiten der Ecktermine zu anderen Projekten
- ✔ **Risiken:** Terminrisiken, Sachrisiken, Personalrisiken, externe Risiken

Tabelle 8.1: Checkliste Projektantrag

Für die weiteren Schritte werden im Folgenden Mittel und Methoden vorgeschlagen. Dem über diese Darstellung hinausgehend an allgemeinen Ausführungen zum Projektmanagement interessierten Leser sei empfohlen:

🗁 Schelle u.a., Projekte erfolgreich managen

🗁 Burghardt, Projektmanagement

8.1.2 Mit welchen Leistungen wird ein DWH-Projekt abgewickelt?

Problemstellung und Motivation

Projektstrukturplan

Die eigentliche Planung beginnt mit der Aufschlüsselung des zu planenden Objekts. Das Objekt DWH-Vorhaben wird strukturiert. Das umfassende und komplexe Ganze wird in kleine, handhabbare Teile zerlegt, die in einer Arbeitsfolge bearbeitet werden können.

Für die Zerlegung oder besser die Strukturierung der Projektaufgaben bieten sich mehrere Möglichkeiten an: Gruppierung der Funktionalität der Applikationen bezüglich ihrer betriebswirtschaftlichen Aufgabe zu Modulen, nach Produkten, Infrastrukturkomponenten und Lokationen. Bezüglich des Vorgehens in der Projektabwicklung kann nach Phasen, Teilphasen und Leistungsarten unterschieden werden. Die Zerlegung der Gesamtaufgabe »DWH-Aufbau« in kleine, ausführbare, geordnete Aufgabenpakete führt zu einem Arbeitsstrukturplan, oft **Projektstrukturplan (PSP)** genannt.

Definition: Projektstrukturplan

Der **Projektstrukturplan** ist die hierarchisch gegliederte Aufgaben- oder Aktivitätensammlung des Projekts.

Die folgende Abbildung »Dimensionen des Projektstrukturplans« zeigt einen solchen Zerlegungsvorschlag nach verschiedenen Kriterien.

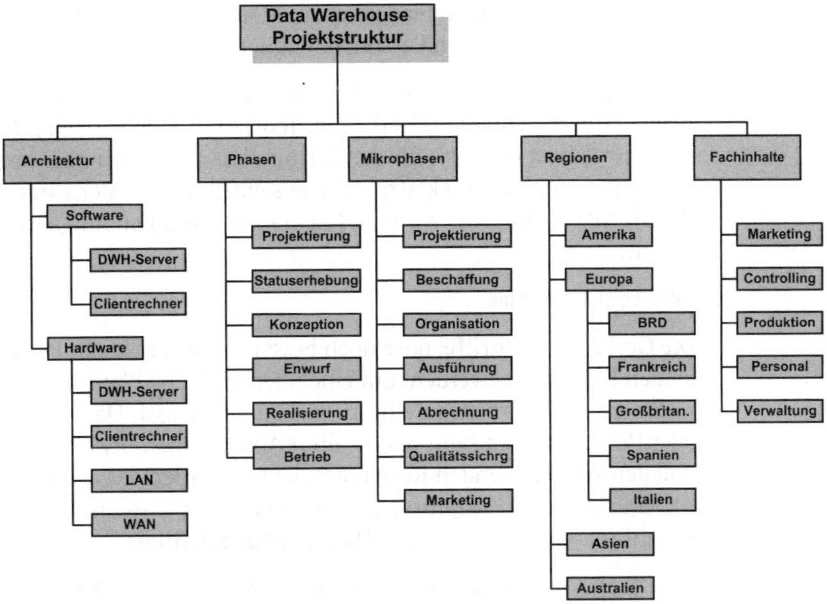

Abbildung 8.4: Dimensionen des Projektstrukturplans

Wie aus den Strukturelementen eine Projektaufgabe formuliert wird, soll das folgende Beispiel vermitteln.

Beispiel: Projektaufgabe aus Projektstrukturelementen

✔ Beschaffung (Teilphase)

der Erstdaten (Architektur: Softwarekomponente, serverseitig) – (Realisationsphase)

für die Analyse des Markts (Bereich Marketing)

von Europa (Lokation)

✔ Aufnahme der fachlichen Anforderungen (Phase: Konzeption, Mikrophase: Durchführung)

für die konzernweite Controllingfunktionalität (Region, Bereich)

Demnach ist der Projektstrukturplan das Sammeln und Ordnen der zu erledigenden Projektaufgaben mit Hilfe einer Dimensionen- und Kriterienliste. Ein Beispiel für einen Projektstrukturplan folgt weiter unten unter »Problemlösung«. Es ist zu beachten, dass nicht jede Kombination der Dimensions- oder Strukturelemente zu einer sinnvollen Projektaufgabe führt.

Der Projektstrukturplan kann mit Hilfe eines Organisationscharts dargestellt werden. Die oberste Einheit ist dabei das Projekt. Die zweite Ebene sind die Teilprojekte. Unterhalb der Teilprojekte werden Aufgabengruppen angelegt, in denen Aufgaben zusammengefasst sind. Auf der Ebene der Aufgaben ist eine Zuweisung zu einzelnen Personen möglich.

Der Projektstrukturplan ist die Vorstufe der Leistungsleitlinie, die den Strukturplan mit Ergebnissen, Methoden, Tools und Rollen ergänzt. Der Projektstrukturplan ist die Basis für den Terminplan. Im Terminplan werden die Aufgabenpositionen des Projektstrukturplans entsprechend der vorausgesetzten Beziehungen (Vorgänger von ..., Nachfolger von ...) zu Aufgabenketten verknüpft.

DWH-Leistungsleitlinie

Die Gestaltungsschritte, oder noch besser die im Laufe des Projekts zu erstellenden Ergebnisse, werden, um eine übersichtliche Planung zu ermöglichen, zu einer »DWH-Arbeitsanleitung« zusammengefasst. Das bedeutet, die Träger oder Rollen müssen samt den zu ihrer Ausführung notwendigen Sachmitteln und den zu beachtenden Regeln bezeichnet werden. Da es sich bei den Projektergebnissen um Erzeugnisse eines Projektteams, also um Leistungen handelt, spricht man besser von einer **DWH-Leistungsleitlinie**.

Die DWH-Leistungsleitlinie muss unbedingt die für die Erzeugung der Leistung einzusetzenden Methoden benennen, sonst können die Ergebnisse von Teilprojektteams nicht zusammengeführt werden. Es gibt zum Beispiel mehrere Varianten, wie die Struktur einer Datenbank in einem Datenmodell dargestellt wird. Für diese Darstellung sollten alle Projektmitglieder die gleiche Symbolik verwenden und die Darstellung nach den gleichen Regeln erarbeiten. Dies wird durch Vereinbaren einer gemeinsamen Methodik erreicht.

Um die einzelnen Ergebnisse der Teil-Projektteams elektronisch effizient zusammenführen zu können, muss auch mit den gleichen **Werkzeugen** oder **Tools** gearbeitet werden. Es können zwar Textfiles unterschiedlichster Textverarbeitungssysteme zu einem File zusammengeführt werden, das bringt aber immer Formatprobleme bzw. die Arbeit des Nachformatierens mit sich. In der Leistungsleitlinie sollten deshalb die zu verwendenden Tools festgehalten werden. Hier wird unter »Tools« nicht nur, wie üblich, das Programm verstanden, sondern auch alle mit dem Programm vorbereiteten Muster, Formatvorlagen, Erfahrungswertetabellen.

Zu guter Letzt ist noch festzulegen, welche Rollen an der Leistungserbringung beteiligt sind und welchen Beitrag sie zur Leistung liefern müssen. Dieser Beitrag kann z.B. eine Genehmigung, Mitarbeit, Durchführung, Organisation oder Bereitstellung sein.

Definition: Data Warehouse Leitlinie

Eine **DWH-Leistungsleitlinie** ist die Liste der im Laufe eines DWH-Projekts zu erzeugenden Ergebnisse, aufgeteilt nach Projektphasen und Teilphasen, mit Bestimmung der Methoden, nach deren Regeln die Ergebnisse erarbeitet werden sollen, mit Festlegung der Werkzeuge, die zur Leistungserbringung verwendet werden müssen und mit Festlegung der Beteiligung von Rollen.

Mit der Leitlinie werden die zentralen organisatorischen Parameter definiert, nämlich: »Was wird gemacht?« – »Wie wird gemacht?« – »Womit wird gemacht?« – »Wer macht?«.

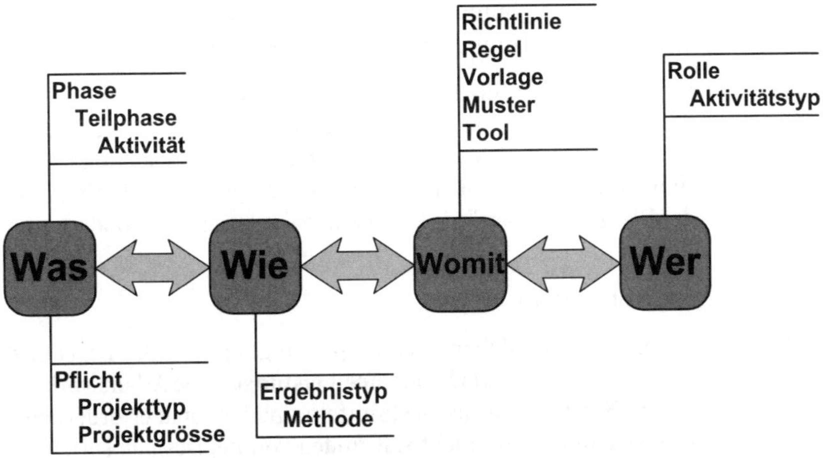

Abbildung 8.5: Bestandteile der Leistungsleitlinie

Die Leistungsleitlinie ist ein fundamentales und außerordentlich nützliches Dokument für viele Projektaufgaben:

- ✔ Die Leistungsleitlinie ist die Grundlage für ein Vorgehensmodell. Ein Vorgehensmodell hat zum Ziel, einen Weg durch die verschiedenen Leistungsschritte zu legen. Die Leistungsleitlinie ist damit auch ein Führungsmittel für das DWH-Projekt über viele Lokationen.
- ✔ Da zu allen Leistungen auch die entsprechende Qualifikation erforderlich ist, ist die Leistungsleitlinie ein Know-how-Profil und eine Qualifikationsvorgabe für Schulungskonzepte. Die Leistungsleitlinie ist ein Qualifizierungsmaßstab.
- ✔ Die Leistungsleitlinie ist ein Inhaltsverzeichnis für eine Dokumentation. Alle Leistungen werden dokumentiert. Die Leitlinie ist damit ein Organisationsmittel.

- ✔ Die Leistungsleitlinie kann zu einem Verzeichnis von vorbereiteten Formatvorlagen, Dokumentmustern und Toolaufrufen in einem Directory umgesetzt werden. Die Leitlinie ist damit eine Navigationshilfe.
- ✔ Die Leistungsleitlinie kann als Inhaltsverzeichnis eines Online-Tutorials auf dem Weg sein, Projektergebnisse zu erzeugen. Die Leitlinie ist damit ein didaktisches Hilfsmittel.
- ✔ Die Leistungsleitlinie ist die Grundlage für den Terminplan. Alle Leistungen müssen terminiert werden, alle Termine haben mittelbar oder unmittelbar die Leistungserbringung zum Focus. Die Leistungsleitlinie ist damit ein Projektverfolgungsinstrument.
- ✔ Die Leistungsleitlinie ist mit ihrer Liste von Leistungen der Ausgangspunkt für die Berechnung der Aufwände der Leistungserstellung. Die Leistungsleitlinie ist damit die Kalkulationsgrundlage.

Eine Leistungsleitlinie ist weitgehend stabil. Die Erzeugnisse sind zu Beginn des DWH-Projekts ziemlich klar und erfahren nur kleine Anpassungen mit fortschreitendem Projekt. Da im Laufe eines Projekts ständig mit Personalfluktuation zu rechnen ist, die Liste der Arbeitsergebnisse allerdings stabil ist, wird in der DWH-Arbeitsleitlinie kein Personal referenziert, sondern nur die beteiligten Rollen.

Sekundärleistungen

Neben der eigentlichen Leistungserbringung oder der Ergebnisproduktion des Projekts sind noch **vorbereitende Leistungen** wie Arbeitsvorbereitung, Organisation, Beschaffung von Sachmitteln und Personal erforderlich, ohne die eine Ergebnisproduktion nicht stattfinden könnte. Deshalb spricht man auch von **Primär-** und **Sekundärleistungen** des Projekts . Eine gute Gedächtnisstütze für die Unterscheidung ist, dass ein Projekt sehr wohl ohne Sekundärleistung, aber nicht ohne Primärleistung durchgeführt werden kann. Zu den Sekundärleistungen ist das Projektmanagement, die Qualitätssicherung, die Abrechnung und die sogenannte **Unternehmenskommunikation,** wie das interne und externe Marketing seit einiger Zeit genannt wird, zu rechnen. Da diese Leistungen parallel zur Primär-Ergebnisproduktion erbracht werden, werden sie auch **begleitende Leistungen** genannt.

Das **Qualitätsmanagement** definiert qualitätssichernde Vorgaben und verfolgt die Einhaltung des Qualitätslevels. Das Qualitätsmanagement stellt die Homogenität zu anderen Projekten und zu Unternehmensrichtlinien her und sorgt für die Know-how-Sicherung.

Das **Projektmanagement** leistet die permanente Terminkontrolle, die zeitgerechte Beistellung von Ressourcen, die Einhaltung der Budgets und die Abschätzung drohender Risiken.

Die Leistungserbringung verursacht Kosten, die intern oder extern dem Auftraggeber oder Leistungsabnehmer dargestellt und abgerechnet werden müssen. Diese **Abrechnung,** auch **Fakturierung** genannt, findet zum Abschluss einer Phase, zum Abschluss einer Teilphase oder mit der Übergabe eines Projektergebnisses statt.

Projektleistungen bringen Erkenntnisse und Ergebnisse, die im Unternehmen, in Partnerschaften und auch im freien Markt interessant und wirkungsvoll sein können. Die Ergebnisse können z.B. vermarktet werden oder intern für andere Projekte Verwendung finden. Potentielle Interessenten sollten demnach informiert werden. Die Ergebnisse können publiziert oder vorgeführt werden. Diese **Unternehmenskommunikation** ist in die Projektplanung einzubeziehen.

Projektsachmittel, Hilfsmittel und Werkzeuge

Das »Womit« der Leistungsleitlinie umfasst die Unterstützung der Leistungserbringung durch vorformatierte Berichtsmuster, vorbereitete Kalkulationssheets, Symbolbibliotheken, Grafikwerkzeuge, eben alles, was die Herstellung der Dokumente vereinfacht und im Team konsistent hält. Dazu gehören auch Datenbankanwendungen wie CASE-Tools.

Die folgenden Beispiele für Dokumentmuster, die für das Projektteam im Voraus vorbereitet werden können, haben sich in Projekten bewährt:

- ✔ Formatvorlage für allgemeine Textdokumente, Fax, Mailings, interne Notizen
- ✔ Musterdokumente für Pflichtenheft, Fachkonzept, IT-Ist-Erhebungsbericht, Projektfortschrittsbericht
- ✔ Kalkulationssheets für Aufwandverfolgung, Nutzwertanalyse, Personaleinsatz
- ✔ Grafikbibliotheken für Netzdiagramme, Ablaufdiagramme, Organisationscharts
- ✔ Formatvorlagen für Präsentationsfolien

Projektgröße und Leistungspflicht

Je nach Projektgröße sind verschiedene Projektetappen zu durchlaufen bzw. innerhalb der Phasen verschiedene Aktivitäten durchzuführen und verschiedene Projektergebnisse zu produzieren. Für kleine Projekte wird zum Beispiel keine Strategiestudie und auch keine Trendanalyse erforderlich sein. Je größer ein Projekt ist, umso sorgfältiger muss das Projekthandbuch ausgearbeitet werden, und umso umfangreicher fällt das Projekthandbuch aus. Der Extremfall ist die Änderungsarbeit oder Reparatur, zu der kein Projekthandbuch erforderlich ist.

Nicht nur von der Projektgröße, sondern auch vom Projekttyp hängt die Zusammensetzung der Phasen aus Aktivitäten ab. Ein Projekt, das mit objektorientierten Programmen arbeiten will, muss die Entwurfsmethoden der Objektorientierung einsetzen. Diese werden mit anderen Entwurfswerkzeugen unterstützt als die klassischen Entwurfsmethoden wie Host/Terminal-Applikationen mit hierarchischen Datenbanken und Client/Server-Applikationen mit relationalen Datenbanken.

Phase / Teilphase	Aktivität	Methode / Ergebnis	Großprojekt	Mittelprojekt	Kleinprojekt	Reparaturauftrag	CI/SV-Applikat.	OO-Applikat.	WEB-Applikat.	SSW-Applikat.
KONZEPTION			**Erstellpflicht**							
Konzeption										
	DWH-Konzeption	DWH-Konzept	P	P	P	-	P	P	P	P
		Kontextdarstellung	P	P	-	-	P	P	P	P
		Prozessmodell	P	P	P	-	P	P	P	P
		LAN-Diagramm	P	P	P	-	P	W	W	-
	Produktevaluation	Evaluationsdossier	P	P	W	-	W	W	W	W
		Nutzwertanalyse	P	W	W	-	W	W	W	W

P - Pflicht, W - Wahlfreiheit, (-) - nicht relevant

Abbildung 8.6: Aufbau einer Leistungsleitlinie, Leistungspflichten

In der allgemeinen Leistungsleitlinie kann die **Ausführungspflicht** der Aktivitäten entsprechend der Projektgröße und dem Projekttyp festgehalten werden.

Gestaltungs- und Lösungsmöglichkeiten

Die Gestaltungsaufgaben des DWH-Projektleiters sind die Festlegung der in den Phasen zu produzierenden Ergebnisse, die Festlegung der Methode, wie dieses Ergebnis erreicht werden soll und mit welcher Symbolik die Ergebnisse dargestellt werden sollen.

- Definition der Phasenergebnisse
- Festlegung der Methoden und der Qualität der Ergebnisse
- Erstellung des Projektstrukturplanes in einem Projektmanagementwerkzeug

Problemlösung: regeln und Hilfsmittel

Das Verfahren

Die Hilfsmittel, die zur Verfügung stehen, sind allgemeine Formatvorlagen, Aufgabensammlungen und Schemata aus früheren Projekten und Handbücher mit Referenzmodellen zur Projektstruktur. Das folgende Verfahren ist zu empfehlen:

Verfahren: Leistungen eines DWH-Projekts

- Definition der Ziele der Projektphasen
- Definition der Ergebnisse der Projektphasen
- Definition der Aktivitäten zur Herstellung der Ergebnisse in den Projektphasen und Erstellen des Projektstrukturplans mit Hilfe des **Beispiels Gliederungen eines Projektstrukturplans**
- Feststellung der Pflichtleistungen und Erstellung der projektspezifischen Leistungsleitlinie

Projektstrukturplan

Für den Projektstrukturplan sind mehrere Dimensionen zu verarbeiten. Die Reihenfolge der Dimensionen beim Aufbau der Gliederungsebenen ist frei wählbar und je nach Situation ist eine andere Reihenfolge nützlicher. Zur besseren Einschätzung dieser Strukturformen sind in der folgenden Abbildung für das gleiche Beispiel drei Gliederungen nebeneinander dargestellt.

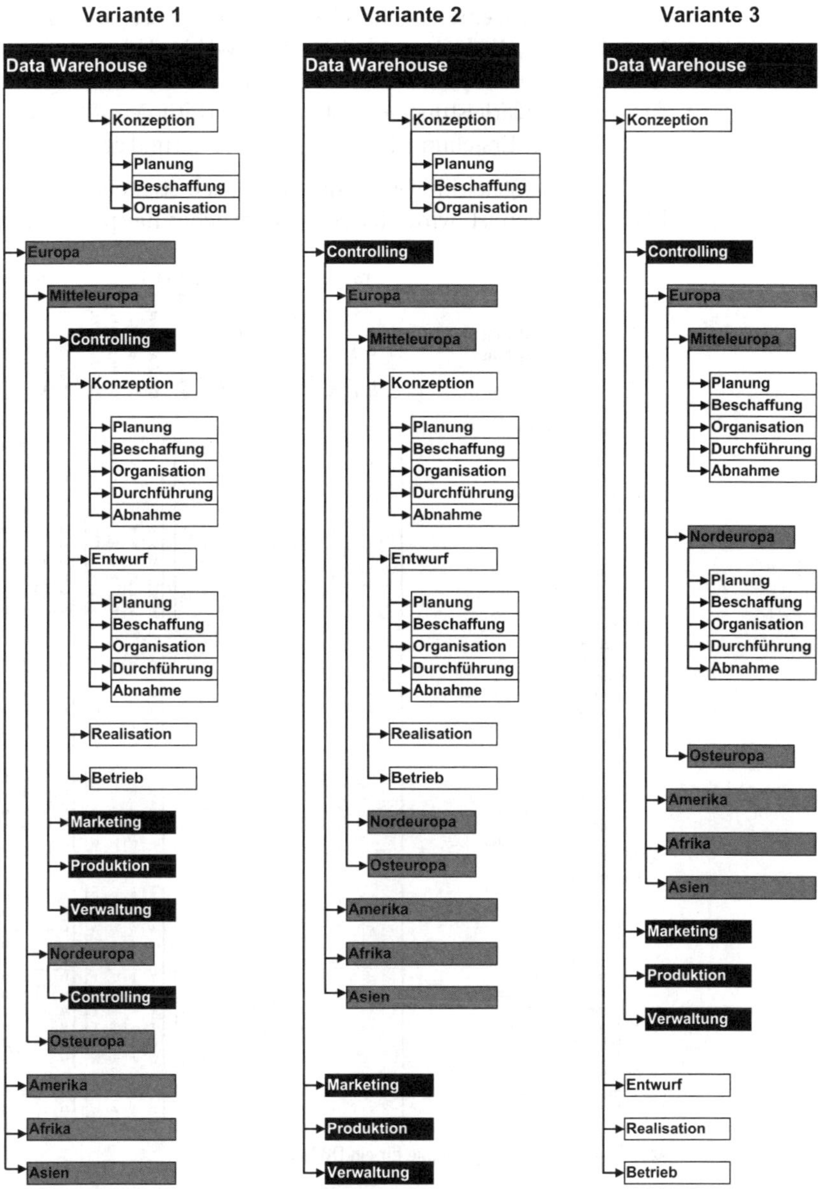

Abbildung 8.7: Beispiel: Gliederung eines Projektstrukturplans

Leistungsleitlinie

Als grundlegendes Hilfsmittel

- ✔ für die Möglichkeiten von Leistungen im Projekt
- ✔ für die Verpflichtung, die Leistungen in Abhängigkeit vom Projekttyp zu erbringen
- ✔ für die Beteiligung der Rollen

ist im Folgenden eine ausführliche, alle Projektphasen umfassende **DWH-Leistungsleitlinie, die** Leistungsleitlinie für DWH-Vorhaben, dargestellt. Der Übersichtlichkeit zuliebe und weil kein abgrenzbar definiertes Ergebnis entsteht, werden die Sekundärleistungen nicht mit in die Leitlinie aufgenommen – mit Ausnahme der Erstellung des Projekthandbuchs und des Qualitätssicherungsplans.

Da die Leistungsleitlinie ein fundamentales Instrument für die Abwicklung von DWH-Vorhaben ist, wird hier ein ausführliches Beispiel angeführt.

Phase / Teilphase / Aktivität Ergebnis	Tools							Erstellpflicht								Rollenmatrix						
	formlos	Textvorlage	Checkliste	Sheet	Formular	Strukturgrafik	Generator	Großprojekt	Mittelprojekt	Kleinprojekt	Reparaturauftrag	CI/SV-Applikat.	OO-Applikat.	WEB-Applikat.	SSW-Applikat.	Anwender	Vertrieb	IT-Leitung	Projektleitung	Entwicklung	Programmierung	Administration
PROJEKTIERUNG																						
Projektvorbereitung																						
Projektantrag		x						P	P	P	-	P	P	P	P	M	D	E	M	-	-	-
Ausschreibung		x	x	x	x	x	x	P	P	-	-	P	P	P	P	M	D	E	M	-	-	-
Auftragsvergabe		x						P	P	P	-	P	P	P	P	M	D	E	M	-	-	-
Projektplanung																						
Projekthandbuch		x	x	x	x	x	x	P	P	P	-	W	W	W	W	M	I	I	D	I	I	I
Telefonliste				x				P	P	P	-	W	W	W	W	M	I	I	D	I	I	I
Proj.Organigramm						x	x	P	P	P	-	W	W	W	W	M	I	I	D	I	I	I
Berichtsmatrix				x				P	P	P	-	W	W	W	W	M	I	I	D	I	I	I
Terminplan				x		x	x	P	P	P	-	W	W	W	W	M	I	I	D	I	I	I
Aufwandsplan				x				P	P	P	-	W	W	W	W	M	I	I	D	I	I	I
Qualitätsplan			x	x		x	x	W	W	W	-	W	W	W	W	M	I	I	D	I	I	I
STATUSANALYSE																						
Umweltanalyse																						
Trendexpertise		x	x					P	W	-	-	W	W	W	W	M	I	I	M	-	-	-
IT-Strategie																						
Stärken-Schwächen-Analyse		x	x	x				W	W	-	-	W	W	W	W	M	-	I	M	-	-	-
Strategiestatement		x						P	W	-	-	W	W	W	W	M	-	D	M	-	-	-
Informationsbedarfsanalyse		x	x					P	W	-	-	W	W	W	W	M	-	D	M	-	-	-
DV-Durchdringungsanalyse		x	x					P	W	-	-	W	W	W	W	M	-	D	M	-	-	-
Ist-Erhebung																						
Statusbericht		x						P	P	P	W	W	W	W	W	M	I	M	M	D	M	-
Kontextdarstellung		x				x		P	P	P	W	P	P	P	P	M	I	M	M	D	M	-
Prozessbeschreibung		x				x		P	P	P	W	P	P	P	P	M	I	M	M	D	M	-
Organigramm		x				x		P	P	P	W	W	W	W	W	M	I	M	M	D	M	-
Datenbasis-Spezifikation		x						P	P	P	W	P	P	W	P	M	I	M	M	D	M	-
KONZEPTION																						
Konzeption																						
DWH-Konzept		x						P	P	P	P	P	P	P	P	M	-	I	M	D	D	-
Kontextdiagramm		x				x		P	P	P	W	W	W	W	W	M	-	I	M	D	D	-
Prozessmodell		x				x		P	P	P	W	W	W	W	W	M	-	I	M	D	D	-
Modulemodell		x				x		T	T	T	W	T	T	T	T	M	-	I	M	D	D	-
Funktionenmodell		x				x		T	T	T	W	T	T	T	T	M	-	I	M	D	D	-
Kerndatenmodell		x				x		T	T	T	W	T	T	T	T	M	-	I	M	D	D	-
Informationsreferenzschema		x				x		T	T	T	W	T	T	T	T	M	-	I	M	D	D	-
Aggregationsschema		x				x		T	T	T	W	T	T	T	T	M	-	I	M	D	D	-
Kennzahlenschema		x				x		T	T	T	W	T	T	T	T	M	-	I	M	D	D	-
Schulungskonzept		x						P	W	W	-	W	W	W	W	I	I	I	M	D	D	-
Organisationskonzept		x				x		W	W	W	W	W	W	W	W	M	-	I	M	D	D	-
Produktevaluation																						
Evaluationsdossier		x						W	W	W	W	W	W	W	W	M	I	D	M	D	D	-
Nutzwertanalyse		x		x				W	W	W	W	W	W	W	W	M	I	D	M	D	D	-

Abbildung 8.8: Leistungsleitlinie für ein DWH-Projekt

8.1.3 Terminplanung

Problemstellung und Motivation

Ein Projekt erzeugt Ergebnisse. Die Projektergebnisse werden für andere betriebswirtschaftliche Prozesse oder für weitere Projektergebnisse als Zwischenprodukt im Verlauf des Projekts benötigt. So ist z.B. die Erfassung von Prozessen die Grundlage oder das Zwischenprodukt für die Realisierung von Dialogen. Die Projektergebnisse sind damit Produktionsfaktoren. Als solche erfordern sie eine termingerechte Beistellung zu den betriebswirtschaftliche Prozessen oder den Projektprozessen, die durch eine **Terminsteuerung** sichergestellt werden soll.

Im Extremfall können Projektergebnisse später entstehen als ihr Verwendbarkeitszeitpunkt erfordert. Ist diese Situation frühzeitig erkannt und nicht mehr zu ändern, muss das Projekt eingestellt werden. Diese Terminkonflikte zu erkennen ist ein Ziel der Terminplanung. Bei einem unlösbaren Terminkonflikt dient die **Terminplanung** als Abbruchargument.

Der **Terminplan** eines DWH-Projekts muss die in den vorausgegangenen Kapiteln erarbeiteten Gestaltungsschritte enthalten. Es ist ja Aufgabe des DWH-Projekts, alle Gestaltungsfragen zu klären.

Nach der Entscheidungsfindung ist die entsprechende Umsetzung durchzuführen, bis das fertige DWH in Betrieb genommen ist. Zu den zu terminierenden Aufgaben gehört demnach auch die Beschaffung der Produkte, die den getroffenen Gestaltungsentscheidungen genügen.

Sind zum Gestaltungsergebnis keine Produkte erhältlich, müssen die Komponenten in Eigenentwicklung erzeugt werden. Zu den Leistungen gehört dann auch die Beschaffung der für die Entwicklung der Systemkomponenten erforderlichen Sachmittel und die Beschaffung von Know-how und Personal.

Strukturierung des Terminplanes

Das DWH besteht aus mehreren Softwaremodulen, die auf verschiedenen Rechnern eingesetzt werden. Ein DWH kann auch über verschiedene Lokationen verteilt sein und es kann unterschiedliche Fachmodule umfassen. Die Aufteilung des Terminplanes in kleine Einheiten, die **Terminplanstruktur,** kann deshalb auf verschiedene Arten erfolgen:

- ✔ Fachmodule (Personal, Material, Produktion, Marketing, ...)
- ✔ Produkte (Produkt x, Produkt y, ...)
- ✔ Lokationen (Europa, Amerika, Asien, ...)
- ✔ Software-Architektur-Komponenten (DWH-Server, Data Mining, Archivierung, OLAP, ...)
- ✔ Phasen (*Strategie,* Projektierung, Konzeption, Entwurf, Realisierung, *Betrieb)*

- ✔ Mikroprozesse der Phasen (Projektierung, Beschaffung, Organisation, Ausführung, Abschluss und Qualitätssicherung, Marketing)

Für die Abfolge der Erstellung sind daher auch zwei **Terminstrukturierungsstrategien** möglich:

- ✔ **Horizotaler Ansatz:** Das gesamte System in voller Breite (alle Fachmodule, alle Lokationen, alle Software-Architektur-Komponenten) Phase für Phase entwickeln
- ✔ **Vertikaler Ansatz:** Ein Teilsystem über alle Phasen entwickeln (ein Fachmodul, eine Lokation, alle Software-Architektur-Komponenten)

Der zweite Weg ist ratsam, wenn man sich mit neuen Technologien auseinandersetzen muss. Die unvermeidlichen Fehler werden auf diesem Weg nur einmal gemacht, die Erfahrung kommt allen weiteren Teilsystemen zugute.

Aktivitätenfolgen

Eine Aktivität kann erst dann gestartet werden, wenn die **Vorgängeraktivität** die benötigten Ergebnisse geliefert hat. Eine **Nachfolgeraktivität** kann erst dann beginnen, wenn die vorausgehende Aktivität beendet ist. Es ist die Aufgabe der Terminplanung, diese Aktivitäten-Abhängigkeiten auszumachen und in einem Terminplan darzustellen. Da ein Terminplan zur Steigerung der Transparenz eingesetzt wird, sollte man nicht mehr **Aktivitätenverknüpfungen** einzeichnen als unbedingt nötig.

Bei der Terminplanung sind noch die vorbereitenden Leistungen und die begleitenden Leistungen wie Qualitätssicherung, Projektmanagement und Marketing bzw. Unternehmenskommunikation zu berücksichtigen.

Die Liste der Schulungen ist in die Terminstruktur des DWH-Projekts einzuarbeiten. Eine Person kann erst dann für eine terminierte Projektaufgabe eingesetzt werden, wenn die erforderliche Qualifikation erreicht ist, also nach der Schulung und nach einer guten Einarbeitungszeit.

Terminrisiken

Ein Problem bei der Erstellung des Terminplanes ist, dass nicht immer im voraus bekannt ist, was alles im Projekt abgewickelt werden muss. So kann es sich zum Beispiel herausstellen, dass das, was man als Standardfunktionaliät von einer Software erwartet hat, nun doch nicht integriert ist oder dass man mit der vorhandenen Funktionalität die gesuchten Erkenntnisse nicht erlangt. Es kann sich z.B. herausstellen, dass der Einsatz eines neuronalen Netzes mit zu wenig Daten auskommen muss und die gesuchte Gesetzmäßigkeit nicht genau genug aus den Daten lernen kann. Die Folge davon ist, dass diese Funktionalität selbst programmiert werden muss. Individualentwicklung ist vonnöten. Dies wäre dann eine neue Position im Terminplan die weitere Leistungspositionen nach sich zieht. Es ist zu klären, mit welchen Programmiermitteln die Funktionalität hergestellt werden muss, und es muss eine Produktevaluation stattfinden. Individualentwicklung setzt außerdem eine exakte Spezifikation voraus. Hierfür müssen Entwurfswerkzeuge evaluiert, beschafft und nach entsprechender Schulung eingesetzt werden.

Der Projektleiter kann solche **Terminrisiken** nur in seiner Risikoanalyse abschätzen. Leider werden die hierzu erforderlichen Entweder/oder-Terminzweige, also gekoppelte **Alternativterminpläne** von den Projektmanagementtools nur schlecht unterstützt.

Langzeitprojekte können vom Fortschritt der Technik überholt werden. Das bedeutet schlimmstenfalls, dass die gerade realisierte Lösung bereits veraltet ist. Vor allem bei »Langläufern« ist also das in Kapitel 1 »Orientierung zum Thema Data Warehouse« dargestellte Markt- und Technologiemonitoring zu betreiben.

➡ Um mit dem technologischen Fortschritt mithalten zu können, sind Technologien mit Zukunft einzusetzen.

➡ Die Projektstruktur ist besonders bei Langzeitprojekten so zu modularisieren, dass ein modulweiser Technologiewechsel erfolgen kann.

➡ Die Module müssen Schnittstellen bekommen, die eine Verbindung technologieunterschiedlicher Module erlauben.

Gestaltungs- und Lösungsmöglichkeiten

Der Gestaltungsrahmen ist durch die Anforderung aus dem Projektantrag, die Ecktermine der betriebswirtschaftlichen Prozesse einzuhalten, begrenzt. Der DWH-Spezialist muss innerhalb dieses Rahmens seine einzelnen Projektschritte planen und die termingerechte Ausführbarkeit prüfen. Hierzu gehören die folgenden Gestaltungsschritte:

- Feststellung der Ecktermine aus Unternehmenszwängen
- Ausplanung der Phasen, Bestimmung der Aufteilung in Teilphasen und Aktivitäten
- Bemessung der reinen Dauer, der Terminabhängigkeiten und der Gesamt-Dauer
- Rechnerische Prüfung der Ecktermine auf Einhaltbarkeit
- Abschätzung der Risiken und Erstellen von Alternativplänen

Problemlösung: Regeln und Hilfsmittel

Das Verfahren

Für die Terminplanung eines DWH-Projekts gelten die gleichen Regeln und die gleiche Vorgehensweise wie für alle Softwareentwicklungsprojekte. Das folgende Verfahren ist dabei zu empfehlen:

Verfahren: Terminierung eines DWH-Projekts

- Feststellung der Ecktermine und Prüfung, ob weitere Ecktermine seit dem Projektantrag hinzugekommen sind
- Berechnung der Dauer der Aktivitäten, Beschaffung von Erfahrungswerten zu den einzelnen Schätzungen
- Feststellung der Abhängigkeiten der Aktivitäten und des Parallelisierungspotentials
- Berechnung der Endtermine der Teilphasen, der Projektphasen und des Gesamtprojekts
- Anpassen der Ressourcenzuordnung zur Verkürzung der Dauer
- Abschätzung der Risiken und Erstellen von Alternativplänen

Teminplanung

Der **Terminplan** startet mit der Eintragung der Ecktermine aus dem Projektantrag. Innerhalb der Zeitspannen zwischen den Eckterminen müssen die Aktivitäten des Projektstrukturplanes der Leistungsleitlinie abgearbeitet werden. Die Zeitspannen werden in terminierte Positionen aufgespalten. Für die Aufstellung dieser Positionen des Terminplanes dient demnach die aus dem Projektstrukturplan abgeleitete fundamentale Leistungsleitlinie. Diese beinhaltet bereits eine lineare Aktivitätenfolge, ohne jedoch das Parallelisierungspotential auszuschöpfen und ohne Abhängigkeiten der einzelnen Aktivitäten.

Die Ecktermine sollten vor Projektbeginn durch Befragen der Führungsebene noch einmal überprüft werden auf:

- ✔ Vollständigkeit
- ✔ Aktualität

Einen großen Nutzen stellen die Terminpläne vergangener Projekte dar.

Als grundsätzliches **Terminplan-Strukturierungsprinzip** wird empfohlen:

1. Entwurf der kompletten Abwicklung zu einer extremen Lokation und einem Fachmodul bezüglich aller Softwarekomponenten. Aus dieser Planung wird man Erkenntnisse gewinnen, die man für alle weiteren Planungen nützlich einsetzen kann.
2. Planung der Hardwarekomponenten und der Organisation für die gleiche Lokation und das gleiche Modul
3. Planung der weiteren Module der Lokation
4. Planung einer weiteren extremen Lokation
5. Planung aller Lokationen zu einem Modul
6. Fortsetzung der Planung aller Lokationen zu allen Modulen

Für die darauf folgende Terminplanung mit Ressourcen gibt es zwei Wege:

- ✔ Die Termine stehen fest und der Ressourceneinsatz muss zur Einhaltung dieser Termine gestaltet werden.
- ✔ Die Ressourcen stehen fest und die Endtermine sind aus dem Ressourceneinsatz zu ermitteln.

Schätzung der Aktivitätendauer

Die einzelnen Leistungen des DWH-Projekts müssen bezüglich ihrer Ausführungsdauer geschätzt werden. Hierfür gibt es mengenbezogene Anhaltspunkte wie:

- ✔ Anzahl der zu führenden Interviews
- ✔ Anzahl von Lokationen
- ✔ Umfang zu erstellender Textdokumente
- ✔ Anzahl zu erstellender Programmmodule
- ✔ geschätzte zu erstellende Programmzeilenzahl
- ✔ Anzahl der Programmfunktionen
- ✔ Anzahl der Datenbanktabellen

Zu jedem dieser »Leistungsobjekte« liegen in den Unternehmen Erfahrungswerte aus bereits abgewickelten Projekten zur Dauer oder zu den Kosten ihrer Erstellung vor.

Beispiel: Erfahrungswerte für die Dauer von Projektaktivitäten

Eine Erfahrungsdatenbank könnte Informationen wie die folgenden enthalten:

- ✔ Die Dauer der reinen Programmierung von Masken mit Applikation steht in folgendem Verhältnis: mit 3GL zu 4Gl, wie 5 : 1, mit fertigen Frameworks zu 4GL wie 1 : 10.
- ✔ Die Erstellung eines relationalen Datenmodelles benötigt pro Tabelle einen Aufwand von ca. zwei Tagen bei einer Dauer von fünf Tagen.
- ✔ Die Qualitätssicherung eines Projekts liegt zwischen zwei und fünf Prozent, je nachdem ob sie aktives oder proaktives Handeln bevorzugt.
- ✔ Das Projektmanagement benötigt fünf bis zehn Prozent des Projektvolumens.

Diese Erfahrungswerte sind aus Projekten gewonnen worden, sie sind allerdings nicht auf beliebige Projekte verallgemeinerbar, aber gute Faustwerte für eine erste grobe Kalkulation.

Musterterminplan für DWH-Vorhaben

Zusammengefasst schlagen sich die besprochenen Betrachtungen in einem Terminplan nieder. Als Hilfsmittel für die Terminplanung kann ein **Musterterminplan für DWH-Vorhaben** aus bereits abgewickelten Projekten dienen. Die Aktivitäten müssen mit den Positionen der Leistungsleitlinie harmonieren.

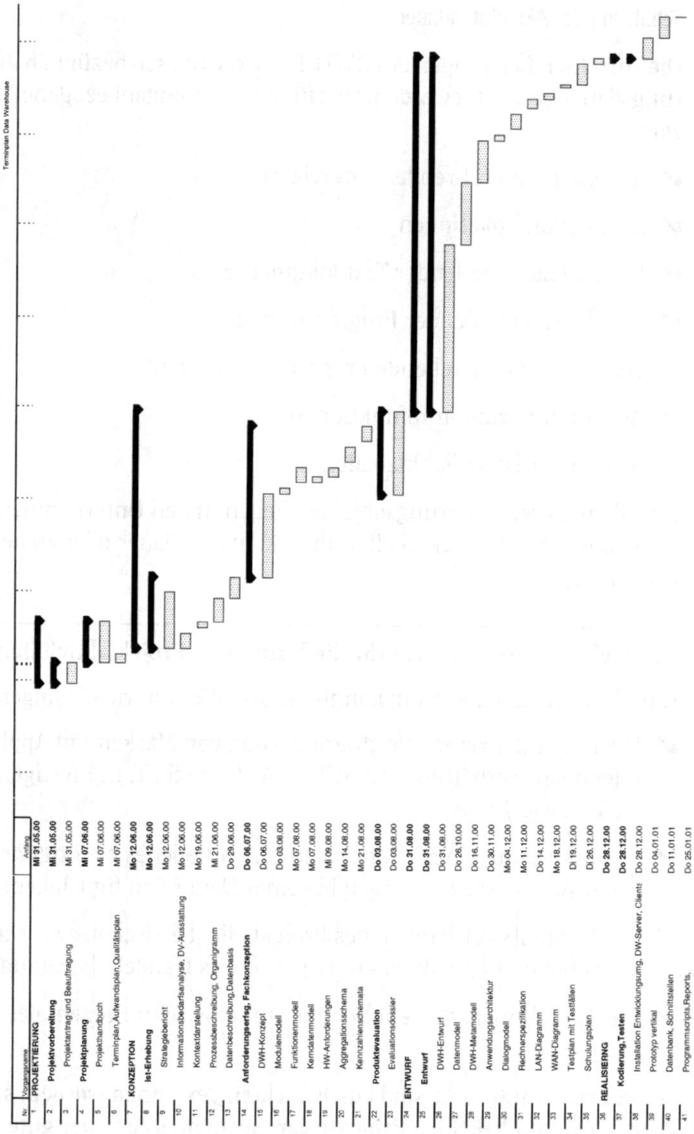

Abbildung 8.8: Musterterminplan für DWH-Projekte

Terminrisiken

Zur Behandlung des **Terminrisikos** »Technologiewechsel« ist zu empfehlen:

1. Erstellung der Struktur eines Trendprofils mit allen relevanten DWH-Technologien (siehe Kapitel 1 »Orientierung zum Thema Data Warehouse«)
2. Trendbeobachtung, Erstellen von einzelnen Trendcharts (siehe ebenfalls Kapitel 1) und Rückfluss in das Trendprofil
3. Beurteilung und Prognose neuer Technologien auf Ablösungszeitpunkt alter Technologien
4. Austausch bzw. Neuspezifikation, wenn Projekt mit Konzeption fertig und auch wenn Entwurf begonnen ist
5. Kostenvergleich der Realisierung mit alter Technologie gegen die Realisierung mit neuer Technologie plus Entwurf zur neuen Technologie
6. Nach Realisierung des Projekts Ausrichtung der Schnittstellen auf Anbindung neuer Technologien

Gegen das Terminrisiko »Personalausfall« ist die Doppelbesetzung der Teams mit wechselseitiger Qualitätssicherung und Vertretungsausübung bei Urlauben einzuplanen. Schutz gegen den Abzug von Personal bietet nur die Zusage einer Prioritäteneinordnung des Vorstands gegenüber andern Vorhaben. Bei niedriger Priorität sollte Ersatz definiert, zugesagt und budgetiert werden.

Gegen das Terminrisiko »Managementwechsel« ist kein Kraut gewachsen.

8.1.4 Personalressourcen

Problemstellung und Motivation

Die Rollenbesetzung im Projekt ist Erfolgsfaktor für alle Projektergebnisse. Projektergebnisse werden von Personen mit Qualifikationen erzielt. Die gute Qualität der Ergebnisse ist nur mit gut qualifiziertem Personal erreichbar. Die zu erzeugenden Projektergebnisse sind in der Leistungsleitlinie festgelegt.

Qualifikationen

Die Qualifikationen müssen entsprechend den in der Leistungsleitlinie ausgewiesenen Aufgaben eingesetzt werden. Bei neuen Projekten ist diese in der Regel erst aufzubauen. Die Aufgabe des DWH-Projektleiters ist dann, nach Qualifikationen Ausschau zu halten, die schnell und sicher auf die Anforderungen erweitert werden können.

Für die Durchführung eines DWH-Projekts sind gegenüber anderen DV-Projekten besondere **Qualifikationen** erforderlich:

- ✔ Administration des DWH-Servers
- ✔ Administration des DWH-Archivs

- ✔ Entwerfen eines DWH-Metamodells
- ✔ Entwerfen von Aggregationsschemata
- ✔ Evaluation von Data Mining Werkzeugen
- ✔ Entwerfen von Datenmodellen, Datenreferenzmodellen und Metamodellen
- ✔ Entwerfen von Funktionsmodellen, Funktionsdekompositionsschemata

Die Qualifikation muss genau genug bezeichnet werden, die Bezeichnung »Programmierung« ist z.B. zu ungenau. Die Bezeichnung »Programmierung mit SQL, C++, DBMS-4GL« ist genauer. Noch genauer ist »Programmierung mit ORACLE-SQL, FORMS, VisualC++«. Je genauer die Qualifikation auf die Projektaufgabe passt, umso effizienter werden die Ergebnisse erreicht. Deshalb ist es im Interesse des DWH-Projektleiters, eine möglichst genaue Beschreibung der Qualifikation zu geben. Dies ist nicht immer möglich, da z.B. zu Projektbeginn noch nicht unbedingt feststeht, ob die Datenbank mit ORACLE oder mit einem Produkt wie Informix, Ingres, Sybase oder anderen realisiert wird.

Personaleinsatzplan und Personalverfügbarkeit

Personal wird für verschiedene Rollen mit verschiedenen Aktivitäten in einem Projekt betraut und muss häufig auch in derselben Rolle in verschiedenen parallelen Projekten agieren. Diese Mehrfachverwendung macht die Einsatzplanung schwierig. Der Projektleiter muss sich die Verfügbarkeiten der Personen einholen und die Einsätze entsprechend diesen Verfügbarkeiten planen. Ein effizientes Mittel für die Einsatzplanung ist der **Personaleinsatzplan.** Termine können nicht eingehalten werden, wenn das zuständige Personal nicht verfügbar ist.

Je größer ein Projekt ist, umso ratsamer ist es, einen Personaleinsatzplan zu erstellen. Dieser wird von Projektmanagementprogrammen wie MS-Projekt aus der Zuordnung der Personalressourcen automatisch erzeugt. Der generierte Personaleinsatzplan ist dahingehend zu prüfen, ob Personen häufiger und länger als möglich eingesetzt sind. Der Personaleinsatzplan zeigt Kollisionen mit Urlaubszeiten und Überschneidungen von Einsätzen im Projekt. Er enthält keine Überschneidungen mit anderen Projekten, wenn es nicht möglich ist, die Verfügbarkeit der einzelnen Personen mitzuführen.

> **Definition: Personaleinsatzplan**
>
> Ein **Personaleinsatzplan** ist die tabellarische Darstellung der in einem Projekt, einem Vorhaben oder für dauerhafte Unternehmensaufgaben eingesetzten Personen mit Einsatzzeiten, die entlang einer Zeitachse in einer Zeitgröße wie Stunden oder Tage notiert sind.

Als besondere Formen des Personaleinsatzplans sollen noch der Schichtplan und der Urlaubsplan erwähnt werden.

Gestaltungs- und Lösungsmöglichkeiten

Die Gestaltungsaufgabe ist die Definition der erforderliche Qualifikationen, die Auswahl des Personals entsprechend dieser Qualifikationen und die Besetzung der Rollen mit den Personen. Hinzu kommt eine Einsatzplanung über die Dauer des Projekts. Zur Einsatzplanung gehört die Absicherung gegen Personalrisiken wie Krankheit, Urlaub und Abgang vom Unternehmen.

➢ Qualifikationsbestimmung und Ressourcenbestimmung

➢ Einsatzplanung und Optimierung der Einsätze

Problemlösung: Regeln und Hilfsmittel

Das Verfahren

Die Personalbesetzung des DWH-Projekts steht immer im Konflikt mit den Interessen der Linienorganisation, da ein Abteilungsleiter eine gewisse Zeit auf einen seiner Know-how-Träger verzichten muss. Das folgende Verfahren hat sich bei der Klärung der Personalbesetzung von DWH-Projekten bewährt:

Verfahren: Ressourcenbestimmung des DWH-Projekts

- Bestimmung der Qualifikation der in der Leistungsleitlinie definierten Aufgaben und Definition des Schulungsumfangs mit Hilfe der **Checkliste Schulungen für DWH-Rollen**
- Zuordnung der Qualifikationen zu den im Terminplan definierten Aktivitäten
- Abschätzung der erforderlichen Kapazität (Personenzahl) zur Einhaltung der geplanten Termine
- Potential des Unternehmens feststellen, Beurteilung der Qualifikation
- Benannte Personen über ihre Rolle aufklären, Motivation und persönliche Hindernisse klären
- Klärung der Einwände der Linie gegen eine Freistellung
- Einholen der Freigabe, bei Bedarf zum Sponsor eskalieren
- Deckung der Kapazitätslücken mit externem Personal

Checkliste Schulungen für DWH-Rollen

Die Qualifikation ist von den eingesetzten Produkten abhängig. Die Qualifikationsanforderungen können demnach erst nach einer Produktentscheidung getroffen werden. Die Schulungsprogramme der Hersteller sind sehr unterschiedlich, daher kann keine allgemeine Darstellung gegeben werden. Die folgende Checkliste »**Schulungen für DWH-Rollen**« ist deshalb nur ein Anhaltspunkt.

ROLLE/STELLE	Recht	Betriebswirtschaft	Projektmanagement	Vorgehensmodelle	Fach-Know-how	DMS-Client-Software	DMS-Server-Software	DWH-Server	PC und Office-Software	DWH-Datenbanken	DWH-Applikationen	DWH-Methoden	Software Entwicklungstools	Administrationstools	Betriebssysteme	Rechnertypen	WAN-Dienste	LAN-Komponenten
Vorstandssponsor	X								X									
Projektleitung			X	X		X												
Teilprojektleitung			X	X		X						X						
Projektassistent						X			X									
Fachanwender		X																
Systemanalyse				X		X						X	X					
Systemingenieur				X		X						X	X					
Programmierung							X	X		X	X		X	X	X			
Systemadministration							X	X		X	X			X	X			

Tabelle 8.2: Checkliste Schulungen für DWH-Rollen

Verfügbarkeit und Einsatzplanung

Als Hilfmittel für die Aufdeckung der aus dem Unternehmen in Frage kommenden Personen ist das Unternehmensorganigramm nützlich.

Für den Personaleinsatzplan gibt es Standardformen in den **Projektmanagementprogrammen** wie MS-Projekt. Die Vorlagen sind sofort einsetzbar und werden automatisch mit den Einsatzdaten gefüllt. Für den DWH-Projektleiter fällt nur noch die weitere Ausgestaltung des Berichts nach seinen Vorstellungen, z.B. mit Überschrift und Fußzeile und Formatierungen der Schriftsätze an.

8.1.5 Sachmittelplanung

Problemstellung und Motivation

Projektsachmittel sind Produktionsfaktoren. Sie unterstützen die Produktion von Projektergebnissen und ermöglichen diese sogar erst. Die Bestimmung der Sachmittel ist erst mit der Definition der Aufgaben möglich. Ob ein Entwurfswerkzeug für relationale Datenbanken benötigt wird, ist z.B. erst klar, wenn der Einsatz relationaler Datenbanken entschieden ist.

Für die Abwicklung eines Projekts sind geeignete Sachmittel unterschiedlichster Art erforderlich. Das beginnt mit dem Ort, an dem das Projektteam sitzt, und den Räumen, in denen die Projektarbeit durchgeführt wird. Zu den Räumen zählt die Büroausstattung mit der Infrastrukturanbindung einschließlich der Telekommunikationsmittel wie Telefon, ISDN-Anschluss, Stromnetz und Anschluss an das bestehende lokale Netzwerk. Die Sachmittel umfassen auch Rechner, Werkzeuge, Software, Ersatzteile, Kleinmaterial und Präsentationsmittel. Die Sachmittel können zu folgenden Gruppen zusammengefasst werden:

- ✔ Räume für die DWH-Projektmitarbeiter, für die Aufstellung von DV-Anlagen und Geräten
- ✔ DV-Anlagen, Endgeräte und Komponenten, Verkabelung
- ✔ Softwaretools für die Erzeugung von Dokumenten und die Automatisierung von Methoden
- ✔ Programmierwerkzeuge
- ✔ Präsentations- und Moderationsmittel
- ✔ Informations- und Informationsverwaltungsmittel

Räume für die DWH-Projektmitarbeiter, DV-Anlagen und Geräte

Die **Räumlichkeiten** müssen für die Projektabwicklung geeignet sein. Für die DWH-Gruppe sollte ein eigener Raum oder ein abgegrenzter Bürobereich zur Verfügung gestellt werden, der die Kommunikation untereinander im Projektteam gegen andere Projekte abtrennt. Die Erfahrung hat gezeigt, dass das Ausmaß der wenigsten Projekte schon zu Beginn im vollem Umfang abgeschätzt werden kann. Die Räume werden der Größe des Projektteams entsprechend ausgewählt und sollten vorsorglich auf Erweiterung beurteilt werden.

Für DWH-Projekte ist die Anbindung der Projekträume an Telekommunikationsinfrastrukturen ein unbedingt zu erfüllendes Kriterium. In internationalen Projekten muss von verschiedenen Ländern auf einen zentralen Server auf die Projektergebnisse zugegriffen werden können. Während des Projekts sind Internetrecherchen zu Produkten, Informationslieferanten, Studien und Personal erforderlich.

Solange das DWH noch nicht in Betrieb genommen wurde, empfiehlt es sich, die Server in der Nähe des Projekts zu platzieren, da zu diesem Zeitpunkt die Kommunikation im Team umfangreicher ist als die Kommunikation mit dem Rechenzentrum. Später kann alles in das Rechenzentrum integriert werden.

Bei der Planung der Projekträume ist der funktionale Ansatz nützlich, d.h. die Räume sollten ihrer Funktion entsprechend aufgeteilt und angeordnet werden. Die wichtigsten Funktionen sind dabei Gruppenbesprechung, Dokumentationsaufbewahrung, Sekretariatsarbeiten, Rechnerbetrieb, Ergebnispräsentation, Entwurfs- und Konzeptionsarbeiten, menschliche Bedürfnisse (Pausen, Essen, Kaffee, Sanitäres).

Gerätekomponenten

Neben der Software gehören selbstverständlich auch alle bereits in Kapitel 2 »Die Architektur von Data Warehouse Systemen« genannten **Gerätekomponenten** wie Drucker, Netzwerkanschlüsse, Server-Rechner, Client-Rechner und deren Verbindung durch Modems und Verkabelung zu den Sachmitteln.

Tools für DWH-Projekte

Als **Tools** kann man ganz allgemein jedes Programm verstehen, das behilflich ist, ein Projektergebnis zu erzeugen oder zu verwalten. Schon das einfachste Formular ist dabei von Nutzen. Zu jedem zu erzeugenden Projektergebnis lassen sich mehrere Tools empfehlen. Jedes Tool präsentiert sich in einer anderen Weise und gibt die Dokumente in einer dem Tool eigenen Formatierung aus. Dokumente verschiedener Tools müssen eventuell zu kombinierten Dokumenten zusammenkopiert werden. Auf alle Fälle müssen sie in einer Projektbibliothek verwaltet werden können.

Eine besondere Rolle nehmen die Tools für den Entwurf des DWH unter den Sachmitteln ein. Die Tools dienen der automatisierten Arbeit mit Entwurfs- und Programmiermethoden. Für die Zwecke dieses Kapitels, die Projektierung, soll die folgende Aufzählung genügen. Eine genauere Darstellung wird in Kapitel 9 »Die Produktevaluation von Data Warehouse Systemen« gegeben. Mit den Office-Tools – Textverarbeitungssystem, Kalkulationssheet, Programme für strukturierte Grafiken – wird zunächst das Ergebnis der Ist-Erhebung dokumentiert.

Tools sind mitunter so komplex, dass man zu ihrer Beherrschung Monate investieren muss. Das aufgebaute Know-how muss gepflegt werden. In diesem Sinne ist es sehr sinnvoll, den Einsatz auf die minimale Auswahl einzugrenzen. Minimal heißt in diesem Falle, dass die funktionale Überschneidung von Tools unbedingt vermieden werden muss. Der Ausbildungsaufwand verdoppelt sich, und die Datenhaltung und Konsistenzerhaltung der Ergebnisse wird erheblich erschwert.

Der Sachmitteleinsatz, eventuell der Tooleinsatz, muss auf die Projektleistungen bezogen werden. Es soll festgelegt werden, dass bestimmte Arbeiten nur mit bestimmten Tools ausgeübt werden sollen. Die Auswahl der zu verwendenden Tools sollte deshalb in der Leistungsleitlinie festgeschrieben werden. Dies zeigt die folgende Abbildung »Zuordnung der Tools in einer Leistungsleitlinie«.

Bevor ein konkreter Entwurf erzeugt werden kann, sind Ideen zu visualisieren und dem Projektteam zu vermitteln. Hierfür haben sich Grafikwerkzeuge bzw. **Visualisierungswerkzeuge** für Ideendiagramme (Mindmaps), Zerlegungs- und Zusammenbaustrukturen (Systembilder, Blockdiagramme), Vernetzungsbilder (Wirkungsnetzdiagramm) bewährt.

- ✔ Mindmapping
- ✔ Software-Entwurfswerkzeuge
- ✔ Visualisierungssoftware

Für den Entwurf des DWH-Systems sind Tools für Strukturgrafiken wie Datenmodelle, Funktionsbäume, kurz **Entwurfswerkzeuge,** CASE-Tools (CASE = Computer Aided Software Engineering) unumgänglich. Wichtige Tools hierfür decken folgende Aufgaben ab:

Phase / Teilphase / Aktivität	Methode / Ergebnis	undokumentiert	formlos	Textvorlage	Checkliste	Sheet	Formular	Strukturgrafik
PROJEKTIERUNG		Tools						
Konzeption								
Konzeption	DWH-Konzept			X				
	Kontextdarstellung							X
	Prozessmodell						X	X
	LAN-Diagramm							X
Produktevaluation	Evaluationsdossier			X	X			
	Nutzwertanalyse					X		

Abbildung 8.9: Zuordnung der Tools in einer Leistungsleitlinie

- ✔ Funktionsmodellierer
- ✔ Datenmodellierer
- ✔ Dialogmodellierer
- ✔ Aggregationsdiagramme
- ✔ Datenquellendiagramme

Für die Aufstellung von Termin- und Personaleinsatzplänen sind **Projektmanagementprogramme** unverzichtbar.

- ✔ Projektmanagementprogramm
- ✔ Netzplanungsprogramm
- ✔ Schichtplanungsprogramm

Zur Zusammenstellung einzelner Arbeitsergebnisse sind **Groupworking-Tools** nützlich.

Programmierwerkzeuge

Für die Erzeugung von Programmen und Datenbanken sind **Generatoren** nützlich. Generatoren können von einer in der Umgangssprache oder in einer Fachsprache nach bestimmten vorgegebenen Regeln formulierten Vorschrift ein Programm generieren. Sie können auch aus der grafischen Darstellung einer Datenbankbeschreibung die Datenbank erzeugen. Generatoren können außerdem aus einer bestehenden Datenbank Masken für den Benutzerdialog mit Eingaben in die Datenbank erzeugen.

- ✔ Datenbankschemagenerator
- ✔ Codegeneratoren
- ✔ Testfallgeneratoren

- ✔ Formatkonvertierer
- ✔ Cross-Compiler
- ✔ Maskengenerator
- ✔ Dialogsimulatoren

Zu den Tools gehören auch die in Kapitel 4 »Softwarekomponenten« genannten **Programmierwerkzeuge,** die für die Erstellung der DWH-Programme eingesetzt werden:

- ✔ 3GL-Compiler
- ✔ 4GL-Precompiler
- ✔ Datenbankmanagementsystem
- ✔ Data Miner
- ✔ Reportingtools
- ✔ Middleware
- ✔ DWH-Server

Präsentationsmittel, Moderationsmittel

Die Projektergebnisse müssen regelmäßig und auch ad hoc allen Projektteilnehmern vorgestellt werden. Die Unternehmensöffentlichkeit ist schon sehr früh mit dem Projekt vertraut zu machen. Internes Marketing für die beabsichtigten Verbesserungen erleichtert die Projektarbeit wesentlich. Projektergebnisse müssen kommuniziert und für die Kommunikation mit unterschiedlich ausgebildeten Fachkräften aufbereitet werden. Projektergebnisse müssen präsentiert und zur Diskussion gestellt werden. Hierzu dienen **Präsentationsmittel** und **Moderationsmittel.**

- ✔ Moderationskoffer
- ✔ Flipchart
- ✔ Pinwand
- ✔ Overheadprojektor
- ✔ Videobeamer

Informations- und Informationsverwaltungsmittel

Ebenfalls für die Produktion erforderliche Sachmittel sind **Informationen,** Tipps, wie etwas am besten durchgeführt wird, was man mit welchem Werkzeug wie machen sollte. Informationen sind in Form von Know-how-Trägern und in Form von Schulungen beschaffbar; dann sind sie als Personalressourcen zu planen. Informationen sind auch in Form von Studien und Büchern beschaffbar; in diesem Falle sind sie den Sachmitteln zuzuordnen. Solche Sachmittel sind alle Arten von Literatur und Papierunterlagen, wie die Projektbibliothek mit zugekaufter Literatur, Studien, Zeitungsartikel, aber auch die selbst erstellten Dokumente wie Schriftverkehr, Dokumentationen, Richtlinien.

✔ Projektbibliothek mit Büchern und Fachaufsätzen, Zeitungsausschnitten

✔ Projektdokumentation mit Papierdokumenten zu Projektergebnissen, Schriftverkehr, Richtlinien

Einige Projekte sind so groß, dass sich sogar ein eigenes toolgestütztes **Dokumentenmanagement** und **Workflow-System** auszahlt, um die vielfältigen Schriftstücke, deren Aufbewahrung, Verteilung und Verfolgung zu bewältigen.

✔ Officeprogramm für Workgroups

✔ zentrales Terminverwaltungsprogramm

✔ Mailingsystem

✔ Archivierungssystem

✔ Workflowprogrammm

✔ Dokumentenmanagementprogramm

Je größer ein Projekt ist, umso mehr Schriftstücke entstehen und umso schwieriger ist es, die Verteilung der Schriftstücke und das Wiederfinden zu organisieren.

✔ Ablagesystem

✔ Dokumentennummerierungsschlüssel

✔ Projektinventarisierungsschlüssel

Für einige Sachmittel ist ebenfalls eine Einsatzplanung durchzuführen. Einige Geräte, wie z.B. Videobeamer, sind zu teuer und zu selten im Gebrauch, um jedes Projekt damit auszurüsten. Hierfür ist ein **Sachmitteleinsatzplan** nützlich. Dieser ist wie der Personaleinsatzplan aufgebaut, nur sind an Stelle der Personen Sachmittel aufgetragen. Für die Besetzung von Räumen ist z.B. ein **Raumbelegungsplan** nützlich.

Definition: Sachmitteleinsatzplan, Raumbelegungsplan

Ein **Sachmitteleinsatzplan** ist die tabellarische Darstellung der in einem Projekt, einem Vorhaben oder für dauerhafte Unternehmensaufgaben eingesetzten Sachmittel mit Einsatzzeiten, die entlang einer Zeitachse in einer Zeitgröße wie Stunden oder Tage notiert sind.

Sind die Sachmittel auf Räume beschränkt, handelt es sich um den Spezialfall des **Raumbelegungsplans**.

Gestaltungs- und Lösungsmöglichkeiten

Es gehört zu den Aufgaben des DWH-Projektleiters, für eine angemessene Ausstattung der Büroräume mit einer guten An- oder Einbindung in die Unternehmensorganisation zu sorgen. Die Ausstattung hängt von der Dauer des Projekts und der parallel einzusetzenden Kapazität ab.

- ➢ Entwurf der Büroräume mit Aufstellung der Büromöbel
- ➢ Festlegung der einzusetzenden Tools für Entwurf, Entwicklung und Dokumentation
- ➢ Erstellung von Raumbelegungsplänen und Sachmitteleinsatzplänen

Problemlösung: Regeln und Hilfsmittel

Das Verfahren

Die Sachmittel »Tools« und »Hardwarekomponenten« sind nicht an dieser Stelle Gestaltungsgegenstand. Sie werden im Rahmen der Architekturgestaltung und im Rahmen der Definition des Vorgehensmodells entwickelt. Ebenso ist die Informationsplanung bereits in der Orientierungsphase durchgeführt worden. Das folgende Verfahren ist zu empfehlen:

Verfahren zur Definition des Sachmitteleinsatzes

- ❖ Entwurf der Büroräume mit Aufstellung der Büromöbel
- ❖ Festlegung der einzusetzenden Tools für Entwurf, Entwicklung und Dokumentation
- ❖ Erstellung von Raumbelegungsplänen und Sachmitteleinsatzplänen

Raumbelegungspläne

Raumbelegungspläne sind im Unternehmen vorhanden. Es sind Matrizen, die aus einer vertikalen Raumliste und einer horizontalen Zeitachse in Tagen bestehen. Diese Matrix eignet sich jedoch kaum für die Mehrfachbelegung von Räumen an einem einzelnen Tag. Eine Variante, die das erlaubt, ist eine Acht-Stunden-Matrix pro Raum. Die vertikale Skala ist dann die Stundenleiste.

Für die Gestaltung und Ausstattung der Büroräume sind Raumpläne und **Raumausstattungspläne** mit einer Symbolik für Büromöbel das geeignete Mittel. Die Pläne sollten vom Facilitymanager bzw. vom Vermieter zur Verfügung gestellt werden.

Sachmitteleinsatzpläne

Für die Erstellung der **Sachmitteleinsatzpläne** kann die folgende Liste **Checkliste Sachmittel für DWH-Projekte** verwendet werden.

Gruppe Mittel	Raum	Ausstattung	Anzahl
Räume			
Besprechungszimmer groß		15 Personen	
Besprechungszimmer klein		4 Personen	
Büroräume			
Entwicklerraum			
Server-Raum			
Tools			
Mindmapping			
Entwurfswerkzeuge		Daten-, Dialog-, Funktionsmodelle	
Visualisierungssoftware			
Aggregationsdiagramme			
Datenquellendiagramme			
Projektmanagementprogramm		Netzplanung, Schichtplanung	
Officeprogramme			
Officeprogramm für Workgroups			
Zentrales Terminverwaltungsprogramm			
Dokumentenmanagementprogramm		Workflow	
Archivierungssystem			
Mailingsystem			
Entwicklungssysteme			
Datenbankschema-Generator			
Code-Generatoren			
Testfallgeneratoren		Workflow	
Formatkonvertierer			
Cross-Compiler			
Protyper		Maskengenerator, Dialogsimulator	
3GL-Compiler			
4GL-Precompiler			
Datenbankmanagementsystem			
Data Miner			
Reportingtools			
Middleware			
DWH-Server			
Präsentationswerkzeuge			
Moderationskoffer			
Flipchart			
Pinwand			
Overheadprojektor			
Videobeamer			

Tabelle 8.3: Checkliste Sachmittel für DWH-Projekte

8.1.6 Budgetierung

Problemstellung und Motivation

Kein Projekt kommt ohne ein Budget aus, denn jedes Projekt kostet Geld. Es muss Personal aus dem Unternehmen für die Abwicklung der Projektaufgaben freigestellt werden. Das Personal bezieht Gehälter. Personalkosten werden mit einem internen Verrechnungssatz auf die Projektkosten verrechnet.

Projekte sollen Ergebnisse erzeugen, die es ermöglichen, andere Prozesse des Unternehmens effizienter abzuwickeln. Das bedeutet, dass die Kosten für die Erreichung einer Effizienzsteigerung nicht höher sein sollen als die Kostenersparnis durch die bessere Effizienz. Der Nutzen muss die Kosten übersteigen. Transparenz in die Kosten-Nutzen-Lage kommt durch eine genaue Kostenanalyse des zukünftigen Projekts. Die Kosten werden zu einem Budget zusammengefasst. Erst die klare Darstellung des Budgets erlaubt eine Genehmigung des Projekts.

Der Bedarf an Personal und Sachmitteln muss, nachdem er anzahlmäßig und eventuell auch produktmäßig bestimmt ist, geldwert dargestellt werden. Das Ergebnis der geldmäßigen Bewertung der Beschaffungen und der Personaleinsätze ergibt ein **Budget.** Das Budget ist die Basis für die Kosten-Nutzen-Beurteilung. Da das Budget zu Beginn des Projekts noch viele Schätzwerte enthält, ist es in regelmäßigen Abständen zu überprüfen.

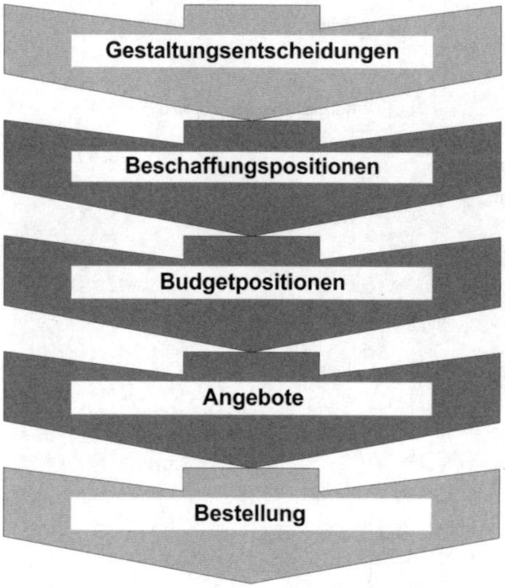

Abbildung 8.10: Zusammenhang Budgetierung

Das Budget baut auf den Beschaffungspositionen und Gestaltungsaufgaben auf. Das heißt, das Budget kann erst erstellt werden, wenn alle Gestaltungsentscheidungen getroffen wurden:

- ✔ welche Hardwarekonfiguration
- ✔ welche Softwarelizenzen
- ✔ welche Sachmittel, Räume
- ✔ welches Know-how (betriebswirtschaftlich und technisch)
- ✔ welche intern bzw. extern zu besetzenden Schulungen
- ✔ welche intern bzw. extern zu besetzenden Projektpositionen

Im Laufe des Projekts kommt es zu neuen Erkenntnissen, die wiederum zu neuen Beschaffungen führen. Das bedeutet, dass die Budgetpositionen kontinuierlich überprüft werden müssen. Im Extremfall kann eine neue Budgetposition das genehmigte Budget so weit überstrapazieren, dass der Nutzen von den Kosten nicht mehr eingeholt werden kann. Das Projekt muss dann gestoppt werden. Die regelmäßige Budgetprüfung ist also das grundlegende Mittel für die Fortsetzungsentscheidung des DWH-Projekts.

Aufwand

Mit den Entscheidungen für den betriebswirtschaftlich-funktionalen Umfang der Software kann erstmals grob die Dauer der Herstellung, der sogenannte **Aufwand**, kalkuliert werden. Das ist z.B. die Arbeitsdauer, mit der

- ✔ die Software entworfen und programmiert wird
- ✔ das Projekt geleitet wird
- ✔ die Beschaffungen durchgeführt werden
- ✔ die Hardware aufgebaut wird

Der Begriff »Aufwand« wird oft synonym als Zeiteinheit, in Minuten, Stunden, Tagen oder Wochen formuliert. Die Wahl der Zeiteinheit hängt von der Projektdauer und von der Art der Tätigkeiten ab. Ein besonders langes Projekt, z.B. ein DWH-Vorhaben über mehrere Jahre, kann nicht in Minuten geschätzt werden, hier wird im Projektantrag mit Monaten, in der ersten Aufwandsschätzung mit Wochen und in der Verfolgung mit einer Stundenaufschreibung gearbeitet. Andererseits sind außerhalb von DWH-Projekten auch Sekundenmessungen üblich, z.B. bei Akkordarbeiten in Werkstätten.

Der Begriff »Aufwand« wird oft auch und synchron als Kosteneinheit formuliert. Ist der Aufwand als Kosten dargestellt, werden die Stunden oder die Tage der Leistung der Personen mit einem internen Tages- bzw. Stundensatz entsprechend der Qualifikation der Person bewertet.

> **Definition: Aufwand**
>
> Der **Aufwand** einer Aktivität ist die in einer Zeiteinheit gemessene Arbeitszeit zur Erledigung der Aktivität oder die mit Kostensätzen bewertete Arbeitszeit.

Leistungsverrechnung

Das Budget muss unter Umständen auf Firmenteile, wie z.B. Niederlassungen oder Profitcenter, umgelegt werden können; das ist die sogenannte **Leistungsverrechnung.** Hierfür ist eine verursachungsgerechte Darstellung der Budgetpositionen wichtig. Das bedeutet, es muss deutlich werden, welche Investitionen und welche Aufwände für welche Firmeneinheit erbracht wurden. Für die allen zugute kommenden Investitionen und Aufwände, wie z.B. ein zentraler Server, muss ein Umrechnungspreis gefunden werden. Der Umrechnungsschlüssel kann z.B. die Nutzerzahl, Nutzungsdauer, der Funktionsumfang oder die Datenmenge sein.

Ein Budget muss zur Nachvollziehbarkeit für die Verrechnung transparent sein. Die Transparenz wird erreicht durch eine genügend feine Detaillierung der Budgetpositionen.

Gestaltungs- und Lösungsmöglichkeiten

Das Budgetschema wird sehr detailliert, auf Geräte- und Lizenzebene vom Projektmanagement entworfen. Für das Projektcontrolling und auch zur Meldung an Abteilungsleitungen und Vorstand ist die Budgetüberwachung verdichtet interessant.

- ➢ Definition von Kostenträgern und Kostenarten
- ➢ Aufbau eines detaillierten Budgetschemas durch den DWH-Projektleiter
- ➢ Aufbau eines verdichteten Budgetschemas durch das Projektcontrolling
- ➢ Entscheidung der Maßeinheit der Aufwandsmessung
- ➢ Entwicklung eines Aufwandsverrechnungsschemas

Problemlösung: Regeln und Hilfsmittel

Das Verfahren

Voraussetzung der Budgetierung ist die Festlegung der Projektergebnisse in der Leistungsleitlinie. Die einzelnen Positionen werden mit einer Schätzung der Beschaffungskosten und mit einer Aufwandsschätzung beurteilt.

Die Budgetierung kann erst nach Festlegung aller Gestaltungsentscheidungen exakt erfolgen. Von den Gestaltungsentscheidungen hängen die Produkte, die beschafft werden sollen, ab. Es hängt auch von den Gestaltungsentscheidungen ab, ob eine Beschaffung überhaupt möglich ist oder – falls nicht – ob eine Eigenentwicklung erforderlich ist. Anstelle einer Beschaffungsposition fällt dann eine Aufwandsposition an. Folgende Vorgehensweise ist zu empfehlen:

Verfahren zur Definition des DWH-Budgets

- ❖ Überprüfung der Leistungsleitlinie
- ❖ Entwurf der Komponentenaufteilung und Festlegen des Detaillierungsgrades des Budgets
- ❖ Aufstellung der Bereichspositionen und der Gruppierung nach Ländern
- ❖ Entwurf der Positionen für Projektaufwände, Erklären der Richtgrößen
- ❖ Entwurf der Positionen für Betriebsaufwände, Erklären der Richtgrößen
- ❖ Feststellung der Mengen
- ❖ Einholung von Orientierungsangeboten für die Größenordnung der Positionen
- ❖ Aufbau einer Erfahrungsdatenbank für die Budgetierung
- ❖ Entscheidung der Maßeinheit der Aufwandsmessung
- ❖ Entwicklung eines Aufwandsverrechnungsschemas

Budgetschema

Die Struktur des Schemas der Budgetprüfung muss deckungsgleich mit dem Detail-Budgetschema sein. Als Hilfsmittel ist ein Beispiel für ein **Budgetschema** dargestellt. In dieser Budgetdarstellung ist die Verteilung

- ✔ auf Länder
- ✔ nach Aufwänden (Schulungen, Softwareentwicklung, Projektmanagement)
- ✔ nach Investitionen (Hardware, Software)

durchgeführt worden (siehe Abbildung 8.12).

Erfahrungsdatenbank

Für die Aufwandsschätzung sind Erfahrungswerte nützlich. Bei einem Unternehmen mit vielen Projekten kann eine **Erfahrungsdatenbank** selbst aufgebaut werden. Erfahrungswerte können auch auf Konferenzen zu ähnlichen Projekten erfragt werden. Das Problem hierbei liegt in der Vergleichbarkeit der Projekte. Um Analogieberechnungen anstellen zu können, sind die Projekterfahrungen vergleichbar zu machen. Das folgende Beispiel aus einem realisierten Projekt soll verdeutlichen, wie die Erfahrungen formuliert sein können.

Beispiel: Erfahrungswerte für die Budgetierung Projektaktivitäten

Das ausgewählte Projekt der Erfahrungsdatenbank ist wie folgt beschrieben:

- ✔ Software-Entwicklungsprojekt mit einer relationalen Datenbank, grafischer objektorientierter Oberfläche, Client-Server-Architektur, Projektdauer über alle Phasen fünf Jahre, Umfang der Datenbank ca. 300 Entitätstypen, Know-how für Werkzeuge musste erst aufgebaut werden, Programme wurden mit einem umfassenden Paket an vorproduzierten Standardbausteinen realisiert

Die Erfahrungsdatenbank enthält zum genannten Projekt folgende Informationen:

- ✔ Eine Programmfunktion über alle Phasen kostet mit 3GL, hierarchischer Datenbank, zeichenorientierten Masken im großen Projekt entwickelt ca. 30.000 DM.
- ✔ Eine Programmfunktion über alle Phasen kostet mit 4GL, SQL, relationaler Datenbank, objektorientierter Oberfläche und Programmframework im großen Projekt entwickelt ca.15.000 DM.
- ✔ Die Qualitätssicherung eines Projekts liegt zwischen zwei und fünf Prozent des Gesamtprojektbudgets, je nachdem, ob sie aktives oder proaktives Handeln bevorzugt.
- ✔ Das Projektmanagement benötigt fünf bis zehn Prozent des Gesamtprojektbudgets des Projektvolumens

Diese Erfahrungswerte sind aus Softwareentwicklungsprojekten gewonnen worden, sie sind allerdings nicht auf beliebige Projekte verallgemeinerbar.

DWH-Budgetplan
Projekt zzz Datum:

	Einheit	Einzelpreis	Summe Stück	Summe Kosten	Lokation 1 Stck	Lokation 1 Kosten	Lokation2 Stck	Lokation2 Kosten	Lokation3 Stck	Lokation3 Kosten
Investition										
WAN Herstellung	Einmalgebühr	100.000	1	300.000	1	100.000	1	100.000	1	100.000
WAN Komponenten	Geräte	20.000	2	60.000	1	20.000	1	20.000	1	20.000
LAN Verkabelung	Anlage	80.000	1	240.000	1	80.000	1	80.000	1	80.000
LAN Komponenten	Geräte	20.000	3	60.000	1	20.000	1	20.000	1	20.000
LAN Zubehör	Teile	5.000	1	15.000	1	5.000	1	5.000	1	5.000
LAN Server	Gerät	10.000	1	30.000	1	10.000	1	10.000	1	10.000
Großrechner	Gerät	1	3	3	1	1	1	1	1	1
Großrechner Zubehör	Gerät	1	3	3	1	1	1	1	1	1
PC	Gerät	1	3	3	1	1	1	1	1	1
Notebook	Gerät	1	3	3	1	1	1	1	1	1
Netz-Drucker	Gerät	0	3	0	1	0	1	0	1	0
Arbeitsplatz-Drucker	Gerät	1	3	3	1	1	1	1	1	1
Notebook-Drucker	Gerät	0	3	0	1	0	1	0	1	0
Diverses PC Zubehör	Gerät	1	3	3	1	1	1	1	1	1
DWH-Client	Lizenz	1.000	3	3.000	1	1.000	1	1.000	1	1.000
Middleware	Lizenz	300	3	900	1	300	1	300	1	300
DWH-Server	Lizenz	10.000	3	30.000	1	10.000	1	10.000	1	10.000
OLAP-Server	Lizenz	10.000	3	30.000	1	10.000	1	10.000	1	10.000
Archivsystem	Lizenz	50.000	3	150.000	1	50.000	1	50.000	1	50.000
Betriebssystem-Server	Lizenz	1.000	3	3.000	1	1.000	1	1.000	1	1.000
Betriebssystem-Client	Lizenz	80	3	240	1	80	1	80	1	80
Office-Software	Lizenz	1.000	3	3.000	1	1.000	1	1.000	1	1.000
Terminalemulation	Lizenz	500	3	1.500	1	500	1	500	1	500
Sonstige SW	Lizenz	1.000	3	3.000	1	1.000	1	1.000	1	1.000
Summe Investition				**929.658**		**309.886**		**309.886**		**309.886**
Aufwände										
Miete WAN	Leitg/Mietjahr	1	3	3	1	1	1	1	1	1
Installation, Konfig WAN-Komponenten	Gerät	1	3	3	1	1	1	1	1	1
Service WAN-Komponenten	Gerät/ Jahr	1	3	3	1	1	1	1	1	1
Installation,Konfig. LAN-Komponenten	Gerät	1	3	3	1	1	1	1	1	1
Service. akt-LAN-Komponenten	Gerät/Jahr	1	3	3	1	1	1	1	1	1
Installation,Konfig. LAN-Server	Gerät	1	3	3	1	1	1	1	1	1
Service LAN Server	Gerät/Jahr	1	3	3	1	1	1	1	1	1
Installation Großrechner	Gerät	1	3	3	1	1	1	1	1	1
Service Großrechner	Gerät/Jahr	10.000	1	30.000	1	10.000	1	10.000	1	10.000
Installation PC, Drucker	Gerät	1	3	3	1	1	1	1	1	1
Service PC, Drucker	Gerät/Jahr	1	3	3	1	1	1	1	1	1
Wartung DWH-Lizenzen	Lizenz/Jahr	1	3	3	1	1	1	1	1	1
Wartung Office-Lizenzen	Lizenz/Jahr	1	3	3	1	1	1	1	1	1
Wartung Tools	Lizenz/Jahr	1	3	3	1	1	1	1	1	1
Projektleitung	Honorar/Tag	1	3	3	1	1	1	1	1	1
Konzeption	Honorar/Tag	1	3	3	1	1	1	1	1	1
Entwurfs-Tools-Schulung	Honorar/Tag	1	3	3	1	1	1	1	1	1
Programmierung	Honorar/Tag	1	3	3	1	1	1	1	1	1
Reisen	Anzahl	1	3	3	1	1	1	1	1	1
DWH-Schulung	Schulungstag	1	3	3	1	1	1	1	1	1
Office/Betriebssystem-Schulung	Schulungstag	1	3	3	1	1	1	1	1	1
Entwurfs-Tools-Schulung	Schulungstag	1	3	3	1	1	1	1	1	1
Summe Aufwand				**30.063**		**10.021**		**10.021**		**10.021**
				705.000		**235.000**		**235.000**		**235.000**
Summe Infrastruktur (WAN,TK,LAN,LAN-SV) Service				**21**		**7**		**7**		**7**
Summe Großrechner				**30.003**		**10.001**		**10.001**		**10.001**
Summe Großrechner Service				**30.003**		**10.001**		**10.001**		**10.001**
Summe PCs			**6**	**9**	**2**	**3**	**2**	**3**	**2**	**3**
Summe PCs Service				**6**		**2**		**2**		**2**
Summe DWH Lizenzen				**63.903**		**21.301**		**21.301**		**21.301**
Summe DWH Lizenzen Service				**9**		**3**		**3**		**3**
Summe Software				**10.740**		**3.580**		**3.580**		**3.580**
Summe Schulung				**9**		**3**		**3**		**3**
Summe Beratung+Reisen				**15**		**5**		**5**		**5**

Abbildung 8.11: DWH-Budgetschema

Einige CASE-Tool-Hersteller bieten zu ihren Entwurfswerkzeugen Erfahrungsdatenbanken mit Projektkennwerten an. Hier hat das aus Erfahrungswerten amerikanischer Softwareentwicklungsprojekte entwickelte **COCOMO-Modell** einen gewissen Bekanntheitsgrad erreicht.

🗁 Boehm, Wirtschaftliche Softwareproduktion

COCOMO ist ein Berechnungsmodell mit Klassifikationen von Entwicklungstätigkeiten von Softwareprojekten über alle Phasen. Zu den Entwicklungstätigkeiten sind Erfahrungswerte für die Dauer nach möglichen Kategorien angegeben. Das COCOMO-Modell ist als Add-On zu CASE-Tools mit Projektmanagementmodul erwerbbar.

8.2 Wie wird ein DWH-Projekt organisiert?

Einleitung

Die Gestaltungsaufgaben können in einen prozessualen Teil und einen strukturalen Teil gegliedert werden. Auf den strukturalen Teil der Gestaltung folgt die Definition und Implementierung des Zusammenspiels der Organisationsstrukturen. Hierfür werden **Projektprozesse** festgelegt und mittels **Richtlinien** bekannt gemacht. Die Projektorganisationsstruktur ist der Träger der Projektprozesse.

Die Organisationsstruktur des DWH-Projekts ist abhängig von den in den »Architektur-Kapiteln« getroffenen Gestaltungsentscheidungen. Da hier die Auffassung vertreten wird, dass auch das DWH-Personal und die DWH-Organisationsstruktur zur Architektur des DWH-Systems im Sinne eines »Mensch-Maschine-Systems« gehört, wurde diese Struktur bereits mit den Gestaltungsentscheidungen »Architektur« behandelt. Hier braucht deshalb nur das »Wie wird organisiert?« dargestellt zu werden. Die Projektorganisation ist das Instrument für den Aufbau und die Implementierung der Betriebsorganisation.

Der Vorschlag für ein DWH kann aus den Bedarfsanforderungen der Anwender entstehen, dem Management vorgetragen werden und zu einem Projekt führen. Der Vorschlag kann auch in der Managementebene entstehen, z.B. im Rahmen einer neu formulierten IT-Strategie. Im ersten Fall muss ein **DWH-Sponsor** in der Managementebene gefunden werden, d.h. eine Person aus der Führungsebene, die die Schirmherrschaft, die Betreuung des Vorhabens in den Führungsbesprechungen vertritt. Ein Projekt, das ohne die Unterstützung durch einen Sponsor abgewickelt werden soll, läuft Gefahr, dass aufgrund wichtiger anderer Projekte das Interesse der Führungsebene abebbt. Selbst ein gutes Projektergebnis wird sich dann nicht im Unternehmen durchsetzen.

Die nächste wichtige Organisationsmaßnahme ist die Bestimmung eines **Projektleiters**. Mit dem Engagement des Projektleiters für das DWH steht und fällt der Erfolg des Projekts. Der Projektleiter ist für die Auswahl und Beurteilung des Projektpersonals maßgeblich. Was der Projektleiter an Qualifikationslücken übersieht, wird erst sehr spät zu Folgen wie Qualitätseinbußen, Terminverzögerungen oder Erfolgsrisiken führen.

Der Projektleiter bildet das Projektteam aus internem und externem Personal. Ist das **Projektteam** gebildet, muss es in die bestehende Organisation integriert werden. Das heißt, die Prozesse des Projekts müssen auf die Betriebsabläufe des Unternehmens abgestimmt werden. Für das Zusammenspiel von Unternehmen und Projekt und für das projektinterne Zusammenwirken wird eine Projektrichtlinie entwickelt.

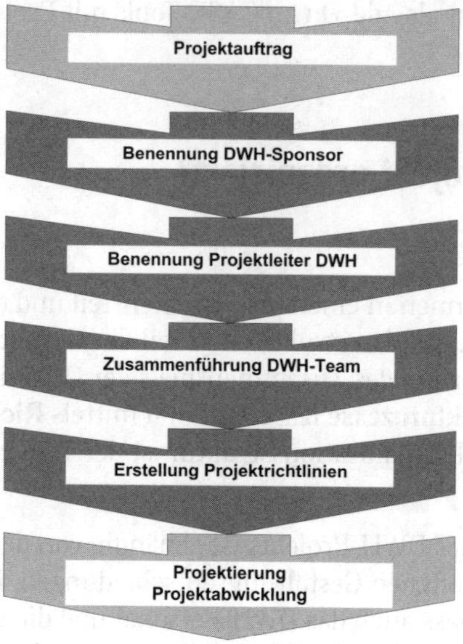

Abbildung 8.12: Aufbau der Projektorganisation

Im Folgenden wird nun zunächst die für den ersten Lebensabschnitt des DWH, den Aufbau, erforderliche Organisationsstruktur ermittelt, um darauf aufbauend die Projektprozesse zu definieren.

8.2.1 Aufgaben, Rollen, Stellen und Organisationsstruktur für den Aufbau des DWH

Problemstellung und Motivation

Bevor es ein DWH gibt, muss festgestellt werden, wie das Organisationsobjekt DWH beschaffen ist, welche Architektur es bekommen soll, welche Eigenschaften es haben soll, welche Bedürfnisse der Anwender es erfüllen soll. Es handelt sich ja bei einem DWH um ein System für Softwareanwender. Diese angestrebte Beschaffenheit ist in den vorausgegangenen Schritten der Gestaltungsentscheidungen zur betriebswirtschaftlichen Funktion, zur Softwaretechnologie und zur Hardware geschehen. Zur Erreichung dieser Beschaffenheit eines DWH ist eine Organisationsstruktur erforderlich, die den Aufbau des DWH bewirkt oder als Träger der Organisationsprozesse dienen kann. Diese Organisationsstruktur ist bestimmt, wenn, wie im vorhergehenden Kapitel erläutert, Aufgaben, Stellen, Rollen, Kompetenzen, Qualifikationen definiert sind.

DWH-Vorstandssponsoring

Kein Projekt kann ohne die Rückendeckung aus der obersten Führungsetage effizient abgewickelt werden. Gibt ein Vorstand öffentlich sein Interesse am Gelingen des Projekts zu erkennen, werden alle anderen Führungskräfte Kooperationsbereitschaft signalisieren. Sie ist besonders für DWH-Projekte nötig, da diese bereichs- und abteilungs- und sogar firmenübergreifend auf Know-how und auf Ressourcen zugreifen müssen.

Die Aufgaben des **DWH- Vorstandssponsoring** sind:

- ✔ Aufsichtsratspräsentation und Einholung des Einverständnisses
- ✔ Genehmigung des Rahmenbudgets
- ✔ Eskalationsmanagement, Schlichten von Bereichskonflikten
- ✔ Ausgeben eines Unternehmensleitbildes und eines Projektleitbildes

Der DWH-Vorstand berichtet in der Vorstandssitzung und (in Konzernen) bei angemessener Projektgröße auch im Aufsichtsrat.

Leitung DWH-Projekt

Die Leitung eines DWH-Projekts ist eine komplexe Aufgabe mit einer Verantwortlichkeit für die Projektergebnisse. Die Leitung eines DWH-Projekts muss von einer Person wahrgenommen werden; diese übt die Rolle »Projektleitung« aus. Projektleitung ist aus zwei Gründen eine Rolle und keine Stelle. Erstens ist der Aufgabenkomplex temporär, d.h. nach Beendigung des Projekts wird die Rolle nicht mehr gebraucht und soll daher nicht als Stelle fixiert werden. Der zweite Grund ist, dass je nach der Ausgestaltung und der damit erforderlichen Kapazität zur Ausübung der Rolle eine Person nicht ausgelastet ist. Einige Unternehmen gehen den Weg, dass sie der Wichtigkeit des DWH entsprechend das DWH-Projekt zur Chefsache machen und die Projektleitung dem Abteilungsleiter der EDV auftragen.

Die Aufgaben der **Leitung DWH-Projekt** sind

- ✔ Definition des Projekts und Kalkulation des Umfangs
- ✔ Staffing: Festlegung der Qualifikationskriterien und Auswahl des Personals
- ✔ Erstellung Projektrichtlinie mit Berichtswesen und Vorgehensmodell

Der Bestimmung einer Person für die »Rolle Projektleitung DWH-Projekt« kommt eine besondere Bedeutung zu. Nur ein Projektleiter, der seine Grenzen kennt, wird auf fremdes Wissen zugreifen, und nur wer eine solide Grundausbildung in den DV-Technologien hat, wird das Fremdwissen angemessen einbeziehen können. Angemessen ist dabei genauso wenig das Beharren auf alten Technologien wie das überhastete Aufspringen auf den Zug frisch angepriesener Technologien. Der Projektleiter muss so viel Verständnis von den DV-Technologien mitbringen, dass die Konsequenzen der Technologieentscheidung klar werden und er sich für die Konsequenzen und nicht für die Technologien entscheidet. Wesentliche Konsequenzen sind Kosten, Projektdauer und Akzeptanz. Die Kosten dürfen den Nutzen nicht überschreiten. Die Projektdauer muss neben frühen Erfolgen für die Überwindung der Bedenkenträger kürzer sein als die Veränderung bzw. Weiterentwicklung der Anforderungen. Letztlich ist kein Projektergebnis zu tragen, das nicht die Akzeptanz derer erzielt, für die das Projekt ins Leben gerufen wird: die Anwender des DWH.

Wenn die Rolle der Projektleitung des DWH-Projekts nicht von einem EDV-Abteilungsleiter eingenommen wird, ist der Projektleiter dem EDV-Abteilungsleiter unterstellt. In einem Großunternehmen, wie zum Beispiel einem Konzern, kann es mehrere EDV-Abteilungen geben. Da ein DWH konzernweit wirken soll, ist die Durchführung von der Weisungsbefugnis einer EDV-Abteilung zu entbinden. Der Projektleiter ist dann dem für die Gesamt-EDV zuständigen Bereichsleiter unterstellt.

DWH-Projektassistenz

Die DWH-Projektassistenz soll – besonders bei großen Projekten mit viel Verwaltungstätigkeit – den Projektleiter im Besonderen, aber auch die hochqualifizierten Kräfte des Projektteams entlasten. Zur Projektassistenz gibt es kein besonderes Anforderungsprofil außer einer gewissen Affinität zur Thematik, Grundkenntnisse in der EDV, besonders in der Bedienung von PCs, und Verlässlichkeit.

Die Aufgaben der **DWH-Projektassistenz** im Einzelnen sind:

- ✔ Einsammlung der Dokumentationsbeiträge, Prüfung auf Vollständigkeit, Verwaltung der Projektdokumente, Pflege der Ablage
- ✔ Ausführung des kleinen Schriftverkehrs wie Einladungen, Kopien, Verteilung von Dokumenten
- ✔ Durchführung kleiner organisatorischer Maßnahmen wie Bestellung und Vorbereitung von Räumen und Arbeitsmaterial für Veranstaltungen

Die Rolle der Projektassistenz kann genutzt werden, um ein zukünftiges Berufsprofil vorzubereiten. Einige anspruchsvollere Aufgaben des Projekts können sogar in Form von Diplomarbeiten für Wirtschaftsinformatiker oder Informatiker formuliert werden.

Der Projektassistent ist dem Projektleiter unterstellt.

DWH-Systemanalyse

Alle Datenbankanwendungen müssen aus den Anforderungen und Bedarfen, die von Anwendern formuliert werden, aber auch aus der Zielsetzung der Unternehmensführung abzuleiten sind, konzipiert werden. Für die Konzeption von DWH-Anwendungen sind zunächst einmal die Anwenderwünsche zu ermitteln. Die Bedarfe und Randbedingungen müssen mittels Methoden wie Dokumentenrecherche, Datenbankauswertungen und Interview erhoben werden. Hierfür sind je nach Umfang des Projekts und Größe des Unternehmens mehrere Spezialisten erforderlich. Überdeckt der Umfang z.B. mehrere betriebswirtschaftliche Funktionen wie Marketing, Controlling, Produktion, Entwicklung, so ist das Fachwissen für das Verständnis der Prozesse schon so umfangreich, dass es erst durch mehrere spezialisierte Systemanalytiker bewältigt werden kann.

Die Aufgabe des Systemanalytikers ist die Übertragung dieses Fachwissens in die Sprachen der Programmspezifikationen. Was der Systemanalytiker nicht versteht, wird in eine falsche Spezifikation für die Programme münden. Die Abbildung der Fachinhalte ist nicht nur vom Fachverständnis des Systemanalytikers abhängig, sondern auch von seinem Verständnis der verwendeten Technologie. Zu jeder Technologie gibt es eine andere Spezifikationssprache. Das

Schema relationaler Datenbanken wird z.B. mit der Methode Entity Relationship Modell spezifiziert. Für die Systemanalyse sind Hilfsmittel zur Beschreibung und grafischen Darstellung der Ergebnisse der Erhebungen erforderlich. Die Entwurfsarbeiten können durch Entwurfswerkzeuge unterstützt werden. Sie müssen, wenn noch kein Unternehmensstandard existiert, aus den Marktangeboten ausgewählt und beschafft werden. Die Rolle »Systemanalytiker für DWH« muss den Einsatz von Entwurfswerkzeugen beherrschen.

Da die Entwurfsmethoden für DWH die Entwurfsmethoden für Datenbankapplikationen einschließen, sind DWH-Systemanalytiker auch für Applikationen außerhalb des DWH einsetzbar. Eine Grundkapazität für die Systemanalyse ist dauerhaft erforderlich, was die Einrichtung wenigstens einer Stelle sinnvoll macht. Die Rolle »Systemanalyse« wird für große Unternehmen durch mehrere Stellen mit unterschiedlichen Spezialisierungen fixiert werden. In Kleinunternehmen wird die Rolle der Systemanalyse meistens vom Hausprogrammierer wahrgenommen.

Die Aufgaben der **DWH-Systemanalyse** sind:

- ✔ Ist-Erhebung durch Dokumentenrecherche, Datenbankauswertungen und Interview
- ✔ Fachliche Konzeption von DWH-Applikationen
- ✔ Spezifikation DWH-Applikationen
- ✔ Fachliche Betreuung der Anwender
- ✔ Einsatz von Entwurfswerkzeugen
- ✔ Moderation von Expertensitzungen
- ✔ Präsentation von Ergebnissen

Der Systemanalytiker ist für die Dauer des DWH-Projekts dem Projektleiter unterstellt.

DWH-Programmierung

Die vom Systemanalytiker spezifizierten Programme werden vom Programmierer mittels einer Programmiersprache, die Bestandteil einer Softwareentwicklungsumgebung ist, zu einem lauffähigen Programm ausprogrammiert. Das Programm wird in der Entwicklungsumgebung getestet und in die Produktionsumgebung implementiert.

Einige Softwarekomponenten sind fertig entwickelt vom Markt zu beschaffen und bestenfalls mit Einstellungen auf die individuellen Bedürfnisse anzupassen. Das Customizing sowie das Evaluieren und Installieren von Schnittstellen ist Aufgabe des DWH-Programmierers. Der DWH-Programmierer sorgt für die Bereitstellung und die Migration der Daten.

Das Know-how der Programmierer muss bei der Evaluation der Programmierwerkzeuge und eventuell sogar zur Beschaffung der Systeme der DWH-Applikationen einbezogen werden. In Kleinfirmen nimmt oft eine Person die beiden Rollen »Systemanalyse« und »Programmierung« wahr. DWH-Projekte sind jedoch so umfangreich und so vielfältig in den eingesetzten Programmtypen, Methoden und Produkten, dass eine Rollentrennung unumgänglich ist. Da in einem DWH auf Programmebene ständig Anpassungen vorzunehmen sind, ist die Einrichtung einer Stelle DWH-Programmierung angemessen.

Die Aufgaben des **DWH-Programmierers** sind:

- ✔ Evaluation der Softwarekomponenten der Entwicklungsumgebung
- ✔ Umsetzung der Spezifikationen zu lauffähigen Programmen
- ✔ Programmierung von Schnittstellen
- ✔ Customizing von Standardsoftware
- ✔ Konzeption von Teststrategien und Generierung von Testfällen
- ✔ Durchführung von Labortests
- ✔ Implementierung von Produktionsumgebungen

Der DWH-Programmierer berichtet für die Dauer des Projekts an den Projektleiter. Er sollte von anderen Programmieraufgaben für die Dauer des Aufbaus des DWH befreit werden.

Administration DWH-Entwicklungssysteme

Die Aufgabenstellung der »Administration DWH-Entwicklungssysteme« umfasst die Sicherstellung des Betriebes der kontinuierlichen Entwicklung der DWH-Anwendungen über das Gesamtnetz. Den Anforderungen an die Qualifikation entsprechend, besonders wegen der Hardwarelastigkeit der Kenntnisse, ist die Rolle der »Administration« von den Rollen »Systemanalyse« und »Programmierung« zu trennen. In der Projektphase wird nur die Entwicklungsumgebung zu betreuen sein. In der Betriebsphase steht die Betreuung aller DWH-Systeme an. Je nach Umfang des Systems – die Spanne reicht von einem kleinen OLAP-Server bis zu einem System aus weltweit verteilten, gekoppelten Rechnern für DWH, Datamarts, OLAP, Archivierung – ist die Rolle »DWH-Administrator« durch eine bis mehrere Stellen zu besetzen. Eventuell ist dies schon in der Projektphase nötig, auch um hier eine Vertretungskapazität sicherzustellen.

Die Aufgaben der **DWH-Systemadministration** sind:

- ✔ Evaluation und Auswahl der Rechner für die Aufbauphase (Entwicklungsumgebung) sowie später für die Betriebsphase
- ✔ Konfiguration der Rechnerhardware, Betriebssysteme
- ✔ Installation der Server-Komponenten des DWH
- ✔ Installation der Client-Komponenten des DWH

- ✔ Aufrechterhaltung der Betriebsverfügbarkeit von Rechnern und Netzen für die Entwickler
- ✔ Datensicherung aller Ergebnisse

Der Systemadministrator berichtet sowohl an den EDV-Leiter, dem der Betrieb der Rechner unterstellt ist, wie auch an den Projektleiter.

DWH-Hardwaremontage

Die Aufgabenstellung der DWH-Hardwaremontage umfasst die Lieferung und Bereitstellung des Hardware-Equipments für den Betrieb. Zuerst fällt die Montage des Entwicklungssystems an. Nach der Abnahme der Entwicklungsarbeiten steht die Bereitstellung für den Betrieb an. Spätestens dann ist das Equipment für den Betrieb zu installieren.

Die Aufgaben der **DWH-Hardwaremontage** sind:

- ✔ Entpacken der Lieferung, Aufbau, Anschließen und Testen des Hardware-Equipments inclusive Betriebssystem
- ✔ Dokumentation der Installation

Der DWH-Hardwaremonteur berichtet dem EDV-Leiter oder auch dem Projektleiter die Betriebsbereitschaft der Hardware.

Organisationsstruktur des Projekts für den Aufbau des DWH

Das DWH-Projekt hat eine der bestehenden Unternehmensorganisation entsprechende Struktur, die **DWH-Projektorganisation.** Ein Großunternehmen ist in der Regel in mehreren Ländern in unterschiedlichen Rechtsformen und unterschiedlichen Strukturen aktiv. Ist das Unternehmen regional gegliedert, dann ist zu erwarten, dass das DWH ebenfalls regionale Gliederungen unterhalten muss und regional unterschiedliche Anforderungen gestellt werden. Um diese regionalen Unterschiede im Projekt bekannt zu machen, müssen regionale Vertreter in die Projektorganisation eingebunden werden.

Unternehmen haben in der Regel eine **regionale Organisation.** Der regionalen Verteilung des Konzerns entspricht eine **Konsolidierungsstruktur,** die im DWH abgebildet werden muss. Ein Konzern hat Niederlassungen mit eigener Datenhaltung, eigenen Rechnern und Netzen. Die Niederlassungen haben eigene, den Gesetzen der Länder folgende Rechtsformen mit einem Berichtswesen, das den lokalen Vorschriften der Finanzbehörden genügen muss. Ein Konzern hat aber auch eine Steuerzentrale, den Hauptsitz. Auch der Hauptsitz hat eine Rechtsform und eine Berichtspflicht, die den Auflagen der ansässigen Behörde genügt. Im Hauptsitz des Konzern werden alle Ergebnisse der Niederlassungen zu einem Konzernbericht konsolidiert. Das Berichtswesen eines Konzerns umfasst viel mehr als die Vorschriften der Finanzämter verlangen, da das Konzerngeschehen nicht ausschließlich mit Finanzgrößen gesteuert werden kann. Die Projektorganisation für den Aufbau eines DWH ist also umso komplexer, je mehr Länder beteiligt sind.

Einige Unternehmen haben zu der regionalen Organisation auch eine **funktionale Organisation.** In diesem Fall müssen auch Vertreter des »funktionalen Know-how« eingebunden werden.

Ein Beispiel eines für alle Unternehmensbereiche und Regionenmanager interessanten funktionalen Themas sind z.B. Informationen über Marktstrukturen und Tendenzen, Verhaltenskennwerte von Verbrauchern und Bewegungen und Kenngrößen von Konkurrenzunternehmen. Diese von der Funktion »Marketing« gepflegten Daten sind Kandidaten für ein DWH. Das Marketing kann deshalb als übergreifende Dienstleistung für alle Niederlassungen zentral organisiert effizienter sein, als wenn es dezentral von jeder Niederlassung als eigenständiges Marketing durchgeführt werden würde. Für das zukünftige DWH bedeutet dies, die Projektorganisation muss die regionale und die funktionale Struktur des Konzerns widerspiegeln.

Die Rollen und Stellen werden über alle Niederlassungen der Welt unterschiedlich besetzt, da nicht zu jeder Niederlassung ein eigener Server erforderlich ist, denn nicht jede Niederlassung benötigt ein eigenes Data Warehouse.

Ein Beispiel für die **DWH-Projektorganisationsstruktur** eines DWH-Projekts einer weltweit tätigen Unternehmung mit funktionalen Einheiten ist in der Grafik 8.13 synoptisch zur Konsolidierungs- und Funktionalstruktur dargestellt.

Projektgröße und Rollen- bzw. Stellenbestückung für den Aufbau des DWH

Die besprochene **Rollenbestückung** von DWH-Projekten ist, wie leicht einzusehen ist, von der Größe des Projekts, wie auch von der Größe der Firma abhängig. Wobei in der Regel größere Firmen auch größere Projekte abwickeln. Große Firmen können sich größere Projektteams und umfangreichere Vorhaben mit differenzierterer Aufgabenteilung leisten als kleine Firmen. Umfangreiche Projekte brauchen mehr Kapazität als kleine Projekte. Da aber die Rollenverteilung bei kleineren Projekten ebenfalls erforderlich ist, unterscheiden sich große und kleine Projekte nicht durch Verschwinden von Rollen, sondern durch Vereinigen mehrerer Rollen in einer Stelle.

Auch große Firmen beginnen oft mit einem kleinen Pilotprojekt, um Erfahrungen mit der neuen Technologie und eventuell einer neuen Projektaufgabenstellung zu sammeln. Für diesen Ansatz sieht das Staffing zunächst wie in einer kleinen Firma aus und wird erst im Laufe der Zeit zu einer größeren Projektorganisation ausgebaut.

Die Unterschiede einer Rollen-Stellen-Zuordnung sind in der Grafik »Rollen-Stellen-Zuordnung für drei Firmengrößen« synoptisch für die drei üblichen Größenkategorien von Firmen dargestellt (siehe Abbildung 8.14).

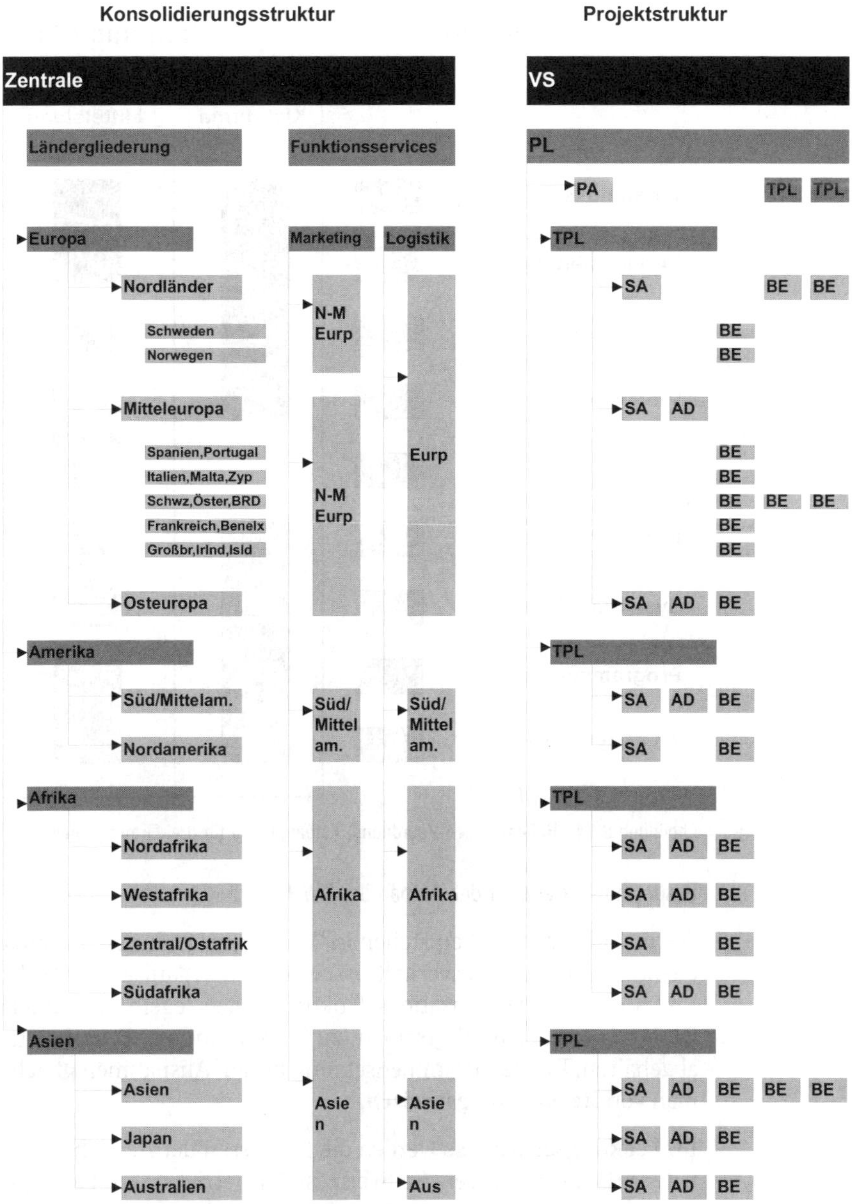

Abbildung 8.13: Organisationsstrukur DWH-Projekt

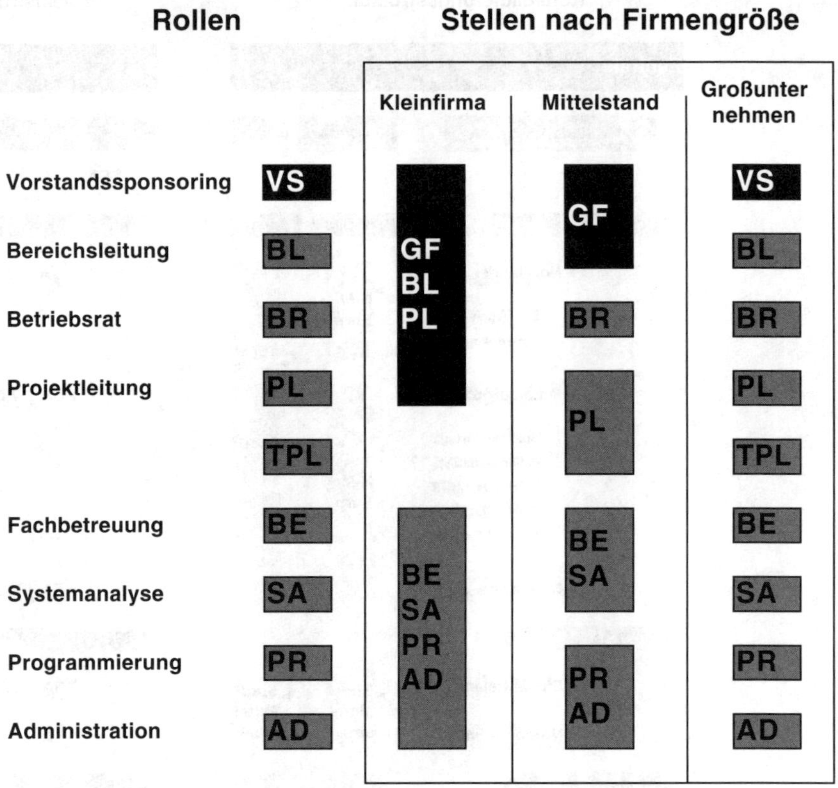

Abbildung 8.14: Rollen-Stellen-Zuordnung, Aufbauprojekt für drei Firmengrößen

Besprechungskreise für den Aufbau des DWH

Die geschilderten Rollen stehen in Weisungsverhältnissen zueinander. Entsprechend diesen Weisungsverhältnissen ist eine Organisationsstruktur definiert. Im Rahmen der Organisationsstruktur werden regelmäßig und fallweise Besprechungen zum Fortschritt, zu Risiken und zur Entscheidungsfindung abgehalten. Da die Zusammensetzung bis auf Ausnahmen gleich ist, spricht man von **Besprechungskreisen**.

Im **Lenkungsausschuss** werden die Interessen der Bereiche von den Bereichsleitern (BL) vorgetragen. Zeitweise ist der Betriebsrat in Lenkungsausschusssitzungen vertreten. Der Betriebsrat muss prinzipiell über alle Maßnahmen, die Veränderungen an Arbeitsplätzen bewirken, informiert werden. Über diese Kontrollpflicht des Betriebsrats im Sinne der Arbeitnehmer kann der Betriebsrat bei Arbeitserleichterungen auch Ängste nehmen und dem Projektfortschritt dienen. Der Lenkungsausschuss ist bei Krisen die Schlichtungsstelle. Die Besprechungen sollten monatlich bis zweimonatlich stattfinden.

In der **Projektleitungssitzung** werden alle Teilprojekte besprochen. Die Teilprojektleiter tragen den Stand der Projekte vor und stimmen die Schnittstellen zwischen den Projekten ab. In der Projektleitungssitzung werden auch projektübergreifende Regelungen, wie z.B. Programmierrichtlinien, Projektberichtswesen oder Abstimmungen zum Vorgehensmodell, vereinbart. An der Projektleitungssitzung nehmen alle Teilprojektleiter und der Gesamtprojektleiter teil. Die Projektleitungssitzung wird fallweise Projektleiter paralleler Projekte einladen.

In der **Teilprojektleitungssitzung** wird das Teilprojekt besprochen. Der Teilprojektleiter eruiert den Stand und die Probleme des Projekts aus den Berichten der DV-Spezialisten (Systemanalytiker, Administrator) und der Fachspezialisten. Der Teilprojektleiter prüft die Anwendbarkeit der projektübergreifenden Regelungen und bereitet Verbesserungen für die Projektleitungssitzung vor.

In Konzernen kann es mehrere IT-Abteilungen und sogar mehrere IT-Bereiche geben. Je nach Reichweite des DWH-Projekts ist es sinnvoll, fallweise **eine IT-Leitersitzung** durch den Vorstandssponsor einzuberufen.

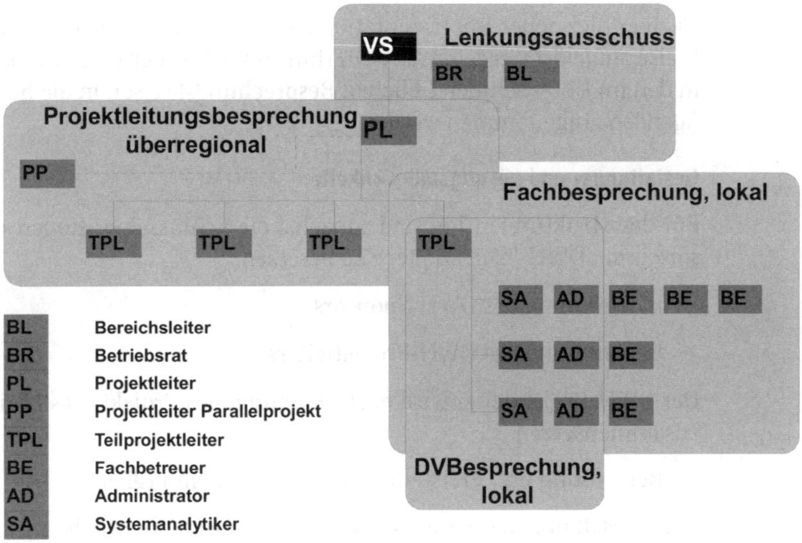

Abbildung 8.15: DWH- Besprechungskreise Aufbauprojekt

Für alle Besprechungskreise, ob DWH oder nicht, gilt das **Überlappungsprinzip**: Jeder Besprechungskreis hat wenigstens eine Person, die aus einem oder mehreren anderen Besprechungskreisen berichtet. Die Organisationsstruktur und die üblichen Besprechungskreise sind in der folgenden Grafik »DWH-Organisationsstruktur und Besprechungskreise« dargestellt. Dadurch ist gewährleistet, dass jeder Besprechungskreis erfährt, was in den anderen Besprechungskreisen beschlossen wurde, bzw. was geplant wird. Die Sitzungstermine müssen so koordiniert werden, dass aus anderen Besprechungskreisen Einwände noch vor der Umsetzung der Planung eingebracht werden können.

Für das DWH kann man die Einrichtung folgender **DWH-Besprechungskreise** empfehlen:

- ✔ Lenkungsausschuss mit Vorstandssponsor, Projektleitung, Betriebsrat, Bereichsleiter
  monatlich bis zweimonatlich
- ✔ Projektleitungssitzung mit regionalen Teilprojektleitern
  zweiwöchentlich bis monatlich
- ✔ Lokale Teilprojektleitungssitzungen mit Teilprojektleitung, Systemadministrator, Systemanalytiker, fallweise Teilnahme der Projektleitung
  wöchentlich
- ✔ Lokale Fachbesprechung mit Fachbetreuern, Key-Know-how-Trägern, Teilprojektleitung, fallweise Teilnahme der Projektleitung
  nach Bedarf von täglich bis wöchentlich

Nach erfolgreicher Implementation des DWH können die DWH-Besprechungskreise aufgelöst werden. Was weiterhin zum DWH berichtet werden muss, kann in den im Unternehmen üblichen Besprechungskreisen in die bestehenden Agenden aufgenommen werden.

Gestaltungs- und Lösungsmöglichkeiten

Für den strukturalen Teil sind zunächst die Schlüsselpositionen »DWH-Sponsor« und »DWH-Projektleiter« zu besetzen.

- ➢ Bestimmung des DWH-Sponsors
- ➢ Bestimmung des DWH-Projektleiters

Der DWH-Projektleiter wird nach Definition des Projekts das Projektteam zusammensetzen.

- ➢ Benennung und Freistellung der DWH-Teammitglieder

Nach Besetzung der Schlüsselpositionen müssen die Regeln, nach denen das Projekt ablaufen soll, festgelegt werden. Die Regeln können nur dann eingehalten werden, wenn die dafür erforderlichen Grundinformationen bekannt sind. Ein Bericht kann z.B. nur dann an die richtige Person gegeben werden, wenn die Berichtswege bekannt sind.

- ➢ Festlegung der Projektregeln
- ➢ Zusammenstellung der Projektgrundinformationen

Die für die Entwicklung des DWH erforderliche Organisation ist nicht per se vorhanden. Auch wenn das dafür vorgesehene Personal schon da ist, ist dessen Zusammenspiel und das Zusammenspiel mit dem »Rest« der Organisation noch ungeklärt und unvorbereitet. Die Organisation des Projekts zum Aufbau des DWH ist deshalb neu zu gestalten. Dazu gehört entsprechend den bereits dargestellten allgemeinen Organisationsaufgaben die Anwendung auf den Spezialfall DWH-Projekt.

- ➢ Bestimmung der Aufgaben, Rollen, Stellen, Kompetenzen, Qualifikation und Auswahl des internen Personals
- ➢ Erstellung der Stellenbeschreibungen DWH-Projektleiter, DWH-Projektassistent, DWH-Administrator, DWH-Systemanalytiker
- ➢ Evaluieren und Engagieren des externen Personals

Die Rollenträger müssen ihre Rolle zugewiesen bekommen und mit der Erstellung der Teilleistungen zum Projekt beauftragt werden. Termine werden abgestimmt, die verschiedenen Rollenträger müssen untereinander bekannt gemacht werden und die Kommunikationsmittel werden verabredet. Das Projekt wird den Organisationseinheiten vorgestellt und die Kommunikation wird mit ihnen verabredet. Organisationsstruktur und Projektprozesse sind in die bestehende Organisation (Struktur wie auch Prozesse) zu implementieren.

- ➢ Implementierung der Organisationsstruktur des Projekts

Problemlösung: Regeln und Hilfsmittel

Das Verfahren

Die Problemlösung besteht aus der Klärung der Strukturfragen:

- ✔ Wer ist der beste DWH-Sponsor?
- ✔ Welcher Projektleiter besitzt das erforderliche Engagement und die nötige Qualifikation?
- ✔ Welche Teamzusammensetzung ist die effizienteste?
- ✔ Wie sind die Rollen der Projektmitglieder zu definieren?

Für die Organisationsgestaltung des DWH-Projekts wird folgendes Verfahren vorgeschlagen:

Verfahren: Strukturorganisation für das DWH-Projekt

- ❖ Bestimmung der Aufgaben, Rollen, Stellen, Qualifikation, Kompetenzen des Projektpersonals
  mit Liste stellenspezifischer DWH-Anforderungen: Aufbau
- ❖ Erstellen der Stellen- und Rollenbeschreibungen des DWH-Projekts mit Hilfe der **Checkliste Stellenbeschreibung**
- ❖ Implementierung der Organisationsstruktur des Projekts

Personalstruktur des Projekts

Für die Lösung des Problems »Personalstruktur des Projekts« ist Verhandlungsgeschick mit den Vorgesetzten erforderlich. Kein Vorgesetzter stellt sein

Personal für ein »fremdes Projekt« freiwillig ab. Der Projektleiter muss sich hier mit guten Argumenten, die auch Vorteile für die Vorgesetzten des freizugebenden Personals aufzeigen, wappnen. Hier kann auch der Sponsor hilfreich sein; manchmal ist er sogar der letzte Ausweg zur Freigabe des Personals.

Rollen und Stellenanforderungen

Für die Lösung der Frage nach den Rollen und Stellen und auch nach der Organisationsstruktur kann man aus den Erfahrungen im eigenen Hause schöpfen. Das DWH ist ja nicht das erste System, welches das Haus betreibt, und deshalb sind schon Aufgabenbeschreibungen und Rollendefinitionen aus dem Betrieb der vorhandenen Software bekannt.

Als Gestaltungshilfe kann hier eine **Liste stellenspezifischer DWH-Anforderungen** beigestellt werden. Die Anforderungen gelten in ähnlicher Ausprägung auch für die Lebensabschnitte Betrieb und Abbau des DWH

Rolle/Stelle	Besondere Kenntnisse mit DWH-Bezug	Kenntnistiefe
Vorstandssponsor VS	Infrastruktur und Rechner, Software Firmenstruktur, Zuständigkeiten Berichtswesen	Grober Überblick weltweit Oberste Ebenen Oberste Konsolidierungsebenen
Projektleitung PL	Rechnertypen aller Größen, Betriebssysteme Skalierungsmöglichkeiten von Hardware spezielle DWH-Server Firmenstruktur, Zuständigkeiten Betriebswirtschaft	Allgemeiner detaillierter Überblick Firmenausstattung Oberste Ebenen Konsolidierungsstrukturen
Projektassistenz PA	Infrastruktur und Rechner, Software PC, Office-Software	Grober Überblick Sichere Anwendung
Systemanalyse SA	Infrastruktur und Rechner Ist-Erhebung, Dokumentenrecherche, Datenbankauswertungen Fachliche Konzeption von DWH-Applikationen Spezifikation von DWH-Applikationen mit DWH-Methoden Fach-Know-how	Grober Überblick Sichere Anwendung, Interview Moderation, Präsentation Sichere Anwendung Fachliche Betreuung der Anwender, Konsolidierungsstrukturen
Programmierung PR	Infrastruktur und Rechner, Betriebssystem Software Entwicklungstools, Datenbanken Fach-Know-how: Firmenstruktur, Zuständigkeiten	Grober Überblick Anwendung Sichere Anwendung Grober Überblick
Systemadministration SY	Infrastruktur und Rechner, Betriebssystem Software: spezielle DWH-Datenbanken Firmenstruktur, Zuständigkeiten Administrationstools	Detaillierte Kenntnis weltweit Detaillierte Kenntnis weltweit DB-Tuning Lokationen, Größe, Anwenderzahl Sichere Anwendung
Hardwaremontage	Extern Unternehmenskonfiguration Hardware	Installation Test

Tabelle 8.4: Liste stellenspezifischer DWH-Anforderungen: Aufbau

Checkliste: Stellenbeschreibung

Die Form und der Aufbau der im Unternehmen bereits vorhandenen Stellenbeschreibungen und die Stellenausschreibungen in den Zeitschriften können als Muster verwendet werden. DWH-Projekte sind, wie man bereits erkennen konnte, ehrgeizige Projekte, die man nur mit dem Blick auf das gesamte Unternehmen erfolgreich durchführen kann. Das dadurch bedingte große Spektrum zu lösender Aufgaben von Betriebswirtschaftskenntnissen bis zur Hardware, von alten bestehenden IT-Lösungen wie von neuen Technologien, erfordert daher viel stärker als in der traditionellen Anwendungsentwicklung Personal mit Weitblick und breit gefächertem IT-Know-how. Diese Herausforderung, aber auch die Anforderung, sollte in der Stellenbeschreibung zum Ausdruck kommen.

Obwohl einige Rollen, wie z.B Projektleitung, keine Stellen sind, wird die Personalsuche üblicherweise als Stellenausschreibung kundgetan. Zur Unterstützung sei deshalb eine **Checkliste Stellenbeschreibung** aufgeführt. Ausformulierte Stellenbeschreibungen sind im Anhang aufgeführt.

Checkliste Stellenbeschreibung
STELLENBESCHREIBUNG FÜR Titel:
Positionsbeschreibung
Gültigkeit: Dauer, Ort, Module, Systeme, Phase
Ziel der Projektleitungsarbeit
Qualität, Termine, Kosten, Umsätze, Partnerschaften, Werbung, Führung
Grundsatz
Politik, Kulturen, Projektsprache, Führung
Stellvertretung
Stellvetretername, Einsatz, Übergabe
Aufgaben
Ergebnisse, Berichte, Evaluation, Beschaffung, Qualifikationsaufbau, Realisierung, Aufsicht, Organisation, Beratung, Training, Entwurf, Konzeption, Programmierung
Verantwortung
Personal, Budget, Termine, Leistungen, Qualität, Ansehen, Know-how-Sicherung
Eingliederung
Berichtsweg, Linieneingliederung
Befugnisse

Tabelle 8.5: Checkliste Stellenbeschreibung

Arbeitsverteilung, Einberufung von Sitzungen, Informationseinholung, Unterschriften, Verwendung von Budgets, Anordnung

Bewertung

Maßstäbe, Ziele

Tabelle 8.5: Checkliste Stellenbeschreibung

8.2.2 Prozesse, Richtlinien, Berichtswesen für den Aufbau des DWH

Problemstellung und Motivation

Auf der Basis einer implementierten Projektorganisationsstruktur werden Projektprozesse abgewickelt. Für die Abwicklung des Projekts und für die Steuerung der Entwicklungsprozesse sind Regelungen erforderlich und organisatorische Abläufe einzurichten bzw. zu festigen. Der erste Prozess des Projekts ist der Aufbau oder die Implementation der Rollen des DWH-Projekts.

Abfolge des Aufbaus der Rollen bzw. Stellen für den Aufbau des DWH

Der Aufbau dieser soeben geschilderten Rollen bzw. Stellen wird zwangsläufig in einer bestimmten Reihenfolge geschehen müssen. Der Projektassistent wird vom Projektleiter bestellt, wenn ein nicht mehr zu bewältigendes Arbeitsvolumen anliegt. Die Systemanalytiker werden vor den Programmierern eingesetzt. Die Arbeit kann erst begonnen werden, wenn die Hilfsmittel bereitgestellt sind

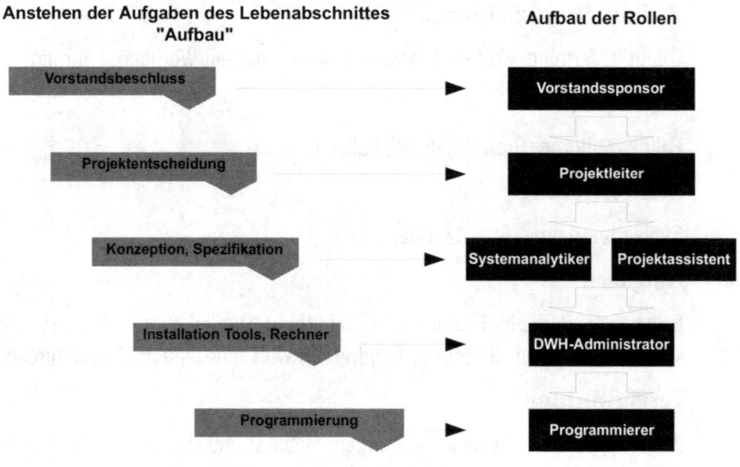

Abbildung 8.16: Aufbaufolge der Rollen für den Aufbau

Entwicklungsprozess

Die Entwicklung des DWH durchläuft einen mit den Interessenten und Auftraggebern verabredeten Turnus aus »Bestellen – Erzeugen – Testen – Abnehmen – Dokumentieren«. Der **Entwicklungsprozess** ist im Rahmen des Prozesses Qualitätssicherung als Vorgehensmodell definiert. Das DWH setzt teilweise andere als die im Unternehmen etablierten Tools ein. Ein DWH muss stärker als andere Applikationen die Unternehmensziele unterstützen.

Das bedeutet für den Entwicklungsprozess eine Verlängerung in Richtung Strategie und eine Verbreiterung in Richtung umfassendere Methoden und Toolpalette und stärkere Integration von Infrastruktur und Organisation.

➡ Der Entwicklungsprozess des DWH unterscheidet sich von konventionellen Datenbank-Entwicklungsprojekten durch zusätzliche Methoden, andere Programmierwerkzeuge, stärkeren Bezug zur Unternehmensstrategie.

Die Darstellung des Fortschritts der Entwicklungsarbeiten wird im Prozess Projektberichtswesen geregelt.

Der Entwicklungsprozesses wurde in Kapitel 7 »Das Vorgehensmodell für Data Warehouse Systeme« ausführlich dargestellt.

Projektberichtswesen

Die Projektteilnehmer und alle betroffenen Besprechungskreise müssen kontinuierlich über den Fortschritt des Projekts, die Ergebnisse, aufgetretene Problemfälle und Risikosituationen und nicht zuletzt über die Finanz- und Terminlage des Projekts informiert werden. Hierfür ist eine verabredete Form der Zusammenstellung der Informationen mit einem Standard-Mindestinhalt, **dem Projektstatusbericht,** erforderlich. Der Projektstatusbericht sollte monatlich erstellt werden. Es muss eine Vereinbarung über die Berichtszeiträume und Adressaten, also wer an wen was berichten muss, ein **Verteiler DWH-Projekt,** verabredet werden. Einmal im Jahr wird in einem **Projektjahresbericht** Resümee gezogen über den Werdegang des Projekts. Dabei werden die Ergebnisse der einzelnen Projektstatusberichte und alle Protokolle dahingehend ausgewertet, ob eine Kursänderung des DWH-Projekts (z.B. wesentliche organisatorische Veränderungen) nötig ist, oder ob das Budget anzupassen ist.

Das Projektberichtswesen wird in einer Projektrichtlinie verfasst und an alle Projektteilnehmer ausgehändigt. Mit der **Projektrichtlinie** wird die Zusammenarbeit des Projektteams geregelt. Die Richtlinie ist ein Informationsinstrument. Sie soll alle anfangs unbekannten, im Laufe des Projekts aber immer vertrauter werdenden Informationen zum Projekt als Nachschlagewerk bereitstellen. Hierzu gehören zum Beispiel

- ✔ die Zielsetzung und die Rahmenbedingungen, unter denen das Projekt ablaufen soll, und die Frage, ob das Projekt in Zusammenhang mit anderen Projekten steht
- ✔ die Namensliste mit Adressen und Kommunikationsnummern (Telefon, Telefax, Mail, Internet) aller Teilnehmer
- ✔ ein Organigramm mit Rollen und Firmenzugehörigkeit im Projekt
- ✔ der grobe Terminplan mit den definierten Leistungs-„Meilensteinen«

- ✔ die Prozeduren des Projekts wie Genehmigungs- und Freigabeverfahren, Durchführung von Bestellungen
- ✔ die Mittel zur Projektverfolgung und Dokumentation wie Software, Formularsammlung
- ✔ Informationsquellen

Die Abbildung »Projektberichtswesen des DWH-Projekts« (Abbildung 8.18) gibt einen Überblick über die zeitliche und informationelle Verknüpfung der verschiedenen Elemente des Projektberichtswesens zu einem DWH-Vorhaben.

Das Projektberichtswesen startet mit dem ersten Projektergebnis, dem **Projektantrag.** Der Projektantrag wird zur Bewilligung an den Vorstand eingereicht. Ist das Budget aus der Sicht des Vorstands den erwarteten Ergebnissen angemessen, wird das Projekt intern beauftragt.

Mit der Beauftragung durch den Vorstand wird ein Projektleiter ernannt. Dieser stellt fest, welche internen Ressourcen für das Vorhaben zur Verfügung stehen. Die Ressourcen- und Know-how-Lücken werden durch eine externe **Beauftragung** geschlossen. Der externen Beauftragung kann, was besonders bei großen Projekten und bei Projekten des Öffentlichen Dienstes üblich ist, eine öffentliche **Ausschreibung** vorausgehen. Die Ausschreibung enthält ein **Leistungsverzeichnis,** das im Laufe des Projekts Maßstab für den Fortschritt und den Geldwert ist. Die einzelnen Leistungsgruppen sind deshalb Positionen im Terminplan und Bezugspunkte im Projektbericht.

Auch wenn im Unternehmen bereits ein ausgefeiltes Berichtswesen bzw. Projektberichtswesen etabliert ist, sind die Projektunterlagen für ein DWH-Projekt eigens auszuarbeiten.

➡ Die Form des etablierten Projektberichtswesens kann beibehalten werden, aber die Positionen sind dem DWH-Projekt anzupassen. Hiervon sind betroffen:

- Interner Projektantrag
- Interne Beauftragung
- Externe Projekt-Ausschreibung
- Projektrichtlinie mit Verteilerlisten, Projektverfolgungssheets, Terminplan

Qualitätssicherung

Das **Qualitätssicherungsmanagement** konzentriert sich in erster Linie auf die primären Projektergebnisse, die Projektprodukte oder Projekterzeugnisse. Die Aufwandsverfolgung obliegt dem Projektcontrolling. Das Qualitätssicherungsmanagement soll die Güte, aber auch die Verfügbarkeit der Ergebnisse für andere Projekte und Kunden garantieren.

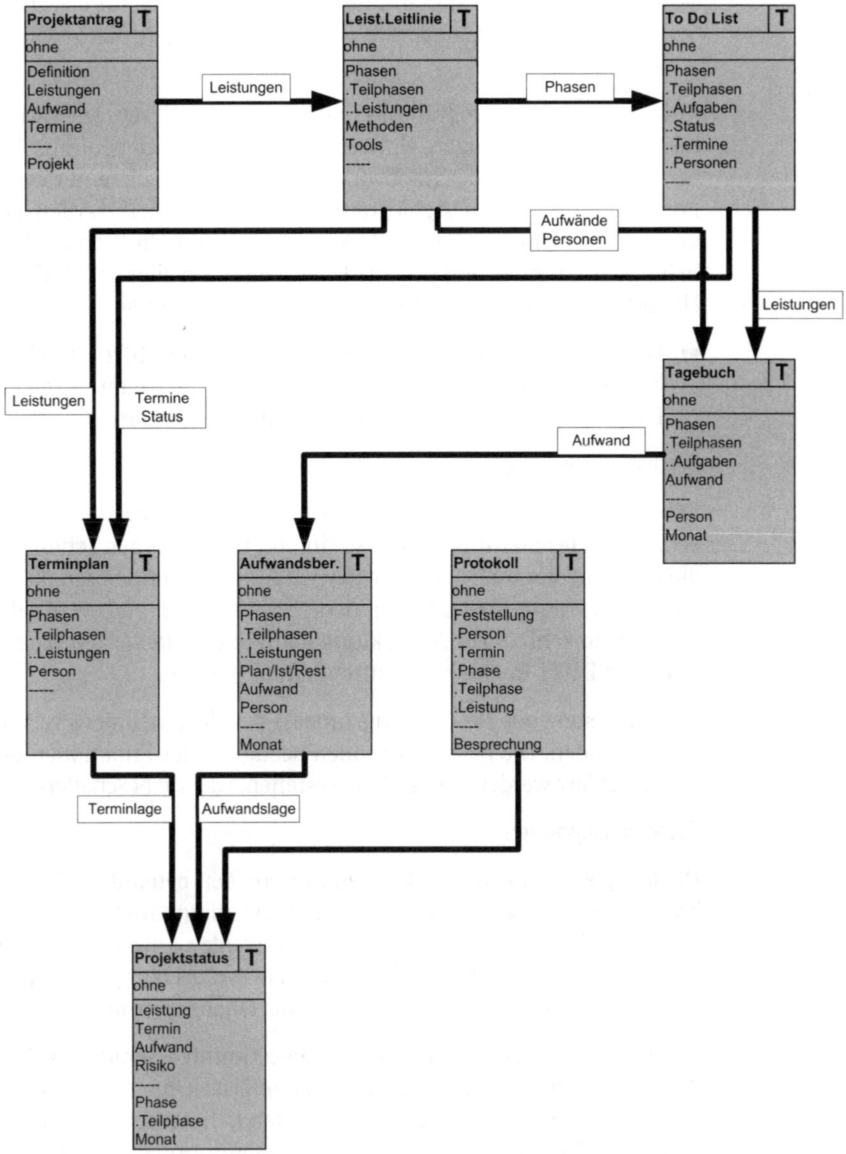

Abbildung 8.17: Projektberichtswesen des DWH-Projekts

Das zentrale Ergebnis des DWH-Vorhabens sind die DWH-Applikationen. Um die von mehreren Entwicklern entworfenen und programmierten Programmteile homogen zu halten, sind einige Vereinbarungen zum Verhalten der Programme, zu ihrem äußeren Erscheinungsbild und zu ihrer **Dokumentation** erforderlich. Regelungen dieser Art werden üblicherweise in einem **Styleguide** und in **Programmierrichtlinien** wie auch **Nomenklaturen** festgeschrieben.

➡ Die bestehenden Programmierrichtlinien können für das DWH nicht verwendet werden, da andere Werkzeuge und andere Methoden zum Einsatz kommen.

Aber nicht erst die Programme sind zu dokumentieren, alle Zwischenergebnisse wie Ist-Erhebungen, Konzeptionen, Spezifikationen müssen der Wiederverwendbarkeit und der Nachvollziehbarkeit zuliebe in einer einheitlichen Form und mit einem festgelegten Inhalt dokumentiert werden. Die Einhaltung dieser Vorschriften bedarf der Überprüfung. Die Definition der Vorgaben, die Prüfung der Einhaltung und die Dokumentation aller Ergebnisse sind die Hauptbestandteile des Prozesses »Qualitätssicherung«.

➡ Der in den Unternehmen – besonders in ISO-zertifizierten Unternehmen – bestehende Qualitätssicherungsprozess ist um weitere Ergebnistypen des DWH und deren Dokumentationsform zu erweitern.

Beschaffungsprozesse

Für das Projektteam sind Arbeitsmittel zu beschaffen, wie z.B. Programmlizenzen. Diese **Beschaffungsprozesse** sind im Unternehmen schon vorhanden. Für die Buchung der internen wie externen Aufwände und Beschaffungskosten sind ein oder mehrere Kostenträger, neue Kostenstellen und eventuell neue Kostenarten einzurichten. Die Abwicklung kann in der etablierten Weise unter Zuziehung der DWH-Rollenträger durchgeführt werden.

➡ Der bestehende Beschaffungsprozess des Unternehmens ist für das DWH zu verwenden. Die Beschaffer sollen bezüglich der Funktionen der Produkte aufgeklärt werden. Sie sollen verstehen, was sie beschaffen.

Qualifizierungsprozess

Die fertigen Applikationen können nur von den beteiligten Fach-Know-how-Trägern eingesetzt werden. Die breite Verwendung im Unternehmen erfordert eine sorgfältige Qualifizierung aller zukünftigen Anwender. Die DWH-Anwender müssen samt ihrer qualifikatorischen Vorausetzungen namentlich festgestellt werden. Die Qualifizierung wird als **Qualifizierungsprozess** organisiert.

Es muss ein mit dem Tagesgeschäft abgestimmter **Schulungsplan** erstellt werden, der umso schwieriger zu organisieren ist, je mehr Länder am DWH beteiligt sind. Die Schulungsziele, eingesetzten Lehrmittel und Schulungsunterlagen, die Lokation und Schulungsraumorganisation, die namentliche Benennung der Trainer und der Schulungsplan werden in einem **Schulungskonzept** festgehalten.

Gestaltungs- und Lösungsmöglichkeiten

Aus den organisatorischen Fragestellungen leiten sich die folgenden Gestaltungsaufgaben ab. Die Basis für die Prozesse des Projektmanagements, die Koordination der Projektleistungen und die Bereitstellung der Sachmittel ist das Vorgehensmodell für IT-Projekte und Softwareentwicklung. Alle Prozesse des Projekts müssen mit dem Vorgehensmodell und der daraus resultierenden Leistungsleitline synchronisiert werden.

Da das DWH-Projekt über einen längeren Zeitraum von mehreren Monaten abgewickelt wird, ist eine kontinuierliche Analyse der Situation erforderlich. Für die Analyse dient der Projektbericht, der mit monatlicher Aktualität verfasst werden sollte. Für die Kostenverfolgung ist über die Einrichtung neuer Kostenstellen, Kostenarten und Kostenträger (eventuell sogar Kostenprozesse) zu entscheiden. Der Projektmanagementprozess des DWH startet mit der Abgrenzung der Projektziele nach Leistungen und Ergebnissen, der Setzung der Ecktermine und der groben Berechnung der Aufwände zur Erreichung der Ergebnisse. Zu gestalten sind demnach:

- Definition des Projekts, der Projektziele und Ergebnisse, des Aufwandsrahmens
- Definition des Muster-Projektberichts
- Einrichtung von Kostenstellen, Kostenarten und Kostenträger
- Kontinuierliche Erfassung der Berichtsgrößen des Projekts: Ergebnisse, Aufwände, Termine

Bei besonders langen, über mehrere Jahre dauernden Projekten, ist eine Jahresrevision zu empfehlen. Diese Revision überprüft die Ausgangsprämissen, unter denen das Projekt gestartet wurde, und stellt sie der Unternehmens- und Umweltsituation erneut gegenüber, um die Notwendigkeit von Kurskorrekturen festzustellen. Bei besonders schnellebigem Umfeld ist sogar ein halbjährlicher Statusbericht erforderlich. Das Ergebnis der Jahresrevision ist ein Statusbericht.

- Definition des Muster-Jahresstatusberichts
- Erstellung des Jahresstatusberichts

Es sind die Projektprozesse in die bestehende Organisation (Struktur wie auch Prozesse) zu implementieren.

- Implementierung der Projektprozesse

Ebenso ist die Prüfung der Ergebnisse, die beim Durchlaufen einer Methodenkette entstehen, also die Prozesse der Qualitätssicherung, entsprechend dem verabredeten Vorgehensmodell organisiert. Dieser Prozess und der Prozess der Softwareentwicklung ist in Kapitel 7 »Das Vorgehensmodell für Data Warehouse Systeme« besprochen.

Die Gestaltungsaufgabe bezüglich des Qualifizierungsprozesses besteht in der Feststellung des vorhandenen Know-hows der einzelnen Teammitglieder, auch des Vorstands, der Formulierung der Qualifizierungsziele und der Darstellung des Weges vom Ist zum Soll:

- Erhebung des Qualifikationsstatus
- Definition der Qualifikationsanforderungen
- Aufbau eines Schulungsplans

Der Beschaffungsprozess wird im folgenden Kapitel besprochen. Für den DWH-Spezialisten gibt es hier keine Gestaltungsaufgabe, sondern die Nutzung eines im Unternehmen installierten Prozesses.

Problemlösung: Regeln und Hilfsmittel

Das Verfahren

Die Problemlösung besteht aus der Klärung der Prozessfragen:

- ✔ Welche Prozesse sind zu regeln?
- ✔ Welche Mittel werden zur Regelung der Prozesse eingesetzt?

Folgendes Verfahren ist zu empfehlen

Verfahren: Prozessorganisation für das DWH-Projekt

- Definition der Projektprozesse
- Erstellung Projektrichtlinie mit Berichtswesen und Vorgehensmodell
  Definition der Struktur des Projektstatusberichts
  Definition der Struktur des Jahresstatusberichts
  mit Hilfe der **Checkliste Projekthandbuch**
- Erstellung Projektstatusbericht: Ergebnisse, Aufwände, Termine
  Erstellung Jahresstatusbericht
- Implementierung der Projektprozesse

Der Entwicklungsprozess

Der zentale Prozess des DWH-Vorhabens, der **Entwicklungsprozess** ist in Kapitel 7 »Das Vorgehensmodell für Data Warehouse Systeme« beschrieben und wird in einer Entwicklungsrichtlinie festgehalten. Je nach Projektgröße enthält diese Entwicklungsrichtlinie Programmbausteine, Nomenklaturen, Testverfahren und ähnliches.

Projektberichtswesen

Das **Projektberichtswesen** muss auf das Vorgehensmodell zur Entwicklung des DWH abgestimmt sein. Das Vorgehensmodell definiert ja die zu erzeugenden Projektergebnisse in den einzelnen Projektetappen und das Projektberichtswesen berichtet über die Fortschritte in der Erstellung dieser Projektergebnisse. Der Aufbau eines **Projektberichts** und aller anderen Verfolgungsmittel ist im vorangegangenen Text vorgestellt.

Checkliste Projekthandbuch

Ist die Personalstruktur des Projekts geklärt, müssen die Projektverwaltungsmittel hergestellt und die Projektgrundinformationen zusammengestellt werden. Am besten eignet sich eine eigens für das Projekt erstellte Organisationsrichtlinie, ein **Projekthandbuch**. Als Hilfsmittel ist im Folgenden ein **Musteraufbau Projekthandbuch** dargestellt. Ein Projekthandbuch, das nur wenige Änderungen durchläuft, sich also auf einen für das Projekt statischen Teil beschränkt, umfasst folgende Informationen:

- ✔ Dokumentationsrichtlinie
- ✔ Projektbudgetierung
- ✔ Terminierung
- ✔ Organisationsstruktur
- ✔ Vorgeschriebene Arbeitsmittel

Checkliste Projekthandbuch
Projekthandbuch
Projektdefinition
Name, Kurzname für Projektdokumente, Directory-Namen
Projektziele
messbare Kriterien, die ein Erreichen überprüfen lassen
Aufgaben
Grobstruktur, in Phasen und Teilphasen, mit Eckterminen und Ergebnissen
Organisation
Struktur, Teilprojekte, Mitglieder,
Prozeduren und Genehmigungsverfahren, Abnahmen, mitgeltende Richtlinien
Hilfsmittel
Werkzeuge, Formatvorlagen, Informationsmittel

Tabelle 8.6: Checkliste Projekthandbuch

Projektrichtlinien

Das Projekt unterliegt mit zunehmender Erkenntnis einem gewissen Wandel, der dazu zwingt, das Projekthandbuch von Zeit zu Zeit zu aktualisieren. Die Aktualisierungen können durch Ausgliedern der sich schnell verändernden Teile als ergänzende **Projektrichtlinien** minimiert werden. Das bedeutet umgekehrt, dass alle schnell veränderlichen Informationen aus dem Projekthandbuch ausgegliedert werden sollten, um häufige Auflagen zu vermeiden.

Qualitätssicherung

Die **Qualitätssicherung** besteht in der Überprüfung der einzelnen Projektergebnisse bezüglich der Qualität, Form und Inhalte. Die prinzipiellen Vorgaben, die Integration in die QS des Unternehmens und die Abwicklung können dem Organisationshandbuch des Unternehmens entnommen werden. Die allgemeinen Vorgaben werden danach auf die in der Leistungsleitlinie definierten Projektetappenergebnisse umgelegt. Die Leistungsleitlinie schreibt die Verwendung der Methoden und Tools entsprechend den Leistungspositionen vor.

Beschaffungsprozess

Die prinzipiellen Vorgaben des **DWH-Beschaffungsprozesses**, die Integration in die Beschaffung des Unternehmens und die Abwicklung können dem Organisationshandbuch des Unternehmens entnommen werden.

Qualifizierungsprozess

Der **DWH-Qualifizierungsprozess** besteht aus Statuserhebung, Anforderungsdefinition und Konzeption der Qualifizierung. Die Statuserhebung zur Qualifikation der Teammitarbeiter wurde schon in Kapitel 1 »Orientierung« vorgestellt. Die Qualifikationsanforderungen sind in den »Listen stellenspezifischer Anforderungen« im Abschnitt »Aufgaben, Rollen, Stellen...« dieses Kapitels und in Kapitel 6 »Organisation« dargestellt.

Die Differenz zwischen Qualifikationsanforderungen und Qualifikationsstatus wird durch Schulungen und Know-how-Erwerb in der praktischen Projektarbeit erreicht. Die Schulungen sind umfangreich und müssen in einem **Schulungskonzept** geplant werden. Bei der Planung ist zu beachten, dass genügend Zeit zur Festigung des Wissens und der Fertigkeiten im Projekt bleibt.

➡ Als Faustwert kann gelten, dass für eine Y Tage umfassende Schulung eine Zeit von wenigstens zehn mal Y Tage an Projektarbeit zur Festigung des erworbenen Wissens eingeräumt werden muss.

Projektsoziologie

Implementierung von Organisation ist ein soziologischer Prozess, der von Interessen gesteuert wird, der auf Zuneigung und Abneigung stößt, der Ängste hervorruft, die bis hin zur Existenzbedrohung verstanden werden müssen. Zur Implementierung von Organisation können daher keine Systematik und kein Schema, keine vorproduzierten Muster, keine Daten und Richtgrößen angeboten werden. Es kann nur der Appell an das Projektteam gerichtet werden, die Augen offen zu halten, alle Meinungsströmungen intensiv wahrzunehmen und mit vollem Ernst und Aufgeschlossenheit den Anwendern und ihren Problemen gegenüber zu stehen. Die intensivste Gegenwehr wird vor der Projektierung mobilisiert. Ist das Projekt erst einmal gestartet, lehnen sich die Gegner zurück und beobachten aus sicherer Entfernung, was alles schief geht, und schmieden Pläne, welchen Nutzen sie aus den Schieflagen ziehen können.

➡ Der DWH-Projektleiter muss firmenpolitisches Feingefühl besitzen.

Da DWH-Projekte meistens multinationale Projekte sind, muss ein Projektleiter in der Lage sein, diese Pro/Contra-Strömungen auch international aufspüren und meistern zu können.

➡ Der DWH-Projektleiter sollte die englische Sprache in Schrift und Gespräch beherrschen und eine weltbürgerliche Grundhaltung haben.

8.3 Wie wird ein DWH-Projekt umgesetzt?

Einleitung

Zur Umsetzung eines Projekts sind Personen erforderlich, sogenannte **Aufgabenträger.** Die Aufgabenträger nehmen sich der Projektaufgaben an und werden diese ihrer Qualifikation und ihrer Motivation entsprechend mit den Sachmitteln ausführen. Das Personal wird mittels Richtlinien, die nur für das Projekt gelten, koordiniert. Das DWH-Projekt muss sich diese Richtlinien, z.B. ein Projekthandbuch, selbst schaffen. Diese »Projektorganisation« muss zunächst entworfen und dann implementiert werden. Der Entwurf wurde im vorangegangenen Kapitel dargestellt.

Ist die Projektorganisation einschließlich der Personalressourcen aufgebaut, sind die für das Projekt erforderlichen Sachmittel und Informationen zu beschaffen. Die Sachmittel müssen nicht sofort zu Projektbeginn zur Verfügung stehen, sondern erst zum Zeitpunkt ihres Einsatzes.

Die Umsetzung muss aus Qualitätssicherungszwecken regelmäßigen **Projektaudits** unterzogen werden. Die Innensicht des Projekts wird damit gegen eine Außensicht gemessen, was immer zu Verbesserungen der Projektergebnisse führt. Die Prüfung des DWH-Projekts wird später im Abschnitt »Projektverfolgung« dieses Kapitels dargestellt.

8.3.1 Beschaffung

Problemstellung und Motivation

Die Beschaffung startet mit der **Bedarfserhebung.** Alle Beschaffungsmaßnahmen dienen der Erzeugung von Ergebnissen und sind damit Produktionsfaktoren, wie in dem Modell, das bereits in den Kapiteln 2 bis 6 zu den Architekturentscheidungen dargestellt wurde. Die Verantwortlickeit des DWH-Spezialisten endet in der Regel bei der Beschaffung der Sachmittel. Das bedeutet, für die Beschaffung von Finanzmitteln ist er nicht mehr zuständig.

Auf die Erfassung des Bedarfes folgt die Auswahl unter den angebotenen Produkten nach Qualität, Preis und Lieferzeit. Die Bestellung wird formuliert, zur Genehmigung eingereicht und an den Lieferanten gegeben. Nach der Bedarfsformulierung sind Beschaffungsentscheidungen zu treffen. Die **Beschaffungs-**

entscheidungen werden auf der Basis von Evaluationsanalysen, Kostenvergleichen und Kosten-Nutzen-Vergleichen getroffen.

Für die Beschaffungsentscheidung ist die Informationsbeschaffung erforderlich. Mit guten Informationen kann man gut entscheiden, was aus der Vielzahl der am Markt angebotenen Alternativen beschafft werden soll. Einholung dieser Informationen kann z.B. der Kauf einer Studie, die Aufklärung durch einen Workshop oder eine Beratung sein.

Der **Beschaffungsprozess** läuft parallel zum Projekt in allen Phasen als Mikroprozess, da während des gesamten Projekts weitere vorher nicht erkannte Bedarfe entstehen. Die Beschaffung ist Voraussetzung für die Leistungserbringung. Das betrifft Kleinmaterial, den Ausgleich von Personalfluktuationen und den Nachkauf von Lizenzen und PCs, wenn das Projekteam vergrößert werden muss. Der zentrale Beschaffungsakt ist allerdings der Erwerb und die Installation der DWH-Rechner und der DWH-Softwaremodule und deren Implementierung.

Diese Aktivitätengruppe »Beschaffung DWH-Produkte« ist wieder der Planung würdig, schon deshalb, weil von ihr alle anderen Termine abhängig sind. Ohne Rechner kann keine Software installiert werden, ohne Software ist kein DWH-Entwurf und schon gar kein DWH-Betrieb möglich.

Für die Terminplanung sind bezüglich des Beschaffungsvorgangs besonders die Dauer des internen Genehmigungsverfahrens und die Lieferzeit zu berücksichtigen.

Das Beschaffungsanliegen muss in der Regel begründet werden, wobei die Begründung umso sorgfältiger und detaillierter ausfallen muss, je höher die Beschaffungssumme ist. Für den DWH-Spezialisten ist hierbei nichts DWH-Spezifisches zu beachten. Er oder sie muss sich »nur« mit den internen Beschaffungsregeln auseinandersetzen. Die Begründung der Beschaffung soll zur Terminlage in Bezug gesetzt werden.

Der Beschaffungsvorgang endet mit der Abnahme der Lieferung. Die Lieferung wird entgegengenommen, geprüft und aufgebaut bzw. eingeordnet.

Sonderfall: Personalbeschaffung

Objekt der Beschaffung sind nicht nur Sachmittel und Räume. Beschafft werden muss auch Arbeitskapazität zur Abwicklung und Durchführung der Aufgaben. **Arbeitskapazität** ist optimal qualifiziertes Personal oder Personal mit gutem Entwicklungspotential.

Eine gezielte Personalbeschaffung setzt eine genaue Kenntnis der für das DWH-Projekt erforderlichen Qualifikation voraus. Ist die Qualifikation festgestellt, muss zunächst das eigene Personal auf Verfügbarkeit und Qualifizierung ausgeleuchtet werden. Besteht eine kapazitative Lücke, muss Personal eingestellt oder aus externen Quellen bestellt werden. Besteht eine qualifikatorische Lücke, muss ein Qualifikationsaufbau geplant werden. Das Schwierige dabei ist, dass man erst im Laufe des Projekts die Entscheidungen trifft, welche Produkte eingesetzt werden sollen und mit welchen Methoden Ergebnisse erarbeitet werden. Die Personalbeschaffung muss daher in der frühen Phase des Projekts noch mit ungenauen Anforderungen arbeiten.

Ein weiteres Problem der Qualifikationsbeistellung zum Projekt ist die Repräsentanz der Interessen der Niederlassungen. Bei internationalen Projekten sollte jedes Land durch einen **Länderrepräsentanten** vertreten sein. Dieser Repräsentant muss die Spezialitäten der Anforderungen seiner Niederlassung gegenüber den anderen Niederlassungen kennen und darstellen können, sonst können länderspezifische Anforderungen nicht realisiert werden.

Sonderfall: Informationsbeschaffung

Die **Informationsbeschaffung** wurde bereits ausführlich im Zusammenhang mit der Trendbestimmung dargestellt. Es wurde erwähnt, dass der Informationsbedarf auch mit geschickter Personalbeschaffung gedeckt werden kann. Dies ist zwar der teuerste Weg, aber auch der effizienteste. Gutes Personal hat Know-how im Aufbau von DWH-Systemen oder in der Systemanalyse zur Erfassung der Requirements oder im Umgang mit DWH-ähnlichen Realisierungswerkzeugen.

Gibt es auf dem IT-Markt keine Know-how-Träger für das DWH, muss entweder das Know-how erarbeitet, also mit einem langwierigem Trial and Error entwickelt oder per Beratung eingekauft werden. Der effizientere Weg ist der Zukauf von Beratern. Auch wenn Beratung teuer ist (Tageshonorare beratender Spezialisten bewegen sich zwischen 1.000 und 5.000 DM), so ist der Know-how-Transfer über vorübergehende organisatorische Integration beschleunigend. Gut beratene Projekt sind erheblich schneller auf Erfolgskurs.

Zur Beschaffung gehört auch die Auswahl der Schulungen für das Projektpersonal. Schulungsbedarf besteht bezüglich der Installation und Administration aller DWH-Module, der Anwendung der Entwurfswerkzeuge und der Entwurfsmethodik und bezüglich Projektführung und Moderation sowie zur Präsentation von Ergebnissen.

Daneben sollte der Produktmarkt der DWH kontinuierlich in der Literatur verfolgt werden. Es ist schon oft vorgekommen, dass Projekte, die mit der vermeintlich aktuellen Technologie gestartet sind, von neuen Entwicklungen überholt wurden. Wenn man nicht permanent beurteilt, was der Markt an Neuerscheinungen bietet, riskiert man, dass man zum Abschluss des Projekts mit veralteter und teurer Technologie dasteht.

Gestaltungs- und Lösungsmöglichkeiten

Der Beschaffungsbedarf resultiert aus den Projektaufgaben. Jede Aufgabe erfordert Sachmittel zur Unterstützung ihrer Abarbeitung. Die Sachmittel sind der Aufgabe zeitgerecht beizustellen. Die Gestaltungsaufgabe ist demnach die Festsetzung des Beschaffungszeitpunkts und die Auswahl der benötigten Sachmittel aus den am Markt angebotenen Alternativen. Es ist die Aufgabe zu lösen, mit welchen Informationsquellen man die zukünftigen Bewegungen im DWH-Umfeld effizient verfolgen kann.

➢ Bestimmung des Beschaffungszeitpunkts der Sachmittel

➢ Auswahl der Sachmittel

Auch bei der Personalbeschaffung ist der Beschaffungszeitpunkt wesentlich. Der Beratermarkt ist bunt und die Auswahl der benötigten Berater aus den am Markt angebotenen Alternativen ist riskant. Man wird sich auf Empfehlungen stützen.

➢ Bestimmung des Beschaffungszeitpunkts von Personal

➢ Einstellungsgespräche bei externem Personal

➢ Verfügbarkeitsgespräche und Qualifikationseinschätzung bei internem Personal

➢ Bestimmung des Verpflichtungszeitpunkts und Einsatzdauer von Beratern

➢ Auswahl der Berater

Problemlösung: Regeln und Hilfsmittel

Das Verfahren

Für die Bestimmung der Beschaffungszeitpunkte dient der Terminplan. Für alle Beschaffungen muss eine gewisse Vorlaufzeit bis zur Bereitstellung und Verfügbarkeit im Projekt einkalkuliert werden. Solche Vorlaufzeiten sind z.B. die Evaluation und Auswahl aus dem Marktangebot, die Laufzeit des Genehmigungsverfahrens im Unternehmen, die Lieferzeit und die Dauer der Integration bzw. Installation. Folgendes Verfahren ist dafür zu empfehlen:

Verfahren: DWH-Beschaffungen

❖ Bestimmung des Beschaffungszeitpunkts der Sachmittel

❖ Auswahl der Sachmittel aus dem Marktangebot

❖ Implementieren, Installieren, Aufstellen der Sachmittel

❖ Bestimmung des Beschaffungszeitpunkts von Personal

❖ Einstellungsgespräche bei externem Personal

❖ Verfügbarkeitsgespräche und Qualifikationseinschätzung bei internem Personal

❖ Bestimmung des Beschaffungszeitpunkts und der Einsatzdauer von Beratern

❖ Auswahl der Berater

- ❖ Projekt- und Firmenintegration des Personals
- ❖ Einleitung von Beschaffungsanträgen, Veranlassung der Beschaffung

Beschaffungslisten

Die Hilfsmittel für die Bestückung des Projekts mit Personal sind im Wesentlichen Anforderungsprofile in Form von **Stellenbeschreibungen** oder **Qualifikationsprofilen.** Ein Beispiel hierfür ist im vorangegangenen Kapitel zur Projektorganisation für den Projektleiter aufgeführt. Als Orientierung können auch die **Listen der stellenspezifischen Anforderungen** dienen, die im Abschnitt »Aufgaben, Rollen, Stellen...« dieses Kapitels sowie in Kapitel 6 »Organisation« und in Kapitel 10 »Betrieb« angegeben sind. Für den Personalbedarf und die Terminplanung der Personalverfügbarkeit ist der im obigen Abschnitt »Personalressourcen« dieses Kapitels besprochene **Einsatzplan** ein maßgebliches Hilfsmittel.

Als Hilfsmittel für die Bestückung der Projekträume des DWH-Projekts mit Sachmitteln dient die **Checkliste Sachmittel,** die im vorigen Kapitel eingeführt wurde. Diese Liste der einzusetzenden Sachmittel ist Basis für die Beschaffungsbugets.

Besondere Sachmittel sind die Architekturkomponenen. Für diese ist es viel schwieriger, die richtigen Produkte zu den bereits in den Kapiteln zur Hardware- und Software-Architektur getroffenen Gestaltungsentscheidungen auszuwählen. Hierfür sind in Kapitel 9 »Produktevaluation« ein »Evaluationsverfahren« und einige Produktbeschreibungen dargestellt.

8.3.2 Projektverfolgung

Problemstellung und Motivation

Projekte die geplant wurden, werden je nach der Gesamtdauer des Projekts in regelmäßigen Zeitabständen überprüft. Das Ergebnis der Überprüfung soll eine Anwort auf folgende Fragen geben:

- ✔ Verläuft das Projekt wie geplant?
- ✔ Gibt es Abweichungen im Verlauf?
- ✔ Liegen Gründe für die Abweichungen vor?
- ✔ Ist mit weiteren Abweichungen zu rechnen?

Die Erkenntnisse werden zusammengefasst und für weitere Planungen ausgewertet. Für die Darstellung dieses Projektgeschehens wird ein **Projektberichtswesen** aufgebaut.

Über jede Phase und über jedes Ergebnis eines Projekts muss eine Überprüfung der Planwerte, ein **Projektcontrolling** von Leistung, Qualität, Kosten, Terminen und Know-how-Aufbau erfolgen. Das Ergebnis des Controllings wird nachvollziehbar dokumentiert. Hierfür muss ein Projektberichtswesen eingerichtet werden.

Je nach Größe des Projekts wird das Berichtswesen für einzelne **Teilprojekte** implementiert. In diesem Fall müssen die Einzelergebnisse zu einem Projektgesamtergebnis konsolidiert werden. Die Aufspaltung eines Projekts in Teilprojekte kann sich auch nach Start oder sogar nach Abschluss der Pilotprojekte herausstellen.

Projektantrag

Die Projektverfolgung beginnt mit der Überprüfung des Projektantrags. Ein Projekt kostet Geld. Deshalb unterliegt das Projekt einem internen Genehmigungsverfahren durch die Linie der Budgetverantwortlichen. Die Informationen des **Projektantrags** müssen auf Plausibilität und Rentabiltät überprüft werden. Die Begründungen für eine Budgetentscheidung müssen nachvollziehbar sein. Entscheidungskriterium ist die Kosten-Nutzen-Relation der Projektergebnisse, also die Aussage, dass der Nutzen der Ergebnisse die Kosten des Projekts rechtfertigt. Schlechte Projektdefinitionen, fehlerhafte Kalkulationen und unzureichende Zielsetzungen lassen sich auch bei bester Projektführung nicht wieder einholen.

Abbruchkriterien

Projekten, deren Erfolg ungewiss ist, gibt man ein oder mehrere **Abbruchkriterien** mit. Wenn zum Beispiel innerhalb eines vorgegebenen Zeitraums ein Projekterfolg zu nicht erkennen ist, kann man auf eine Budgetüberschreitung schließen. Budgetüberschreitung bedeutet eine Schieflage im Kosten-Nutzen-Verhältnis, was meistens bei der Startentscheidung des Projekts der wesentliche Aspekt ist.

Während das Projekt abgewickelt wird, verändert sich sowohl die Umwelt als auch das Projektumfeld. Im Projektumfeld kann sich z.B. die Unternehmenszielsetzung verändern. Besonders langfristige Projekte sind durch Umstrukturierungsmaßnahmen und Diversifikationen sowie Veränderungen der Marktorientierung gefährdet. Die Beschaffungsmärkte entwickeln sich weiter. Neue Technologien schlagen sich in besseren Produkten mit mehr Funktionalität nieder. Neue Produkte können so gut sein, dass man das Projekt neu ausrichten muss.

Abbruchkriterien sind:

- ✔ Kostenentwicklung ist zu hoch
- ✔ Risiken können nicht abgefangen werden
- ✔ Projektziele sind nicht in vollem Umfang zu erreichen
- ✔ Know-how kann nicht gesichert werden
- ✔ Nutzen der Projektziele wird im Laufe des Projekts durch Entwicklungen in der Umwelt obsolet
- ✔ Mit einer Neuausrichtung der Zielsetzung des Unternehmens gehen die ursprünglichen Projektziele nicht mehr konform

- ✔ Projektergebnisse werden zu spät erreicht
- ✔ Projektergebnisse können vom Markt preiswerter zugekauft werden

Projektstatusbericht

Begleitend zur Projektabwicklung wird der Projektverlauf beobachtet, dokumentiert und beurteilt. Die Ergebnisse werden in einem **Projektstatusbericht** festgehalten. Mit dem monatlichen Projektstatusbericht soll frühzeitig eine Schieflage des Aufbauprojekts erkannt werden können. Der Projektstatusbericht ist das zentrale Instrument des Projektcontrollings.

Besonders die Anfangsphase des Projekts leidet unter dem Druck, schnell Ergebnisse erzielen zu müssen. Der Projektleiter wird feststellen, dass die zeitlastige Tätigkeit »Einsammeln von Informationen« und »Ausfüllen des Projektstatusberichts« für ihn selbst äußerst nützlich ist. Mit dem Projektstatusbericht im Hinterkopf geht der Projektleiter besser vorbereitet in Besprechungen, kann schnell und wesentlich zur Projektlage Auskunft geben und einen kompetenten Eindruck bei den Führungskräften hinterlassen. Die in den Projektstatusbericht investierte Zeit wird bei der Verkürzung der Dauer von Entscheidungen und Genehmigungen wieder gewonnen.

Der Projektstatusbericht wird an das Projektcontrolling zur Beurteilung des Projekts durch außenstehende Dritte übergeben. Mit dem Projektcontrolling sollen überprüft werden:

- ✔ Termine
- ✔ Leistungen inkl. Qualität
- ✔ Aufwände und Investitionen
- ✔ Risiken

Bezüglich aller Planungen ist immer wieder periodisch ein Vergleich der Planwerte mit den Ist-Werten durchzuführen, die Abweichung sind zu begründen und Folgerungen aus dem Projektverlauf für weitere Abweichungen zu ziehen. Die Folgerungen verdichten sich zu neuen Planwerten, zur Abgrenzung gegenüber dem ursprünglichen Planwert auch Soll-Werte genannt.

Berichtswesen des DWH-Projekts

Die verschiedenen in diesem Kapitel aufgeführten Berichtsformen (Projektauftrag, Projektstrukturplan, Leistungsleitlinie, Terminplan u.a.) sind zu einem Projektprozess, dem **Berichtswesen für DWH-Projekte,** integriert. Das heißt:

- ✔ Für die Berichte ist eine feste Form vereinbart
- ✔ Die Berichte werden in einer bestimmten Reihenfolge erstellt
- ✔ Die Berichte liefern sich gegenseitig Informationen
- ✔ Die Abgabe der Berichte unterliegt Fristen

Die Reihenfolge der Berichtserstellung und die gegenseitige Bezugnahme der Informationen entspricht der folgenden Grafik »Projektberichtswesen des DWH-Projekts«.

Gestaltungs- und Lösungsmöglichkeiten

Die Leistungsleitlinie wurde bereits in diesem Kapitel gestaltet. Aus der Leistungsleitlinie ist der Terminplan entstanden. Der Projektcontroller wird den Terminplan nicht im gleichen Detaillierungsgrad benötigen wie der Projektleiter oder die Teilprojektleiter. Er muss sich einen Rahmenterminplan der für ihn wichtigen Termine schaffen.

- ➢ Auswahl des Projektcontrollers
- ➢ Aufstellen eines verdichteten Rahmenterminplans

Grundlage für die Beurteilung des Kosten-Nutzen-Verhältnisses ist eine Aufwandsverfolgung bezüglich der zu erzeugenden Projektprodukte. Aufwände sollen nach Kostenarten, Teilprojekten, Projekterzeugnissen, Kostenstellen und eventuell Prozessen strukturiert werden. Die zentrale Aufgabe besteht aus dem Entwurf des Sheets zur Aufwandsverfolgung und aus dem Projektstatusbericht. In den meisten Fällen wird der Projektstatusbericht vom Projektleiter erstellt und vom Projektcontroller nur geprüft.

- ➢ Aufstellen eines Aufwandssheets

Das Budgetschema wurde zu diesem Zeitpunkt des Projekts vom Projektmanagement bereits sehr detailliert bis auf Geräte- und Lizenzebene entworfen. Für das Projektcontrolling ist die Budgetüberwachung nur noch auf verdichteter Ebene interessant.

- ➢ Aufbau eines verdichteten Budgetschemas, Entwurf einer dem Projekt angemessenen Form

In der Gestaltungsfreiheit des Projektcontrollers liegt auch die Häufigkeit der Prüfungen. Hier gilt aber die Hauptregel: Projektarbeiten haben absoluten Vorrang vor Verwaltungs- und Controllingarbeiten. Was nicht geleistet werden kann, kann auch nicht geprüft werden. Der Projektcontroller muss sich hier dem Projektgeschehen anpassen.

- ➢ Rhythmisierung des Projektcontrollings

Problemlösung: Regeln und Hilfsmittel

Das Verfahren

In den meisten Unternehmen gibt es Formulare für Projektanträge. Sie dienen als Checkliste. Die Methoden und Mittel für das Projektcontrolling müssen in den meisten Fällen dem Projekt entsprechend entworfen werden. Es sind dies

- ✔ die Leistungsleitlinie als vereinbarter Leistungsumfang
- ✔ der Terminbalkenplan, bzw. das Netzplandiagramm und der Personaleinsatzplan
- ✔ das Aufwandssheet
- ✔ der Statusbericht

Diese sind in einer abgestimmten Reihenfolge von Arbeitsschritten, wie im folgenden Verfahren dargestellt, abzuwickeln.

Verfahren: Projektverfolgung des DWH-Projekts

- ❖ Auswahl des Projektcontrollers nach Fähigkeiten und Interessenskonflikten
- ❖ Prüfung des Leistungsumfangs
- ❖ Feststellung neuer Terminvorgaben für den Rahmenterminplan
- ❖ Prüfung des Projektterminplans, Vergleich mit dem Ursprungsplan
- ❖ Prüfung des Aufwands, Vergleich mit dem Budget, Abschätzung der Auswirkungen auf die Betriebskosten mit Hilfe des **Kontenplans**
- ❖ Prüfung der Investitionen, Abschätzung der Auswirkungen auf die Betriebskosten
- ❖ Ermittlung von Risiken
- ❖ Erstellung des Projektstatusberichts mit Begründungen zu Leistungsveränderungen, Terminabweichungen, Budgetüberschreitungen, drohenden Risiken mit Hilfe **des Muster-Projektstatusberichts**
- ❖ Bestimmung der Projektcontrollingzyklen

Projektcontroller

Der **Projektcontroller** muss zu einem objektiven Urteil kommen können. Dazu ist die Betrachtung aus einer kritischen Distanz vonnöten. Der Projektcontroller muss allerdings umgekehrt sehr viel vom Projekt verstehen, um Terminkonflikte und Budgetüberschreitungsgefahren aufdecken zu können. Dieses Verständnis des DWH-Vorhabens ist wiederum nur bei einigermaßen intensiver Mitarbeit möglich. Dieser Konflikt ist nicht zu umgehen.

Muster Projektstatusbericht

Das Ergebnis der Projektprüfung wird vom Projektcontrolling in einem **Prüfbericht** oder in einer **Projektbeurteilung** verfasst. Als Hilfsmittel ist im Folgenden ein **Muster Projektstatusbericht** angeführt.

Muster Projektstatusbericht

Projekt: **Teilprojekt:Autor:Ort, Datum:**

Projektziele

Das Projekt wurde am xxx gestartet mit den Zielen

Durchführung von ....., Unterstützung von ....., Überarbeitung von ....., Planung von ....., Qualifizierung von .....

Projektverlauf

.... wurde nicht im Rahmen des Projekts ..... durchgeführt.

Der Bericht zur ..... ist abgeschlossen.

Die Planung .....

Die Schulungen wurden ..... durchgeführt.

Projektbudget

Die Position ..... wird nicht verwendet.

Vom Projektbudget wurde .....

Ein Budgetrisiko liegt in ..... Dem Risiko wird durch ..... begegnet.

Das Gesamtbudget wird aus heutiger Sicht um ..... unterschritten. Die Unterschreitung ..... ist

Terminlage

Der Bericht wurde..... mit einer Verzögerung von drei Wochen fertiggestellt.

Die Erstellung der ..... startet mit einer Verspätung von .....

Ein Terminrisiko liegt in ..... Dem Risiko wird durch ..... begegnet.

Der Gesamtterminplan mit Projektende ..... ist aus heutiger Sicht ungefährdet.

Nächste Schritte

Die ..... ist gestartet.

Das ..... ist zu entscheiden und bis ..... zu beschaffen.

Aktivitätsliste

Nr	Aktivität	Art	Termin	Träger
--	--	----------	-----------	---------
--	--	----------	-----------	---------

Erklärung zur Aktivitätsliste: b – begonnen, e – erledigt, a – aufgehoben

Anlagen

Aufwandsreport

Terminplan

Änderungen zur Projektrichtlinie

Tabelle 8.7: Muster Projektstatusbericht

Aufwandserfassungssheet

Die Aufwandserfassung basiert auf den Leistungspositionen der Leistungsleitlinie. Das Arbeitsmittel Leistungsleitlinie wurde weiter vorne schon vorgestellt. Die Aufwände werden in einer Aufwandsübersicht gruppiert. Für das Mittel **Aufwandserfassungssheet** ist im Folgenden ein Muster angeführt.

DWH-Projektaufwandsreport — Monat xxx
Projekt zzz — Jahr yyy

Faktur		Mitarbeiter 1		Mitarbeiter 2		Mitarbeiter 3		Mitarbeiter 4		Mitarbeiter 5		SUMME	
		Std	TsdATS	Std	TsdATS	Std	TsdATS	Std	TsdATS	Std	TsdATS	Std	TsdATS
Leistungen													
Projektierung	Plan	0	0,0	0	0,0	0	0,0	0	0,0	0	0,0	0	0,0
	Ist	0	0,0	0	0,0	0	0,0	0	0,0	0	0,0	0	0,0
	Monat	0	0,0	0	0,0	0	0,0	0	0,0	0	0,0	0	0,0
	Rest	0	0,0	0	0,0	0	0,0	0	0,0	0	0,0	0	0,0
	Üb	0	0,0	0	0,0	0	0,0	0	0,0	0	0,0	0	0,0
Statusanalyse	Plan	0	0,0	0	0,0	0	0,0	0	0,0	0	0,0	0	0,0
	Ist	0	0,0	0	0,0	0	0,0	0	0,0	0	0,0	0	0,0
	Monat	0	0,0	0	0,0	0	0,0	0	0,0	0	0,0	0	0,0
	Rest	0	0,0	0	0,0	0	0,0	0	0,0	0	0,0	0	0,0
	Üb	0	0,0	0	0,0	0	0,0	0	0,0	0	0,0	0	0,0
Konzeption	Plan	0	0,0	0	0,0	0	0,0	0	0,0	0	0,0	0	0,0
	Ist	0	0,0	0	0,0	0	0,0	0	0,0	0	0,0	0	0,0
	Monat	0	0,0	0	0,0	0	0,0	0	0,0	0	0,0	0	0,0
	Rest	0	0,0	0	0,0	0	0,0	0	0,0	0	0,0	0	0,0
	Üb	0	0,0	0	0,0	0	0,0	0	0,0	0	0,0	0	0,0
Entwurf	Plan	0	0,0	0	0,0	0	0,0	0	0,0	0	0,0	0	0,0
	Ist	0	0,0	0	0,0	0	0,0	0	0,0	0	0,0	0	0,0
	Monat	0	0,0	0	0,0	0	0,0	0	0,0	0	0,0	0	0,0
	Rest	0	0,0	0	0,0	0	0,0	0	0,0	0	0,0	0	0,0
	Üb	0	0,0	0	0,0	0	0,0	0	0,0	0	0,0	0	0,0
Realisierung	Plan	0	0,0	0	0,0	0	0,0	0	0,0	0	0,0	0	0,0
	Ist	0	0,0	0	0,0	0	0,0	0	0,0	0	0,0	0	0,0
	Monat	0	0,0	0	0,0	0	0,0	0	0,0	0	0,0	0	0,0
	Rest	0	0,0	0	0,0	0	0,0	0	0,0	0	0,0	0	0,0
	Üb	0	0,0	0	0,0	0	0,0	0	0,0	0	0,0	0	0,0
Betrieb	Plan	0	0,0	0	0,0	0	0,0	0	0,0	0	0,0	0	0,0
	Ist	0	0,0	0	0,0	0	0,0	0	0,0	0	0,0	0	0,0
	Monat	0	0,0	0	0,0	0	0,0	0	0,0	0	0,0	0	0,0
	Rest	0	0,0	0	0,0	0	0,0	0	0,0	0	0,0	0	0,0
	Üb	0	0,0	0	0,0	0	0,0	0	0,0	0	0,0	0	0,0
Plan/Auftrag		**0**	**0,0**	**0**	**0,0**	**0**	**0,0**	**0**	**0,0**	**0**	**0,0**	**0**	**0,0**
Ist gesamt		**0**	**0,0**	**0**	**0,0**	**0**	**0,0**	**0**	**0,0**	**0**	**0,0**	**0**	**0,0**
Ist- akt.Monat		**0**	**0,0**	**0**	**0,0**	**0**	**0,0**	**0**	**0,0**	**0**	**0,0**	**0**	**0,0**
Restbedarf		**0**	**0,0**	**0**	**0,0**	**0**	**0,0**	**0**	**0,0**	**0**	**0,0**	**0**	**0,0**
Überschreitung		**0**	**0,0**	**0**	**0,0**	**0**	**0,0**	**0**	**0,0**	**0**	**0,0**	**0**	**0,0**

negative Werte der Überschreitung zeigen eine Unterschreitung des PlanTsdATS an

Abbildung 8.18: Aufwandserfassungssheet

Investitionsverfolgung und Kontenplan

Neben den Aufwänden sind die Investitionen zu verfolgen. Die von den Projektleitern gewünschten Investitionen und Aufwände stehen oft im Spannungsverhältnis zu den Vorstellungen der Controller. Investitionen erscheinen zum Projektanfang immer zu hoch. Die Investitionen sollten unter allen Umständen immer im Zusammenhang mit den später entstehenden Betriebskosten gesehen werden. In der Regel gilt, dass hohe Investitionen für niedrige Betriebskosten erforderlich sind; wird umgekehrt bei der Investition an der falschen Stelle gespart, so führt das zu hohen Betriebskosten. Hohe Investitionskosten sind z.B. mit der Fernüberwachung von Geräten verbunden. Sie ersparen allerdings später oftmals teure Flugreisen.

Für die Kostendarstellung des DWH-Projekts ist ein **DWH-Kontenplan** einzurichten. Hierzu ein Vorschlag.

Kostenarten	Kostenträger	Kostenstellen	Kostenprozesse
Personalaufwand	Projektierung	Fachbereiche Land x	Beschaffung
Beratung, Schulung	Statusanalyse	.... Land y	Entwicklung Modul x
Hardwarebeschaffung	Anforderungsanalyse	Marketing	.. Modul y
Softwarebeschaffung	Entwurf	Unternehmensführung	Qualifizierung
Sonstige Sachmittel	Realisierung	Rechenzentrum	Qualitätssicherung
Services	Testbetrieb	Systementwicklung	

Tabelle 8.8: Muster Kontenplan DWH-Projekte

Die Struktur des Schemas der Budgetprüfung muss deckungsgleich mit dem Detailbudgetschema sein. Für den Aufbau des Controllingschemas zur Projektprüfung wird deshalb hier die Verdichtung der einzelnen Geräte zu einer Position »Hardwarebeschaffung«, aller Services zu einer Position »Service«, der Lizenzen zu einer Position »Softwarebeschaffung« und der Aufwände der einzelnen Leistungen zu einer Position »Aufwandsphasensummen« vorgeschlagen.

Know-how-Sicherung

Jedes Projekt entwickelt Expertenwissen, das für andere Projekte nützlich ist. Aus jedem Projekt sollen Lehren gezogen und nachvollziehbar und zugänglich verfasst werden. Dazu bietet sich die strukturierte Erfassung des Know-hows in einer Datenbank oder einem Expertensystem für Software- oder IT-Projekte an. Zu diesem Expertenwissen zählt unbedingt die Auswertung der Projektkalkulationen.

8.4 Fortsetzungsbeispiel InDaWa

Einleitung

Die Gestaltungsentscheidungen – betriebswirtschaftlicher Umfang, Softwarefunktionalität, Hardwarekonfiguration, Organisation – des InDaWa wurden nach der Orientierung zum Thema getroffen. Auf der Basis dieser Gestaltungsentscheidungen wurden die einzusetzenden Methoden und das Vorgehensmodell bestimmt. Für die Unterstützung der Methoden wurden Tools bestimmt. Es wurden Produkttypen und Sachmittel des DWH ausgewählt, die im Laufe des Projekts evaluiert und beschafft werden müssen. Mit diesen Entscheidungen ist eine Projektierung mit einer nahezu vollständigen Liste der Projektaktivitäten, also der Leistungen, möglich.

Beispiel

Die Projektierung beginnt mit der Projektdefinition. Diese ist in diesem Kapitel für InDaWa formuliert. Im folgenden Beispiel wird nur die Leistungsleitlinie des Instandhaltungsprojekts dargestellt. Auf die Darstellung der anderen Berichtsformen, Projektantrag, Terminplan, Budgetplan, Projektstrukturplan, Einsatzplan und Sachmitteleinsatzplan wird aus Platzgründen verzichtet. Die spezielle Leistungsleitlinie des Projekts InDaWa kann aus der allgemeinen, als Muster im Unterkapitel »Projektierung« angegebenen Leistungsleitlinie abgeleitet werden.

Beispiel: Leistungsleitlinie

Vor dem Projekt InDaWa ist ein komplexes Instandhaltungsprojekt durchgeführt worden. Aus diesem sind alle Ist-Erhebungen verwendbar und besonders die Datenquellen und die Instandhaltungsprozesse spezifiziert. Die Formatvorlagen sind verwendbar und können leicht auf das Projekt angepasst werden.

Neu ist alles, was DWH-Tools, DWH-Methoden und die Hardware zum DWH betrifft. Die Schadensexperten sind mit allgemeinen Methoden der Softwareentwicklung aus dem Vorprojekt vertraut und benötigen hierfür keine weitere Ausbildung, müssen allerdings alle DWH-Spezialitäten neu hinzulernen.

Dies schlägt sich wie folgt in der Leistungsleitlinie nieder (siehe Abbildung 8.19).

Gestaltungsentscheidung

Die Gestaltungsentscheidungen sind durch das Vorprojekt vorbelastet oder, positiv formuliert, entlastet in dem Sinne, dass viele Ergebnisse verwendet werden können. Das InDaWa kann sozusagen als Fortsetzungsprojekt gesehen werden (siehe Tabelle 8.9).

Data Warehouse Leistungsleitlinie F

Phase / Teilphase / Aktivität, Ergebnis	Tools: formlos	Textvorlage	Checkliste	Sheet	Formular	Strukturgrafik	Generator	Rollenmatrix: Schadensanalytiker	IT-Leitung	Projektleitung	Entwicklung	Programmierung	Administration
PROJEKTIERUNG													
Projektplanung													
Projektantrag		x						M	E	M	-	-	-
Projekthandbuch mit Terminplan		x	x	x	x	x	x	M	I	D	I	I	I
Aufwandsplan				x				M	I	D	I	I	I
KONZEPTION													
Konzeption, Evaluation													
DWH-Konzept		x						M	I	M	D	D	-
Kontextdiagramm		x				x		M	I	M	D	D	-
Prozessmodell		x				x		M	I	M	D	D	-
Aggregationsschema		x				x		M	I	M	D	D	-
Modulemodell		x				x		M	I	M	D	D	-
Funktionenmodell		x				x		M	I	M	D	D	-
Kennzahlenmodell		x				x		M	I	M	D	D	-
Evaluationsdossier		x						M	D	M	D	D	-
ENTWURF													
Entwurf													
Anwendungsarchitektur		x				x		M	D	M	D	D	-
Datenmodell		x				x	x	M	D	M	D	D	-
DWH-Metamodell		x				x		M	D	M	D	D	-
Dialogmodell		x				x	x	M	D	M	D	D	-
Rechnerspezifikation		x		x				M	I	M	D	D	-
WAN+LAN-Diagramm		x				x		M	I	M	D	D	-
Testplan mit Testfällen		x		x		x	x	M	I	M	D	D	-
Schulungsplan		x				x		M	I	M	D	D	-
REALISIERNG													
Kodierung, Testen, Schulung													
Installation SWE,DW-Server+Clients	x							I	I	I	D	D	D
Prototyp bzw Masken	x						x	I	I	M	D	D	-
		x						I	I	I	D	D	-
Abwicklung Testszenarien	x							M	I	M	D	D	D
Schulungen	x							M	I	M	D	D	-
Implementierung													
HW-Installation, Ausbau	x							I	I	I	-	-	D
SW-Installation, Ausbau	x							I	I	I	-	-	D
Übergabe													
Abnahmeprotokoll					x			D	I	M	M	M	M
Projektabschlußbericht		x		x		x		I	-	D	-	-	-
PROBEBETRIEB													
Support													
Änderungsarbeiten	x							I	I	M	D	D	-
Monitoring-Report		x					x	I	I	M	D	D	-
Abnahmeprotokoll					x			D	I	M	M	M	M

Abbildung 8.19: Leistungsleitlinie InDaWa

Gestaltungsaspekt	Entscheidung/ Erkenntnis	Begründung
VORGEHENSMODELL		
Projektierung		
Leistungen	Wie in der Leistungsleitlinie Weitestgehende Toolunterstützung Bestehende Formulare und Richtlinien werden angepasst	
Terminplanung	Ecktermin ist die jährliche Revision im Juli	Erkenntnisse bzw. noch erforderliche Messungen sollen mit in die nächste Revision einfließen
Personalplanung	Personaleinsatzplan ist nicht erforderlich	Das DWH-Personal wird zu 100% freigestellt Das Personal ist für DWH nicht qualifiziert, Know-how muss erst aufgebaut werden
	Schadensbearbeiter, Rechenzentrum, Instandhaltungsleiter, Methodenberater, DWH-Berater	Es liegt kein methodisches DWH-Wissen vor Entwicklungstools und DWH-Tools müssen neu beschafft werden
Sachmittel	Sachmitteleinsatzplan ist nicht erforderlich	Es gibt keine Konkurrenz in der Nutzung der Räume und Sachmittel
Budget	Kostenträger sind die Projektphasen	Genauere Erfassung nicht erforderlich
	Kostenstellen sind pro Kraftwerk der Schadensbearbeiter, der Instandhaltungsleiter, das Rechenzentrum	Kosten müssen später auf die KW verteilt werden
	Kostenprozesse werden nicht verfolgt	Es ist nicht beabsichtigt, ein Produkt zu entwickeln
PRODUKTE		
...		

Tabelle 8.9: Entscheidungschart InDaWa

8.5 Übungen

Übung 8.1: Projektphasen DWH-Vorhaben

Nennen Sie die üblichen Projektphasen in der Reihenfolge ihrer Abwicklung für die Erstellung eines DWH.

Übung 8.2: Leistungsleitlinie des DWH-Vorhabens

Beantworten Sie die folgenden Fragen: Was ist eine Projektleistungsleitlinie? Wie ist ein Terminplan aufgebaut? Was ist eine Projektrollenmatrix?

Übung 8.3: DWH-Aktivitäten

Was sind typische Aktivitäten für den Aufbau eines DWH?

Übung 8.4: Terminverknüpfungen

Welche Terminverknüpfungen zwischen je zwei Aktivitäten erkennen Sie, wenn Sie folgende Zeitpunkte einer Aktivität berücksichtigen: Aktivitätsstart, Aktivitätsende, Zwischenzeitpunkt, und wenn Sie folgende Zusätze wählen: »nicht später als«, »genau zum«, »nicht früher als"?

Übung 8.5: Projekthandbuch

Entwerfen Sie den Aufbau eines Projekthandbuches. Begründen Sie die Aufteilung in zwei Teile für kurzfristige Updates und langfristige Updates.

Übung (mit Lösung) 8.6: Rollen für Aufbau und Betrieb eines DWH

Zählen Sie die für den Aufbau und den Betrieb erforderlichen Rollen in der Folge ihres Einsatzes im Projekt und mit den wichtigsten Aufgaben auf.

Übung 8.7: Projektorganisation

Entwerfen Sie für Ihr Projekt eine Projektorganisation mit regionalen Vertretern und mit Repräsentanten des Know-hows der betriebswirtschaftlichen Funktionen.

Übung 8.8: Projektprozesse

Zählen Sie die für Ihr Projekt in Frage kommenden Projektprozesse auf und stellen Sie den Ablauf einer Beschaffungsgenehmigung dar.

Übung 8.9: Beschaffungsliste

Entwerfen Sie eine Beschaffungsliste für Ihr DWH-Projekt.

Übung 8.10: Produktalternativen Office-Software

Nennen Sie zu einem Textverarbeitungsprogramm, zu einem Entwurfswerkzeug, zu einem Entwicklungswerkzeug und zu einem Data Warehousewerkzeug die Ihnen bekannten Produktalternativen.

Übung 8.11: Projektstatusbericht

Schildern Sie den Aufbau eines Projektstatusberichts.

Übung 8.12: Leistungssituation

Formulieren Sie einen Beispielsatz zu einer Leistungssituation, zu einer Terminsituation, zu einer Budgetsituation und zu einer Risikoeinschätzung.

Übung 8.13: DWH-Budgetbericht

Schildern Sie den Aufbau eines Budgetberichts, benennen Sie dessen Positionen und geben Sie eine Beispielaussage zu jeder Position ab.

Übung 8.14: DWH-Budget-Schema

Entwerfen sie die Struktur eines für Sie in Frage kommenden Budget-Schemas.

Übung 8.15: Berichtsweg

Schildern Sie anhand der Grafik zum Berichtswesen den Weg der Informationen der Leistungspositionen.

Übung 8.16: Erfahrungswerte

Entwerfen Sie eine Charakterisierung eines für Sie vergleichbaren Beispielprojekts, aus dem Sie Erfahrungswerte für die Budgetierung ihres DWH-Projekts beziehen wollen. Erinneren Sie sich an eigene Erfahrungswerte und notieren Sie diese strukturiert, entsprechend ihres Budgetschemas. Stellen Sie die Wissenslücken fest und entscheiden Sie, ob Sie dafür Daten einholen wollen.

8.6 Zusammenfassung

In diesem Kapitel wurde eine Strukturierung von DWH-Projekten besprochen, aufbauend auf den vom Unternehmen gesetzten Zielstellungen und Gestaltungsentscheidungen:

- ✔ Welche betriebswirtschaftlichen Funktionen werden für die Erreichung der unternehmerischen Ziele benötigt?
- ✔ Welche Software ist erforderlich?
- ✔ Welche Hardware wird dafür eingesetzt?
- ✔ Welche Organisation muss welche Fähigkeiten wie einsetzen?

Die Strukturierung des DWH-Projekts wurde mittels Einteilung in Phasen und Teilphasen erreicht. Jede Phase bzw. Teilphase ist mit einer Fülle von Aufgaben, den sogenannten Leistungen, zu durchlaufen. Die Leistungen führen zu Phasenergebnissen. Wenn alle Phasenergebnisse erzeugt und anerkannt sind, kann die Phase als abgeschlossen angesehen werden und die neue Phase kann starten.

Die Leistungen müssen terminiert werden, um den Zeitverlauf des Projekts zu prognostizieren. Die Projektergebnisse müssen zu den vom Betrieb des Unternehmens bestimmten Zeitpunkten bereitgestellt werden. Sind die Projektergebnisse zu spät erzeugt, kann das Projekt seinen Sinn verlieren, da die Ergebnisse bzw. Erkenntnisse keine Verwendung mehr finden können.

Für die Einhaltung der Termine ist die rechtzeitige Beistellung von Sachmitteln und von qualifiziertem Personal in ausreichender Kapazität wesentlich. Für die Steuerung der Personaleinsätze und der Sachmitteleinsätze wurden die Hilfsmittel Personaleinsatzplan und Sachmitteleinsatzplan vorgestellt.

Ein Projekt kostet Geld. Jedes eingesetzte Sachmittel, jeder Informationszukauf, jeder Personaleinsatz kosten das Unternehmen Geld. Um einen Eindruck von den Projektkosten zu gewinnen, wurde ein Projektbudget ermittelt. Die Höhe des Budgets kann ein Grund für den Abbruch des Projekts sein. Wenn das Budget höher ist als der Mehrwert, der mit den Projektergebnissen erzielt werden kann, ist das Projekt als unwirtschaftliches Vorhaben einzustellen.

Die geplanten Termine, Leistungen und Kosten werden kontinuierlich überprüft und ihre Abweichungen von der Planung an dem zu erzielenden Nutzen gemessen. Die Überprüfung wird in Projektstatusberichten fixiert. Die Auswertung der Projektstatusberichte führt zu Maßnahmen wie der Neuausrichtung des DWH-Projekts und im Extremfall sogar zur Einstellung aller Projektaktivitäten.

KAPITEL 9

9 Data Warehouse Produkte

Überblick

Zu diesem Zeitpunkt der Projektabwicklung sind die Gestaltungsfragen alle geklärt, die Methodik der Entwurfsarbeiten und der Aktivitäten zu den diversen Problemlösungen sind festgestellt und die Arbeiten sind projektiert. Nun müssen die Absichten mit Produkten konkretisiert werden. Es gibt nun drei wesentliche Fragen zu beantworten:

- ✔ Was ist der relevante Markt für die Auswahl von DWH-Produkten, wie lässt sich der Markt effizient eingrenzen?
- ✔ Welche Produkte bietet der ausgewählte Markt und welche Technologien sind in den Produkten verwirklicht?
- ✔ Wenn der Markt abgegrenzt ist, wie findet man aus den gebotenen Alternativen das für die eigenen Belange optimale Produkt?

Die Klärung dieser Fragen erfordert Informationsbeschaffung. Über Informationsmittel wurde bereits allgemein in Kapitel 1 »Orientierung« berichtet. Dort dienten Informationsmittel zur Meinungsbildung und zur Einordnung des Themas DWH. Jetzt ist wieder Information einzuholen, um die interessanten Produkte im Markt aufzuspüren und zu beurteilen.

Das wichtigste Mittel sind **Produktanalysen** und **Marktstudien**. Um Studien zu verstehen und für die eigene Situation interpretieren zu können, ist schon viel Know-how erforderlich. Ist das Know-how noch nicht vorhanden, muss Beratung eingeholt werden. Die Produktanalyse verlagert sich dann zu einer Analyse des Beratungsmarktes.

Das Kapitel startet deshalb mit einem kurzen Einblick in den DWH-Markt. Der Aufbau des Kapitels ist wie im folgendem Diagramm dargestellt.

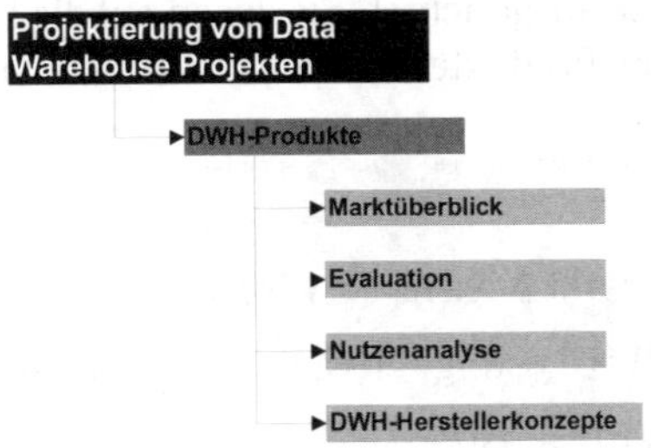

Abbildung 9.1: Aufbau des Kapitels DWH-Produkte

Um einen Eindruck vom **Markt der DWH-Produkte** zu erhalten, wird eine Liste der bekanntesten Produkte zusammen mit ihren wichtigsten Eigenschaften und den Herstellernamen vorgestellt.

Um über das vielfältige Produktangebot Übersicht zu gewinnen und aus den vielen Eigenschaften diejenigen herauszufiltern, die für die Aufgabenstellung wichtig sind, wird ein **Evaluationsverfahren** vorgestellt.

Neben dem allgemeinen Evaluationsverfahren gibt es Verfahren, die das Ziel haben, den Nutzen von Alternativen zu bestimmen. Ein besonders weit verbreitetes Verfahren ist die **Nutzwertanalyse** von Zangemeister. Da die meisten Verfahren vereinfachte Ableitungen davon sind, wird ihr ein besonderes Kapitel gewidmet.

Einige Hersteller haben keine speziellen DWH-Produkte im Angebot und stellen statt dessen DWH-Konzepte vor, in die ihre Produkte als Komponenten integriert sind. So hat z.B. Hewlett Packard, der Rechner- und Peripheriehersteller, ein Partnerprogramm ausgewählter DWH-Softwarehersteller um sich gereiht und verkauft die Integrationslösung als integriertes Konzept. Auf diese Integrationslösungen wird nicht vertieft eingegangen. Es ist aber lohnenswert, auf einige dieser **Herstellerkonzepte** näher einzugehen.

Die vollständige wissenschaftliche Herleitung der Nutzwertanalyse ist zu finden in:

🗁 Zangemeister, Nutzwertanalyse

Lernziel

Die Lernziele fokussieren zunächst die Orientierung in einem komplexen EDV-Markt, die Eingrenzung des für eine DWH-Lösung relevanten Marktes und die Sondierung der Hersteller und Produkte. Das Ziel dieses Kapitels ist es, auch ein Evaluationsverfahren kennenzulernen, das es erlaubt, die große Menge der auf dem Markt angebotenen Produkte schnell auf eine kleine Anzahl interessanter Produkte einzuschränken. Dieses Evaluationsverfahren umfasst die Nutzwertanalyse mit Vorbereitung, den Aufbau der dazu erforderlichen Tabellen und Kriterien sowie die Bestimmung des Anwendungsbereiches und die organisatorische Umsetzung. Die Lernziele sind außerdem auf die Erkenntnis der Vielfalt der Herstelleransätze ausgerichtet. Sie zielen auf die Fähigkeit ab, die Architekturkonzepte für eine Produktevaluation einordnen zu können.

Lernziele

- 🕮 Feststellen, wie der EDV-Markt präsentiert wird
- 🕮 Eingrenzen des für die DWH-Lösung relevanten Marktausschnitts
- 🕮 Kennen der Bedeutung der Evaluation
- 🕮 Anwendung des Evaluationsverfahrens

- Aufbau einer Filterkaskade mit ausschließenden Kriterien
- Erarbeitung eines eigenen Kriterienkatalogs
- Kennen der Bedeutung der Nutzwertanalyse
- Festlegung von Alternativen einer Problemstellung
- Erarbeitung eines Bewertungsschemas
- Erarbeitung eines Kriterienkatalogs
- Gewinnung eines Überblicks über die wesentlichen Architekturkonzepte des DWH-Marktes
- Kennen der Kategorien von DWH-Herstellern
- Beurteilen der Herstellerkategorie für die eigenen Beschaffungsentscheidungen

9.1 Welche Produktreihen bieten die Hersteller an?

Problemstellung und Motivation

Der **DWH-Markt** präsentiert sich auf Messen, Ausstellungen und in speziellen Artikeln in EDV- und Management-Zeitschriften. Eine spezielle DWH-Zeitschrift existiert nicht, ausgenommen die von vereinzelten Herstellern zur Präsentation ihrer Produkte herausgegebenen Hefte. Besucht man eine allgemeine EDV-Messe, wird man feststellen, dass das Thema DWH aus vielen anderen Themen herausgefiltert werden muss. Der Markt der Hersteller im DWH-Umfeld muss unter den vielen EDV-Herstellern erst ausgemacht werden. Herauszufinden, welche Hersteller aus Hardware- und Softwareszene Produkte mit DWH-Funktionalität platzieren, bedarf einer sorgfältigen Orientierung.

Man kann die Informationen zufällig auf sich zukommen lassen oder aktiv Informationsquellen aufspüren und deren Ergiebigkeit nutzen. Im Falle der DWH-Thematik ist klar, dass die DWH-Informationen im Umfeld der Informationsquellen zu den Informationssystemen und dort speziell zu den datenbankbasierten Informationssystemen gefunden werden können.

Primäre Lieferanten von DWH-Informationen

Die **primären Informationslieferanten,** auch **Primärinformanten** genannt, sind die Hersteller der Produkte, also die

- ✔ DWH-Toolhersteller
- ✔ Standardsoftwarehersteller (SSW)
- ✔ Hersteller der Datenbankmanagementsysteme (DBMS)
- ✔ Hersteller der Hardwaresysteme

Sekundärinformanten

Neben den primären Lieferanten, den Informationserzeugern, gibt es die Sekundärlieferanten, welche die Primärinformationen einholen und auf ihren Wahrheitsgehalt überprüfen. Solche **Sekundärinformanten** sind z.B.:

- ✔ Unternehmen, die durch die Anwendung in Projekten Erkenntnisse gesammelt und veröffentlicht haben
- ✔ Berater und Schulungsunternehmen
- ✔ Universitäten und Forschungsanstalten
- ✔ Redaktionen von Medien wie Zeitschriften, Internetseiten, Fernsehsendungen

Tertiärinformanten

Es gibt auch noch **Tertiärinformanten**, das sind diejenigen, die über die Sekundärinformation berichten. Dazu gehören zum Beispiel Berater, die über die Beraterszene informieren, Analytiker die Studienvergleiche vornehmen, qualifizierende wie nichtqualifizierende systematische Suchdienste und Informationsbroker.

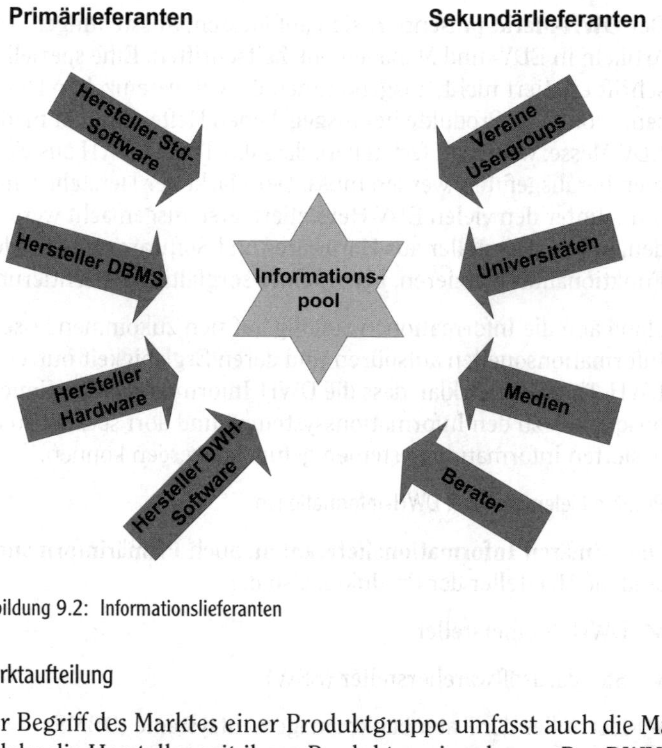

Abbildung 9.2: Informationslieferanten

Marktaufteilung

Der Begriff des Marktes einer Produktgruppe umfasst auch die Marktanteile, welche die Hersteller mit ihren Produkten einnehmen. Das DWH-Produktumfeld im weiteren Sinne ist so umfangreich, dass eine Marktanteildarstellung auch alle Standardsoftwarehersteller und die Datenbankhersteller umfassen müsste. Der verhältnismäßig hohe Umsatz mit Standardsoftware und Datenbanken würde den Blick auf die DWH-Anteile verfälschen. Um eine bessere Abgrenzung der »reinen« DWH-Produkte zu finden, sei der Blick auf die OLAP-Anbieter und deren reinen OLAP-Umsatzanteil eingeschränkt. Einen Überblick über die 1996 und 1995 erstplatzierten 15 OLAP-Anbieter zeigt die folgende Tabelle aus der Zeitschrift c't.

Hersteller	Platz 1996	Platz 1995	Marktanteil 1996 in %	Marktanteil 1995 in %
Oracle	1	1	19	20
Hyperion Software	2	2	17	19
Comeshare	3	3	12	16
Cognos	4	4	9	5,0
Holistic Systems	5	6	4,3	4,7
Arbor Software	6	7	4,0	2,9
Pilot Software	7	5	4,0	4,8
MicroStrategy	8	9	3,5	2,1
Planning Sciences	9	8	2,6	2,3
Information Advantage	10	10	1,8	1,4
Applix/TM1-Software	11	11	1,5	1,4
SAS Institute	12	12	1,5	0,7
Business Objects	13		1,0	
Brio Technology	14	13	0,7	0,3
IQ Software	15	14	0,6	0,3

Tabelle 9.1: Marktanteile der OLAP-Anbieter

Gestaltungs- und Lösungsmöglichkeiten

Das Gestaltungsfeld ist das Auffinden und die Ausschöpfung der Möglichkeiten der Informationsquellen zum Thema DWH.

- ➢ Feststellen der Informationsquellen mit DWH-Informationen wie Messen, Ausstellungen, Internetseiten, Zeitschriften, Studien
- ➢ Ausmachen der IT-Berater, Beratungsunternehmen, Beratungsangebote
- ➢ Ausmachen der Hardwarehersteller
- ➢ Ausmachen der Softwarehersteller mit DWH-Komponenten

Problemlösung: Regeln und Hilfsmittel

Das Verfahren

Zunächst ist also das relevante Marktsegment abzugrenzen. Hier helfen die Ankündigungen auf Plakaten, auf Internetseiten und in Zeitschriften von

- ✔ Messen und Ausstellungen
- ✔ Roadshows, Produktpräsentationen, Hersteller-Events
- ✔ Seminaren, Schulungen, Trainingskursen

Aus diesen Marketingaktivitäten der Hersteller sind diejenigen Aktivitäten herauszufinden, die in der Orientierung, welche DWH-Produkte auf dem Markt erhältlich sind, Erfolg versprechen. Da es nur von einigen wenigen Herstellern dezidierte DWH-Messen gibt, ist auf den umfassenderen allgemeinen EDV-Messen wie

- ✔ CEBIT (jährlich im ersten Quartal)
- ✔ SYSTEMS und SYSTEC (jahresweise abwechselnd im letzten Quartal)

zu suchen. Die folgende Vorgehensweise ist zu empfehlen:

Verfahren: Marktorientierung und DWH- Produktabgrenzung

- ❖ Feststellen der Informationsquellen mit DWH-Informationen, Internetseiten, Zeitschriften, Studien, Fachbüchern
- ❖ Feststellen der Veranstaltungen zum Thema DWH auf Messen, Ausstellungen, Road Shows
- ❖ Feststellen der EDV-Beratungsunternehmen, Erkundigen nach DWH-Erfahrungen und DWH-Beratungsleitungen
- ❖ Ausmachen der Hardwarehersteller
- ❖ Ausmachen der Softwarehersteller mit DWH-Komponenten

Marketingevents

Da **Marketingevents** wie Messen, Ausstellungen und Produktpräsentationen von Herstellern z.B. auf sogenannten Road-Shows (Präsentationsrundreisen) in Zeitschriften angekündigt werden, ist auf alle Fälle intensives Zeitschriftenstudium zu empfehlen. In Kapitel 1 »Orientierung« ist eine Liste ausgewählter relevanter Zeitschriften vorgestellt. Man kann auch die bekannten Hersteller direkt ansprechen, da mittlerweile jeder große Rechnerhersteller und alle Datenbankhersteller DWH-Produkte in ihr Angebot aufgenommen haben.

Muster-Produkteliste zu DWH-Software

Zum Start können **Produktelisten**, wie der folgende »Marktüberblick der DWH-Produkte«, als Hilfsmittel dienen. Die Liste wurde aus verschiedenen Ausgaben von

- 🗁 IX, c't, Client-Server-Computing, Jahrgang 1999
- 🗁 Computerwoche, Jahrgang 1999
- 🗁 Wirtschaftsinformatik, Jahrgänge 1998 und 1999

zusammengestellt. Obwohl sich die Produktszenerie sehr schnell verändert, schneller als Erscheinungsfolgen von Büchern möglich sind, wurde die Tabelle **»Muster-Produkteliste zu DWH-Software«** entwickelt. Sie dient zum einen als Schnappschuss des Marktes 1999, um einen ersten Eindruck vom engeren DWH-Software-Produktfeld zu gewinnen, und zum anderen für Übungszwecke.

Hersteller bzw. Lieferant	Produkt	Herausgabe	Typ			Datenhaltungssysteme								Betriebssystem Client						Betriebssystem Server					
			Akquisition	Erzeugung	Verteilung	Adabas	CA-Ingres	DB2	Informix	SQL-Server	Oracle	Sybase	Teradata	Windows95	Windows98	OS/2	NT	Mac	Unix	MVS	BS2000	Unix	WindowsNT	AS/400	OS/2
Andyne, jetzt Comp.Ass.	PaBLO	k.A.		x			x	x	x	x	x			x	x		x						x		
Arbor Software	Essbase	93	x	x	x			x	x	x	x	x		x	x	x	x	x	x			x	x	x	x
Bissantz	Delta Miner	97			x	x	x		x	x	x	x		x	x								x		
Brio Technology	Brio Query	96	x	x			x	x	x	x	x	x		x	x		x								
Business Objects	Business Objects	90	x	x	x	x	x	x	x	x	x	x	x	x	x		x		x	x	x	x	x	x	
Computer Associates	CA-LDM	k.A.	x			x		x						x		x	x		x	x					
	GQL	k.A.		x	x		x		x	x	x	x		x	x		x		x			x	x		
	PaBLO	k.A.		x			x	x	x	x	x			x	x		x						x		
Cognos	Impromptu	90		x		x	x	x	x	x	x	x	x	x	x		x					x			
	PowerPlay	90		x		x	x	x	x	x	x	x	x	x	x		x					x			
Comshare	Commander Decision	96		x	x									x	x		x						x		x
Hewlett Packard	Intelligent Warehouse	91			x		x		x	x	x	x			x	x	x	x				x			
Hyperion	Hyperion OLAP	96	x	x										x	x		x								
IBM	Visual Warehouse	95	x	x				x	x	x	x	x		x	x	x	x	x	x				x		x
	Intelligent Miner	96	x	x				x	x			x		x			x		x	x	x			x	
	Data Joiner	94	x					x		x	x	x		x	x	x	x		x			x			
Informix	Informix-MetaCube	95			x				x					x	x		x						x		
Intersolv	Data Direct Explorer	92					x	x	x	x	x	x		x	x		x			x					
	Data Direct Smart Data	96					x	x	x	x	x	x		x	x		x			x		x			x
Information Advantage	Decision Suite		x	x			x	x	x	x	x	x		x	x		x								
Information Builders	Focus Six f. Windows	90	x	x	x	x	x	x	x	x	x	x	x	x	x		x			x	x	x	x	x	x
	EDA/SQL	90	x	x	x	x	x	x	x	x	x	x	x	x	x		x		x	x	x	x	x	x	x
Logic Works	Universal Directory	97	x	x	x		x	x	x	x	x	x	x	x			x			x	x	x	x	x	
	Model Mart	96	x	x			x	x	x	x	x	x	x	x	x		x		x	x	x	x	x	x	x
Microsoft	Plato	99		x						x				x	x		x	x					x		
	OLAP-Server	99		x						x							x	x					x		
MicroStrategy	DSS-Agent	89	x	x	x	x	x	x	x	x	x	x	x	x	x	x	x								
	DSS-Server	89	x	x	x	x	x	x	x	x	x	x	x	x	x	x	x			x	x	x	x	x	x
NCR	Database Query Manager	95	x	x									x		x		x					x			
	Knowledge Discov. Workb.	97		x					x	x	x	x	x	x	x		x		x			x	x		
	Management Discovery Tool	97			x					x	x		x	x	x							x	x		
	Retail Access Model	95		x	x				x	x	x		x	x			x					x			
	TeraCube			x									x	x	x				x			x	x		
	TeraMiner			x	x								x	x	x				x			x	x		
	FastLoad,...		x		x								x	x	x				x			x	x		
Oracle	Financial Analyser	91		x	x		x		x	x	x	x	x	x	x		x					x	x		
	Sales Analyser	91		x	x		x	x	x	x	x	x	x	x	x		x			x		x	x		
	Express Web Agent	96		x	x		x		x	x	x	x	x									x	x		
	Express Analyser	95		x	x		x		x	x	x	x	x	x	x		x					x	x		
	Express Objects	95		x	x		x		x	x	x	x	x	x	x		x					x	x		
	Discoverer	89		x	x	x	x	x	x	x	x	x	x	x	x		x			x	x	x	x	x	x
	Darwin	89		x		x	x	x	x	x	x	x	x	x	x		x		x		x	x	x	x	x
Pilot Software	Pilot Decision		x	x			x	x	x	x	x	x		x	x		x								
Platinum	Data Shopper	94		x		x		x	x	x	x	x		x	x	x	x						x		
	Info Hub	93	x					x	x	x	x	x	x		x		x			x					
	Info Pumb	93	x	x	x			x	x	x	x	x		x	x		x					x			x
	Info Refiner	91	x					x	x	x	x	x								x					
	Forest Trees	90	x	x	x				x	x	x	x		x	x	x	x								
	Info Reports	95	x		x		x	x	x	x	x	x		x	x	x	x		x			x	x		
	Info Beacon	93	x	x	x			x	x	x	x	x		x	x		x					x	x		
Prism Solution	Prism Warehouse Executive	92	x			x		x	x	x	x	x	x	x	x		x			x		x	x	x	
SAS	SAS System	76	x	x	x	x	x	x		x															
SAP	R/3-EIS	92	x	x	x	x	x		x	x	x	x		x	x	x	x	x	x			x	x	x	
	inSight	99		x		x	x		x	x	x	x		x	x	x	x	x	x			x	x		
Seagate	Holos	86	x	x	x		x	x	x	x	x		x	x			x					x	x		
Silicon Graphics	MineSet	96	x	x					x	x	x	x		x	x		x	x					x		x
Sterling	Vision Builder	80	x			x		x	x	x	x	x													
	Vision Inform/-Journey	90	x		x	x	x	x								x	x	x		x	x	x	x	x	x
	Clear	91	x	x	x	x	x	x	x				x												
Systemfabr.	Warehouser's Workbench	97	x			x		x	x	x	x	x		x	x		x	x	x	x	x	x	x	x	x
	BrioQuery Enterprise	93	x	x		x		x	x	x	x	x	x	x	x		x	x	x	x	x	x	x	x	x
	Brio.Wev. Warehouse	96			x	x		x	x	x	x	x	x	x	x					x	x	x	x	x	x
Sybase	Sybase Enterprise Connect	87	x			x		x	x	x	x	x	x	x	x					x		x	x	x	x
	Info Maker	91			x	x		x	x	x	x	x		x	x		x	x				x	x		

Tabelle 9.2: Muster-Produkteliste zu DWH-Software

Die DB-Server erfüllen alle SQL-Anforderungen. Prinzipiell ist von nahezu jedem Client-Produkt aus jeder auf SQL basierende Datenbank-Server erreichbar. Die Spalte Datenhaltungssystem ist in einem strengeren Sinne zu interpretieren. Ein Kreuz in der Spalte bedeutet, dass der Hersteller ein eigenes Produkt für den Zugriff einsetzt oder das Produkt einer Partnerschaft empfiehlt und man nicht lange eine weitere Evalution über alle möglichen Drittprodukte durchführen muss.

Trendseminare

Eine ausgezeichnete Informationsquelle sind die von neutralen Beratungsunternehmen veranstalteten Trendseminare. Hier sind zum Beispiel

- ✔ die von Gartner Group jährlich veranstaltete IT-Managementkonferenz
- ✔ die jährliche Meta Group IT-Konferenz
- ✔ und das jährliche Diebold IT-Management-Forum

zu nennen. Einige dieser Veranstaltungen setzen ein Jahresabonnement oder eine Mitgliedschaft voraus. Die Mitgliedschaft kann sich auf ein oder mehrere Beratungssegmente einschränken und jährlich von Segment zu Segment gewechselt werden. Die Aufteilung des IT-Feldes in Segmente ist von Anbieter zu Anbieter verschieden und wechselt den Marktanforderungen entsprechend. Man kann deshalb an dieser Stelle keine generelle Empfehlung geben, welches Segment das für DWH geeignete ist.

Nahezu alle Wirtschaftsuniversitäten, die einen Zweig Wirtschaftinformatik anbieten (z.B. die jährlichen Tagungen zur Wirtschaftsinformatik der Universität Saarbrücken), ausgewählte Universitäten mit Angeboten zum Thema Softwareentwicklung und universitätsnahe Vereine und Gesellschaften (z.B. Fraunhofer Institut, Gesellschaft für Informatik) setzen sich in Arbeitsgruppen mit dem Thema DWH auseinander. Da auch die Universitäten ihre Aufgabengebiete ständig neuen Anforderungen anpassen müssen, hilft hier eine Nachfrage zum aktuellen Wissenstand im Sekretariat weiter.

9.2 Wie wird ein DWH-Softwaremodul evaluiert?

Problemstellung und Motivation

Zu nahezu allen Problemstellungen bietet der EDV-Markt mehrere Produkte oder, wie die meisten Hersteller angeben, Lösungen. Aus dieser Vielzahl von Möglichkeiten ist eine optimale Auswahl zu treffen.

Der IT-Markt bietet Produkte im Übermaß an. Oft wird von den Herstellern mit blumigen Worten der Blick des Interessenten auf die Produktstärken gelenkt, während die Produktschwächen seiner Aufmerksamkeit entgehen. Selbst der Profi erliegt immer wieder den neuen Wortschöpfungen und kann oft erst in einer Teststellung der Software die Herstelleraussagen verifizieren. Bei umfangreichen Entscheidungen ist deshalb immer eine Teststellung anzustreben. Aber Zeit ist kostbar und viele langfristige Tests kann sich ein schnell agierendes Unternehmen aus Kosten- und Termingründen nicht leisten. Teststellungen müssen deshalb auf ein Minimum reduziert werden. Daher ist die Vorauswahl mit entsprechender Sorgfalt zu treffen.

Die Auswahl ist immer mit Bewertungskriterien durchzuführen, deshalb spricht man von einer **Evaluation**.

Definition: Evaluation

Eine **Evaluation** ist eine Vorgehensweise mit einem Bewertungsmaßstab aus einem oder mehreren **Bewertungskriterien** mit einer **Wertgröße.** Das Vorgehen ermittelt aus einer definierten Anzahl von Möglichkeiten diejenigen mit dem größten Wert für einen definierten Zweck.

Die Einschränkung der Produktvielfalt auf das interessante Spektrum ist am besten in mehreren Schritten durchzuführen. Das Evaluationsziel ist zunächst, mit wenigen effizienten Kriterien diese Vielfalt auf die für das DWH-Projekt relevante Auswahl einzuschränken.

DWH-Funktionen müssen nicht ausschließlich in DWH-Tools zu finden sein. Die sogenannten »Office-Tools«, und dort speziell die sogenannten **Kalkulationsprogramme** oder **Spread-Sheet-Software,** enthalten von Update zu Update mehr Funktionalität für das Verarbeiten von Zahlenmaterial. Besonders hervorzuheben sind hierbei Zugriffsfunktionen auf Datenbanken, Darstellung von Geschäftsgrafiken, Operationen auf den Feldern, Zeilen, Spalten von Zahlenmatrizen und Verknüpfen von mehreren Matrizen. Das wirft das Problem auf, dass die Suche nach DWH-Funktionen nicht auf den Kreis der DWH-Produkte beschränkt werden kann.

Filterkaskade von Evaluationskriterien

Es gibt keinen für alle Fragestellungen zutreffenden Filter. Je nach Umfeld führt eine andere Zusammenstellung von Filtern zu einer Kaskade schneller zum Ziel. Das Optimierungsprinzip ist hierbei, die Produktvielfalt möglichst früh auf eine überschaubare und mit weiteren Kriterien intensiver zu analysierende Menge zu reduzieren. Der erste Filter sollte deshalb der mit der höchsten Einschränkungsquote bei minimaler Kriterienanzahl sein.

Ein Problem bei der Erstellung der Kriterienliste ist, dass man im Evaluationsverfahren nicht zu früh und zu detailliert Kriterien sammeln darf, denn dann müsste man eine große Softwareauswahl auf viele Kriterien hin untersuchen. Der effizientere Weg ist, zunächst den Gesamtmarkt mit wenigen, aber wichtigen Kriterien auf eine immer kleinere Auswahl einzuschränken, und erst bei einem Minimum an in Frage kommenden Produkten das Gros der Kriterien anzuwenden. Man kann diese stufenweise, die Produktmenge reduzierende Auswahl von Kriterien als **eine Kaskade von Kriterienfiltern** bezeichnen, wobei auf jeder Reduktionsstufe eine Auswahl von Kriterien, ein **Kriterienfilter,** genannt wird.

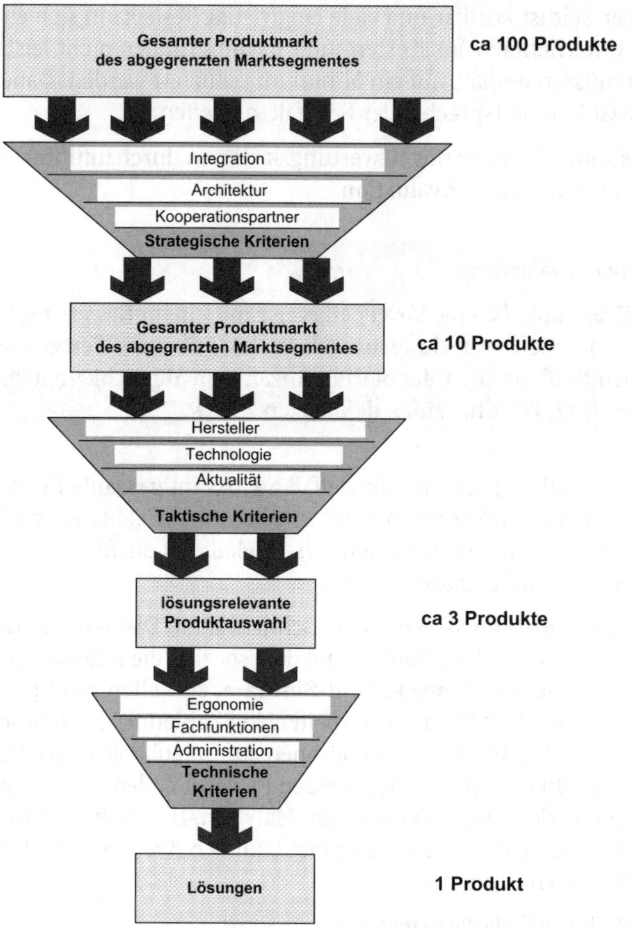

Abbildung 9.3: Filterkaskade für die Einschränkung des Produktumfeldes

Definition: Kriterienfilter

Ein **Kriterienfilter** ist eine Sammlung von Kriterien, um aus einer Menge von Gegenständen eine Auswahl zu treffen. Eine **Kriterienfilterkaskade** ist eine hintereinander angewendete Folge von Kriterienfiltern zur stufenweisen Einschränkung einer Menge von Gegenständen auf eine Teilmenge.

Eine nützliche Variante für eine Filterkaskade ist die dreistufige Einschränkung des Auswahlfeldes:

- ✔ Erste Stufe strategische Eigenschaften
- ✔ Zweite Stufe taktische Eigenschaften
- ✔ Dritte Stufe technische Eigenschaften

Welche Kriterien als taktisch und welche Kriterien als strategisch einzustufen sind, ist von Unternehmen zu Unternehmen verschieden. Was bei dem einen Unternehmen als taktisch eingestuft wird, ist für ein anderes Unternehmen von strategischer Bedeutung.

Es gibt keine für alle Komponenten des DWH gleich gut geeignete Auswahl an Kriterien. Auf der strategischen Ebene sind Kriterien für alle Komponenten gleichermaßen gültig. Die Übereinstimmung der Kriterien für verschiedene Komponenten nimmt von den strategischen Kriterien über die taktischen Kriterien zu den technischen Kriterien hin ab.

Strategische Kriterien

Die **strategischen Kriterien** sind auf Langfristigkeit ausgerichtet. Die Erfüllung eines strategischen Kriteriums bedeutet eine gewisse Beständigkeit. Strategische Kriterien sind weitreichend, sie setzen systemübergreifende Bedingungen fest. Mit der Formulierung von strategischen Kriterien sollen grundsätzliche Eigenschaften festgelegt werden.

Definition: Strategische Kriterien

Ein **strategisches Kriterium** hat grundsätzliche Wirkung und ist eine Bedingung mit langfristigen (ca. drei bis fünf Jahre) und systemübergreifenden Auswirkungen.

Ein wichtiges strategisches Kriterium ist die Integrationsfähigkeit von Softwarekomponenten. Die Systeminfrastruktur eines Unternehmens ist in der Regel mit dezentralen Komponenten bestückt, so dass im Rahmen der Toolauswahl mehrere Softwareschichten auf Host- und Client-Seite zu berücksichtigen sind. Die Integration ist entsprechend dem in Kapitel 5 »Die Hardware-Architektur von Data Warehouse Systemen« bereits vorgestellten Client/Server-Modell über alle Schichten der Client/Server-Architektur sicherzustellen. Die Integrationsbedingungen sind daher durch das Produktumfeld der bestehenden Softwarekomponenten bestimmt.

Die strategischen Kriterien werden zu technischen Kriterien verfeinert. Die DWH-Tools basieren auf einer Softwaretechnologie. Die Integrationsfähigkeit der DWH-Tools hängt von den bereits im Unternehmen etablierten Softwaretechnologien ab. Anhand des auf strategischer Ebene festgelegten Selektionskriteriums »Integration« sind z.B. die folgenden technischen Kriterien abzuleiten:

- ✔ Betriebssystemkonformität auf Client-Seite und Server-Seite
- ✔ Zugriff auf bestehende und geplante Datenbanken
- ✔ Oberflächengleichheit, grafische Benutzerführung und Style-Vorgaben

Ein weiteres »Personal«-strategisches Kriterium ist der Aufbau von Programmier-Know-how oder die Fremdvergabe von Programmierleistung. Ein strategisches Kriterium für die Werkzeugwahl ist dann die freie und effiziente Weiterentwickelbarkeit der Entwicklungsumgebung. Als technisches Kriterium ergibt sich daraus:

✔ erweiterbare Toolbox

Der Umgang mit strategischen Kriterien soll anhande des Kriteriums »Integration« am Beispiel der Technologie von DWH-Entwicklungswerkzeugen für Client/Server-Lösungen und seiner Fortsetzung in evaluierbare technische Kriterien dargestellt werden.

Beispiel: Erste Eingrenzung durch die strategische Bedingung Integration (Kriterienfilter 1)

Nach Einschätzung einer für dieses Beispiel angenommenen fiktiven Unternehmung ist das wichtigste Kriterium die Integration der DWH-Softwarekomponenten in die bestehende Softwarekomponenten-Landschaft. An folgenden vorhandenen Produkten der Softwareschichten muss sich aufgrund der strategischen Festlegung der Integration das feststehende Produktumfeld der Unternehmung orientieren:

✔ **Client-Betriebssystem:** Zukünftig soll weitgehend ein einheitliches Betriebssystem für alle vernetzten PCs verwendet werden. Ausnahmen hierzu sollten nur Workstations bilden, die für Spezialanwendungen, z.B. technische Applikationen mit CAD und Raumsimulation, eingesetzt werden. Die derzeit noch mit anderen Betriebssystemen ausgestatteten Rechner sollten zuerst umgerüstet werden. Das auszuwählende DWH-Tool muss auch unter dem eingesetzten Client-Betriebssystem eingesetzt werden können.

✔ **Middlewareprodukte:** Bei den Middlewareprodukten handelt es sich um Schnittstellen-Lösungen, die zur Realisierung von Datenbankzugriffen und Kommunikationsvorgängen in heterogenen Systemen eingesetzt werden. Die Integrationsproblematik der Middleware liegt immer im Risiko synchroner Releasewechsel der zwei per Middleware verbundenen Produkte. Middlewarehersteller sind im Verhältnis zum Produktumfeld kleiner Unternehmen Nischenbesetzer.

✔ **Server-Betriebssystem:** Für die Server des PC-Netzes wird ebenfalls ein einheitliches LAN-Betriebssystem eingesetzt. Hinzu kommen die Host-Betriebssysteme. Im Rahmen der Toolauswahl ist neben der PC-Plattform auch das Host-Betriebssystem für die dort zu installierenden Zugriffskomponenten zu berücksichtigen.

✔ **Netzwerk/Protokolle:** Das lokale Netzwerk verwendet den LAN-Server. Die DWH-Server-Komponenten müssen über das bestehende LAN angesprochen werden können. Für die Kommunikation in Wide-Area-Netzen wird, wenn über das Internet zugegriffen wird, TCP/IP benutzt.

- ✔ **Datenhaltung:** Als Server-Datenbank wird DB2 unter UNIX und später DB2 auf dem IBM-Host verwendet; für die Dateiverwaltung im Host-Bereich kommt VSAM zum Einsatz. Das auszuwählende Entwicklungstool muss DB2-Datenbankzugriffe unterstützen. Die eventuell zukünftig erforderlichen VSAM-Zugriffe werden mittelbar gelöst.

Zusammengefasst ergibt dies folgende, aus strategischen Kriterien abgeleitete, zu evaluierende technische Kriterien:

- ✔ Client-Betriebssystem Windows NT
- ✔ Server-Betriebssystem UNIX
- ✔ Netzverbindung mit TCP/IP
- ✔ Zugriffe auf DB2 mit SQL und später auf VSAM-Files

Ein weiteres strategisches Kriterium ist, kein eigenes Programmier-Know-how aufzubauen und keine Fremdvergabe anzustreben, sondern leicht zu erlernende, anpassbare Tools einzusetzen. Als technisches Kriterium ergibt sich daraus:

- ✔ erweiterbare Toolbox mit Grafikgeneratoren

Das Beispiel wird weiter unten noch mit taktischen Kriterien fortgesetzt.

Taktische Kriterien

Auf der zweiten Ebene der Filterkaskade werden die taktischen Anforderungen festgelegt und die durch den Filter der strategischen Kriterien verbleibende Produktemenge beurteilt.

Als **taktische Kriterien** können die herstellerbezogenen Eigenschaften festgestellt werden. Dazu gehört die Lizenz- und Preispolitik des Herstellers und seiner Partner. Kein Produkt steht für sich alleine im Markt, deshalb ist das Zusammenspiel der Partnerhersteller und Zulieferer und die Güte ihrer Produkte ein wichtiges Kriterium.

Definition: Taktische Kriterien

Taktische Kriterien von Softwaremodulen sind Kriterien, die:

- ✔ Gruppen von technischen Kriterien bestimmen,
- ✔ Vertriebsformen im Unternehmen definieren,
- ✔ Kosten erheblich reduzieren,
- ✔ die Zukunft des Produkts im Markt, auch im Zusammenhang mit anderen Produkten, sichern.

Die Herstellereigenschaften sind als strategisch einzusetzen, wenn sie für strategische Ziele des Unternehmens genutzt werden. Das ist z.B. bei Kooperation mit neuen, auf DWH aufbauenden Produkten und bei der Kooperation in der Bearbeitung eines Marktes der Fall.

Aus den taktischen Kriterien sind ebenfalls technische Kriterien ableitbar, sie sind aber auch direkt für die Evaluation einsetzbar.

Beispiel: Zweite Eingrenzung über das taktische Kriterium Herstellereigenschaften (Filterstufe 2)

Als taktische Kriterien des Beispiels dienen die herstellerbezogenen Eigenschaften

- ✔ Schulungs- und Beratungskapazität in Deutschland
- ✔ Referenzen für den erfolgreichen Einsatz
- ✔ Kosten der Lizenzen und Möglichkeiten des beliebigen internen Einsatzes

Die taktischen Anforderungen sollen unter anderem überprüft werden an den Kriterien: Referenzkunden, aktuelle Releases, Mitarbeiteranzahl und Produktpräsentation.

Technische Kriterien

Auf der dritten Ebene der Filterkaskade werden die technischen Anforderungen festgelegt und die durch den Filter der taktischen Kriterien verbleibende Produktemenge beurteilt.

Die **technischen Kriterien** sind für den Umgang mit dem Softwaremodul maßgebend. Sie ermöglichen Handlungen oder verhindern diese. Technische Kriterien legen die Funktionalität der Software fest. Die Ausstattung mit Funktionalität ist für die Entwicklungsarbeiten, Administrationsarbeiten, für den Umgang der Benutzer mit dem System und auch für den Fachinhalt verantwortlich.

Definition: Technische Kriterien

Technische Kriterien von Softwaremodulen sind die Funktionen für Ergonomie, Entwicklung, Systemadministration, Anwendungsinhalte und Portierung.

Wichtige technische Kriterien von DWH-Softwaremodulen sind z.B. durch die Klasse der Entwicklungswerkzeuge gegeben. Das Szenario der Systemintegration wird wesentlich von der Auswahl des Entwicklungstools bestimmt. Die Toolauswahl orientiert sich ihrerseits an den bereits vorhanden Softwareprodukten, die den technischen Rahmen des Portierungsprojekts abstecken.

Im folgenden Beispiel werden auf der dritten Stufe der Filterkaskade, um überschaubar zu bleiben, aus der Gesamtfunktionalität die technischen Anforderungen ausgewählt und die Funktionalität der Entwicklungstools festgelegt.

Beispiel: Dritte Eingrenzung der Tool-Auswahl über technische Bedingungen (Filterstufe 3)

Für die Entwicklung von DWH-Applikationen als Client/Server-Anwendungen mit grafischer Benutzeroberfläche kommen unterschiedliche Werkzeugklassen in Betracht, die sich hinsichtlich Architektur und Funktionsumfang voneinander unterscheiden. Der Toolauswahl im Beispiel liegt die folgende Klassifikation und Argumentation zugrunde:

- ✔ **3GL-Toolsets:** Einige Programmierumgebungen für Sprachen der dritten Generation (z.B. Pascal, COBOL, C) besitzen neben den üblichen Edit-, Debug-, Trace- und Compile-Funktionen auch eigene GUI-Bibliotheken bis hin zu GUI-Entwurfswerkzeugen, die sie als denkbare Lösung für die vorliegende Problemstellung qualifizieren. Die Einbindung von C-Routinen sowie der Zugriff auf DB/2-Datenbanken stellt bei den Produkten dieser Kategorie in der Regel kein Problem dar. Der Zugriff kann über Middleware wie z.B. ODBC, embedded SQL oder APPC erzielt werden.
- ✔ **Datenbankunabhängige 4GL- und OO-Toolsets:** Im Vergleich zu den drei GL-Sprachen verfügen die Produkte der vierten Generation über mächtigere Sprachkonstrukte, zum Teil in Form von Makrobibliotheken und Frameworks zum Einhängen vorproduzierter Programmbausteine, die den Codieraufwand bei der Umsetzung von fachlicher Funktionaliät, Oberflächensteuerung und Datenzugriffen beträchtlich verringern. Als **datenbankunabhängig** werden Anwendungs-Entwicklungsumgebungen der vierten Generation bezeichnet, wenn sie nicht Bestandteil eines bestimmten Datenbankmanagement-Systems sind. Sie besitzen dann Schnittstellen zu verschiedenen Datenbanksystemen (ODBC, APPC, SQL, JDBC). Einige Produkte dieser Gruppe verwenden objektorientierte Programmiersprachen (z.B. Smalltalk, C++, J++) und haben Schnittstellen zu objektorientierten Entwurfswerkzeugen.
- ✔ **Datenbankbasierte 4GL-Toolsets:** Die datenbankbasierten 4-GL-Entwicklungsumgebungen werden in Verbindung mit einem bestimmten Datenbankmanagement-System ausgeliefert und verfügen typischerweise über umfangreiche Funktionen zur Vereinfachung des Zugriffs auf die systemeigene Datenbank (z.B. grafisch unterstützte Definition von Tabellen und Tabellenverknüpfungen; Query by Example-Funktionen, grafischer Masken- und Berichtsentwurf etc.). Neben den reinen Datenbankmanagement-Funktionen besitzen die Werkzeuge dieser Klasse auch eine Programmierumgebung, die zur Implementierung von Anwendungen in einer systemeigenen oder einer standardisierten 4GL-Sprache eingesetzt werden kann. Die Unterstützung von Datenbankzugriffen richtet sich naturgemäß auf die systemeigene Datenbank; über Schnittstellen wie ODBC können aber auch andere DBMS-Produkte angesprochen werden. Immer mehr Hersteller schließen sich dem Trend zur Öffnung für alle DB-Produkte an, jedoch wird auch bei völliger Offenheit und Integration bei Releasewechseln immer noch die hauseigene Datenbank bevorzugt.

Es gibt eine Reihe von mit DB2 zusammenarbeitenden Tools, die nur bei Bedarf beschafft werden sollen.

- ✔ **Expertensystemshells:** Als Expertensysteme (XPS) werden Anwendungen bezeichnet, die mit Hilfe einer Wissensbasis und darauf zugreifender Interferenzmechanismen das Problemlösungsverhalten von Experten eines bestimmten Fachgebiets simulieren. Da Expertensysteme zur Abwicklung der Mensch/Maschine-Interaktion eine Dialogkomponente (Benutzerschnittstelle) benötigen, verfügen einige XPS-Entwicklungsumgebungen auch über entsprechende Oberflächen-Entwurfswerkzeuge. Das für die DWH-Applikation erforderliche Regelwissen ist in Modellkomponenten enthalten. XPS werden höchstens ergänzend und frühestens nach einer Erfahrungszeit benötigt und deshalb nicht mit in die Evaluation aufgenommen.
- ✔ **Enduser-Tools:** Zur Gruppe der Enduser-Tools zählen die im Rahmen der individuellen Datenverarbeitung von den Sachbearbeitern eingesetzten PC-Anwendungen. Der primäre Verwendungszweck dieser Systeme orientiert sich an typischen Standard-Aufgabenstellungen (wie beispielsweise Tabellenkalkulation); zusätzlich werden jedoch häufig auch Masken-Entwurfswerkzeuge und Schnittstellen zu anderen Softwareprodukten mitgeliefert. Die Entwicklungswerkzeuge sind Makrosprachen, Makrorecorder und fertige Programmkomponenten. Die Enduser-Tools werden parallel z.B. zur Erstellung einer Dokumentation und für individuelle Kleinlösungen eingesetzt, aber nicht prinzipiell als Entwicklungswerkzeuge.

Das Beispiel konzentriert sich auf ein DB-unabhängiges, objektorientiertes 4GL-Toolset, auf der Basis von C++ mit integrierbaren SQL-, ODBC- und APPC-Komponenten.

In dieser Argumentation wurden auch die ausschließenden Argumente integriert, um nach einer Zeit des Einsatzes nicht allein auf die Ergebnisse der Argumentation angewiesen zu sein.

Die in die engere Auswahl aufgenommenen Tools werden im Beispiel in der folgenden Tabelle unter Verwendung der in den Schritten 2 und 3 definierten anwendungstechnischen, infrastrukturellen und organisatorischen Rahmenbedingungen miteinander verglichen. Daraus resultiert eine Feststellung der entscheidungsrelevanten und evaluierbaren Produkteigenschaften.

Beispiel: Filterstufenkriterien und beispielhafte Ergebnisse der Einschätzung

Die folgende Tabelle gibt das Beispiel der Zusammenfassung der strategischen, taktischen und technischen Bedingungen zu ausgewählten fiktiven Produkten (AAA, BBB, CCC) der ersten Filterstufe mit Musteraussagen wieder. Besonders zur letzten Stufe lassen sich erheblich mehr Eigenschaften aufzählen.

Eigenschaft / Produkt	AAA	BBB	CCC
Strategische Eigenschaften			
Entwicklungsumgebung BS: NT	ja	ja	ja
Zielumgebung BS: UNIX	ja	ja	Beta-Release
Toolbox mit GUI-Entwicklung	ja	ja	ja
Netzprotokoll TCP/IP	ja	ja	ja
Schnittstelle zu DBMS	alle DB-Plattformen und andere DBMS	alle DB-Plattformen	ja
Taktische Eigenschaften			
Termin Produktpräsentation	OK	möglich	keine Möglichkeit
Referenzkunde	xxx	keine Angaben	nur Ausland
Schulung/Beratung	ja/ja	ja/ja	ja/ja
aktuelle Unterlagen zum Client-Tool-Set	vorhanden	vorhanden	angefordert
Preis Entwicklerlizenz	20.000 DM	2.000 DM	ca. 4.000 DM
Preis Run-Time-Lizenz	entfällt wg. Erstellung von Smalltalk-Code	muss individuell ermittelt werden	muss individuell ermittelt werden
Hersteller Mitarbeiter (weltweit / BRD)	1000/30	10/10	200/0
Marktpräsent seit Release BS seit	1981 4.0	1975 kein	unbekannt unbekannt
Technische Eigenschaften			
Dialoganbindung CICS	CICS-Schnittstelle mit APPC	nur Terminal-Emulation kein APPC	ja
Programmiersprache Compiler/Interp.) auch 3GL generierbar ?	Smalltalk, Interpreter/ Compiler objektorientiert	4GL Interpreter -	4GL -
C++ -Schnittstelle User-defined Structures	ja eingeschränkt (Datenobjekt vererben)	ja -	ja -
COBOL-Schnittstelle	über DLL	?	?
Maskensteuerung	dynamisch, abhängig vom Feldinhalt	dynamisch, abhängig vom Feldinhalt	dynamisch, abhängig vom Feldinhalt
feldabhängige Menüs	voll dynamisch	?	?
zentraler Style Guide	ja	nein	nein
weitere Features und Module	SQL-Generator graf. Oberflächen-Entwurfswerkzeug Berichtsgenerator Modul-Editor für mathematische Modelle Debugger Klassen-Browser	graf. Oberflächen-Entwurfswerkzeug Berichtsgenerator Statistik-Paket Debugger	SQL-Generator graf. Oberflächen-Entwurfswerkzeug
Besonderheiten	integriertes Analyse- und Designtool auf Basis der OMT-Methode	integriertes Analysetool	geeignet für stark heterogene Zielumgebungen

Tabelle 9.3: Beispiel der Synopse der Filterstufenergebnisse an den Produkten der letzten Auswahlstufe

Gestaltungs- und Lösungsmöglichkeiten

Es gibt mehrere alternative Evaluationsverfahren. Sie unterscheiden sich in Qualität, Genauigkeit und Aufwendigkeit in der Durchführung. Das Ergebnis einer Evaluation ist von mehreren Beteiligten zu tragen. Das Evaluationsverfahren bedarf deshalb der Abstimmung unter den Beteiligten. Die Evaluationsverfahren sind für allgemeine Entscheidungsprobleme entworfen worden. Sie müssen für Produktauswertungen erst auf die Produkttypen und deren Eigenschaften angepasst werden. Vor der Entscheidung nach einem Evaluationsverfahren sind daher die zu evaluierenden Produkte zu definieren. Die Gestaltungsaufgaben sind

- ➢ Definition der zu evaluierenden Produkte und Feststellen der Produktkategorie
- ➢ Auswahl eines Evaluationsverfahrens und Abstimmung im Kreis der Betroffenen

Abhängig von der Produktkategorie ist die Sammlung der Detailkriterien:

- ➢ Definition der Evaluationsstufen
- ➢ Liste der Detailkriterien zu jeder entsprechenden Produkteklasse

Problemlösung: Regeln und Hilfsmittel

Das Verfahren

Für die Produktbegründung sind die folgenden wesentlichen Fragen zu jeder einzelnen Produktkategorie oder Komponenten zu beantworten:

- ✔ Wozu ist das Produkt zu verwenden, welche Aufgabe soll es erfüllen?
- ✔ Wann ist das Produkt zu bestellen, und wann ist es einzusetzen?
- ✔ Wie teuer dürfen die Komponenten für die Entwicklung sein, wie teuer ist die Verwendung der verteilten Nutzungslizenzen?
- ✔ Wie groß ist der Nutzen, wie ist das Kosten-Nutzen-Verhältnis?

Für die Beantwortung der Fragen sind Kriterien zu ermitteln, mit denen die Menge der zu beurteilenden Produkte eingeschränkt und die »kleine« Auswahl auf ihren Nutzen beurteilt werden kann. Das folgende Verfahren ist zu empfehlen:

Verfahren: Bestimmung der Filterkaskade für DWH-Softwarekomponenten

- ❖ Definition der zu evaluierenden Produkte und Feststellen der zugehörigen Produktkategorie
- ❖ Auswahl eines Evaluationsverfahrens
- ❖ Abstimmung des Verfahrens im Kreis der Betroffenen

- Definition der Evaluationsstufen abhängig von der Produktkategorie
- Aufzählung der strategischen Kriterien mit Hilfe der **Tabelle der strategischen Kriterien zu DWH-Softwarekomponenten**
- Aufzählung der taktischen Kriterien mit Hilfe des **Integrationsschaubildes** und der **Tabelle der taktischen Kriterien zu DWH-Softwarekomponenten**
- Liste der technischen Detailkriterien zu jeder entsprechenden Produkteklasse mit Hilfe der **Muster-Produkteliste zu DWH-Software**

Filterkaskade

Es empfiehlt sich prinzipiell, eine **dreistufige Filterkaskade** aus den folgenden Kriteriengruppen aufzubauen:

- ✔ Strategische Kriterien
- ✔ Taktische Kriterien
- ✔ Technische Kriterien

Ein höhere Anzahl von Stufen macht das Verfahren aufwendiger und eine niedrigere Anzahl von Stufen führt zu einer zu hohen Anzahl auszuwertender Produktalternativen.

Tabelle der strategischen Kriterien zu DWH-Softwarekomponenten

Die **strategischen Kriterien** sind Musskriterien. Produkte, welche die strategischen Kriterien nicht erfüllen, werden von der weiteren Betrachtung ausgeschlossen. Beispiel für strategische Kriterien sind:

- ✔ Architektur und Technologietypen
- ✔ Plattformen und Integration in bestehende Lösungen
- ✔ Marktpartnerschaften

Für die Auswahl soll die folgende **Tabelle der strategischen Kriterien** eine Orientierungshilfe sein (siehe Tabelle 9.4).

Integrationsschaubild

Die Beurteilung der Integrierbarkeit ist höchst komplex aufgrund der vielen bereits im Unternehmen vorhandenen und der weiteren durch das DWH hinzukommenden Komponenten. Ein nützliches Hilfsmittel zur Veranschaulichung der Integrationssituation ist das **Integrationsschaubild.** Es ist eine Übersicht der Produkte der Softwareklassen »Client-Betriebssystem, Netzwerk/Protokolle, Server-Betriebssystem und Datenhaltung«. Die Rubrik »Entwicklungswerkzeuge« gibt einen Überblick über die wichtigsten Repräsentanten verschiedener Werkzeugklassen, deren weiße Hervorhebung die grundsätzliche Vereinbarkeit mit den Anforderungen und Rahmenbedingungen der aktuellen Projektsituation kennzeichnet.

Kriterium, Erklärung	Teilaspekt
Integrierbarkeit: Neue Anwendungen müssen mit bestehenden Anwendungen Daten austauschen, funktional, prozessual und ergonomisch eingebettet sein. Der fachliche Gehalt muss in Stil, Grundverständnis, Begriffswelt übereinstimmen. Die nationalen Eigenheiten müssen stimmen.	- Migrierbarkeit, Portabilität, Plattformreichweite - Interoperabilität, Offenheit, Kompatibilität - Internationalität - Fachintegration: Fachfunktionen, Prozesse, Informationen, Reportaufbau - Dialoghomogenität, Maskenbild
Allianzfähigkeit: Die Individualentwicklung kann auf der Basis eines Marktprodukts zu einem Produkt weiterentwickelt werden. Zur Fortsetzungsentwicklung und Platzierung auf dem Markt ist die Kooperation mit dem Hersteller des Basisprodukts wichtig.	- Vertriebspartnerschaft, Kanäle des Herstellers - Entwicklungspartnerschaft - Allianzform, Kooperationsform - Marktbedarf
Unternehmenskultur: Die Organisation der Systeme muss mit der Organisation des Unternehmens verträglich sein. Die Erreichung der strategischen Ziele des Unternehmens muss verbessert werden können.	- Motivierbarkeitspotential - Imageförderung - Mitbewerberlevel
Innovativität: Die Architektur und Technologie der Systeme kann traditionell etabliert sein, sie kann state-of-the-art sein oder völliges Neuland eröffnen.	- Zukunftspotential, Chanceneinschätzung - Risikopotential
Skalierbarkeit: Der stetige Ausbau mit neuen Modulen muss durch Anschaffung, Partitionierung und Selbstentwicklung möglich sein.	- Modularität - Ressourcenverteilbarkeit - Größenvarianten, Plattformvarianten

Tabelle 9.4: Tabelle der strategischen Kriterien zu DWH-Softwarekomponenten

Wird die Suche auf die Menge der aus der Sicht der Unternehmenssituation anforderungskonformen Werkzeuge eingeschränkt, verbleiben zum Beispiel die in der nachfolgenden Übersicht weiß unterlegten Produkte (siehe Abbildung 9.4).

Tabelle der taktischen Kriterien zu DWH-Softwarekomponenten

Die **taktischen Kriterien** sind Sollkriterien. Produkte, welche die taktischen Kriterien nicht erfüllen, erfordern einen hohen Aufwand im Zusammenspiel mit anderen Produkten. Mittels taktischer Kriterien können Gruppen von technischen Kriterien festgelegt werden. Beispiel für taktische Kriterien sind:

- ✔ Hersteller und Dienstleistungsangebot
- ✔ Aktualität der Releases
- ✔ Technologie und Methodenbasis
- ✔ Präsenz im Land der Entwicklungsarbeiten
- ✔ Referenzkunden und Marktposition

Für die Auswahl soll die folgende **Tabelle der taktischen Kriterien** eine Orientierungshilfe sein.

Produkteübersicht und Integrationsumfeld:

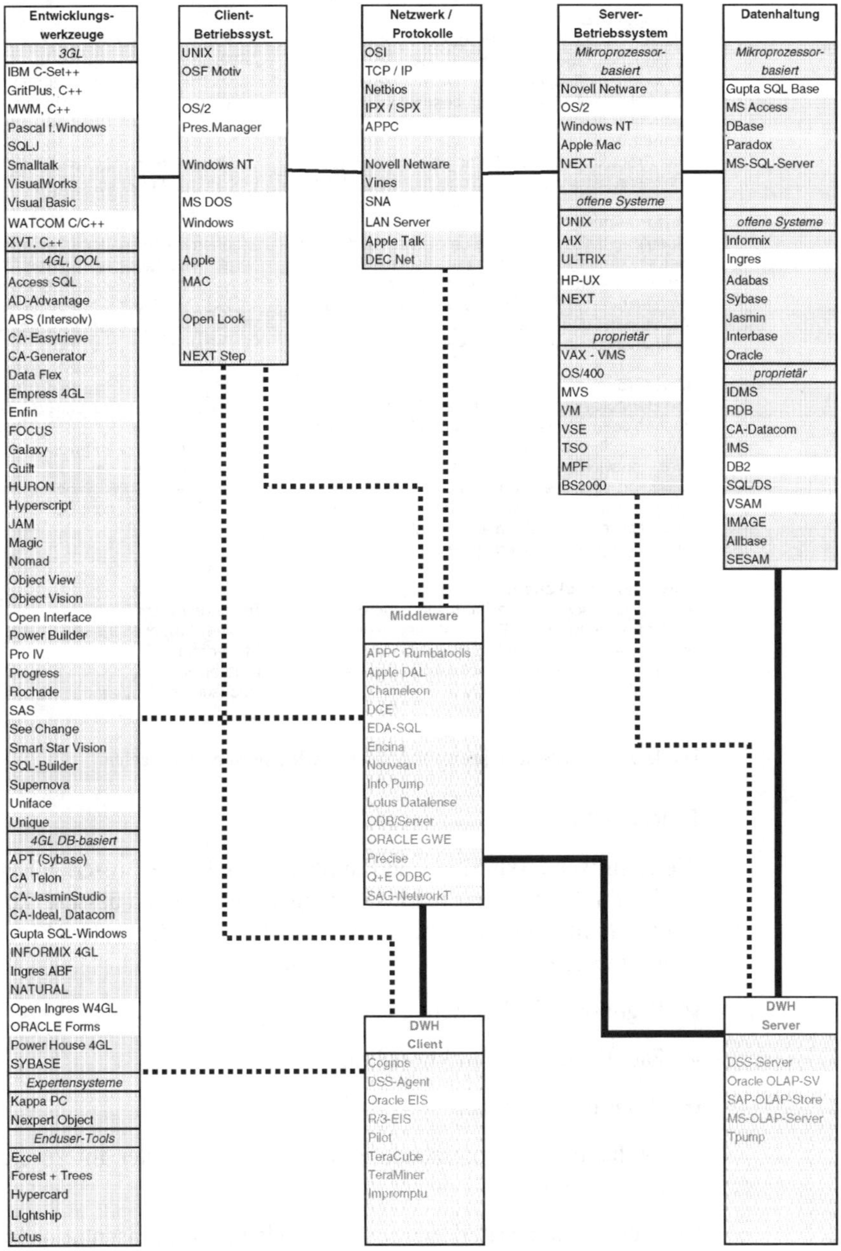

Abbildung 9.4: Produktumfeld der Unternehmung als Integrationsschaubild

Kriterium, Erklärung	Teilaspekt
Transparenz: Die Innenarchitektur der Produkte muss für Anbindungsfragen an Fremdprodukte und Eigenentwicklung offengelegt sein. Die Kooperationen und Abhängigkeiten müssen bekannt sein.	- Formatbeschreibungen, Systemkataloge Architekturgrafiken, Protokolle, Datenmodelle - Thema der Herstellerschulungen - Third-Party-Listen, Kooperations-Commitments
Stabilität: Das Produkt muss den Reifungsprozess abgeschlossen haben, die Technologie muss bewährt sein.	- Versionsnummer, Update-Rhythmus - Einhaltung von Ankündigungen
Performance: Module müssen problemlos umplatziert und getunt werden können. Installation und Releasewechsel sollen ohne große Eingriffe in die bestehenden Architekturen abgewickelt werden können. Das Arbeiten mit dem Produkt muss reibungslos und weitgehend selbst erklärend sein.	- Ergonomie, Anwenderzufriedenheit - Lernbarkeit, Einarbeitungszeit - Zeitverhalten, Parameter zur Verhaltensanpassung, Parallelverarbeitung - Ressourcenverteilung, ortsnahe Verarbeitung - Fehlertoleranz
Marktpräsenz: Die Hersteller der ausgewählten Werkzeuge und Technologien müssen eine sichere Marktposition haben, sodass Langlebigkeit und kontinuierliche Weiterentwicklung der Produkte und Support garantiert sind. Die Corporate Culture und die externe Präsenz in Wissenschaft, Forschung und Öffentlichkeit muss die Innovativkraft und Zukunftsorientierung der Produkte anzeigen.	- Marktposition, Umsatzentwicklung, Unternehmenshistorie - Technologiestatus, Innovationstendenzen, öffentliche Diskussion - White Papers, Strategiebekanntgaben - Hochschulkooperation, Forschungsprogramme
Know-how Allokation: Das zur Entwicklung und Produktion erforderliche Know-how muss durch Personalmarkt, externe Berater und ausreichende Schulungs- und Betreuungskapazität des Lieferanten abgedeckt bzw. aufgebaut werden können.	- Trainingsangebote - Hotline Support - Stellenmarkt - Beratermarkt - Hochschulvorlesungen

Tabelle 9.5: Tabelle der taktische Kriterien zu DWH-Softwarekomponenten

Technische Kriterien

Die **technische Kriterien** sind Kannkriterien. Die technischen Eigenschaften des Produkts erhöhen die Einsatzfähigkeit und bieten bessere, komfortablere Funktionalität, können aber auch ohne die eine oder andere Eigenschaft gut genutzt werden. Beispiel für technische Kriterien sind:

- ✔ Ergonomiefunktionen
- ✔ Fachliche Einzelfunktionalität
- ✔ Programmiersprache von Tools
- ✔ Laufzeitprogrammerzeugung: Compiler, Assembler, Interpreter, Precompiler, Generator

Die technischen Kriterien müssen mittels Produktpräsentationen und Teststellungen überprüft werden. Für die Gruppe Einzelfunktionalität aus der Reihe der technischen Kriterien sind in Kapitel 4 »Softwarekomponenten« Komponenten und kommentierte Funktionenlisten aufgeführt.

Das Verfahren ist zusammenfassend in der folgenden Abbildung »Evaluationsverfahren« dargestellt.

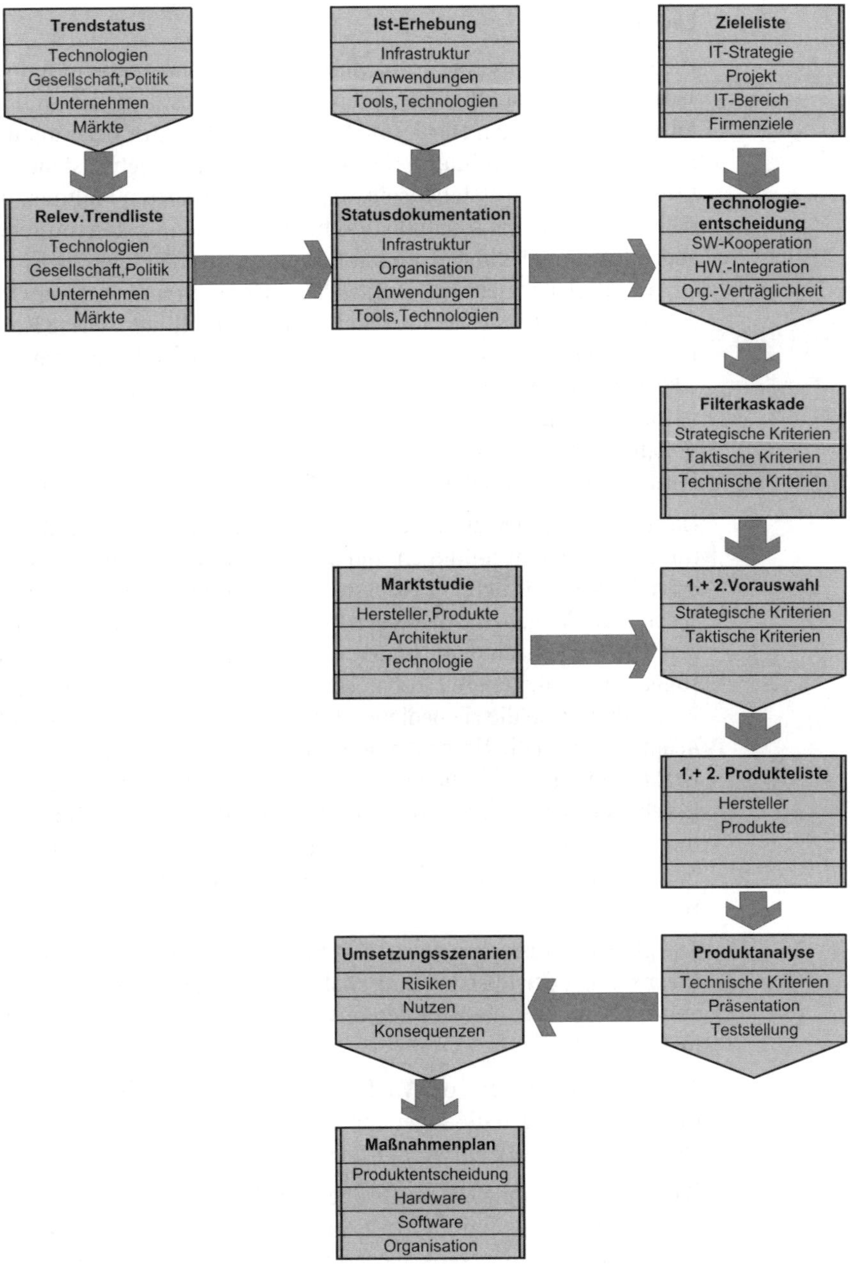

Abbildung 9.5: Evaluationsverfahren

9.3 Die Nutzenanalyse am Beispiel der Client/Server-Architekturentscheidung

Einleitung

Die reine Kostenanalyse droht viele Innovationsprozesse im Keim zu ersticken. Jede Innovation stellt zunächst einmal eine Investition dar. Im Falle der Einführung einer neuen Hard- und Software-Architektur bedeutet dies die Beschaffung von Rechnern, Netzkomponenten, Betriebssystem und Oberfläche, Utilities und Schnittstellensoftware. Zu diesen Kosten kommen die der Personalbeschaffung und -qualifikation hinzu. Von den Kosten am schlechtesten abgebildet und deswegen am häufigsten unterschätzt, ist die Umsetzung neuer Organisationsformen wie Arbeitskreise, Gremien und weiterer Organisationsmittel wie Berichtswege, Protokollformen, Richtlinien. Diese Kosten auf ein Pilotprojekt umgelegt, macht auf den ersten Blick allen Nutzen, den dieses Projekt liefern könnte, fragwürdig. Deshalb ist die Kostenanalyse ein beliebtes Verfahren der Gegner von Innovationen. Um dennoch die Einführung neuer Technologien zu rechtfertigen, ist oft ein strategischer Bonus erforderlich, z.B. die Forderung, sich von der etablierten Technologie in die Zukunft zu bewegen.

Hardware-Architekturen dienen keinem Selbstzweck, sie sind Trägermedium für Datenbankanwendungen und diese wiederum haben die Aufgabe, die betriebswirtschaftlichen Prozesse und Funktionen eines Unternehmens und speziell die Aufgaben der Mitarbeiter des Unternehmens optimal zu unterstützen. Die Frage nach dem Nutzen einer Architektur ist also nicht, wie oft genug suggeriert wird, generell lösbar, sondern sie ist immer nur in Bezug auf eine Anwendung und die sie bedienenden Anwender unter Berücksichtigung der Adaption durch die Unternehmenskultur zu lösen. Sie ist auch nicht mit der Exaktheit wissenschaftlicher Anwendungen zu berechnen, sondern vielmehr Ergebnis eines pluralen Prozesses der Unternehmensdemokratie. Sie ist selten mit dem Aufrechnen von Kosten gegen monetären Nutzen zu begründen und niemals über den Vergleich von Kosten und Nutzen eines Pilotprojekts zu rechtfertigen.

Alle globalen Aussagen, ob sie nun Pro oder Contra Client-Server lauten oder Downsizing oder Upsizing pauschaliert werden, sind und bleiben Etiketten, anhand derer sich die Welt des Vertriebs von der nüchternen Welt der Problemlöser abhebt.

Als Hilfsmittel soll aus der Vielfalt der möglichen Evaluations- und Nutzenermittlungsverfahren die sogenannte **Nutzwertanalyse** vorgestellt werden, weil viele andere Evaluationsverfahren vereinfachte Versionen sind.

Das Kapitel gibt eine Übersicht über die Nutzenfaktoren, die als Unterstützung der Entscheidungsfindung zur Einführung der Client-Server-Technologie dienen. Es zeigt, wie Nutzenkriterien bewertet werden können, also wie groß ihr Nutzenbeitrag ist, stellt aber auch die Problematik der Organisation der Nutzenermittlung und die Entscheidungsfrage, wann eine Nutzenfindung eingesetzt werden soll, dar.

Problemstellung und Motivation

Die meisten der veröffentlichen Verfahren zur Nutzenermittlung entbehren der akademischen Reife und können eher als Abstimmungsinstrument denn als solides Problemlösungsmittel eingesetzt werden. An Werkzeugen ist nach wie vor die **Nutzwertanalyse nach Zangemeister** unangefochten das sicherste, aber auch das aufwendigste Instrument. Im folgenden wird deshalb die Nutzwertanalyse gewählt, um speziell die Entscheidung pro oder contra Client-Server-Architektur zu untermauern.

Das Ziel der hier dargestellten speziellen Anwendung der Nutzwertanalyse ist die Aufstellung der Nutzenfaktoren und die Durchführung der Bewertung zur Auswahl der optimalen Produktions- und/oder Entwicklungsarchitektur (Client-Server oder Host-Terminal) für eine ausgewählte Fachanwendung, unter der Voraussetzung bestehender Anwendungen. Die Kostenbetrachtung wird hierbei bewusst unterdrückt.

Phaseneinordnung der Nutzwertanalyse

Die Nutzwertanalyse bedarf der sorgfältigen Vorarbeit. Sie setzt das dezidierte Wissen um die Zielsetzung des Projekts, um die Fachaufgaben der »Fachkonzeption« und um Software- und Hardwareschnittstellen voraus. Andererseits muss die Phase »DV-Design« bereits die Werkzeug- und Plattformentscheidung kennen. Deshalb ist, wie in der Abbildung »Phaseneinordnung der Nutzwertanalyse« dargestellt, die Nutzwertanalyse nach der Fachkonzeption durchzuführen.

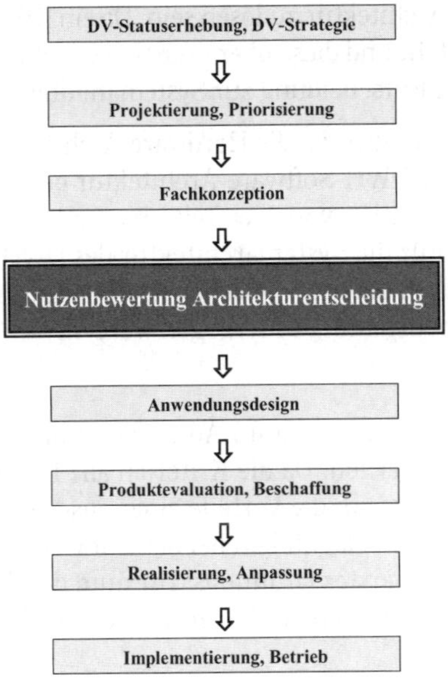

Abbildung 9.6: Phasen-Einordnung der Nutzwertanalyse

Verfahren der Nutzwertanalyse

Das Verfahren der Nutzwertanalyse besteht aus den folgenden Schritten:

1. Erfassung der **Entscheidungsalternativen** (Architekturvarianten)
2. Aufstellung der **Nutzenkategorien**: Entwicklungsphasen
3. Feingliederung der Nutzenkategorien in **Nutzenfaktoren**
4. Abstimmung der **Gewichtungswerte** der Nutzenfaktoren als Beitrag zum nächsthöheren Oberbegriff
5. Erstellung der **Zielwerteskala** und der qualitativen Bedingungen für die Zuordnung zu einem Skalenwert: Maßstab
6. Abstimmung der **Einordnung der Nutzenfaktoren** feinster Ebene in die Zielwerteskala
7. Durchführung der **Gewichtung**: Multiplikation der Zielwerte aller Alternativen mit dem zugehörigen Gewichtungsfaktor und Addition über alle Stufen
8. **Vergleich** der Nutzenwerte der Alternativen

Entscheidungsalternativen

Zuerst müssen die nach ihrem Nutzen zu beurteilenden **Entscheidungsalternativen** definiert werden. Für eine neu zu realisierende Anwendung könnte z.B. das Problem der optimalen Architekturkombination aus einer bestehenden und der noch zu implementierenden Architektur zu lösen sein. Da ein DWH-System aus mehreren Anwendungen besteht und diese über unterschiedliche Architekturen realisiert sein können, ist eine Entscheidung zur Systemarchitektur zu finden.

Ein Teil der DWH-Systemarchitektur ist die Hardware-Architektur. DWH-Hardware-Architektur wird von der DWH-Software-Architektur bestimmt. Die DWH-Software ist eine Kombination von Architekturvarianten der verschiedenen Softwarekomponenten. Für die Systemarchitektur des DWH aus Softwaresicht können z.B. grundsätzlich die drei typischen Architekturen OLAP, DSS und Data-Miner der Nutzenbeurteilung unterzogen werden.

Nutzenkategorien

Als nächster Schritt ist die Aufstellung der für Anwendungsarchitekturen relevanten **Nutzenkategorien** erforderlich. Da die Kriterien alle Lebensphasen der Software berücksichtigen sollten, um die Vorteile einer ausgewählten Umgebung für die Produktion nicht mit Nachteilen bei der Entwicklung und Wartung zu erkaufen, bietet sich als erstes Ordnungskriterium die Einteilung in Lebensphasen an. Es genügt, bezüglich der Lebensphasen die drei Kategorien

✔ Entwicklung

✔ Betrieb

✔ Wartung

zu unterscheiden und die Phasen Fachkonzeption, Projektierung, Test und Destallation zu subsumieren.

Nutzenfaktoren

Bis hierher sind nur Eigenschaftengruppen entstanden. Die weitere Feinstrukturierung der Kategorien in **Nutzenfaktoren** führt zu den gewünschten Eigenschaften des zu konstruierenden Systems und wird so zu einem Zielebaum. Die weiter unten folgende Tabelle »Nutzenfaktoren für die Architekturauswahl« gibt einen Vorschlag für solche Eigenschaften. Die Lebensphase »Betrieb« enthält im Beispiel den Nutzenfaktor »Verfügbarkeit« und dieser ist in die Nutzenfaktoren »Performance«, »Ausfallsicherheit« und »Zugriffssicherheit« zerlegt.

Ein Problem der Bewertung stellt die gegenseitige Überschneidung der Nutzenfaktoren dar. So ist zum Beispiel die Know-how-Verfügbarkeit sowohl für die Entwicklung als auch für die Wartung nützlich. Ein weiteres Problem liegt in der gegenseitigen Abhängigkeit von Nutzenfaktoren, wie zum Beispiel bessere Wartbarkeit als Auswirkung einer guten Entwicklung.

Mit jeder weiteren Zerlegungsstufe wird die Bearbeitung der hierarchischen Struktur aufwendiger und die Überprüfung der Überschneidungsfreiheit der Kriterien wird unübersichtlicher. Mit der sinkenden Praktikabilität wächst die Gefahr des frühzeitigen Abbruchs der Nutzwertanalyse.

Die Nutzenfaktoren für das hier gewählte Beispiel sind in der folgenden Grafik »Beispiel der Nutzenfaktoren zu DWH-Software-Architektur« dargestellt:

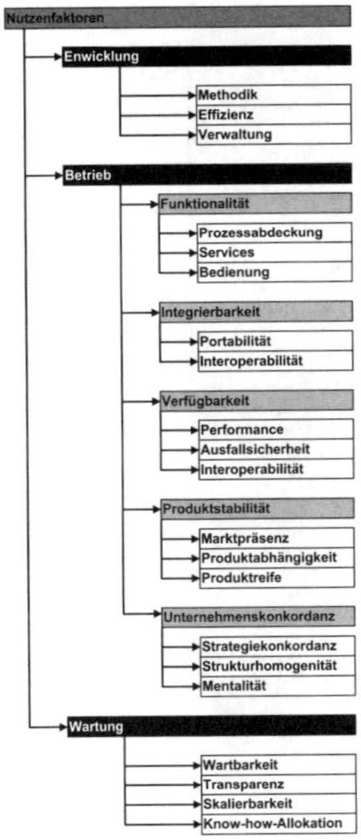

Abbildung 9.7: Beispiel der Nutzenfaktoren zu DWH-Software-Architektur

Gewichtungsfaktor

Da die Beurteilungskriterien in ihrem Beitrag zum Nutzen unterschiedlich wichtig sind, werden sie mit einem **Gewichtungsfaktor** unterschiedlich gewichtet.

Auf jeder Ebene der Kriteriengliederung (Zielebaum) muss eine Gewichtung durchgeführt werden, so dass jeweils die Gewichte in einer Ebene unter einem Gliederungspunkt in Relation stehen **(relative Gewichte).** Die Gewichtung wird dann ebenenweise normiert. Die Gewichtungswerte sind relativ zu ihrem Oberbegriff normiert. Alle Faktoren zusammengenommen sind so normiert, dass sie ihren Anteil zum Gesamtnutzen von 100% anzeigen.

Das folgende Beispiel listet die hierarchische Gliederung der »Nutzenfaktoren für die Architekturauswahl« mit Gewichtung innerhalb der Nutzenfaktorengruppe und mit Gewichtung der Nutzenuntergruppe zu anderen Nutzenuntergruppen und der Gewichtung der Nutzengruppen zueinander auf (z.B. Nutzengruppe »Betrieb« hat das relative Gewicht 5). Die Gewichtung resultiert aus einem Maßstab, der in der letzten Zeile benannt ist.

Nr.	Nutzenfaktor	Teilaspekte	Gw	Maßstab
1.	**ENTWICKLUNG**		2	
1.1	**Entwicklungsmethodik** Beherrschbarkeit der Entwicklungsproblematik über Methoden, Personalverfügbarkeit für den Einsatz der Methoden	Leistung Know-how-Verfügbarkeit	0.2	Modernität
1.2	**Entwicklungseffizienz** Unterstützung der Methoden durch Werkzeuge, Datenaustausch der Methoden	Werkzeugstützung Offenheit	0.5	Repository
1.3	**Ergebnisverwaltung** Standardauswertungen der Ergebnistypen, komfortable Anfrage und Auswertungsmöglichkeiten, automatische Dokumentation	Verwaltung Dokumentation	0.3	Reportfunktionen
2.	**BETRIEB**		5	
2.1	**Funktionalität**		0.3	
2.1.1	**Prozessabdeckung** Die Programme sollen vormals manuelle Prozessanteile und Aktivitäten durch Programmfunktionen übernehmen.	Abdeckungsgrad Flexibilität	0.05	Funktionszahl
2.1.2	**Services** Die Ansteuerung der Peripherie, Kommunikationsmöglichkeiten, Zusatzinformationen sollen integriert sein.	Serviceprogramme	0.02	Serviceprogramme
2.1.3	**Bedienung** Programmteile arbeiten wirklichkeitsnah und zeigen simulatives Vehalten, sind lernend und verhaltensanpassbar. Das Arbeiten mit dem Produkt muss selbst erklärend sein. Es muss Unterstützungen für den Anwender bei Fragen und Fehlverhalten geben.	Internationalität Anpassungsfunktionen Präsentationskomfort Lernbarkeit	0.03	technologische Ausstattung
2.2	**Integrierbarkeit**		0.3	
2.2.1	**Portabilität** Die Produkte müssen von der Entwicklungsplattform auf die unternehmensrelevanten Betriebsplattformen portierbar sein, die vorhandenen und wiederzuverwendenden Bestandteile sollen migriert werden können.	Migrierbarkeit Implementierbarkeit Plattformspektrum	0.05	Plattformen Portierungserfordernis
2.2.2	**Interoperabilität** Die neuen Produkte müssen mit den bestehenden Datenbankanwendungen durch problemlosen Datenaustausch, vollständige funktionale Einbettung und ergonomische Homogenität kooperieren können und gleiche Oberflächensymbolik haben.	Offenheit Prozessintegration Funktionsintegration Informationsintegration Maskenintegration	0.05	Einbindungsart Schnittstellenbedarf
2.3	**Verfügbarkeit**		0.2	
2.3.1	**Performance** Bei Überlastigkeit einer Ressource müssen Module umplatziert werden können. Die Durchlaufzeit bzw. Aufgabenbewältigung soll verkürzt und die Komplexitätsbewältigung vereinfacht werden.	Ergonomie Zeitverhalten Verhaltensanpassung Ressourcenverteilung Fehlertoleranz	0.03	Antwortzeit Einarbeitungsdauer Tuningmöglichkeiten
2.3.2	**Ausfallsicherheit** Von einem Ausfall sollten möglichst wenig Teile betroffen sein, der Neustart sollte schnell, der Releasewechsel bei laufendem Betrieb möglich sein.	Ausfallreichweite Planausfallhäufigkeit Häufigkeit unerwarteter Ausfälle	0.04	Ausfälle pro Zeit

Tabelle 9.6: Beispiel: Nutzenfaktoren für die Architekturauswahl

Nr.	Nutzenfaktor	Teilaspekte	Gw	Maßstab
2.3.3	**Zugriffssicherheit** Die Benutzer und ihre Aktivitäten müssen erkannt, geprüft, bestätigt, protokolliert, die Erlaubnisse müssen graduiert werden können.	Schutzmöglichkeiten	0.03	Sicherheitslevel
2.4	**Produktstabilität**		0.1	
2.4.1	**Marktpräsenz** Die Hersteller der Produkte müssen ökonomisch solide sein, sicher im Markt stehen, Langlebigkeit, kontinuierliche Weiterentwicklung, Support garantieren. Corporate Culture und Präsenz in Wissenschaft und Forschung sollen auf Innovativkraft und Zukunftsorientierung zeigen. Die Produkte müssen state-of-the-Art sein.	Marktposition Unternehmenshistorie Technologiestatus Innovationsinvestment Öffentliche Diskussion White Papers	0.03	Marktposition
2.4.2	**Produktabhängigkeit** Umstiegsmöglichkeit auf andere Produkte bei Unzufriedenheit mit Hersteller, Öffnung der Schnittstellen für die Anbindung fremder Produkte, Kooperation mit Third Parties.	Offenheit Third parties Commitments Gremienmitwirkung	0.04	Austauschbarkeit
2.4.3	**Produktreife** Entwickler und Anwender dürfen nicht in den Produktstabilisierungsprozess der Hersteller involviert sein. Das Produkt soll den Reifungsprozess abgeschlossen haben, die Technologie muss sich bewährt haben.	Versionen Updating Ankündigungen Patches	0.03	Versionsnummer
2.5	**Unternehmenskonkordanz**		0.1	
2.5.1	**Strategiekonkordanz** Es darf kein "Philosophiebruch" eingekauft werden. Die Erreichung der Ziele des Unternehmens muss verbessert werden können. Die Prozesse müssen effizienter und wirtschaftlicher durchgeführt werden können.	Strategiekonformität Imageförderung Mitbewerberlevel	0.04	Philosophiebruch Strategieabweichung Zielverschiebung
2.5.2	**Strukturhomogenität** Die Organisation der Systeme muss mit der Organisation des Unternehmens verträglich sein. Umstrukturierungen der Systeme und organisatorische Anpassungen müssen möglich und effizient durchführbar sein.	Organisationsstruktur Produktanpassungsmöglichkeiten	0.03	Organisationsanpassung
2.5.3	**Mentalität** Die Technologie muss von den Mitarbeitern des Unternehmens akzeptiert und umgesetzt werden.	Motivationspotential Führungsstützung	0.03	Akzeptanzgrad
3.	**WARTUNG**		3	
3.1	**Wartbarkeit** Ersetzen alter Komponenten durch neue, schnelle Fehlerbeseitigung, Releasewechsel ohne großen Parameteranpassungsaufwand	Releasewechsel Komponententausch Funktionserweiterung Fehlerbehebung	0.5	Modularität Parametrisierung
3.2	**Transparenz** Die Innenarchitektur der Produkte muss, für Anbindungsfragen an Fremdprodukte und Eigenentwicklung, offengelegt sein. Das betrifft Systemkataloge, Steuerungstabellen, Formate, Protokolle, Datenmodelle.	Formatbeschreibungen Architekturgrafiken Third-Party-Liste Kooperationen	0.2	Dokumentation
3.3	**Skalierbarkeit** Das installierte System muss den stetigen Ausbau mit neuen Modulen erlauben. Evolutionäre Entwicklung zu höherer Komplexität durch weitere HW und Partitionierung der SW auf die HW-Ressourcen muss möglich sein.	Modularität Verteilbarkeit Größenvarianten Plattformvarianten	0.2	Modularität Plattformen
3.4	**Know-how Allokation** Das zur Wartung erforderliche Know-how muss über den Personalmarkt, durch Berater, durch Schulungs- und Servicekapazität des Lieferanten abgedeckt bzw. zügig aufbaubar sein	Trainingsangebote Hotline Support Stellenmarkt Beratungsmarkt	0.1	Know-how Aufbau

Tabelle 9.6: Beispiel: Nutzenfaktoren für die Architekturauswahl

Zielwertskala

Für jeden einzelnen Nutzenfaktor letzter Zerlegungsstufe ist die Erstellung einer **Zielwertskala** mit einem **Maßstab** erforderlich. Zum Beispiel sind in der Abbildung »Nutzwertematrix für DV-Systeme« die Zielwerte des Kriteriums »Performance« für das Maß »Antwortzeit« und die Zielwertklassen <2sec, 2-6sec, 6-10sec, >10sec mit den Werten 8,4,6,2 auf der Zielwerteskala dargestellt. Die Skaleneinteilung zu einem Nutzenfaktor ist projektabhängig, d.h. die Nutzwert-Zuordnungstabelle muss für jedes Projekt erneut aufgestellt werden.

Die Zielwertskalen werden günstigerweise zu einer **Nutzwertematrix** zusammengefasst, um die relative Gewichtung untereinander auszubalancieren.

Nutzenkategorien / Nutzenfaktoren	Nutzwerte 0	1	2	3	4	5	6	7	8	9	10
Entwicklung											
Methodik		unvollständig			vollständig				vollständig, integriert		
Effizienz	keine Schnittstellen				ohne Schnittstelle						Reposit
Verwaltung					unkomfortabel				komfortabel		
Betrieb											
Funktionalität											
Prozessabdeckung		10%	20%	30%	40%	50%	60%	70%	80%	90%	100%
Service	ohne Unterstützung				unkomfortabel				komfortabel		
Bedienung		Hilfen		Kontexthilfe		erweiterbare Hilfe		konfigurierbar		selbst lernend	
Integrierbarkeit											
Protabilität											
Datenbank		neue DBTools erforderlich			muß portiert werden		kann migriert werden		alle DBTools vorhanden		
Programme		neues BS erforderlich			Entwicklung muß portiert werden				alle BS vorhanden		
Masken		neue Oberfläche erforderl.			Masken müssen portiert werden				alle Oberflächen vorhanden		
Interoperabilität											
Daten				Eigen				Third P		integriert	
Programme				Eigen				Third P		integriert	
Masken	ohne				Fenster					drag+drop	
Verfügbarkeit											
Performance				>10sec		6-10sec		2-6sec		<2sec	
Ausfallsicherheit		1/Woch	3/Mon	2/Mon	1/Mon	9/Jahr	6/Jahr	5/Jahr	3/Jahr	2/Jahr	1/Jahr
Zugriffssicherheit	ohne	Level 1		Level 2		Level 3		Level 4		Level 5	
Produktstabilität											
Marktpräsenz		Nischenspieler			Kopierer		Hauptmitbewerber	Führer			
Abhängigkeit	total	teilweise ersetzbar								100% ersetzbar	
Produktreife		Betarelease		1. Release		2. Release		4. Release		>4. Release	
Unternehmenskonkordanz											
Strategie		konträr		anpassbar		verträglich				nahtlos	
Struktur		konträr		Organ. anpassbar		System anpass-bar				nahtlos	
Mentalität		konträr		anpassbar		verträglich				nahtlos	
Wartung											
Wartbarkeit		extern				manuell		teilw. automatisiert		automatisiert	
Transparenz											
Datenstruktur	ohne				teilw.			Param			völlig
Programme	ohne				teilw.			Param			völlig
Masken	ohne				teilw.			Param			völlig
Skalierbarkeit	nicht				teilw.						völlig
Know-how Allokationen		extern				guter Markt		intern aufbaubar		intern vorhanden	

Tabelle 9.7: Beispiel einer Nutzwertmatrix

Eine Zusammenstellung von Nutzwertskalen zu einer Nutzwertematrix kann auch auf der Ebene der Funktionen durchgeführt werden oder besser bezogen auf Alternativen der Funktionsausstattungen von Produkten.

Bewertung

Die ausgewählten Architekturalternativen werden mittels der Zielwerteskala der **Bewertung** unterzogen, indem jede Architektur den geschätzten oder gemessenen Skalenwert zu jedem Nutzenfaktor zugeordnet bekommt. Die Diskussion kann zum Beispiel ergeben, dass die ausgewählte Anwendung als Cooperative Processing Lösung mit PC und Host stark mit Grafikverarbeitung zu kämpfen hat und über lange Netzstrecken auf eine fein zerlegte relationale Datenbank zugreifen muss, was zu einer Antwortzeit >10sec führt.

Die nicht messbaren Nutzenfaktoren, wie zum Beispiel »Bedienungskomfort«, werden über einen Abstimmungsprozess der Beteiligten eingeschätzt.

Gesamtgewichtung

Der unterschiedlichen Bedeutung der Nutzenfaktoren wird durch Multiplikation mit dem bereits oben genannten Gewichtungsfaktor Rechnung getragen. Die Zusammenfassung der Einzelbewertungen zu einer **Gesamtgewichtung** schließt das Verfahren ab. Das Ergebnis ist ein Zahlenwert für jede Architekturvariante, die **Nutzwerte der Entscheidungsalternativen**.

Hierbei kann sich in den vorhergehenden Schritten durchaus herausgestellt haben, dass ein Gesamtergebnis über alle Phasen, also eine Optimal-Architektur für Entwicklung und Betrieb nicht möglich ist, das Gesamtergebnis also aus der Empfehlung zweier Architekturbeschaffungen besteht.

Als Beispiel wurde weiter unten in der Tabelle »Nutzenbewertung für DV-Architekturen« ein Anwendungssystem realistisch für die Host-Terminal-Architektur, für die PC-Server-Architektur und mit fiktiven Maximalwerten bewertet dargestellt (siehe Abbildung 9.8).

Für jedes weitere zu beurteilende Projekt kann die NWA durch neue Gewichtung, Skalierung und Skalenwerteinordnung wiederverwendet werden.

Nutzenfaktorennetze

Nutzenfaktoren sind in der Regel vernetzt und stehen in einem Ursache-Wirkungs-Verhältnis. Die Nutzwertanalyse zeigt nicht die eventuell vorhandene gegenseitige Abhängigkeit von Nutzenfaktoren. Diese Abhängigkeit kann durch die vorgezogene Entwicklung von **Nutzenfaktorennetzen** oder **Nutzeffektnetzen** offengelegt und bei der Nutzwertbestimmung berücksichtigt werden. Beispiele für Nutzennetze sind zu finden in

🗁 Anselstetter, Betriebswirtschaftliche Nutzeffekte

Nutzenkategorien / Nutzenfaktoren	Architektur 1 Hostapplikation				Architektur 2 PC-Applikation				Maximalwerte			
	Fakt	Gew	Prod	Sum	Fakt	Gew	Prod	Sum	Fakt	Gew	Prod	Sum
Entwicklung	3,4	2		6,8	8	2		16	10	2		20
Methodik	5	0,2	1		8	0,2	1,6		10	0,2	2	
Effizienz	3	0,5	1,5		8	0,5	4		10	0,5	5	
Verwaltung	3	0,3	0,9		8	0,3	2,4		10	0,3	3	
Betrieb	6,06	5		30,3	7,49	5		37,42	10	5		50
Funktionalität	7,2	0,3	2,16		9,6	0,3	2,88		10	0,3	3	
Prozessabdeckung	10	0,5	5		10	0,5	5		10	0,5	5	
Service	5	0,2	1		8	0,2	1,6		10	0,2	2	
Bedienung	4	0,3	1,2		10	0,3	3		10	0,3	3	
Integrierbarkeit	3,6	0,3	1,08		6,95	0,3	2,085		10	0,3	3	
Portabilität	2,8	0,5	1,4		8	0,5	4		10	0,5	5	
Datenbank	4	0,4	1,6		8	0,4	3,2		10	0,4	4	
Programme	2	0,3	0,6		8	0,3	2,4		10	0,3	3	
Masken	2	0,3	0,6		8	0,3	2,4		10	0,3	3	
Interoperabilität	4,4	0,5	2,2		5,9	0,5	2,95		10	0,5	5	
Daten	5	0,4	2		5	0,4	2		10	0,4	4	
Programme	5	0,3	1,5		5	0,3	1,5		10	0,3	3	
Masken	3	0,3	0,9		8	0,3	2,4		10	0,3	3	
Verfügbarkeit	6,9	0,2	1,38		6,2	0,2	1,24		10	0,2	2	
Performance	10	0,3	3		5	0,3	1,5		10	0,3	3	
Ausfallsicherheit	6	0,4	2,4		8	0,4	3,2		10	0,4	4	
Zugriffssicherheit	5	0,3	1,5		5	0,3	1,5		10	0,3	3	
Produktstabilität	8	0,1	0,8		6,4	0,1	0,64		10	0,1	1	
Marktpräsenz	8	0,3	2,4		8	0,3	2,4		10	0,3	3	
Abhängigkeit	8	0,4	3,2		4	0,4	1,6		10	0,4	4	
Produktreife	8	0,3	2,4		8	0,3	2,4		10	0,3	3	
Unternehmenskonkordanz	6,4	0,1	0,64		6,4	0,1	0,64		10	0,1	1	
Strategie	7	0,4	2,8		7	0,4	2,8		10	0,4	4	
Struktur	6	0,3	1,8		8	0,3	2,4		10	0,3	3	
Mentalität	6	0,3	1,8		4	0,3	1,2		10	0,3	3	
Wartung	4,4	3		13,2	5,6	3		16,8	10	3		30
Wartbarkeit	5	0,5	2,5		5	0,5	2,5		10	0,5	5	
Transparenz	5	0,2	1		5	0,2	1		10	0,2	2	
Datenstruktur	5	0,4	2		5	0,4	2		10	0,4	4	
Programme	5	0,3	1,5		5	0,3	1,5		10	0,3	3	
Masken	5	0,3	1,5		5	0,3	1,5		10	0,3	3	
Skalierbarkeit	2	0,2	0,4		8	0,2	1,6		10	0,2	2	
Know-how Allokationen	5	0,1	0,5		5	0,1	0,5		10	0,1	1	
Summen				50,3				70,22				100

Abbildung 9.8: Beispiel Nutzenbewertung für DV-Architekturen

Gestaltungs- und Lösungsmöglichkeiten

Zur Nutzenanalyse ist es also erforderlich, die Nutzenfaktoren zu sammeln, die als Unterstützung der Entscheidungsfindung der Analyse dienen, und die Nutzenkriterien zu finden, die bewertet werden. Für die Nutzenkriterien ist je Kriterium eine Skala zu erarbeiten, wie groß ihr Nutzenbeitrag unter welchen Ausprägungen ist.

- Erarbeitung der Nutzenfaktoren
- Erarbeitung der Nutzenkriterien
- Findung der Bewertungsskala und der Nutzenbeiträge der Skaleneinheiten

Da die Ergebnisse gemeinsam umzusetzen sind, müssen sie auch von einem betroffenen Kreis als gemeinsames Ergebnis getragen werden. Damit ist auch die Problematik der Organisation der Nutzenermittlung und die Entscheidungsfrage, wann eine Nutzenfindung eingesetzt werden soll, zu lösen.

- Entscheidung der Organisationsform und der Teilnehmer der Nutzenanalyse

Problemlösung: Regeln und Hilfsmittel

Die Entscheidung über den Einsatz einer Nutzenanalyse

Die meisten Nutzenpunkte lassen sich nicht finanziell bewerten. Die Nutzenanalyse liefert einen Gegenpol zur Kostenanalyse. Kein Mensch würde zum Beispiel auf die Idee kommen, beim Autokauf zu überschlagen, wieviel ein Schiebedach kosten darf, um dem Nutzen der Frischluftzufuhr zu entsprechen.

Erst durch eine offen geführte Diskussion unter Teilnehmern unterschiedlichster Interessen kann sich das volle Meinungsspektrum entfalten. Die von einem engen Kreis von Initiatoren einer Idee gefundenen Argumente für eine DV-Architektur können mittels der Nutzenanalyse durch weitere Perspektiven und Erkenntnisse ergänzt werden und dienen so der höheren Genauigkeit der Einschätzung.

Den Führungskräften bietet sich die Möglichkeit, die Ängste und Vorurteile zu erkennen und über Verständnis und Aufklärung Führungskompetenz zu zeigen. Als Nebeneffekt bekommen sie einen Einblick in den Know-how-Status und können Ausbildungsmaßnahmen zu Steigerung des Marktwerts der Mitarbeiter definieren.

Dadurch, dass der Teilnehmerkreis aus unterschiedlichen Organisationseinheiten zusammengesetzt ist, werden Probleme und Interessen anderer Abteilungen klar. Es kann ein Informationsfluss angeregt werden, der im Alltagsgeschäft an den Abteilungsgrenzen ins Stocken käme. Diagonale Kommunikation wird als möglich und erwünscht erkannt, auch nach Abschluss der Nutzwertanalyse ausgeübt und als Synergieeffekt genutzt.

Zusammengefasst ergeben sich folgende Gründe für die Entscheidung, die Nutzwertanalyse einzusetzen:

- ✔ Entlastung der Kostenlastigkeit der Argumentation
- ✔ Vervollständigung der Argumentation

✔ Aufdeckung der Stimmungslage und Besänftigung der Ängste

✔ Freistellung abteilungsinterner Erfahrungen

Das Verfahren

Die Durchführung der Nutzwertanalyse umfasst folgende Schritte:

Verfahren der Nutzwertanalyse

- **Entscheidung** der Organisationsform und der Teilnehmer der Nutzenanalyse
- **Vorbereitung**
  Erstellung eines Anwendungsleitfadens für die Nutzwertanalyse
  Entwicklung der Protokollform für die Fixierung der Argumentation
- Verteilung der **Einladung**
  Agenda, Anwendungsleitfaden und Zielsetzung
  Bestellung der erforderlichen abteilungsbezogenen Informationen zu Erfahrungen und Interessen
  Benennung des Protokollanten
  Bestellung des Moderators
- **Durchführung**
  Vorstellung der Workshop-Teilnehmer mit Namen, Aufgaben, workshopbezogenen Erfahrungen, eventuell Darstellung der Ressentiments und Befürchtungen, aber auch der Erwartungen
- **Darstellung** der ausgewählten und geplanten Datenbankanwendungen, Allokationsanforderungen, Funktionalität, ergonomische Bedürfnisse, Einbindung in die Geschäftsprozesse
- **Anpassung** des Verfahrens auf Unternehmensspezifika und Einbringen der speziellen Anforderungen durch die Datenbankanwendung
- **Skizzieren** des Verfahrens Nutzwertanalyse, Klärung offener Fragen
- Darstellung der als Möglichkeiten zur Auswahl stehenden **Alternativen**
  Erarbeitung der Nutzenfaktoren mit Hilfe des **Beispiels der Nutzenfaktoren für die Architekturauswahl**
  Erarbeitung der Nutzenkriterien
  Feststellen der Gewichtung der Nutzenkriterien
  Findung der Bewertungsskala und der Nutzenbeiträge der Skaleneinheiten mit Hilfe des **Beispiels einer Nutzwertematrix**
- Anwendung des Verfahrens auf die ausgewählte Anwendung, Bewertungen, Gewichtungen in demokratischer **Abstimmung** mit Hilfe des **Beispiels Nutzenbewertung für DV-Architekturen**
- **Protokollieren** der Argumentationslinien, Ergebnisse und Beschlüsse
- **Beurteilung** der Praktikabilität der Nutzwertanalyse für zukünftige Projekte und Verteilung an die Teilnehmer

Organisation der Nutzenermittlung

Für die Abwicklung der Nutzenermittlung bietet sich die Organisationsform **»Moderierter Workshop«** an, da die Zusammenarbeit der Teilnehmer von Know-how-Transfer und Interessenkonflikt dominiert ist. Es muss sowohl das Verfahren erlernt werden als auch ein Abteilungsgrenzen durchdringender Know-how-Transfer stattfinden.

Die eingesetzten Architekturen und die Werkzeuge zu ihrer Entwicklung sollen das betroffene Personal mit unterschiedlicher Qualifikation und Mentalität in jeder Lebensphase zufriedenstellen. Die Verhandlung der Interessenkonflikte erfordert eine interessenneutrale Person, einen Moderator, der das nötige Architektur-Know-how beherrscht, glaubwürdig und problemorientiert auf das vereinbarte Ziel zusteuern kann und destruktive Diskussionen und einseitige kompromisslose Interessenverfolgung unterbinden kann. Der Moderator muss unter Umständen auch die Funktion des Architekturexperten mittels Know-how-Transfer erfüllen. In der Ermittlung der Nutzwerte für DWH-Komponenten sollten alle **DWH-Interessengruppen** repräsentativ vertreten sein:

- ✔ In der Fachkonzeption ist dies der mit dem Fachanwender kommunizierende Systemanalytiker
- ✔ in der Realisation der Programmierer
- ✔ bei der Budgetierung die Geschäftsleitung
- ✔ in der Anwendung der Gelegenheitsnutzer
- ✔ für die Eingabe von Mengendaten die Datentypistin
- ✔ im Vororteinsatz der Vertrieb
- ✔ und schließlich der interessenneutrale und fachkompetente Moderator

Als entscheidende Randbedingung für den erfolgreichen Abschluss der Nutzwertanalyse ist die Teamgröße zu nennen. Ein Team unter fünf Personen wird der Pluralität der Entscheidung nicht gerecht. Bei mehr als zwanzig Personen dagegen ist der Fortschritt durch zu lange Diskussionsstrecken fraglich.

Anwendungsleitfaden Nutzwertanalyse

Aufgrund der hohen Komplexität der Nutzwertanalyse ist unbedingt eine didaktisch aufbereitete Unterlage mit Formularen, ein **Anwendungsleitfaden Nutzwertanalyse,** für die Teilnehmer zu entwickeln. Der Leitfaden ist frühzeitig zu versenden, um nötigenfalls noch erforderliche Qualifizierungsmaßnahmen durchführen zu können. Der Anwendungsleitfaden umfasst

- ✔ eine Kurzdarstellung der Anwendung der Nutzwertanalyse
- ✔ die Zielsetzung
- ✔ die Bestellung der erforderlichen abteilungsbezogenen Informationen zu Erfahrungen und Interessen

- ✔ die Einladung der Teilnehmer mit Namen, Ort, Vorbereitung
- ✔ die Benennung des Protokollanten
- ✔ die Bestellung des Moderators

Protokoll Nutzwertanalyse

Die Workshop-Ergebnisse müssen sowohl für Teilnehmer als auch für Nichtteilnehmer nachvollziehbar bleiben. Deshalb ist die Entwicklung der **Protokollform** für die Fixierung der Argumentation der Rangeinstufung erforderlich. Alle Teilnehmer müssen von vornherein wissen, dass die Nachvollziehbarkeit der Begründungen sichergestellt sein muss. Das Protokoll enthält

- ✔ die Festlegung der Architekturalternativen
- ✔ die Begründung der Gewichtung
- ✔ die Begründung der Aufstellung der Bewertungsskalen
- ✔ Nutzwertbegründungen
- ✔ die Schlussfolgerung und Empfehlung

Hilfsmittel zur Berechnung

Für die direkten Hilfsmittel zur Nutzwertbestimmung wie Nutzenfaktorenliste, Nutzenmaßstäbe, Gewichtungswerte, Nutzwertematrix und Bewertung sind im Text ausführliche Beispiele angeführt.

Da das Verfahren der Nutzwertanalyse sehr aufwendig ist, sollte es wiederverwendbar sein. Am Ende des Verfahrens steht deshalb die Praktikabilität der Nutzwertanalyse für zukünftige Projekte zur Diskussion und Verteilung der Ergebnisse an die Teilnehmer.

9.4 Welche Lösungskonzepte bieten die Hersteller von DWH-Produkten?

So vielfältig wie die Hersteller auf dem Markt auftreten, so vielfältig sind die angebotenen Konzepte. Sie reichen vom Hardwarehersteller, der kein einziges dezidiertes DWH-Produkt herstellt und sich durch Partnerschaften mit Herstellern von DWH-Komponenten zu einer integrierten Lösung zusammenrauft, bis zum allgemeinen Standardsoftwarehersteller, der seiner Basis einen DWH-Hut aufgesetzt hat. Sie reicht vom reinen DWH-Hersteller, der nur DWH-Komponenten produziert, bis zum Akquisiteur, der, um seine bestehende Produktpalette zu komplettieren, den DWH-Hersteller übernimmt.

Aus der Vielzahl dieser Hersteller sind hier einige wenige, aber wichtige Stellvertreter mit ihrem Architekturkonzept zu DWH-Komponenten als Beispiel ausgewählt worden.

Hersteller	Marktsegment	Ansatz
Microsoft	Betriebssysteme, Bürosoftware	Framework und Enduser-Tool-Erweiterungen um Einzelfunktionen
Hewlett Packard	Rechner und Peripherie	Komplettkonzept auf Hardwarebasis mit Partnerschaften für DWH-Software
IBM	alle Hardwarekomponenten, Netzprovider, viele Softwaresegmente	Komplettkonzept auf Hardwarebasis mit Eigensoftware aus eigener Forschung und Partnerschaften für DWH-Software
Teradata	Rechner und Peripherie, Datenbanken, Data Warehouse Tools	Komplettkonzept auf eigener Hardwarebasis und kompletter eigener DWH-Software-Suite
SAP	Betriebswirtschaftliche Standardsoftware	Dachfunktionaliät und Exekutivauswertungstools
Oracle	Datenbankmanagementsysteme, Standardsoftware	Komplette integrierte Enterprise Data Warehouse Solution
MicroStrategy	Reiner DWH-Hersteller	Komplette DWH-Suite

Tabelle 9.8: Übersicht der Herstelleransätze für DWH

9.4.1 Das DWH-Konzept von Microsoft

Microsoft ist der größte Softwarehersteller der Welt. Microsoft ist kein typischer DWH-Hersteller. Das ursprüngliche Betätigungsfeld von Microsoft war die Herstellung von Betriebssystemen für Personalcomputer der IBM. Aus dieser Position heraus avancierten die Microsoft-Betriebssysteme zum Standard für nahezu alle PCs. Mit dem wachsenden Bedarf an PCs wurde erkannt, dass mehr Rechenleistung vom Host weg auf die PCs zum Benutzer hin verlagert werden konnte. Neben den Betriebssystemen wurde daher ein weiterer Produktzweig aufgebaut, die sogenannten Enduser-Tools für Textverarbeitung, Kalkulation, Grafik und strukturierte Datenhaltung. Neben der Auslagerung von Intelligenz auf den PC wurde die Notwendigkeit der Zusammenführung der isoliert auf dem PC entstandenen Ergebnisse erkannt. Dies führte zur Entwicklung von Kommunikationsfunktionen für Mailing, Groupworking, Internetzugang, zentraler Datenhaltung und Netzverwaltung.

Der noch jungen Tendenz, auf unterschiedliche Plattformen und unterschiedliche Datenhaltungssysteme verteilte Daten zusammenzuführen und auszuwerten, trägt Microsoft durch neue Produkte Rechnung. Der **Data Warehouse Ansatz von Microsoft** bietet dabei, basierend auf dem etablierten SQL-Server, als relationale Datenbank und als Repository, ein **DWH-Framework** für ein mit fremden Produkten ausgestaltbares DWH-System mit Modellierungskomponente, OLAP-Tools und Data Mining Funktionen.

Auf der Basis des **Component Object Models** steht die Programmierschnittstelle »OLE DB für OLAP« für den Zugriff auf relationale Datenbanken zur Verfügung. Der SQL-Server wird um sogenannte OLAP-Services unter dem Namen **Plato** erweitert. Mittels Plato kann der SQL-Server neben seiner bisherigen Bestimmung als relationale Datenbank auch als Metadaten-Repository fungieren. Für die Datenhaltung im multidimensionalen Würfel wird der hauseigene **Microsoft OLAP-Server** integriert. Für Import und Export dienen die Data Transformation Services für OLE-DB-, OBDC- und ASCII-Dateien.

Microsoft bietet mit dem DWH-Framework eine integrative und offene Basis, zu deren Unterstützung sich bereits einige Hersteller bekannt haben.

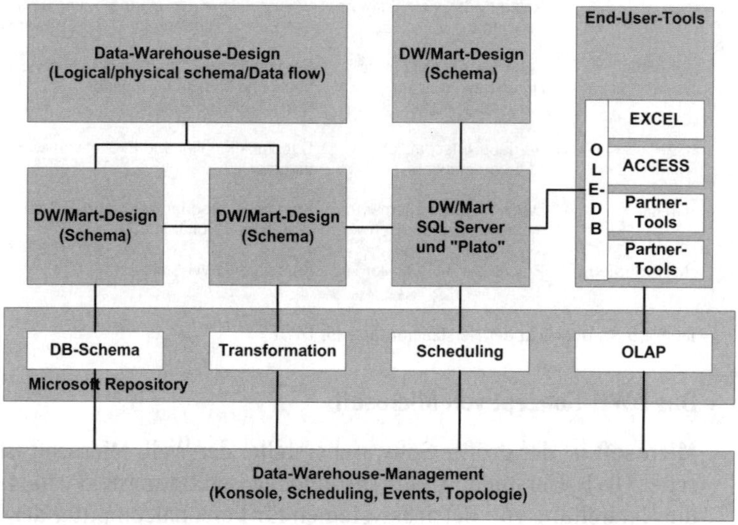

Abbildung 9.9: Architekturkonzept von Microsoft

9.4.2 Das DWH-Konzept von Hewlett Packard (HP)

Hewlett Packards Geschäftstätigkeit im DWH-Markt ist auf Rechner und Peripherie für DWH-Lösungen konzentriert. HP hat keine eigenen DWH-Entwicklungswerkzeuge. Die Entwicklung von Datenbanken ist auf die Einhaltung der alten Lizenzverpflichtungen beschränkt.

HP bietet über Zusammenarbeit mit Beratungsunternehmen und Softwareherstellern Komplettlösungen für DWH an.

Mit über 700 Installationen im Großkundenbereich weltweit besitzt HP viel Erfahrung mit Data Warehouse Plattformen. HP wurde von der Meta Group vier Jahre in Folge als Nummer 1 für Unix Data Warehoue Plattformen geführt. Die GartnerGroup zeichnete HP für die Vollständigkeit seines Ansatzes aus und zählt HP zu den Spitzenunternehmen für die Umsetzung von Large-Scale Data Warehouses.

Server: Die modernste Produktlinie für Data Warehouses der Midrange-Performance ist der hochskalierbare N4000-Server mit folgenden Eigenschaften:

- ✔ Unterstützung von bis zu 71 TB externem Speicher, Start bei 100 GB bis zu 1 TB
- ✔ Maximal acht 440 MHz CPUs, jeweils mit 1,5 MB on – Chip-Cache

- ✔ Ausbau auf acht Prozessoren, 64-bit-Betriebssystem HP-UX 11.x und 16 GB RAM
- ✔ Unabhängig von der CPU-Anzahl können bis zu zwölf PCI-Slots integriert werden
- ✔ DerI/()-Bus mit 5,6 GB/s

Partnerschaften: Um eine vollständige DWH-Lösung bieten zu können, hat HP mit führenden ERP-Anbietern enge Partnerschaften geschlossen:

- ✔ SAP – Implementierung von SAP Business Information Warehouse Applikationen
- ✔ PeopleSoft – für schnelle Analyse und den Datenzugriff aus PeopleSoft Produktions- und Finanzanwendungen kooperiert HP mit Platinum Technologies
- ✔ Baan – HP, SAS Institute und Baan liefern zusammen Rapid Value Implementierungen für erfolgreiche Business Intelligence Lösungen mit Baan-Applikationen
- ✔ Oracle – Data Warehouse Tools, Entwicklungswerkzeuge und Datenbanken
- ✔ Kooperation zur Systemintegration von HP Consulting mit Price-Waterhouse-Coopers, Ernst & Young und Andersen Consulting

9.4.3 Das DWH-Konzept von NCR

NCR verfügt über 13 Jahre Data Warehouse Erfahrung und mehr als 800 große Data Warehouse Installationen weltweit.

Eine NCR Data Warehouse Lösung besteht aus

- ✔ Datenbank – Teradata® RDBMS »The heart of a Data Warehouse«
- ✔ Information Access Tools and Analysis
- ✔ Data Acquisition and Integration
- ✔ Hardware – NCR WorldMark™ Server und Infrastruktur, z.B. Intranet bzw. Extranet, Netzwerk etc.

und aus Dienstleistungen für Konzeption, Einführung, Betrieb und Wachstum eines Data Warehouse.

Die Schicht »**Teradata Data Access und Analysis**« hat zwei Werkzeuge

- ✔ **TeraCube** ist ein hochperformantes Abfragewerkzeuge mit Microsoft Standard-Interfaces. TeraCube ist ein OLAP-Server.
- ✔ **TeraMiner** für das Auffinden von Datenstrukturen und Zusammenhängen, Statistiken und Datenanalysen besteht wiederum aus drei Tools: **TeraMiner Stats** für die Vorverarbeitung großer Datenmengen, **TeraMiner Analytics** mit Lernalgorithmen und **TeraMiner Deployment** für Monitoring und Lifecycle-Wartungsunterstützung.

Die Schicht »**Teradata Data Acquisition and Integration**« hat die Werkzeuge

- ✔ **FastLoad, MultiLoad, TPump, FastExport** für die Unterstützung, Prüfung und Steuerung von Daten-Download von Großrechnern.

Die Schicht »**Teradata Data Management**« hat die Werkzeuge

- ✔ **Teradata Interface** für die Verbindung verschiedener Fremdprodukte, z.B. den OBDC- und JDBC-Zugriff auf Datenbanken verschiedener Hersteller
- ✔ **Teradata System Management Tools** für die Administration, das Monitoring und Systemmanagement der Datenbanken
- ✔ **Teradata Meta Data Services** zur Definition von Metadaten über verschiedene Applikationen und auch Softwarekomponenten
- ✔ **Teradata Privacy** für die Einrichtung und Verwaltung der Zugriffsrechte und die individuelle Konfiguration der Nutzung

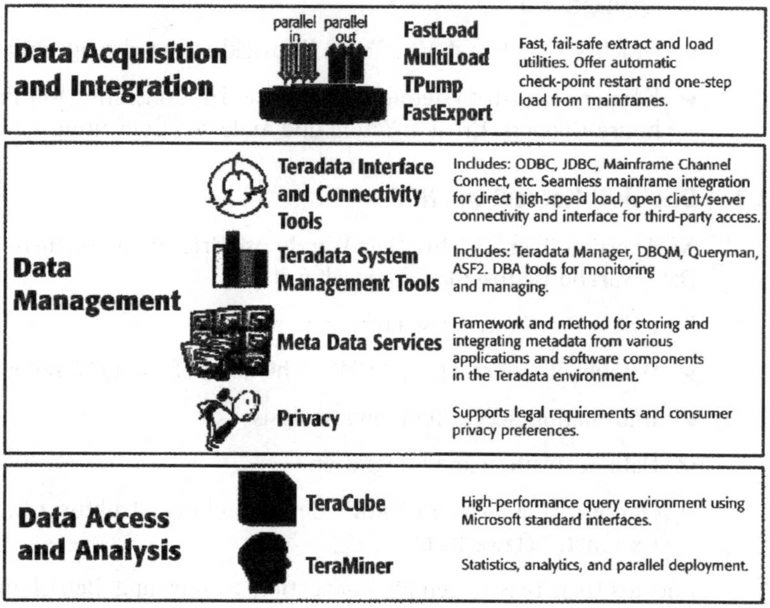

Abbildung 9.10: Architekturkonzept von NCR

Der Hersteller Teradata ist auf die Herstellung eigener Software und Hardwaresysteme spezialisiert, die speziell für DWH eingesetzt werden.

9.4.4 Das DWH-Konzept von SAP

SAP stellt keine Hardware und auch keine Datenbanken. SAP ist der weltweit größte Hersteller für betriebswirtschaftliche Standardsoftware, wenn man die Umsatzzahlen auf nur dieses Produktfeld einschränkt. SAP hat den größten

Funktionsumfang, die meisten Module und die meisten branchenspezifischen Lösungen von allen Softwareherstellern.

In allen Modulen sind Auswertungsfunktionen und Standardreports. Weitere Reports können über Customizingfunktionen erstellt werden. SAP ist damit ein Basissystem, aus dem Daten für das Data Warehouse im engeren Sinne bezogen werden können. Hierfür hat SAP ein Softwaredach, das **»SAP-EIS«**, errichtet. Mit SAP können weitere Standardreports modulübergreifend und ohne Programmiersprachenkenntnisse generiert werden. Es lassen sich aber auch Ad-hoc-Nachfragen an die SAP-Datenbank stellen.

Mit einem weiteren Produkt **»inSight«** bietet SAP zukünftig die Funktionalität von OLAP-Würfeln an. »inSight« wird von einem Reporting-Server unterstützt. Für die Einbindung fremder Datenbasen ist ein **SAP-Third-Party-Converter** geplant. SAP nennt sein Data Warehouse Konzept **»SAP-Open Information Warehouse«**.

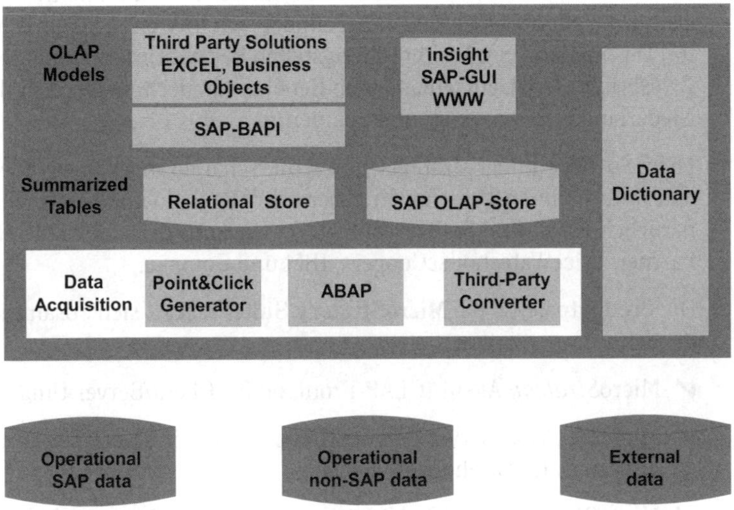

Abbildung 9.11: Architekturkonzept von SAP

SAP bietet über alle Phasen Consulting, unterstützt von Musterformularen, Beispielterminplänen und Schulungssoftware an.

Die SAP-Absichten sind mit den Absichten der anderen Hersteller betriebswirtschaftlicher Standardsoftware (z.B. J.D.Edwards, Baan, KHK, Peoplesoft, Oracle-Financials) vergleichbar.

9.4.5 DWH-Konzept von MicroStrategie

MicroStrategy Incorporated wurde im Jahr 1989 von Michael J. Saylor als Beratungsfirma gegründet mit dem Ziel, maßgeschneiderte Decision-Support-Lösungen für Konzerne wie McDonalds, Merck und Xerox zu entwickeln. Micro*Strategy* zählt heute zu den wachstumsstarken und umsatzstärksten Unternehmen in der Decision-Support-Branche. Seit 1998 werden Micro*Strategy*-Anteile an der Wall Street (NASDAQ) gehandelt. Micro*Strategy* gehört zu den weltweit führenden Anbietern von Data Warehouse und E-Business Lösungen.

MicroStrategy ist in drei Geschäftsbereiche gegliedert:

- ✔ **Business Intelligence** – bietet Lösungen für Großunternehmen und Lieferketten (Supply Chain)
- ✔ **Commercial Intelligence** – schließt Partnerschaften mit Kunden zur Entwicklung von E-Business Lösungen für die Nachfragekette (Demand Chain), die das Kundenverhalten beeinflussen
- ✔ **Consumer Intelligence** -Geschäftsbereich mit der Aufgabe, über Partnerunternehmen gemeinsame Dienstleistungen zu vertreiben und so ein E-Consumer Intelligence Netzwerk aufzubauen

Micro*Strategy* verfügt über ca. 1.500 Mitarbeiter und ca. 30 Zweigstellen weltweit. Die Unternehmenszentrale befindet sich in Vienna/Virginia bei Washington D.C. in den USA. Weitere Zweigstellen hat das Unternehmen in Kanada, Großbritannien, Deutschland, den Benelux-Ländern, Österreich, Italien, den Niederlanden, Frankreich und Spanien.

Micro*Strategy* pflegt strategische Partnerschaften mit nahezu allen bedeutenden Unternehmensberatungen, diversen VARs (Value Added Reseller) und natürlich Hard- und Softwareanbietern, wie zum Beispiel KPMG, Mummert & Partner, PriceWaterhouseCoopers, IBM und Compaq.

Die Produktpalette, die **MicroStrategy Suite™,** setzt sich zusammen aus folgenden Komponenten:

- ✔ Micro*Strategy* Agent (OLAP-Frontend für Client/Server-Umgebungen)
- ✔ Micro*Strategy* Server (Server-Komponente für eine 3-Tier-Architektur in großen Data Warehouses)
- ✔ Micro*Strategy* Web (OLAP-Lösung für Intranet/Internet-Anwendungen)
- ✔ Micro*Strategy* Objects (Schnittstelle für Entwickler), ein Add-In für MS-Excel (basierend auf Micro*Strategy* Objects)
- ✔ Micro*Strategy* Architect (Werkzeug für die Data Warehoue Entwicklung)
- ✔ Micro*Strategy* Executive (Werkzeug für die Entwicklung von EIS – Executive Information Systems)
- ✔ Micro*Strategy* Administrator (Administrationswerkzeug für Micro*Strategy* Server)
- ✔ Micro*Strategy* Broadcaster (Information-Broadcast-Server für individuelle Nachrichten)

Micro*Strategy* Agent, der Decision Support Client für die Micro*Strategy*-DSS-Plattform, bietet Analysten, Dauernutzern und Endanwendern integrierte Abfragen und Berichte, leistungsfähige Analysen und Decision Support Workflow. Der Agent arbeitet auf der Basis von ROLAP- (Relational Online Analytical Processing) Technologien.

Micro*Strategy* Server, der skalierbare Mehrplatz-Server für die Micro*Strategy*-DSS-Plattform, ermöglicht den Administratoren die optimale Nutzung des Data Warehouse und bietet den Benutzern die ganze Palette der Analysemöglichkeiten, die die Micro*Strategy*-DSS-Plattform zur Verfügung stellt.

Micro*Strategy* Web, das Schnittstellen- und Management-Toolset mit Web-Anbindung und der branchenweit größten Skalierbarkeit, bietet gelegentlichen Anwendern ebenso wie Dauernutzern komfortablen Zugriff auf die ganze Bandbreite der Analysemöglichkeiten der Micro*Strategy*-DSS-Plattform.

Micro*Strategy* Objects, ein OLE-API für den Aufbau leistungsstarker, maßgeschneiderter DSS-Lösungen, erlaubt Anwendungsentwicklern die Realisierung eines erweiterten Funktionsumfangs auf der Micro*Strategy*-DSS-Plattform, zum Beispiel Closed-Loop-Analysen, Formatierung von Berichten und Funktionen, wie z.B. bedingte Logik.

Micro*Strategy* Architect, ein Grafikdesigntool für die Micro*Strategy*-DSS-Plattform, erlaubt Entwicklern die Schaffung eines logischen Modells des Data Warehouse, das auf geschäftlichen Begriffen aufbaut, die den Endanwendern vertraut sind.

Micro*Strategy* Executive, die intuitive, objektorientierte EIS-Designumgebung für die Micro*Strategy*-DSS-Plattform, ermöglicht Anwendungsentwicklern die Erstellung eines EIS (Executive Information System) in wenigen Stunden, obwohl der Leistungsumfang durchaus ein hohes Maß an individueller Anpassung gestattet.

Micro*Strategy* Administrator, das branchenweit umfassendste Management- und Monitoring-Toolset, erlaubt Administratoren die Steuerung der Performance von Anwendungen, die mit der Micro*Strategy*-DSS-Plattform erstellt wurden, und die Durchführung eines Projektmanagements über ihren gesamten Lebenszyklus hinweg.

Micro*Strategy* Broadcaster, ein Server für Informationsrundsendungen, der die automatische, personalisierte Verbreitung von Nachrichten, die aus Geschäftsanalysen gewonnen werden, per E-Mail, Fax, Pager und Mobiltelefon ermöglicht.

Micro*Strategy* ist ein reiner DWH-Softwarekomponenten-Hersteller.

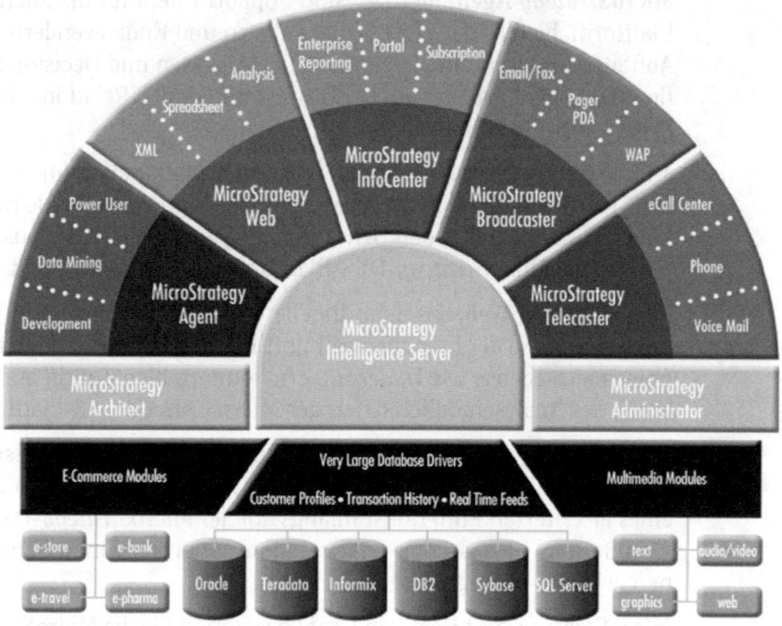

Abbildung 9.12: Architekturkonzept von Microstrategy

9.4.6 Das DWH-Konzept von Oracle

Oracle ist Anbieter von kompletten Lösungen im Bereich Business Intelligence & Warehouse. Oracle ist weltweit präsent mit einem Marktanteil von 36,5% im Bereich DWH-Datenhaltungssysteme im Jahr 1998, laut einer Studie von Frost & Sullivan. Oracles Ansatz ist, auf Basis der zentralen Oracle8*i* Datenbank die Integration und Aufbereitung der Daten aus verschiedenen Quellen, wie z.B. relationale Datenbanken, Legacy-Systeme, extern aufbereitete Formate. Ausgerichtet ist das Konzept auf Analytiker, Manager und Führungskräfte zur besseren Entscheidungsfindung.

Oracles DWH-Architektur besteht, wie in der folgenden Abbildung dargestellt, aus den Komponenten:

- ✔ Oracle Express Server
- ✔ Oracle Personal Express Server
- ✔ Oracle Express Analyzer
- ✔ Oracle Express Objects
- ✔ Oracle Financial Analyzer
- ✔ Oracle Sales Analyzer
- ✔ Oracle Discoverer
- ✔ Oracle Reports

- ✔ Oracle Data Mart Suite
- ✔ Darwin Data Mining Produkte
- ✔ Oracle Balanced Scorecard

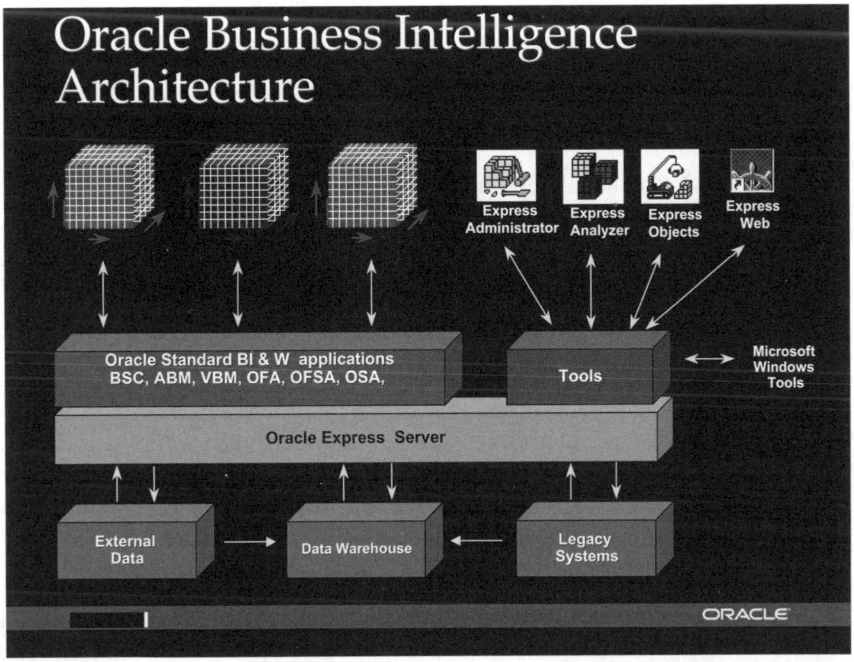

Abbildung 9.13: Oracles DWH-Architektur

Oracle Express Server ist der multidimensionale Datenbank-Server in Multicube-Technologie, zur Speicherung von großen Datenmengen, mit 32 Dimensionen pro Variable und multiplen Hierarchien innerhalb einer Dimension, mit

- ✔ vollständiger 4GL-Sprache zur Abbildung betriebswirtschaftlicher Modelle
- ✔ großem Vorrat mathematischer, finanzmathematischer und statistischer Funktionen
- ✔ Reportingfunktionen wie Ausnahmereporting, Top-/Bottom-Analyse
- ✔ automatischem Zugriff auf relationale Datamarts mittels Relational Access Manager
- ✔ Webfähigkeit durch direkt eingebauten Oracle Express Web Agent

Oracle Personal Express Server ist die Single-User Version des multidimensionalen Datenbank-Servers (Oracle Express Servers) zum Einsatz auf Notebooks und Einzelplatz-Geräten. Releasestand und Funktionalitäten entsprechen dem Oracle Express Server.

Oracle Express Analyzer ist das intuitive, endbenutzergerechte Auswertungswerkzeug für Daten, die in der multidimensionalen Datenbank – dem Oracle Express Server – gespeichert sind. Zum Standardfunktionsumfang des Express Analyzers zählen u.a.

- ✔ Erstellung von Berichten und Grafiken
- ✔ Ad-hoc-Analyse mit freier Wahl des Berichts-/Grafiklayouts
- ✔ dynamische Kalkulation mit benutzerdefinierten Kennzahlen
- ✔ automatische Erstellung von Ausnahme-Berichten und Top/Bottom-Berichten
- ✔ Trendanalysen und Periodenvergleiche

Oracle Express Objects ist die objektorientierte Entwicklungsumgebung, um – aufbauend auf der Standardfunktionalität des Oracle Express Analyzers – individuelle MIS-Lösungen (z.B. Einbindung von Landkarten, Manager Cockpits) zu gestalten. Alle mittels Oracle Express Objects entwickelten Applikationen können mittels Oracle Express Analyzer »abgespielt« werden.

Oracle Financial Analyzer ist ein integriertes Planungs- und Analysewerkzeug, das für die mehrdimensionalen Anforderungen von Finanz- und Controllingabteilungen konzipiert ist. Der Financial Analyzer unterstützt bzw. optimiert komplexe Planungs- und Berichtsprozesse, ohne EDV-Kenntnisse vorauszusetzen. Als Frontend dient die Client/Server-Oberfläche des Financial Analyzers oder ein intuitiver Web-Client, sowie das mitgelieferte Excel Add In.

Oracle Sales Analyzer ist eine Lösung zur Analyse von Vertriebs- und Marketingdaten, mit direktem Zugriff auf die Datenbestände für Anwender. Oracle Sales Analyzer hat folgende Funktionalität, die ohne Programmierung genutzt werden kann:

- ✔ Erstellung von Berichten, Grafiken und Forecasts
- ✔ integrierter Formelgenerator mit vordefinierter Bibliothek
- ✔ Ranglisten, Definition von Ausnahmen, Definition von Aggregaten

Oracle Discoverer ist ein relationales Abfrage- und Analysewerkzeug, das Endbenutzern den einfachen Zugriff auf Daten in einem relationalen Datenbanksystem via SQL*Net, Oracle Gateway Technologie bzw. ODBC ermöglicht. Auf einer intuitiven Benutzeroberfläche können Berichte und Grafiken ohne SQL-Kenntnisse gestaltet werden.

Oracle Reports ist ein Werkzeug für das Standard-Reporting mit Zugriff auf Daten der multidimensionalen Express Datenbank, mit den Funktionen:

- ✔ Wizard-unterstützte Berichtserstellung
- ✔ Live PreViewer, Templates, Einbettung von Grafiken
- ✔ Report-Scheduling
- ✔ Unterstützung diverser Formate (HTML, PDF, RDF)

Die **Oracle8i Datenbank** ist ein relationaler »mission critical« Datenbank-Server, der über optimierte Funktionalitäten im Online-Transaktionsgeschäft verfügt. Folgende Funktionen stehen neben den Standardfunktionen der Oracle Datenbank für den Aufbau eines optimierten Data Warehouse zur Verfügung:

- ✔ Star-Query-Optimization
- ✔ Partitionierung und Transportable Tablespaces
- ✔ Materialized Views
- ✔ Parallel Query Optimierung

Oracles Data Mart Suite ist eine kleinere vollständige Ausführung eines Data Warehouse und in hohem Maße auf einen einzigen funktionalen Bereich wie etwa Vertrieb, Finanzwesen oder Marketing ausgerichtet.

Oracle hat kürzlich die amerikanische Firma *Thinking Machines Corporation* (ein Anbieter von Data Mining Technologie) aquiriert und somit die Produktpalette um die **Darwin Data Mining Produkte** erweitert. Darwin stellt sowohl einfachen Anwendern als auch erfahrenen Analysten Data Mining Techniken auf Basis analytischer Methoden, neuronaler Netze, Entscheidungsbäume und selbstlernende Systeme zur Verfügung. Darwin analysiert auf skalierbare Art eine extrem große Anzahl von Transaktionen bis zur Größenordnung von Gigabytes.

Die **Oracle Balanced Scorecard** ist eine analytische Applikation, die ausgewählte Key Perfomance Indicators (KPI's) im Kontext der ablauforganisatorischen Geschäftsdimensionen darstellt. Enthalten ist eine grafische Darstellung von Dimensionstabellen, ergänzt um Ampelfunktionalitäten.

Oracle bietet über die gesamte Erstellung eines Data Warehouse Beratung nach einem durchgängigen methodischen Ansatz an. Oracle geht, anders als viele andere Hersteller und anders als von der Mehrzahl der Anwendungsunternehmen praktiziert, davon aus, dass ein DWH kein Softwareprojekt ist. Ein DWH ist ein **strategisches Werkzeug,** daher Chefsache, mit einer viel stärkeren Bindung an die Strategieumsetzung als andere EDV-Systeme. Die methodische Abdeckung der Phasen zeigt die Abbildung (9.14).

9.4.7 Die Herstellerauswahl

Problemstellung und Motivation

Die Konzepte der Hersteller sind so verschieden wie die Hersteller auf dem Markt. Die Konzepte sind stark mit der Historie des Unternehmens verbunden und hängen stark vom Ursprung der Geschäftstätigkeit ab. Es gibt Unternehmen wie IBM, HP, Siemens und NCR, die sich aus der Entwicklung von großen und mittleren Rechnern in Richtung Standardsoftware und Datenbanken weiterentwickelt haben und ihr Sortiment von dort aus in Richtung DWH-Komponenten ergänzten.

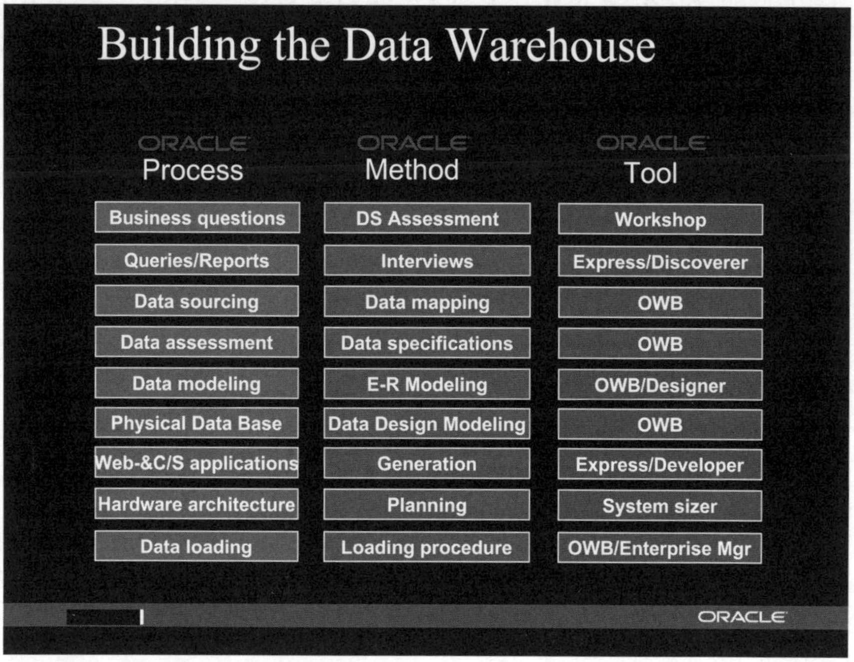

Abbildung 9.14: Oracle Data Warehouse Methode

Die DWH-Komponenten-Entwicklung wurde auch aus der Richtung betriebswirtschaftlicher Standardsoftware, wie im Falle SAP, Baan, J.D.Edwards, Peoplesoft und aus der Richtung Betriebssysteme und Office-Anwendungen, wie im Falle Microsoft, diversifiziert. Viele Unternehmen sind den Weg der Erweiterung ihrer Datenbank-Produktpalette gegangen, wie z.B. Oracle, Computer Associates, Informix, Sybase oder Cognos. Es gibt Unternehmen, die direkt oder über den Umweg der Beratung in die DWH-Produktlinien eingestiegen sind, wie z.B. MicroStrategie, Arbor und Business Objects. Diese **Entwicklungslinien der Diversifizierung** sind in der Abbildung 9.15 dargestellt.

Die verschiedenen Produkte sind von ihrer Herkunft geprägt, d.h. vom Geschäftsfeld ihrer Hersteller, dem Diversifizierungsweg und der beim Hersteller gepflegten Produktphilosophie. Die Kenntnis hierüber ist im Vorfeld einer Produktauswahl sehr nützlich.

Gestaltungs- und Lösungsmöglichkeiten

Die Frage nach der Abgrenzung des DWH-Markts vom IT-Markt wurde bereits behandelt. Der Markt wurde dabei aus der Sicht der Produkte gesehen. Eine andere Perspektive ist die Sicht auf den Hersteller der Produkte. Die Gestaltungsentscheidung liegt hierbei in der Frage nach der Herstellerkategorie.

➢ Einordnung der Herstellerkategorie

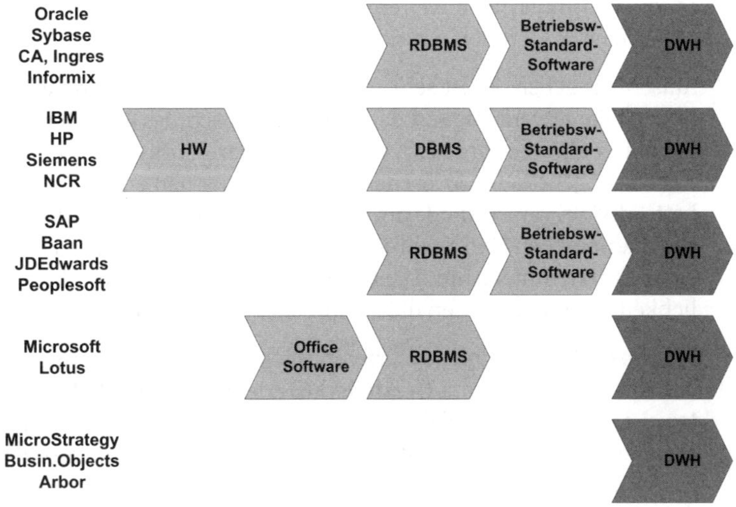

Abbildung 9.15: Entwicklungslinien der Diversifizierung

Ein anderer Weg, in der Auswahl der Produkte zu einer grundsätzlichen Entscheidung zu kommen, ist der Blick auf das Architekturkonzept.

➢ Beurteilen der Architekturkonzepte der Hersteller

Problemlösung: Regeln und Hilfsmittel

Das Verfahren

Ein wesentlicher Schritt in der Ausrichtung der DWH-Lösung ist die Auswahl des Herstellers entsprechend der bevorzugten Herstellerkategorie und die Entscheidung für das spezielle DWH-Lösungskonzept. Folgendes Verfahren ist zu empfehlen:

Verfahren DWH-Konzeptauswahl

- Einordnung der Herstellerkategorie mit Hilfe der **Herstellerkriterienliste zu DWH-Softwarekomponenten**
- Beurteilung der Architekturkonzepte der Hersteller mit Hilfe der **Checkliste Herstellerkategorien**

Herstellerkriterienliste zu DWH-Softwarekomponenten

Die Beurteilung der Hersteller umfasst Historie, Beteiligungen und Marktsegmente und soll über

- ✔ die dauerhafte Verfügbarkeit auf dem Markt,
- ✔ die auf der Standardisierungsverwendung beruhenden Integrationsfähigkeiten und

✔ die kontinuierliche Weiterentwicklung und das Mitwachsen mit dem sich laufend weiterentwickelnden Technologiestandard

Aufschluss geben. Es ist sehr schwer zu beurteilen, ab wann eine Herstelleranalyse auf die Zuverlässigkeit der Produkte Aufschluss gibt. Der PC-Datenbankhersteller dBASE wurde z.B. von dem kleineren Unternehmen Borland gekauft, das eine eigene konkurrierende PC-Datenbank namens Paradox im Programm hatte. dBASE verschwand vom Markt, Paradox spielt ebenfalls keine Rolle mehr. Übernahmen von Unternehmen weisen immer auf eine Produktbereinigung eines Unternehmens hin. Die Geschichte des EDV-Marktes bietet zu allen Möglichkeiten und Schlüssen die entsprechenden Beispiele.

Als Hilfsmittel für einen schärferen Blick auf die Herstellereigenschaften dient das vorgestellte Schema **Herstellerkriterienliste zu DWH-Softwarekomponenten.** Das folgende Beispiel gibt eine Liste von ausgewählten Herstellereigenschaften und die Interpretation der »taktischen« Konsequenz, das heißt das Risiko bei nicht zufriedenstellender Erfüllung des jeweiligen Kriteriums durch den Hersteller.

Eigenschaft	Konsequenz
Historie: Gründung Zielsetzung, heute und bei der Gründung Tochterunternehmen Mutterunternehmen	Freiheit in der Entscheidung der Produktentwicklung Finanziell gesicherte Weiterentwicklung Motivation zur Weiterentwicklung
Marktpräsenz: Marktanteile Wachstum Releasehistorie, Releasefrequenz Innovationsinvestition Mitarbeiteranzahl weltweite Verteilung der Niederlassungen	Lebensdauer der Produkte Qualität der Neuerungen Service-Reichweite Dienstleistungsfähigkeit
Kooperationen: Partnerschaften White Paper Vertriebskanäle	Hardwareabhängigkeit Offenheit von Schnittstellen und Integrationsfähigkeit für Fremdprodukte Abhängigkeit von Fremdprodukten
Produktpalette: Hardware Rechnersysteme Peripheriekomponenten Netzkomponenten Data-Warehouse-Rechner Software Entwicklungs-, Entwurfswerkzeuge Datenbankmanagementsysteme Data Warehouse Middleware Dienstleistung Beratung Wartungsservice Training Vermietung	Charakter der Produkte Hardwareabhängigkeit Offenheit von Schnittstellen und Integrationsfähigkeit für Fremdprodukte Integrationsfähigkeit entlang des SW-Produktionsprozesses Service-Reichweite Dienstleistungsfähigkeit

Tabelle 9.9: Herstellerkriterienliste zu DWH-Softwarekomponenten

Checkliste Herstellerkategorien

Für die Beurteilung der Herstellerkategorie dient die folgende **Checkliste Herstellerkategorien.** Sie ist eine Orientierungshilfe, die den Blick auf die aus der Philosophie des Herstellers entstehenden Produkteigenschaften lenken kann.

Kategorie	Beurteilung	Beispiel
Branchenkonzern	Erfahrung über sehr große interne Projekte DWH-Lösungen entwickelt, aber selten vermarktet Teilweise eigene Produkte vermarktet Teilweise Kooperation mit HW-und SSW-Herstellern zum Projektieren kompletter Lösungen	RWE-MIT, DEBIS, MBP, EDS, McDonaldDouglas, VW-GEDAS
Unternehmensberater	DWH-Lösungen für Kunden und für eigenen Bedarf entwickelt Teilweise eigene Produkte vermarktet Teilweise Kooperation mit HW-und SSW-Herstellern zum Projektieren kompletter Lösungen	Diebold, Anderson, Arthur D. Little, Roland Berger, DATEV, PLAUT, GMO, AGIPLAN, KPMG, Coopers&Lyprand
IT-Berater	DWH-Lösungen für Kunden und für eigenen Bedarf entwickelt Teilweise eigene Produkte vermarktet Teilweise Kooperation mit HW-und SSW-Herstellern zum Projektieren kompletter Lösungen	INTEGRATA, PSI, SEMA-Group, pdv, Softlab, CSC-Ploenzke, DV-ORG, Experteam, Systema, ALLDATA, IDS,
DBMS-Hersteller	Eigene DWH-Lösungen als Add-on zu ihren DB-Lösungen offeriert Umfassende Leistungen von Systeminstallation bis Projektierung	SAG, ORACLE, CA, SYBASE,Gupta, COGNOS, INFORMX
DWH-Hersteller	Eigene DWH-Lösungen mit Schnittstellen zu vielen DB-Lösungen offeriert Umfassende Leistungen von Systeminstallation bis Projektierung	SAS, MIK, MicroStrategie, Pilot, Comeshare
SWE-Unternehmen	Ergänzung oder Erweiterung der eigenen Tools wie Spreadsheets Integrierbare Makro- oder Business-Objekte für DWH Keine Erfahrung in der Steuerung großer Projekte	MS, Lotus, TM1, MIS,
SSW-Hersteller	Liefern DWH-Bausteine als Dach auf Standardsoftware als Basis Keine Beratungsleistung über eigene Systeme hinaus Bausteine in der Schublade	SAP, KHK, DATEV, ORACLE, PLAUT, BAAN, CA, People Soft
HW-Hersteller	Spezielle DWH-Server, Neuronale Netze bieten Tools über Partner an Gesamtprojektmanagement über Hardware und Software Teilweise Data-Mining-Forschung	IBM, DEC-Compaq, HP, SIEMENS, NCR, Sun,
Institute	DWH-Lösungen aus Forschungsprojekten, aus Universitätsprojekt oft in Zusammenarbeit mit Anwendern entstanden eher konzeptionelle Beratung als Kundenprojekt	IAO, BIFOA, UBIS,

Tabelle 9.10: Checkliste Herstellerkategorien

Die Unternehmen sind nicht überschneidungsfrei den obigen Kategorien zuzuordnen. So ist z.B. Oracle sowohl Hersteller für Datenbankmanagementsysteme, Standardsoftware (Oracle Financials) und auch DWH-Tools (Data Miner Darwin). IBM ist Hardwarehersteller, bietet IT-Strategieberatung, stellt Standardsoftware und Systemsoftware her, unternimmt intensive Forschungen zum Thema Data Warehousing und liefert Datenbanken und Entwicklungswerkzeuge. Aus der Einordnung der Hersteller in Geschäftsfeldkategorien ist keine allgemeingültige Bewertung ableitbar. Sie kann den Blick auf ausgewählte Produkte lenken, ersetzt aber genauere Produktanalyse nicht.

9.5 Fortsetzungsbeispiel InDaWa

Einleitung

Das Projekt InDaWa hat bis hierher völlig produktneutral alle Anforderungen erhoben, Architekturentscheidungen getroffen und definiert, mit welchen Mitteln und Strukturen die DWH-Lösung erreicht werden soll. Das DWH-Projekt wurde projektiert und steht jetzt vor der Frage, mit welchen Produkten die Lösung realisiert werden soll. Das Projekt InDaWa startet mit der Produktevaluation.

Beispiel

Zunächst soll eine Filterkaskade aufgebaut werden. Vom Nutzen einer DWH-Lösung ist man überzeugt. Eine Entscheidungsfrage nach dem Architekturtyp – OLAP, DSS, KMS – und dessen Nutzenanalyse tritt nicht auf. Es soll zunächst die multidimensionale Analyse und die Analyse mit einfachen statistischen Mitteln implementiert werden. Bei neuen Erkenntnissen will man entscheiden, ob ein Data Mining mit intelligenteren Werkzeugen angemessen ist.

Beispiel: Filterkaskade

Erster Filter: strategische Kriterien

Für die Gesamtheit der grundsätzlich in Betracht kommenden Werkzeuge sind folgende strategische Kriterien zu erfüllen:

- ✔ Integration in den Teil der bestehenden Software- und Hardwarelandschaft, der für die Zukunft beibehalten wird
- ✔ Offenheit für die Anbindung von Werkzeugen anderer Hersteller
- ✔ Skalierbarkeit und Ausbaubarkeit, den neuen Erkenntnissen und Anforderungen entsprechend

Zweiter Filter: taktische Kriterien

Als taktische Bedingungen hat man nur die Herstelleranforderungen eingestuft. Ergonomie, so glaubt man, ist mit der Entscheidung für Microsoft sichergestellt. Für neue Applikationen ist gegenüber den bereits im Unternehmen etablierten Office-Produkten von Microsoft keine neue Symbolik und kein neues Programmverhalten zu erlernen.

Man glaubt, bei Herstellern, die sich nur mit dem Thema DWH auseinandersetzen, durch die Erfolgsabhängigkeit von einem Produkt eine bessere Konzentration auf die DWH-Funktionen zu finden. Man möchte bewusst keinen Hardwarehersteller und keinen Datenbankhersteller als Lieferanten für DWH-Module. Man glaubt auch, dass hier eine optimale Offenheit der Produktpalette zur Unternehmensphilosophie gehört.

Der Hersteller soll über den deutschen Markt hinaus in den wichtigsten Ländern vertreten sein, da man einen weitgefächerten Erfahrungsraum als Voraussetzung für stabile Produkte für wichtig hält. Für die Dauerhaftigkeit und die kontinuierliche Weiterentwicklung der Produkte sieht man die Herausgabe eines »White Paper« an und eine feste Marktposition.

Zusammengefasst ergibt dies:

- ✔ Reiner DWH-Hersteller
- ✔ MS-Partnerschaft
- ✔ Beraterstamm in BRD
- ✔ White Paper mit Entwicklungszielen
- ✔ Marktposition unter den ersten zehn der reinen DWH-Hersteller

Dritter Filter: Produktumfeld der Toolauswahl

In einem dritten Auswahlschritt werden die Produkte mit GUI, 4GL, RDB-Basis eingegrenzt, da diese nach Einschätzung der Projektleitung für die vorliegende Aufgabenstellung das höchste Problemlösungspotential aufweisen. Von einer 4GL verspricht man sich eine effizientere Erstellung neuer Applikationen.

Man möchte allerdings nicht von einer herstellereigenen, proprietären Programmiersprache abhängig sein. Die 4GL muss das DCOM-Modell von Microsoft erfüllen, mit Toolbar ausgestattet sein und einen Precompiler nach C besitzen. Es soll außerdem möglich sein, in der sich immer stärker verbreitenden Framework-Technologie zu arbeiten und diese um das Einhängen von Microsoft-Komponenten auszubauen.

Zusammen mit den strategischen Bedingungen lässt sich der Markt auf Produkte einschränken, die die folgenden technischen Bedingungen erfüllen:

- ✔ Auf Client-Seite Microsoft Windows NT-lauffähig
- ✔ Selbst erstellte Masken müssen als MS Windows GUI generierbar sein und mit Hilfe einer Toolbox aufgebaut werden können
- ✔ Den Datenbankzugriff auf Ingres gestatten
- ✔ Middleware: SQL auf Windows-NT, über TCP/IP auf Server unter UNIX alternativ für kleine Ad-hoc-Anfragen mit Zugriff ODBC auf Ingres
- ✔ Basistechnologie ist objektorientierte 4GL
- ✔ DCOM-Technologie

Mit typischen DWH-Funktionen wird die Menge der anforderungskonformen Werkzeuge weiter eingeschränkt. Für die Auswahl ist entscheidend, ob die Funktionen helfen können, die Daten zum Verhalten der Bauteile im Kraftwerksbetrieb zu gruppieren, zu sortieren und zu prognostizieren. Wichtig ist ebenfalls die Darstellung der Ergebnisse in gemischten Reports aus Textbausteinen, Grafiken und Tabellen.

- ✔ Multidimensionale Würfel mit zehn Dimensionen
- ✔ Datencluster
- ✔ Entscheidungsbäume
- ✔ Regressionsrechnung
- ✔ Trendanalysen
- ✔ Reportgeneratoren mit freier Spaltenzusammenstellung

Im Überblick zusammengefasst ergeben sich die folgenden Filterstufen:

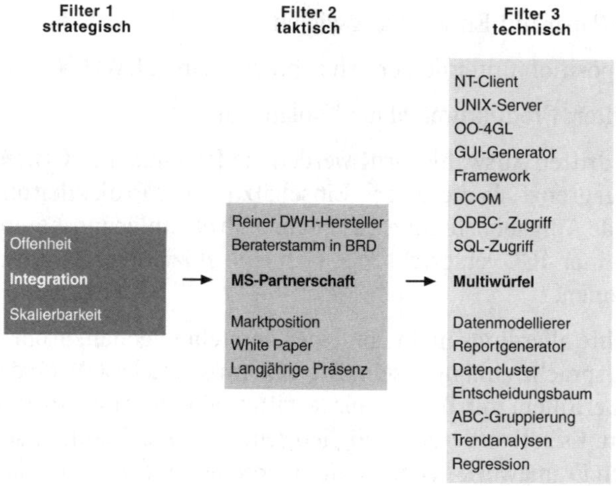

Tabelle 9.11: Filterstufen der InDaWa Produktevaluation

Das Ergebnis der Analyse und die Aufzählung der ausgesonderten Produkte in der Anwendung der Filterstufen soll aus Neutralitätsgründen hier nicht angeführt werden.

Gestaltungsentscheidung

Die herausgearbeiteten Gestaltungsentscheidungen des Projekts InDaWa sind die Entscheidungen zur Evaluation der Produkte.

Gestaltungsaspekt	Entscheidung	Begründung
PROJEKTIERUNG		
PRODUKTAUSWAHL		
Evaluation		
Evaluationsverfahren	Dreistufig	
	Strategische Kriterien	
	Offenheit	Ausbaubarkeit durch Produkte verschiedener Hersteller
	Integration	In bestehende Produktumgebung
	Skalierbarkeit	Keine Kenntnis des zukünftigen Bedarfs
	Taktische Kriterien	
	Reiner DWH-Hersteller	Interessenkonzentration
	Beraterstamm in BRD	Know-how-Transfer
	MS-Partnerschaft	Ergonomie, Standards
	Marktposition	Sicherheit in der Langlebigkeit
	White Paper	Weiterentwicklung
	Langjährige Präsenz	Stabilität des Produkts
	Technische Kriterien	
	Multiwürfel	Problemparameter sind unabhängige Dimensionen
	Reportgenerator	Keine Standards definierbar
	SQL, ODBC	Ingres-Zugriff
	Framework, DCOM	Programmiereffizienz
	Entscheidungsbaum	Für schrittweise Einschränkungen und Fallunterscheidungen
.....	Cluster	Für Datenhäufungen
BETRIEB		

Tabelle 9.12: Entscheidungschart InDaWa, Produkte

9.6 Übungen

Übung 9.1: Abwicklung der Evaluation

Wie wird eine Evaluation abgewickelt? Schildern Sie den Ablauf mit den Ergebnissen der einzelnen Schritte und den erforderlichen Mitteln.

Übung 9.2: Strategische Kriterien zur Softwareauswahl

Benennen Sie die wesentlichen strategischen Kriterien zur Auswahl einer Standardsoftware. Achten Sie darauf, eine hohe Effizienz des Auswahlverfahrens zu erreichen.

Übung 9.3: Taktische Kriterien zur Softwareauswahl

Benennen Sie die wesentlichen taktischen Kriterien zur Auswahl einer Standardsoftware. Achten Sie darauf, eine hohe Effizienz des Auswahlverfahrens zu erreichen.

Übung 9.4: Technische Kriterien zur Softwareauswahl

Benennen Sie die wesentlichen technischen Kriterien zur Auswahl einer Standardsoftware.

Übung 9.5: Filterkaskade Data Warehouse Toolset

Stellen Sie die wesentlichen Kriterien für eine Filterkaskade zur Auswahl einer von Ihnen bestimmten DWH-Komponente auf. Wählen Sie dabei nur drei strategische und fünf taktische Kriterien aus.

Kriterien Stufe 1		
Kriterium	Ausprägung	Begründung
1		
2		
3		
Kriterien Stufe 2		
Kriterium	Ausprägung	Begründung
1		
2		
3		
4		
Kriterien Stufe 3		
Kriterium	Ausprägung	Begründung
1		
2		
3		
4		
5		
6		
7		

Übung 9.6: Herstellerkategorie

Was versteht man unter einer Herstellerkategorie und welche Schlüsse kann man aus der Herstellerkategorie bezüglich der Eigenschaften der Produktkategorie ziehen?

Übung 9.7: Framework

Was ist unter einem DWH-Framework zu verstehen? Schildern Sie den Aufbau eines DWH-Frameworks am Beispiel von Microsoft.

Übung 9.8: DWH-Produkt ausgewählter Hersteller

Schildern Sie die Produktansätze für DWH der Hersteller SAP, NCR, MicroStrategy aus dem Text. Zeichnen Sie jeweils ein Komponentendiagramm.

9.7 Zusammenfassung

Zunächst wurde eine Übersicht über den **Markt** erstellt. Der Markt wurde mit einer Größenordnung von 50 bis 100 Produkten als überschaubar erkannt. Trotzdem war es erforderlich, in einem für alle Betroffenen nachvollziehbaren Verfahren festzustellen, welches die für die Unternehmenszwecke geeigneten Produkte sind.

Hierfür wurde ein **Evaluationsverfahren** in drei »Reduktionsstufen« vorgestellt. Der Grund für das stufenweise Vorgehen war, zu vermeiden, dass man mit vielen Kriterien viele Produkte untersuchen muss. Man wollte mit wenigen »effizienten« Kriterien schnell die große Produktpalette auf wenige interessante Produkte einschränken.

Ein besonderer Aspekt für die Produktentscheidung ist der Nutzen für die Unternehmung. Es wurde festgestellt, dass auch die Technologie eines Produkts, wie auch andere Eigenschaften, einen Nutzenbeitrag liefern können. Um die verschiedenen Nutzenbeiträge von Alternativen im Vergleich zu sehen, wurde die **Nutzwertanalyse** nach Zangemeister vorgestellt.

Zum Schluss der Betrachtung der **Produktaspekte** wurden die DWH-Ansätze der verschiedenen Hersteller skizziert. Dabei wurde erkannt, dass es wesentliche Unterschiede in der Auffassung und im Aufbau des DWH gibt, bedingt durch das Hauptgeschäftsfeld der Hersteller. Typische Geschäftsfelder waren dabei Rechner, Datenbanken, betriebswirtschaftliche Software, Bürosoftware. Die Essenz dieser Betrachtung war, dass die Herstellereinordnung in die Evaluation einbezogen werden sollte.

KAPITEL 10

10 Betrieb und Abbau eines Data Warehouse Systems

Nach Abschluss des DWH-Projekts wird das DWH dem Betrieb übergeben oder für den Betrieb freigegeben. Äußeres Zeichen für den Projektabschluss ist die Abnahme aller Ergebnisse des Projekts oder die Bestätigung, dass alle Funktionen den Bedarfen entsprechend eingerichtet sind. Hierzu gehört auch, dass die Organisationsstruktur für den Betrieb des DWH implementiert ist.

Der Betrieb hat die Aufgabe, die Verfügbarkeit und die Nutzungsqualität der implementierten Lösungen aufrechtzuerhalten. Allgemeine Empfehlungen für den Betrieb des DWH betreffen Implementierung von Fakttabellen und Dimensionstabellen, Partionierung von Datenmengen, Einrichtung von Metadaten, Anwendung der Verwaltungswerkzeuge, Verfügbarkeitskonfiguration, Kapazitätsberechnung und Dimensionierung. Hierzu soll auf ein ebenfalls in diesem Verlag erschienenes Buch verwiesen werden, das die Betriebsthematik des DWH vertieft darstellt:

🗁 Anahory, Data Warehouse

Auf die Betriebsaufgaben eines DWH wird nur kurz eingegangen, da konkrete Hinweise zu den Softwaretypen und zur Hardware sehr produktgebunden und herstellerabhängig sind. Auf produktspezifische Betriebsempfehlungen muss hier verzichtet werden.

Betriebsaufgaben können an externe Unterstützungsleistungen übergeben werden. Diese werden dann in sogenannten **Service Levels** definiert. Es wird ein knapper, für den DWH-Spezialisten ausreichender Einblick in den Aufbau von Service Levels gegeben.

Betriebsaufgaben können zudem von Tools unterstützt werden. Die Verschiedenheit der Systemmanagementaufgaben bringt es mit sich, dass nicht alle Aufgaben mit einem Tool erledigt werden können. Es ist daher eine Toolkombination zusammenzustellen. Über die Funktionalität dieser Tools und ihre Kombination zu einem **Systemmanagement-System** wird ein Überblick gegeben.

Nach einer langen Betriebsphase ist so nach und nach ein Nachlassen der Anfragehäufigkeit zu beobachten. Das kann z.B. daran liegen, dass die Daten unergiebig sind, oder dass die Technologie der Dateninterpretation und Datenrecherche noch nicht genügend ausgereift war, um die gewünschten Erkenntnisse zu liefern. Der Betrieb wird also eingestellt und das DWH abgebaut. Für das DWH wurde Hardware aufgebaut, Software installiert, Organisationsstrukturen wurden implementiert. Mit der Software wurden Daten beschafft und erzeugt. Für den **Abbau** des DWH muss genaue Kenntnis über alle Komponenten des DWH eingeholt werden. Über die verschiedenen Komponenten ist ein Urteil zur Weiterverwendung bzw. zur Destallation zu fällen.

Der Abbau ist umso komplexer, je komplexer das DWH war. Es empfiehlt sich auf alle Fälle, den Abbau zu planen und wie ein Projekt abzuwickeln.

Die folgende Abbildung »Übersicht über das Kapitel Betrieb und Abbau« stellt den diesen Entscheidungsaufgaben entsprechenden Kapitelaufbau dar.

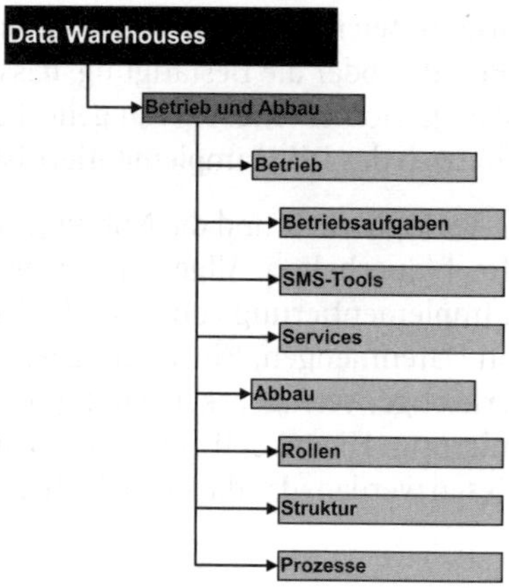

Abbildung 10.1: Übersicht über das Kapitel Betrieb und Abbau

Lernziel

Die Lernziele fokussieren zunächst die Betriebsorganisation, die Aufgaben für den Betrieb und die Hilfsmittel. Dabei wird die Sicht auf die für einen DWH-Spezialisten im Rahmen einer etablierten EDV-Organisation erforderliche Integration eingeschränkt. Die zweite Gruppe der Lernziele ist dem Abbau eines bestehenden DWH gewidmet.

Lernziele

- Erkennen der Betriebsaufgaben des DWH-Systems, also der DWH-Hardware, des DWH-Personals und der DWH-Anwendungen
- Feststellen, dass ein DWH-Betrieb in den gesamten IT-Betrieb integriert werden muss
- Abschätzen des Toolbedarfs für Systemmanagement
- Abschätzen des Service-Umfangs und Beschreiben des Service Levels
- Planen des Abbaus eines DWH

10.1 Wie wird das DWH betrieben?

Einleitung

Die Lösung der Gestaltungsfragen haben zum Bedarf an Produkttypen und Ressourcen geführt. Der Bedarf führt zur Einschränkung der auf dem Markt zu betrachtenden Produkte. Die Rechner sind aufgestellt, installiert und getestet worden. Die auf dem Markt verfügbare Standardsoftware ist erworben und installiert worden. Die Entwicklungstools sind installiert und mit ihrer Hilfe sind Applikationen entwickelt worden. Nun werden die DWH-Applikationen zum Gebrauch freigegeben.

Der Betrieb des DWH ist keine isolierte Angelegenheit. Ein Unternehmen, das ein DWH aufbaut, hat bereits Datenbanken, eine IT-Infrastruktur und auch einen EDV-Betrieb. Ein DWH hat ja nur dann einen Sinn, wenn Basisdaten vorhanden sind, die an das DWH geliefert werden können. Das bedeutet, dass der DWH-Betrieb in einen bereits bestehenden Betrieb mit seinen Sicherheitseinrichtungen, seiner Datenschutzlösung und seinen Services integriert werden muss. Der DWH-Betrieb muss grundsätzlich alle Betriebsregelungen und Vorschriften des bestehenden IT-Betriebs verwenden bzw. einhalten.

10.1.1 Betriebsaufgaben des DWH-Systems

Problemstellung und Motivation

Betriebsaufgaben

Auch EDV-Systeme unterliegen der Nutzung und den damit verbundenen Fragen zu Abnutzungserscheinungen. Aber schneller als in anderen Technologien ist die Innovation der EDV-Systeme. Es ist fast vierteljährlich mit Releasewechseln der Anwendungssoftware zu rechnen. Jährlich werden neue Betriebssysteme-Updates auf den Markt gebracht. Mit jedem Releasewechsel des Betriebssystems ist die Gefahr des Bedarfs stärkerer Prozessoren verbunden. Umgekehrt werden jährlich stärkere Prozessoren hergestellt, die zum Austausch reizen.

Unabhängig von Produkt- und Konfigurationsänderungen stellen neue Fragen eingeführter Benutzer und bekannte Fragen neuer Benutzer einen permanenten Betreuungsbedarf dar. Die typischen Ziele der Betriebsaufgaben sind:

- ✔ Sicherstellung des Schutzes vor fremden und unerwünschten Eingriffen
- ✔ Schutz der Daten vor Verlusten und Inkonsistenzen
- ✔ Integration neuer interner wie externer Daten
- ✔ Erhaltung der Verfügbarkeit und Performance
- ✔ Unterstützung und Hilfestellung für die Benutzer
- ✔ Erweiterung der Funktionalität
- ✔ Erhaltung der Transparenz des IT-Systemzustands

- ✔ Erstellung und Pflege der Systemdokumentation
- ✔ Sicherung des Betriebs-Know-hows

Die Betriebsaufgaben bestehen im Wesentlichen aus Erhaltung und Erneuerung. Erneuerung ist erforderlich, um dem Wandel der Zeit zu folgen. Die Erneuerung und Erhaltung umfasst alle besprochenen Architekturkomponenten des DWH im hier vorgestellten erweiterten Sinne, also betriebswirtschaftliche Funktion, Software, Hardware und Organisation. Dass die Hardware einem Verschleiß unterliegt und Erhaltungsarbeiten wie Reparaturen bedarf, ist bekannt. Software unterliegt keinem Verschleiß. Software enthält Fehler und funktionale Mängel und wird kontinuierlich verbessert. Die betriebswirtschaftlichen Anforderungen des Unternehmens wandeln sich. Das Management nimmt die äußeren Wandlungen auf und setzt dem interne Maßnahmen und Umstrukturierungen entgegen, was wiederum zu veränderten Softwarebedarfen führt. Alle Erneuerungen erfordern Erneuerungen der Organisation. Auch die Qualifikation des Personals muss erhalten bleiben. Den Kündigungen von Mitarbeitern muss durch einen frühzeitigen Know-how-Transfer begegnet werden.

Die folgende Abbildung »Anpassungsaufgaben des DWH« zeigt die Dimensionen der Erhaltung von DWH-Systemen.

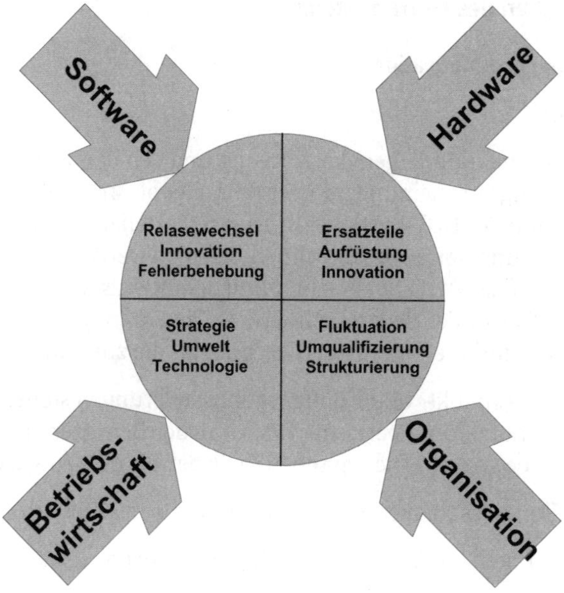

Abbildung 10.2: Anpassungsaufgaben des DWH

Erhaltung

Erhaltung ist erforderlich, um Verschleißerscheinungen entgegenzuwirken und zu beheben, um die Leistungen des Systems beibehalten zu können. **Erhaltung** heißt Verfügbarkeit der Funktionalität, Performance und Ergonomie sicherzustellen. Erhaltung heißt auch Bereithaltung der Informationsmenge und Informationsqualität mit dem besonderen Ziel, die Datenkonsistenz zu gewährleisten. In organisatorischen Komponenten ist Erhaltung des Know-hows und der Kapazitäten erforderlich. Erhaltung ist

- ✔ Bereitstellung von Informationsumfang, Aktualität, Informationsqualität und Konsistenz
- ✔ Personalqualifikation, Angleichung der Personalkapazität, Know-how-Sicherung
- ✔ Instandhaltung der Hardware
- ✔ Fehlerfindung und Verbesserung der Software

Definition: Erhaltung

Erhaltung ist der Ersatz defekter oder als ausfallgefährdend prognostizierter Komponenten und Bauteile und die Pflege zum Verlängern der Haltbarkeit.

Erneuerung

Durch die **Erneuerung** wird mit dem technischen Fortschritt und dem Wandel der Umwelt Schritt gehalten. Neue Technologien schlagen sich in besseren, funktionsreicheren, stabileren und performanteren Produkten nieder. Die neuen Produkte werden oft als neue Releases alter Produkte angeboten und machen einen Austausch leicht.

Um das Gesamtsystem des DWH technologisch stimmig, konsistent und homogen zu halten, ist eine definierte, eindeutige, kombinierte Erneuerungs- und Erhaltungsstrategie zu verfolgen. Erneuerung und Erhaltung ist Aufgabe des DWH-Betriebs.

Erneuerung bedeutet:

- ✔ defekte Teile auszutauschen
- ✔ fehlende Funktionalität zu ergänzen
- ✔ neuere, bessere Lösungen zu integrieren
- ✔ auf neue Technologien zu migrieren
- ✔ neue Updates und Releases zu implementieren

Definition: Erneuerung

Erneuerung ist der Ersatz alter Komponenten gegen neu entwickelte Komponenten.

Inbetriebnahme

Sind alle Betriebsvorbereitungen getroffen, muss das DWH mit »Inhalt«, sprich mit Daten, gefüllt werden, es folgt die sogenannte **Erstdatenerfassung.** Diese Daten können nicht in beliebiger Reihenfolge eingespielt werden, da sie aufeinander aufbauen, sich gegenseitig referenzieren und sich einige Daten aus anderen berechnen. Mit den installierten Tools werden dann die Ausschnitte aus dem Datenuniversum, das sind die Datenbanken des Unternehmens und die externen Quellen, in der DWH-Datenbank zusammengeführt.

Der Betrieb beginnt mit einer Grundeinstellung der Parameter der Ressourcen. Im Laufe des Betriebs werden diese Einstellungen an die laufenden Anforderungen angepasst oder optimiert. Diese Anpassungen sind vom Benutzerverhalten abhängig. Um die nötigen Betriebserfahrungen zu sammeln, muss der Betrieb entsprechend beobachtet werden. Hierzu werden, wie noch dargestellt wird, Systemmanagementtools eingesetzt.

Neben der Verfügbarkeit ist das Antwort-Zeit-Verhalten, die **Performance,** ein wichtiges Betriebsqualitätskriterium. Die Möglichkeit der Performance-Aktivitäten, das **Performance-Tuning,** ist von den speziellen Hardware- und Softwareprodukten des DWH-Grundsystems abhängig. Das nötige Wissen hierzu ist produktspezifisch und wird in den Herstellerlehrgängen vermittelt.

Benutzerunterstützung

Ist das DWH in Betrieb, so kann davon ausgegangen werden, dass die Servicemannschaft, der Helpdesk und die Benutzerbetreuer der bereits etablierten IT-Systeme nicht auf den DWH-Betrieb vorbereitet sind. Der Helpdesk bzw. das Call Center wird noch nicht einmal wissen, ob das aufgetretene Problem, das ein Benutzer meldet, ein DWH-Problem ist. Zu einer effizienten und zielsicheren Bestimmung der Fehlerquellen ist der Helpdesk zu qualifizieren.

Der Helpdesk ist nicht das einzige Mittel zur Lösung der Benutzungsprobleme des DWH. Je besser die DWH-Anwender im Umgang mit dem DWH qualifiziert werden, umso mehr Situationen können sie selbst beherrschen und umso schneller sind sie wieder betriebsbereit. Es sollte deshalb eine sorgfältig ausgearbeitete Selbsthilfestrategie in Form eines **Selbsthilfemanuals** vermittelt werden.

Betriebsrichtlinien

Die Betriebsaufgaben des DWH müssen abgestimmt und koordiniert werden. Hierfür sind **Betriebsregelungen** oder **Betriebsrichtlinien** zu definieren. Die typischen Betriebsregelungen, die zur Ausübung dieser Aufgaben gehören, sind:

- ✔ Installations- und Update Management-Richtlinien
- ✔ Backup- und Restore-Richtlinien
- ✔ Sicherheitsrichtlinien mit Benutzerrechteverwaltung und Raumzutrittsüberwachung

- ✔ Druckerrichtlinien
- ✔ Netzwerkrichtlinien
- ✔ Service Level Agreement
- ✔ Dokumentationsrichtlinien
- ✔ Richtlinie für den Bericht zum EDV-Betrieb
- ✔ Qualifizierungs- und Ausbildungsrichtlinien
- ✔ Notfall- und Katastrophenmaßnahmenplan

Die Betriebsrichtlinien des DWH weichen nur unwesentlich von den im Unternehmen etablierten Betriebsrichtlinien der gesamten EDV ab und müssen sich in diese integrieren.

Diese Richtlinien haben den Charakter von Organisationsanweisungen und sind in der Regel zu einem **Betriebshandbuch** zusammengestellt.

Gestaltungs- und Lösungsmöglichkeiten

Da bereits ein Rechnerbetrieb besteht, ist die Gestaltungsaufgabe des DWH-Spezialisten die Integration des DWH-Betriebes in den etablierten Rechnerbetrieb, gemeinsam mit den Experten des Rechenzentrums. Die bestehenden Betriebshandbücher müssen für den Betrieb der DWH-Komponenten erweitert werden. Diese Aufgabe wird vom Betriebspersonal durchgeführt.

- ➢ Integration des DWH-Betriebs in die Tagesaufgaben der Rechenzentren
- ➢ Anpassen der Betriebshandbücher und Richtlinien bzw. Erstellen neuer Richtlinien für den DWH-Betrieb

Der DWH-Spezialist sollte allerdings den vom Rechenzentrum gebotenen Service auf Vollständigkeit und Qualität prüfen. Der DWH-Spezialist ist im Unternehmen für die Verfügbarkeit des DWH im vom Anwender gewünschten Maße verantwortlich.

- ➢ Prüfen der Leistungen und Services der bestehenden Rechenzentrumsorganisation auf Tauglichkeit für die DWH-Aufgaben
- ➢ Abnahme des Systems durch Anwender und Rechenzentrum

Die Verfügbarkeit und die Freischaltung des DWH als neue Anwendung muss mit ein paar Erklärungen zu Sinn, Zweck und Verwendung bekannt gemacht werden. Hier bieten sich das Intranet, das schwarze Brett und die Betriebszeitschrift an.

- ➢ Bekanntgabe der Verfügbarkeit und des Umfangs des DWH-Systems

Zum Betrieb gehört die Erhaltung des Betriebs, die Erneuerung defekter Bestandteile und die Modernisierung z.B. durch Releasewechsel.

- ➢ Definition der Erneuerungsstrategie

Problemlösung: Regeln und Hilfsmittel

Das Verfahren

Es empfiehlt sich, keine eigene Betriebsorganisation des DWH-Systems aufzubauen. Um dem Rechenzentrum frühzeitig Informationen über die zukünftigen Betriebsaufgaben zu liefern, sollten dessen Mitarbeiter bereits in das Projekt integriert werden. Die Mitarbeiter des Rechenzentrums sollten unbedingt bezüglich der Entscheidungen mit Betriebskonsequenzen ein Mitspracherecht erhalten. Die beste Bestätigung für die betriebskonforme Gestaltung des DWH ist eine Abnahme des Rechenzentrums. Das folgende Verfahren hilft, den DWH-Betrieb zu regeln:

Verfahren: DWH-Betrieb

- ▼ Bewertung der Gestaltungsentscheidungen mit Betriebsgesichtspunkten
- ▼ Abstimmung mit Betriebspersonal
- ▼ Beschaffung, Prüfung Inbetriebnahme durch Betriebspersonal
- ▼ Erweiterung der Betriebshandbücher um DWH-Komponenten mit Hilfe der **Checkliste Betriebsaufgaben des DWH**
- ▼ Abnahme der Betriebsregelungen und Konfigurationen durch das Rechenzentrum
- ▼ Tuning, Dateneinspielung, Datensicherung, Ressourcenfreigabe
- ▼ Integration des DWH-Betriebs in die Tagesaufgaben der Rechenzentren
- ▼ Freigabe der Nutzung
- ▼ Definition der Erneuerungsstrategie

Checkliste Betriebsaufgaben

Für die Einschätzung und Planung der Betriebsaufgaben dient die folgende »Checkliste Betriebsaufgaben«. Die Betriebsaufgaben wurden zusammengestellt aus dem eingangs erwähnten Buch:

🗀 Anahory, Data Warehouse

Betriebsaufgaben DWH

Datenbankmanagement

- ✔ Implementierung von Fakttabellen und Dimensionstabellen
- ✔ Partionierung von Datenmengen
- ✔ Einrichtung von Metadaten

Konfigurationsmanagement

Tabelle 10.1: Checkliste Betriebsaufgaben des DWH

✔ Hardwarekonfiguration, Speicherbereiche definieren, Swap-Einstellung
✔ Laufwerkverwaltung
✔ Input-Output Management
Planungsmanagement
✔ Warteschlangensteuerung
✔ Clustermanagement
✔ Jobpläne, Jobpriorisierung, Jobprotokollierung, Neustarts und Anhalten ausgewählter Jobs
Ereignismanagement
✔ Fehlererkennung, Fehlerbezeichnung
✔ Automatisierte Fehlerbehebung
Systemmanagement
✔ Anwender einrichten, Erlaubnisprofile definieren, Zeitfenster und Prioritäten der Nutzung einrichten
✔ Verwaltung von Speicherplätzen, Tabellenverteilung
✔ Datensicherung und Rückspielung
✔ Verwaltung von Ablauf- und Fehlerprotokollen
Warehouse Management
✔ Verschieben und Archivieren von Daten
✔ Definition und Verwaltung von Metadaten
✔ Anlegen von Replikaten
✔ Indizierung und Suchplandefinition
✔ Integrationsmanagement heterogener Datenquellen, Struktur-Mapping von Daten, Formattransformation

Tabelle 10.1: Checkliste Betriebsaufgaben des DWH

Checkliste Betriebshandbuch

Das folgende Beispiel zeigt den Aufbau eines allgemeinen Betriebshandbuches anhand einer Checkliste, das auch für DWH-Zwecke eingesetzt werden kann.

Einleitung
Ziel, Zweck, Gültigkeit
Betrieb

Tabelle 10.2: Checkliste zum Aufbau des Betriebshandbuchs

Callabwicklung

- ✔ Calleröffnung und Erfassung
- ✔ Callbearbeitung und Weiterleitung: Form, Adressat
- ✔ Callabschluss: Bedingung, Aktivitäten
- ✔ Callauswertung: Ziele, Inhalte, Folgerungen, Darstellungsform

Eskalationsrichtlinien

- ✔ Inhalt der Eskalationsrichtlinie: Übersicht, Aufbau
- ✔ Ziel der Eskalationsrichtlinie
- ✔ Eskalationskreis: Teilnehmer und ihre Rollen
- ✔ Eskalationsstufen: Auslöser, Behandlung, Ergebnis, Eskalationsprozessdarstellung

Serviceumfang

Lokationen

- ✔ Netzschaubild: Namen, Adressen, Kennzeichnungen

Leistungsarten

- ✔ Laufende Wartung: Ersatzteillieferung, Reparaturen, Vorsorge
- ✔ Betrieb: Verfügbarkeit, Ergonomie, Performance, Konsistenz
- ✔ Task Force: Anlässe, Bestellung, Qualifikation, Reaktionszeit, Vorbereitung
- ✔ Benutzerbetreuung: Helpdesk, Ortsanweisung, Installationsbegleitung, Einführung

Leistungsumfang

- ✔ Komponentenliste
- ✔ Lokationen: Liste, Beschreibung, nationale Besonderheiten
- ✔ Reaktionszeiten
- ✔ Organisation: Strukturen, Prozesse, Sachmittel

Beschaffung und Integration

Beschaffungsabwicklung: Zuständigkeiten, Formen und Vorlagen

- ✔ HW-Beschaffung und Integration
- ✔ SW-Beschaffung und Integration
- ✔ Beschaffung Netzverbindungen
- ✔ Beschaffung Personal, Aufbau Qualifikation
- ✔ Beschaffung Sachmittel

Tabelle 10.2: Checkliste zum Aufbau des Betriebshandbuchs

Sicherheit und Verfügbarkeit

Datensicherung und Datenschutz

- ✔ Zugriffsberechtigungen: Berechtigungsprinzipien, Namensliste
- ✔ Datensicherung: Backup-Turnus, Medien, Transport- und Einlagerungsprozess

Vorsorge

- ✔ Raumschutz: Überwachung, Auswertung der Aufzeichnungen, Zugangserlaubnisse
- ✔ Virenschutz: Software, Releases
- ✔ Passwortregelungen
- ✔ Ersatz: Komponentenliste, Zustand wie Stand-by-Anforderungen, Lagerort
- ✔ Notfallplan: Namen, Adressen, Rollen, fallbezogene Prozedere

Dokumentation

Richtlinien und Vorschriften

- ✔ Dokumentationsrichtlinie: Verfahren, Zuständigkeiten, Medien, Umfang, Inhalt, Form
- ✔ Statuserhebung
- ✔ Dokumentation der Vorfälle
- ✔ Leistungsverfolgung
- ✔ Leistungen außerhalb des Servicevertrages
- ✔ Service der Komponenten

Dokumentationsmittel

- ✔ Aufbewahrungsort und Medien
- ✔ Symbole und Schemata zur Beschreibung
- ✔ Software zur Dokumentation

Tabelle 10.2: Checkliste zum Aufbau des Betriebshandbuchs

Zum Betrieb ist auch zu empfehlen:

🗁 Kelly, Data Warehouse

10.1.2 Systemmanagement-Tools

Problemstellung und Motivation

Von Umfang, Komplexität und Funktionalität der eingesetzten DWH-Module hängt die Kapazität und die Qualifikation der Betriebsorganisation ab. Je mehr

Aufgaben der Systemadministration durch Funktionen einer Software durchgeführt bzw. unterstützt werden und je höher der Automatisierungsgrad ist, umso kostengünstiger und reaktionsschneller wird die Systemadministration und umso höher ist letztlich die Systemverfügbarkeit. Für die Unterstützung des Betriebs, zur Erkennung der Systemzustände und der Belastungsverläufe wie auch zur Steuerung von periodischen Aktivitäten und zum Anstoß geplanter Automatismen müssen deshalb in Maßen Tools für Überwachung, Monitoring und Visualisierung der Prozesse und Analyse des Systemzustandes eingesetzt werden.

Das Maß des vernünftigen Tooleinsatzes, also das Ziel des Konzepts für den Einsatz von Systemmanagement-Tools, ist gegeben durch folgende Forderungen:

- ✔ Erreichung des höchstmöglichen Automatisierungsgrades
- ✔ Einhaltung des optimalen Kosten-Nutzen-Verhältnisses
- ✔ Reduktion der physischen Tätigkeit vor Ort um wenigstens 50%
- ✔ Risikominderung durch verlässliche Prognosen
- ✔ Zeitersparnis durch schnelle Erkennung und frühes Reagieren
- ✔ Erhöhung der Verfügbarkeit der Applikationen

Ziel sollte sein, außerhalb der Servicezeiten die Überwachung durch Automatismen eines sogenannten **Desktop Management Systems,** kurz **DTMS,** weiterzuführen und in Sonderfällen automatisch Alarme auszulösen. Das gesamte Netz sollte in der Zentrale auf einem Desktop, dem Client eines DTMS, zur Netzwerküberwachung, frühzeitigen Störungsprognose und Steuerung sichtbar gemacht werden.

Ziel ist auch, aus langfristigen Betrachtungen aus dem Betrieb des Netzes mit kontinuierlich erhobenen statistischen Daten und deren Auswertung zu vorbeugenden Maßnahmen zu gelangen. Nach derzeitigen Erkenntnissen ist kein Tool in der Lage, alle Probleme abzudecken. Deshalb muss eine Tool-Kombination gefunden werden. Für besondere Geräte, z.B. die Anbindung von Prozessüberwachungen aus der Kraftwerkstechnik, sind sogar mit Hilfe von speziellen Programmierwerkzeugen eigene Programme, **Agents** genannt, mit der Fähigkeit der Zustandserkennung und -meldung zu entwickeln.

Derzeit sind folgende Typen von Systemmanagement-Tools auf dem Markt:

- ✔ Workload Management/Scheduling
- ✔ Security Managements
- ✔ Storage Management/Disaster Recovery
- ✔ Print/Output Management
- ✔ Inventory Management
- ✔ Configuration/Change Management

✔ Event Management

✔ Helpdesk/Problem Management und Call Center

Zu einigen Funktionen liefern die Hersteller der Hardware- und auch der Softwarekomponente die maßgeschneiderten Tools mit. Andere Hersteller überlassen das Feld des Systemmanagements sogenannten neutralen Produkten, die in der Lage sind, den Betrieb mehrerer verschiedener Produkte zu unterstützen. Eine interessante Übersicht über die Konfiguration einer Systemmanagement-Ausstattung ist die in der folgenden Abbildung dargestellten, von der Meta Group publizierten Auffassung. Einige dieser Tooltypen werden im Folgenden auszugsweise kurz skizziert.

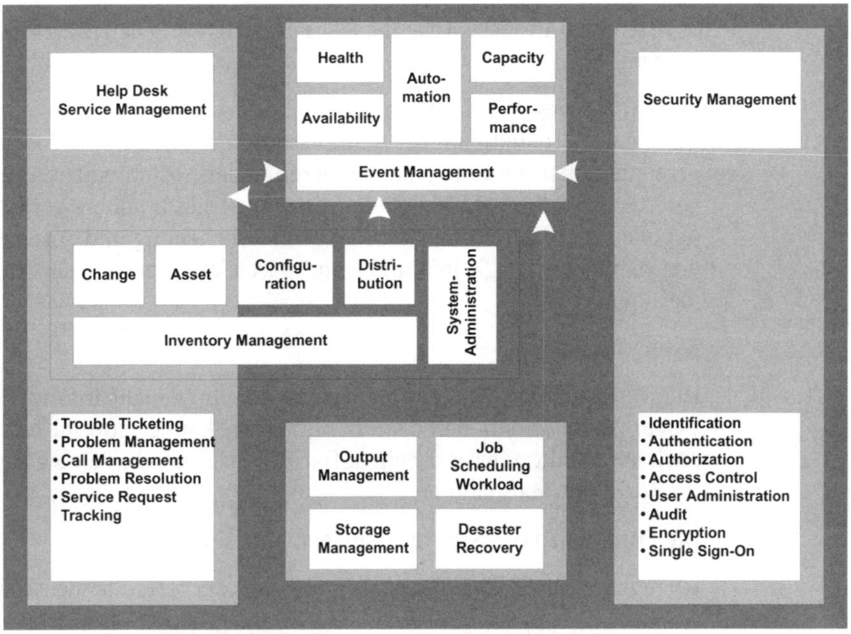

Abbildung 10.3: Systemmanagement-Ausstattung nach der Meta Group

Workload Management/Scheduling

Mit dem **Workload Management/Scheduling** wird die Lastverwaltung durchgeführt. Die Lastverwaltung entscheidet über die Effizienz des Betriebes und bestimmt Terminierung, Arbeitsvorbereitung, Schätzung des Ressourcenbedarfs und das Kapazitätsmanagement.

Die Funktionen des Workload Management/Scheduling sind:

✔ Vollständige Kalenderintegration mit Berücksichtigung des Arbeitsplans

✔ Vorgänger/Nachfolger-Beziehungen für die Gewährleistung von Job-Abhängigkeiten

- ✔ Automatischer Neustart/Recovery, muss von jedem Operator gestartet werden können
- ✔ Vorhersage und Simulation zur Ermittelung der Arbeitslast vor der Ausführung
- ✔ Dynamische Arbeitsplanung, die Arbeitslast wird zum vorhandenen Plan hinzugefügt
- ✔ Online-, menügestützte Definition für Ergonomie und erleichterte Produktanwendung
- ✔ Online-Verfolgung eines Jobstatus zur Ermittlung des Echtzeitstatus der Arbeitslast
- ✔ Ereignis-/Auslösevorgänger, jedes Ereignis kann den Start eines Jobs auslösen

Der Nutzen des Workload Management/Scheduling liegt zum einen in der Steigerung der Produktivität der Administration durch automatisierte und termingerechte Ablaufsteuerung, zum anderen in der Kostenreduzierung durch geringeren Personalbedarf für die Administration, durch höhere Verfügbarkeit der Applikationen, durch automatisierte Fehlerbehebung und durch Reduzierung der manuellen Tätigkeiten und damit durch Verringerung der fehleranfälligen Aktionen.

Security Management

Die Werkzeuge des **Security Managements** schützen die Informationen und die Träger der Informationen beim Benutzer. Sie können sowohl auf Software- als auch auf Hardwarebasis arbeiten. Der Benutzer kombiniert sie dann mit organisatorischen Maßnahmen.

Die Funktionen des Security Managements sind:

- ✔ regelgestützte Steuerung zur Reduktion der fortlaufenden Wartung
- ✔ Einheitlichkeit der Verwaltung über alle Plattformen
- ✔ vollständige Kalenderintegration für die Beschränkung des Systemzugriffs auf bestimmte Tage und Zeiten
- ✔ Passwortzuweisung mit regelmäßiger Änderung für Beschränkung des Systemzugriffs auf autorisierte Personen
- ✔ Definition der »Superuser«-Berechtigung gemäß der Unternehmenspolitik
- ✔ Prüfprotokolle für die Erfüllung der Prüfungsanforderungen
- ✔ Dateiverschlüsselung für die Systemintegrität
- ✔ »Drill-Down« Onlineabfragen
- ✔ verteilte oder zentrale Verwaltung aller Programme, über APIs aufrufbar

Der Nutzen des Security Managements liegt in der Steigerung der Produktivität der Administratoren durch eine regelbasierte, aufgabenbezogene und plattformübergreifende Verwaltung mit einheitlicher Benutzeroberfläche. Zudem ist Investitionsschutz gegeben, durch Integration vorhandener Security-Daten aus dem Betriebssystem direkt bzw. über APIs und SDK und durch stufenweisen (skalierbaren) Einsatz der Security über regelbasierte Lösung, neben Risikominimierung bei der Implementierung.

Storage Management/Disaster Recovery

Das **Speichermanagement** oder **Storage Management** überträgt Daten von teuren Speichermedien auf preiswertere Träger. Das **Disaster Recovery** dient der Fehlererkennung, der Fehlersuche und der Fehlerbehebung.

Die Funktionen des Storage Management/Disaster Recovery sind:

- ✔ Schutz der Datenressourcen vor Überschreiben oder Fehlern bei Flexibilität bezüglich der standortbezogenen Anforderungen
- ✔ Automatische Backups ohne Eingriffen durch den Operator
- ✔ Schnelle Katalogwiederherstellung
- ✔ Schwellenwert-Archivierung für die Verfügbarkeit der Medien
- ✔ Komprimierung von Backup-Dateien zur Senkung der Netzauslastung
- ✔ Einziger gemeinsamer Katalog zum Dateistatus
- ✔ Arbeitsband-Poolmanagement zur Auflistung aller verfügbaren Arbeitsbänder

Der Nutzen des Storage Management/Disaster Recovery liegt in der Steigerung der Produktivität in der Administration durch flexible, plattformübergreifende Backup-Methoden wie volle und inkrementelle Sicherung und durch stetigen Zugriff auf ausgelagerte Daten, z.B. mittels integriertem Tape Managment. Es ist die Reduzierung des Hardwarebedarfs durch hierarchische Backup-Methoden und Einbezug des Archives in die täglichen DV-Abläufe zu erwarten. Zudem liegt eine Risikominimierung durch integriertes Datensicherungskonzept für den Prozess Backup/Archivierung – Scheduling – Problem Management – Berichtswesen – Recovery vor.

Print/Output Management

Das **Print/Output Management** ermöglicht die Automatisierung und Optimierung der Erstellung, Zusammenstellung, Verteilung und Verfolgung von Reports.

Die Funktionen des Print/Output Managements sind:

- ✔ Auswahl von Report-Seiten
- ✔ Verteilung von Seiten an Email

- ✔ Spooler-Kontrolle für die Steuerung der Reportausgabe nach Prioritäten und Verwaltung der Drucker

Der Nutzen des Print/Output Management liegt in der Steigerung der Produktivität und der schnellen Bereitstellung von Informationen durch automatisierte Reportverteilung und elektronischen Versand der Berichte. Daneben ist die Optimierung der Informationen mittels plattformübergreifender Berichtsverteilung direkt zum Empfänger möglich. Dabei bekommt z.B. jeder nur die ihn interessierenden Seiten des Reports. Die Kosten werden durch geringeren Papierbedarf, Übertragung der Reportinformationen an jeweilige Email-Adressen und geringere Auslastung der Drucker reduziert. Ebenso ist eine Reduzierung der Postgebühren zu erwarten.

Inventory Management

Die Funktionsgruppe **Inventory Management** beschreibt Merkmale und Konfigurationen der Netz- und Systemressourcen (technische und finanzielle Daten). Sie versorgt zudem auch andere Managementfunktionen mit Daten.

Die Funktionen des Inventory Managements sind:

- ✔ Hard- und Software-Inventarisierung aller Komponenten
- ✔ Gemeinsame Datenbasis für Integration und Bearbeitung in anderen Managementtools

Der Nutzen des Inventory Managements liegt in der Steigerung der Produktivität durch umfassendere, schnellere und aktuellere Bereitstellung von Informationen und in der Kostenreduzierung durch Wegfall manueller Pflege. Es ist eine kontrollierte, zielgerichtete Aktualisierung möglich, wie z.B. Auswahl des Teilnetzes und der Lokation. Die Konsistenz der Inventarinformationen ist durch die gemeinsame Datenbasis, z.B. für Softwareverteilung, Konfigurations- und Change Management und Planung zukünftiger Investitionen, sichergestellt. Erst auf der Basis einer genauen Erfassung des Investments ist eine exakte Leitungsverrechnung (Accounting) möglich.

Configuration/Change Management

Die Funktionsgruppe **Configuration/Change Management** dient der Nachführung der Veränderungen der Systemkomponenten. Sie ist eine sehr zeitaufwendige, komplexe Aktivität, durch die integrierten Wechselbezüge der Komponenten. Die Informationen können getrennt oder zusammen mit den Beständen geführt werden.

Die Funktionen des Configuration/Change Managements sind:

- ✔ Zentrale Verwaltung verteilter Software
- ✔ Automatische Verteilung, Installation,
- ✔ Konfiguration und Destallation von Software von einem zentralen Standort aus

- ✔ Überwachung von Softwarelizenzen
- ✔ Anwendungsverwaltung, Kontrolle des Anwendungslebenszyklus

Der Nutzen des Configuration/Change Management liegt in der Steigerung der Produktivität durch DV-gestützte Softwareverteilung anstelle der manuellen Installation. Zudem ist durch aktuelles Bereitstellen von Softwareversionen und Kostenreduzierung eine Verminderung von Reisetätigkeiten und damit die Verringerung der Personaleinsatz- und Reisekosten erreichbar.

Event Management

Das **Event Management** ist eine Werkzeugsammlung zur automatisierten Erfassung von System- und Komponentenzuständen. Es dient der Überwachung von Ereignissen in Systemen, Netzen, Datenbanken und Applikationen.

Die Funktionen des Event Management sind:

- ✔ Überwachung dezentraler Konsolen über eine zentrale Verwaltung
- ✔ Filterung von Meldungen für zentrale und dezentrale Kontrolle
- ✔ Unterdrückung unnötiger Meldungen zur Senkung der Konsolauslastung
- ✔ Kalenderintegration für die Automatisierung
- ✔ Überwachung von Betriebssystem und Anwendungsaktivität
- ✔ einheitliches Erscheinungsbild des Netzes im gesamten Unternehmen
- ✔ Schwellenwertüberwachung zur Früherkennung von Problemen
- ✔ mehrere Managementanzeigen für geschäftsorienterten Blick auf ausgewählte Gruppen nach Service oder Geographie
- ✔ Statistikmanager zur Senkung der Kosten der Verwaltung von Client/Server-Umgebungen.
- ✔ Toolkit für die Herstellung von Agentenprogrammen zur Erkennung und Meldung bestimmter Situationen von Hard- und Softwarekomponenten

Das Event Management hilft dem Administrator, die Effektivität des Problemermittlungs- und Lösungsprozesses zu steigern. Der Nutzen liegt in einer bedienerfreundlichen Konsole mit einer plattformübergreifenden, zentralen Steuerung und der Filterung von Meldungen. Die grafische Präsentation des gesamten Netzwerks gestattet einen schnellen Überblick über komplexe Situationen. Es wird eine Kostenreduktion durch geringeren Operatingeinsatz erreicht. Die Einschulung kann verkürzt werden, da eine einheitliche Oberfläche für mehrere Systeme vorhanden ist. Durch Event Management werden die Möglichkeiten der Netzlastreduzierung (statt Polling) und zur Steigerung der Verfügbarkeit transparent. Event Management ist die Basis für Frühwarnsysteme, automatische Reaktion auf Schwellenwerte und proaktive Korrektur.

Helpdesk/Problem Management, Call Management

Die Funktionalität **Helpdesk/Problem Management** bzw. **Call Management** dient der automatischen und manuellen Erfassung von Systemproblemen und Meldungen (sogenannten **Calls)** von Nutzern, deren Verwaltung, Beurteilung und Diagnose und der Verfolgung ihrer Behebung. Sie leistet außerdem die statistische Auswertung von Vorkommnissen und die Generierung von Erkenntnissen für eine Betriebsoptimierung.

Funktionen des Helpdesk/Problem Management und Call Management sind:

- ✔ Bestandsmanagement zur Verfolgung und Kontrolle der Konfiguration
- ✔ Über/Unterordungsbeziehung zur Anzeige von Abhängigkeiten
- ✔ herstellerbezogene Geräte- und Servicehistorie für eine effektive Auswahl und Verhandlung
- ✔ benutzerdefinierter Status/Verantwortung inklusive Definition von Kategorien (entspricht dem realen Ablauf)
- ✔ maschinengenerierte Problemerfassung und -verfolgung, automatisierte Eröffnung eines Problems
- ✔ automatische Eskalation für zeitverlustfreies Reagieren durch Kontrollen
- ✔ Verwaltung der Historie zur Einholung von Servicevereinbarungen und Schaffung einer Wissensdatenbank.
- ✔ Web-Interface, das Problemmeldung und Statuskontrolle über Internet ermöglicht.
- ✔ Definition statistischer Berichte

Der Nutzen der Funktionengruppe Helpdesk/Problem Management und Call Management liegt in der Steigerung der Verfügbarkeit durch schnelle Problemverfolgung und durch schnelle Problembehebung mittels hinterlegtem Regelwerk (Knowledge DB). Zudem ist eine Verbesserung der Benutzerzufriedenheit durch automatische Problemerfassung im Call Management und durch individuelle Problemverfolgung mit vom System erzeugter Problemerfassung möglich. Mit dem Toolkit können eigene Agenten programmiert werden, womit eine gewisse Unabhängigkeit von den Herstellern der Komponenten erreicht ist.

Gestaltungs- und Lösungsmöglichkeiten

Da in einem Unternehmen, das ein DWH einführen will, bereits ein Rechnerbetrieb besteht, existiert auch ein Systemmanagement. Die Gestaltungsaufgabe des DWH-Spezialisten ist hier, die Integration des DWH-Systemmanagements in das etablierte Systemmanagement des Rechnerbetriebs zu unterstützen. Dies wird er gemeinsam mit den Experten des Rechenzentrums durchführen. Der DWH-Spezialist sollte sich allerdings eine Meinung bilden, welche Möglichkeiten es für das Systemmanagement eines DWH gibt und ob die installierten Tools für seinen Bedarf ausreichend sind. Eventuell müssen die bestehenden Tools für den Betrieb der DWH-Komponenten erweitert werden. Die Erweiterung wird vom Systemmanagement-Personal durchgeführt.

- Definition der Anforderungen
- Evaluation der von den DWH-Herstellern angebotenen Systemmanagement-Tools
- Unterstützung des Rechenzentrums bei der Evaluation der »lückenschließenden« Systemmanagement-Tools
- Spezifizierung der Personalanforderungen für das DWH-Systemmanagement
- Integration des DWH-Systemmanagements in die Tools des Rechenzentrums

Problemlösung: Regeln und Hilfsmittel

Das Verfahren

Zur Entscheidung über den Einsatz von Tools ist komponentenweise die Bedeutung der kontinuierlichen Messung und die Konsequenzen der Unkenntnis in ihrer Auswirkung auf Fehleinstellungen für das System abzuwägen. Es ist weiterhin zu beurteilen, ob die Messung im Ausnahmefall ausreichend ist. Der Nutzen ist gegen die Kosten der Tools abzuwägen und in einem Toolbedarfsprofil festzuhalten. Es empfiehlt sich folgendes Verfahren:

Verfahren: DWH-Systemmanagement

- Anforderungen an ein Toolset für DWH-Systemmanagement und Monitoring mit Hilfe des **SMS-Toolausstattungsschemas**
- Prüfen der DWH-Herstellerprodukte zum Systemmanagement gemeinsam mit dem Rechenzentrumsbetrieb
- Abstimmung mit Betriebspersonal, Beschaffung, Prüfung, Inbetriebnahme durch Betriebspersonal
- Integration von DWH-Monitoring und Systemmanagement in die Tools des Rechenzentrums

Kosten-Nutzen-Erhebung der SMS-Tools

Bei der Entscheidung für den Einsatz eines SMS-Tools stehen

- ✔ Kosten des Tools versus manuelle Eingriffe
- ✔ Zustandserkennung mit Monitoren versus Notwendigkeit der Erkennbarkeit

Als Entscheidungshilfsmittel dient eine **Preistabelle SMS-Module** und eine **Kostentabelle manuelle SM-Tätigkeiten,** verglichen mit einer **Kostentabelle**

automatisierte SMS-Tätigkeiten. Neben den laufenden Kosten müssen auch die Einführungskosten betrachtet werden. Als Entscheidungshilfsmittel dienen **Funktionslisten,** nach Modulen bzw. Aufgabenbereichen sortiert, wie in diesem Kapitel vorgestellt.

Als Hilfsmittel dient außerdem das gesamte Evaluationsverfahren aus Kapitel 9 »Produkte« und speziell die dort beispielhaft dargestellte **Nutzwertanalyse.** Zur Vertiefung sei empfohlen:

🗁 Zangemeister, Nutzwertanalyse

SMS-Toolausstattungsschema

Aus der obigen Beurteilung für den Bedarf einzelner Komponenten ergibt sich ein SMS-Toolausstattungsschema. Zum besseren Verständnis wird ein ausgefülltes Muster ohne Empfehlungsanspruch für den Inhalt dargestellt.

	Client	Netz	Server	Komponenten	Drucker Speicher	Applikation
Managementkonsole	UNICENTER TIVOLI OpenView Patrol Open Master		UNICENTER TIVOLI OpenView Patrol			
Workload			UNICENTER Patrol			UNICENTER TIVOLI Patrol
Security	UNICENTER TIVOLI	UNICENTER TIVOLI	UNICENTER TIVOLI	UNICENTER TIVOLI		UNICENTER TIVOLI
Storage/Desaster Backup			ADSM Microsoft-SMS		ADSM Microsoft-SMS	ADSM Microsoft-SMS
Print/Output			UNICENTER TIVOLI		UNICENTER TIVOLI	UNICENTER TIVOLI
Inventory	UNICENTER Patrol Microsoft-SMS	UNICENTER Patrol	UNICENTER Patrol Microsoft-SMS	UNICENTER Patrol	UNICENTER Patrol	UNICENTER Patrol Microsoft-SMS
Configuration	UNICENTER TIVOLI Patrol	UNICENTER TIVOLI Patrol	UNICENTER TIVOLI Patrol	Cisco-Works		
Events Agents	UNICENTER TIVOLI Patrol Open Master	UNICENTER TIVOLI Patrol Open Master	UNICENTER TIVOLI Patrol Open Master	UNICENTER TIVOLI Patrol Open Master	UNICENTER TIVOLI Patrol	UNICENTER TIVOLI Patrol
Helpdesk Call Center	Remedy Paradigm Paragreen					

Schattierungsintensität: unbedingt – wichtig – nützlich – nicht relevant (weiß)

Tabelle 10.3: SMS-Toolausstattungsschema

Qualitätskriterien von Tools

Der Schwerpunkt der Konzeption der Systemadministration liegt in der Ausnutzung des derzeit realistischen Automatisierungspotentials. Anzahl, Aufwand und Dauer organisatorischer Maßnahmen werden umso geringer, je höher der realisierte Automationsgrad ist, also je leistungsfähiger die eingesetzten Tools sind. Der Focus der Betrachtung bzw. der Konzeption liegt damit auf der Bestimmung einer optimalen Toolkombination, ergänzt durch die nicht mit Tools abwickelbaren organisatorischen Maßnahmen. Maßstab für die Leistungsfähigkeit der Tools ist ihre Funktionalität. Für die detaillierte Darstellung der Toolleistungsfähigkeit empfiehlt es sich, die folgenden Sichten zu beurteilen:

- ✔ Durchgängiges Management über alle DV-Ressourcen
- ✔ Benutzeroberfläche mit realer Sicht, identisch für alle Systeme
- ✔ End-to-End Management
- ✔ Offenheit und Integration
- ✔ Betriebsorientierte Sicht
- ✔ Geschäftsprozessorientierte Sicht

Durchgängiges Systemmanagement, homogen, über alle Ressourcen und Komponenten, setzt voraus, dass alle zu einem Prozess erforderlichen Ressourcen erkannt, überwacht und kontrolliert werden können. Die umfassende Steuerung der Unternehmens-DV erfordert ein durchgängiges Management der gesamten DV-Infrastruktur über alle Betriebssysteme und Netzwerke einschließlich aller Komponenten, Datenbanken unterschiedlicher Hersteller sowie Anwendungen des Unternehmens hinweg. Informationen über unterschiedliche Ressourcen auf unterschiedlichen Ebenen werden vom End-To-End Management bereitgestellt.

Die **Benutzeroberfläche mit realer Sicht** erlaubt die intuitive Navigation durch die Systeme und Verbindungen im Netz. Dies muss für alle eingesetzten Systeme gelten, um schnelle Reaktion durch schnelles Verstehen komplexer Situationen zu ermöglichen und den Mehraufwand für Schulungen auf unterschiedlichen Systemen zu vermeiden.

Es soll möglich sein, von einem zentralen **(Single Point of Control)** oder idealerweise jedem beliebigen Netzpunkt aus **(End-to-End Management)** die Probleme in Systemen, Netzen, Anwendungen und Datenbanken zu erkennen und zu beheben. Dies reduziert gleichzeitig Reisezeiten und Wartezeiten.

Offenheit und Integration bedeutet erweiterbare Manager/Agent-Architekturen. Diese stellen sicher, dass die gesamte DV des Unternehmens überwacht, gesteuert und verwaltet wird. Auf der Managerebene stehen die integrierten Funktionen inklusive aller Optionen zur Verfügung. Die Agenten überwachen die Ressourcen der gesamten DV-Infrastruktur und berichten an einen oder mehrere Manager **(Multi Level Management).** Sie müssen mit einer leistungsfähigen, leicht zu beherrschenden Programmiersprache für beliebige elektrische und elektronische Geräte vom Systemadministrator erstellt werden können.

Die **geschäftsprozessorientierte DV-Steuerung** stellt sicher, dass die für die unternehmenskritischen Abläufe benötigten Ressourcen bereitstehen. Hierbei werden alle Bereiche der Unternehmens-DV berücksichtigt, wie Anwendungen, Datenbanken, Betriebssysteme und Netzwerke. Diese Sicht ist die Kombination von zwei Perspektiven, einer horizontalen und einer vertikalen Sicht. Die traditionelle Sicht bezieht sich auf die Ressourcen und wird als **horizontale Systemmanagementsicht** bezeichnet. Diese Betrachtungsweise funktioniert bei einzelnen Komponenten, die keine übergreifende Kommunikation benötigen. Die **vertikale Systemmanagementsicht** stellt sicher, dass innerbetriebliche Parameter zur DV-Steuerung berücksichtigt werden, wie z.B. Technologie, Organisationseinheiten, Geographie, Aufgaben und andere. Modernes Systemmanagement unterstützt sowohl die Sicht auf die Ressourcen als auch auf die Betriebsabläufe. Dadurch können Applikationen bzw. Abläufe gleichzeitig mit den zugehörigen Ressourcen kommunizieren.

10.1.3 Serviceaufgaben des DWH-Systems

Service Level

Ebenso wie die Besetzung des DWH-Projekts mit Projektpersonal ist auch die Besetzung der Betriebsaufgaben mit Betriebspersonal von der eigenen Personallage abhängig. Für sporadisch auftretende Aufgaben wird keine dauerhaft besetzte Stelle eingerichtet, sondern es werden zeitweise externe Spezialisten beauftragt. Der Umfang der Aufgaben, die einen Service für die Unternehmung darstellen, wird in einer besonderen Vertragsform, dem **Service Level Agreement,** definiert.

Der Service wird in der Regel in mehreren Stufen, oft **Service Level** bezeichnet, abgewickelt, um eine schnelle Eingrenzung von Fehlerquellen zu erreichen und schnell eine gezielte Zuordnung von Qualifikationen zu finden.

> **Definition: Service Level Agreement**
>
> Ein **Service Level Agreement** ist eine nach Umfang, Abwicklung, Terminierung, Qualität und Kosten getroffene Vereinbarung zwischen einem **Servicegeber** und einem **Servicenutzer** der gebotenen Services zur Aufrechterhaltung seines EDV-Betriebes.

Bei jedem Komponententyp liegt die Verfügbarkeits- und Erhaltungsproblematik, bedingt durch die unterschiedlichen Techniken, anders. Für jede Komponente ist daher die Serviceleistung getrennt zu definieren. Der **Serviceumfang** ist definiert durch

- ✔ Lokationen
- ✔ Leistungsarten und deren Ergebnisse

- ✔ Qualitätsmaßstab wie Verfügbarkeit, Antwortzeiten, Sicherheit
- ✔ IT-Komponenten
- ✔ Ressourcen wie Tools, Personalqualifikationen, Berichtsarten
- ✔ Organisationsstruktur und Abwicklung der Leistungen
- ✔ Reaktionszeiten

Die **Serviceleistungen** können gegliedert werden in

- ✔ laufende Wartung und Sicherung
- ✔ Ersatzstellung, Beschaffung, Transport- und Logistikleistungen
- ✔ Helpdesk mit Call-Datenbankauswertungen
- ✔ Reparaturen, Programmfehlerbehebungen
- ✔ Ersatzstellung von Personal
- ✔ Raumschutz, Detektion von Sicherheitsverletzungen
- ✔ Ersatzstellung von Rechnersystemen und ausgestatteten Arbeitsplätzen
- ✔ Erzeugung der für den optimalen Support erforderlichen Hilfsmittel
- ✔ Technologieberatung, Planung und Konzeption
- ✔ Task Force
- ✔ Dokumentation

Wenn ein Anwender ein Problem bemerkt, wird er zunächst **Selbsthilfe** betreiben. Kann er das Problem nicht lösen, spricht er den ihm zugeordneten **Key-User** an, der auf Fehlererkennung ausgebildet wurde. Als weitere Möglichkeit teilt er dem Helpdesk oder Call Center den Funktionsmangel mit. **Helpdesk** oder **Call Center** sind für die Koordination von der Benutzerbeschwerde bis zum Einsatz des Servicepersonals und der Beseitigung des Fehlers verantwortlich. Der Fehler muss bis zur Fehlerkorrektur verfolgt werden.

Der Helpdesk bzw. das Call Center sind das zentrale Instrument zur Abwicklung von Services. Für das DWH der Standorte muss deshalb die Einbindung des lokalen IT-Managements mit dem DWH-Management sichergestellt sein. Die DWH-Nutzer müssen auf die korrekte Beschreibung des Fehlers vorbereitet werden. Für die schnelle Fehlerortung sind die folgenden Angaben für den Helpdesk erforderlich:

- ✔ Gerätetyp
- ✔ Software
- ✔ Handlung und eingetretenes Ergebnis, Systemmeldungen
- ✔ erwartetes Ergebnis

Kann der Helpdesk den Fehler nicht per Fernanleitung beheben, gibt er die Fehlerbeschreibung an den Herstellerservice oder die Task Force weiter. Die Task Force wird den Fehler vor Ort beheben.

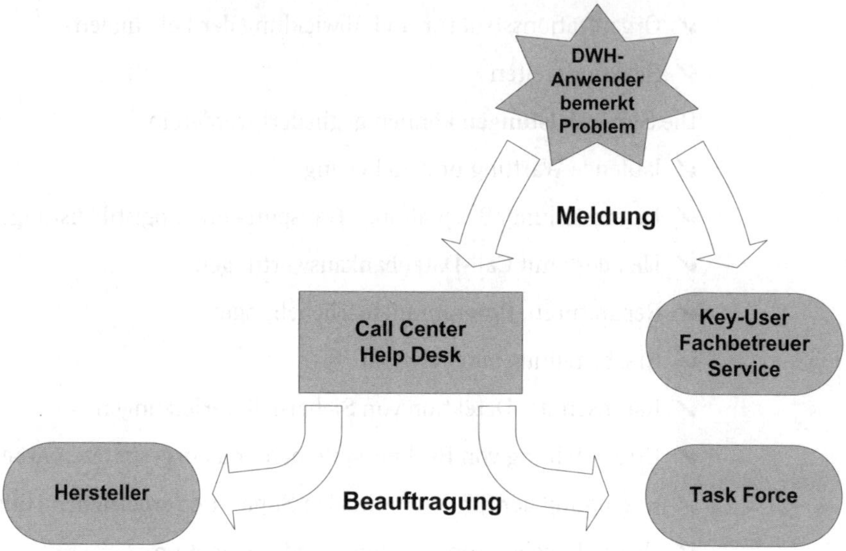

Abbildung 10.4: Serviceabwicklung mit Helpdesk

Für komplexere Fälle, wie Fehler, die aus dem Zusammenspiel unterschiedlicher Komponenten von verschiedenen Herstellern kommen, ist ein **Case-Manager** erforderlich. Ein Case-Manager koordiniert die Experten der Hersteller und die eigenen Administratoren, bis die Behebung des Fehlers gemeldet wird.

Gestaltungs- und Lösungsmöglichkeiten

Die Gestaltungsaufgaben für den Betrieb zielen auf die optimale Nutzung des Systems durch den Anwender ab. Hierzu gehört, dass der Anwender mit dem System umzugehen weiß. Das beginnt bei der Information des Anwenders, dass das System verfügbar ist, wo es wie aufgerufen werden kann und wozu es dient, und endet mit der Schulung.

➢ Gestaltung der Anwenderbetreuung, Anwendereinführung und Anwenderschulung

Das System ist ständig auf Bereitschaft zu überprüfen und die entsprechenden Maßnahmen zur Herstellung und Erhaltung der Bereitschaft sind nach Erkennen der Ursachen durchzuführen.

➢ Systemüberwachung, Systemwartung und Instandhaltung

➢ Tuning, Datensicherung, Ressourcenfreigabe

➢ Integration des Helpdesks bzw. des Call Centers

Problemlösung: Regeln und Hilfsmittel

Das Verfahren

Der Service Level kann von einer Abteilung des eigenen Hauses durchgeführt oder an Partner vergeben werden. Die getroffenen Agreements sind von beiden Parteien zu fixieren. Dies ist bei den Servicegebern des eigenen Hauses umso wichtiger, als es sich in der Regel um Profitcenter mit interner Leistungsverrechnung handelt. Für die Gestaltung eines effizienten Services hat sich folgendes Verfahren bewährt:

Verfahren: Aufbau eines Service Levels

- Gestaltung der Anwenderbetreuung, Anwendereinführung und Anwenderschulung
- Erstellung der Selbsthilfeanleitung für DWH-Anwender
- Definition und Aufbau der Systemüberwachung, Systemwartung und Instandhaltung, Abschätzung der Eigenleistungen, Festlegung des Service Level Agreements mit Hilfe der **Checkliste Service Level Agreement**
- Integration der DWH-Betreuung in den bestehenden Helpdesk bzw. das Call Center

Checkliste Service Level Agreement

Für das zentrale Instrument des Services, das **Service Level Agreement,** ist im Folgenden ein Musteraufbau in Form einer Checkliste in der folgenden Box dargestellt. Im Service Level Agreement sollte neben den bereits erwähnten Komponenten und den darauf definierten Leistungen auch die Abwicklung bestimmter Serviceprozesse definiert werden. Da die Qualität und Schnelligkeit des Service stark von den eingesetzten Mitteln und Tools abhängt, sollten die Mittel und Tools ebenfalls vereinbart werden. Der Servicenehmer sollte über den Zustand seines Systems gut informiert sein und vom Servicegeber hierüber mit einem abgestimmten Reporting unterrichtet werden.

Die Komponenten der Servisierung

- ✔ Switches, Hubs, Router, Repeater, Multiplexer, Verteiler
- ✔ Standleitungen
- ✔ Verkabelung
- ✔ Server-Hardware inklusive Zubehör wie externe Gehäuse, Raid Gehäuse, Streamer, Tastatur, Maus, Netzwerkanschluss
- ✔ Server-Betriebssystem inklusive aller Applikationen

Tabelle 10.4: Checkliste Service Level Agreement

- ✔ File-, Mail-, Intranet-, Internet-, SMS-, SNA-Server
- ✔ PCs, Notebooks, X-Terminals inclusive Netzwerkkarte, Monitor, Tastatur, Maus, Zubehörteile
- ✔ Drucker und Eingabegeräte, Plotter, Scanner, Netports

Abläufe zu Servisierung:

- ✔ Abwicklung von Eskalationsstufen, Eskalationsschema, Pflege einer Call-Datenbank
- ✔ Problemmanagement bei Totalausfall, Personalausfall, Betriebsbereitschaftsgefahr, Verfügbarkeitsminderung, Verletzung der Datenkonsistenz, Gefährdung der Datensicherheit

Unterstützende Mittel des Services

- ✔ Ruf- und Handybereitschaft
- ✔ Einsatz eines Helpdesktools mit Kategorisierung und Protokollierung von Calls, Analyse und Reporting der Callaufnahme und Callabarbeitung und Statistiken der Calls

Begleitende Beratung

- ✔ Workshops für die strategische Beratung zukünftiger EDV-Investitionen
- ✔ **Task Force** für Notfälle
- ✔ Koordination von Experten der Hersteller

Tabelle 10.4: Checkliste Service Level Agreement

10.2 Organisation des Abbaus des DWH

Im Lebensabschnitt »Betrieb« werden die Qualifikationen für die Rollen beim Abbau herausgebildet. Die Außerbetriebnahme setzt dezidiertes Wissen aus dem Betrieb voraus, um nur die Parametrierung der Programme, die Adressen, die Komponentenverwendung zu nennen. Die Gestaltungsaufgabe »Rollen für den Abbau« ist deshalb bereits aus der Betriebssicht zu berücksichtigen. Das Betriebs-Know-how muss für den Abbau erhalten werden.

Außerbetriebnahme

Die wesentliche Aufgabe des **Abbaus** ist die Herausnahme ausgedienter Programme aus dem Gesamtkomplex aller Programme. In der Regel können einzelne Programme nicht komplett gelöscht werden, da einige ihrer Bestandteile auch von anderen Programmen benötigt werden. In den wenigsten Unternehmen wird die Dokumentation sorgfältig genug gepflegt, um auf die nötigen Informationen zu in Verbindung stehenden Programmen zu verweisen. Besonders bei der Komponentenbauweise ist mit fehlenden Informationen zur Mehrfachverwendung zu rechnen. Der Umfang des Abbaus betrifft demnach

- ✔ betriebswirtschaftliche Funktionen
- ✔ Softwarekomponenten, Daten, Datenstrukturen
- ✔ Hardwarekomponenten
- ✔ Organisationsstrukturen, Personal und Sachmittel, wie z.B. Räume

Besonders wichtig ist zunächst die **Information** aller Benutzer über die Absicht der Außerbetriebnahme. Hier sollte unbedingt eine Rückantwort mit einer Einverständniserklärung nach Terminvorgabe eingefordert werden, um sicherzugehen, dass keine Störungen verursacht werden.

Ein anderes Problem birgt die **Datensicherung.** Auch Daten können in Mehrfachverwendung durch weitere Programme stehen, das ist zum Beispiel bei Wertebereichen der Fall. Aber auch wenn an bestimmten Programmen kein Interesse mehr bestehen sollte, so können doch die von den Programmen erzeugten Daten noch benötigt werden. Besonders wichtig ist zu beachten, dass das Löschen von Daten auch die Vernichtung von Datenstrukturen umfassen kann. Datenstrukturen sind einst in der Entwurfsphase mit viel Aufwand entstanden und stellen ein weiterverwendbares Know-how-Potential dar.

Sind die Programme und Daten gelöscht, kann die Hardware stillgelegt, das heißt von Strom und Medien freigeschaltet und abgebaut werden. Je nach Größe der Rechner ist hier ein Spezialunternehmen mit Spezialwerkzeugen für Demontage und Transport zu beauftragen oder die Geräte sind mit dem Firmenschrott abzutransportieren. Es empfiehlt sich, mit dem Abbauunternehmen eine Begehung der Räume durchzuführen und sich die Voraussetzungen für eine reibungslose Demontage nennen zu lassen. Der Schwerpunkt der Aktivitäten liegt in der Koordination der Fremdunternehmen.

Alte Geräte können nicht komplett verschrottet werden. Sie müssen zerlegt werden und die Bauteile und Baugruppen müssen nach Umweltbelastungsklassen sortiert und getrennt entsorgt werden. Da es sich um Elektronikschrott handelt, sind Umweltschutzauflagen zu berücksichtigen. Mitunter sind trotz schnell veralternder Technologie auch öffentliche Einrichtungen wie Schulen, Heime oder Kindergärten noch dankbare Abnehmer. Hier ist die Lizenzfrage zu klären und streng genommen ist aus Datenschutzgründen eine Abnahme der gelöschten Datenträger erforderlich.

Die genannten Aufgaben sind keine Spezialfälle für das DWH, sondern allgemeingültig für die IT-Organisation und dürfen deshalb als organisatorisch implementiert angenommen werden. Allerdings führt das DWH zu einer kapazitativ höheren Anforderung beim Abbau und auch bei Umzügen. Das bestehende IT-System wurde ja um die DWH-Maschinen erweitert.

Rollenwechsel zum Abbau

Wie schon dargestellt wurde, werden im Lebensabschnitt »Aufbau« die Rollen für den Lebensabschnitt »Betrieb« vorbereitet. Analoges gilt für den Lebensabschnitt »Abbau«, dessen Rollenqualifizierung im Lebensabschnitt »Betrieb«

aufgebaut wird. Für die Entsprechung Betriebsrollen zu Abbaurollen ist in Kapitel 6 »Organisation« ein **Rollenwechselmuster** dargestellt. Z.B. kann die Rolle »Projektleiter DWH-Aufbau« im Lebensabschnitt »Betrieb« des DWH die Rolle »DWH-Management« wahrnehmen.

Bei der Besetzung der Betriebsrollen war also die Rollenbesetzung des Projekts maßgebend und bei der Rollenbesetzung des Abbaus sind die Rollenbesetzungen des Betriebs maßgebend.

10.2.1 Aufgaben, Rollen, Stellen zum DWH-Abbau

Leitung DWH-Abbauprojekt

Die Leitung eines DWH-Abbauprojekts kann vom DWH-Manager übernommen werden. Sie rechtfertigt keine neue Stelle.

Die Aufgaben der **Projektleitung DWH-Abbau** sind

- ✔ Planung des Abbauprojekts und Koordination der weltweit verteilten Mitarbeiter
- ✔ Erstellung eines Outplacements an die Organisationseinheiten aus der Sicht der DWH-Gruppe

Der Projektleiter ist dem für die Gesamt-EDV zuständigen Bereichsleiter unterstellt.

Projektassistenz Abbau

Die Projektassistenz wird benötigt, da mit der Größe und Verbreitung des DWH zunehmend mehr Informationen verteilt, eingesammelt, geordnet und dokumentiert werden müssen.

Die Aufgaben der **Projektassistenz** für den **Abbau** im Einzelnen sind:

- ✔ Einsammlung der Dokumentationsbeiträge, Prüfung auf Vollständigkeit, Verwaltung der Projektdokumente, Pflege der Ablage
- ✔ Ausführung des »kleinen Schriftverkehrs« wie Einladungen, Kopien, Verteilung von Dokumenten
- ✔ Durchführung kleiner organisatorischer Maßnahmen wie Bestellung und Vorbereitung von Räumen und Arbeitsmaterial für Veranstaltungen

Der Projektassistent ist dem Projektleiter unterstellt.

Systemanalyse DWH-Abbau

Auch beim Abbau ist noch Fachbetreuung der Anwender erforderlich. Ehemals im DWH-System ausgeführte Funktionen werden jetzt in anderen Programmen gesucht, Daten sind auf anderen Servern in anderen Datenbanken hinterlegt und erfordern eventuell eine andere Bedienungsergonomie. Die Aufgabe des Systemanalytikers ist auch die Sicherstellung einer ordnungsgemäßen Dokumentation.

Die Aufgaben der **Systemanalyse DWH-Abbau** sind:

- ✔ Sicherstellung der Dokumentation
- ✔ Fachliche Betreuung der Anwender

Der Systemanalytiker ist für die Dauer des DWH-Projekts dem Projektleiter unterstellt.

DWH-Programmierung

Die Programmierer sind für die reibungslose Löschung der Programme und für die Sicherung der wiederverwendbaren Softwarekomponenten, der Wertebereiche und der Kataloge verantwortlich.

Die Aufgaben der **DWH-Programmierung** sind:

- ✔ Destallation der Programme
- ✔ Qualitätssicherung der wiederverwendbaren Komponenten, Wertebereiche und Kataloge

Der DWH-Programmierer berichtet für die Dauer des Projekts an den Abbau-Projektleiter.

Administration DWH

Die Aufgabenstellung der »Administration DWH« umfasst die Sicherstellung des ungestörten weiteren Betriebs der nicht vom Abbau betroffenen Komponenten. In der Betriebsphase stand die Betreuung aller DWH-Systeme an. Je nach Umfang des Systems – die Spanne reicht von einem kleinen OLAP-Server bis zu einem System aus gekoppelten Rechnern für DWH, Datamarts, OLAP und Archivierung – war die Rolle DWH-Administrator durch eine bis mehrere Stellen zu besetzen.

Die Aufgaben der **Administration DWH** sind:

- ✔ Durchführung der gesetzlichen Archivierung
- ✔ Abbau der kleinen Rechnerhardware
- ✔ Löschung aller Rechte, Programme, Hilfsprogramme, Betriebssysteme

Der Systemadministrator DWH berichtet sowohl an den EDV-Leiter, dem der Betrieb der Rechner unterstellt ist, wie auch an den Projektleiter.

Hardwaredemontage

Der Abbau der Hardware erfordert spezielle Werkzeuge und Transportmittel, die ein Unternehmen, das nur EDV-Anwender, also kein Hersteller ist, nicht verfügbar hat. Die Rolle Hardwareabbau wird vom Hersteller oder einer Partnerfirma besetzt.

Die Aufgaben der **Hardwaredemontage** sind:

- ✔ Freischaltung, Abbau, Destallation, Abtransport und Entsorgung der Hardware
- ✔ Funktionstest der verbundenen, aber verbliebenen Hardwarekomponenten
- ✔ Protokollierung der Demontage und Tests

Die Hardwaredemonteure berichten an den Projektleiter des DWH-Abbaus.

10.2.2 Organisationsstruktur des Projekts zum Abbau

Das DWH-Projekt hat eine der bestehenden Unternehmensorganisation und dem Aufbauprojekt entsprechende Struktur. Ist das Unternehmen regional gegliedert, dann ist zu erwarten, dass das DWH ebenfalls regional unterschiedliche Ausstattungen betrieben hat und dass die regional unterschiedlichen Ausprägungen des Systems unterschiedlich behandelt werden müssen. Um diese regionalen Unterschiede im Projekt zu vertreten, müssen auch im Abbauprojekt regionale Vertreter in die Projektorganisation eingebunden werden. Die Rollen und Stellen sind über alle Niederlassungen der Welt unterschiedlich stark besetzt, da nicht zu jeder Niederlassung ein eigenes Data Warehouse betrieben wurde.

Einige Unternehmen haben zu der regionalen Organisation auch eine funktionale Organisation. In diesem Fall müssen auch Vertreter des »funktionalen Know-hows« eingebunden werden.

Ein Beispiel für die Projektorganisationsstruktur zum Abbau eines DWH einer weltweit tätigen Unternehmung mit funktionalen Einheiten ist in der folgenden Grafik synoptisch zur Konsolidierungs- und Funktionalstruktur dargestellt (siehe Abbildung 10.5).

Projektgröße und Rollen- bzw. Stellenbestückung

Die besprochene Rollenbestückung von DWH-Abbauprojekten ist, wie bereits begründet, von der Größe der Firma abhängig. Große Firmen haben umfangreichere DWH aufgebaut mit weitreichender regionaler Verteilung. Umfangreiche Abbauprojekte brauchen mehr Kapazität als kleine Projekte. Da aber die Rollenverteilung bei kleineren Projekten ebenfalls erforderlich ist, unterscheiden sich große und kleine Projekte nicht durch das Verschwinden von Rollen, sondern durch das Vereinigen mehrerer Rollen in einer Stelle.

Die Unterschiede einer Rollen-Stellen-Zuordnung Abbau sind in der folgenden Grafik »Rollen-Stellen-Zuordnung für drei Firmengrößen« synoptisch für die drei üblichen Größenkategorien von Firmen dargestellt (siehe Abbildung 10.6).

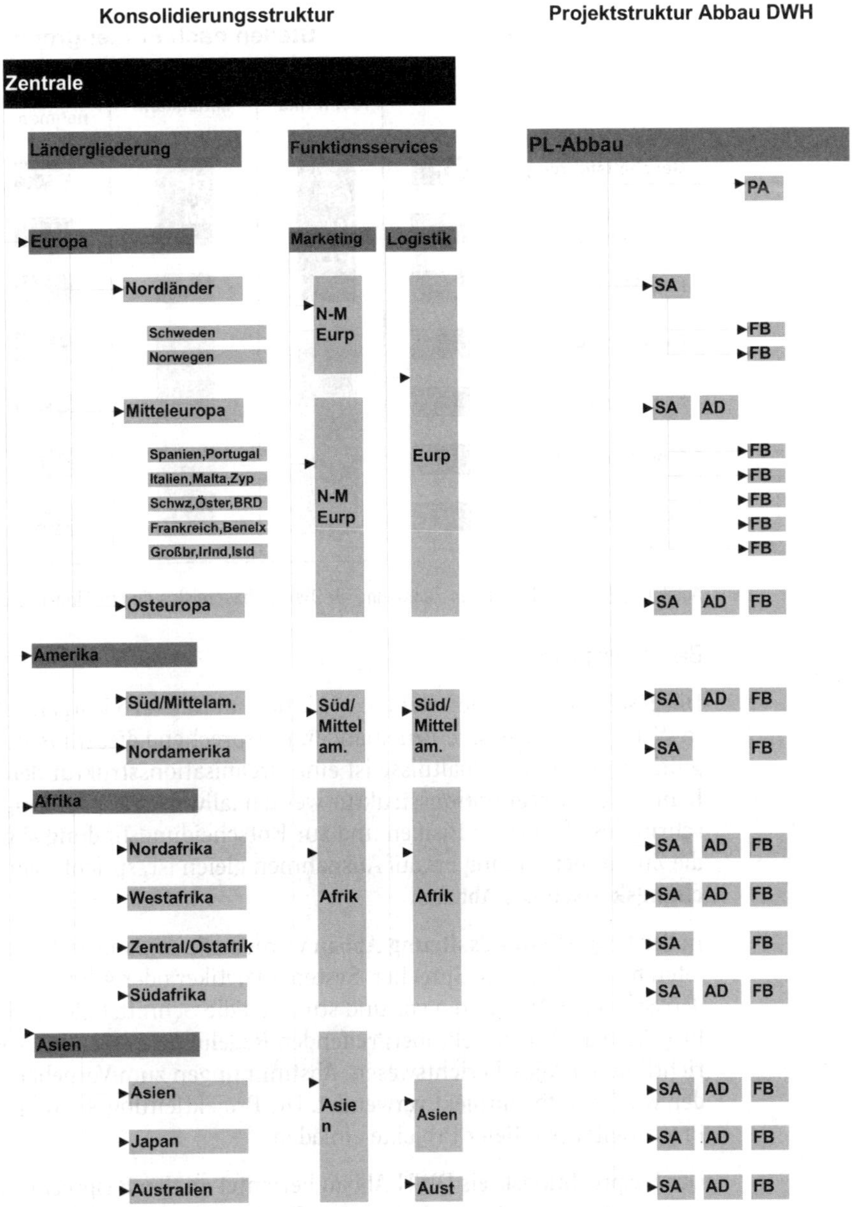

Abbildung 10.5: Organisationsstruktur zum Abbau des DWH

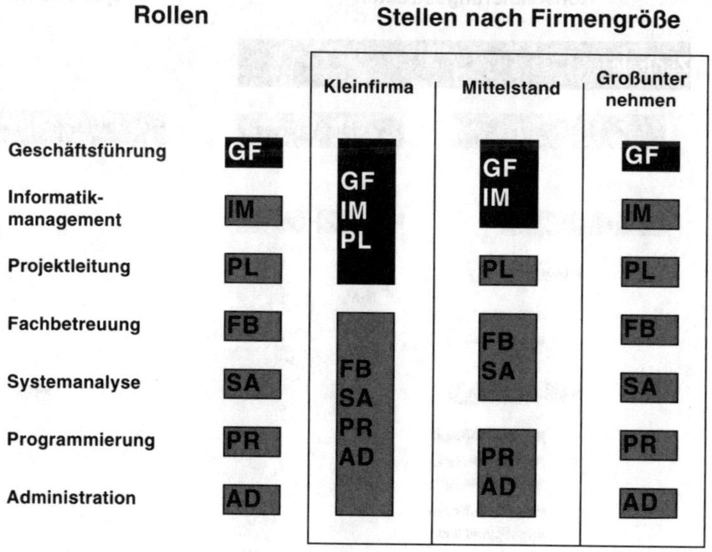

Abbildung 10.6: Rollen-Stellen-Zuordnung für DWH-Abbauprojekte für drei Firmengrößen

Besprechungskreise

Die geschilderten Rollen stehen, wie schon im Kapitel 6 »Organisation« erklärt, in Weisungsverhältnissen zueinander. Entsprechend dieser bis zur Aufhebung gültigen Weisungsverhältnisse ist eine Organisationsstruktur definiert. Im Rahmen der Organisationsstruktur werden fallweise Besprechungen zum Fortschritt des Abbaus, zu Risiken und zur Entscheidungsfindung abgehalten. Da die Zusammensetzung bis auf Ausnahmen gleich ist, spricht man von **Besprechungskreisen des Abbaus.**

In der **Projektleitungssitzung Abbau** werden alle regionalen DWH-Abbauaktivitäten besprochen. Die Sprecher, Systemanalytiker oder Administratoren tragen den Stand der Aktivitäten vor und stimmen die Schnittstellen zwischen den Projekten ab. Die projektübergreifenden Regelungen, wie z.B. Programmierrichtlinien, Projektberichtswesen, Abstimmungen zum Vorgehensmodell, werden wie im Aufbauprojekt verwendet. Die Projektleitungssitzung wird fallweise Projektleiter paralleler Projekte einladen.

Der Besprechungskreis DWH-Abbau berichtet an den Besprechungskreis IT-Management. Der Besprechungskreis IT-Management berichtet an die üblichen etablierten Besprechungskreise. Die Sitzungstermine der Projektleitungssitzung DWH-Abbau müssen so koordiniert werden, dass in die anderen Besprechungskreise Einwände noch vor der Umsetzung paralleler Projekte eingebracht werden können.

Je komplexer die Struktur der bestehenden Besprechungskreise ist, umso schwieriger ist die Integration der DWH-Besprechungskreise, die ja zudem noch mit den Terminen des Tagesgeschäfts abgestimmt werden müssen. Es kann ein K.o.-Kriterium des DWH-Projekts sein, dass die Terminelastizität des Unternehmens bereits zu angespannt ist. Hier ist sorgfältige Prüfung und Terminpriorisierung schon in der Anfangsphase des Projekts und eventuell das Engagement des Vorstandsponsors nötig.

Für den Abbau des DWH kann man die Einrichtung folgender Besprechungskreise empfehlen:

- ✔ Projektleitungssitzung DWH-Abbau mit regionalen Sprechern, einmal monatlich, auch per Videokonferenz möglich
- ✔ Lokale Projektsitzung mit Systemanalytikern oder Administratoren, zweiwöchentlich

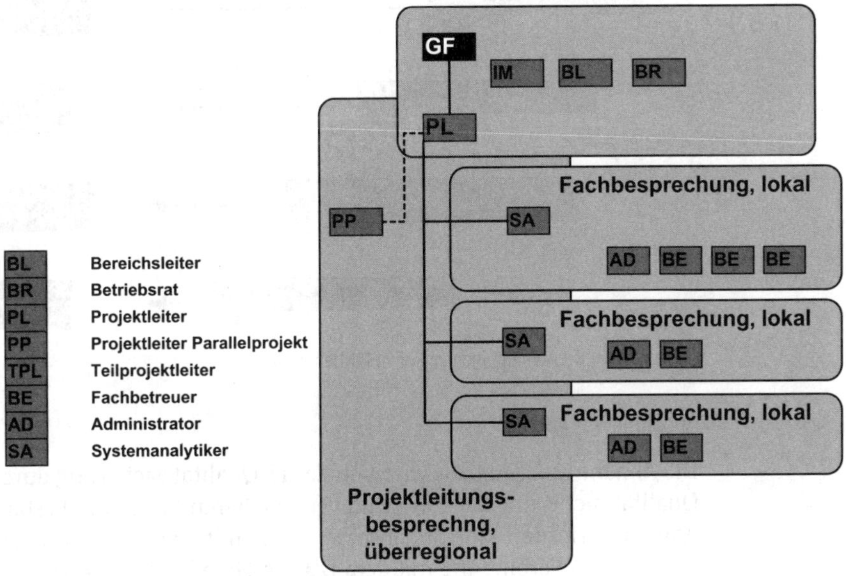

Abbildung 10.7: DWH- Besprechungskreise Abbauprojekt

10.2.3 Prozesse, Richtlinien, Berichtswesen zum DWH-Abbau

Die Prozesse für den Abbau des DWH-Systems weisen keine Besonderheiten gegenüber der üblichen IT-Organisation auf.

Aufbaufolge der Rollen für den Abbau

Die Rollen für den Abbau sind nicht per se vorhanden, sie müssen zunächst definiert, vorbereitet, ausgewählt und aufgebaut werden. Ein Aufbau des Abbau-Know-hows ist am sichersten auf dem Betriebs-Know-how zu realisieren.

Auch die Rollen des Abbaus folgen einer sinnvollen Reihenfolge ihrer Einrichtung bzw. Übernahme aus den Rollen des Betriebes. Dies soll die nachfolgende Abbildung »Aufbaufolge der Rollen für den Abbau« noch einmal belegen.

Genau genommen findet in diesem Lebensabschnitt nicht nur der Aufbau der für den Abbau des DWH erforderlichen Rollen statt, sondern auch deren Abbau. Denn nach dem Abbau des DWH ist keine DWH-Tätigkeit mehr zu erfüllen und damit auch keine Rollenbesetzung mehr erforderlich.

Der Abbau wird wieder wie ein Projekt abgewickelt; deshalb muss ein Projektleiter Abbau ernannt werden. Der Projektleiter orientiert sich, welche Know-how-Träger des »alten« DWH-Systems eingesetzt werden können, und versucht, diese in der benötigten Kapazität für den Abbau freizustellen.

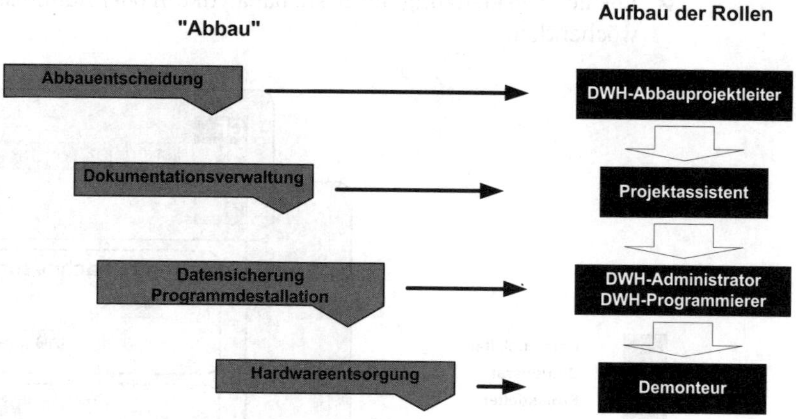

Abbildung 10.8: Aufbaufolge der Rollen für den Abbau

Abnahme des Abbaus

Die Abnahme des Abbaus wird von der IT-Qualitätssicherung durchgeführt. Die Qualitätssicherung der weiterhin verwendbaren Programmbestandteile und Kataloge erfordert eine Abnahmeprozedur mit Protokollierung aller Maßnahmen. Alle in Verbindung mit dem DWH stehenden Programme müssen daraufhin getestet werden, ob nicht bereits gelöschte Komponenten auch von weiterhin betriebenen Programmen angesprochen werden und ihr Fehlen zu Programmabbrüchen führt. Bei Programmabbrüchen ist die vermisste Komponente wieder zu installieren.

Daten können nicht beliebig gelöscht werden, einige Daten unterliegen der gesetzlichen Aufbewahrungspflicht. Diese Aufbewahrung ist von der Qualitätssicherung nachzuweisen.

Der Abbau der Hardware kann zu Beschädigungen von Räumen und Verkabelungen führen. Die abgebauten Komponenten unterliegen Umweltauflagen für die Entsorgung. Die ordnungsgemäße Demontage muss begutachtet und bestätigt werden. Es muss nachgewiesen werden, dass die verbliebenen Systeme ordnungsgemäß weiterlaufen.

Alle genannten Aktivitäten sind keine Besonderheiten des DWH, sondern für alle anderen Datenbankapplikationen genauso gültig.

Outplacement-Prozedere

Nach dem Löschen der Programme sind die Systemanalytiker, die Fachbetreuer, die Programmierer und die Administratoren für andere Programmieraufgaben frei. Die PC-Betreuer werden zwar weiterhin benötigt, aber die Anzahl der zu betreuenden Anwender hat sich verringert. Es ist zu prüfen, ob hierdurch Kapazitäten frei werden.

Besonderes Interesse wird der Betriebsrat schon in der Vorbereitung des Abbaus für den Umgang mit dem Personal zeigen. Er wird bei Freisetzungen auf einem Sozial- oder Outplacement-Prozedere bestehen.

Serviceanpassung

Die abgeschlossenen Service Levels müssen um die nicht mehr existenten Applikationen reduziert werden. Services sind zu kündigen. Aus den Anwenderverzeichnissen sind die Rechte und Zuständigkeiten entsprechend zu kürzen.

Projektrichtlinie

Eine spezielle Projektrichtlinie für den Abbau ist nicht erforderlich. Ein DWH-Abbauprojekt ist vom Volumen her wesentlich kleiner und von der Terminlage her wesentlich kürzer als ein Aufbauprojekt. Es sind weniger Personen zu koordinieren, weniger Aktivitäten abzuwickeln und ein wesentlich kleineres Budget zu kontrollieren. Es sind in stärkerem Maße Auflagen des Umweltschutzes zu realisieren, da beim Abbau zu entsorgender Elektronikschrott anfällt.

Der Bericht zu den Abbauaktivitäten, wie Terminlage, Stand der Arbeiten und Kosten, kann in die Standardagenden der bestehenden Besprechungen aufgenommen werden.

Gestaltungs- und Lösungsmöglichkeiten

Zunächst ist der Umfang der Außerbetriebsetzung zu ermitteln: Welche Programmkomponenten, welche Hardwarekomponenten und welche betriebswirtschaftlichen Funktionen sind obsolet? Wie stark sind diese Komponenten mit den verbleibenden Komponenten integriert?

➢ Festlegung des Abbauumfanges und der Schwierigkeiten der Herauslösung aus der IT-Infrastruktur

Die für den Abbau erforderliche Organisation ist im Prinzip nahezu vollständig vorhanden. Das dafür vorgesehene Personal ist schon da, aber dessen Zusammenspiel und das Zusammenspiel mit dem »Rest« der Organisation ist bezüglich des Abbaus noch ungeklärt und unvorbereitet. Die Organisation des Abbaus des DWH ist zu gestalten.

➢ Bekanntmachung der Außerbetriebnahme und Aufforderung zu Einwänden, z.B. Notwendigkeit der Archivierung von Daten

➢ Aufhebung der Organisationsstruktur mit Definition des Aufhebungprojekts, Aufhebung der Rollen, Stellen und Kompetenzen zum DWH-Betrieb und Umstrukturierung von Organisationseinheiten der Hierarchie des Unternehmens

- Bestimmung der Prozesse mit Änderung der übergreifenden prozeduralen Regelungen, Definition der Befugnisse, Festlegung des Berichtswesens
- Rückgabe der Arbeitsmittel mit Kündigung von Lizenzen, Löschung von Daten, Löschung der Programme, Test der Lauffähigkeit verbundener Programme und Abbau und Entsorgung der Hardware

Ist das DWH oder Teile davon abgebaut, sind auch die damit verbundenen Aufgaben verschwunden und Personalkapazität, Räume und Arbeitsmittel sind von den ehemaligen Aufgaben befreit und können anderweitig im Unternehmen eingesetzt werden.

- Staffing mit Ermittlung und Bekanntmachung der Verwendung der vorhandenen Qualifikation und Kündigung externer Ressourcen

Problemlösung: Regeln und Hilfsmittel

Das Verfahren

Der Abbau ist ganz analog zum Aufbau des DWH zu gestalten. Zu berücksichtigen ist hier auf alle Fälle, dass unter Umständen in laufende Systeme eingegriffen werden muss. Für den Abbau ist folgendes Verfahren zu empfehlen.

Verfahren: Gestaltung der Organisation des DWH-Abbaus

- Festlegung des Abbauumfangs und der Sicherungsmaßnahmen
- Bekanntmachung der Abbauabsichten mit Daten und Umfang
- Aufhebung der Organisationsstruktur
  Definition des Aufhebungsprojekts
  Aufhebung der Rollen und Stellen und Kompetenzen
  Umstrukturierung von Organisationseinheiten der Hierarchie des Unternehmens mit Hilfe der **Rollenliste DWH-Abbau**
- Bestimmung der Prozesse
  Änderung der übergreifenden prozeduralen Regelungen
  Definition der Befugnisse
  Festlegung des Berichtswesens
- Rückgabe der Arbeitsmittel
  Kündigung von Lizenzen
  Löschung von Daten
  Löschung der Programme, Test der Lauffähigkeit verbundener Programme
  Abbau und Entsorgung der Hardware
- Staffing
  Ermittlung und Bekanntmachung der Verwendung der vorhandenen Qualifikation
  Kündigung externer Ressourcen

Rollenliste DWH-Abbau

Auch für den Abbau ist ganz analog zum Aufbau des DWH eine Rollenbestimmung und die Benennung der Personen erforderlich. Für die Rollenbestimmung für den Abbau ist folgende **Rollenliste DWH-Abbau** nützlich, die strukturgleich mit der Rollenliste Betrieb ist und sich an deren Inhalte anbindet:

Rolle/Stelle	Besondere Kenntnisse mit DWH-Bezug	Kenntnistiefe
Projektleitung Abbau	Rechnertypen aller Größen, Betriebssysteme Spezielle DWH-Server	Allgemeiner detaillierter Überblick Firmenausstattung, Verwendbarkeit
PL	Firmenstruktur, Zuständigkeiten	Vorbereitung auf Abbau
	Personal	Outplacement
Projektassistenz	Infrastruktur und Rechner, Software	Grober Überblick
PA	PC, Office-Software	Dokumentationspflege
Systemanalyse	Infrastruktur und Rechner	Grober Überblick
SA	Fachliche Konzeption von DWH-Applikationen	Dokumentation, Archivierung
		Wiederverwendbarkeitsbeurteilung
Programmierung	Infrastruktur und Rechner, Betriebssystem	Grober Überblick Anwendung
PR	Software Entwicklungstools, Datenbanken	Destallation Wiederverwendbarkeitsbeurteilung
	Fach-Know-how: Firmenstruktur, Zuständigkeiten	Grober Überblick
Systemadministration	Infrastruktur und Rechner, Betriebssystem	Detaillierte Kenntnis weltweit
SY	Software: spezielle DWH-Datenbanken	Programmvernetzung Wiederverwendbarkeit
	Firmenstruktur, Zuständigkeiten	Lokationen, Größe, Anwenderzahl
	Administrationstools	Sichere Anwendung
Hardwaremontage	Extern Unternehmenskonfiguration	Abbau Entsorgung

Tabelle 10.5: Rollenliste DWH- Abbau

Andere Hilfsmittel, wie ein Beispiel einer Organisationsstruktur für den Abbau, eine Struktur der Besprechungskreise während des Abbaus, sind im Text schon vorgestellt worden.

10.3 Fortsetzungsbeispiel InDaWa

Einleitung

Das bis hierher entwickelte Beispiel-DWH InDaWa ist nun auf die Betrachtungen zum Betrieb auszuweiten.

Zusammen mit den Betriebsentscheidungen wird dann auch gleich der Abbau besprochen, wie er sich aus heutiger Sicht, also noch vor dem Abbau, darstellt.

Beispiel

Beispiel: Betrieb des DWH InDaWa

Der Betrieb des bis hierher entwickelten Beispiel-DWH InDaWa besteht aus nur einem DWH-Server in der Zentrale ohne spezielle Fähigkeiten. In den Kraftwerken ist kein dedizierter DWH-Server zu betreiben. Die Schadensanalytiker (eine Person pro Kraftwerk) greifen direkt auf die Instandhaltungs-Datenbank des Kraftwerks zu.

Das erforderliche Betriebspersonal besteht aus

- ✔ den Datenbankadministratoren des jeweiligen Kraftwerks
- ✔ der Servicegruppe, die in allen Kraftwerken einheitlich von Partnerunternehmen gestellt werden
- ✔ den Schadensanalytikern (einer Person pro Kraftwerk), die gleichzeitig die Rolle der Systemanalyse wahrnehmen
- ✔ den fünf Schadensanalytikern der Zentrale
- ✔ dem DWH-Manager, der in der Zentrale sitzt
- ✔ und den Benutzern der Schadensanalysen, den Instandhaltungsplanern

Für das Monitoring der DWH-Systeme ist kein besonderes Tool erforderlich. Die Betriebszeiten sind unkritisch, der Datenverkehr über das WAN kann monatlich einmal als Replikation nachts durchgeführt werden. Die eingesetzten Werkzeuge des Rechenzentrums sind anwendbar auf die DWH-Clients und auf die DWH-Server.

Die Richtlinien des Rechenzentrums lassen sich auch in der Zentrale auf die DWH-Systeme anwenden.

Im Laufe der langen Betriebszeit von Kraftwerken (30 Jahre) entsteht so viel Betriebswissen, dass kontinuierlich ausgewertete Daten nach und nach zu einer Sättigung der Erkenntnisse führen. Die Kosten der Datenerfassung und Verwertung erreichen mit dem geringer werdenden neuen Nutzen einen Umkehrpunkt im Kosten-Nutzen-Verhältnis. Die neuen Erkenntnisse liefern nicht mehr die große Kostenreduktion durch neue Instandhaltungsmaßnahmen. Die

Betriebszeit des DWH findet dann ihr Ende, weil bereits so viele Daten erzeugt wurden, wie für die wesentlichen Erkenntnisse erforderlich war. Es steht der Abbau an.

Beispiel: Abbau des DWH InDaWa

Der Abbau des Systems ist auf Grund des geringen Umfangs völlig unproblematisch und bedarf keiner gesonderten Projektierung.

Die Schadensdaten sind als Replikate in der Zentrale gesichert und können bei Bedarf angefragt werden. Eine spezielle Sicherung im Kraftwerk ist nicht erforderlich. Die Schadensanalyse-Clients können bedenkenlos destalliert werden.

Die Module der DWH-Software sind nicht in gemeinsamem Gebrauch mit anderen Programmen. Die Software der DWH-Client-PCs muss aus Geheimhaltungsgründen gelöscht werden.

Die PCs sind nach ca. fünf Jahren Betrieb weit hinter der aktuellen Technologie zurück und zu teuer zu warten. Sie werden abgebaut und entsorgt. Die Entsorgung übernimmt der Hersteller. Sie könnte aber auch mit der firmeneigenen Entsorgung, die auch Elektronikschrott umfasst, durchgeführt werden.

Die WAN-Strecken wurden aufgrund des nur zeitweise benötigten Transferaufkommens zur Zentrale nicht erweitert, daher gibt es keine Rückführung von Leitungskapazitäten auf Grund des DWH-Abbaus.

Die Rollenbesetzung des Betriebs besteht nur in den Kraftwerken aus je einem Schadensanalytiker. Der Schadensanalytiker kann als Instandhaltungsplaner eingesetzt werden.

Gestaltungsentscheidung

Für den Betrieb wurde das Personal definiert, die Entscheidungen für Services und Tools zum Systemmanagement gefunden.

Die Gestaltungsentscheidungen umfassen also beim Abbau die Personalrückgliederung, die Hardwareverschrottung und die Softwarelöschung.

Gestaltungsaspekt	Entscheidung	Begründung
PRODUKTE		
BETRIEB, ABBAU		
Betrieb	HW und BS sind nur übliche Betriebsaufgaben durchzuführen	Verabreden mit Rechenzentrum
	Datenbankadministration vom Rechenzentrum	Bereits vorhanden im Rechenzentrum
	Tools des Rechenzentrums einsetzen	Keine besonderen Anforderungen durch das DWH
	DWH-Administration von DWH-Gruppe	Kein gesondertes Personal im Rechenzentrum vorhanden, Ausbildung erforderlich, Platzierung des Know-hows direkt bei Anwendern möglich
Service Level	Intern	Eigene unausgelastete Administratoren
		Wenig Spezialwissen
	Vereinbarung nicht erforderlich	Fällt in Administrationsroutinen
Abbau	Keine Helpdesk-Anbindung	Benutzer haben besseres Know-how
	Ohne Projektierung	Zu geringfügiger Umfang
	Durch die Benutzer selbst	Alles Know-how vorhanden
	Daten archivieren	Behördlich vorgeschriebene Aufbewahrungspflicht
	Software löschen	
		Keine Komponenten anderweitig in Gebrauch
	Rückgliederung der Schadensspezialisten	Gute Kenntnisse zur Instandhaltungsplanung
	PCs verschrotten	Veraltet, Erhaltung teurer als Neubeschaffung

Tabelle 10.6: Entscheidungschart InDaWa, Betrieb

10.4 Übungen

Übung 10.1: Betriebsaufgaben

Welche Aufgaben sind für den Betrieb eines DWH abzuwickeln?

Übung 10.2: Service Level

Was ist ein Service Level Agreement und wie ist ein Service Level Agreement aufgebaut? Beschreiben Sie den in einem SLA hinterlegten Leistungsumfang.

Übung 10.3: Projektphasen

Nennen Sie die üblichen Projektphasen in der Reihenfolge ihrer Abwicklung für die Erstellung eines DWH.

Übung 10.4: DWH-Abbauaktivitäten

Was sind typische Aktivitäten für den Abbau eines DWH?

Übung 10.5: Leistungsleitlinie

Formen Sie die für den Aufbau des DWH erstellte Projektleistungsleitlinie für den Abbau um. Stellen Sie die zugehörige Rollenmatrix auf.

Übung 10.6: Terminverknüpfungen

Welche Terminverknüpfungen sind beim Abbau des DWH zu beachten? Stellen Sie den Abbau-Terminplan auf.

10.5 Zusammenfassung

In diesem Kapitel wurden die Betriebsaufgaben des DWH gestreift. Hervorgehoben wurde dabei der Service zur Erhaltung der Verfügbarkeit und der Qualität der Rechenleistung.

Es wurde das Mittel des »Service Level Agreement« zur Vereinbarung der Serviceleistungen und als Möglichkeit, Leistungen extern zu vergeben, vorgestellt.

Des weiteren wurde gezeigt, dass die Betriebsstrukturen auch für die Außerbetriebnahme des DWH wichtig sind.

ANHANG A

A Anhang

A.1 Zusammenfassung der Ergebnisse der Gestaltung

Der Aufbau des Buches entspricht dem zeitlichen Verlauf der Entscheidungen und Handlungen eines DWH-Projekts. Das Buch kann damit parallel zu einem DWH-Projekt, immer zur Vorbereitung der gerade anstehenden Projektetappen, bearbeitet werden. Diese Etappen sind

- ✔ die Orientierung, mit welchem Gegenstand man sich auseinandersetzen will
- ✔ die Gestaltungsentscheidungen zur Architektur aus den vier Sichten Betriebswirtschaft, Software, Hardware und Organisation
- ✔ die Ermittlung der den Architekturobjekten angemessenen Methoden und Vorgehensweisen
- ✔ die Projektierung des Vorhabens
- ✔ die Evaluation der zu beschaffenden Produkte
- ✔ die Gestaltung des Betriebs

Die Projektierung wird zwar gleich zu Beginn eines Vorhabens erstmals formuliert, muss dann aber von Etappe zu Etappe erneut betrachtet werden. Sie kann erst dann mit hinreichender Genauigkeit formuliert werden, wenn die Architektur definiert ist, findet aber noch vor der Evaluation statt.

In der folgenden Grafik »Gestaltungsgang« ist dieser Durchlauf durch die Gestaltungsaufgaben, wie er im Buch verfolgt wurde, symbolisch dargestellt. Die Projektierung als begleitende Tätigkeit und der Betrieb wurden dabei unterdrückt.

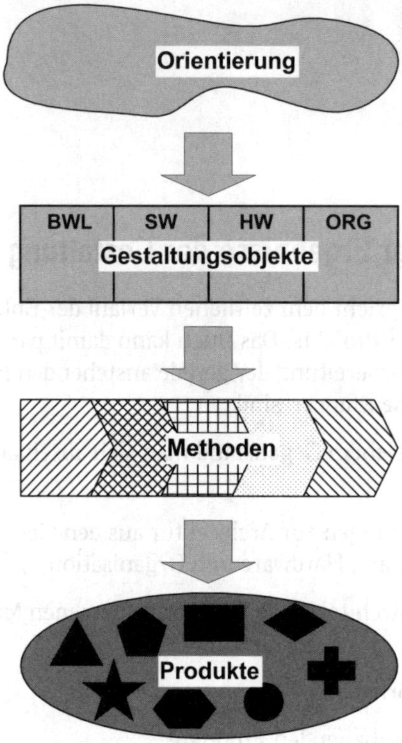

Abbildung A.1: Gestaltungsgang

Orientierung

Vor den Gestaltungsentscheidungen wurde in Kapitel 1 »Orientierung« erarbeitet, worum es beim Thema DWH geht. Es wurde die Frage erörtert, wie das eigentliche **Gestaltungsobjekt DWH,** das man aufbauen und betreiben möchte, in die eigene Erfahrungswelt einzuordnen ist. Es wurde geklärt, wie das Gestaltungsobjekt genannt wird. Das Gestaltungsthema wurde abgegrenzt gegen andere, ähnliche Gestaltungsthemen aus dem Bereich der datenbankorientierten Informationssysteme. Es wurde eine Zielformulierung erarbeitet und nach Zielkonflikten gefragt, z.B. danach, warum das fertig gestaltete Objekt so viel Aufwand rechtfertigt.

Komponentenzerlegung und Architekturgestaltung

Es wurde festgestellt, dass das DWH-System das Softwareabbild von betriebswirtschaftlichem Know-how und Betriebsfunktionen ist. Es wurde weiter festgestellt, dass es nicht nur ein Softwaresystem ist, sondern nur im Verbund mit einer Konfiguration von Hardwarekomponenten betriebsfähig ist. Der Betrieb erforderte eine Aufgabenregelung, eine Organisation. Zusammengenommen wurde erkannt, dass das DWH durch vier IT-Kategorien festzulegen ist, durch Softwaretechnologie, Hardwaresysteme, Organisation und betriebswirtschaftliche Aufgaben. Als Mittel, in diese Komplexität des Systems eine Ordnung zu bringen, die das Gestaltungsproblem handhabbar macht, wurde der Architekturbegriff entdeckt. Mittels dieses Begriffs konnte eine Gestaltungsmethodik auf alle IT-Kategorien angewendet werden.

Betriebswirtschaftliche Architektur

Der Gestaltungsweg wurde mit der betriebswirtschaftlichen Architektur gestartet. Das DWH hilft, Unternehmensziele zu erreichen. Ein DWH kann manuelle Funktionen des Geschäftsbetriebes des Unternehmens ersetzen. Es erfüllt betriebswirtschaftliche Funktionen. Das DWH ist ein Teil des Betriebsgeschehens und damit ein Stück Organisation. Das DWH realisiert eine betriebswirtschaftliche Architektur.

Software-Architektur

Die betriebswirtschaftlichen Funktionen werden mittels Softwarefunktionen automatisiert. Für die Darstellung in Softwarefunktionen sind mehrere Technologien möglich. Ein DWH ist so komplex, dass sogar mehrere Technologien zum Einsatz kommen. Es wurde herausgefunden, dass die grundsätzlichen Komponentengruppen, aus denen ein DWH zusammengesetzt ist, die Basisdatenbanken unterschiedlicher Strukturen, die DWH-Datenbank mit Archivierung und Metadatenbank, die Desktop-Tools für Präsentationen und Auswertungen und die Middleware-Tools für die Verbindung der unterschiedlichen Technologien sind. Die Bestandteile des DWH bilden eine Software-Architektur.

Hardware-Architektur

Für den Betrieb von Software muss eine Hardwareplattform verfügbar sein. Es wurde festgestellt, dass kein DWH-Anwender ernsthaft erwägt, die Rechnerhardware selbst bauen zu wollen. Deshalb ist auch kein Rechnerentwurf erforderlich. Rechner werden nur spezifiziert und, meistens der Empfehlung der Softwarehersteller für die Konfiguration folgend, beschafft. Dem Rechnerhersteller stehen Konfigurationsalgorithmen zur Verfügung, deren Grundwerte im Interview erhoben werden. Die Rechner sind über lokale und überregionale Leitungen und Netze verbunden.

Der DWH-Anwender wird die Personalkapazität, LANs und WANs zu installieren, nicht vorhalten. Dennoch, einen Entwurf von LAN und WAN, bzw. die Definition der Anforderungen, muss er sich leisten. Für den Aufbau des LAN muss er artikulieren, was er benötigt. Er muss sein LAN und WAN spezifizieren, und damit muss er auch eine Methode zur LAN-Spezifizierung beherrschen. Der Spezifizierung entsprechend wird die Installation der LAN- und WAN-Komponenten bestellt. Die dafür geeigneten Methoden sind im Vorgehensmodell integriert worden.

Organisationsarchitektur

Das DWH muss von Spezialisten aufgebaut und betrieben werden. Für den letzten Bestandteil der IT-Kategorie, die »IT-Organisation«, wurde deshalb die

Frage geklärt, von wem das DWH in welcher Reihenfolge mit welchen Kompetenzen aufgebaut wird und welche Aufgaben dabei zu erledigen sind. Es ist die Frage nach der Aufbau- und nach der Ablauforganisation gelöst worden.

Methoden und Vorgehensmodell

Das Vorhaben DWH soll seinen Beitrag zur Unternehmenszielsetzung nachweisen können. Für diesen Nachweis wurde festgestellt, dass aus Umwelteinbettung, Umfeldsystemen und Strategien Anforderungen abzuleiten und aus der Sicht des Benutzers in einer **Konzeption** zu beschreiben sind. Die Benutzer formulieren diese Anforderungen, die betriebswirtschaftliche Funktionen, Softwareergonomie, Hardwareeigenschaften und Organisationsanforderungen umfassen, in ihrer Fach- und Umgangssprache.

Es muss allerdings mit wesentlich mehr Detailtiefe, als sie die Konzeption liefern konnte, definiert werden, was hergestellt werden soll. Die Detailtiefe muss deshalb so weit getrieben werden, dass sie einem Programmierer als Handlungsanleitung dienen kann. Das Ergebnis dieser Detaillierung wurde eine **Spezifikation,** die Phase wurde hier **Entwurf** genannt. Je nach Programmiertechnik, Programmiersprache und Datenhaltungstechnik ist eine andere Spezifikation erforderlich.

Auf die Ermittlung des »Was« als Ergebnis der Gestaltungsentscheidungen folgt dann die Ermittlung des »Wie«, d.h. der Methodik, der Vorgehensweise und der Hilfsmittel. Erst wenn dieses »Wie« entschieden ist, kann die Projektierung fertiggestellt werden. Es ist für den Projektablauf und die Terminierung von entscheidender Bedeutung, ob eine Datenstruktur als Text beschrieben, gleich über das Datenbankmanagementsystem definiert oder in einer Entwurfsphase grafisch dargestellt wird. Jede der Vorgehensweisen beansprucht andere Aufwände und andere Tools und hat je nach Größe des Projekts mitunter verheerende Konsequenzen. Es mussten schon Projekte abgebrochen werden, weil mit der Wahl der falschen Methoden der Überblick nicht transparenter, sondern undurchschaubarer wurde.

Die Hilfsmittel zur Formulierung des Entwurfs sind Methoden. Da ein Entwurf aus mehreren verschiedenen, aufeinander aufbauenden Teilen besteht, kommen mehrere Methoden zum Einsatz. Die Reihenfolge der Anwendung dieser Methoden, also das Vorgehen bei der Anwendung der Methoden auf den Spezifikationsgegenstand, wird mittels eines **Vorgehensmodells** geregelt.

Auch bei Buy-Entscheidungen sollte die Vorbereitung des Beschaffens methodisch geleitet sein und damit ihren Platz im Vorgehensmodell finden. Zusammengefasst ließ sich sagen, dass sich die Wahl der Methoden am Gestaltungsobjekt orientieren muss. Je nach Gestaltungsobjekt ist eine andere Methode effizienter einsetzbar.

Projektierung

Am Ende des Durchlaufs der Gestaltungsentscheidungen und nach der Festlegung eines Vorgehensmodells ist die Projektstruktur durch die aufzubauenden

Organisationsobjekte – betriebswirtschaftliche Funktionen, Software, Hardware und Organisationselemente selbst – definiert. Noch nicht definiert, und damit Aufgabe der Projektierung, sind die Dauern und die erforderlichen Ressourcen für die Durchführung des Projekts. Die Dauern und die erforderlichen Ressourcen setzen voraus, dass Methoden und Vorgehensweisen festgelegt werden. Je nach Vorgehen wird eine andere Qualifikation und werden andere Hilfsmittel benötigt, und damit auch andere Abwicklungszeiten beansprucht.

Evaluation

Die **Granularität,** also die Feinheit der Gestaltungsgegenstände, bis zu der man vordringen konnte, war durch die Granularität der lieferbaren Produkte eines Marktes bestimmt. Damit konnte messbar bzw. entscheidbar gemacht werden, welche der Alternativen »kaufen vom IT-Markt« oder »selber herstellen« das bessere Kosten-Nutzen-Verhältnis bieten: die als **Make-or-Buy-Entscheidung** bezeichnete Tatsache.

Betrieb und Abbau

Nach der Umsetzung des Vorhabens »DWH-Aufbau« ist ein DWH errichtet, das den Benutzern zur Verfügung gestellt werden soll. Es muss in Bereitschaft gehalten, regelmäßig neuen Situationen und Anforderungen angepasst und verbessert werden. Das DWH muss betrieben werden. Die zentralen Aufgaben des Betriebs sind die Erhaltung der Verfügbarkeit, die laufende Verbesserung der Qualität und die ständige Erweiterung der Funktionalität.

Die verschiedenen Gestaltungsentscheidungen, die für das DWH-System zu treffen sind, wurden zu einem Gestaltungsfeld zusammengefasst. Den Auszug der wichtigsten Entscheidungen stellt die folgende Abbildung »**DWH-Gestaltungsfeld**« dar. Dieses Gestaltungsfeld wurde für jede IT-Kategorie in einem **Gestaltungslauf,** der aus Systemtypen entsprechenden **Gestaltungsgängen** bestand, bearbeitet. Jeder Gestaltungsgang bestand aus mehreren **Gestaltungsschritten,** die einer hierarchischen Zerlegung, Komponenten, Modulen und Funktionen folgte.

Zum Schluss sollte noch einmal darauf hingewiesen werden, dass keine Gestaltungsaufgabe eines DWH losgelöst von der betriebswirtschaftlichen Aufgabe des Unternehmens gesehen werden darf. Zu viele Projekte erklären sich zum Selbstzweck, erfreuen sich an den gewonnenen Erkenntnissen und vergessen, dass Projekte Kosten erzeugen und Kosten nur als Hebel für Gewinne zielführend sind.

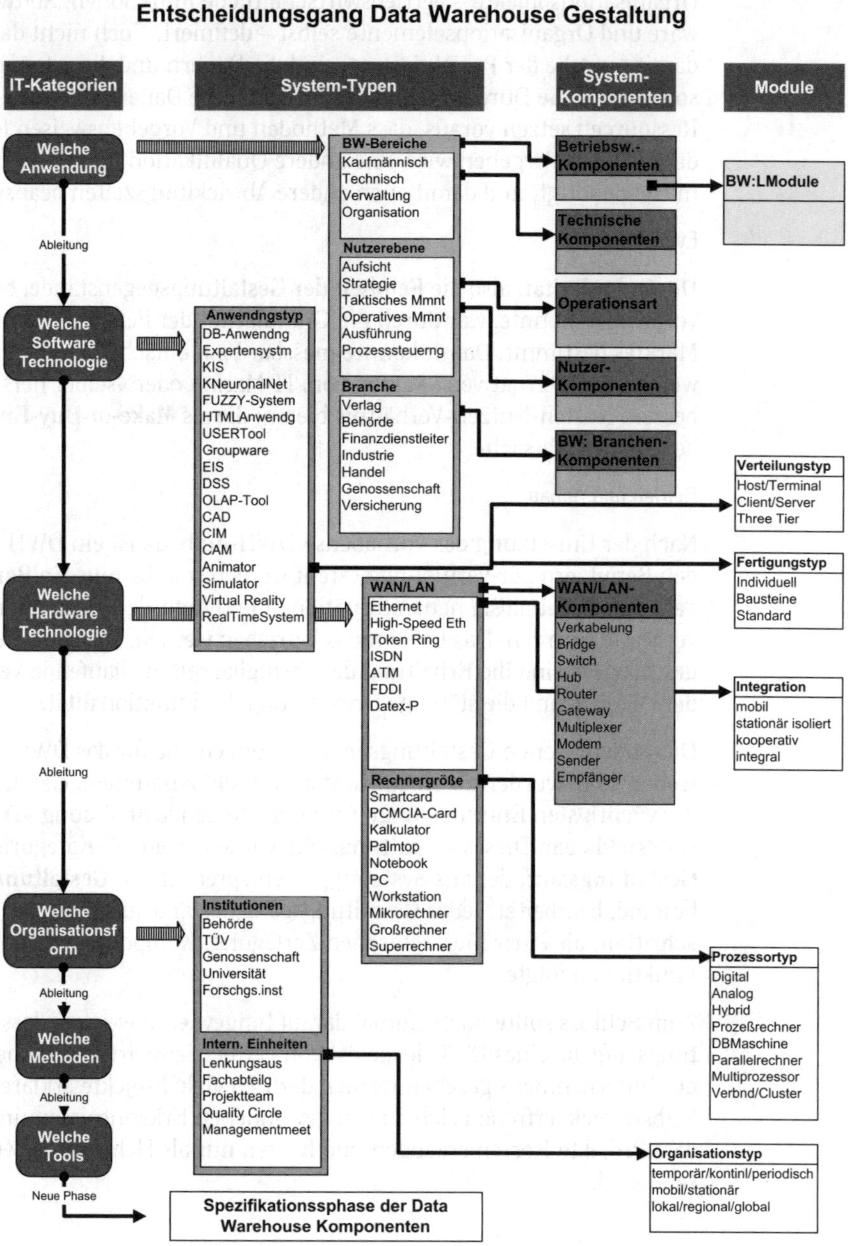

Abbildung A.2: DWH-Gestaltungsfeld

A.2 Ausblick und Randthemen

Das DWH ist eine von vielen Varianten komplexer datenbankbasierter Informationssysteme. Die Ansätze konkurrieren um die Gunst und Kaufbereitschaft der Anwender. Es ist daher berechtigt, nach der Zukunft des Ansatzes zu fragen. Genauer: Welche Zukunft ist dem Thema »Data Warehouse« beschert? Die Anforderung,

- ✔ komplexe
- ✔ weltweit verteilte
- ✔ in völlig unterschiedlichen Systemen
- ✔ mit unterschiedlichen Strukturen und Formaten dargestellte

Informationen zusammenzuführen, um die richtigen Aussagen für Entscheidungen zur Führung von Unternehmen zu finden, ist viel älter als der Begriff des DWH. Der erste Ansatz in der EDV hieß **»Management-Informationssysteme«**, kurz **MIS.** Dieser Ansatz scheiterte aus Produktsicht an der mangelnden Offenheit der Herstellerkonzepte und der Ineffizienz der Produkte, gemessen an der Komplexität der Problematik. Danach versuchten die Hersteller, ihre Produkte auf kleinere DWH-Probleme auszurichten, und garnierten sie mit neuen Schlagworten wie **»Decision Supporting«** und **»Executive Information«.** Die Hersteller werden, wenn die Aufmerksamkeit ihrer Kunden am Produkt nachlässt, neue Produktpakete mit neuen Funktionen schnüren und über frische Schlagworte vermarkten. Wie könnten neue Namen lauten? Einige dieser Namen sind bereits publiziert:

- ✔ **Enterprise Resource Planning,** mit der stärkeren Verknüpfung der betriebswirtschaftlichen Standardsoftware
- ✔ **Knowledge Warehousing,** mit Erweiterung um intelligente Datenbanken und Agenten-Programme
- ✔ **Internet Warehousing,** mit Erweiterungen um Internetzugriffe
- ✔ **Workflow System,** mit einer integrierten übergreifenden Prozesssteuerung aller Unternehmensprozesse
- ✔ **Produktdatenmanagementsystem,** mit Erweiterung um die technischen Anwendungen
- ✔ **Unternehmensleitstand,** mit einer komplexen synoptischen Statusdarstellung der wesentlichen Unternehmenszustandsgrössen

Das führt zu folgender Erkenntnis:

➡ Die Problematik des Data Warehouse, die Unternehmensdaten transparent von einer Stelle erreichbar zusammenzuführen, wird es immer geben, solange es Unternehmensentscheidungen gibt. Es wird allerdings neue Wortschöpfungen für die gleichen Systeme mit erweiterter Funktionalität geben.

DWH im World Wide Web

Die Tendenz heißt: **Internet**

Das **Internet** ist der weltweite Verbund von über öffentliche und private Kommunikationsnetze erreichbaren Servern mit unterschiedlichsten für den öffentlichen Zugriff zur Verfügung gestellten Informationen. Der Zugriff ist möglich, da man sich an eine Protokollvereinbarung hält, an das **Internetprotokoll,** kurz **IP.** Die Inhalte werden als Webseiten dargestellt, die Datenhaltung wird teilweise auf Web-Servern organisiert, und der Zugriff erfolgt über das Medium Internet.

Für die Anzeige von Suchergebnissen sind nur einfache Voraussetzungen, ein Browser und ein Netzeintrittspunkt erforderlich. Browser gibt es auf jeder Plattform, und damit ist von jeder Plattform aus der Zugriff auf Web-Server möglich. Im Sinne der DWH-Thematik ist das so weit interessant, als man mit einfachen Plattformen, wie z.B. einem Palmtop, einem Notebook oder einem Handheld von jedem Punkt der Welt, der einen Netzanschluss hat, auf Data Warehouse Daten zugreifen kann. Man kann sie in den Rechner laden und weiterverarbeiten. Man ist in der Lage, absolut mobil und trotzdem mit neuesten Daten zu agieren.

Das **Intranet** ist die Umsetzung einer unternehmensinternen, d.h. einer gegen die Unternehmensumwelt abgeschirmten Lösung, die mit den Technologien des Internet realisiert ist. Die Server sind in einem weltweit verteilten Unternehmen über das Internet mit Internetprotokoll erreichbar.

Besonders in der Branche »Handel« wird auf schnelle Kundenanalysen gebaut. Kundenwünsche sollen schneller, für den Kunden bequemer und für den Lieferanten kostengünstiger erfüllt werden. Geschäfte werden über das Internet abgewickelt. Produkte werden auf Web-Server-Katalogen angeboten, Bestellungen werden über Internet abgewickelt, Rechnungen werden über e-Cash beglichen. Voraussetzung für flexible Reaktionen auf Kunden sind gute Analysen der Daten der vergangenen Geschäftsbeziehungen, Analysen aus Data Warehouse Applikationen.

➡ Data Warehouse Clients, die unter Browsern lauffähig sind, werden sich weiterhin durchsetzen. Data Warehouses werden zukünftig stärker in e-Commerce-Systeme eingebunden und Bestandteil von Intranet sein.

Einen guten Überblick über das Thema DWH im Internet gibt

🗁 Kurz, Data Warehousing

DWH und Wissensmanagement

Die Tendenz heißt: **Knowledge Warehouse**

Wissen ist mehr als Informationen, und Informationen sind mehr als Daten. Daten sind ein Potential, das Bedeutungen in sich trägt, die erst mit einem gerüttelt Maß an Wissen zu verwertbaren Informationen werden. Daten an sich sind wertlos, erst wenn die Daten neue Sachverhalte liefern, werden sie zu Informationen. Die Daten werden um Hinweise, Erklärungen, Verwendungsregeln und Expertisen ergänzt und zu Erkenntnissen aufgewertet. Wissen in Köpfen, Systemen und Dokumentationen ist zu wertvoll, um nicht zu erreicht werden und erhalten bleiben zu können. Es Bedarf der Verwaltung oder eines **Wissensmanagements.**

Die Daten eines Unternehmens bilden einen Unternehmenszustand ab. Dazu gehört auch der aktuelle Know-how-Status des Unternehmens. In den Daten des Unternehmens ist ein Know-how-Profil verborgen. Das Wissen sind Regeln, Aussagen und Folgerungen zu den Informationen im Kontext des Unternehmens. Zusammen mit dem Wissen um die Bedeutung der in den Daten manifestierten Informationen ist das Data Warehouse ein **Knowledge Warehouse.**

➡ In Zukunft werden in allen Bereichen der Softwaretechnologie und auch in DWH-Architekturen Elemente des Wissensmanagements integriert werden. Das Data Warehouse wird sich zu einem Knowlegde Warehouse weiterentwickeln.

Das Thema Wissensmanagement und die Behandlung von Daten als Wissen und Gegenstand des Handelns ist dargestellt in:

🗁 Petkoff, Wissensmanagement

In der folgenden Abbildung werden die Kompomenten des Knowledge Warehouse dargestellt.

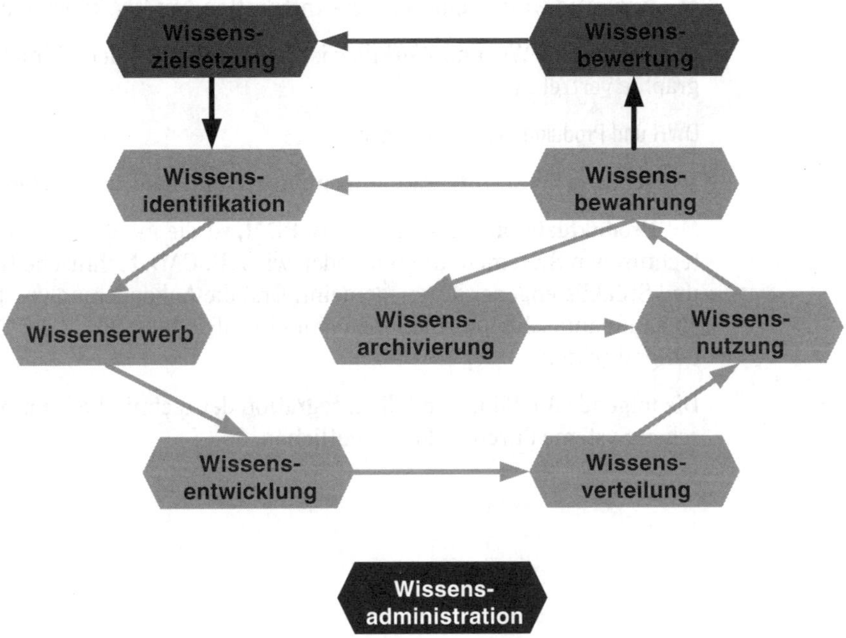

DWH und Workflow

Die Tendenz heißt: **Integrierte Geschäftsprozesse**

Mit **Business Process** ist die integrative Betrachtungsweise einzelner, in Abteilungen verteilter Aktivitäten zur Abwicklung einer Aufgabe gemeint. Durch die Erfordernis der Arbeitsteilung wurden Herstellungsgänge in Aufgabengruppen zerlegt, deren Spezialisierungen wiederum in Bereiche und Abteilungen organisatorisch gruppiert wurden. Dies hat zu einer isolierten Auffassung von der eigenen Aufgabe geführt und zu Fehlern im Zusammenwirken der Einzelergebnisse. Die Einzelergebnisse müssen wieder im übergreifenden Zusammenspiel gesehen werden. Das leistet das Denken in Geschäftsprozessen. Da die Software ein Abbild von Aktivitäten ist, müssen auch die Architekturen der Software dieses Prozessdenken oder die Prozessorganisation unterstützen.

Für die Prozessorganisation wurden neue Produkte, die Workflow-Tools, entwickelt. Mit Workflow-Tools werden einzelne Funktionen und Aktivitäten abhängig von bestimmten Ereignissen und Zuständen zu Prozessen zusammengeführt. Der Folgebearbeiter eines Prozessschrittes wird vom Workflow-System auf seinen anstehenden Einsatz aufmerksam gemacht.

Auch das DWH ist ein Schritt in einem Unternehmensprozess. Informationen werden analysiert, interpretiert und eine Entscheidung wird daraus abgeleitet. Die Analysen können bis zu einem bestimmten Grad automatisiert werden. Die Handlungen der daraus abgeleiteten Entscheidungen können automatisch in Gang gesetzt werden.

➡ Zukünftig wird es eine stärkere Integration von Workflow und DWH geben.

Die Thematik DWH und Workflow ist in der Literatur derzeit nicht als Monographie vertreten.

DWH und Produktdatenmanagement

Die Tendenz heißt: **Integration technischer und kaufmännischer Daten**

Mit **Produktdatenmanagement,** kurz **PDM,** ist die integrative Kopplung von technischen Systemen untereinander, wie z.B. CAD, technische Berechnungen und Stücklistengeneratoren, gemeint. Erst die Ankoppelung von technischen an kaufmännische Informationen gibt ein vollständiges Bild der Entscheidungssituation.

Die folgende Abbildung soll die Integration der technischen und kaufmännischen Systeme durch PDM verdeutlichen.

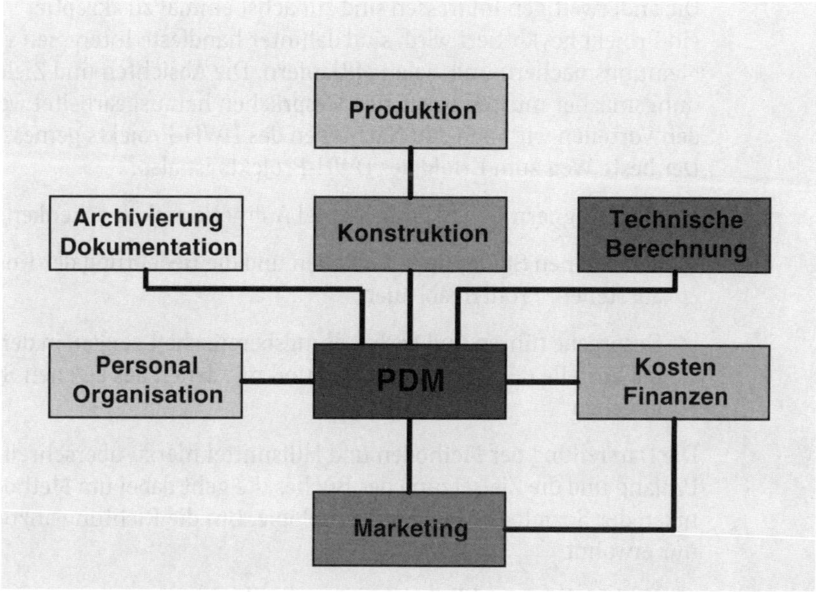

Abbildung A.3: Integration der technischen und kaufmännischen Systeme durch PDM

In früheren Zeiten der Datenverarbeitung wurden DWH in erster Linie für die Analyse kaufmännischer Daten eingesetzt. Heute werden die Analysen bereits auf nichtmonetäre Sachverhalte, wie z.B. Kundenverhalten im Handel und Vorlieben bei Produktanalysen einbezogen. In Zukunft wird die Analyse sich auf den Produktionsprozess ausweiten und damit technische Systeme integrieren.

➡ Zukünftig wird es eine stärkere Integration von technischen und kaufmännischen Daten im DWH geben.

Die Thematik DWH und Produktdatenmanagement ist in der Literatur derzeit nicht als Monographie vertreten.

A.3 Schluss

Die Gestaltungsfragen sind behandelt, d.h. die Lösung ist konzipiert. Es sind auch die Fragen für die Umsetzung besprochen und die Umsetzung ist konzipiert, d.h. projektiert. Die Aufgabenträger sind bestimmt.

Jetzt kommt der Tag der Wahrheit. Ein guter Konzeptionist muss noch nicht der optimale Umsetzer sein. Umsetzen heißt, sich mit den Widerständen anders Interessierter auseinandersetzen zu müssen. Umsetzen bedeutet, diese Interessen – und wenn sich mehrere Meinungsträger zusammentun diese Interessenströmungen – frühzeitig zu erkennen. Die Erkenntnis ist unbequem. Der Projektleiter wie der Sponsor müssen sich mit dem Interessenstrom auseinandersetzen.

Die anderweitigen Interessen sind zunächst einmal zu akzeptieren. Selbst wenn ein Projekt boykottiert wird, sind dahinter handfeste Interessen von einigen Meinungsmachern und vielen Mitläufern. Die Absichten und Ziele der Meinungsmacher müssen in offenen Gesprächen herausgearbeitet werden und an den Vorteilen wie auch den Nachteilen des DWH-Projekts gemessen werden. Der beste Weg zum Erfolg des DWH-Projekts ist also:

- ✔ allen Gegnern und Skeptikern viel Aufmerksamkeit schenken
- ✔ den eigenen Standpunkt darstellen und die Bedeutung der Kooperation herausstellen, Fronten abbauen
- ✔ Gespräche führen und Verhandlungsbereitschaft zeigen, in der Verhandlung die Vorteile der Gegner erfahren und mit denen des eigenen Systems vergleichen

Die Darstellung der Methoden und Hilfsmittel hierzu überschreiten den Umfang und die Zielsetzung des Buches. Es geht dabei um Methoden und Techniken der Soziologie und der Psychologie. Um die Richtung anzudeuten, seien nur erwähnt

- ✔ Moderations- und Präsentationstechniken
- ✔ Führungsmethoden
- ✔ Techniken und Organisation der Gruppenarbeit
- ✔ Neurolinguistisches Programmieren, besser unter NLP-Techniken bekannt

Vom DWH-Spezialisten wird der Umgang mit Menschen und das Arbeiten im Team verlangt. Dabei ist viel Erfahrung und noch mehr Interesse am Menschen, aber auch eine gewisse Methodik nötig. Hierzu sind interessante Methoden entwickelt worden, zu denen noch folgende Literatur zu empfehlen ist:

- 🗀 Nagel, 200 Strategien
- 🗀 Brauchlin, Problemlösungsmethodik
- 🗀 Liebig, Entscheiden

Zum Schluss bitte ich noch um Anregungen, wie dieses im Hinblick auf Praxistauglichkeit ambitionierte Buch noch verbessert werden kann:

- ✔ Welche Lücken das Verfahren aufweist,
- ✔ welche Textpassagen unverständlich oder sogar falsch formuliert sind,
- ✔ welche Informationen fehlen,
- ✔ welche Grafiken den Sachverhalt besser darstellen könnten,
- ✔ für welche Arbeiten noch Sheets entworfen werden sollten,

- ✔ ob es nützlich ist, kompliziertere Funktionen, wie z.B. das Data Mining, exakter und mit mathematischen Methoden darzustellen,
- ✔ ob Entscheidungen vernachlässigt wurden,
- ✔ ob die Buchform für die Art der Arbeit und die Information noch angemessen ist oder statt dessen besser eine Internetanwendung erarbeitet werden sollte.

Vorschläge bitte ich an die folgende Adresse zu senden:

Reinhard Höhn
Hofmannsthalgasse 27
A2380 Perchtoldsdorf

Reinhard.hoehn@wien.ilf.com

ANHANG B

B Anhang

B.1 Beispiel für Stellenbeschreibungen

Die Stellen DWH-Datenbankadministrator, Netzadministrator und Programmierer sind analog zu den bereits in den Unternehmen vorhandenen, nicht speziell auf DWH bezogenen Stellenbeschreibungen zu formulieren. Sind in diesen Stellenbeschreibungen Produkte genannt, ist die Produkteliste zu erweitern, wenn die gleiche Stelle auch Aufgaben zu DWH-Produkten wahrnehmen soll. Wenn sich die Stelle dagegen ausschließlich auf die im Zuge des DWH-Vorhabens neu eingeführten Produkte bezieht, ist die gleiche Stellenbeschreibung unter Ersetzen der Produktnamen und geringfügigen Anpassungen der Aufgabenbeschreibungen verwendbar.

B.1.1 Der Projektmanager für Data Warehouse Projekte

Beispiel einer Stellenbeschreibung für den Projektmanager eines Internationalen Data Warehouse Projekts über alle Entwicklungsphasen

Stellenbeschreibung:	**Projektmanager DWH**
Kurzzeichen:	PM, PM-DWH
Zielsetzung:	Der Projektmanager ist für die Dauer des Projekts der Linienzuordnung enthoben und dem Vorstandssponsor des DWH-Projekts unterstellt. Er ist für den Erfolg des Projekts bzw. für das Erkennen von Abbruchkriterien voll verantwortlich.

Eingliederung

Überordnung

- ✔ Bereichsvorstand der Infrastruktur
- ✔ DV-Leitung des Anstellungsortes

Unterstellung

- ✔ Alle Teilprojektleiter direkt
- ✔ Alle DWH-Teammitglieder international indirekt

Vertretung

- ✔ Durch benannten Teilprojektleiter

Aufgaben

Projektbezogen

- ✔ Initiieren, Strukturieren und Prüfen von Organisationsanalysen
- ✔ Initiieren, Strukturieren und Prüfen von DWH-Konzeptionen
- ✔ Initiieren, Strukturieren und Prüfen von DWH-Entwürfen
- ✔ Initiieren, Strukturieren und Prüfen von Wirtschaftlichkeitsanalysen
- ✔ Initiieren, Strukturieren und Prüfen von Projektplänen
- ✔ Budgetierung des Gesamtprojekts
- ✔ Initiieren, Strukturieren und Prüfen von Produktevaluationen
- ✔ Beratung der Konzernführungsebene
- ✔ Erstellung von Stellenanzeigen und Inseraten
- ✔ Mitführung von Einstellungsgesprächen für DWH-Personal
- ✔ Mitarbeit bei der Erstellung von Arbeitsanweisungen für DWH-Personal
- ✔ Anwesenheit und Mitarbeit bei EDV-Revisionen und Datenschutzprüfungen
- ✔ Erstellung des Projekthandbuches für DWH-Projekte
- ✔ Soziologische und politische Vorbereitung des DWH-Projekts
- ✔ Kundenberatung bei DWH-Lösungen
- ✔ Einführung von Methoden und Verfahren für DWH-Projekte
- ✔ Abnahme und Freigabe von DWH-Produkt- und Entwicklungsimplementationen
- ✔ Ausbildung von Key-Usern und Managern im Gebrauch des DWH
- ✔ Pflegen der Lieferbeziehungen bezüglich der eingesetzten DWH-Produkte
- ✔ Pflegen der Beziehungen zu DWH-Instituten
- ✔ Sicherstellung der ordnungsgemäßen Protokollführung in allen Projektbereichen
- ✔ Prüfung der Projektkosten und Abrechnung der Projektleistungen
- ✔ Sicherung der Projektdokumentation und Know-how-Sicherung

Projektübergreifend

- ✔ Rückführung von Projekterkenntnissen in allgemeine Richtlinien
- ✔ Mitarbeit bei der Gestaltung von Produkten mit DWH-Bezug
- ✔ Mitarbeit bei der Produktkalkulation und Marketingkonzepten

- ✔ Mitarbeit bei Personalentwicklungsplänen

Weiterbildung

- ✔ der PM-DWH konzipiert seine Weiterbildung selbständig und projektbezogen

Kompetenzen

Verantwortung, Zeichnungsberechtigung

- ✔ Termineinhaltung, Kosteneinhaltung, Qualitätssicherung des DWH-Gesamtprojekts
- ✔ Abzeichnung von Bestellungen und Lieferbestätigungen von DWH-Produkten
- ✔ Unterzeichnung der Leistungsnachweise der Projektmitarbeiter
- ✔ Unterzeichnung der Urlaubsanträge der Projektmitarbeiter

Besprechungskreise

- ✔ DWH-Lenkungsausschuss
- ✔ DWH-Projektbesprechungen
- ✔ DWH-Teilprojektbesprechungen
- ✔ IT-Gesamtbesprechungen
- ✔ DV-Besprechungen mit DWH-Relevanz

Berichterstattung

- ✔ Projektfortschritt an den Lenkungsausschuss und den Vorstand der Konzerninformatik
- ✔ Verfügbarkeit und Einsatzplanung an DV-Leitung Home-Base

B.1.2 Der Teilprojektleiter für Data Warehouse Projekte

Beispiel einer Stellenbeschreibung für die einem Projektmanager eines Internationalen Data Warehouse Projekts unterstellten Teilprojektleiter der Länderniederlassungen (Lokation xxx) über alle Entwicklungsphasen

Stellenbeschreibung:	**Teilprojektleiter DWH Lokation xxx**
Kurzzeichen:	TPL, TPL-DWH-XXX
Zielsetzung:	Der Teilprojektleiter DWH ist für die Dauer des Projekts der Linienzuordnung enthoben und dem Projektmanager des DWH-Projekts unterstellt. Er ist für den Erfolg des Teilprojekts der Lokation xxx bzw. für das Erkennen von Risiken voll verantwortlich.

Eingliederung

Überordnung

- ✔ Projektmanager DWH
- ✔ Abteilungsleitung am Anstellungsort

Unterstellung

- ✔ Alle DWH-Teammitglieder international indirekt

Vertretung

- ✔ Durch benannten stellvertretenden Teilprojektleiter

Aufgaben

Projektbezogen

- ✔ Mitarbeit und Koordination von Organisationsanalysen der Lokation xxx
- ✔ Mitarbeit und Koordination von DWH-Konzeptionen der Lokation xxx
- ✔ Mitarbeit und Koordination von DWH-Entwürfen der Lokation xxx
- ✔ Mitarbeit bei Wirtschaftlichkeitsanalysen der Lokation xxx
- ✔ Mitarbeit und Koordination von Projektplänen der Lokation xxx
- ✔ Budgetierung des Teilprojekts der Lokation xxx
- ✔ Mitarbeit bei Produktevaluationen
- ✔ Beratung der Abteilungsebene der Lokation xxx
- ✔ Anwesenheit bei Einstellungsgesprächen für DWH-Personal der Lokation xxx
- ✔ Mitarbeit bei der Erstellung von Arbeitsanweisungen für DWH-Personal
- ✔ Mitarbeit bei EDV-Revisionen und Datenschutzprüfungen der Lokation xxx
- ✔ Kundenberatung bei DWH-Lösungen der Lokation xxx
- ✔ Einführung von Methoden und Verfahren für DWH-Projekte im Teilprojekt der Lokation xxx
- ✔ Mitarbeit bei der Abnahme von DWH-Implementationen der Lokation xxx
- ✔ Ausbildung von Key-Usern und lokalen Managern im Gebrauch des DWH
- ✔ Pflegen der Lieferbeziehungen bezüglich der eingesetzten DWH-Produkte
- ✔ Sicherstellung der ordnungsgemäßen Protokollführung in der Lokation xxx
- ✔ Prüfung der Projektkosten und Abrechnung der Projektleistungen der Lokation xxx

- ✔ Sicherung der Projektdokumentation und Know-how-Sicherung der Lokation xxx

Projektübergreifend

- ✔ Rückführung von Projekterkenntnissen in allgemeine Richtlinien
- ✔ Mitarbeit bei der Gestaltung von Produkten mit DWH-Bezug

Weiterbildung

- ✔ der TPL-DWH konzipiert seine Weiterbildung selbständig und projektbezogen

Kompetenzen

Verantwortung, Zeichnungsberechtigung

- ✔ Termineinhaltung, Kosteneinhaltung, Qualitätssicherung des DWH-Teilprojekts
- ✔ Prüfung von Bestellungen und Lieferungen von DWH-Produkten
- ✔ Unterzeichnung der Leistungsnachweise der Teilprojektmitarbeiter
- ✔ Unterzeichnung der Urlaubsanträge der Teilprojektmitarbeiter

Besprechungskreise

- ✔ DWH-Projektbesprechungen
- ✔ DWH-Teilprojektbesprechungen
- ✔ DV-Besprechungen der Lokation mit DWH-Relevanz

Berichterstattung

- ✔ Teilprojektfortschritt an den Projektmanager und den IT-Abteilungsleiter der Lokation
- ✔ Verfügbarkeit und Einsatzplanung an Abteilungsleitung der Lokation

B.1.3 Der DV-Berater für Data Warehouse Projekte

Beispiel einer Stellenbeschreibung für die einem Projektmanager eines internationalen Data Warehouse Projekts unterstellten Teilprojektleiter der Länderniederlassungen über alle Entwicklungsphasen

Stellenbeschreibung:	**DWH-Berater**
Kurzzeichen:	B, B-DWH
Zielsetzung:	Der DWH-Berater hat zu DWH-Komponenten oder zu bestimmten DWH-Phasen ein Spezialwissen. Der DWH-Berater ist für die Dauer bestimmter Aufgaben des Projekts dem Teilprojektleiter des DWH-Teilprojekts unterstellt. Er ist für den Inhalt seiner Expertisen bzw. für das Ergebnis seiner Aufgaben, besonders die Folgerungen und Empfehlungen, voll verantwortlich.

Eingliederung

Überordnung

- ✔ Teilprojektleiter DWH
- ✔ Abteilungsleitung am Anstellungsort

Unterstellung

- ✔ keine

Vertretung

- ✔ keine

Aufgaben

Projektbezogen

- ✔ Ausarbeitung von Organisationsanalysen der Lokation xxx
- ✔ Ausarbeitung von DWH-Konzeptionen der Lokation xxx
  speziell: Infrastrukturanforderungen, Fachkonzepte
- ✔ Ausarbeitung von DWH-Entwürfen der Lokation xxx
- ✔ Ausarbeitung von Wirtschaftlichkeitsanalysen der Lokation xxx
  speziell: Investitionsplan, Nutzwertanalyse, Zahlungsreihen, Kostenumlegung
- ✔ Mitarbeit bei Projektplänen der Lokation xxx
  speziell: Terminbalkenplan, Einsatzplan, Netzplan
- ✔ Mitarbeit bei Budgetpositionen des Teilprojekts der Lokation xxx
- ✔ Durchführung von Produktevaluationen und Teststellungen
  speziell: DWH-Client-Tools yyy, DWH-Serverkomponenten zzz, Betriebssystem zzz, Middleware zzz
- ✔ Beratung der Teilprojektleitung der Lokation xxx
- ✔ Auskunft bei EDV-Revisionen und Datenschutzprüfungen der Lokation xxx
- ✔ Benutzerbetreuung bei DWH-Lösungen der Lokation xxx
- ✔ Einsatz von Methoden und Verfahren für DWH-Projekte im Teilprojekt der Lokation xxx
  speziell: Datenmodell, Dialogmodell, Aggregationsdiagramm, Funktionsbaum, Objektmodell, Kontextdiagramm
- ✔ Mitarbeit bei der Abnahme von DWH-Implementationen der Lokation xxx
- ✔ Ausbildung von Key-Usern im Gebrauch des DWH
- ✔ Pflegen der Lieferbeziehungen bezüglich der eingesetzten DWH-Produkte
- ✔ Sicherstellung der ordnungsgemäßen Protokollführung in der Lokation xxx

- ✔ Prüfung der Projektkosten und Abrechnung der Projektleistungen der Lokation xxx
- ✔ Sicherung der Projektdokumentation und Know-how-Sicherung der Lokation xxx

Projektübergreifend

- ✔ Rückführung von Projekterkenntnissen in allgemeine Richtlinien
- ✔ Mitarbeit bei der Gestaltung von Produkten mit DWH-Bezug

Weiterbildung

- ✔ der TPL-DWH konzipiert seine Weiterbildung selbständig und projektbezogen

Kompetenzen

Verantwortung, Zeichnungsberechtigung

- ✔ Termineinhaltung, Kosteneinhaltung, Qualitätssicherung der DWH-Aufgabe
- ✔ Prüfung von Bestellungen und Lieferungen von DWH-Produkten an die Lokation

Besprechungskreise

- ✔ DWH-Teilprojektbesprechungen
- ✔ Bedarfsweise DV-Besprechungen der Lokation mit DWH-Relevanz

Berichterstattung

- ✔ Aufgabenfortschritt an den Teilprojektleiter und den IT-Abteilungsleiter der Lokation
- ✔ Verfügbarkeit und Einsatzplanung an Abteilungsleitung der Lokation

Lösungen

Es sind nur für diejenigen Aufgaben Lösungen angegeben, die nicht bereits durch den Text direkt beantwortet sind. Dies sind z.B. Lösungen zu den Fragen nach Definitionen. Es sind auch nicht Lösungen zu Gestaltungsfragen aufgenommen, da diese von der aktuellen Situation des Unternehmens abhängen.

B.2 Lösungen ausgewählter Übungen Kapitel 1

✔ Übung 1.2 charakteristische Eigenschaft Systemtypen

Aufgabe: Geben Sie jeweils den Begriff und eine charakteristische Eigenschaft für jeden der in der folgenden Tabelle mit seinem Kürzel aufgeführten Systemtyp an.

Lösung:

Kurzz.	Begriff	Charakteristische Eigenschaft
MIS	Management Information System	Hierarchisches Berichtssystem, Zugriff auf operationale Daten
OLAPS	Online Analytical Processing System	Multiwürfel
DSS	Decision Support System	Modellbank
XPS	Expert System	Regelwissen, Faktenwissen
DWH	Data Warehouse	Data Mining, Datenquellennavigation, Schicht über den operativen Daten
EIS	Executive Information System	Ad-hoc-Abfragen, Reportgenerator

Tabelle B.1: Begriff und Eigenschaft für Systemtypen

✔ Übung 1.6: Trendkarte Executive Information Systems

Aufgabe: Erstellen Sie eine Trendkarte zur Technologie der Executive Information Systems.

Lösung:

Trendkarte: Executive Information Systems

Trend:

Der Markt der **Decision Support Systems** und **der Executive Information Systems** ist in den Markt für Data Warehouse Systeme übergegangen. Dort tauchen sowohl die gleichen Hersteller als auch die gleichen Produkte nur unter anderem Namen auf, werden aber um neue Funktionen aus KI und Neuronalen Netzen ergänzt. Der Einsatz eines DSS bzw. eines EIS neben einer Entwicklungsumgebung ist gleichbedeutend mit dem Einsatz eines weiteren Entwicklungswerkzeuges und einer weiteren replikativ zu betreibenden Datenbank. Der Aufwand hierfür rechtfertigt nicht die zusätzliche Funktionalität (Datenbrowsing, Alarmfunktion, Schwellenwertdefinition, Trendermittlung, mehrdimensionale Matrizen), zumal Enduser-Tools und auch Standardanwendungen immer stärker mit DSS- und EIS-Funktionalität angereichert werden. DSS- und EIS-Funktionalität wird zukünftig teilweise auch in RDB, SSW aufgehen.

Unternemenssituation:

Ein EIS wird derzeit nicht eingesetzt. Teilweise sind EIS-Funktionen als EXCEL-Makros in vereinzelten individuellen Anforderungen realisiert. Es besteht ein Bedarf an homogenen und umfrangreichen EIS-Funktionen.

Aktivität:

Die Anschaffung von EIS-Funktionalität ist im Rahmen des DWH-Monitors enthalten und bedarf keines gesonderten Monitors.

B.3 Lösungen ausgewählter Übungen Kapitel 4

✔ Übung 4.1: Beurteilungskriterien OLAP-Produkt

Aufgabe: Entwerfen Sie eine systematische Liste mit Beurteilungskriterien zur Produktpräsentation eines Herstellers für OLAP-Komponenten.

Lösung:

Modul	Fragestellung		Auswertungskriterien
Alle Module	Plattform	Skalierbarkeit Mobilität Regionale Verteilbarkeit	Betriebssystem, Rechnertyp Notebook-Komponente
	Ergonomie	bedienbar für spontane Anwender	grafische Oberfläche MS-Windows Icons
Mining	Textanalyse Statistik	Bildung von Hypothesen	Worterkennung Cluster Trends Assoziationen
	Bilder	keine Erkennung erforderlich	
OLAP-Komponente	Multiwürfel	Umfang	10 Dimensionen 10 Gigabyte mindestens 10 Spalten pro Dimension Spaltenformate, Bezeichnung, Anordnung, Färbung Ampelfunktion, Schwellenwerte
		Anpassung an Firmensprache	
Datenhaltung	Plattform	Skalierbarkeit Mobilität regionale Verteilbarkeit	Datenbank-Cluster Mini-DB-Komponente verteilte DB, Replikation
Präsentation	Grafiken	Business	Balken, Spinne, Kreissegmente 3D-Wolken
	Navigation	Tabellen der Datenbank	relationales Schema

Tabelle B.2: Beurteilungskriterien OLAP-Produkt

✔ Übung 4.6: DWH-Architektur InDaWa

Aufgabe: Entwerfen Sie zu den Ausführungen im Beispiel InDaWa im vorangegangenen Unterkapitel mit Hilfe des DWH-Referenzmodells die InDaWa DWH-Architektur.

Lösung:

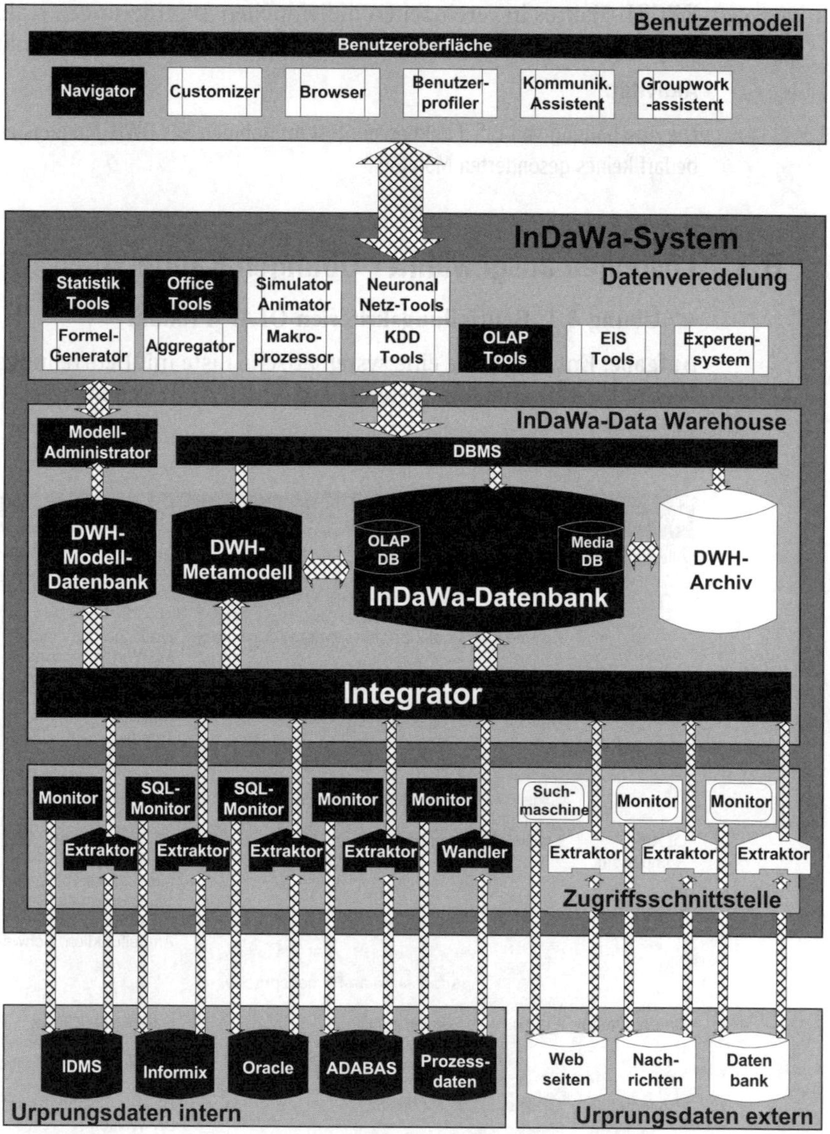

Abbildung B.1: Beispiel des Komponenten-Profil des InDaWa

✔ Übung 4.7: Entscheidungsgang Gestaltung Datenbankmanagementsystem

Aufgabe: Spielen Sie mit Hilfe der Grafik »Entscheidungsgang der DWH-Gestaltung« die Gestaltungsentscheidungen für die Komponenten eines Datenbankmanagementsystems bis zur Ebene Ihnen bekannter Produkte durch.

Lösung:

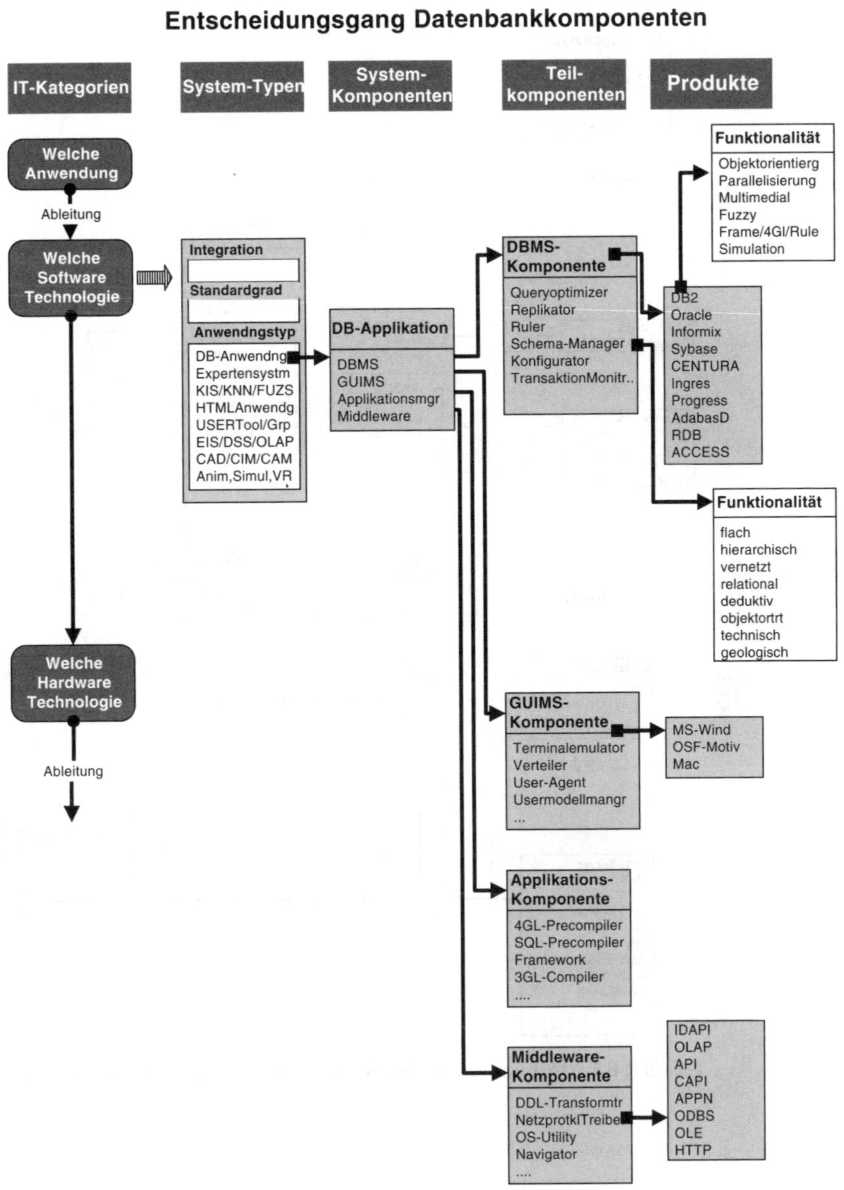

Abbildung B.2: Entscheidungsgang Gestaltung Datenbankmanagementsystem

B.4 Lösungen ausgewählter Übungen Kapitel 5

✔ Übung 5.9: Arbeitsplatzausstattungsschema

Aufgabe: Entwerfen Sie das Schema Arbeitsplatzintegration zum Arbeitsplatz des Schadensanalytikers des Data Warehouse InDaWa.

Lösung:

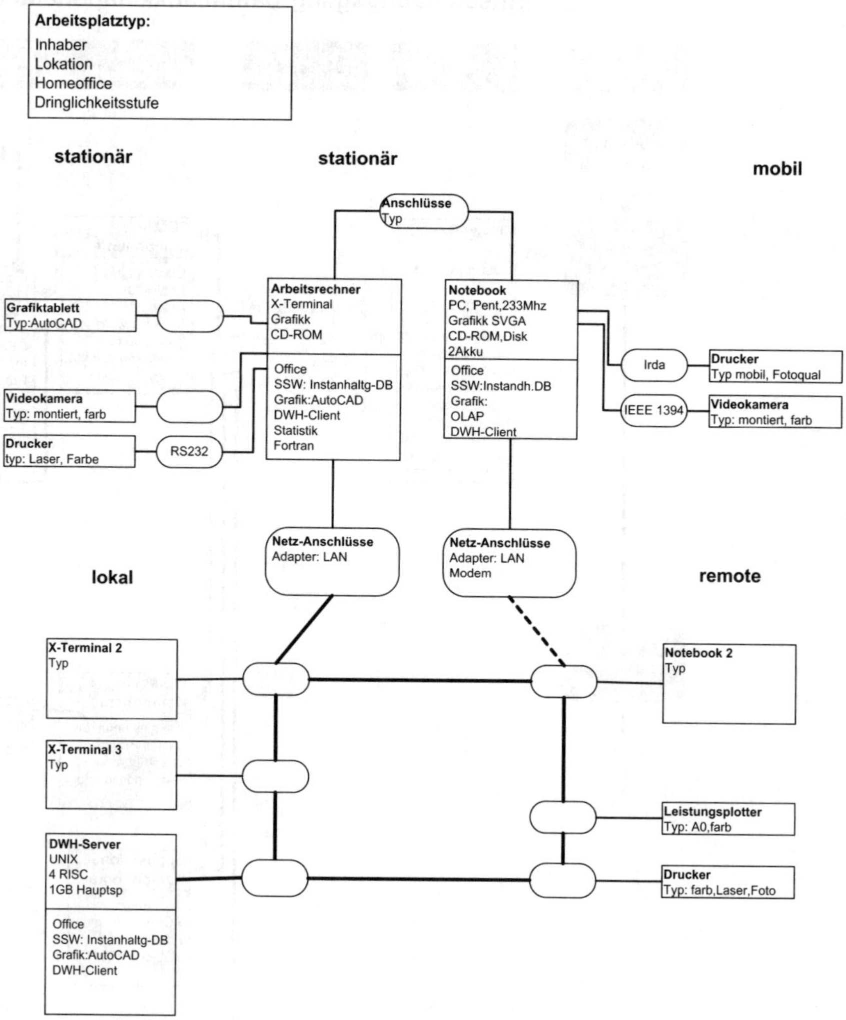

Abbildung B.3: DWH-Hardware-Architektur der Schadensgruppe eines Energieversorgers

B.5 Lösungen ausgewählter Übungen Kapitel 6

✔ Übung 6.6: Rollen für Aufbau und Betrieb

Aufgabe: Zählen Sie die für den Aufbau und den Betrieb erforderlichen Rollen in der Folge ihres Einsatzes im Projekt und mit den wichtigsten Aufgaben auf.

Lösung:

Projektmanager	Termin- und Kostenplanung, Kontrolle, Staffing
Systemanalytiker	Ist-Erhebung der DWH-Situation, vorhandene Komponenten Erfassung der Bedarfe der DWH-Benutzer
Systemingenieur	Spezifikation der DWH-Systemkomponenten, Evaluation und Beschaffung
Programmierer	Installation der Entwicklungstools Customizing der Arbeitsplatzkomponenten und Programmierung der Zusätze
Data Warehouse Administrator	Installation der Softwarekomponenten, Tuning, Rechtevergabe Datenreplikation
Key-User	Auskunftsdienst Erfassung der Verbesserungswünsche

B.6 Lösungen ausgewählter Übungen Kapitel 7

✔ Übung 7.9: Datenmodell

Aufgabe: Entwerfen Sie das Datenmodell für ein zweisprachiges Lexikon, das sich auf ein mehrsprachiges Lexikon erweitern lässt, mit je einer extra Tabelle pro Sprache.

Lösung:

Für ein Lexikon sind Begriffe, Abkürzungen und Definitionen zu verwalten, dafür sind drei Tabellen erforderlich. Hierfür wurden im Datenmodell die Namen »Begriffe«, »Abkürzungen« und »Definitionen« gewählt.

Abkürzungen könnten auch in der Tabelle der Begriffe mit abgelegt werden, müssten dann aber ein extra Kennzeichen bekommen, um z.B. eine Abkürzungsliste zusammenstellen zu können, und damit auch eine extra Spalte in der Tabelle für das Kennzeichen.

Zu einem Begriff kann es mehrere äquivalente Definitionen geben und zu einer Definition kann es mehrere synonyme Begriffe geben. Um die Mehrfachzuordnung zwischen Definitionen und Begriffen darstellen zu können, ist eine Zuordnungstabelle erforderlich. Hierfür wurde im Datenmodell der Name »Begriffezuordnung« gewählt.

Um zu einem ausgewählten Begriff ohne den Umweg über seine »Definitionen« zu seinen synonymen Begriffen zu gelangen, wurde eine »Begriffe-Begriffe-Zuordnung« mit aufgenommen. Dies ist allerdings gefährlich, weil bei Neueinträgen in die Datenbank Unstimmigkeiten zwischen den beiden Wegen entstehen können. Dies kann durch sogenannte »Regeln« und Datenbankprozeduren verhindert werden.

Um ein zweisprachiges Lexikon darzustellen, ist für die Zweitsprache dieselbe Struktur erforderlich. Hierfür gibt es zwei Wege. Der erste Weg ist, alle Tabellen für die zweite Sprache noch einmal als Duplikat mit anderen Namen einrichten. Der zweite Weg ist, alle Tabellen mit einer Spalte für ein Sprachkennzeichen zu ergänzen, alle Begriffe und Definitionen der zweiten Sprache mit in die Tabelle der ersten Sprache aufzunehmen und die Begriffe einer Sprache mit ihrem Sprachkennzeichen zu versehen. In der folgenden Abbildung »Datenmodell Zweisprachenlexikon Variante 1« ist Lösung 1 dargestellt.

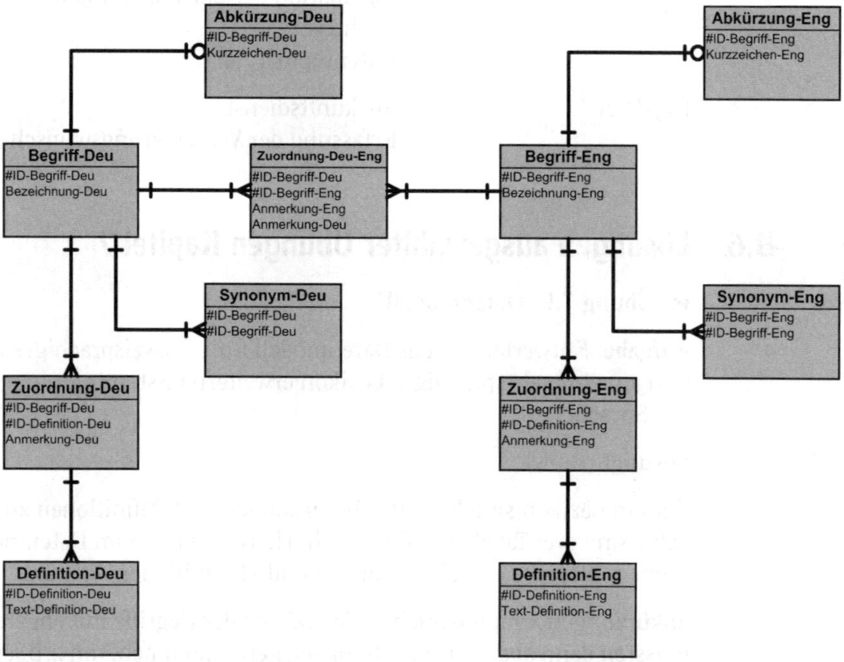

Abbildung B.4: Datenmodell Zweisprachenlexikon Variante 1

Um eine Übersetzung der Begriffe zu ermöglichen, ist eine Mehrfachzuordnung der Begriffe der beiden Sprachen erforderlich.

Der Vorteil der Variante 2 ist, dass beliebig viele Sprachen verwaltet werden können. Der Nachteil ist, dass mit jeder Sprache die Anzahl der Datensätze der Tabellen viel größer wird. In der folgenden Abbildung »Datenmodell Zweisprachenlexikon Variante 2« ist Lösung 2 dargestellt.

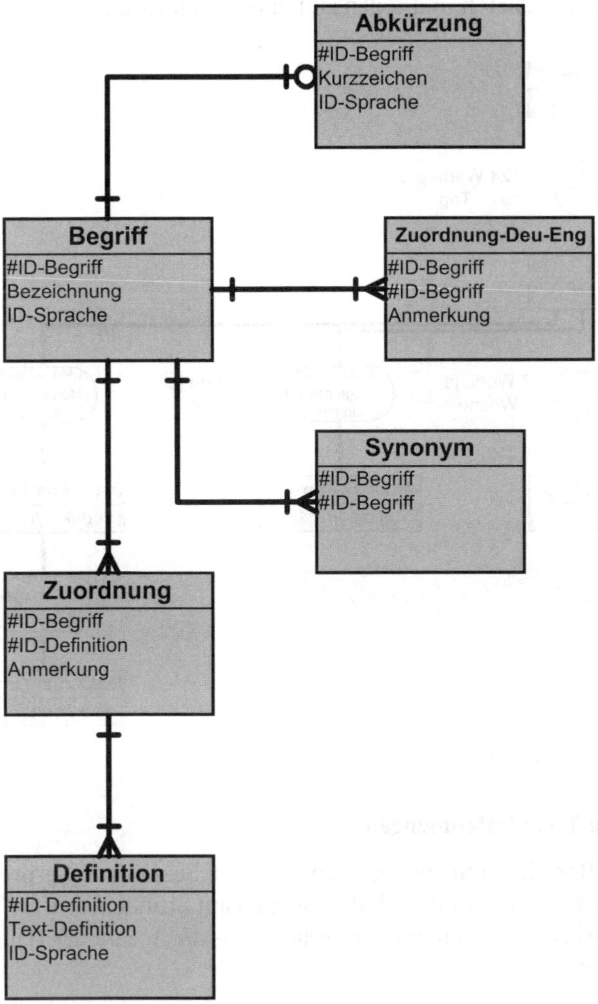

Abbildung B.5: Datenmodell Zweisprachenlexikon Variante 2

✔ Übung 7.11: Aggregationsmodell

Aufgabe: Leiten Sie ein Aggregationsmodell für die Zählung von Stromverbrauchsmesswerten auf Stundenbasis für die Aggregation zu Tagen, Wochen, Monaten und Jahren ab.

Lösung:

Für den Tagesverlauf in Stunden, den Wochenverlauf in Stunden und den Jahresverlauf in Monaten und Tagen ist folgende Aggregation erforderlich:

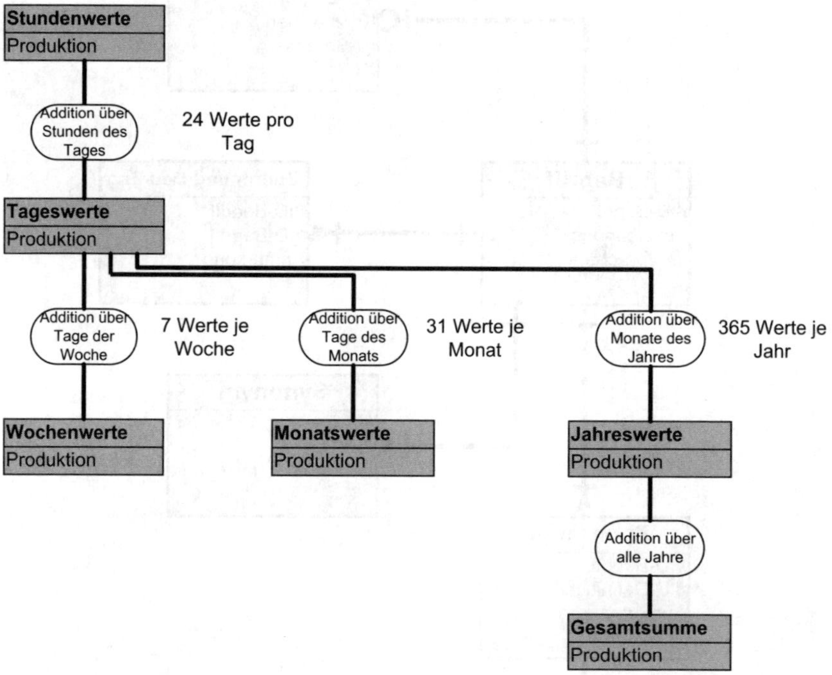

Abbildung B.6: Aggregation

✔ Übung 7.12: Datenmengen

Aufgabe: Berechnen Sie die Datenmengen auf Sekundenbasis pro Haushalt über 30 Lebensjahre und die Datenmengen auf Stundenbasis für 10 Mio. Haushalte. Hierbei soll angenommen werden, dass die Anzahl der Haushalte konstant bleibt.

Lösung:

Eine Mengenbetrachtung bei Sekundenmessung ergibt pro Haushalt:

3600 Sek. · 24 Std. · 365 Tage · 30 Lebensjahre = 946 000 000 Werte.

Interessant ist aber nicht die sekündliche Schwankung der Produktion, sondern die Tageswerte. Das ergibt für 10 Mio. Haushalte:

24 Std · 365 Tage · 30 Lebensjahre · 10 Mio.Haushalte =

2 828 000 000 000 Werte oder ca. 3 e^{12} Werte.

✔ Übung 7.13: Multidimensionaler Würfel

Aufgabe: Entwerfen Sie die Struktur eines multidimensionalen Würfels (drei Dimensionen) für die Zählung von Schadensfällen mit den Dimensionen

- ✔ Zeiteinheiten, (Tage, Monate, Jahre, Lebenszeit),
- ✔ Regionen (Bezirk, Bundesland, Land)
- ✔ Anlagengliederungsstufe (Aggregat, Funktion, Gesamtanlage)

Lösung:

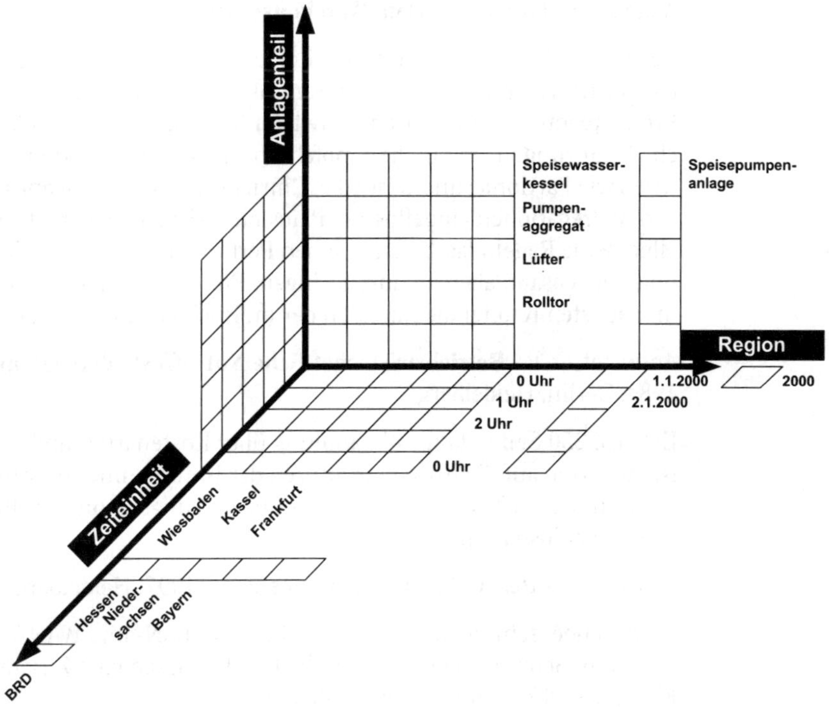

Abbildung B.7: Dreidimensionaler Würfel für die Zählung von Schadensfällen

Literaturverzeichnis

Der Betrieb ist von Produkt zu Produkt verschieden und dementsprechend nur in produktbezogenen Quellen mit der nötigen Tiefe zu behandeln. Hier muss in erster Linie auf die Handbücher der Produkte verwiesen werden, die in der Regel von den Herstellern geliefert werden. Ausnahmen bilden die weitverbreiteten Produkte, zu denen auch von neutralen Autoren Bücher geschrieben werden. Es sei je ein Beispiel für ein betriebsbezogenes allgemeines Buch und ein produktbezogenes Buch von einem neutralen Autor angegeben.

B.7 Monographien

Anahory S., Murray D., **Data Warehouse,** 1997, Bonn

Das Buch ist auf seinen ca. 400 Seiten ein zusammengefasster Praxisbericht einiger DWH-Projekte mit einer Sammlung nützlicher Tips und einer für die Projektplanung einsetzbaren Aktivitätenliste mit Aufwandschätzungen. Nützliche Erfahrungen sind in die Empfehlungen zur Organisation von Datenstrukturen wie Partionierungsstrategie, Einrichtung des Datenbankschemas, Aufbau von Aggregationen eingeflossen. Plausible Beispiele helfen, die nur schwer in allgemeine Regeln fassbaren Themen Performance, Hardwarekonfiguration und Betriebsaufgaben zu durchdringen. Für Bestellungen bei Herstellern sind im nächsten Kapitel die Adressen der im Buch erwähnten Hersteller angeführt.

Anselstetter, R., **Betriebswirtschaftliche Nutzeffekte der Datenverarbeitung,** 1984, Berlin, Heidelberg

Eine ca. 250 Seiten lange Abhandlung über Kostenarten und die Wirkung von Nutzenarten auf die Kostenstrukturen der Unternehmung. Sehr ausführliches Literaturverzeichnis zu den bis zum Erscheidungsdatum veröffentlichten Studien über Kosten und Nutzenfaktoren.

Badach, A., **Integrierte Unternehmensnetze,** 1997, Heidelberg

Umfassende, sehr detaillierte Darstellung der LAN- und WAN-Thematik für Experten. Sehr aufwendige grafische Darstellungen vom Zusammenspiel der Ebenen der Kommunikationsprotokolle.

Balzert, H., **Lehrbuch der Software-Technik: Software-Entwicklung,** 1996, Heidelberg

Umfassendste deutschsprachige Darstellung (zwei Bände, ca. 2000 Seiten!) zum Thema Software Engineering. Neues Buchkonzept mit interessantem Layout, viele Grafiken, zweifarbig, alle Grafiken als CD-ROM erwerbbar. Band 1, Software-Entwicklung, ist nach Phasen aufgebaut: Planung, Definition, Entwurf, Implementierung, Abnahme und Einführung, Wartung und Pflege.

Balzert, H., **Lehrbuch der Software-Technik: Software-Management, Software-Qualitätssicherung, Unternehmensmodellierung,** 1998, Heidelberg

Band 2 des »Lehrbuch der Software-Technik« enthält Softwaremanagement, Qualitätssicherung, Unternehmensmodellierung, CASE, Wiederverwendung, Sanierung. Kapriziert sich nicht auf ein Vorgehensmodell, sondern führt alle bekannten Methoden vor.

Becker, J., Rosemann, M., Schütte, R., Hrsg.**, Referenzmodellierung,** 1999, Heidelberg

Das Buch sammelt auf ca. 200 Seiten die folgenden Einzelaufsätze mit folgenden Schwerpunkten: ARIS-Konzept, multiperspektivische Referenzmodellierung, toolbasierte Referenzmodellierung, Mittelwege zwischen Individual- und Standardsoftware, Business-Objekte, Integration von Referenzmodellen, Branchenreferenzmodelle, Informationsmodellierung.

Berry, M. Linoff, G., **Data Mining Techniques For Marketing,** 1997, New York

Eine Einführung in die Techniken des Data Mining. Es werden z.B. die Methodengruppen Cluster-Findung, genetische Algorithmen, Entscheidungsbäume, Neuronale Netze ausführlich erörtert.

Bleicher, K, **Organisation,** 1991, Wiesbaden

Mit 930 Seiten ein sehr ausführliches systematisches Buch zum Thema Organisation von Unternehmen mit umfangreichen und detailliert diskutierten Analysen großer Unternehmen. Leider kommt in allen Standardwerken das Gebiet EDV-Organisation oder IT-Organisation zu kurz. Nur für den tiefer interessierten DWH-Spezialisten geeignet.

Blum, E., **Betriebsorganisation,** 1982, Wiesbaden

Schon etwas älter, aber durch die unvergleichlich hohe Anzahl an Varianten von Darstellungsmethoden zu Organisationsfragen zitierenswert. Auf ca. 290 Seiten wird nach einem kurzen Überblick über ein organisatorisches Aufgabenfeld alles, was es an Darstellungsmethoden bis 1982 gab, aufgezeigt. Das Buch beginnt mit einer kurzen Einführung in den organisatorischen Gestaltungsprozess und stellt dann die Techniken der Erhebung dar. Es kommt dann zur Aufgaben- und Arbeitsanalyse, gefolgt von Aufbauorganisation und Ablauforganisation. Jeweils ein kurzer Abschnitt ist der Struktur eines Organisationshandbuches, den Techniken der Problemlösung und der internen Kontrolle gewidmet.

Brauchlin, E., **Problemlösungs- und Entscheidungsmethodik – Eine Einführung,** 1978, Bern

Eine der wenigen systematischen Darstellungen der Problemlösungstechniken überhaupt; basiert auf dem Systemgedanken, umfasst auch Kreativitätstechniken. Die alte Auflage gefällt mir persönlich besser als die Neuauflage (mit

Henze, R.), welche die Ableitung einer systematischen Einteilung der Thematik Problemlösung etwas aus dem Auge verloren hat.

Bröhl, A.-P., Dröschel, W., **Das V-Modell,** München, Wien 1997

Ein im Auftrag des Bundesministeriums des Innern erarbeitetes Modell für die Abwicklung von IT-Vorhaben zur Anwendung bei Auftragsvergaben, zur Vertragsgestaltung und zur Festlegung von Dokumentationsvorschriften. Auf ca. 800 Seiten wird systematisch über eine Phasenaufteilung von IT-Projekten der Ablauf aller Phasen mit Eingangsinformationen, Tätigkeiten innerhalb der Phasen, Ausgangsinformationen und Rollenzuordnungen dargestellt. Neben dem reinen Phasendurchlauf werden die begleitenden Aktivitäten zum Projektmanagement und zur Qualitätssicherung in sogenannten Submodellen beschrieben. Das dort beschriebene Modell, das V-Modell genannt wird, ist eine Vorgabe für die Entwicklung eigener Modelle und damit ein Metamodell für IT-Vorgehensmodelle. Das V-Modell ist ein nützlicher Fundus und eine ausgezeichnete Basis für die Strukturierung eines eigenen Vorgehensmodells für die ISO-900x-Zertifizierung.

Brosius, G., **Microsoft OLAP Services,** 1999, Bonn

Das ca. 390 Seiten starke Buch behandelt die Themen multidimensionale Konzepte und grundlegende Fachbegriffe zu OLAP, Entwurf einer OLAP-Datenbasis, Implementierungsfragen und Installation, sowie Clientwerkzeuge für Abfrage und Reporting. Das Buch ist in Zusammenarbeit mit Microsoft entstanden, was einen gewissen Tiefgang begründet.

Boehm, B. W., **Wirtschaftliche Softwareproduktion,** 1986, Wiesbaden

Ein schon etwas in die Jahre gekommenes, aber immer noch gern zitiertes Buch, wenn es um die Berechnung von Entwicklungsaufwänden geht. Mit 670 Seiten das umfassendste Buch dieser Art, das aber leider nur auf die konventionelle 3GL-Programmierung eingeht. Enthält trotzdem wertvolle Erfahrungswerte zu den Aufwänden der Softwarentwicklung zu allen Phasen.

Bullinger, H.-J.; Koll, P., Niemeier, J., **Führungsinformationssysteme – Ergebnisse einer Anwender- und Marktstudie,** 1993, IAO, Stuttgart

Mit einer Einführung in die Thematik, Fallbeispielen und 15 umfangreichen Produkte-Synopsen und 45 Herstellern, ausgezeichnete Grafiken und guter Text von hohem didaktischen Wert, gutes Literaturverzeichnis. Leider nach 1993 keine Neuauflage.

Burghardt, M., **Projektmanagement – Leitfaden für die Planung und Steuerung von Entwicklungsprojekten,** 1988, München

Immer noch das nicht von Seitenzahl, sondern von Inhalt und Anzahl der besprochenen Methoden und Hilfsmittel umfangreichste Handbuch für den Praktiker, gegliedert nach den Projektphasen Definition, Planung, Kontrolle (Durchführung), Abschluss, Unterstützung (Begleitung).

Bullinger, H-J. , **Data Warehouse und seine Anwendungen,** 1995, Stuttgart

Ein besonders bezüglich der Aktualität des Themas etwas in die Jahre gekommener Tagungsband des Instituts für Arbeitswissenschaft und Organisation, IAO. In erster Linie eine Selbstdarstellung von Herstellern. Eher eine Foliensammlung, etwas durchsetzt von kurzen Artikeln. Leider kann sich der Nichtteilnehmer nur noch an die Bedeutung einiger Folien heranraten. Trotzdem nützlich, da einige Architekturbilder selbsterklärend sind. Leider fehlen wichtige Hersteller. Zum Einstieg in die Produkt-Szene für den DWH-Spezialisten geeignet.

Chamoni, P., Gluchowski, P., Hrsg., **Analytische Informationssysteme,** 1999, Berlin, Heidelberg

Ein Sammelband mit ca. 490 Seiten zu den aktuellen Methoden und Techniken aus dem Umfeld des Data Warehousing.

Daenzer, F., Huber, F., Hrsg., **Systems Engineering,** 1992, Zürich

Mit ca. 610 Seiten eines der umfangreichsten Bücher zum Systems Engineering. Das Buch setzt konsequent die Methodik der Systemtechnik für technische Projekte um. Es wird, ausgehend von der Philosophie des Systems Engineering, ein Vorgehensmodell vorgestellt, die Systemgestaltung und deren Koordination durch Projektmanagement dargestellt. Alle Methoden und Verfahren werden an einem umfangreichen Fallbeispiel einer Flughafenplanung praktiziert.

Davis, G.B., Olson, M.H., **Management Information Systems,** 1985, New York

Eine empfehlenswerte Monographie zum Thema MIS, mit ca. 690 Seiten. Nicht mehr taufrisch, aber aus der Sicht des Managements gut herausgearbeitete Systematik (unter anderem Infrastruktur, Transaction processing, betriebswirtschaftliche Konzepte, Managementprozess, Unterstützungssysteme). Zur Übung des DWH-Business-Englisch sehr nützlich, moderne Techniken z.B. des Data Minings fehlen.

Digital Equipment GmbH, **Technologie im Brennpunkt: Rightsizing,** 1993, Eigenauflage ohne Verlag

An manchen Stellen leicht aus Herstellersicht geschilderte Darstellung von Grundlagen zur Client/Server-Technologie. Leicht verständliche Darstellung der Normen und Normungsaktivitäten. Kompetente grafische Darstellungen.

Dreger, W., **Management Informationssysteme,** 1973, Wiesbaden

Ja, manchmal kann man noch aus alten Büchern viel Nutzen ziehen. Dreger analysiert systematisch den organisatorisch integrativen Aspekt von Management-Informationssystemen. Alle Aussagen werden nachvollziehbar begründet und lassen so heute noch die Entscheidung zu, ob die Argumentationslage sich mit der Zeit verschoben hat.

Erbesdobler, R., Heinemann, J., Mey, P., **Entscheidungstabellentechnik,** 1976, Berlin, Heidelberg

Auf ca. 170 Seiten wird eine sehr praktische Übersicht mit vielen Beispielen von der Analyse einer Problematik über die Aufstellung von Entscheidungstabellen bis zur Auflösung der Entscheidungssituation dargestellt. Eine Fallbeispielsammlung rundet das Bild der Anwendbarkeit der Entscheidungstabellen ab.

Fayyad, U.M., Piatetsky-Shapiro, G., Smyth, P., Uthurusamy, R., Hrsg., **Advances in Knowledge Discovery and Data Mining** , 1996, Menlo Park

Eine mit 600 Seiten umfangreiche Übersicht, sehr systematisch aufgearbeitet und auf hohem Niveau über alle Techniken und Methoden des Knowledge Discovery und Data Mining. Es werden z.B. die Methodengruppen Klassifizierung und Cluster-Findung, Trendanalysen, Mustererkennung, Entscheidungsbäume ausführlich erörtert. Wer mit Mathematik auf Kriegsfuß steht, kann dieses Buch trotzdem lesen. Für alle anderen, die etwas tiefer in die Leistungsfähigkeit, sprich Aussagekraft und Entdeckungsfähigkeit der Methoden hineinblicken möchten und sich nicht nur auf die schönen Präsentationen der Hersteller verlassen wollen – ein wahres Fundament.

Fowler, M., **Analysemuster,** 1999, Bonn

Eine ca. 380 Seiten lange Sammlung von Referenz-Objektmodellen oder anwendungsbezogenen Entwurfsmustern mit detaillierten Domänenbeschreibungen.

Ghezzi, C. Jazayeri, M., **Konzepte der Programmiersprachen,** 1989, München

Eine 600 Seiten umfassende Darstellung der begrifflichen Grundlagen und Klassifikation und der Historie der Konzepte der Programmiersprachen. Die Konzepte werden einer Analyse unterzogen und knapp bewertet. Das Buch ist für den Hochschulbetrieb gedacht und trotzdem gut lesbar. Der Originaltitel ist in englischer Sprache erschienen.

Gill, H., S., Rao, P.,C., **The Official Client/Server Computing Guide to Data Warehousing,** 1996, Que Corporation, Indianapolis

Auf ca. 380 Seiten wird nach einer kurzen Einführung in das Thema eine zweidimensionale Referenzarchitektur vorgestellt, die dann im Laufe des Buches elementweise als ein Leitfaden für den Aufbau abgewickelt wird. Die erste Dimension besteht aus den Schichten bzw. Grundfunktionen eines Data Warehouse: Data Sources, Refinement, Reengineering, Data Warehouse, Refinement + Reengineering, Data Mart, Access + Retrieval, Analysis + Reporting. Die zweite Dimension besteht aus der Zerlegung der Schicht in spezielle funktionale Komponenten und in übergreifende Komponenten wie Meta Data Management, Transport, Infrastructure und Tools, Technologies, Roles. Das Buch stellt kurz (zwischen zehn Zeilen und einer Seite) die wichtigsten Data Warehouse Produzenten vor. Es schließt ab mit einem kurzen Nutzenstatement, gefolgt von einer Planungsliste.

Gluchowski, P., Gabriel, R., Chamoni, P., **Management Support Systeme,** 1997, Heidelberg

Das ca. 380 Seiten starke Buch leitet die Anforderung für eine Struktur von Management Support Systemen aus der Analyse des Managementprozesses ab. Auf dieser grundlegenden Anforderung werden aus Phasensicht das Systemumfeld, die Strukturbestandteile, die Gestaltung und die Nutzung betrachtet. Jeweils ein weiteres Kapitel ist jeder der »speziellen Ausprägungen« von MSS, den Management Informationssystemen, den Decision Support Systemen, den Executive Information Systemen, den Executive Support Systemen gewidmet. Das Buch schließt ab mit den Einsatzmöglichkeiten und einer Wirtschaftlichkeitsbetrachtung.

Grochla, E., u.a., **Integrierte Gesamtmodelle der Datenverarbeitung – Entwicklung und Anwendung des Kölner Integrationsmodells,** 1974, München

Auf ca. 400 Seiten wird der erste veröffentlichte Bauplan eines MIS im Sinne eines geschlossenen vollständigen integrierten Systems, für alle betriebswirtschaftlichen Belange, vorgestellt.

Grochla E., Szyperski H., Hrsg., **Management-Informationssysteme – Eine Herausforderung an Forschung und Entwicklung,** 1971, Wiesbaden

Mit 890 Seiten eines der umfangreichsten deutschsprachigen Bücher, das je zum Thema Managementinformationssysteme erschienen ist, aus der Zeit, in der der Begriff »Management Informationssystem« entstanden ist. Ein Schnappschuss der Aktivitäten namhafter Forscher, auf einem vom Bundesministerium für Bildung und Wissenschaft unterstützten zweitägigen Symposium im Juli 1970 auf Einladung der Uni Köln aufgenommen. Inhalt: Grundlegende Problemstellungen, Gestaltungs- und Implementierungsprobleme, Modelle und Methoden, Auswirkungen auf Organisationsstrukturen, Benutzerprobleme. Unbedingt empfehlenswert!

Hanker, J., **Die Strategische Bedeutung der Informatik für Organisationen,** 1990, Stuttgart

Stellt auf ca. 550 Seiten über die Grundlagen der Wirtschaftstheorie die Bedeutung der Informatik für die Volkswirtschaft und daraus abgeleitet für das einzelne Unternehmen dar und begründet damit eine Ausrichtung des strategischen Informatikmanagements.

Hansen, R., **Wirtschaftsinformatik 1: Grundlagen betrieblicher Informationsverarbeitung,** 1998, Stuttgart

Schneidet als Gesamtdarstellung alle Gebiete der Unternehmens-EDV an. Enthält einige nützliche Typologien und Charakteristiken zu Software und Hardware. Liefert definitorische Abgrenzungen, leistet sich sogar Fotografien. Ist als Taschenbuchformat gut für unterwegs trotz des Umfangs von mehr als 1000 Seiten. Didaktisch gut aufgebaut. Enthält Lernziele und eine umfassende Aufgabensammlung in einem extra Band. Ein Muss!

Hichert R., Moritz M., Hrsg., **Management-Informationssysteme – Praktische Anwendungen,** 1997, Berlin, Heidelberg

Mit 450 Seiten ein umfangreiches Buch zum Thema. Als eines der wenigen Bücher stellt es die Systeme in den Zusammenhang des Unternehmensführungsprozesses und fokussiert eher Nutzen, Architektur und Integration als Entwicklung, wobei über die Hälfte der Darstellung praktizierter Löungen gewidmet ist. Es gliedert sich in: Grundlagen, Einführung (des Systems), Technologie, Lösungen.

Inmon, W.H., **Building the Data Warehouse,** 1996, New York

Das Buch behandelt auf ca. 400 Seiten systematisch den schrittweisen Aufbau eines Data Warehouse. Es werden die Themen Architekturauswahl, Technologien, Methoden des Projektmanagement von DWH-Projekten behandelt. Besonders ausführlich werden die speziellen Aspekte der Datenmodellierung von DWH dargestellt. Ein interessantes Buch, weil auch Praxisbeispiele aufgeführt sind. Das Buch hebt sich von anderen Werken durch das konsequente Durchspielen eines durchgängigen Vorgehensmodelles für den DWH-Entwurf ab. Inmon hat ein ergänzendes Buch »Using the Data Warehouse« herausgegeben.

Jordan, W., Sahlmann, D., Urban, H., **Strukturierte Programmierung,** Berlin, Heidelberg, 1984

Diese ca. 240 Seiten umfassende Monographie stellt die Methodik der Struktogramme und der Programmflussdiagramme parallel dar, erörtert die Methodik an einer Vielzahl von Beispielen und diskutiert die Überführung von bestehenden Programmstrukturen in sogenannte Strukturierte Programme vor.

Kanter, J., **Managing with Information,** 1992,

Kanter gibt eine interessante Darstellung der Nutzeranforderungen verschiedener Managementebenen. Er leitet aus den Aufgaben der Managementebenen die ergonomischen und inhaltlichen Anforderungen an Datenbankapplikationen für Manager ab. Das ca. 500 Seiten starke Buch fokussiert dabei mehr auf den Begriff des Managementinformationssystems.

Kauffels, F.-J., **Lokale Netze,** 1999, Bonn

Mit ca. 1000 Seiten eine umfassende plausible und sehr praxisnahe Darstellung des LAN, aller LAN-Komponenten und ausgewählter WAN-Themen. Das Buch pendelt manchmal leider zwischen Faktenaufzählung für Experten und didaktischer Nachvollziehbarkeit für Autodidakten. Trotzdem zum Selbststudium gut geeignet. Für den DWH-Spezialisten etwas zu tiefschürfend.

Kelly, S., **Data Warehousing in Action,** 1997, New York

Der Titel ist irreführend. Das Buch behandelt auf ca. 300 Seiten den schrittweisen Aufbau eines Data Warehouse. Es werden die Themen Architekturauswahl, Technologien, Methoden des Projektmanagement von DWH-Projekten behandelt. Ein interessantes Buch, weil auch lehrreiche Praxisbeispiele aufgeführt sind.

Kennedy, P., **In Vorbereitung auf das 21. Jahrhundert,** 1996, Frankfurt

Paul Kennedy, Historikprofessor, untersucht die politischen und gesellschaftlichen Tendenzen. Er macht dabei folgende Hauptströmungen aus: demographische Explosion, Kommunikations- und Finanzrevolution und deren Verbindung zum Aufstieg multinationaler Konzerne, Landwirtschaft und biotechnische Revolution, Robotik, Automatisierung und neue industrielle Revolution, Auswirkungen auf die natürliche Umwelt und die Konstitution von Nationalstaaten. Im zweiten Teil seines 520 Seiten starken Taschenbuches betrachtet er die Auswirkungen auf die Wirtschaftgroßräume. Das Buch ist nützlich für die Definition der Umwelt, deren Tendenzen und wiederum deren Auswirkungen auf das DWH-System.

Kimball, R., **The Data Warehouse Toolkit,** 1996, New York

Das Buch behandelt auf ca. 400 Seiten schwerpunktmäßig spezielle Aspekte der DWH-Datenmodellierung. Es sind sehr viele Praxisbeispiele gelöst, wie z.B. die Modellierung historischer Daten, Aggregationen, Fakttabellen, Star-Schema und multidimensionale Tabellen. Die Beispiele beschränken sich nicht auf eine Branche. Alle Modellierungsaufgaben sind zu einem Vorgehensmodell zusammengefasst und in eine Reihenfolge gebracht.

König. W, Niedereichholz, J., **Informationstechnologie der Zukunft,** 1985, Heidelberg, Wien

Vielleicht schon etwas in die Jahre gekommen, aber dennoch unvergleichlich die Methodik der Zukunftsanalyse, die den dort vorgeschlagenen Weg leicht mit aktuellen Daten ergänzen und eigenhändig fortsetzen lässt. Ein vergleichbares moderneres Buch gibt es leider nicht.

Krallmann H., Papke J., Rieger B., **Rechnergestützte Werkzeuge für das Management – Grundlagen, Methoden, Anwendungen,** 1992, Berlin

Widmet sich sehr verständlich den verschiedenen grundlegenden Technolgien, die in MIS realisert sein können, wie Frühwarnung, Planungssprachen, Expertensysteme, Hypermedia, Group Decision, Neuronale Netzwerke.

Kurz, A., **Data Warehousing,** 1999, Bonn

Das mit ca. 740 Seiten umfassendste deutschsprachige Buch zum Thema. Das Buch stellt, in einer gut verständlichen Weise und mit vielen Grafiken untermauert, alle Grundbegriffe des Data Warehousing und seiner Randthemen vor. Besonders wertvoll ist, dass über alle Etappen des Aufbaus einer DWH-Lösung ein durchgängiges Praxisbeispiel mitgeführt wird. Zunächst wird auf die Bedeutung des DWH für Entscheider und Entscheidungsfindung eingegangen. Danach wird die Multidimensionale Datenmodellierung ausführlich dargelegt und ein vollständiges Softwarekonzept eines DWH mit einer eigenen Referenzarchitektur vorgestellt. Darauf folgt die Darstellung des OLAP. Eine Sonderstellung im Büchermarkt hat das Buch derzeit zum Thema Web-enabled DWH. Zum Ausklang des Buches wird auf die Nutzenpotentiale des e-Business eingegangen. Das Buch gehört in die Grundausstattung jedes DWH-Spezialisten.

Liebelt, W., Sulzberger, M., **Grundlagen der Ablauforganisation, Schriftenreihe »Der Organisator«, Band 9,** 1989, Gießen

Auf ca. 270 Seiten werden zur Ablauforganisation dargestellt: Grundbegriffe, Gestaltungsinhalte, Ziele, Modelle, Organisationstechniken (z.B Entscheidungstabellen), Managementtechniken (z.B. Netzplan).

Liebig, M., **Entscheiden,** 1993, Frankfurt am Main

Auf ca. 370 Seiten werden Methoden und Verfahren zur Bearbeitung von Problemen und kreativen Lösungsfindung, im Team und im Alleingang, anwendbar und anhand anschaulicher Grafiken sehr praktisch dargestellt.

Lippe, von der, P. M., **Wirtschaftsstatistik,** 5. Auflage, Stuttgart 1996

Das Buch ist eine umfassende (ca. 500 Seiten) Darstellung zum Thema der amtlichen Statistiken zum Zwecke der Volkswirtschaftlichen Gesamtrechnung. Das Buch ist dann äußerst nützlich, wenn das DWH Daten aus amtlichen Statistiken mit einbeziehen soll. Es geht detailliert auf die Erstellung und Erhebung von Statistiken zu Bevölkerung, Erwerb, Unternehmen, produzierendem Gewerbe, Geld und Kredite, Preise, Einkommen und Verbrauch sowie Außenhandel ein.

Macharzina, K., **Unternehmensführung, das internationale Mannagementwissen: Konzepte – Methoden – Praxis,** Wiesbaden 1993

Auf rund 900 Seiten wird ein vollständiger Einblick in die Aufgabenstellung der Unternehmensführung geleistet. Die Thematik behandelt in Folge Theorien der Unternehmensführung, Unternehmensverfassung, Unternehmensziele, Unternehmensgrundsätze, Unternehmenskultur, Strategieformulierung, Controlling, Organisation, Personalführung, Informationsmanagement. Die Aussagen aller Kapitel werden von ausführlichen Beispielen unterstützt. Mit dem Buch kann die Zielsetzung, Aufgabenfindung und Aufgabenstellung von Unternehmen besser verstanden werden.

Nagel, K., **200 Strategien, Prinzipien und Systeme für den persönlichen und unternehmerischen Erfolg,** 1995, Landsberg

Umfangreiche Sammlung von Methoden und Hilfsmitteln für das weitgespannte Feld von persönlicher Arbeitsstrukturierung, Führungsaufgaben, Strategiedefinition, Kreativität, Kundenumgang, Trendfaktoren, Motivation. Leider unsystematisch und nur grob sortiert, ohne Typisierung der Methoden, ohne didaktische Unterstützung. Für den Praktiker schnell und ohne Theorielasten einsetzbar, aber auch ohne große Begründung und ohne Vor- und Nachteilsabwägung. Trotzdem eine Fundgrube.

Österle, H., Riehm, R., Vogler, P., Hrsg., **Middleware,** 1996, Wiesbaden

Das einzige Buch derzeit, welches das Thema Middleware systematisch und modern darstellt. Mit ca. 260 Seiten kann das Thema leider nicht erschöpfend dargestellt werden, aber was der DWH-Spezialist zur Problemstellung und zur Evaluation wissen muss, ist enthalten. Ausgangspunkt ist eine Klassifikation. Mit einer Produktübersicht und einer Methodik zur Evaluation von Middlewareprodukten schließt das Buch eine Lücke der Lehrbuchlitaratur.

Petkoff, P., **Wissensmanagement,** 1998, Bonn

Mit ca. 500 Seiten sehr detaillierte, zunächst theoretisch fundierende, dann praktisch angewendete Darstellung. Das theoretische Fundament wird gelegt mit der Erfassung des Status zum Thema Wissen, Expertisen, Modellierung und Wissensmanagement. Dem Erschließen von Wissen wird sich mittels des Verfahrens der Problemlösung aus kybernetischer Sicht genähert und durch die Sicht eines fundamentalen soziologischen Begriffes, des »Handelns«. Mit diesen Vorbereitungen wird die Methodologie »ACCORD«, bestehend aus den drei Komponenten Metamodell, Vorgehensmodell und Agentennetze, abgeleitet. Die Methodologie wird anschließend auf den SAP R/3 Business Agenten angewendet. Das Buch leitet jedes Hauptkapitel mit einem historischen Überblick ein. Es hat an vielen Stellen philosophischen Tiefgang und ist daher eher für den Liebhaber als für den Praktiker im Projekt geeignet, aber hochinteressant.

Scheer, A., **Wirtschaftinformatik,** 1998, Berlin

Der Begriff Wirtschaftsinformatik ist etwas zu weit gegriffen, da nicht die gesamte WI, z.B. keine Hardware und keine Software im Allgemeinen, erörtert werden, sondern »nur« industriebetriebswirtschaftliche Datenbankapplikationen. Im Untertitel steht »Referenzmodell für industrielle Geschäftsprozesse«. Diese werden in einer nie dagewesenen Detaillierung und systematischen Konsequenz auf ca. 1000 Seiten aus den drei Perspektiven Funktionalität, Daten, Prozesse so ausführlich diskutiert, dass sie als Referenzmodell weithin Interesse finden. Scheer ist ein Muss für alle, die betriebswirtschaftliche Applikationen entwerfen. Zum Lehrband gibt es einen Arbeitsband mit Aufgaben und Lösungen. Scheer wendet bei der Erstellung seines Buches die von ihm entwickelte Methodik, bzw. das Vorgehensmodell »ARIS« an. Das Literaturzitat wird im Kapitel »Vorgehensmodell« gegeben.

Silverstone, L., Inmon, W.H., Graziano, K., **Data Model Ressource Book,** 1997, New York

Eine ca. 400 Seiten lange Sammlung von Referenz-Datenmodellen zu Personal, Marketing, Produktion und Rechnungswesen aus der Praxis mit einem, wie die Autoren meinen, allgemeinen Verwendbarkeitswert. Als Anregung und zum schnellen Einstieg allemal interessant, aber wer schon einmal die Erfahrung machen durfte, Firmen-Know-how in ein Datenmodell umzusetzen, weiß es besser: Alle Datenstrukturen müssen von Anfang durchdiskutiert werden.

Mühlhäuser M., Schill A., **Software Engineering für verteilte Anwendungen,** 1992, Berlin, Heidelberg,

Eine detaillierte Darstellung aller Prinzipien, Mechanismen, Werkzeuge inklusive verteilter Betriebssysteme. Allen Darstellungen geht eine klassifikatorische Betrachtung voraus, was den Überblick und die Orientierung erheblich erleichtert. Den Abschluss bildet eine Prognose der Weiterentwicklungen auf der Basis der aktuellen Entwicklungsprojekte.

Martin, W., **Data Warehousing,** 1998, Bonn

Viele Aufsätze des Buches sind aus Präsentationen von Produktherstellern hervorgegangen. Trotzdem sind neben den vielen Selbstdarstellungen drei lesenswerte Aufsätze produktneutraler Darstellungen enthalten: W. Hummeltenberg, »Data Warehousing: Management des Produktionsfaktors Information«; A. Kurz, »Neue Wege der Datenanalyse«; W. Renninger, »Auswahl einer DWH-Technologie«. Der Vollständigkeit und der Qualität dieser Aufsätze zuliebe gehört das Buch zum Bestand des DWH-Spezialisten.

Muksch, H. Behme, W., Hrsg., **Das Data Warehouse Konzept,** 1997, Wiesbaden

Auf ca. 650 Seiten werden die Aspekte Markttrends, Architekturen, Entwicklung, Datenmodellierung, Datenschutz, Analysemethoden und -werkzeuge behandelt. Die Autorenliste bietet eine ausgewogene Mischung aus Hochschullehrern, Beratern, Herstellern und Anwendern. Die Texte wurden teilweise von Universitätslehrern, teilweise als Erfahrungsberichte von Projektleitern verfasst. Das Buch ist eher eine Fundgrube interessanter Ansätze als eine systematische Aufarbeitung des Themas.

Sammet, J.E., **Programming Languages,** 1969, Englewood Cliffs

Das Buch ist schon etwas älter, aber mit ca. 120 Programmiersprachen und ca. 800 Seiten das umfassendste Verzeichnis an Programmiersprachen, das mir bekannt ist. Es fehlen modernere Programmiersprachen.

Scheer, A., ARIS, **Vom Geschäftsprozess zum Anwendungssystem,** 1998, Berlin

ARIS ist eine Methodik für den Entwurf von EDV-Systemen. Die ARIS-Methodik ist in einem CASE-Tool gleichen Namens automatisiert worden. Für jeden Entwerfer, der sich mit SAP auseinandersetzen muss, ein Muss, da ARIS das weltweit meistverkaufte CASE-Tool und Entwurfswerkzeug für die SAP-Referenzmodelle ist. Eines der wenigen Vorgehensmodelle, die organisatorische Ablaufdarstellungen als Methode integrieren.

Scheer, A., **ARIS, Modellierungsmethoden, Metamodelle, Anwendungen,** 1998, Berlin

Die Fortsetzung von »ARIS, Vom Geschäftsprozess zum Anwendungssystem«.

Schelle H., Reschke H., Schnopp R., Schub A., Hrsg., **Projekte erfolgreich managen,** 1994, Köln

Ca. 2000 Seiten starke, sehr kompetente Loseblattsammlung der Gesellschaft für Projektmanagement. Gegliedert in Grundlagen, Zielsysteme, Ressourcen, Verfahrenssysteme, Institutionensysteme, Software, Anwendungsbeispiele, Qualifizierung. Die Einzeldarstellungen sind großenteils sehr ausführlich.

Schütte, R., **Grundsätze ordnungsmäßiger Referenzmodellierung,** 1998, Wiesbaden

Das Thema Referenzmodellierung ist in der Literatur unterversorgt. Eine systematische Erschließung in einer Monographie ist bislang im deutschsprachigen Raum, bis auf das aus einer Dissertation heraus entstandene Buch von Schütte, nicht erschienen. Schütte nähert sich dem Thema über die Systemmodellierung und die Forderung nach einer »ordnungsgemäßen« Modellierung in Analogie zur ordnungsgemäßen Buchführung. Darauf aufbauend wird ein Vorgehensmodell zur Erstellung und Anwendung von Referenzmodellen entworfen.

Singh, S., **Data Warehousing,** 1998, New Jersey

Das Buch versteht sich auf ca. 300 Seiten als schneller Themeneinstieg und Planungshilfe. Es bietet Entscheidungsalternativen und viele Praxisbeispiele für den kundigen Kenner von Datenbanken und Client/Server-Architekturen.

Schmidt, G., **Methoden und Techniken der Organisation, Schriftenreihe »Der Organisator«, Band 1,** 1983, Gießen

Ein sehr umfangreiches Werk zur Organisation ist die Schriftenreihe »Der Organisator«, das aus mehr als zehn aufeinander abgestimmten Einzelbänden zu jeweils ca. 300 Seiten besteht. Aus diesen zehn Bänden ist der erste eine Einführung in die Praktik des Organisierens. Die Themen, die auf den ca. 330 Seiten von Band 1 im Einzelnen detailliert werden, sind Organisationsanlässe, Organisationsmethode und Vorgehensmodell, Erhebung, Aufgabenanalyse, Aufbaudarstellung, Ablaufdarstellung, Techniken der kritischen Würdigung, Synthesetechniken, Bewertung und Präsentation.

Schmidt, G., **Grundlagen der Aufbauorganisation, Schriftenreihe »Der Organisator«, Band 5,** 1989, Gießen

Auf ca. 290 Seiten werden zur Aufbauorganisation dargestellt: Grundbegriffe, Ziele und Prinzipien, Stellen, Informationssystem, Kommunikationssystem, Sachmittelsystem, Leitungssystem, Führungssystem und Methoden.

Siegmund G., **Technik der Netze,** 1999, Heidelberg

Ein mit 1050 Seiten umfangreiches, das Thema »Kommunikationsnetze« vollständig abdeckendes Buch. Mit über 1000 Tabellen und Grafiken bewundernswert sorgfältig ausgestattet und äußerst nützlich. Da sowohl die physikalischen, die physischen, wie auch die logischen Bezüge didaktisch gut dargestellt sind, ist das Buch für den »Netzanfänger« geschrieben, EDV-Experte sollte er aber sein.

Stachowiak, H., **Allgemeine Modelltheorie,** 1973, Wien, New York

Obwohl dieses Buch so alt ist, ist es doch noch das Standardwerk zur Modelltheorie. Auf ca. 490 Seiten wird zunächst ein Bezug zwischen Modellieren und Erkenntnistheorie hergestellt. Darauf aufbauend wird eine Modelltheorie entworfen, das Buch schließt mit einer Ausarbeitung der Formalisierungsmöglichkeiten von Modellen.

Tanenbaum, A. S., **Computernetzwerke,** 1998, München

Umfassende Darstellung aller Protokollschichten auf ca. 880 Seiten. Nur für den geeignet, der sich über das DWH hinaus mit dem Thema Protokolle und was mit den Protokollen alles geregelt wird, auseinandersetzen will. Nicht für Anfänger geeignet.

Tanenbaum, A.S., Goodman, J., **Computerarchitektur,** 1999, München

Umfassende Darstellung des Aufbaus von Computern auf ca. 770 Seiten. Nur für den geeignet, der sich über das DWH hinaus mit dem Thema Rechner auseinandersetzen will. Im Einzelnen werden die Themen digitale logische Ebene, Mikroarchitekturebene, Instruction Set Architecture, Betriebssystemebene, Assemblerebene und parallele Rechnerarchitekturen dargestellt. Tanenbaum folgt dabei dem schon in seinem Buch »Netzwerke« bewährten Prinzip eines Bottom-Up-Schichtenaufbaus. Nicht für Anfänger geeignet.

Vossen, G., **Datenmodelle, Datenbanksprachen, Datenbank-Management-Systeme,** 1999, Oldenburg

Mit ca. 700 Seiten eine detaillierte Darstellung mit vielen Formalismen. Absichtlich auf Hochschulniveau gehalten und nicht ohne intensive Bearbeitung lesbar. Der Schwerpunkt liegt auf der Datenmodellierung und der exakten theoretischen Ableitung der Modellierungsprinzipien.

Vetter, M., **Aufbau betrieblicher Informationssysteme,** Stuttgart, 1990

Das Buch ist für den Systemanalytiker geschrieben und für den DWH-Spezialisten ausgezeichnet geeignet. Es schildert anhand vieler realer Beispiele, wie Sachverhalte mit Mengenbildern und Abbildungsdiagrammen zu Datenstrukturen aufgelöst werden. Nach einer Darstellung der Strukturelemente des Datenmodellierens werden die Datenstrukturtypen vorgestellt. Im Anschluss daran wird das anspruchsvolle Thema der Normalisierung von Relationen bis zur fünften Normalform in einer gut nachvollziehbaren Weise ohne wissenschaftlichen Ballast dargestellt. Das Buch geht auf ca. 500 Seiten auch auf die Themen Logische Datenstrukturen, Zugriffspfade und Physische Datenstrukturen ein.

Welge, M.K., Al-Laham, A., **Planung – Prozesse – Strategien – Maßnahmen,** Wiesbaden 1992

Das ca. 500 Seiten umfassende Buch stellt den Strategieprozess anhand der Schritte Planung strategischer Ziele, strategische Analyse, Prognose und strategische Frühaufklärung, Formulierung der Strategie, Bewertung und Auswahl der Strategie und Implementierung der Strategie dar. Das Buch ist sowohl für das Verständnis von Unternehmensstrategien und der umfassenden Methodendarstellung zu ihrer Erarbeitung nützlich als auch zum Formulieren von IT-Strategien anwendbar. In dem Methodenportfolio sind auch eine Darstellung der Umweltanalyse und eine Unternehmensanalyse sowie die Stärken/Schwächen und die Risiko/Chancen-Analyse enthalten.

Wiborny, W., **Datenmodellierung, CASE-Mangement,** Bonn, 1991

Führt auf ca. 450 Seiten in viele Aspekte des Datenmodellierens, sehr praktisch und auf übersichtliche Darstellung bedacht, ein. Zu den Datenmodellen wird meistens parallel die Entsprechung der SQL-Befehle mitgeführt. Er entwickelt eine eigene, sehr transparente Notation und Darstellungsform, die »Relationen-Relationship-Modelle«.

Wittlage, H., **Unternehmensorganisation,** 1998, Berlin

Dieser Band mit ca. 240 Seiten ist wirklich für den geeignet, der die Grundbegriffe der Organisationslehre lernen und anschließend organisieren will. Leider ist hier EDV-Organisation kein Thema.

Wittlage, H., **Methoden und Techniken praktischer Organisationsarbeit,** 1980, Berlin

Dieser Band mit ca. 250 Seiten ist eine Einführung in alle Methoden der Organisationsarbeit, von der Führung eines Interviews über die Ist-Erhebung bis zur grafischen Darstellung der Organisationsstrukturen. Auch zum Selbstlernen geeignet.

Wittlage, H., **Fallstudien mit Lösungen zur Organisation,** 1984, Berlin

Dem Band »Methoden und Techniken praktischer Organisationsarbeit« als Folgeband mit ausführlichen Fallbeispielen mit Lösungen zur Seite gestellt. Umfang ca. 150 Seiten. Es wird in jedem Beispiel zunächst kurz ein Unternehmen und eine Problemstellung des Unternehmens dargestellt. Die Problemstellung wird in Einzelfragen aufgelöst. Die Einzelfragen werden sehr detailliert mit den Ergebnissen und Methoden der vorhergehenden Bände von Wittlage zu Lösungen geführt.

Wöhe, G., **Einführung in die Allgemeine Betriebswirtschaftslehre,** 1995, München

Für betriebswirtschaftliche Sachverhalte ist noch immer »Der Wöhe« mit seinen mittlerweile über 1400 Seiten in der bereits 17.Auflage, zu empfehlen. Das Buch gibt nach einem Überblick über Geschichte, Gegenstand und Methoden der Betriebswirtschaftslehre eine Darstellung der Themen Betriebsführung, Rechtsform und Standort. Im Anschluss daran stellt das Buch die Themen Produktion, Absatz und Investition und Finanzierung dar. Die folgenden Abschnitte stellen die Abbildung dieser Prozesse in der Finanzbuchhaltung und Kostenrechnung dar. Wöhe gibt ausführliche Begründungen zu allen Aussagen und eignet sich daher auch zum Selbststudium. Zu »Wöhe« gibt es einen umfangreichen Arbeitsband.

Yourdon, E., Constantine L.L., **Structured Design, Fundamentals of a Discipline of Computer Programme and Systems Design,** Englewood Cliffs, 1979

Ein mit ca. 480 Seiten sehr detailliertes, mit ausführlichen Beispielen und Diskussion aller möglichen Fälle umfangreiches Buch einiger der einflussreichsten Softwaremethodiker aller Zeiten. Ein Standardwerk von der Mitte der 70er, bis tief in die 80er hinein, für die Programmierung kaufmännischer Programme.

Zangemeister, C., **Nutzwertanalyse in der Systemtechnik,** 1970, Köln

Eine auf ca. 370 Seiten sehr ausführliche und wissenschaftlich abgeleitete Darstellung einer Bewertungsmethode von Alternativen nach Nutzwerten. Eine als Buch veröffentlichte Dissertation mit »viel Mathematik«, entsprechend unbequem zu lesen.

B.8 Zeitschriften

Im Folgenden sind die im Text erwähnten Zeitschriften mit dem Namen und Niederlassungsort ihres Verlags aufgelistet.

Verlag moderne Industrie AG
Instandhaltung
Landsberg

Heise Verlag
iX
Hannover

Heise Verlag
c't
Hannover

Herausgeber: Gesellschaft für Informatik e.V., Springer Verlag
Informatik Spektrum
Berlin, Heidelberg

Herausgeber: Fachbereich 2 Softwaretechnologie und Informationssysteme der Gesellschaft für Informatik e.V., Springer Verlag
Informatik Forschung und Entwicklung
Berlin, Heidelberg

Verlag Vieweg
Wirtschaftsinformatik
Wiesbaden

Institut für Wirtschaftsinformatik
Informatik Management & Consulting
Saarbrücken

IEEE Computer Society
IEEE Transactions on Software Engineering
Los Almitos, California, USA

B.9 Schwerpunkthefte der Zeitschriften

Einige der genannten Zeitschriften haben sich schwerpunktmäßig mit dem Thema DWH beschäftigt. Diese Schwerpunkthefte sind im Folgenden genannt.

HMD, Praxis und Theorie der Wirtschaftsinformatik, Heft 195, **Data Warehouse,** Mai 1997

Die DIN A5 großen, ca. 140 Seiten starken HMD-Hefte widmen sich in ihren sechs Ausgaben pro Jahr in fünf bis acht Aufsätzen jeweils einem modernen Schwerpunktthema. Dabei wird immer eine systematische Darstellung des Themenkomplexes weiteren Theoriebeiträgen, die in Praxisberichten konkretisiert werden, vorangestellt. In diesem Heft sind mehrere Ansätze zu Referenzmodellen interessant.

SOUG-Special, SOUG Newsletter, **Data Warehouse,** DWH, 1/2000

Die SOUG ist die sehr rührige Schweizer Oracle User-Group mit einem aufwendigen, regelmäßig erscheinenden, ca. 60 Seiten starken Newsletter. In unregelmäßiger Folge wird ein Special herausgegeben zu einem Thema, das gleichzeitig als Informationsveranstaltung organisiert wird. Das Special 1/2000 enthält neben interessanten Beiträgen zu den Architekturen von SAS, SAP (lesenswert für Entscheider und Projektleiter), eine ausführliche Darstellung der Themen »Materialized Views«, »Aggregationsfunktionen« und »Dimensionen und Hierarchien« am Beispiel Oracle8i (lesenswert für Programmierer).

Wirtschaftsinformatik, Heft 6, Dezember 1998, 40. Jahrgang, Wiesbaden

Das Heft hat zum Schwerpunktthema »Management-Support-Systeme«, unter anderem mit folgenden ausführlichen (ca. 10 Seiten) Beiträgen:

- ✔ Die fachliche Konzeption von Führungsinformationssystemen
- ✔ Die grafische Notation für die semantische Modellierung multidimensionaler Datenstrukturen
- ✔ Konzept zur Datenintegration für Management-Support-Systeme auf der Basis uniformer Datenstrukturen
- ✔ Temporale Daten in Management-Support-Systemen

Wirtschaftsinformatik, Heft 5, Oktober 1999, 41. Jahrgang, Wiesbaden

Das Heft hat zum Schwerpunktthema »Externe Daten in Management-Support-Systemen«. Auf Seite 461 leitet ein Aufsatz eine ausführliche Liste von Unternehmen und Institutionen mit wirtschaftsrelevanten Informationen und Statistiken mit ihren Internetadressen ein. In dem Heft ist außerdem eine kleine Auswahl von DWH-Büchern (O'Neill, Anahory/Murray, Tanler, Poe/Reeves, Kimball, Adamson/Venerable) ausführlich kommentiert.

B.10 DWH-Studien

Bloor Research Group, **Data Warehouse Tools,** leider von 1985, englisch

Ausführliche Darstellung des weltweiten Marktes der Data Mining Werkzeuge. Der besondere Wert liegt in der kompetenten Darstellung der Architekturen der Werkzeuge, in der Beschreibung der Hersteller mit Folgerungen aus Historie für den Charakter und die Weiterentwicklung der Produkte. Alle Werkzeuge werden einer detaillierten Funktionalitätsbetrachtung unterzogen, gefolgt von einer Synopse aller Eigenschaften.

Bloor Research Group, **EIS Tools in the Data Warehouse**

Ergänzend zur Studie »Data Warehouse Tools«. Eine ausführliche Darstellung der Produkte für Zugriff, Weiterverarbeitung und Reporting der Client-Seite. Der besondere Wert liegt in der kompetenten Diskussion der Architekturen der Werkzeuge und deren Konsequenzen. Die Hersteller werden auch ausführlich analysiert, um Folgerungen für die Weiterentwicklung der Produkte zu ziehen. Alle Werkzeuge werden einer detaillierten Funktionalitätsbetrachtung unterzogen und bei fehlender Funktionalität die Nachteile für den Entwickler beurteilt. Die behandelten Werkzeugkategorien sind Ad Hoc Query-Tools, EIS-Entwicklungsumgebungen, Modellierungs- und Analysetools und Spezialwerkzeuge.

Business Intelligence, **The Olap Report,** Succeding with On-Line Analytical Processing, Volume 1, 1998, englisch

Dieser Report betrachtet OLAP-Anwendungen, Technologien und Produkte. Im einzelnen werden behandelt: die OLAP Technologien in Bezug zu anderen IT-Systemen, Design von OLAP-Modellen und Datenbanken, Antwortzeiten bei OLAP-Systemen, Führen von OLAP-Projekten. Analysiert werden Produkte mit abteilungsübergreifenden Funktionen.

Business Intelligence, **The Olap Report,** Succeeding with On-Line Analytical Processing, Volume 2, 1998, englisch

Der Report hilft bei der Auswahl des passenden OLAP-Produkts. Er beinhaltet die 25 häufigsten Anwenderanforderungen sowie maßgeschneiderte Produkte, Verkaufsmerkmale und Preisvergleiche, deckt aber auch Stärken und Schwächen eines jeden Produkts auf. Fallstudien führender Unternehmen berichten, wie sie diese OLAP-Systeme einsetzen. Unter anderem werden die Themen Projektmanagement und Teamzusammenstellung, Datensammlung, Umfang der Anwendung, Hardware- und Netzwerkerweiterungen, Kosten und Wartung, behandelt.

Butler&Bloor, **New Computer Hardware: Options and Comparisons,** 1998, London

Es gibt leider keine deutschsprachige Monographie über alle Rechnertypen und deren Verwendung und Aufbau in einer für Entscheider effizient nachvollziehbaren und mit Entscheidungskriterien ausgestatteten Form. Für PCs gibt es das und auch als schematische Analyse für Rechnerarchitekturprinzipien, aber der EDV-Leiter eines Unternehmens will ja keinen Rechner entwerfen. Er will verstehen, was ihm die Vertreter so anbieten, und aus den Angeboten die optimalen Produkte auswählen. Dafür ist die Evaluation von Butler&Bloor ganz nützlich. Die Studie enthält aber nur neue Rechnertypen. Einen alten Rechner will zwar selten jemand kaufen, aber für eine Begründung, warum von Alt nach Neu zu wechseln ist, also für eine Gegenüberstellung, ist das dann doch wieder nützlich.

Butler&Bloor, **Data Warehouse Tools,** 1998, London

Diese Studien sind als Evaluationshilfen einfach exzellent. Keine Verherrlichung, keine Überbewertung der Marktlage, keine Suggestivgrafiken, einfach saubere, technische Analysen der Produktfeatures und eine Erklärung zu den Konsequenzen für ein Unternehmen, wenn es auf das eine oder andere Feature verzichten will. Außerordentlich kompetent, sehr effizient, jährlich aktualisiert und sehr nützlich für die Auswahl der Hersteller, deren Produkte sich der DWH-Spezialist vorführen lassen möchte.

IT Research, **Data Warehouse: Prozess- und Systemmanagement,** Juni 1998, deutsch

Die Studie behandelt die Themen Lade- und Aktualisierungsvorgang, Bereinigung, Konsolidierung und Transformation, Datenverteilung im Data Warehouse, Informationsverzeichnisse und Metadaten und das Management des Data Warehouse.

IT Research, **Knowledge Discovery und Data Mining,** November 1998, deutsch

Zum Knowledge Discovery Prozess werden die unterschiedlichen Technologien (Entscheidungsbäume, Diskriminanzanalyse, Assoziationen und Sequenzen, Neuronale Netze usw.) beschrieben und ihre unterschiedlichen Einsatzmöglichkeiten in verschiedenen Branchen (Handel, Banken, Versicherungen, Telekommunikation usw.) aufgezeigt. Am Markt verfügbare Werkzeuge für den Knowledge Discovery Prozess werden untersucht.

IT Research, **Multidimensionale Datenanalyse,** Juni 1998, deutsch

Es wird der Markt der multidimensionalen Datenanalyse, speziell Systeme der Kategorien OLAP, ROLAP und hybride Systeme, dargestellt. Die Studie gibt hier

Entscheidungshilfen, indem sie aus den unterschiedlichen Anforderungen in verschiedenen Branchen ein Anforderungsprofil definiert.

Ovum, **The Data Warehouse,** 1997, Englisch

Dieser 400 Seiten umfassende Report widmet sich verschiedenen Data Warehouse Typen. Risiken von Projekten und Methodologien werden untersucht. Einen breiten Raum nehmen die Kapitel Komponenten eines Data Warehouses und die Evaluierungen selbst ein. Zu den untersuchten Produkten zählen unter anderem Passport, IBM Visual Warehouse, Enterprise CopyManager, InfoPump, SAS System und Source Point.

B.11 Abbildungsverzeichnis

Abbildung 4.7: Raumvisualisierung
© by Winterheller Software GmbH, Graz
aus is report 1/2000 Seite 18, Abb. s19–20, Autor Prof Winterheller

Die Advanced Business Intelligence (ABI) ist das Kernstück der Controlling- und Budgetierungssoftware Professional Planner‘ von WINTERHELLER software

Abbildung 4.10 Beispiel synoptischer Report, und Abbildung 4.11 Maske Entscheidungsbaum
© by Software & Support Verlag GmbH, Frankfurt aus Der Entwickler 6/99, s14, Abb. 4-7, Autor Grob, Bensberg

IBM, Intelligent Miner, *www.software.ibm.com*

Abbildung 4.12: Beispiel einer Portfoliomatrix, und Abbildung 4.13: Beispiel Kumulationsdiagramm einer ABC-Analyse
© by redmond's technologie publishing, Unterschleißheim aus Microsoft Office Journal 6-97, Praxis: ABC-Analyse, Portfolioanalyse

Abbildung 5.12: Beispiel für PC-Racks mit zwei Gehäusen
© by Firma Hewlett Packard, aus HP-info 1999

Abbildung 5.15 T3E-1200E von Cray Research
© by Firma Cray Research
Produktankündigung 1999

Abbildung 5.14: Beispiel Minirechner: VAX 6000
und Abbildung 5.16: Aufrüstungsmöglichkeiten der VAX 6000/200
© by Firma Digital Equipment Corporation, heute Compaque, aus DEC-Produktkatalog, 1994 und DEC Kundenzeitschrift DEC-Blatt Jahrgang 1991

INDEX

In den Index sind nur die Seiten aufgenommen, auf denen die Begiffe definiert oder erklärt oder in einen wichtigen Zusammenhang gestellt sind. Die Begriffe können auch an anderen Stellen vorkommen, werden aber dort nicht erklärt.

C

E

F

W

Z

THE SIGN OF EXCELLENCE

Statistische Anwendungen im Internet

Dietmar Janetzko

Effektiv Datenbanken für Business-Lösungen zu verwenden oder Fragebögen über Inter-/Intranet weiterzuleiten und statistisch auszuwerten gewinnt zunehmend an Bedeutung. In diesem Buch werden Fallbeispiele des netzgestützten Datenmangements vorgestellt: Dazu zählt die Verwendung von Fragebögen in Netzen, der Einsatz von Softwarerobotern (z.B. automatisierte Beratungsdialoge übers Netz führen) oder die Fernkalkulation bei Benutzeranfragen (z.B. Diät- oder Sparplan aufstellen lassen). Komplette Programme gibt es für SPSS. Für andere Statistikprogramme bzw. Excel oder Access werden Hinweise zur Datenerfassung gegeben. Die beiliegende CD enthält Programme und Werkzeuge für die Fallbeispiele.

368 Seiten, 1 CD-ROM

DM 69,90, ATS 510,00, CHF 63,00

ISBN 3-8273-1431-3

ADDISON-WESLEY